Couvertures supérieure et inférieure manquantes

MONSIEUR LECOQ

SCEAUX. — IMPRIMERIE CHARAIRE ET FILS

L. BOULANGER, éditeur, 83, rue de Rennes, PARIS

ŒUVRES ILLUSTRÉES D'ÉMILE GABORIAU

I

Le 20 février 18..., un dimanche, qui se trouvait être le dimanche gras, sur les onze heures du soir, une ronde d'agents du service de la sûreté sortait du poste de police de l'ancienne barrière d'Italie.

La mission de cette ronde était d'explorer ce vaste quartier qui s'étend de la route de Fontainebleau à la Seine, depuis les boulevards extérieurs jusqu'aux fortifications.

Ces parages déserts avaient alors la fâcheuse réputation qu'ont aujourd'hui les carrières d'Amérique.

S'y aventurer de nuit était réputé si dangereux que les soldats des forts venus à Paris avec la permission du spectacle, avaient ordre de s'attendre à la barrière et de ne rentrer que par groupes de trois ou quatre.

C'est que les terrains vagues, encore nombreux, devenaient, passé minuit, le domaine de cette tourbe de misérables sans aveu et sans asile, qui redoutent jusqu'aux formalités sommaires des plus infimes garnis.

Les vagabonds et les repris de justice s'y donnaient rendez-vous. Si la journée avait été bonne, ils faisaient ripaille avec les comestibles volés aux étalages. Quand le sommeil les gagnait, ils se glissaient sous les hangars des fabriques ou parmi les décombres de maisons abandonnées.

Tout avait été mis en œuvre pour déloger des hôtes si dangereux, mais les plus énergiques mesures demeuraient vaines.

Surveillés, traqués, harcelés, toujours sous le coup d'une arrestation, ils revenaient quand même, avec une obstination idiote, obéissant on ne saurait dire à quelle mystérieuse attraction.

Si bien que la police avait là comme une immense souricière incessamment tendue, où son gibier venait bénévolement se prendre.

Le résultat d'une perquisition était si bien prévu, si sûr, que c'est d'un ton de certitude absolue que le chef de poste cria à la ronde qui s'éloignait :

— Je vais toujours préparer les logements de nos pratiques. Bonne chasse et bien du plaisir !

Ce dernier souhait, par exemple, était pure ironie, car le temps était aussi mauvais que possible.

Il avait abondamment neigé les jours précédents, et le dégel commençait. Partout où la circulation avait été un peu active, il y avait un demi-pied de boue. Il faisait encore froid cependant, un froid humide à transir jusqu'à la moelle des os. Avec cela le brouillard était si intense que le bras étendu on ne distinguait pas sa main.

— Quel chien de métier! grommela un des agents.

— Oui, répondit l'inspecteur qui commandait la ronde, je pense bien que si tu avais seulement trente mille francs de rente, tu ne serais pas ici.

Le rire qui accueillit cette vulgaire plaisanterie était moins une flatterie qu'un hommage rendu à une supériorité reconnue et établie.

L'inspecteur était, en effet, un serviteur des plus appréciés à la Préfecture, et qui avait fait ses preuves.

Sa perspicacité n'était peut-être pas fort grande, mais il savait à fond son métier et en connaissait les ressources, les ficelles et les artifices. La pratique lui avait, en outre, donné un aplomb imperturbable, une superbe confiance en soi et une sorte de grossière diplomatie, jouant assez bien l'habileté.

A ces qualités et à ces défauts il joignait une incontestable bravoure.

Il mettait la main au collet du plus redoutable malfaiteur aussi tranquillement qu'une dévote trempe son doigt dans un bénitier.

C'était un homme de quarante-six ans, taillé en force, ayant les traits durs, une forte moustache et de petits yeux gris sous des sourcils en broussailles.

Son nom était Gévrol, mais le plus habituellement on l'appelait : Général.

Ce sobriquet caressait sa vanité, qui n'était pas médiocre, et ses subordonnés ne l'ignoraient pas.

Sans doute il pensait qu'il rejaillissait sur sa personne quelque chose de la considération attachée à ce grade.

— Si vous geignez déjà, reprit-il de sa grosse voix, que sera-ce tout à l'heure?

Dans le fait, il n'y avait pas encore trop à se plaindre.

La petite troupe remontait alors la route de Choisy : les trottoirs étaient relativement propres, et les boutiques des marchands de vins suffisaient à éclairer la marche.

Car tous les débits étaient ouverts. Il n'est brouillard ni dégel capable de décourager les amis de la gaieté. Le carnaval de barrière se grisait dans les cabarets et se démenait dans les bals publics.

Des fenêtres ouvertes s'échappaient alternativement des vociférations ou des bouffées de musique enragée. Puis, c'était un ivrogne qui passait festonnant sur la chaussée, ou un masque crotté qui se glissait comme une ombre honteuse, le long des maisons.

Devant certains établissements, Gévrol commandait : Halte ! Il sifflait d'une façon particulière, et presque aussitôt un homme sortait. C'était un agent arrivant à l'ordre. On écoutait son rapport et on passait.

Peu à peu, cependant, on approchait des fortifications. Les lumières se faisaient rares et il y avait de grands emplacements vides entre les maisons.

— Par file à gauche, garçons! ordonna Gévrol ; nous allons rejoindre la route d'Ivry et nous couperons ensuite au plus court pour gagner la rue du Chevaleret.

De ce point, l'expédition devenait réellement pénible.

La ronde venait de s'engager dans un chemin à peine tracé, n'ayant pas même de nom, coupé de fondrières, embarrassé de décombres, et que le brouillard, la boue et la neige rendaient périlleux.

Désormais plus de lumière, plus de cabarets ; ni pas, ni voix, rien que la solitude, les ténèbres, le silence.

On se serait cru à mille lieues de Paris, sans ce bruit profond et continu qui monte de la grande ville comme le mugissement d'un torrent du fond d'un gouffre.

Tous les agents avaient retroussé leur pantalon au-dessus de la cheville, et ils avançaient lentement, choisissant tant bien que mal les places où poser le pied, un à un, comme des Indiens sur le sentier de la guerre.

Ils venaient de dépasser la rue du Château-des-Rentiers, quand tout à coup un cri déchirant traversa l'espace.

A cette heure, en cet endroit, ce cri était si affreusement significatif, que d'un commun mouvement tous les hommes s'arrêtèrent.

— Vous avez entendu, Général? demanda à demi-voix un des agents.

— Oui, on s'égorge certainement près d'ici... Mais où ? Silence et écoutons.

Tous restèrent immobiles, l'oreille tendue, retenant leur souffle, et bientôt un second cri, un hurlement plutôt, retentit.

— Eh ! s'écria l'inspecteur de la sûreté, c'est à la *Poivrière*.

Cette dénomination bizarre disait à elle seule et la signification du lieu qu'elle désignait, et quelles pratiques le fréquentaient d'habitude.

Dans la langue imagée qui a cours du côté du Montparnasse, on dit qu'un buveur est « poivre » quand il a laissé sa raison au fond des pots. De là le sobriquet de « voleurs au poivrier », donné aux coquins dont la spécialité est de dévaliser les pauvres ivrognes inoffensifs.

Ce nom, cependant n'éveillant aucun souvenir dans l'esprit des agents :

— Comment ! ajouta Gévrol, vous ne connaissez pas le cabaret de la mère Chupin, là-bas, à droite... Au galop, et gare aux billets de parterre !

Donnant l'exemple, il s'élança dans la direction indiquée, ses hommes le suivirent et en moins d'une minute, ils arrivèrent à une masure sinistre d'aspect, bâtie au milieu de terrains vagues.

C'était bien de ce repaire que partaient les cris, ils avaient redoublé et avaient été suivis de deux coups de feu.

La maison était hermétiquement close, mais par des ouvertures en forme de cœur, pratiquées aux volets, filtraient des lueurs rougeâtres comme celles d'un incendie.

Un des agents se précipita vers une des fenêtres, et s'enlevant à la force des poignets, il essaya de voir par les découpures ce qui se passait à l'intérieur.

Gévrol, lui, courut à la porte.

— Ouvrez !.. commanda-t-il, en frappant rudement.

Pas de réponse.

Mais on distinguait très bien les trépignements d'une lutte acharnée, des blasphèmes, un râle sourd et par intervalles des sanglots de femme.

— Horrible !... fit l'agent cramponné au volet, c'est horrible !

Cette exclamation décida Gévrol.

— Au nom de la loi !... cria-t-il une troisième fois.

Et personne ne répondant, il recula, prit du champ, et d'un coup d'épaule qui avait la violence d'un coup de bélier, il jeta bas la porte.

Alors fut expliqué l'accent d'épouvante de l'agent qui avait collé son œil aux découpures des volets.

La salle basse de la *Poivrière* présentait un tel spectacle, que tous les employés de la sûreté et Gévrol lui-même demeurèrent un moment cloués sur place, glacés d'une indicible horreur.

Tout, dans le cabaret, trahissait une lutte acharnée, une de ces sauvages « batteries » qui trop souvent ensanglantent les bouges des barrières.

Les chandelles avaient dû être éteintes dès le commencement de la bagarre, mais un grand feu clair de planches de sapin illuminait jusqu'aux moindres recoins.

Tables, verres, bouteilles, ustensiles de ménage, tabourets dépaillés, tout était renversé, jeté pêle-mêle, brisé, piétiné, haché menu.

Près de la cheminée, en travers, deux hommes étaient étendus à terre, sur le dos, les bras en croix, immobiles. Un troisième gisait au milieu de la pièce.

A droite, dans le fond, sur les premières marches d'un escalier conduisant à l'étage supérieur, une femme était accroupie. Elle avait relevé son tablier sur sa tête, et poussait des gémissements inarticulés.

En face, dans le cadre d'une porte de communication grande ouverte, un homme se tenait debout, raide et blême, ayant devant lui, comme un rempart, une lourde table de chêne.

Il était d'un certain âge, de taille moyenne, et portait toute sa barbe.

Son costume, qui était celui des déchargeurs de bateaux du quai de la Gare, était en lambeaux et souillé de boue, de vin et de sang.

Celui-là certainement était le meurtrier.

L'expression de son visage était atroce. La folie furieuse flamboyait dans ses yeux, et un ricanement convulsif contractait ses traits. Il avait au cou et à la joue deux blessures qui saignaient abondamment.

De sa main droite, enveloppée d'un mouchoir à carreaux, il tenait un revolver à cinq coups, dont il dirigeait le canon vers les agents.

— Rends-toi !... lui cria Gévrol.

Les lèvres de l'homme remuèrent ; mais, en dépit d'un visible effort, il ne put articuler une syllabe.

— Ne fais pas le malin, continua l'inspecteur de la sûreté, nous sommes en force, tu es pincé ; ainsi, bas les armes !...

— Je suis innocent, prononça l'homme d'une voix rauque.

— Naturellement, mais cela ne nous regarde pas.

— J'ai été attaqué, demandez plutôt à cette vieille ; je me suis défendu, j'ai tué, j'étais dans mon droit !

Le geste dont il appuya ces paroles était si menaçant qu'un des agents, resté à demi dehors, attira violemment Gévrol à lui, en disant :

— Gare, Général ! méfiez-vous !... Le revolver du gredin a cinq coups et nous n'en avons entendu que deux.

Mais l'inspecteur de la sûreté, inaccessible à la crainte, repoussa son subordonné et s'avança de nouveau, en poursuivant du ton le plus calme :

— Pas de bêtises, mon gars, crois-moi ; si ton affaire est bonne, ce qui est possible, après tout, ne la gâte pas.

Une effrayante indécision se lut sur les traits de l'homme. Il tenait au bout du doigt la vie de Gévrol ; allait-il presser la détente ?

Non. Il lança violemment son arme à terre en disant :

— Venez donc me prendre !

Et se retournant, il se ramassa sur lui-même, pour s'élancer dans la pièce voisine, pour fuir par quelque issue connue de lui.

Gévrol avait deviné ce mouvement. Il bondit en avant, lui aussi, les bras étendus, mais la table l'arrêta.

— Ah !... cria-t-il, le misérable nous échappe.

Déjà le sort du misérable était fixé.

Tandis que Gévrol parlementait, un des agents, — celui de la fenêtre, — avait tourné la maison et y avait pénétré par la porte de derrière.

Quand le meurtrier prit son élan, il se précipita sur lui, il l'empoigna à la ceinture, et avec une vigueur et une adresse surprenantes, le repoussa.

L'homme voulut se débattre, résister ; en vain. Il avait perdu l'équilibre, il chancela et bascula par-dessus la table qui l'avait protégé, en murmurant assez haut pour que tout le monde pût l'entendre :

— Perdu !... C'est les Prussiens qui arrivent.

Cette simple et décisive manœuvre, qui assurait la victoire, devait enchanter l'inspecteur de la sûreté.

— Bien, mon garçon, dit-il à son agent, très bien!... Ah! tu as la vocation, toi, et tu iras loin, si jamais une occasion...

Il s'interrompit. Tous les siens partageaient si manifestement son enthousiasme que la jalousie le saisit. Il vit son prestige diminué et se hâta d'ajouter :

— Ton idée m'était venue, mais je ne pouvais la communiquer sans donner l'éveil au gredin.

Ce correctif était superflu. Les agents ne s'occupaient plus que du meurtrier. Ils l'avaient entouré, et après lui avoir attaché les pieds et les mains, il le liaient étroitement sur une chaise.

Lui se laissait faire. A son exaltation furieuse avait succédé cette morne prostration qui suit tous les efforts exorbitants. Ses traits n'exprimaient plus qu'une farouche insensibilité, l'hébétude de la bête fauve prise au piège. Évidemment il se résignait et s'abandonnait.

Dès que Gévrol vit que ses hommes avaient terminé leur besogne :

— Maintenant, commanda-t-il, inquiétons-nous des autres, et éclairez-moi, car le feu ne flambe plus guère.

C'est par les deux individus étendus en travers de la porte que l'inspecteur de la sûreté commença son examen.

Il interrogea le battement de leur cœur; leur cœur ne battait plus.

Il tint près de leurs lèvres le verre de sa montre; le verre resta clair et brillant.

— Rien!... murmura-t-il après plusieurs expériences, rien ; ils sont morts. Le mâtin ne les a pas manqués. Laissons-les dans la position où ils sont jusqu'à l'arrivée de la justice et voyons le troisième.

Le troisième respirait encore.

C'était un tout jeune homme portant l'uniforme de l'infanterie de ligne. Il était en petite tenue, sans armes, et sa grande capote entr'ouverte laissait voir sa poitrine nue.

On le souleva avec mille précautions, car il geignait pitoyablement à chaque mouvement, et on le plaça sur son séant, le dos appuyé contre le mur.

Alors il ouvrit les yeux, et d'une voix éteinte demanda à boire.

On lui présenta une tasse d'eau, il la vida avec délices, puis il respira longuement et parut reprendre quelques forces.

— Où es-tu blessé? demanda Gévrol.

— A la tête, tenez, là, répondit-il en essayant de soulever un de ses bras, oh! que je souffre!...

L'agent qui avait coupé la retraite au meurtrier s'était approché, et avec une dextérité que lui eût enviée un vieux chirurgien, il palpait la plaie béante que le jeune homme avait un peu au-dessus de la nuque.

— Ce n'est pas grand'chose, prononça-t-il.

Mais il n'y avait pas à se méprendre au mouvement de sa lèvre inférieure. Il était clair qu'il jugeait la blessure très dangereuse, sinon mortelle.

— Ce ne sera même rien, affirma Gévrol, les coups à la tête, quand ils ne tuent pas roide, guérissent dans le mois.

Le blessé sourit tristement.

— J'ai mon compte, murmura-t-il.

— Bast!...

— Oh!... Il n'y a pas à dire non, je le sens. Mais je ne me plains pas. Je n'ai que ce que je mérite.

Tous les agents, sur ces mots, se retournèrent vers le meurtrier. Ils pensaient qu'il allait profiter de cette déclaration pour renouveler ses protestations d'innocence.

Leur attente fut déçue : il ne bougea pas, bien qu'il eût très certainement entendu.

— Mais voilà, poursuivit le blessé, d'une voix qui allait s'éteignant, ce brigand de Lacheneur m'a entraîné.

— Lacheneur?...

— Oui, Jean Lacheneur, un ancien acteur, qui m'avait connu quand j'étais riche... car j'ai eu de la fortune, mais j'ai tout mangé, je voulais m'amuser... Lui, me sachant sans le sou, est venu à moi, et il m'a promis assez d'argent pour recommencer ma vie d'autrefois... Et c'est pour l'avoir cru que je vais crever comme un chien, dans ce bouge!... Oh! je veux me venger!

A cet espoir, ses poings se crispèrent pour une dernière menace.

— Je veux me venger, dit-il encore. J'en sais long, plus qu'il ne croit... je dirai tout!...

Il avait trop présumé de ses forces.

La colère lui avait donné un instant d'énergie, mais c'était au prix du reste de vie qui palpitait en lui.

Quand il voulut reprendre, il ne le put. A deux reprises, il ouvrit la bouche; il ne sortit de sa gorge qu'un cri étouffé de rage impuissante.

Ce fut la dernière manifestation de son intelligence. Une écume sanglante vint à ses lèvres, ses yeux se renversèrent, son corps se raidit, et une convulsion suprême le rabattit la face contre terre.

— C'est fini, murmura Gévrol.

— Pas encore, répondit le jeune agent dont l'intervention avait été si utile; mais il n'en a pas pour dix minutes. Pauvre diable!... Il ne dira rien.

L'inspecteur de la sûreté s'était redressé, aussi calme que s'il eût assisté à la scène la plus ordinaire du monde, et soigneusement il époussetait les genoux de son pantalon.

— Horrible! fit l'agent cramponné au volet.

— Bast!... répondit-il, nous saurons quand même ce que nous avons intérêt à savoir. Ce garçon est troupier, et il a sur les boutons de sa capote le numéro de son régiment. Ainsi!...

Un fin sourire plissa les lèvres du jeune agent.

— Je crois que vous vous trompez, Général, dit-il.

— Cependant...

— Oui, je sais, en le voyant sous l'habit militaire, vous avez supposé... Eh bien!... non. Ce malheureux n'était pas soldat. En voulez-vous une preuve immédiate, entre dix?... Regardez s'il est tondu en brosse, à l'ordonnance? Où avez-vous vu des troupiers avec des cheveux tombant sur les épaules?

L'objection interdit le Général, mais il se remit vite.

— Penses-tu, fit-il brusquement, que j'aie mes yeux dans ma poche? Ta remarque ne m'a pas échappé; seulement, je me suis dit : Voilà un gaillard qui profite de ce qu'il est en congé pour se passer du perruquier.

— A moins que...

Mais Gévrol n'admet pas les interruptions.

— Assez causé!... prononça-t-il. Tout ce qui s'est passé, nous allons l'apprendre. La mère Chupin n'est pas morte, elle, la coquine!

Tout en parlant, il marchait vers la vieille qui était restée obstinément accroupie sur son escalier. Depuis l'entrée de la ronde, elle n'avait ni parlé, ni remué, ni hasardé un regard. Seulement, ses gémissements n'avaient pas discontinué.

D'un geste rapide, Gévrol arracha le tablier qu'elle avait ramené sur sa tête et alors elle apparut telle que l'avaient faite les années, l'inconduite, la misère, et des torrents d'eau-de-vie et de mêlé-cassis : ridée, ratatinée, édentée, éraillée, n'ayant plus sur les os que la peau, plus jaune et plus sèche qu'un vieux parchemin.

— Allons, debout!... dit l'inspecteur. Ah! tes jérémiades ne me touchent guère. Tu devrais être fouettée, pour les drogues infâmes que tu mets dans tes boissons, et qui allument des folies furieuses dans les cervelles des ivrognes.

La vieille promena autour de la salle ses petits yeux rougis, et d'un ton larmoyant :

— Quel malheur!... gémit-elle. Qu'est-ce que je vais devenir! Tout est cassé, brisé!... Me voilà ruinée.

Elle ne paraissait sensible qu'à la perte de sa vaisselle.

— Voyons, interrogea Gévrol, comment la bataille est-elle venue?

— Hélas!... Je ne le sais seulement pas. J'étais là-haut, à rapiécer des nippes à mon fils, quand j'ai entendu une dispute.

— Et après?

— Comme de juste, je suis descendue, et j'ai vu ces trois qui sont étendus là, qui cherchaient des raisons à cet autre que vous avez attaché, le pauvre innocent. Car il est innocent, vrai comme je suis une honnête femme. Si mon fils Polyte avait été là, il se serait mis entre eux; mais moi, une veuve, qu'est-ce que je pouvais faire? J'ai crié à la garde de toutes mes forces...

Elle se rassit, sur ce témoignage, pensant en avoir dit assez. Mais Gévrol la contraignit brutalement de se relever.

— Oh! nous n'avons pas fini, dit-il, je veux d'autres détails.

— Lesquels, cher monsieur Gévrol, puisque je n'ai rien vu?

La colère commençait à rougir les maîtresses oreilles de l'inspecteur.

— Que dirais-tu, la vieille, fit-il, si je t'arrêtais?

— Ce serait une grande injustice.

— C'est ce qui arrivera cependant si tu t'obstines à te taire. J'ai idée qu'une quinzaine à Saint-Lazare te délierait joliment la langue.

Ce nom produisit sur la veuve Chupin l'effet d'une pile électrique. Elle abandonna subitement ses hypocrites lamentations, se redressa, campa fièrement ses poings sur ses hanches, et se mit à accabler d'invectives Gévrol et ses agents, les accusant d'en vouloir à sa famille, car ils avaient déjà arrêté son fils, un excellent sujet, jurant qu'au surplus elle ne craignait pas la prison, et que même elle serait bien aise d'y finir ses jours à l'abri du besoin.

Un moment, le Général essaya d'imposer silence à l'affreuse mégère, mais il reconnut qu'il n'était pas de force; d'ailleurs, tous ses agents riaient. Il lui tourna donc le dos, et s'avançant vers le meurtrier :

— Toi, du moins, fit-il, tu ne nous refuseras pas des explications.

L'homme hésita un moment.

— Je vous ai dit, répondit-il enfin, tout ce que j'avais à vous dire. Je vous ai affirmé que je suis innocent, et un homme prêt à mourir, frappé de ma main, et cette vieille femme ont confirmé ma déclaration. Que voulez-vous de plus? Quand le juge m'interrogera, je répondrai peut-être ; jusque-là, n'espérez pas un mot.

Il était aisé de voir que la détermination de l'homme était irrévocable, et elle ne devait pas surprendre un vieil inspecteur de la sûreté.

Très souvent des criminels, sur le premier moment, opposent à toutes les questions le mutisme le plus absolu. Ceux-là sont les expérimentés, les habiles, ceux qui préparent des nuits blanches aux juges d'instruction.

Ils ont appris, ceux-là, qu'un système de défense ne s'improvise pas, que c'est au contraire une œuvre de patience et de méditation, où tout doit se tenir et s'enchaîner logiquement.

Et sachant quelle portée terrible peut avoir au cours de l'instruction une réponse insignifiante en apparence, arrachée au trouble du flagrant délit, ils se taisent, ils gagnent du temps.

Cependant, Gévrol allait peut-être insister, quand on lui annonça que le « soldat » venait de rendre le dernier soupir.

— Puisque c'est ainsi, mes enfants, prononça-t-il, deux d'entre vous vont rester ici, et je filerai avec les autres. J'irai réveiller le commissaire de police, et je lui remettrai l'affaire; il s'en arrangera, et selon ce qu'il décidera, nous agirons. Ma responsabilité, en tout cas, sera à couvert. Ainsi, déliez les jambes de notre pratique et attachez un peu les mains de la mère Chupin; nous les déposerons au poste en passant.

Tous les agents s'empressèrent d'obéir, à l'exception du plus jeune d'entre eux, celui qui avait mérité les éloges du Général.

Il s'approcha de son chef, et lui faisant signe qu'il avait à lui parler, il l'entraîna dehors.

Lorsqu'ils furent à quelques pas de la maison :

— Que me veux-tu? demanda Gévrol.

— Je voudrais savoir, Général, ce que vous pensez de cette affaire.

— Je pense, mon garçon, que quatre coquins se sont rencontrés dans ce coupegorge. Ils se sont pris de querelle, et des propos ils en sont venus aux coups. L'un d'eux avait un revolver, il a tué les autres. C'est simple comme bonjour. Selon ses antécédents, et aussi selon les antécédents des victimes, l'assassin sera jugé. Peut-être la société lui doit-elle des remerciements...

— Et vous jugez inutiles les recherches, les investigations...

— Absolument inutiles.

Le jeune agent parut se recueillir.

— C'est qu'il me semble à moi, Général, reprit-il, que cette affaire n'est pas parfaitement claire. Avez-vous étudié le meurtrier, examiné son maintien, observé son regard?... Avez-vous surpris comme moi...

— Et ensuite?

— Eh bien!... il me semble, je me trompe peut-être; mais enfin, je crois que les apparences nous trompent. Oui, je sens quelque chose.

— Bah?... Et comment expliques-tu cela?

— Comment expliquez-vous le flair du chien de chasse?

Gévrol, champion de la police positiviste, haussait prodigieusement les épaules.

— En un mot, dit-il, tu devines ici un mélodrame... un rendez-vous de grands seigneurs déguisés, à la *Poivrière*, chez la Chupin... comme à l'Ambigu... Cherche, mon garçon, cherche, je te le permets...

— Quoi!... vous permettez...

— C'est-à-dire que j'ordonne... Tu vas rester ici avec celui de tes camarades que tu choisiras... Et si tu trouves quelque chose que je n'aie pas vu, je te permets de me payer une paire de lunettes.

II

L'agent auquel Gévrol abandonnait une information qu'il jugeait inutile était un débutant dans « la partie ».

Il s'appelait Lecoq.

C'était un garçon de vingt-cinq à vingt-six ans, presque imberbe, pâle, avec la lèvre rouge et d'abondants cheveux noirs ondés. Il était un peu petit, mais bien pris, et ses moindres mouvements trahissaient une vigueur peu commune.

En lui, d'ailleurs, rien de remarquable, sinon l'œil, qui, selon sa volonté, étincelait ou s'éteignait comme le feu d'un phare à éclipses, et le nez, dont les ailes larges et charnues avaient une surprenante mobilité.

Fils d'une riche et honorable famille de Normandie, Lecoq avait reçu une bonne et solide éducation.

Il commençait son droit à Paris, quand dans la même semaine, coup sur coup, il apprit que son père, complètement ruiné, venait de mourir, et que sa mère ne lui avait survécu que quelques heures.

Désormais il était seul au monde, sans ressources... et il fallait vivre. Il put apprécier sa juste valeur ; elle était nulle.

L'Université, avec le diplôme de bachelier, ne donne pas de brevet de rentes viagères. C'est une lacune. A quoi servait à l'orphelin sa science du lycée ?

Il envia le sort de ceux qui, ayant un état au bout des bras, peuvent entrer hardiment chez le premier patron venu et dire : Je voudrais de l'ouvrage.

Ceux-là travaillent et mangent.

Lui, demanda du pain à tous les métiers qui sont le lot des déclassés. Métiers ingrats !... Il y a cent mille déclassés à Paris.

N'importe !... Il fit preuve d'énergie. Il donna des leçons et copia des rôles pour un avoué. Un jour, il débuta dans la nouveauté ; le mois suivant, il allait proposer à domicile des rossignols de librairie. Il fut courtier d'annonces, maître d'études, dénicheur d'assurances, placier à la commission...

En dernier lieu, il avait obtenu un emploi près d'un astronome dont le nom est une autorité, le baron Moser. Il passait ses journées à remettre au net des calculs vertigineux, à raison de cent francs par mois.

Mais le découragement arrivait. Après cinq ans, il se trouvait au même point. Il était pris d'accès de rage quand il récapitulait les espérances avortées, les tentatives vaines, les affronts endurés.

Le passé avait été triste, le présent était presque intolérable, l'avenir menaçait d'être affreux.

Condamné à de perpétuelles privations, il essayait du moins d'échapper aux dégoûts de la réalité en se réfugiant dans le rêve.

Seul en son taudis, après un écœurant labeur, poigné par les mille convoitises de la jeunesse, il songeait aux moyens de s'enrichir d'un coup, du soir au lendemain.

Sur cette pente, son imagination devait aller loin. Il n'avait pas tardé à admettre les pires expédients.

Mais à mesure qu'il s'abandonnait à ses chimères, il découvrait en lui de singulières facultés d'invention et comme l'instinct du mal. Les vols les plus audacieux et réputés les plus habiles n'étaient, à son jugement, que d'insignes maladresses.

Il se disait que s'il voulait, lui !... Et alors il cherchait, et il trouvait des combinaisons étranges, qui assuraient le succès et garantissaient mathématiquement l'impunité. Bientôt, ce fut chez lui une manie, un délire. Au point que ce garçon, admirablement honnête, passait sa vie à perpétrer, par la pensée, les plus abominables méfaits. Tant, que lui-même s'effraya de ce jeu. Il ne fallait qu'une heure d'égarement pour passer de l'idée au fait, de la théorie à la pratique.

Puis, ainsi qu'il advient à tous les monomanes, l'heure sonna où les bizarres conceptions qui emplissaient sa cervelle débordèrent.

Un jour, il ne put s'empêcher d'exposer à son patron un petit plan qu'il avait conçu et mûri, et qui eût permis de rafler cinq ou six cent mille francs sur les places de Londres et de Paris. Deux lettres et une dépêche télégraphique, et le tour était joué. Et impossible d'échouer, et pas un soupçon à craindre.

L'astronome, stupéfait de la simplicité du moyen, admira. Mais, à la réflexion, il jugea peu prudent de garder près de soi un secrétaire si ingénieux.

C'est pourquoi, le lendemain, il lui remit un mois d'appointements et le congédia en lui disant :

— Quand on a vos dispositions et qu'on est pauvre, on devient un voleur fameux ou un illustre policier. Choisissez.

Lecoq se retira confus, mais la phrase de l'astronome devait germer dans son esprit.

— Au fait, se disait-il, pourquoi ne pas suivre un bon conseil?

La police ne lui inspirait aucune répugnance, loin de là. Souvent il avait admiré cette mystérieuse puissance dont la volonté est rue de Jérusalem et la main partout ; qu'on ne voit ni n'entend, et qui néanmoins entend et voit tout.

Il fut séduit par la perspective d'être l'instrument de cette Providence au petit pied. Il entrevit un utile et honorable emploi du génie particulier qui lui avait été départi, une existence d'émotions et de luttes passionnées, des aventures inouïes, et au bout la célébrité.

Bref, la vocation l'emportait.

Si bien que la semaine suivante, grâce à une lettre de recommandation du baron Moser, il était admis à la Préfecture, en qualité d'auxiliaire du service de la sûreté.

Un désenchantement assez cruel l'attendait à ses débuts. Il avait vu les résultats, non les moyens. Sa surprise fut celle d'un naïf amateur de théâtre pénétrant pour la première fois dans les coulisses, et voyant de près les décors et les trucs qui, à distance, éblouissent.

Mais il avait l'enthousiasme et le zèle de l'homme qui se sent dans sa voie. Il persévéra, voilant d'une fausse modestie son envie de parvenir, se fiant aux circonstances pour faire tôt ou tard éclater sa supériorité.

Eh bien!... l'occasion qu'il souhaitait si ardemment, qu'il épiait depuis des mois, il venait, croyait-il, de la trouver à la *Poivrière*.

Pendant qu'il était suspendu à la fenêtre, il vit, aux éclairs de son ambition, le chemin du succès.

Ce n'était d'abord qu'un pressentiment. Ce fut bientôt une présomption, puis une conviction basée sur des faits positifs qui avaient échappé à tous, mais qu'il avait recueillis et notés.

La fortune se décidait en sa faveur; il le reconnut en voyant Gévrol négliger jusqu'aux formalités les plus élémentaires, en l'entendant déclarer d'un ton péremptoire qu'il fallait attribuer ce triple meurtre à une de ces querelles féroces si fréquentes entre rôdeurs de barrières.

— Va, pensait-il, marche, enferre-toi; crois-en les apparences, puisque tu ne sais rien découvrir au delà. Je te démontrerai que ma jeune théorie vaut un peu mieux que ta vieille pratique.

Le laisser-aller de l'inspecteur autorisait Lecoq à reprendre l'information en sous-œuvre, secrètement, pour son compte. Il ne voulut pas agir ainsi.

En prévenant son supérieur avant de rien tenter, il allait au-devant d'une accusation d'ambition ou de mauvaise camaraderie. Ce sont des accusations graves, dans une profession où les rivalités d'amour-propre ont des violences inouïes, où les vanités blessées peuvent se venger par toutes sortes de méchants tours ou de petites trahisons.

Il parla donc... assez pour pouvoir dire en cas de succès : « Eh ! je vous avais averti!... » assez peu pour ne pas éclairer les ténèbres de Gévrol.

La permission qu'il obtint était un premier triomphe, et du meilleur augure ;

mais il sut dissimuler, et c'est du ton le plus détaché qu'il pria un de ses collègues de rester avec lui.

Puis, tandis que les autres s'apprêtaient à partir, il s'assit sur le coin d'une table, étranger en apparence à tout ce qui se passait, n'osant relever la tête tant il craignait de trahir sa joie, tant il tremblait qu'on ne lût dans ses yeux ses projets et ses espérances.

Intérieurement, il était dévoré d'impatience. Si le meurtrier se prêtait de bonne grâce aux précautions à prendre pour qu'il ne pût s'évader, il avait fallu se mettre à quatre pour lier les poignets de la veuve Chupin, qui se débattait en hurlant comme si on l'eût brûlée vive.

— Ils n'en termineront pas! se disait Lecoq.

Ils finirent cependant. Gévrol donna l'ordre du départ, et sortit le dernier après avoir adressé à son subordonné un adieu railleur.

Lui ne répondit pas. Il s'avança jusque sur le seuil de la porte pour s'assurer que la ronde s'éloignait réellement.

Il frissonnait à cette idée que Gévrol pouvait réfléchir, se raviser et revenir prendre l'affaire, comme c'était son droit.

Ses anxiétés étaient vaines. Peu à peu le pas des hommes s'éteignit, les cris de la veuve Chupin se perdirent dans la nuit. On n'entendit plus rien.

Alors Lecoq rentra. Il n'avait plus à cacher sa joie, son œil étincelait. Comme un conquérant qui prend possession d'un empire, il frappa du pied le sol en s'écriant :

— Maintenant, à nous deux !...

III

Autorisé par Gévrol à choisir l'agent qui resterait avec lui à la *Poivrière*, Lecoq s'était adressé à celui qu'il estimait le moins intelligent.

Ce n'était pas, de sa part, crainte d'avoir à partager les bénéfices d'un succès, mais nécessité de garder sous sa main un aide dont il pût, à la rigueur, se faire obéir.

C'était un bonhomme de cinquante ans, qui, après un congé dans la cavalerie, était entré à la Préfecture.

Du modeste poste qu'il occupait, il avait vu se succéder bien des préfets, et on eût peuplé un bagne, rien qu'avec les malfaiteurs qu'il avait arrêtés de sa main.

Il n'en était ni plus fort ni plus zélé. Quand on lui donnait un ordre, il l'exécutait militairement, tel qu'il l'avait compris.

S'il l'avait mal compris, tant pis!

Tout trahissait une lutte acharnée.

Il faisait son métier à l'aveugle, comme un vieux cheval tourne un manège. Quand il avait un instant de liberté, et de l'argent, il buvait.

Il traversait la vie entre deux vins, sans toutefois dépasser jamais un certain état de demi-lucidité.

On avait su autrefois, puis oublié son nom. On l'appelait le père Absinthe.

Comme de raison, il ne remarqua ni l'enthousiasme, ni l'accent de triomphe de son jeune compagnon.

— Ma foi! lui dit-il, dès qu'ils furent seuls, tu as eu en me retenant ici une fière idée, et je t'en remercie. Pendant que les camarades vont passer la nuit à patauger dans la neige, je vais faire un bon somme.

Il était là, dans un bouge qui suait le sang, où palpitait le crime, en face des cadavres chauds encore de trois hommes assassinés, et il parlait de dormir.

Au fait, que lui importait!... Il avait tant vu en sa vie de scènes pareilles! L'habitude n'amène-t-elle pas fatalement l'indifférence professionnelle, prodigieux phénomène qui donne au soldat le sang-froid au milieu de la mêlée, au chirurgien l'impassibilité quand le patient hurle et se tord sous son bistouri.

— Je suis allé là-haut jeter un coup d'œil, poursuivit le bonhomme, j'ai vu un lit, chacun de nous montera la garde à son tour...

D'un geste impérieux, Lecoq l'interrompit.

— Rayez cela de vos papiers, père Absinthe, déclara-t-il, nous ne sommes pas ici pour flâner, mais bien pour commencer l'information, pour nous livrer aux plus minutieuses recherches et tâcher de recueillir des indices... Dans quelques heures arriveront le commissaire de police, le médecin, le juge d'instruction... je veux avoir un rapport à leur présenter.

Cette proposition parut révolter le vieil agent.

— Eh! à quoi bon!... s'écria-t-il. Je connais le Général. Quand il va chercher le commissaire, comme ce soir, c'est qu'il est sûr qu'il n'y a rien à faire. Penses-tu voir quelque chose où il n'a rien vu?...

— Je pense que Gévrol peut se tromper comme tout le monde. Je crois qu'il s'est fié trop légèrement à ce qui lui a semblé l'évidence; je jurerais que cette affaire n'est pas ce qu'elle paraît être; je suis sûr que, si vous le voulez, nous découvrirons ce que cachent les apparences.

Si grande que fut la véhémence du jeune policier, elle toucha si peu le vieux, qu'il bâilla à se décrocher la mâchoire en disant :

— Tu as peut-être raison, mais moi je monte me jeter sur le lit. Que cela ne t'empêche pas de chercher; si tu trouves, tu m'éveilleras.

Lecoq ne donna aucun signe d'impatience et même, en réalité, il ne s'impatientait pas. C'était une épreuve qu'il tentait.

— Vous m'accorderez bien un moment, reprit-il. En cinq minutes, montre en main, je me charge de vous faire toucher du doigt le mystère que je soupçonne.

— Va pour cinq minutes.

— Du reste, vous êtes libre, papa. Seulement, il est clair que, si j'agis seul, j'empocherai seul la gratification que vaudrait infailliblement une découverte.

A ce mot de gratification, le vieux policier dressa l'oreille. Il eut l'éblouissante vision d'un nombre infini de bouteilles de la liqueur verte dont il portait le nom.

— Persuade-moi donc, dit-il, en s'asseyant sur un tabouret qu'il avait relevé.

Lecoq resta debout devant lui bien en face.

— Pour commencer, interrogea-t-il, qu'est-ce, à votre avis, que cet individu que nous avons arrêté?

— Un déchargeur de bateaux, probablement, ou un ravageur.

— C'est-à-dire un homme appartenant aux plus humbles conditions de la société, n'ayant en conséquence reçu aucune éducation?

— Justement.

C'est les yeux sur les yeux de son compagnon, que Lecoq parlait. Il se défiait de soi comme tous les gens d'un mérite réel, et il s'était dit que, s'il réussissait à faire pénétrer ses convictions dans l'esprit obtus de ce vieil entêté, il serait assuré de leur justesse.

— Eh bien!... continua-t-il, que me répondrez-vous si je vous prouve que cet individu a reçu une éducation distinguée, raffinée même?...

— Je répondrai que c'est bien extraordinaire ; je répondrai... Mais, bête que je suis, tu ne me prouveras jamais cela.

— Si, et très facilement. Vous souvenez-vous des paroles qu'il a prononcées en tombant, quand je l'ai poussé?

— Je les ai encore dans l'oreille. Il a dit : « C'est les Prussiens qui arrivent! »

— Vous doutez-vous de ce qu'il voulait dire?

— Quelle question!... J'ai bien compris qu'il n'aime pas les Prussiens et qu'il a cru nous adresser une grosse injure.

Lecoq attendait cette réponse.

— Eh bien!... père Absinthe, déclara-t-il gravement, vous n'y êtes pas, oh! mais là, pas du tout. Et la preuve que cet homme a une éducation bien supérieure à sa condition apparente, c'est que vous, un vieux roué, vous n'avez saisi ni son intention, ni sa pensée. C'est cette phrase qui a été pour moi le trait de lumière.

La physionomie du père Absinthe exprimait cette étrange et comique perplexité de l'homme qui, flairant une mystification, se demande s'il doit rire ou se fâcher. Réflexions faites, il se fâcha.

— Tu es un peu jeune, commença-t-il, pour faire poser un vieux comme moi. Je n'aime pas beaucoup les blagueurs...

— Un instant!... interrompit Lecoq, je m'explique. Vous n'êtes pas sans avoir entendu parler d'une terrible bataille qui a été un des plus affreux désastres de la France, la bataille de Waterloo?...

— Je ne vois pas quel rapport...

— Répondez toujours.

— Alors... oui !

— Bien ! Vous devez, en ce cas, papa, savoir que la victoire pencha d'abord du côté de la France. Les Anglais commençaient à faiblir, et déjà l'Empereur s'écriait : « Nous les tenons ! » quand, tout à coup, sur la droite, un peu en arrière, on découvrit des troupes qui s'avançaient. C'était l'armée prussienne. La bataille de Waterloo était perdue !

De sa vie, le digne Absinthe n'avait fait d'aussi grands efforts de compréhension. Ils ne furent pas inutiles, car il se dressa à demi, et du ton dont Archimède dut crier : « J'ai trouvé ! » il s'écria :

— J'y suis !... Les paroles de l'homme étaient une allusion.

— C'est vous qui l'avez dit, approuva Lecoq. Mais je n'ai pas fini. Si l'Empereur fut consterné de l'apparition des Prussiens, c'est que, de ce côté, précisément, il attendait un de ses généraux, Grouchy, avec 35,000 soldats. Donc, si l'allusion de l'homme est exacte et complète, il comptait non sur un ennemi, qui venait de tourner sa position, mais sur des amis... Concluez.

Fortement empoigné, sinon convaincu, le bonhomme écarquillait extraordinairement ses yeux, l'instant d'avant appesantis par le sommeil.

— Cristi !... murmura-t-il, tu nous contes cela d'un ton !... Mais, au fait, je me souviens, tu auras vu quelque chose par le trou du volet.

Le jeune policier remua négativement la tête.

— Sur mon honneur, déclara-t-il, je n'ai rien vu que la lutte entre le meurtrier et ce pauvre diable vêtu en soldat. La phrase seule a éveillé mon attention.

— Prodigieux !... répétait le vieil agent, incroyable, épatant !...

— J'ajouterai que la réflexion a confirmé mes soupçons. Je me suis demandé, par exemple, pourquoi cet homme, au lieu de fuir, nous avait attendus et restait là, sur cette porte, à parlementer...

D'un bond, le père Absinthe fut debout.

— Pourquoi ? interrompit-il. Parce qu'il a des complices et qu'il voulait leur laisser le temps de se sauver. Ah !... je comprends tout.

Un sourire de triomphe errait sur les lèvres de Lecoq.

— Voilà ce que je me suis dit, reprit-il. Et maintenant, il est aisé de vérifier nos soupçons. Il y a de la neige dehors, n'est-ce pas ?...

Il n'en fallut pas davantage. Le vieil agent saisit une lumière, et suivi de son compagnon, il courut à la porte de derrière de la maison qui ouvrait sur un petit jardin.

En cet endroit abrité, le dégel était en retard et, sur le blanc tapis de neige, apparaissaient comme autant de taches noires, de nombreuses traces de pas.

Sans hésiter, Lecoq s'était jeté à genoux pour examiner de près ; il se releva presque aussitôt.

— Ce ne sont pas des pieds d'homme, dit-il, qui ont laissé ces empreintes !... Il y avait des femmes !...

IV

Les entêtés de la trempe du père Absinthe, toujours en garde contre l'opinion d'autrui, sont précisément ceux qui, par la suite, s'en éprennent follement.

Quand une idée a enfin pénétré dans leur cervelle vide, elle s'y installe magistralement, l'emplit et s'y développe jusqu'à la ravager.

Désormais, bien plus que son jeune compagnon, le vétéran de la rue de Jérusalem était persuadé, était certain que l'habile Gévrol s'était trompé, et il riait de la méprise.

En entendant Lecoq affirmer que des femmes avaient assisté à l'horrible scène de la *Poivrière*, sa joie n'eut plus de bornes.

— Bonne affaire !... s'écria-t-il, excellente affaire !...

Et se souvenant tout à propos d'une maxime usée et banale déjà au temps de Cicéron, il ajouta d'un ton sentencieux :

— Qui tient la femme, tient la cause !...

Lecoq ne daigna pas répondre. Il restait sur le seuil de la porte, le dos appuyé contre l'huisserie, la main sur le front, immobile autant qu'une statue.

La découverte qu'il venait de faire et qui ravissait le père Absinthe, le consternait. C'était l'anéantissement de ses espérances, l'écroulement de l'ingénieux échafaudage bâti par son imagination sur un seul mot.

Plus de mystère, plus d'enquête triomphante, plus de célébrité gagnée du soir au lendemain par un coup d'éclat !

La présence de deux femmes dans ce coupe-gorge expliquait tout de la façon la plus naturelle et la plus vulgaire.

Elle expliquait la lutte, le témoignage de la veuve Chupin, la déclaration du faux soldat mourant.

L'attitude du meurtrier devenait toute simple. Il était resté pour couvrir la retraite de deux femmes ; il s'était livré pour ne les pas laisser prendre, acte de chevaleresque galanterie, si bien dans le caractère français, que les plus tristes coquins des barrières en sont coutumiers.

Restait cette allusion si inattendue à la bataille de Waterloo. Mais que prouvait-elle maintenant? Rien.

Qui ne sait où une passion indigne peut faire descendre un homme bien né!... Le carnaval justifiait tous les travestissements...

Mais pendant que Lecoq tournait et retournait dans son esprit toutes ces probabilités, le père Absinthe s'impatientait.

— Allons-nous rester plantés ici pour reverdir? dit-il. Nous arrêtons-nous juste au moment où notre enquête donne des résultats si brillants?...

Des résultats brillants!... Ce mot blessa le jeune policier autant que la plus amère ironie.

— Ah! laissez-moi tranquille!... fit-il brutalement, et surtout n'avancez pas dans le jardin, vous gâteriez les empreintes.

Le bonhomme jura, puis se tut. Il subissait l'irrésistible ascendant d'une intelligence supérieure, d'une énergique volonté.

Lecoq avait repris le fil de ses déductions.

— Voici probablement, pensait-il, comment les choses se sont passées :

Le meurtrier, sortant du bal de l'*Arc-en-Ciel*, qui est là-bas, près des fortifications, arrive ici avec deux femmes... Il y trouve trois buveurs qui le plaisantent ou qui se montrent trop galants... Il se fâche... Les autres le menacent, il est seul contre trois, il est armé, il perd la tête et fait feu.

Il s'interrompit, et après un instant ajouta tout haut :

— Mais est-ce bien le meurtrier qui a amené les femmes? S'il est jugé, tout l'effort du débat portera sur ce point... On peut essayer de l'éclaircir.

Aussitôt il traversa le cabaret, ayant toujours son vieux collègue sur les talons, et se mit à examiner les alentours de la porte enfoncée par Gévrol.

Peine perdue! Il n'y restait que très peu de neige, et tant de personnes avaient passé et piétiné, qu'on ne discernait rien.

Quelle déception après un si long espoir!...

Lecoq pleurait presque de rage. Il voyait remise indéfiniment cette capricieuse occasion si fiévreusement épiée. Il lui semblait entendre les grossiers sarcasmes de Gévrol.

— Allons!... murmura-t-il, assez bas pour n'être pas entendu, il faut savoir reconnaître sa défaite. Le Général avait raison et je ne suis qu'un sot.

Il était si positivement persuadé qu'on pouvait tout au plus relever les circonstances d'un crime vulgaire, qu'il se demandait s'il ne serait pas sage de renoncer à toute information et de rentrer faire un somme, en attendant le commissaire de police.

Mais ce n'était plus l'opinion du père Absinthe.

Le bonhomme, qui était à mille lieues des réflexions de son compagnon, ne s'expliquait pas son inaction et ne tenait plus en place.

— Eh bien!... garçon, fit-il, deviens-tu fou? Voici assez de temps de perdu, ce me semble. La justice va arriver dans quelques heures; quel rapport présenterons-nous?... Moi, d'abord, si tu as envie de flâner, j'agis seul.

Si attristé qu'il fût, le jeune policier ne put s'empêcher de sourire. Il reconnaissait ses exhortations de l'instant d'avant. C'était le vieux qui devenait l'intrépide.

— A l'œuvre donc! soupira-t-il, en homme qui, prévoyant un échec, veut du moins ne rien avoir à se reprocher.

Seulement, il était malaisé de suivre des traces de pas en plein air, la nuit, à la lueur vacillante d'une chandelle que le plus léger souffle devait éteindre.

— Il est impossible, dit Lecoq, qu'il n'y ait pas une lanterne dans cette masure. Le tout est de mettre la main dessus.

Ils furetèrent, et, en effet, au premier étage, dans la propre chambre de la veuve Chupin, ils découvrirent une lanterne toute garnie, si petite et si nette, que certainement elle n'était pas destinée à d'honnêtes usages.

— Un véritable outil de filou, fit le père Absinthe avec un gros rire.

L'outil était commode, en tout cas, les deux agents le reconnurent lorsque, de retour au jardin, ils recommencèrent méthodiquement leurs investigations.

Ils s'avancèrent un peu avec des précautions infinies.

Le vieil agent, debout, dirigeait au bon endroit la lumière de la lanterne, et Lecoq, à genoux, étudiait les empreintes avec l'attention d'un chiromancien s'efforçant de lire l'avenir dans la main d'un riche client.

Un nouvel examen assura Lecoq qu'il avait bien vu. Il était évident que deux femmes avaient quitté la *Poivrière* par cette issue. Elles étaient sorties en courant; cette certitude résultait de la largeur des enjambées, et aussi de la disposition des empreintes.

La différence des traces laissées par les deux fugitives était d'ailleurs si remarquable, qu'elle sauta aux yeux du père Absinthe.

— Cristi!... murmura-t-il, une de ces gaillardes peut se vanter d'avoir un joli pied au bout de la jambe.

Il avait raison. L'une des pistes trahissait un pied mignon, coquet, étroit, emprisonné dans d'élégantes bottines, hautes de talon, fines de semelles, cambrées outre mesure.

L'autre dénonçait un gros pied court, qui allait en s'élargissant vers le bout, chaussé de solides souliers très plats.

Cette circonstance était bien peu de chose. Elle suffit pour rendre à Lecoq toutes ses espérances, tant l'homme accueille facilement les présomptions qui flattent ses désirs.

Palpitant d'anxiété, il se traîna sur la neige l'espace d'un mètre, pour analyser d'autres vestiges, il se baissa, et aussitôt laissa échapper la plus éloquente exclamation.

— Qu'y a-t-il? interrogea vivement le vieux policier, qu'as-tu vu?

— Voyez vous-même, papa; tenez, là...

Le bonhomme se pencha, et sa surprise fut si forte qu'il faillit lâcher sa lanterne.

— Oh!... dit-il d'une voix étranglée, un pas d'homme!...

— Juste. Et le gaillard avait de maîtresses bottes. Quelle empreinte, hein! Est-elle nette! est-elle pure!... On peut compter les clous.

Le digne père Absinthe se grattait furieusement l'oreille, ce qui était sa façon d'aiguillonner son intelligence paresseuse.

— Mais il me semble, hasarda-t-il enfin, que l'individu ne sortait pas de ce cabaret de malheur.

— Parbleu!... la direction du pied le dit assez. Non, il n'en sortait pas, il s'y rendait. Seulement, il n'a pas dépassé cette place où nous sommes. Il s'avançait sur la pointe du pied, le cou tendu, prêtant l'oreille, quand, arrivé ici, il a entendu du bruit... la peur l'a pris, il s'est enfui.

— Ou bien, garçon, les femmes sortaient comme il arrivait, et alors...

— Non. Les femmes étaient hors du jardin quand il y a pénétré.

L'assertion, pour le coup, sembla au bonhomme par trop audacieuse.

— Ça, fit-il, on ne peut pas le savoir.

— Je le sais, cependant, et de la façon la plus positive. Vous doutez, papa!... C'est que vos yeux vieillissent. Approchez un peu votre lanterne, et vous constaterez que là... oui, vous y êtes, notre homme a posé sa grosse botte juste sur une des empreintes de la femme au petit pied, et l'a aux trois quarts effacée.

Cet irrécusable témoignage matériel stupéfia le vieux policier.

— Maintenant, continua Lecoq, ce pas est-il bien celui du complice que le meurtrier espérait?... Ne serait-ce pas celui de quelque rôdeur de terrain vague attiré par les coups de feu?... C'est ce qu'il nous faut savoir... et nous le saurons. Venez!...

Une clôture de lattes entrecroisées, d'un peu plus d'un mètre de haut, assez semblable à celles qui défendent l'accès des lignes de chemins de fer, séparait des terrains vagues le jardinet de la veuve Chupin.

Quand Lecoq avait tourné le cabaret pour cerner le meurtrier, il était venu se heurter contre cette barrière, et, tremblant d'arriver trop tard, il l'avait franchie.

MONSIEUR LECOQ

— Vous me les direz, si je vous interroge, dit le juge.

au grand détriment de son pantalon, sans se demander seulement s'il existait une issue.

Il en existait une. Un léger portillon de lattes, comme le reste, tournant dans des gonds de gros fil de fer, maintenu par un taquet de bois, permettait d'entrer et de sortir de ce côté.

Eh bien! c'est droit à ce portillon que les pas marqués sur la neige conduisirent les deux agents de la sûreté.

Cette particularité devait frapper le jeune policier. Il s'arrêta court.

— Oh!... murmura-t-il comme en aparté, ces deux femmes ne venaient pas ce soir à la *Poivrière* pour la première fois.

— Tu crois, garçon? interrogea le père Absinthe.

— Je l'affirmerais presque. Comment, sans l'habitude des êtres de ce bouge, soupçonner l'existence de cette issue? L'aperçoit-on par cette nuit obscure, avec ce brouillard épais? Non, car moi qui, sans me vanter, ai de bons yeux, je ne l'ai pas vue...

— Ça, c'est vrai!

— Les deux femmes y sont venues, pourtant, sans hésitation, sans tâtonnements, en ligne directe; et notez qu'il leur a fallu traverser diagonalement le jardin.

Le vétéran eût donné quelque chose pour avoir une petite objection à présenter, le malheur est qu'il n'en trouva pas.

— Par ma foi! fit-il, tu as une drôle de manière de procéder. Tu n'es qu'un conscrit, je suis un vieux de la vieille, j'ai assisté, en ma vie, à plus d'enquêtes que tu n'as d'années, et jamais je n'ai vu...

— Baste!... interrompit Lecoq, vous en verrez bien d'autres. Par exemple, je puis vous apprendre, pour commencer, que, si les femmes savaient la situation exacte du portillon, l'homme ne la connaissait que par ouï-dire...

— Oh! pour le coup!...

— Cela se démontre, papa. Étudiez les empreintes du gaillard, et vous qui êtes malin, vous reconnaîtrez qu'en venant il a diablement dévié. Il était si peu sûr de son affaire que, pour trouver l'ouverture, il a été obligé de la chercher, les mains en avant... et ses doigts ont laissé des traces sur la mince couche de neige qui recouvre la clôture.

Le bonhomme n'eût point été fâché de se rendre compte par lui-même, ainsi qu'il le disait, mais Lecoq était pressé.

— En route, en route! dit-il, vous vérifierez mes assertions une autre fois...

Il sortirent du jardinet, et s'attachèrent aux empreintes qui remontaient vers les boulevards extérieurs, en appuyant toutefois un peu sur la droite dans la direction de la rue du Patay.

Point n'était besoin d'une attention soutenue. Personne, hormis les fugitifs, ne s'était aventuré dans ces parages déserts depuis la dernière tombée de neige. Un enfant eût suivi la voie, tant elle était claire et distincte.

Quatre empreintes, très différentes, formaient la piste ; deux étaient celles des femmes ; les deux autres, l'une à l'aller, l'autre au retour, avaient été laissées par l'homme.

A diverses reprises, ce dernier avait posé le pied juste sur les pas des deux femmes, les effaçant à demi, et ainsi il ne pouvait subsister de doute quant à l'instant précis de la soirée où il était venu épier.

A cent mètres environ de la *Poivrière*, Lecoq saisit brusquement le bras de son vieux collègue.

— Halte !... commanda-t-il, nous approchons du bon endroit, j'entrevois des indices positifs.

L'endroit était un chantier abandonné, ou plutôt la réserve d'un entrepreneur de bâtisses. Il s'y trouvait, déposés selon le caprice des charretiers, quantité d'énormes blocs de pierre, les uns travaillés, les autres bruts, et bon nombre de grandes pièces de bois grossièrement équarries.

Devant un de ces madriers, dont la surface avait été essuyée, toutes les empreintes se rejoignaient, se mêlaient et se confondaient.

— Ici, prononça le jeune policier, nos fugitives ont rencontré l'homme, et tenu conseil avec lui. L'une d'elles, celle qui a les pieds si petits, s'est assise.

— C'est ce dont nous allons nous assurer plus amplement, fit d'un ton entendu le père Absinthe.

Mais son compagnon coupa court à ces velléités de vérification.

— Vous, l'ancien, dit-il, vous allez me faire l'amitié de vous tenir tranquille ; passez-moi la lanterne et ne bougez plus...

Le ton modeste de Lecoq était devenu soudainement si impérieux que le bonhomme n'osa plus résister.

Comme le soldat au commandement de fixe, il resta planté sur ses jambes, immobile, muet, penaud, suivant d'un œil curieux et ahuri les mouvements de son collègue.

Libre de ses allures, maître de manœuvrer la lumière selon la rapidité de ses idées, le jeune policier explorait les environs dans un rayon assez étendu.

Moins inquiet, moins remuant, moins agile, est le limier qui quête.

Il allait, venait, tournait, s'écartait, revenait encore, courant ou s'arrêtant sans raison apparente ; il palpait, il scrutait, il interrogeait tout : le terrain, les bois, les pierres et jusqu'aux plus menus objets ; tantôt debout, le plus souvent à genoux, quelquefois à plat ventre, le visage si près de terre que son haleine devait faire fondre la neige.

Il avait tiré un mètre de sa poche, et il s'en servait avec une prestesse d'arpenteur; il mesurait, mesurait, mesurait...

Et tous ces mouvements, il les accompagnait de gestes bizarres comme ceux d'un fou, les entrecoupant de jurons ou de petits rires, d'exclamations de dépit ou de plaisir.

Enfin, après un quart d'heure de cet étrange exercice, il revint près du père Absinthe, posa sa lanterne sur le madrier, s'essuya les mains à son mouchoir et dit :

— Maintenant, je sais tout.

— Oh!... c'est peut-être beaucoup.

— Quand je dis tout, je veux dire tout ce qui se rattache à cet épisode du drame qui là-bas, chez la veuve Chupin, s'est dénoué dans le sang. Ce terrain vague, couvert de neige, est comme une immense page blanche où les gens que nous recherchons ont écrit, non seulement leurs mouvements et leurs démarches, mais encore leurs secrètes pensées, les espérances et les angoisses qui les agitaient. Que vous disent-elles, papa, ces empreintes fugitives? Rien. Pour moi, elles vivent comme ceux qui les ont laissées, elles palpitent, elles parlent, elles accusent!...

A part soi, le vieil agent de la sûreté se disait :

— Certainement, ce garçon est intelligent; il a des moyens, c'est incontestable. Seulement, il est toqué.

— Voici donc, poursuivait Lecoq, la scène que j'ai lue. Pendant que le meurtrier se rendait à la *Poivrière* avec les deux femmes, son compagnon, je l'appellerai son complice, venait l'attendre ici. C'est un homme d'un certain âge, de haute taille, — il a au moins un mètre quatre-vingts, — coiffé d'une casquette molle, vêtu d'un paletot marron de drap moutonneux, marié très probablement, car il porte une alliance au petit doigt de la main droite...

Les gestes désespérés de son vieux collègue le contraignirent de s'arrêter.

Ce signalement d'un individu dont l'existence n'était que bien juste démontrée, ces détails précis donnés d'un ton de certitude absolue, renversaient toutes les idées du père Absinthe et renouvelaient ses perplexités.

— Ce n'est pas bien, grondait-il, non, ce n'est pas délicat. Tu me parles de gratification; je prends la chose au sérieux, je t'écoute, je t'obéis en tout... et voilà que tu te moques de moi. Nous trouvons quelque chose, et au lieu d'aller de l'avant, tu t'arrêtes à conter des blagues...

— Non, répondit le jeune policier, je ne raille pas et je ne vous ai rien dit encore dont je ne sois matériellement sûr, rien qui ne soit la stricte et indiscutable vérité.

— Et tu voudrais que je croie...

— Ne craignez rien, papa, je ne violenterai pas vos convictions. Quand je vous aurai dit mes moyens d'investigation, vous rirez de la simplicité de ce qui, en ce moment, vous semble incompréhensible.

— Va donc, fit le bonhomme d'un ton résigné.

— Nous en étions, mon ancien, au moment où le complice montait ici la garde, et le temps lui durait. Pour distraire son impatience, il faisait les cent pas le long de cette pièce de bois, et par instants il suspendait sa monotone promenade pour prêter l'oreille. N'entendant rien, il frappait du pied, en se disant sans doute : « Que diable devient donc l'autre, là-bas?... » Il avait fait une trentaine de tours, je les ai comptés, quand un bruit sourd rompit le silence... Les deux femmes arrivaient.

Au récit de Lecoq, tous les sentiments divers dont se compose le plaisir de l'enfant écoutant un conte de fées, le doute, la foi, l'anxiété, l'espérance, se heurtaient et se brouillaient dans la cervelle du père Absinthe.

Que croire? que rejeter? Il ne savait. Comment discerner le faux du vrai, parmi toutes ces assertions également péremptoires?

D'un autre côté, la gravité du jeune policier, qui certes n'était pas feinte, écartait toute idée de plaisanterie.

Puis la curiosité l'aiguillonnait.

— Nous voici donc aux femmes, dit-il.

— Mon Dieu, oui, répondit Lecoq; seulement, ici la certitude cesse; plus de preuves, mais seulement des présomptions. J'ai tout lieu de croire que nos fugitives ont quitté la salle du cabaret dès le commencement de la bagarre, avant les cris qui nous ont fait accourir. Qui sont-elles? Je ne puis que le conjecturer. Je soupçonne cependant qu'elles ne sont pas de conditions égales. J'inclinerais volontiers à penser que l'une est la maîtresse, l'autre la servante.

— Il est de fait, hasarda le vieil agent, que la différence de leurs pieds et de leurs chaussures est considérable.

Cette observation ingénieuse eut le don d'arracher un sourire aux préoccupations du jeune policier.

— Cette différence, dit-il sérieusement, est quelque chose, mais ce n'est pas elle qui a fixé mon opinion. Si le plus ou moins de perfection des extrémités réglait les conditions sociales, beaucoup de maîtresses seraient servantes. Ce qui me frappe, le voici :

« Quand ces deux malheureuses sortent épouvantées de chez la Chupin, la femme au petit pied s'élance d'un bond dans le jardin, elle court en avant, elle entraîne l'autre, elle la distance. L'horreur de la situation, l'infamie du lieu, l'effroi du scandale, l'idée d'une situation à sauver, lui communiquent une merveilleuse énergie.

« Mais son effort, ainsi qu'il arrive toujours aux femmes délicates et nerveuses, ne dure que quelques secondes. Elle n'est pas à la moitié du chemin qu'il y a d'ici à la *Poivrière* que son élan se ralentit, ses jambes fléchissent. Dix pas plus loin, elle chancelle et trébuche. Quelques pas encore, elle s'affaisse si bien que ses jupes appuient sur la neige et y tracent un léger cercle.

« Alors intervient la femme aux souliers plats. Elle saisit sa compagne par la taille, elle l'aide, — et leurs empreintes se confondent ; puis la voyant décidément près de défaillir, elle la soulève entre ses robustes bras et la porte — et l'empreinte de la femme au petit pied cesse...

Lecoq inventait-il à plaisir ? Cette scène n'était-elle qu'un jeu de son imagination ?

Feignait-il cet accent absolu que donne la conviction profonde et sincère, et qui fait, pour ainsi dire, revivre la réalité ?

Le père Absinthe conservait l'ombre d'un doute, mais il entrevoyait un moyen infaillible d'en finir avec ses soupçons.

Il s'empara lestement de la lanterne et courut étudier ces empreintes qu'il avait regardées, qu'il n'avait pas su voir, qui avaient été muettes pour lui, et qui avaient livré leur secret à un autre.

Il dut se rendre. Tout ce que Lecoq avait annoncé, il le retrouva ; il reconnut les pas confondus, le cercle des jupons, la lacune des élégantes empreintes.

A son retour, sa contenance seule trahissait une admiration respectueusement ébahie, et c'est avec une nuance très saisissable de confusion qu'il dit :

— Il ne faut pas en vouloir à un vieux de la vieille, qui est un peu comme saint Thomas... J'ai touché du doigt, et je voudrais bien savoir la suite.

Certes, il s'en fallait que le jeune policier lui en voulût de son incrédulité.

— Ensuite, reprit-il, le complice qui avait entendu venir les fugitives court au-devant d'elles, et il aide la femme au large pied à porter sa compagne. Cette dernière se trouvait décidément mal. Aussitôt le complice retire sa casquette, et s'en sert pour épousseter la neige qui se trouvait sur le madrier. Puis, ne jugeant pas la place assez sèche, il l'essuie du pan de sa redingote.

« Ces soins sont-ils pure galanterie ou prévenance habituelle d'un subalterne ? Je me le suis demandé.

« Ce qui est positif, c'est que, pendant que la femme au petit pied reprenait ses sens, à demi étendue sur ce madrier, l'autre entraînait le complice à cinq ou six pas, à gauche, jusqu'à cet énorme bloc.

« Là, elle lui parle, et tout en l'écoutant, l'homme, machinalement, pose sur le bloc couvert de neige sa main qui y laisse une empreinte d'une merveilleuse netteté... Puis, l'entretien continuant, c'est son coude qu'il appuie sur la neige...

Comme tous les gens d'une intelligence bornée, le père Absinthe devait passer rapidement d'une défiance idiote à une confiance absurde.

Il pouvait tout croire désormais, par la même raison que d'abord il n'avait rien cru.

Sans notions sur les bornes des déductions et de la pénétration humaines, il n'apercevait pas de limites au génie conjectural de son compagnon.

C'est donc de la meilleure foi du monde qu'il lui demanda :

— Et que disaient le complice et la femme aux souliers plats ?

Si Lecoq sourit de cette naïveté, l'autre ne s'en douta pas.

— Il m'est assez difficile de répondre, fit-il ; je crois pourtant que la femme expliquait à l'homme l'immensité et l'imminence du danger de sa compagne, et qu'ils cherchaient à eux deux le moyen de le conjurer. Peut-être rapportait-elle des ordres donnés par le meurtrier. Le positif, c'est qu'elle finit en priant le complice de courir jusqu'à la *Poivrière* pour essayer de surprendre ce qui s'y passait. Et il y court, puisque sa piste de l'aller part de ce bloc de pierre.

— Et dire, s'écria le vieil agent, que nous étions dans le cabaret à ce moment !... Un mot de Gévrol et nous pincions la bande entière. Quelle déveine et quel malheur !...

Le désintéressement de Lecoq n'allait pas jusqu'à partager les regrets de son collègue.

L'erreur de Gévrol, il la bénissait, au contraire. N'était-ce pas à elle qu'il devait l'information de cette affaire que de plus en plus il jugeait mystérieuse, et que cependant il espérait pénétrer ?

— Pour finir, reprit-il, le complice ne tarde pas à reparaître, il a vu la scène, il a eu peur, il s'est hâté !... Il tremble que l'idée ne vienne aux agents qu'il a vus de battre les terrains vagues. C'est à la femme aux petits pieds qu'il s'adresse, il lui démontre la nécessité de la fuite, et que chaque minute perdue peut devenir mortelle. A sa voix, elle rassemble toute son énergie, elle se lève et s'éloigne au bras de sa compagne.

« L'homme leur a-t-il indiqué la route à suivre ? la connaissaient-elles ? Nous le saurons plus tard. Ce qui est acquis, c'est qu'il les a accompagnées à quelque distance pour veiller sur elles.

« Mais au-dessus de ce devoir de protéger ces deux femmes, il en a un plus sacré, celui de secourir s'il le peut son complice. Il rebrousse donc chemin, repasse par ici, et voici sa dernière piste qui s'éloigne dans la direction de la rue du Château-des-Rentiers. Il veut savoir ce que deviendra le meurtrier, il va se placer sur son passage...

Pareil au dilettante qui sait attendre, pour applaudir, la fin du morceau qui le transporte, le père Absinthe avait su contenir son admiration.

C'est seulement quand il vit que le jeune policier avait fini, qu'il lâcha la bride à son enthousiasme.

— Voilà une enquête !... s'écria-t-il. Et on dit que Gévrol est fort ! Qu'il y vienne donc !... Tenez, voulez-vous que je vous dise ? Eh bien ! comparé à vous, le Général n'est que de la Saint-Jean.

Certes la flatterie était grossière, mais sa sincérité n'était pas douteuse. Puis c'était la première fois que cette rosée de la louange tombait sur la vanité de Lecoq ; elle l'épanouit.

— Baste !... répondit-il d'un ton modeste, vous êtes trop indulgent, papa. En somme, qu'ai-je fait de si fort ? Je vous ai dit que l'homme avait un certain âge... ce n'était pas difficile après avoir examiné son pas lourd et traînant. Je vous ai fixé sa taille : la belle malice !... Quand je me suis aperçu qu'il s'était accoudé sur le bloc de pierre qui est là, à gauche, j'ai mesuré le susdit bloc. Il a un mètre soixante-sept, donc l'homme qui a pu y appuyer son coude a au moins un mètre quatre-vingts. L'empreinte de sa main m'a prouvé que je ne me trompais pas. En voyant qu'on avait enlevé la neige qui recouvrait le madrier, je me suis demandé avec quoi ; j'ai songé que ce pouvait être avec une casquette, et une marque laissée par la visière m'a prouvé que je ne me trompais pas.

« Enfin, si j'ai su de quelle couleur est son paletot, et de quelle étoffe, c'est que lorsqu'il a essuyé le bois humide des éclats de bois ont retenu ces petits flocons de laine marron que j'ai retrouvés et qui figureront aux pièces de conviction... Qu'est-ce que tout cela ? Rien. A peine avons-nous les premiers éléments de l'affaire... Nous tenons le fil, il s'agit d'aller jusqu'au bout... En avant donc !

Le vieux policier était électrisé, et comme un écho, il répéta :

— En avant ! ! !

V

Cette nuit-là les vagabonds réfugiés aux environs de la *Poivrière* dormirent peu, et encore d'un pénible sommeil, coupé de sursauts, troublé par l'affreux cauchemar d'une descente de police.

Réveillés par les détonations de l'arme du meurtrier, croyant à quelque collision entre des agents de la sûreté et un de leurs camarades, ils restèrent sur pieds pour la plupart, l'œil et l'oreille au guet, prêts à détaler comme une bande de chacals à la moindre apparence de danger.

D'abord, ils ne découvrirent rien de suspect.

MONSIEUR LECOQ

L'homme monta dans l'affreuse voiture le plus tranquillement du monde.

Mais plus tard, sur les deux heures du matin, lorsqu'ils se rassuraient, le brouillard s'étant un peu dissipé, ils furent témoins d'un phénomène bien fait pour raviver toutes leurs inquiétudes.

Au milieu des terrains déserts, que les gens du quartier appelaient « la plaine », une lumière petite et fort brillante décrivait les plus capricieuses évolutions.

Elle se mouvait comme au hasard, sans direction apparente, traçant les plus inexplicables zigzags, rasant le sol parfois, d'autres fois s'élevant, immobile par instants et la seconde d'après filant comme une balle.

En dépit du lieu et de la saison, les moins ignorants d'entre les coquins crurent à un feu follet, à une de ces flammes légères qui s'allument spontanément au-dessus des marais et flottent dans l'atmosphère au gré de la brise.

Ce feu follet... c'était la lanterne des deux agents de la sûreté qui continuaient leurs investigations...

Avant de quitter le chantier où il s'était si soudainement révélé à son premier disciple, Lecoq avait eu de longues et cruelles perplexités.

Il n'avait pas encore le coup d'œil magistral de la pratique. Il n'avait pas surtout la hardiesse et la promptitude de décision que donne un passé de succès.

Or, il hésitait entre deux partis également raisonnables, offrant chacun en sa faveur des probabilités et des arguments de même poids.

Il se trouvait entre deux pistes : celle des deux femmes, d'un côté, celle du complice du meurtrier, de l'autre.

A laquelle s'attacher ?.... Car, de pouvoir les relever toutes deux, il ne fallait pas l'espérer.

Assis sur le madrier qui lui semblait garder encore la chaleur du corps de la femme au petit pied, le front dans sa main, il réfléchissait, il pesait ses chances.

— Suivre l'homme, murmurait-il, cela ne m'apprendra rien que je ne devine. Il est allé s'embusquer sur le passage de la ronde, il l'a accompagnée de loin, il a regardé coffrer son complice, enfin il a sans doute rôdé autour du poste. En me jetant rapidement sur ses traces, puis-je espérer le rejoindre, me saisir de sa personne ? Non, trop de temps s'est écoulé...

Ce monologue, le père Absinthe l'écoutait avec une curiosité ardente et convaincue, anxieux autant que le naïf qui est allé consulter une somnambule pour un objet perdu, et qui attend l'oracle.

— Suivre les femmes, continuait le jeune policier, à quoi cela mènera-t-il ? Peut-être à une découverte importante, peut-être à rien !

« De ce côté, c'est l'inconnu avec toutes ses déceptions, mais aussi avec toutes ses chances heureuses.

Il se leva, son parti était pris.

— Eh bien !... s'écria-t-il, je choisis l'inconnu ! Nous allons, père Absinthe, nous attacher aux pas des deux femmes, et tant qu'ils nous guideront, nous irons...

Enflammés d'une ardeur pareille, ils se mirent en marche. Au bout de la voie où ils s'engageaient, ils apercevaient, ainsi qu'un phare magique, l'un la gratification, l'autre la gloire du succès.

Ils allaient grand train. Au début ce n'était qu'un jeu de suivre ces traces si distinctes qui s'éloignaient dans la direction de la Seine.

Mais ils ne tardèrent pas à être forcés de ralentir leur allure.

Le désert finissait, ils arrivaient aux confins de la civilisation pour ainsi dire, et à chaque instant des empreintes étrangères se mêlaient aux empreintes des fugitives, se confondaient avec elles, et parfois les effaçaient.

Puis, en beaucoup d'endroits, selon l'exposition ou la nature du sol, le dégel avait fait son œuvre, et il se rencontrait de grands espaces absolument débarrassés de neige.

La piste se trouvait alors interrompue, et ce n'était pas trop, pour la ressaisir, de toute la sagacité de Lecoq et de toute la bonne volonté de son vieux compagnon.

En ces occasions, le père Absinthe plantait sa canne en terre, près de la dernière empreinte relevée, et Lecoq et lui quêtaient et battaient le terrain autour de ce point de repaire, à la façon des limiers en défaut.

C'est alors que la lanterne évoluait si étrangement.

Dix fois, malgré tout, ils eussent perdu la voie ou pris le change, sans les élégantes bottines de la femme au petit pied.

Elles avaient, ces bottines, des talons si hauts, si étroits, si singulièrement échancrés, qu'ils rendaient une méprise impossible. Ils enfonçaient à chaque pas de trois ou quatre centimètres dans la neige ou dans la boue, et leur empreinte révélatrice restait nette comme celle du cachet sur la cire.

C'est grâce à ces talons que les agents reconnurent que les deux fugitives n'avaient pas remonté la rue du Patay, comme on devait s'y attendre. Sans doute elles l'avaient jugée peu sûre et trop éclairée.

Elle l'avaient traversée simplement, un peu au-dessous de la ruelle de la Croix-Rouge, et avaient profité d'un vide entre deux maisons pour se rejeter dans les terrains vagues.

— Décidément, murmura Lecoq, les coquines connaissent le pays.

En effet, elles en savaient si bien la topographie, qu'en quittant la rue du Patay, elles avaient brusquement tourné à droite, pour éviter de vastes tranchées ouvertes par des chercheurs de terre à brique.

Mais leur piste était redevenue on ne peut plus visible, et elle resta telle jusqu'à la rue du Chevaleret.

Là, par exemple, les indices cessèrent brusquement.

Lecoq releva bien huit ou dix empreintes de la fugitive aux souliers plats, mais ce fut tout.

Le terrain, il est vrai, ne se prêtait guère à une exploration de cette nature. La circulation avait été assez active dans la rue du Chevaleret, et s'il restait encore un peu de neige sur les trottoirs, le milieu de la chaussée était transformé en une rivière de boue.

— Les gaillardes ont-elles enfin songé que la neige pouvait les trahir, grommela le jeune policier, ont-elles pris la chaussée ?

A coup sûr, elles n'avaient pu traverser comme l'instant d'avant ; car de l'autre côté de la rue s'étendait le mur d'une fabrique.

— N, i, ni, prononça le père Absinthe, nous en sommes pour nos frais.

Mais Lecoq n'était pas d'une trempe à jeter le manche après la cognée pour un échec.

Animé de la rage froide de l'homme qui voit lui échapper l'objet qu'il croyait saisir, il recommença ses recherches, et bien lui en prit.

— J'y suis !... cria-t-il tout à coup, je devine, je vois !...

Le père Absinthe s'approcha. Il ne voyait ni ne devinait, lui, mais il n'en était plus à douter de son compagnon.

— Regardez là, lui dit Lecoq ; qu'apercevez-vous ?...

— Les traces laissées par les roues d'une voiture qui a tourné court.

— Eh bien !... papa, ces traces expliquent tout. Arrivées à cette rue, nos fugitives ont aperçu dans le lointain les lanternes d'un fiacre qui s'avançait, revenant de Paris. S'il était vide, c'était le salut. Elles l'ont attendu, et quand il a été à portée, elles ont appelé le cocher... Sans doute, elles lui ont promis un bon pourboire ; ce qui est clair, c'est qu'il a consenti à rebrousser chemin. Il a tourné court, elles sont montées en voiture.. et voilà pourquoi les empreintes finissent ici.

Cette explication ne dérida pas le bonhomme.

— Sommes-nous plus avancés, maintenant que nous savons cela ? dit-il.

Lecoq ne put s'empêcher de hausser les épaules.

— Espériez-vous donc, fit-il, que la piste des coquines nous conduirait à travers tout Paris jusqu'à la porte de leur maison ?

— Non, mais...

— Alors, que voulez-vous de mieux ? Pensez-vous que je ne saurai pas, demain, retrouver ce cocher ? Il rentrait à vide, cet homme, sa journée finie, donc sa remise est dans le quartier. Croyez-vous qu'il ne se souviendra pas d'avoir pris deux personnes rue du Chevaleret ? Il nous dira où il les a déposées, ce qui ne signifie rien, car elles ne lui auront certes pas donné leur adresse, mais il nous dira aussi leur signalement, comment elles étaient mises, leur air, leur âge, leurs façons. Et avec cela, et ce que nous savons déjà... ·

Un geste éloquent compléta sa pensée, puis il ajouta :

— Il s'agit, à présent, de regagner la *Poivrière*, et vite... Et vous, l'ancien, vous pouvez éteindre votre lanterne.

VI

Tout en jouant ferme des jambes pour se maintenir à la hauteur de son compagnon qui courait presque, tant il avait hâte d'être de retour à la *Poivrière*, le père Absinthe songeait, et une lumière toute nouvelle se faisait dans son cerveau.

Depuis vingt-cinq ans qu'il était à la Préfecture, le bonhomme avait vu, selon son expression, bien des collègues lui passer sur le corps, et conquérir après une année d'emploi une situation qu'on refusait à ses longs services.

En ce cas-là, il ne manquait jamais d'accuser ses supérieurs d'injustice, et ses rivaux heureux de basse flatterie.

Pour lui, l'ancienneté était le seul titre à l'avancement, l'unique, le plus beau, le plus respectable.

Quand il avait dit: « Faire des passe-droits à un ancien, à un vieux de la vieille, est une infamie, » il avait résumé son opinion, ses griefs et toutes ses amertumes.

Eh bien!... cette nuit-là, le père Absinthe découvrit qu'à côté de l'ancienneté il y avait quelque chose, et que « le choix » a sa raison d'être. Il s'avoua que ce conscrit qu'il avait traité si légèrement, venait d'entamer une information comme jamais lui, vétéran chevronné, n'eût su le faire.

Mais s'entretenir avec soi n'était pas le fort du bonhomme, il ne tarda pas à s'ennuyer de lui-même, et comme on arrivait à un passage assez difficile pour qu'il fût nécessaire de ralentir le train, il jugea le moment favorable à un bout de conversation.

— Vous ne dites rien, camarade, commença-t-il, et on jurerait que vous n'êtes pas content.

Ce vous, surprenant résultat des réflexions du vieil agent, aurait frappé Lecoq, si son esprit n'eût été à mille lieues de son compagnon.

— Je ne suis pas content, en effet, répondit-il.

— Allons donc!... Vous étiez gai comme pinson, il n'y a pas dix minutes.

— C'est qu'alors je ne prévoyais pas le malheur qui nous menace.
— Un malheur...
— Et très grand. Ne sentez-vous donc pas que le temps s'est incroyablement radouci. Il est clair que le vent est au sud. Le brouillard s'est dissipé, mais le temps est couvert, il menace... Il pleuvra peut-être avant une heure.
— Il tombe des gouttes déjà, je viens d'en sentir une...

Cette phrase fit sur Lecoq l'effet d'un coup de fouet donné à un cheval vigoureux. Il bondit et prit une allure encore plus précipitée, en répétant :

— Hâtons-nous!... hâtons-nous!...

Le bonhomme prit le pas de course, mais son esprit était on ne peut plus troublé de la réponse de son jeune compagnon.

Un grand malheur!... Le vent du sud!... La pluie!... Il ne voyait pas, non il ne pouvait voir le rapport.

Intrigué outre mesure, vaguement inquiet, il questionna, bien qu'il n'eût guère que juste assez d'haleine pour suffire à la course forcée qu'il fournissait.

— Parole d'honneur, dit-il, j'ai beau me creuser la tête...

Le jeune policier eut pitié de son anxiété.

— Quoi!... interrompit-il, toujours courant, vous ne comprenez pas que de ces nuages noirs que le vent pousse, dépendent le sort de notre enquête, mon succès, votre gratification!...

— Oh!...

— Il n'y a pas de oh! l'ancien, malheureusement. Vingt minutes d'une pluie douce et nous aurions perdu notre temps et nos peines. Qu'il pleuve, la neige fond et adieu nos preuves. Ah! c'est une fatalité! Marchons, marchons plus vite!... En êtes-vous à savoir qu'une enquête doit apporter autre chose que des paroles!... Quand nous affirmerons au juge d'instruction que nous avons vu des traces de pas, il nous répondra : Où? Et que dire?... Quand nous jurerons sur nos grands dieux que nous avons reconnu et relevé le pied d'un homme et de deux femmes, on nous dira : Faites un peu voir?... Qui sera penaud alors?... Le père Absinthe et Lecoq. Sans compter que Gévrol ne se fera pas faute de déclarer que nous mentons pour nous faire valoir et pour l'humilier...

— Par exemple!...

— Plus vite, papa, plus vite, vous vous indignerez demain. Pourvu qu'il ne pleuve pas!... Des empreintes si belles, si nettes, reconnaissables, qui seraient la confusion des coupables... Comment les conserver? Par quel procédé les solidifier?... J'y coulerais de mon sang, s'il devait s'y figer.

Le père Absinthe se rendait cette justice que sa part de collaboration jusqu'ici était des plus minimes.

Il avait tenu la lanterne.

Mais voici que pour acquérir des droits réels et solides à la gratification, une occasion, croyait-il, se présentait.

Il la saisit...

— Je sais, déclara-t-il, comment on opère pour mouler et conserver des pas marqués sur la neige.

A ces mots, le jeune policier s'arrêta net.

— Vous savez cela, vous? interrompit-il.

— Oui, moi, répondit le vieil agent, avec la nuance de fatuité d'un homme qui prend sa revanche. On a inventé le truc pour l'*affaire de la Maison-Blanche* qui a eu lieu l'hiver, au mois de décembre...

— Je me la rappelle.

— Eh bien!... il y avait sur la neige, dans la cour, une grande diablesse d'empreinte qui faisait le bonheur du juge d'instruction. Il disait qu'à elle seule elle était toute la question, et qu'elle vaudrait dix ans de travaux forcés de plus à l'accusé. Naturellement il tenait à la conserver. On fit venir un grand chimiste de Paris.

— Passez, passez!...

— Pour lors, je n'ai pas vu pratiquer la chose de mes yeux, mais l'expert m'a tout raconté en me montrant le bloc qu'on avait obtenu. Même il me disait qu'il m'expliquait cela à cause de ma profession, et pour mon éducation...

Lecoq trépignait d'impatience.

— Enfin, dit-il brusquement, comment s'y prenait-il?

— Attendez... j'y suis. On prend des plaques de gélatine de première qualité, bien transparentes, et on les met tremper dans de l'eau froide. Quand elles sont bien ramollies, on les fait chauffer et fondre au bain-marie, jusqu'à ce qu'elles forment une bouillie ni trop claire ni trop épaisse. On laisse refroidir cette bouillie jusqu'au point où elle ne coule plus que bien juste et on en verse une couche bien mince sur l'empreinte.

Lecoq était pris de cette irritation si naturelle après une fausse joie, quand on reconnaît qu'on a perdu son temps à écouter un imbécile.

— Assez!... interrompit-il durement; votre procédé est celui d'Hugolin, et on le trouve dans tous les manuels. Il est excellent, mais en quoi peut-il nous servir?... Avez-vous de la gélatine sur vous?...

— Pour cela, non...

— Ni moi non plus... Autant donc eût valu me conseiller de couler du plomb fondu dans les empreintes pour les fixer...

Ils reprirent leur course, et cinq minutes plus tard, sans un mot échangé, ils rentraient dans le cabaret de la veuve Chupin.

Le premier mouvement du bonhomme devait être de s'asseoir, de se reposer, de respirer... Lecoq ne lui en laissa pas le loisir.

— Haut le pied, papa! commanda-t-il; procurez-moi une terrine, un plat, un vase quelconque; donnez-moi de l'eau; réunissez tout ce qu'il y a de planches, de caisses, de vieilles boîtes dans cette cambuse.

Lui-même, pendant que son compagnon obéissait, il s'arma d'un tesson de bouteille et se mit à racler furieusement l'enduit de la cloison qui séparait en deux les pièces du rez-de-chaussée de la *Poivrière*.

Son intelligence, déconcertée par l'imminence d'une catastrophe imprévue, avait repris son équilibre. Il avait réfléchi, il s'était ingénié à chercher un moyen de conjurer l'accident... et il espérait.

Quand il eut à ses pieds sept ou huit poignées de poussière de plâtre, il en délaya la moitié dans de l'eau, de façon à former une pâte extrêmement peu consistante, et il mit le reste de côté dans une assiette.

— Maintenant, papa, dit-il, venez m'éclairer.

Une fois dans le jardin, le jeune policier chercha la plus nette et la plus profonde des empreintes, s'agenouilla devant et commença son expérience, palpitant d'anxiété.

Il répandit d'abord sur l'empreinte une fine couche de poussière de plâtre sec, et sur cette couche, avec des précautions infinies, il versa petit à petit son délayage, qu'il saupoudrait à mesure de poussière sèche.

O bonheur!... La tentative réussissait!... Le tout formait un bloc homogène et se moulait. Et après une heure de travail, il possédait une demi-douzaine de clichés, qui manquaient peut-être de netteté, mais fort suffisants encore comme pièces de conviction.

Lecoq avait eu raison de craindre; la pluie commençait.

Il eut encore néanmoins le temps de couvrir avec les planches et les caisses réunies par le père Absinthe un certain nombre de traces qu'il mettait ainsi, pour quelques heures, à l'abri du dégel.

Enfin, il respira. Le juge d'instruction pouvait venir.

VII

Il y a loin, de la *Poivrière* à la rue du Chevaleret, même en prenant par la « plaine » qui évite les détours.

Il n'avait pas fallu moins de quatre heures à Lecoq et à son vieux collègue pour recueillir au dehors leurs éléments d'information.

Lecoq, s'armant d'un canif, se mit à détacher adroitement les parcelles de boue qui adhéraient à la peau.

Et pendant tout ce temps, le cabaret de la veuve Chupin était resté grand ouvert, accessible au premier venu.

Pourtant, lorsque le jeune policier avait, à son retour, remarqué cet oubli des précautions les plus élémentaires, il ne s'en était pas inquiété.

Tout bien considéré, il était difficile de soupçonner de graves inconvénients à cette étourderie.

Qui donc serait venu, passé minuit, jusqu'à ce cabaret ? Sa redoutable renommée élevait autour de lui comme des fortifications. Les pires coquins n'y buvaient pas sans inquiétude, craignant, s'ils venaient à perdre conscience de leurs actes, d'être dépouillés par des voleurs au poivrier.

Il se pouvait, tout au plus, qu'un intrépide, revenant de danser à *l'Arc-en-ciel*, où il y avait bal de nuit, se sentant quelques sous en poche, et altéré par conséquent, eût été attiré par les lueurs qui s'échappaient de la porte.

Mais il suffisait d'un regard à l'intérieur pour mettre en fuite les plus braves.

En moins d'une seconde, le jeune policier avait envisagé toutes ces probabilités, mais il n'en avait soufflé mot au père Absinthe.

C'est que, peu à peu, l'ivresse de sa joie et de ses espérances s'était dissipée, il était revenu à son calme habituel et, faisant un retour sur soi, il n'était pas enchanté de sa conduite.

Qu'il expérimentât son système d'investigations sur le père Absinthe, comme l'apprenti tribun essaie sur ses amis ses moyens oratoires, rien de mieux.

Même, il avait accablé de sa supériorité le vétéran de la rue de Jérusalem, il l'en avait écrasé.

Le beau mérite et la rare victoire !... Le bonhomme était un bêta ; lui Lecoq, se croyait très fin... Était-ce une raison pour se pavaner et faire la roue ?...

Si encore il eût donné de sa force et de sa pénétration une preuve éclatante !... Mais qu'avait-il fait ?... Le mystère était-il éclairci ?... Le succès cessait-il d'être problématique ?... Pour un fil tiré, l'écheveau n'est pas débrouillé.

Cette nuit-là, sans doute, alors que se décidait son avenir de policier, il se jura que, s'il ne parvenait pas à se guérir de sa vanité, il s'efforcerait de la dissimuler.

C'est donc d'un ton fort modeste qu'il s'adressa à son compagnon.

— Nous en avons fini avec le dehors, dit-il ; ne serait-il pas sage de nous occuper de l'intérieur ?...

Tout semblait bien tel que l'avaient vu les deux agents en s'éloignant. Une chandelle fumeuse et charbonnée éclairait de ses reflets rougeâtres le même désordre, et les cadavres roidis des trois victimes.

Sans perdre une minute, Lecoq se mit à ramasser et à étudier un à un tous les objets renversés.

Quelques-uns étaient encore intacts. Ceci tenait à ce que la veuve Chupin avait reculé devant la dépense d'un carrelage, jugeant assez bon pour les pieds de ses pratiques le terrain même sur lequel était bâti le cabaret. Ce sol qui avait dû être uni autrefois, comme l'aire des fermes, s'était dégradé à la longue, et par les temps humides, par les jours de dégel, il n'était guère moins boueux que « la plaine » elle-même.

Les premières recherches donnèrent les débris d'un saladier, et une grande cuiller de fer, trop tordue pour n'avoir pas servi d'arme pendant la bataille.

Il était clair qu'aux premiers mots de la querelle, les victimes se régalaient de ce mélange d'eau, de vin et de sucre, classique aux barrières, sous le nom de vin à la française.

Après le saladier, les deux agents réunirent cinq de ces horribles verres de cabaret, lourds, à fonds très épais, qui semblent devoir contenir une demi-bouteille, et qui, en réalité, ne tiennent presque rien. Trois étaient brisés, deux entiers.

Il y avait eu du vin dans ces cinq verres... du même vin à la française. On le voyait, mais pour plus de sûreté, Lecoq appliqua sa langue sur l'espèce de mélasse bleuâtre restée au fond de chacun d'eux.

— Diable!... murmura-t-il d'un air inquiet.

Aussitôt il examina successivement le dessus de toutes les tables renversées.

Sur l'une d'elles, celle qui se trouvait entre la cheminée et la fenêtre, on distinguait les traces encore humides de cinq verres, du saladier et même de la cuiller.

Cette circonstance avait pour le jeune policier une énorme gravité.

Elle prouvait clairement que cinq personnes avaient vidé le saladier de compagnie. Mais quelles personnes?...

— Oh!... fit Lecoq sur deux tons différents. Oh!... ne serait-ce donc pas avec le meurtrier qu'étaient les deux femmes!...

Un moyen simple se présentait pour lever tous les doutes. C'était de voir si on ne découvrirait pas d'autres verres. On n'en découvrit qu'un, de la même forme que les autres, mais plus petit. On y avait bu de l'eau-de-vie.

Donc les femmes n'étaient pas avec le meurtrier, donc il ne s'était pas battu parce que les autres les avaient insultées, donc...

Du coup,, toutes les suppositions de Lecoq s'en allaient à vau-l'eau. C'était un premier échec, il s'en désolait en silence, quand le père Absinthe, qui n'avait pas cessé de fureter, poussa un cri.

Le jeune policier se retourna, il vit que l'autre était tout pâle.

— Qu'y a-t-il? demanda-t-il.

— Il y a que quelqu'un est venu en notre absence.

— Impossible!...

Ce n'était pas impossible, c'était vrai.

Lorsque Gévrol avait arraché le tablier de la veuve Chupin, il l'avait jeté sur les marches de l'escalier, aucun des agents n'y avait touché... Eh bien!... les poches de ce tablier étaient retournées : c'était une preuve cela, c'était l'évidence.

Le jeune policier était consterné, et la contraction de son visage disait l'effort de sa pensée.

— Qui peut être venu?... murmurait-il. Des voleurs?... C'est improbable...

Puis, après un long silence que le vieil agent se gardait bien d'interrompre :

— Celui qui est venu, s'écria-t-il, qui a osé pénétrer dans cette salle gardée par des cadavres d'hommes assassinés... celui-là ne peut être que le complice... Mais ce n'est pas assez d'un soupçon, il me faut une certitude, il me la faut, je la veux!...

Ah!... ils la cherchèrent longtemps, et ce n'est qu'après plus d'une heure d'efforts, que, devant la porte enfoncée par Gévrol, ils démêlèrent dans la boue, entre tous les piétinements, une empreinte qui se rapportait exactement à celles de l'homme qui était venu épier dans le jardin. Ils comparèrent, ils reconnurent les mêmes dessins formés par les clous, sous la semelle.

— C'est donc lui! dit le jeune policier. Il nous a guettés, il nous a vus nous éloigner et il est entré... Mais pourquoi?... Quelle nécessité pressante, irrésistible, a pu le décider à braver un danger imminent?...

Il saisit la main de son compagnon, et la serrant à la briser :

— Pourquoi?... continua-t-il violemment. Ah!... je ne le devine que trop. Il avait été laissé ici, oublié, perdu, quelque pièce de conviction qui devait éclairer les ténèbres de cette horrible affaire... Et pour la ressaisir, pour la reprendre, il s'est dévoué. Et dire que c'est par ma faute, par ma seule faute à moi, que cette preuve décisive nous échappe... Et je me croyais fort!... Quelle leçon!... Il fallait fermer la porte, un imbécile y eût songé...

Il s'interrompit et demeura bouche béante, la pupille dilatée, étendant le doigt vers un des coins de la salle.

— Qu'avez-vous? demanda le bonhomme effrayé.

Il ne répondit pas ; mais lentement, avec les mouvements roides d'un somnambule, il s'approcha de l'endroit qu'il avait désigné du doigt, se baissa, ramassa un objet fort menu, et dit :

— Mon étourderie ne méritait pas ce bonheur.

L'objet qu'il avait ramassé était une boucle d'oreille, du genre de celles que les joailliers appellent des boutons. Elle était composée d'un seul diamant, très gros. La monture était d'une merveilleuse délicatesse...

— Ce diamant, déclara-t-il, après un moment d'examen, doit valoir pour le moins cinq ou six mille francs.

— Vraiment ?...

— Je crois pouvoir l'affirmer.

Il n'eût pas dit : « Je crois, » quelques heures plus tôt, il eût dit carrément : « J'affirme ». Mais une première erreur était une leçon qu'il ne devait oublier de sa vie.

— Peut-être, objecta le père Absinthe, peut-être est-ce cette boucle d'oreille, que venait chercher le complice ?

— Cette supposition n'est guère admissible. Il n'eût point, en ce cas, fouillé le tablier de la Chupin. A quoi bon ?... Non, il devait courir après autre chose... après une lettre, par exemple...

Le vieux policier n'écoutait plus, il avait pris la boucle d'oreille, et l'examinait à son tour.

— Et dire, murmurait-il, émerveillé des feux du diamant, et dire qu'il est venu à la *Poivrière* une femme qui avait pour dix mille francs de pierres aux oreilles !... qui le croirait !

Lecoq hocha la tête d'un air pensif.

— Oui, c'est invraisemblable, répondit-il, incroyable, absurde... Et cependant, nous en verrons bien d'autres, si nous arrivons jamais — ce dont je doute — à déchirer le voile de cette mystérieuse affaire.

VIII

Le jour se levait triste et morne, quand Lecoq et son vieux collègue jugèrent leur information complète.

Il n'y avait plus dans le cabaret un pouce carré qui n'eût été exploré, scrupuleusement examiné, étudié pour ainsi dire à la loupe.

Restait à rédiger le rapport.

Le jeune policier s'assit devant une table et commença par esquisser le *plan du théâtre du meurtre*, plan dont la légende explicative devait aider singulièrement à l'intelligence de son récit :

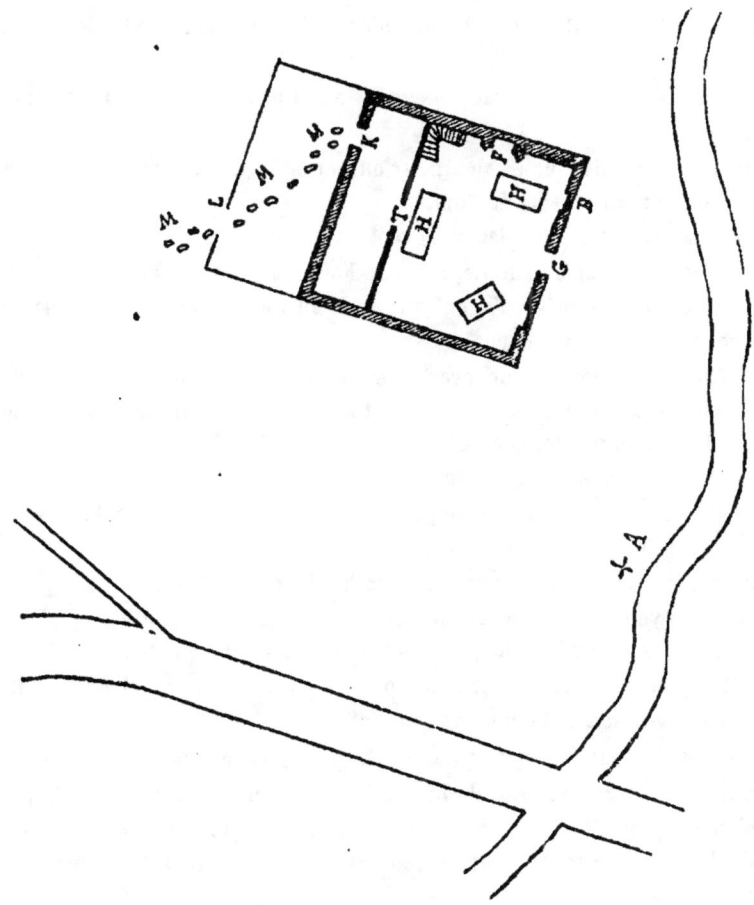

A. — Point d'où la ronde commandée par l'inspecteur du service de la sûreté, Gévrol, entendit les cris des victimes.
    (La distance de ce point au cabaret dit la *Poivrière* n'est que de 123 mètres, ce qui donne à supposer que ces cris étaient les premiers, que, par conséquent, le combat commençait seulement.)

B. — Fenêtre fermée par des volets pleins, dont les ouvertures permirent à l'un des agents d'apercevoir la scène de l'intérieur.

C. — Porte enfoncée par l'inspecteur de la sûreté, Gévrol.

D. — Escalier sur lequel était assise, pleurant, la veuve Chupin, arrêtée provisoirement.
    (C'est sur la troisième marche de cet escalier, que le tablier de la veuve Chupin fut plus tard retrouvé, les poches retournées.)

F. — Cheminée.

H, H, H. — Tables.
    (Les empreintes d'un saladier et de cinq verres ont été constatées sur celle qui se trouve entre les points F et B.)

T. — Porte communiquant avec l'arrière-salle du cabaret, devant laquelle le meurtrier armé se tenait debout.

K. — Seconde porte du cabaret, ouvrant sur le jardin, et par où pénétra celui des agents qui eut l'idée de couper la retraite du meurtrier.

L. — Portillon du jardinet, donnant sur les terrains vagues.

M. M. — Empreintes de pas sur la neige, relevées par les agents restés à la *Poivrière* après le départ de l'inspecteur Gévrol.

Dans cette notice explicative, Lecoq n'écrivait pas une seule fois son nom.

En exposant les choses qu'il avait imaginées ou faites, il mettait simplement: « un agent... »

Ce n'était pas modestie, mais calcul. A s'effacer à propos, on gagne un relief plus considérable quand on sort de l'ombre.

C'était par calcul aussi qu'il plaçait Gévrol en avant.

Cette tactique, un peu bien subtile, mais de bonne guerre, en somme, devait, pensait-il, appeler l'attention sur l'agent qui avait su agir quand tout l'effort du chef s'était borné à enfoncer une porte.

Ce qu'il rédigeait n'était pas un procès-verbal, acte authentique réservé aux seuls officiers de la police judiciaire, — c'était un simple rapport admis tout au plus à titre de renseignement, et cependant il le soignait comme un jeune général le bulletin de sa première victoire.

Tandis qu'il dessinait et écrivait, le père Absinthe se penchait au-dessus de son épaule pour voir.

Le plan, particulièrement, émerveillait le bonhomme. Il lui en était passé beaucoup sous les yeux, mais il s'était toujours figuré qu'il fallait être ingénieur, architecte, arpenteur tout au moins, pour exécuter un semblable travail. Point. Avec un mètre pour prendre quelques mesures et un bout de planche en guise de règle, ce conscrit, son collègue, se tirait d'affaire.

Sa considération pour Lecoq s'en augmenta prodigieusement.

Il est vrai que le digne vétéran de la rue de Jérusalem ne s'était aperçu, ni de l'explosion de la vanité du jeune policier, ni de son retour à une attitude modeste. Il n'avait vu ni ses inquiétudes, ni ses hésitations, ni les défauts de sa pénétration.

Après un bon moment, cependant, le père Absinthe se lassa de regarder courir la plume sur le papier. Il éprouvait le malaise d'une nuit passée, il se sentait la tête brûlante et il grelottait.

Puis, les genoux, ainsi qu'il le disait, lui rentraient dans le corps.

Peut-être aussi, sans en avoir conscience, éprouvait-il quelque impression de cette salle de cabaret, plus sinistre aux lueurs blafardes de l'aube.

Toujours est-il qu'il se mit à fureter dans les armoires et finit par découvrir, ô bonheur!... une bouteille d'eau-de-vie aux trois quarts pleine. Il eut une seconde d'hésitation, mais, ma foi!... il s'en versa un grand plein verre, qu'il lampa d'un trait.

— En voulez-vous? demanda-t-il après à son compagnon. Pour fameuse, non, elle ne l'est pas... Mais c'est égal, ça dégourdit et ça dissipe

Lecoq refusa, il n'avait pas besoin d'être dissipé. Toutes les facultés de son intelligence étaient en jeu. Il s'agissait qu'à la seule lecture du rapport, le juge d'instruction dît : « Qu'on m'aille quérir le gaillard qui a rédigé cela. » Tout son avenir de policier était dans cet ordre.

Et il s'attachait à être net, bref et précis, à bien indiquer comment ses soupçons au sujet du meurtrier étaient venus, avaient grandi, s'étaient confirmés. Il expliquait par quelle série de déductions il arrivait à établir une vérité qui, si elle n'était pas la vraie, était au moins une vérité assez probable pour servir de base à une instruction.

Puis, il détaillait les pièces de conviction placées en ce moment devant lui.

C'étaient les flocons de laine marron recueillis sur le madrier, la précieuse boucle d'oreille, les clichés des différentes empreintes du jardin, le tablier aux poches retournées de la veuve Chupin.

C'était le revolver du meurtrier, dont trois coups sur cinq étaient encore chargés.

L'arme, bien que sans ornements, était remarquablement belle et soignée, et sur la crosse elle portait le nom d'un des premiers armuriers de Londres : Stephen, 14, Skinner-street.

Lecoq sentait bien qu'en fouillant les victimes il rassemblerait d'autres indices, très précieux peut-être, mais cela, il n'osa pas le faire. Il était encore trop petit garçon pour hasarder une telle démarche. D'ailleurs, il comprenait que s'il se risquait, Gévrol, furieux de s'être fourvoyé, ne manquerait pas de crier qu'en dérangeant l'attitude des corps il avait rendu les constatations des médecins impossibles.

Il se consola cependant, et il relisait son rapport, modifiant de-ci et de-là quelques expressions, lorsque le père Absinthe, qui était allé fumer sa pipe sur le seuil de la porte, l'appela.

— Quoi de nouveau?... répondit Lecoq.

— Voici Gévrol et deux de nos collègues qui ramènent avec eux le commissaire et deux messieurs bien mis.

C'était, en effet, le commissaire de police qui arrivait, tout soucieux de ce triple meurtre qui ensanglantait son arrondissement, mais médiocrement inquiet.

Pourquoi se serait-il ému?

Gévrol, dont l'opinion en pareille matière faisait autorité, avait pris soin de le rassurer lorsqu'il était allé l'éveiller.

— Il ne s'agit, lui avait-il dit, que d'une batterie entre des pratiques à nous, des habitués de la *Poivrière*. Si tous ces mauvais gars-là pouvaient s'entre-détruire, nous serions plus tranquilles.

MONSIEUR LECOQ

— A moi! cet homme se tue.

Il ajoutait que le meurtrier était arrêté, coffré, que par conséquent cette affaire ne présentait aucun caractère d'urgence.

De plus, le crime n'avait pas, ne pouvait avoir le vol pour mobile. C'était énorme. La police en est venue à s'inquiéter des atteintes à la propriété plus, peut-être, que des attentats contre les personnes. Et c'est logique, à une époque où les ruses de la convoitise se substituent à l'énergie de la passion, où les scélérats audacieux deviennent rares tandis que les lâches filous pullulent.

Le commissaire ne vit donc pas d'inconvénient à attendre le jour pour procéder à son enquête sommaire.

Il avait vu le meurtrier, avisé le parquet, et maintenant il venait, sans trop de hâte, accompagné de deux médecins délégués par le procureur impérial pour les constatations médico-légales.

Il amenait aussi un sergent-major du 53ᵉ de ligne, requis par lui pour reconnaître, s'il y avait lieu, celui des morts qui portait l'uniforme, et qui, à en croire le chiffre des boutons de sa capote, appartenait au 53ᵉ régiment alors caserné dans les forts.

Moins encore que le commissaire, l'inspecteur de la sûreté s'inquiétait.

Il allait sifflotant, décrivant des moulinets avec sa canne qui ne le quittait jamais, se faisant fête de la déconfiture de ce drôle présomptueux qui avait voulu rester pour glaner là où il n'avait pas aperçu de moisson.

Aussi, dès qu'il fut à portée de voix, interpella-t-il le père Absinthe, lequel, après avoir prévenu Lecoq, était resté sur le seuil de la porte, adossé aux montants, tirant et renvoyant régulièrement des bouffées de sa pipe, immobile comme un sphinx fumeur.

— Eh bien!... vieux, cria Gévrol, avez-vous à nous raconter un bon gros mélodrame, bien noir et bien mystérieux?

— Je n'ai rien à raconter, moi, répondit le bonhomme, sans retirer la pipe soudée à ses lèvres, je suis trop bête, c'est connu... Mais M. Lecoq pourrait bien vous apprendre quelque chose sur quoi vous n'avez pas compté.

Ce titre : Monsieur, dont le vieil agent de la sûreté gratifiait son camarade, déplut si fort à Gévrol qu'il ne voulut pas comprendre.

— Qui ça?... fit-il, de qui parles-tu?

— De mon collègue, parbleu!... qui est en train de finir son rapport, de monsieur, Lecoq, enfin.

Sans malice, assurément, le bonhomme venait d'être le parrain du jeune policier. De ce jour, pour ses ennemis aussi bien que pour ses amis, il devint et resta Monsieur Lecoq. Monsieur, en toutes lettres.

— Ah! ah!... fit l'inspecteur, qui visiblement avait la puce à l'oreille. Ah!... il a découvert...

— Le pot aux roses que les autres n'avaient pas flairé... oui, général, c'est cela même.

Par cette seule phrase, le père Absinthe se faisait un ennemi de son chef. Mais Lecoq l'avait séduit. Il était du parti de Lecoq, lui, envers et contre tous, il était résolu à s'attacher à lui, à partager sa fortune mauvaise ou bonne.

— On verra bien! murmura l'inspecteur, qui à part soi se promettait de surveiller ce garçon, qu'un succès pouvait poser en rival.

Il n'ajouta rien de plus. Le groupe qu'il précédait arrivait, et il s'effaça pour livrer passage au commissaire de police.

Ce n'était pas un débutant, ce commissaire. Il avait été officier de paix au quartier du Faubourg du Temple aux beaux jours de l'*Épi-Scié* et des *Quatre-Billards*, et cependant il ne put maîtriser un mouvement d'horreur en pénétrant dans la salle de la *Poivrière*.

Le sergent-major du 53°, qui le suivait, un vieux brave médaillé et chevronné, fut plus impressionné encore. Il devint aussi pâle que les cadavres qui étaient là, à terre, et fut obligé de s'appuyer à la muraille.

Seuls les deux médecins furent stoïques.

Lecoq s'était levé, son rapport à la main; il avait salué, et, prenant une attitude respectueuse, il attendait qu'on l'interrogeât.

— Vous avez dû passer une nuit affreuse, dit le commissaire avec bonté, et sans utilité pour la justice, car toutes les investigations étaient superflues...

— Je crois pourtant, répondit le jeune policier, tout cuirassé de diplomatie, que je n'ai pas perdu mon temps. Je tenais à me conformer aux instructions de mon chef, j'ai cherché et j'ai trouvé bien des choses... J'ai acquis, par exemple, la certitude que le meurtrier avait un ami, sinon un complice, dont je pourrais presque donner le signalement... Il doit être d'un certain âge, et porter, si je ne me trompe, une casquette à coiffe molle et un paletot de drap marron moutonneux; quant à ses bottes...

— Tonnerre!... exclama Gévrol, et moi qui..

Il s'arrêta court, en homme dont l'instinct a devancé la réflexion, et qui voudrait bien pouvoir reprendre ses paroles.

— Et vous qui?... interrogea le commissaire. Que voulez-vous dire?

Furieux, mais trop avancé pour reculer, l'inspecteur de la sûreté s'exécuta.

— Voici la chose, dit-il. Ce matin, il y a une heure, pendant que je vous attendais, monsieur le commissaire, devant le poste de la barrière d'Italie, où est consigné le meurtrier, je vis venir de loin un individu dont le signalement n'est pas sans analogie avec celui que nous donne Lecoq. Cet homme me parut abominablement ivre, il chancelait, il trébuchait, il battait les murailles... Il essaya de traverser la chaussée, pourtant, mais parvenu au milieu il se coucha en travers, dans une position telle qu'il ne pouvait manquer d'être écrasé.

Lecoq détourna la tête, il ne voulait pas qu'on lût dans ses yeux qu'il comprenait.

— Voyant cela, poursuivit Gévrol, j'appelai deux sergents de ville, et je les priai de venir m'aider à faire lever ce malheureux. Nous allons à lui, déjà il paraissait endormi, nous le secouons, il se dresse sur son séant, nous lui disons qu'il ne peut rester là..., mais voilà qu'aussitôt il paraît pris d'une colère furieuse, il nous injurie, il nous menace, il essaye de nous frapper... Et ma foi!... nous le conduisons au poste, pour qu'il cuve du moins son vin en sûreté.

— Et vous l'avez enfermé avec le meurtrier? demanda Lecoq.

— Naturellement... Tu sais bien qu'au poste de la barrière d'Italie il n'y a que deux violons, un pour les hommes, l'autre pour les femmes; par conséquent...

Le commissaire réfléchissait.

— Ah!... voilà qui est fâcheux, murmura-t-il... et pas de remède.

— Pardon!... il en est un, objecta Gévrol. Je puis envoyer un de mes hommes jusqu'au poste, avec ordre de retenir le faux ivrogne...

D'un geste, le jeune policier osa l'interrompre.

— Peine perdue, prononça-t-il froidement. Si cet individu est le complice, il s'est dégrisé, soyez tranquille, et à cette heure il est loin.

— Alors... que faire? demanda l'inspecteur de son air le plus ironique. Peut-on connaître l'avis de... monsieur Lecoq?

— Je pense que le hasard nous offrait une occasion superbe, que nous n'avons pas su la saisir et que le plus court est d'en faire notre deuil et d'attendre qu'elle se représente.

Malgré tout, Gévrol s'entêta à dépêcher un de ses hommes, et dès qu'il se fut éloigné, Lecoq dut commencer la lecture de son rapport.

Il le débitait rapidement, évitant de mettre en relief les circonstances décisives, réservant pour l'instruction sa pensée intime; mais si forte était la logique de ses déductions, qu'à tout moment il était interrompu par les approbations du commissaire et les « très bien! » des médecins.

Seul, Gévrol qui représentait l'opposition, haussait les épaules à se démancher le cou, tout en verdissant de jalousie.

Le rapport terminé :

— Je crois, jeune homme, dit le commissaire à Lecoq, que seul en cette affaire vous avez vu juste... Je me suis trompé. Mais vos explications me font voir d'un tout autre œil l'attitude du meurtrier pendant que je l'interrogeais, il n'y a qu'un moment. C'est qu'il a refusé, oh!... obstinément, de me répondre... Il n'a même pas consenti à me dire son nom...

Il se tut un moment, rassemblant dans sa mémoire toutes les circonstances du passé, et d'un ton pensif il ajouta :

— Nous sommes, je le jurerais, en présence d'un de ces crimes mystérieux dont les mobiles échappent à la perspicacité humaine... d'une de ces ténébreuses affaires dont la justice n'a jamais le fin mot...

Lecoq dissimulait un fin sourire.

— Oh! pensait-il, nous verrons bien!...

IX

Jamais consultation au chevet d'un malade mourant de quelque mal inconnu, ne mit en présence deux médecins aussi différents que ceux qui, sur la réquisition du parquet, accompagnaient le commissaire de police.

L'un, grand, vieux, tout chauve, portait un large chapeau, et sur son vaste habit noir mal coupé, un paletot de forme antique. Celui-là était un de ces savants modestes, comme il s'en rencontre dans les quartiers excentriques de Paris, un de ces guérisseurs dévoués à leur art, qui, trop souvent, meurent ignorés après d'immenses services rendus.

Il avait ce calme débonnaire de l'homme qui, ayant ausculté toutes les misères humaines, comprend tout. Mais une conscience troublée ne soutenait pas son regard perspicace, plus aigu que ses lancettes.

L'autre, jeune, frais, blond, jovial, trop bien mis, cachait ses mains blanches et frileuses sous des gants de daim fourrés. Son œil ne savait que caresser ou rire. Il devait s'éprendre de toutes ces panacées miraculeuses qui chaque mois sautent des laboratoires de la pharmacie à la quatrième page des journaux. Il avait dû écrire plus d'un article de « médecine à l'usage des gens du monde, » dans les feuilles de sport.

— Je vous demanderai, messieurs, leur dit le commissaire de police, de vouloir bien commencer votre expertise par l'examen de celle des victimes qui porte le costume militaire. Voici un sergent-major, requis pour une simple question d'identité, que je voudrais renvoyer le plus tôt possible à sa caserne.

Les deux médecins répondirent par un geste d'assentiment, et aidés par le père Absinthe et un autre agent, ils soulevèrent le cadavre et l'étendirent sur deux tables, préalablement mises bout à bout.

Il n'y avait pas lieu à étudier l'attitude du corps, pour en tirer quelque éclaircissement, puisque le malheureux qui râlait encore à l'arrivée de la ronde avait été déplacé avant d'expirer.

— Approchez-vous, sergent, commanda le commissaire de police, et regardez bien cet homme.

C'est avec une très visible répugnance que le vieux troupier obéit.

— Quel est l'uniforme qu'il porte? continua le commissaire.

— Celui du 53ᵉ de ligne, 2ᵉ bataillon, compagnie des voltigeurs.

— Le reconnaissez-vous?

— Aucunement.

— Vous êtes sûr qu'il n'appartient pas à votre régiment

— Ça, je ne puis l'affirmer; il y a au dépôt des conscrits que je n'ai jamais vus. Mais je suis prêt à affirmer qu'il n'a jamais fait partie du 2ᵉ bataillon, qui est le mien, de la compagnie des voltigeurs dont je suis le sergent-major

Lecoq, resté à l'écart jusque-là, s'avança

— Peut-être serait-il bon, dit-il, de voir le numéro matricule des effets de cet homme.

— L'idée est bonne, approuva le sergent.

— Voici toujours son képi, ajouta le jeune policier, il porte au fond le numéro 3,129.

On suivit le conseil de Lecoq, et il fut reconnu que chacune des pièces de l'habillement de cet infortuné, était timbrée d'un numéro différent.

— Parbleu!... murmura le sergent, il en a de toutes les paroisses... C'est singulier tout de même!...

Invité à vérifier scrupuleusement ses assertions, le brave troupier redoubla d'application, rassemblant par un effort toutes ses facultés intellectuelles

— Ma foi!... dit-il enfin, je parierais mes galons qu'il n'a jamais été militaire. Ce particulier doit être un pékin qui se sera déguisé comme cela par farce, à l'occasion du dimanche gras.

— A quoi reconnaissez-vous cela?...

— Dame!... je le sens mieux que je ne puis l'expliquer. Je le reconnais à ses cheveux, à ses ongles, à sa tenue, à un certain je ne sais quoi, enfin à tout et à rien... Et tenez, le pauvre diable ne savait seulement pas se chausser, il a lacé ses guêtres à l'envers.

Il n'y avait évidemment plus à hésiter après ce témoignage, qui venait confirmer la première observation de Lecoq.

— Cependant, insista le commissaire, si cet individu est un pékin, comment s'est-il procuré ces effets? Peut-il les avoir empruntés à des hommes de votre compagnie?

— A la grande rigueur, oui... mais il est difficile de l'imaginer,

— Est-il du moins possible de s'en assurer?
— Oh!... très bien. Je n'ai qu'à courir à la caserne et à ordoner une revue d'habillement.
— En effet, approuva le commissaire, le moyen est bon.

Mais Lecoq venait d'en imaginer un aussi concluant et plus prompt.

— Un mot, sergent, dit-il. Est-ce que les régiments ne vendent pas de temps à autre, aux enchères publiques, les effets hors de service?
— Si... tous les ans une fois au moins, après l'inspection.
— Et ne fait-on pas une remarque aux vêtements ainsi vendus?
— Pardonnez-moi.
— Alors, voyez donc si l'uniforme de ce malheureux ne présente pas des traces de cette remarque.

Le sous-officier retourna le collet de la capote, visita la ceinture du pantalon, et dit :
— Vous avez raison... ce sont des effets réformés.

L'œil du jeune policier brilla, mais ce ne fut qu'un éclair.

— Il faut donc, observa-t-il, que ce pauvre diable ait acheté ce costume. Où?... Au Temple nécessairement, chez un de ces richissimes marchands qui font en gros le commerce des effets militaires. Ils ne sont que cinq ou six, j'irai de l'un à l'autre, et celui qui a vendu cet uniforme reconnaîtra certainement sa marchandise à quelque signe...
— Et cela nous mènera loin, grommela Gévrol.

Loin ou non, l'incident était vidé. Le sergent-major, à sa grande satisfaction, reçut l'autorisation de se retirer, non sans avoir été prévenu, toutefois, que très probablement le juge d'instruction aurait besoin de sa déposition.

Le moment était venu de fouiller le faux soldat, et le commissaire de police, qui se chargea en personne de cette opération, espérait bien qu'elle donnerait pour résultat une manifestation quelconque de l'identité de cet inconnu.

Il opérait, et dictait en même temps à un agent son procès-verbal, c'est-à-dire la description minutieuse de tous les objets qu'il rencontrait.

C'était : Dans la poche droite du pantalon : du tabac à fumer, une pipe de bruyère et des allumettes.

Dans la poche gauche : un porte-monnaie en cuir très crasseux, en forme de portefeuille, renfermant sept francs soixante centimes, et un mouchoir de poche en toile, assez propre, mais sans marque.

Et rien autre !...

Le commissaire se désolait, lorsque, tournant et retournant le porte-monnaie, il découvrit un compartiment qui lui avait échappé, par cette raison qu'il était dissimulé sous un repli de cuir.

Dans ce compartiment était un papier soigneusement plié. Il le déplia et lut à haute voix ce billet :

« Mon cher Gustave,

« Demain, dimanche soir, ne manque pas de venir au bal de l'*Arc-en-ciel*, selon nos conventions. Si tu n'as plus d'argent, passe chez moi, j'en laisse à mon concierge qui te le remettra.

« Sois là-bas à huit heures. Si je n'y suis pas déjà, je ne tarderai pas à paraître.

« Tout va bien,

« Lacheneur. »

Hélas !... qu'apprenait-elle, cette lettre ! Que le mort s'appelait Gustave ; qu'il était en relations avec Lacheneur, lequel lui avançait de l'argent pour une certaine chose, et que de plus ils s'étaient rencontrés à l'*Arc-en-ciel* quelques heures avant le meurtre.

C'était peu, bien peu !... C'était quelque chose, cependant ; c'était un indice, et dans ces ténèbres absolues, il suffit parfois, pour se guider, de la plus chétive lueur.

— Lacheneur !... grommela Gévrol, le pauvre diable prononçait ce nom dans son agonie...

— Précisément, insista le père Absinthe, et même il voulait se venger de lui... Il l'accusait de l'avoir attiré dans un piège... Le malheur est que le dernier hoquet lui a coupé la parole...

Lecoq se taisait. Le commissaire de police lui avait tendu la lettre, et il l'étudiait avec une incroyable intensité d'attention.

Le papier était ordinaire, l'encre bleue. Dans un des angles était un timbre à demi-effacé ne laissant distinguer que ce nom : Beaumarchais

C'était assez pour Lecoq.

— Cette lettre, pensa-t-il, a certainement été écrite dans un café du boulevard Beaumarchais... Lequel ? je le saurai, car c'est ce Lacheneur qu'il faut retrouver.

Pendant que, réunis autour du commissaire, les hommes de la Préfecture tenaient conseil et délibéraient, les médecins abordaient la partie délicate et véritablement pénible de leur tâche.

Avec le secours de l'obligeant père Absinthe, ils avaient dépouillé de ses vêtements le corps du faux soldat, et, penchés sur leur « sujet », comme les chirurgiens du « cours d'anatomie », les manches retroussées, ils l'examinaient, l'inspectaient, l'évaluaient physiquement.

MONSIEUR LECOQ

En désespoir de cause Lecoq s'adressa au chef des gardiens.

Volontiers le jeune docteur-artiste eût enjambé des formalités très ridicules selon lui, et tout à fait superflues ; mais le vieux avait de la mission du médecin-légiste une opinion trop haute pour faire bon marché du plus menu détail.

Minutieusement, avec la plus scrupuleuse exactitude, il notait la taille du mort, son âge présumé, la nature de son tempérament, la couleur et la longueur de ses cheveux, relatant l'état de son embonpoint et le degré de développement de son système musculaire.

Ensuite, ils passèrent à l'examen de la blessure.

Lecoq avait bien vu. Les docteurs constatèrent une fracture à la base du crâne. Elle ne pouvait, déclarait leur rapport, avoir été produite que par l'action d'un instrument contondant à large surface, ou par un choc violent de la tête contre un corps très dur, d'une certaine étendue.

Or, nulle arme n'avait été retrouvée, autre que le revolver, dont la crosse n'était pas assez forte pour produire une telle blessure.

Il fallait donc, de toute nécessité, qu'il y ait eu une lutte corps à corps entre le faux soldat et le meurtrier, et que ce dernier, saisissant son adversaire par le cou, lui eût fracassé la tête contre le mur.

La présence d'ecchymoses très petites et très nombreuses autour du cou donnait à ces conclusions une vraisemblance absolue.

Ils ne relevèrent d'ailleurs aucune autre lésion ; pas une contusion, pas une égratignure, rien.

Ne devenait-il pas dès lors évident, que cette lutte si acharnée, mortelle, avait dû être excessivement courte ?

Entre l'instant où la ronde avait entendu un cri et le moment où Lecoq avait vu par la découpure du volet tomber la victime, tout avait été consommé.

L'examen des deux autres individus « homicidés », pour parler la langue de la médecine légale, exigeait des précautions différentes, sinon plus grandes.

Leur position avait été respectée ; ils gisaient en travers de la cheminée comme ils étaient tombés, et leur attitude devait fournir des indices précieux.

Elle était telle, cette attitude, qu'il ne pouvait même venir à l'idée que leur mort n'eût pas été instantanée.

Tous deux étaient étendus sur le dos, les jambes allongées, les mains largement ouvertes.

Pas de crispations, de torsions de muscles, nulle trace de combat, ils avaient été foudroyés.

Leur physionomie, à l'un et à l'autre, exprimait l'épouvante arrivée à son paroxysme. Ce qui devait faire présumer, l'opinion de Devergie admise, que le dernier sentiment de leur existence avait été non la colère et la haine, mais la terreur...

— Ainsi, disait le vieux docteur, je suis autorisé à imaginer qu'ils ont dû être stupéfiés par quelque spectacle absolument imprévu, étrange, effrayant... Cette expression terrifiée que je leur vois, je ne l'ai surprise qu'une fois, sur les traits d'une brave femme, morte subitement du saisissement qu'elle éprouva en voyant entrer chez elle un de ses voisins qui s'était déguisé en fantôme, pour lui faire une bonne farce.

Ces explications du médecin, Lecoq les buvait, pour ainsi dire, et il cherchait à les ajuster aux vagues hypothèses qui surgissaient du fond de sa pensée.

Mais qui pouvaient être ces individus, accessibles à une telle peur ?

Garderaient-ils comme l'autre le secret de leur identité ?

Le premier que les docteurs examinèrent avait dépassé la cinquantaine. Ses cheveux étaient rares et blanchissaient ; toute sa barbe était rasée, à l'exception d'une grosse touffe rousse et rude qui s'épanouissait sous son menton très proéminent.

Il était misérablement vêtu, d'un pantalon qui s'effiloquait sur des bottes lugubrement éculées, et d'une blouse de laine noire toute maculée.

Celui-là, le vieux docteur le déclara, avait été tué d'un coup de feu tiré à bout portant : la largeur de la plaie circulaire, l'absence de sang sur les bords, la peau rétractée, les chairs dénudées, noircies, brûlées, le démontraient avec une précision mathématique.

L'énorme différence des plaies d'armes à feu selon la distance, sauta aux yeux quand les médecins arrivèrent à l'autopsie du dernier de ces malheureux.

La balle qui lui avait donné la mort avait été tirée à plus d'un mètre de lui, et sa blessure n'avait rien de l'aspect hideux de l'autre.

Cet individu, plus jeune de quinze ans au moins que son compagnon, était petit, trapu et remarquablement laid.

Sa figure, complètement imberbe, était toute couturée par la petite vérole

Sa tenue était celle des pires rôdeurs de barrières. Il portait un pantalon à carreaux gris sur gris, et une blouse ouverte à revers. Ses bottines avaient été cirées. La petite casquette cirée, tombée près de lui, devait bien accompagner sa coiffure prétentieuse et sa cravate à la Collin...

Mais voilà tout ce que le rapport des médecins dégagé de ses termes techniques, voilà tout ce que les investigations les plus attentives fournirent de renseignements.

Vainement les poches de ces deux hommes avaient été explorées, fouillées ; elles ne contenaient rien qui pût mettre sur la trace de leur personnalité, de leur nom, de leur situation sociale, de leur profession.

Non rien, pas une indication même vague, pas une lettre, pas une adresse, pas un chiffon de papier ; rien, pas même un de ces menus objets d'un usage personnel, comme une blague, un couteau, une pipe, qui peuvent devenir une occasion de reconnaissance, de constatation d'identité.

Du tabac dans un sac de papier, des mouchoirs de poche sans marque, des cahiers à cigarettes, voilà tout ce qu'on avait réuni.

Le plus âgé avait soixante-sept francs, à même son gousset : le plus jeune était nanti de deux louis...

Ainsi, rarement la police s'était trouvée en présence d'une aussi grave affaire avec aussi peu de renseignements.

A l'exception du fait lui-même, trop prouvé par trois victimes, elle ignorait tout, les circonstances et le mobile, et les probabilités entrevues, loin de dissiper les ténèbres, les épaississaient.

Certes, il était à espérer qu'avec du temps, de l'obstination, des recherches et les puissants moyens d'investigation dont dispose la rue de Jérusalem, on arriverait jusqu'à la vérité...

Mais, en attendant, tout était mystère, à ce point qu'on en était à se demander de quel côté réellement était le crime.

Le meurtrier était arrêté, mais s'il persistait dans son mutisme, comment lui jeter son nom à la face? Il protestait de son innocence, comment l'accabler des preuves de sa culpabilité?

Des victimes, on ignorait tout... Et l'une d'elle s'accusait.

Une inexplicable influence liait la langue de la veuve Chupin.

Deux femmes, dont l'une pouvait perdre à la *Poivrière* une boucle d'oreille de 5,000 francs, avaient assisté à la lutte... puis disparu.

Un complice, après deux traits d'une audace inouïe, s'était échappé...

Et tous ces gens, le meurtrier, les femmes, la cabaretière, le complice et les victimes, étaient également suspects, inquiétants, étranges, également soupçonnés de n'être pas ce qu'ils semblaient être.

Aussi le commissaire, d'une voix attristée, résumait ses impressions. Peut-être songeait-il qu'il aurait, au sujet de tout cela, un quart d'heure difficile à la Préfecture.

— Allons, dit-il enfin, il faudra transporter ces trois individus à la Morgue. Là, on les reconnaîtra sans doute.

Il se recueillit et ajouta :

— Et dire que l'un de ces morts est peut-être Lacheneur...

— C'est peu probable, dit Lecoq. Le faux soldat, demeuré le dernier vivant, avait vu tomber ses deux compagnons. S'il eût supposé Lacheneur tué, il n'eût pas parlé de vengeance.

Gévrol, qui depuis deux deux heures affectait de rester à l'écart, s'était rapproché. Il n'était pas homme à se rendre même à l'évidence.

— Si monsieur le commissaire, dit-il, veut m'en croire, il s'en tiendra à mon opinion, un peu plus positive que les rêveries de M. Lecoq.

Un roulement de voiture devant la porte du cabaret l'interrompit, et l'instant d'après le juge d'instruction entrait.

X

Il n'était personne à la *Poivrière* qui ne connût, au moins de vue, le juge d'instruction qui arrivait, et Gévrol, vieil habitué du Palais de Justice, murmura son nom.

M. Maurice d'Escorval.

Il était fils de ce fameux baron d'Escorval qui, en 1815, faillit payer de sa vie son dévouement à l'Empire, et dont Napoléon, à Sainte-Hélène, faisait ce magnifique éloge :

« Il existe, je le crois, des hommes aussi honnêtes ; mais plus honnêtes, non, ce n'est pas possible. »

Entré jeune dans la magistrature, doué de remarquables aptitudes, M. d'Escorval semblait promis aux plus hautes destinées. Il trompa les pronostics en refusant obstinément toutes les situations qui lui furent offertes, pour conserver près du tribunal de la Seine ses modestes et utiles fonctions.

Il disait, pour expliquer ses refus, qu'il tenait au séjour de Paris plus qu'à l'avancement le plus envié, et on ne comprenait pas trop cettepassion de sa part. Malgré ses brillantes relations, en effet, et en dépit de sa fortune très considérable depuis la mort d'un frère aîné, il menait l'existence la plus retirée, cachant sa vie, ne se révélant que par son travail obstiné et par le bien qu'il répandait autour de lui.

C'était alors un homme de quarante-deux ans, qui paraissait plus jeune que son âge, encore que son front commençât à se dégarnir.

On eût admiré sa physionomie sans l'inquiétante immobilité qui la déparait sans le pli sarcastique de ses lèvres trop minces, sans l'expression morne de ses yeux d'un bleu pâle.

Dire qu'il était froid et grave, eût été mal dire, et trop peu. Il était la gravité et la froideur mêmes avec une nuance de hauteur...

Saisi dès le seuil du cabaret par l'horreur du spectacle, c'est à peine si M. d'Escorval accordait aux médecins et au commissaire un salut distrait. Les autres ne comptaient pas pour lui.

Déjà, toutes ses facultés étaient en jeu. Il étudiait le terrain, arrêtant son regard aux moindres objets, avec cette sagacité attentive du juge qui sait le poids d'un détail et qui comprend l'éloquence des circonstances extérieures.

— C'est grave !.. dit-il enfin, bien grave !

Le commissaire de police, pour toute réponse, leva les bras au ciel, geste qui traduisait bien sa pensée :

— A qui le dites-vous !...

Le fait est que, depuis deux heures, le digne commissaire trouvait cruellement lourde sa responsabilité, et qu'il bénissait le magistrat qui l'en déchargeait.

— Monsieur le procureur impérial n'a pu m'accompagner, reprit M. d'Escorval, il n'a pas le don d'ubiquité, et je doute qu'il lui soit possible de venir me rejoindre. Commençons donc nos opérations...

Jusqu'ici la curiosité des assistants était déçue, aussi le commissaire fut-il l'interprète du sentiment général lorsqu'il dit :

— Monsieur le juge d'instruction a sans doute interrogé le coupable, et il doit savoir...

— Je ne sais rien, interrompit M. d'Escorval, qui parut fort surpris de l'interpellation.

Il s'assit sur cette réponse, et pendant que son greffier rédigeait les préliminaires de tout procès-verbal de constat, il se mit, lui, à lire le rapport écrit par Lecoq.

Blotti dans l'ombre, pâle, ému, fiévreux, le jeune policier s'efforçait de surprendre sur l'impassible visage du magistrat un indice de ses impressions.

C'était son avenir qui se décidait, qui allait dépendre d'un oui ou d'un non.

Et ce n'était plus à une intelligence obtuse comme celle du père Absinthe qu'il s'adressait, mais à une perspicacité supérieure.

— Si encore, pensait-il, je pouvais plaider ma cause !.. Mais qu'est la phrase écrite, comparée à la phrase parlée, mimée, vivante, palpitante de l'émotion des convictions de qui la prononce...

Bientôt il se sentit rassuré.

La figure du juge d'instruction gardait son immobilité, mais il hochait la tête, en signe d'approbation, et même, par instants, un détail plus ingénieux que les autres lui arrachait une exclamation : «Pas mal !... très bien !...»

Lorsqu'il eut achevé :

— Tout ceci, dit-il au commissaire, ne ressemble guère à votre rapport de ce matin, qui présentait cette ténébreuse affaire comme une bataille entre quelques misérables vagabonds.

L'obervation n'était que trop juste, et le commissaire n'en était pas à regretter d'être resté chaudement au lit, s'en remettant absolument à Gévrol.

— Cematin, répondit-il évasivement, j'avais résumé les impressions premières ; elles ont été modifiées par les recherches ultérieures, de sorte que...

— Oh! interrompit le juge, je ne vous fais aucun reproche, je n'ai que des félicitations à vous adresser, au contraire... On n'agit pas mieux ni plus vite. Toute cette information révèle une grande pénétration, et les résultats en sont surtout exposés avec une clarté et une précision rares.

Lecoq eut comme un éblouissement.

Le commissaire, lui, hésita une seconde.

La tentation lui venait de confisquer l'éloge à son profit.

S'il la repoussa, c'est qu'il était honnête et que de plus il ne lui déplaisait pas de faire pièce à Gévrol, pour le punir de sa légèreté présomptueuse.

— Je dois avouer, dit-il enfin, que l'honneur de cette enquête ne me revient pas.

— Dès lors, à qui l'attribuer, sinon à l'inspecteur du service de la sûreté ?

Ainsi pensa M. d'Escorval, non sans surprise, car ayant déjà employé Gévrol il était loin de lui soupçonner l'ingéniosité, le style surtout, du rapport.

— C'est donc vous, lui demanda-t-il, qui avez si rondement conduit cette affaire?

— Ma foi, non !... répondit l'homme de la Préfecture, je n'ai pas tant d'esprit que ça, moi !... Je me contente de relever ce que je découvre, et je dis : Voilà. Je veux bien être pendu si toutes les imaginations de ce rapport existent ailleurs que dans la cervelle de celui qui l'a fait... Des blagues, quoi !

Peut-être était-il de bonne foi, étant de ces gens que l'amour-propre aveugle à ce point que, les yeux crevés par l'évidence, ils la nient.

— Cependant, insista le juge, les femmes dont voici les empreintes ont existé !... Le complice qui a laissé sur un madrier ces flocons de laine est un être réel... Cette boucle d'oreille est un indice réel, palpable...

Gévrol se tenait à quatre pour ne pas hausser les épaules.

— Tout cela, dit-il, s'explique sans qu'il soit besoin de chercher midi à quatorze heures. Que le meurtrier ait un complice... c'est possible. La présence des femmes est naturelle : partout où il y a des filous on rencontre des voleuses. Quant au diamant, que prouve-t-il?... Que les coquins avaient fait un bon coup, qu'ils étaient venus ici partager le butin, et que du partage est venue la querelle...

C'était une explication, et si plausible, que M. d'Escorval garda le silence, se recueillant avant de prendre une détermination.

— Décidément, déclara-t-il enfin, j'adopte l'hypothèse du rapport... Quel en est l'auteur?

La colère rendait Gévrol plus rouge qu'un homard.

— L'auteur, répondit-il, est un de mes agents que voici, un fort et adroit, monsieur Lecoq!... Allons, malin, approche qu'on te voie...

Le jeune policier s'avança, les lèvres contractées par ce sourire de satisfaction qu'on appelle familièrement « la bouche en cœur ».

— Mon rapport n'est qu'un sommaire, monsieur, commença-t-il, mais j'ai certaines idées...

— Vous me les direz si je vous interroge, dit le juge.

Et sans se soucier du désappointement de Lecoq, il prit dans le portefeuille de son greffier deux imprimés qu'il remplit et qu'il tendit à Gévrol en disant :

— Voici deux mandats de dépôt... faites prendre, au poste où ils sont consignés, l'inculpé et la maîtresse de ce cabaret, et qu'on les conduise à la Préfecture, où on les tiendra au secret.

Cet ordre donné, M. d'Escorval se retournait déjà vers les médecins, quand le jeune policier, au risque d'une rebuffade nouvelle, intervint.

— Oserais-je, demanda-t-il, prier monsieur le juge de me confier cette mission?

— Impossible, je puis avoir besoin de vous ici.

— C'est que, monsieur, j'aurais aimé, pour recueillir certains indices, une occasion qui ne se représentera pas...

Le juge d'instruction comprit peut-être les intentions du jeune agent.

— Soit donc, répondit-il, mais en ce cas vous m'attendrez à la Préfecture où je me transporterai dès que j'aurai terminé ici... Allez!...

Lecoq ne se fit pas répéter la permission; il s'empara des mandats et s'élança dehors.

Il ne courait pas, il volait à travers les terrains vagues. Des fatigues de la nuit, il ne ressentait plus rien. Jamais il ne s'était senti le corps si dispos et si alerte, l'esprit si net et si lucide.

Il espérait, il avait confiance, et il eût été parfaitement heureux, s'il eût eu affaire à un tout autre juge d'instruction.

M. d'Escorval le gênait et le glaçait au point de paralyser ses moyens. Puis, de quel air de dédain il l'avait toisé, de quel ton impératif il lui avait imposé silence, et cela lorsqu'il venait de louer son travail.

— Mais bast!... se disait-il, est-ce qu'on a jamais ici-bas une joie sans mélange!...

Et il courait...

— Madame, lui dit poliment Lecoq en lui présentant le foulard...

XI

Quand, après vingt minutes de course, Lecoq arriva à l'entrée de la route de Choisy, le chef de poste de la place d'Italie faisait les cent pas, la pipe aux dents, devant son corps de garde.

À son air soucieux, au coup d'œil inquiet qu'il jetait à chaque instant sur une petite fenêtre munie d'un abat-jour, les passants devaient reconnaître qu'il y avait en cage, en ce moment, quelque oiseau d'importance.

Dès qu'il reconnut le jeune policier, son front se dérida, et il suspendit sa promenade.

— Eh bien!... demanda-t-il, quelles nouvelles?

— J'apporte l'ordre de conduire les prisonniers à la Préfecture.

Le chef de poste, aussitôt, se frotta les mains à s'enlever l'épiderme.

— Grand bien leur fasse!... s'écria-t-il, la voiture cellulaire passera d'ici à une heure, nous les y emballerons bien gentiment, et fouette cocher!...

Force fut à Lecoq d'interrompre l'expansion de sa satisfaction.

— Les prisonniers sont-ils seuls? interrogea-t-il.

— Absolument seuls, la femme d'un côté, l'homme de l'autre... la nuit n'a pas donné... une nuit de dimanche gras!... c'est surprenant. Il est vrai que votre chasse a été interrompue.

— Vous avez eu un ivrogne, cependant.

— Tiens! oui... dans le fait... ce matin, au jour... Un pauvre diable qui doit une fameuse chandelle à Gévrol.

Ce mot, ironie involontaire, devait aviver les regrets de Lecoq.

— Une fameuse chandelle, en effet!... approuva-t-il.

— C'est sûr, quoique vous ayez l'air de rire : sans Gévrol, il se faisait écraser.

— Et qu'est-il devenu, cet ivrogne?...

Le chef de poste haussa les épaules.

— Ah!... dame!... répondit-il, vous m'en demandez trop!... C'était un brave homme, qui avait passé la nuit chez des amis, et que l'air a étourdi quand il est sorti. Il nous a expliqué cela, quand il a été dégrisé, au bout d'une demi-heure. Non, je n'ai jamais vu un homme si vexé. Il en pleurait. Il répétait comme cela : Un père de famille, à mon âge!... c'est honteux!... Qu'est-ce que va dire ma femme!... que penseront les enfants!...

— Il parlait beaucoup de sa femme?...

— Rien que d'elle... Il doit même nous avoir dit son nom... Eudoxie, Léocadie... un nom dans ce genre-là, toujours. Il croyait, le pauvre bonhomme, qu'il était fautif, et qu'on allait le garder en prison. Il demandait à envoyer un commissionnaire chez lui. Quand on lui a dit qu'il était libre, j'ai cru qu'il allait devenir fou de plaisir, il nous embrassait les mains... Et il a filé!... Ah! il ne demandait pas son reste!

La raillerie du hasard continuait.

— Et vous l'avez mis avec le meurtrier? interrogea Lecoq.

— Comme de juste.

— Ils se sont parlé.

— Parlé!... plus souvent! Le bonhomme était soûl, je vous le répète, si soûl qu'il n'aurait pas seulement pu dire : pain. Quand on l'a déposé dans le violon, pouf!... il est tombé comme une souche. Dès qu'il s'est éveillé on lui a ouvert... Non, ils ne se sont pas parlé.

Le jeune policier était devenu pensif.

— C'est bien cela, murmura-t-il.

— Vous dites?...

— Rien.

Lecoq n'avait que faire de communiquer ses réflexions au chef de poste. Elles n'étaient pas précisément gaies...

— Je l'avais compris, pensait-il, cet ivrogne, qui n'est autre que le complice, a autant d'habileté que d'audace et de sang-froid. Pendant que nous suivions ses traces, il nous épiait. Nous nous éloignons, il ose pénétrer dans le cabaret. Puis il vient se faire prendre ici, et grâce à un truc d'une simplicité enfantine, comme tous les trucs qui réussissent, il parvient à parler au meurtrier. Avec quelle perfection il a joué son rôle!... Tous les sergents de ville y ont été pris, eux qui cependant se connaissent en ivrognes!... Mais je sais qu'il jouait un rôle, c'est déjà quelque chose... Je sais qu'il faut prendre le contre-pied de tout ce qu'il a dit... Il a parlé de sa famille, de sa femme, de ses enfants... donc il n'a ni enfants, ni femme, ni famille...

Il s'interrompit; il s'oubliait, ce n'était pas le moment de se perdre en conjectures.

— Au fait, reprit-il à haute voix, comment était-il, cet ivrogne?

— C'était un grand et gros papa, rougeaud, avec des favoris blancs, large figure, petits yeux, nez épaté, l'air bête et jovial... une manière de Jocrisse.

— Quel âge lui avez-vous donné?

— De quarante à cinquante ans.

— Avez-vous quelque idée de sa profession?

— Ma foi !... ce bonhomme avec sa casquette et son grand mac-farlane marron doit être quelque petit boutiquier ou un employé.

Ce signalement assez précis obtenu, c'était toujours autant de pris ; Lecoq allait pénétrer dans le corps de garde quand une réflexion l'arrêta.

— J'espère du moins, dit-il, que cet ivrogne n'a pas communiqué avec la Chupin !...

Le chef de poste éclata de rire.

— Eh !... comment l'eût-il pu !... répondit-il. Est-ce que la vieille n'est pas dans sa prison à elle !... Ah ! la coquine ! Tenez, il n'y a pas une heure qu'elle a cessé de hurler et de vociférer. Non !... de ma vie, je n'ai entendu des horreurs et des abominations comme celles qu'elle nous criait. C'était à faire rougir les pavés du poste ; même l'ivrogne en était tellement interloqué qu'il est allé lui parler au judas pour l'engager à se taire...

Le jeune policier eut un si terrible geste que le chef du poste s'arrêta court.

— Qu'y a-t-il donc ? balbutia-t-il. Vous vous fâchez, pourquoi ?

— Parce que, répondit Lecoq furieux, parce que...

Et ne voulant pas avouer la cause vraie de sa colère, il entra au poste en disant qu'il allait voir le prisonnier.

Resté seul, le chef de poste se mit à jurer à son tour.

— Ces « cocos » de la sûreté sont toujours les mêmes, grondait-il, tous. Ils vous questionnent, on leur dit tout ce qu'ils veulent savoir, et après, si on leur demande quelque chose, ils vous répondent : « rien » ou « parce que » !... Farceurs !... Ils ont trop de chance, et ça les rend fiers. Pas de garde, pas d'uniforme, la liberté... Mais où donc est passé celui-ci ?

L'œil collé au judas qui sert aux hommes de garde à surveiller les prisonniers du violon, Lecoq examinait avidement le meurtrier.

C'était à se demander si c'était bien là le même homme qu'il avait vu quelques heures plus tôt à la *Poivrière*, debout sur le seuil de la porte de communication, tenant la ronde en respect, enflammé par toutes les furies de la haine, le front haut, l'œil étincelant, la lèvre frémissante...

Maintenant, toute sa personne trahissait le plus effroyable affaissement, l'abandon de soi, l'anéantissement de la pensée, l'hébétude, le désespoir...

Il était assis en face du judas, sur un banc grossier, les coudes sur les genoux, le menton dans la main, l'œil fixe, la lèvre pendante...

— Non, murmura Lecoq, non, cet homme n'est pas ce qu'il paraît être.

Il l'avait examiné, il voulut lui parler. Il entra, l'homme leva la tête, arrêta sur lui un regard sans expression, mais ne dit mot.

— Eh bien !... demanda le jeune policier, comment cela va-t-il ?

— Je suis innocent ! répondit l'homme d'une voix rauque.

— Je l'espère bien... mais c'est l'affaire du juge. Moi je viens savoir si vous n'auriez pas besoin de prendre quelque chose...

— Non !

Sur la seconde même, le meurtrier se ravisa.

— Tout de même, ajouta-t-il, je casserais bien une croûte, histoire de boire un verre de vin.

— On vous sert, répondit Lecoq.

I sortit aussitôt, et tout en courant dans le voisinage pour acheter quelques comestibles, il se pénétrait de cette idée, qu'en demandant à boire après un refus, l'homme n'avait songé qu'à la vraisemblance du personnage qu'il prétendait jouer...

Quoi qu'il en fût, le meurtrier mangea du meilleur appétit. Il se versa ensuite un grand verre de vin, le vida lentement et dit :

— C'est bon !... Ça fait du bien où ça passe.

Cette satisfaction désappointa fort le jeune policier. Il avait choisi, en manière d'épreuve, un de ces horribles liquides bleuâtres, troubles, épais, nauséabonds, qui se fabriquent à la barrière, et il s'attendait à un haut-le-cœur, pour le moins, du meurtrier...

Et pas du tout !... Mais il n'eut pas le loisir de chercher les conclusions de ce fait. Un roulement au dehors annonçait l'arrivée de la voiture de la Préfecture, lugubre véhicule, qui a reçu entre autres noms celui de « panier à salade à compartiments. »

Il fallut y porter la veuve Chupin, qui se débattait et criait à l'assassin, puis le meurtrier fut invité à y prendre place.

Là, du moins, le jeune policier comptait sur quelque manifestation de répugnance, et il guettait... Rien. L'homme monta dans l'affreuse voiture le plus naturellement du monde, et même il prit possession de son compartiment en habitué, qui connaît les êtres et sait quelle position est la meilleure dans un si étroit espace.

— Ah ! le matin est fort !... murmura Lecoq dépité, mais je l'attends à la Préfecture.

XII

Les portes de la voiture cellulaire étaient exactement refermées, le conducteur fit claquer son fouet et la geôle roulante partit au grand trot de ses deux vigoureux chevaux.

Lecoq avait pris place dans le cabriolet ménagé sur le devant, entre le conducteur et le garde de Paris de service, et sa préoccupation était si forte, que certes, il n'entendit rien de leur conversation. Elle était des plus joviales, bien que troublée par l'atroce voix de la veuve Chupin qui, enrageant dans son compartiment, chantait ou vomissait des injures, alternativement.

Le jeune policier venait d'entrevoir le moyen de surprendre quelque chose du secret que cachait ce meurtrier, qui, dans sa conviction, — il en eût parié sa tête à couper, — devait avoir vécu dans les sphères élevées de la haute société.

Que ce prévenu eût réussi à feindre de l'appétit, qu'il eût surmonté le dégoût d'une boisson nauséabonde, qu'il fût monté sans broncher dans le « panier à salade à compartiments, » il n'y avait rien, là, de positivement extraordinaire de la part d'un homme doué d'une forte volonté, et dont l'imminence du péril et l'espoir du salut devaient décupler l'énergie.

Mais saurait-il se contraindre de même, lorsqu'il serait soumis aux humiliantes formalités de l'écrou de la Permanence, formalités qui, en certains cas, peuvent et doivent être poussées jusqu'aux derniers outrages?...

Non, Lecoq ne pouvait le supposer.

Sa persuasion était que très certainement l'horreur de la flétrissure, l'exaspération de toutes les délicatesses violentées, les révoltes de la chair et de la pensée, jetteraient le meurtrier hors de soi et lui arracheraient un de ces mots caractéristiques dont s'empare l'instruction.

C'est seulement quand la voiture cellulaire quitta le Pont-Neuf pour prendre le quai de l'Horloge que le jeune policier parut revenir à lui. Bientôt la lourde machine tourna sous un porche et s'arrêta au milieu d'une cour étroite et humide.

Déjà Lecoq était à terre. Il ouvrit la porte du compartiment où était enfermé le meurtrier, en lui disant :

— Nous sommes arrivés, descendez.

Il n'y avait pas de danger qu'il s'échappât. Une grille s'était refermée, et d'ailleurs une douzaine, au moins, de surveillants et d'agents s'étaient approchés, curieux de voir la moisson de coquins de la nuit.

Délivré, le meurtrier était descendu lestement.

Encore une fois, sa physionomie avait changé. Elle n'exprimait plus que la parfaite indifférence d'un homme éprouvé par bien d'autres hasards.

L'anatomiste, étudiant le jeu d'un muscle, n'a pas l'attention passionnée de Lecoq observant l'attitude, le visage, le regard du meurtrier.

Quand son pied toucha le pavé verdâtre de la cour, il parut éprouver une sensation de bien-être ; il aspira l'air à pleins poumons, puis il se détira et se secoua violemment pour rendre l'élasticité à ses membres engourdis par l'exiguïté du compartiment du « panier à salade ».

Cela fait, il regarda autour de lui, et un sourire à peine saisissable monta à ses lèvres.

On eût juré que ce lieu ne lui était pas étranger, qu'il avait vu déjà ces hautes murailles noircies, ces fenêtres grillées, ces portes épaisses, ces verrous, tout cet appareil sinistre de la geôle.

— Mon Dieu !... pensa Lecoq ému, est-ce qu'il se reconnaît !...

L'inquiétude du jeune policier redoubla, quand il vit l'homme, sans une indication, sans un mot, sans un signe, se diriger vers une des cinq ou six portes qui ouvraient sur la cour.

Il allait droit à celle qu'il fallait prendre en effet, tout droit, sans une hésitation. Était-ce un hasard ?

Alors il devenait prodigieux, car le meurtrier ayant pénétré dans un couloir assez obscur, marcha droit devant lui, tourna à gauche, dépassa la salle des gardiens, laissa à droite le « parloir des singes » et entra dans le greffe.

Un vieux repris de justice, un « cheval de retour », comme on dit rue de Jérusalem, n'eût pas fait mieux.

Lecoq sentait comme une sueur froide perler le long de son échine.

— Cet homme, pensait-il, est déjà venu ici ; il sait les êtres !

Le greffe était une salle assez grande, mal éclairée par des fenêtres trop petites à carreaux poussiéreux, chauffée outre mesure par un poêle de fonte.

Là était le greffier, lisant un journal posé sur le registre d'écrou, registre lugubre, où sont inscrits et décrits tous ceux que l'inconduite, la misère, le crime, un coup de tête, une erreur quelquefois, ont amenés devant cette porte basse du Dépôt.

Trois ou quatre surveillants, attendant l'heure de leur service, étaient à demi assoupis sur des bancs de bois.

Ces bancs, deux tables, quelques mauvaises chaises constituaient l'ameublement.

Dans un coin, on apercevait la toise sous laquelle doivent passer tous les inculpés. Car on les mesure, pour que le signalement soit complet.

A l'entrée du prévenu et de Lecoq, le greffier leva la tête.

— Ah!... fit-il, la voiture est arrivée?

— Oui, répondit le jeune policier.

Et tendant un des mandats signés par M. d'Escorval, il ajouta :

— Voici les papiers de ce gaillard-là.

Le greffier prit le mandat, lut et tressauta.

— Oh!... exclama-t-il, un triple assassinat, oh! oh!...

Positivement il regarda le prévenu avec plus de considération. Ce n'était pas un prisonnier ordinaire, un méchant vagabond, un vulgaire filou.

— Le juge d'instruction ordonne sa mise au secret, reprit-il, et il faut lui donner des vêtements, les siens étant des pièces de conviction... Vite! que quelqu'un aille prévenir M. le directeur, qu'on fasse attendre les autres voyageurs de la voiture... Je vais, moi, écrouer ce gaillard-là dans les règles.

Le directeur n'était pas loin, il parut. Le greffier avait préparé son registre.

— Votre nom?... demanda-t-il au prévenu.

— Mai.

— Vos prénoms?

— Je n'en ai pas.

— Comment, vous n'avez pas de prénoms?

Le meurtrier sembla réfléchir, puis d'un air bourru :

— Au fait, dit-il, autant vous dire de ne pas vous épuiser à m'interroger; je ne répondrai qu'au juge. Vous voudriez me faire couper, n'est-ce pas?.. La belle malice!... mais je la connais...

— Remarquez, observa le directeur, que vous aggravez votre situation...

— Rien du tout!... Je suis innocent, vous voulez m'enfoncer, je me défends. Tirez-moi maintenant des paroles du ventre, si vous pouvez!... Mais vous feriez mieux de me rendre mon argent qu'on m'a pris au poste. Cent trente-six francs huit sous!... J'en aurai besoin quand je sortirai d'ici. Je veux qu'on les inscrive sur le registre... Où sont-ils?...

Cet argent avait été remis à Lecoq par le chef du poste avec tout ce qui avait été trouvé sur le meurtrier quand on l'avait fouillé une première fois. Il déposa le tout sur une table.

— Voici vos cent trente-six francs huit sous, dit-il, et de plus votre couteau, votre mouchoir de poche et quatre cigares...

Le plus vif contentement se peignit sur les traits du prévenu.

— Maintenant, reprit le greffier, voulez-vous répondre?

Mais le directeur avait compris l'inutilité de l'insistance, il fit signe au greffier de se taire, et s'adressant à l'homme :

— Retirez vos chaussures, commanda-t-il.

La porte s'ouvrit avec une violence extrême et le meurtrier entra.

A cet ordre, Lecoq crut voir vaciller le regard du meurtrier. Était-ce une illusion?

— Pourquoi faire? demanda-t-il.

— Pour passer sous la toise, répondit le greffier; il faut que j'inscrive votre taille.

Le prévenu ne répondit pas, il s'assit et retira ses bottes de gros cuir, dont l'une, celle de droite, avait le talon complètement tourné en dedans. Il avait les pieds nus dans ses bottes grossières.

— Vous ne mettez donc des chaussures que le dimanche?... lui demanda Lecoq.

— A quoi voyez-vous cela?

— Parbleu!... à la boue dont vos pieds sont couverts jusqu'à la cheville.

— Et après!... fit l'homme du ton le plus insolent. Est-ce un crime de n'avoir pas les pieds comme une marquise?...

— Ce ne serait pas votre crime, en tout cas, dit lentement le jeune policier. Pensez-vous que je ne vois pas, en dépit de la boue, combien vos pieds sont blancs et nets?... Les ongles sont soignés et passés à la lime...

Il s'interrompit. Un éclair de son génie investigateur traversait son esprit.

Il avança vivement une chaise, étendit dessus un journal et dit au meurtrier :

— Veuillez poser vos pieds là!...

L'homme essaya de faire des façons.

— Ah!... ne résistez pas, insista le directeur, nous sommes en force.

Le prévenu se résigna. Il se plaça comme on le lui avait ordonné, et Lecoq s'armant d'un canif se mit à détacher adroitement les fragments de boue qui adhéraient à la peau.

Partout ailleurs qu'au greffe du Dépôt, on eût sans doute ri de la besogne entreprise par Lecoq; besogne mystérieuse, étrange et grotesque tout à la fois.

Mais dans cette antichambre de la cour d'assises, les actes les plus futiles revêtent une teinte lugubre, le rire se glace aisément sur les lèvres, et on ne s'étonne de rien.

Tous les assistants, d'ailleurs, depuis le directeur jusqu'au dernier des gardiens, en avaient bien vu d'autres. Même il ne vint à personne l'idée de demander au jeune policier à quelle inspiration il obéissait.

Ce qui était clair, ce qui était acquis, c'est que le prévenu allait disputer à la justice son identité, qu'il fallait à tout prix la constater, et que probablement Lecoq avait imaginé un moyen d'atteindre ce but.

Il eut, du reste, promptement terminé, et recueilli sur le journal plein le creux de la main d'une poussière noirâtre.

Cette poussière, il la divisa en deux parts. Il en enveloppa une dans un morceau de papier qu'il glissa dans sa poche, et présenta l'autre au directeur en lui disant :

— Je vous prie, monsieur, de recevoir en dépôt et de sceller ceci sous les yeux du prévenu. Il ne faut pas qu'il puisse, plus tard, prétendre que, à cette poussière, on en a substitué d'autre.

Le directeur fit ce qu'on lui demandait, et pendant qu'il ficelait et cachetait dans un petit sac cette « pièce de conviction », le meurtrier haussait les épaules et ricanait.

Il est vrai que sous cette gaieté cynique, Lecoq croyait deviner une poignante anxiété.

Le hasard lui devait bien la compensation de ce petit triomphe, car les événements ultérieurs allaient tromper toutes ses prévisions.

Ainsi, le meurtrier n'éleva aucune objection quand il reçut l'ordre de se déshabiller, pour échanger ses vêtements souillés de sang, contre le costume fourni par l'administration.

Pas un des muscles de son visage ne trahit le secret de son âme, pendant qu'on soumettait sa personne à ces perquisitions ignominieuses qui font monter le rouge au front des plus abjects scélérats.

C'est avec une farouche insensibilité qu'il laissa les surveillants peigner ses cheveux et sa barbe, et inspecter l'intérieur de sa bouche, pour s'assurer qu'il ne cachait ni un de ces ressorts de montre qui coupent les plus solides barreaux, ni un de ces fragments microscopiques de mine de plomb, dont se servent les prisonniers pour tracer ces billets qu'ils échangent, roulés dans une boulette de mie de pain, et qu'ils appellent des « postillons ».

Les formalités de l'écrou étaient accomplies, le directeur sonna un gardien.

— Conduisez cet homme, lui dit-il, au numéro 3 des « secrets ».

Point ne fut besoin d'entraîner le prévenu. Il sortit comme il était entré, précédant le gardien, en habitué qui sait où il va.

— Quel bandit !... exclama le greffier.

— Vous croyez !... hasarda Lecoq, dérouté mais non ébranlé.

— Ah !... il n'y a pas à en douter, déclara le directeur. Ce gaillard est assurément un dangereux malfaiteur, un récidiviste... Même il me semble l'avoir eu déjà pour locataire... j'en jurerais presque.

Ainsi, ces gens d'une expérience consommée partageaient l'opinion de Gévrol, Lecoq était seul de son avis.

Il ne discuta pas, cependant... à quoi bon ? D'ailleurs on venait d'introduire la veuve Chupin.

Le voyage avait calmé ses nerfs, car elle était devenue plus douce qu'un mouton. C'est d'une voix patelinée et l'œil en pleurs qu'elle prit ces « bons messieurs » à témoin de l'injustice criante qui lui était faite, à elle, une honnête femme, bien connue à la Préfecture. Sans doute on en voulait à sa famille, puisque déjà, en ce moment, son fils Polyte, un si bon sujet, était détenu sous l'inculpation d'un « vol au bonjour ». Qu'allaient devenir sa bru et son petit-fils Toto, qui n'avaient qu'elle pour soutien !...

Mais quand on l'emmena, après qu'elle eût donné ses noms et prénoms, une fois dans le corridor, le naturel reprit le dessus, et on l'entendit se quereller avec le gardien.

— Tu as tort de n'être pas poli, lui disait-elle, c'est une bonne pièce que tu perds, sans compter qu'une fois libre je t'aurais invité à venir boire un bon coup sans payer dans mon établissement.

C'était fini, Lecoq était libre jusqu'à l'arrivée du juge d'instruction. Il erra d'abord le long des corridors et de salle en salle ; mais comme partout il était questionné, dérangé, il sortit et alla s'établir sur le quai, devant le porche.

Ses convictions n'étaient pas entamées, mais son point de départ venait d'être déplacé.

Plus que jamais il était sûr que le meurtrier dissimulait son état social, mais d'un autre côté il lui était prouvé que cet homme connaissait bien la prison et ses usages.

Ce prévenu, en outre, se révélait à lui plus fort, mille fois, qu'il ne le soupçonnait. Quelle puissance sur soi !... Quelle perfection de jeu !... Il n'avait pas sourcillé pendant les plus atroces épreuves, et il avait trompé les meilleurs yeux de Paris...

Le jeune policier était là depuis tantôt trois heures, immobile autant que la borne sur laquelle il était assis, ne s'apercevant ni du froid ni du vol du temps, quand un coupé s'arrêta devant le porche, et M. d'Escorval en descendit suivi de son greffier.

Il se dressa et courut au-devant d'eux, haletant, interrogeant.

— Mes recherches sur le terrain, lui dit le juge, me confirment dans l'idée que vous avez vu juste. Y a-t-il du nouveau ?

— Oui, monsieur, un fait futile en apparence, mais d'une importance qui...

— C'est bien !... interrompit le juge, vous m'expliquerez cela dans un moment. Je veux avant interroger sommairement les prévenus... simple affaire de forme pour aujourd'hui. Attendez-moi donc ici.

Quoique le juge eût promis de se hâter, Lecoq comptait sur une heure au moins de faction, et il en prenait son parti. Il avait tort. Vingt minutes ne s'étaient pas écoulées, quand M. d'Escorval reparut... sans son greffier.

Il marchait très vite, et adressa d'assez loin la parole au jeune policier.

— Il faut, lui dit-il, que je rentre chez moi... à l'instant. Je ne puis vous écouter...

— Cependant, monsieur...

— Assez !... on a porté à la Morgue les cadavres des victimes... Ayez l'œil de ce côté. Puis, pour ce soir, faites... Ah ! faites ce que vous jugerez utile.

— Mais, monsieur, il me faudrait...

— Demain !... demain !... à neuf heures, dans mon cabinet... au Palais.

Lecoq voulait insister, mais déjà M. d'Escorval était monté, s'était jeté plutôt, dans son coupé, et le cocher fouettait le cheval.

— En voilà un juge !... murmura le jeune policier demeuré tout pantois sur le quai. Devient-il fou ?...

Et une mauvaise pensée traversant son esprit :

— Ou plutôt, ajouta-t-il, ne tiendrait-il pas la clef de l'énigme ?... Ne voudrait-il pas se priver de mes services ?...

Ce soupçon lui fut si cruel, qu'il rentra précipitamment, espérant tirer quelque lumière de l'attitude du prévenu, et qu'il courut coller son œil au guichet ménagé dans la porte épaisse des « secrets ».

Le meurtrier était couché sur le grabat placé vis-à-vis la porte, la figure tournée du côté du mur, enveloppé jusqu'aux yeux dans la couverture.

Dormait-il ?... Non, car le jeune policier surprit un mouvement singulier. Ce mouvement qu'il ne put s'expliquer l'intrigua ; il appliqua l'oreille au lieu de l'œil, à l'ouverture, et il distingua comme une plainte étouffée !... Plus de doute !... le meurtrier râlait.

— A moi !... cria Lecoq épouvanté, à l'aide !...

Dix gardiens accoururent.

— Qu'y a-t-il ?

— Le prévenu !... là... il se suicide.

On ouvrit, il était temps.

Le misérable avait déchiré une bande de ses vêtements, il l'avait nouée autour de son cou et se servant en guise de tourniquet d'une cuiller de plomb apportée avec sa pitance, il s'étranglait...

Le médecin de la prison, qu'on envoya chercher, et qui le saigna, déclara que dix minutes encore et c'en était fait, la suffocation étant déjà presque complète.

Quand le meurtrier revint à lui, il promena autour de son cabanon un regard de fou. On eût dit qu'il s'étonnait de se sentir vivant. Puis, une grosse larme jaillit de ses paupières bouffies, roula le long de sa joue et se perdit dans sa barbe.

On le pressa de questions... Pas un mot.

— Puisque c'est ainsi, fit le médecin, qu'il est au secret et qu'on ne peut lui donner un compagnon, il faut lui mettre la camisole de force.

Après avoir aidé à emmailloter le prévenu, Lecoq se retira tout pensif et péniblement ému. Il sentait, sous le voile mystérieux de cette affaire, s'agiter quelque drame terrible.

— Mais que s'est-il passé? murmurait-il. Ce malheureux s'est-il tu? A-t-il tout avoué au juge?... Pourquoi cet acte de désespoir?

XIII

Lecoq ne dormit pas, cette nuit-là !

Et cependant il y avait plus de quarante heures qu'il était sur pied, et qu'il n'avait pour ainsi dire ni bu ni mangé.

Mais la fatigue même, les émotions, l'anxiété, l'espoir, communiquaient à son corps l'énergie factice de la fièvre, et à son esprit la lucidité maladive qui résulte d'efforts exorbitants de la pensée.

C'est qu'il ne s'agissait plus, comme au temps où il travaillait chez son protecteur l'astronome, de poursuivre des déductions en l'air. Ici, les faits n'avaient plus rien de chimérique. Ils n'étaient que trop réels, les cadavres des trois victimes qui gisaient sur les dalles de la Morgue.

Mais si la catastrophe était matériellement prouvée, tout le reste n'était que présomptions, doutes, conjectures. Pas un témoin ne se levait pour dire quelles circonstances avaient entouré, précédé, préparé l'affreux dénoûment.

Une seule découverte, il est vrai, devait suffire à éclairer ces ténèbres où se débattait l'instruction : l'identité du meurtrier.

Quel était-il?... Qui avait tort ou raison, de Gévrol soutenu par tous les gens du Dépôt, ou de Lecoq, seul de son bord ?

L'opinion de Gévrol s'appuyait sur une preuve formidable, l'évidence qui pénètre dans l'esprit par les yeux.

L'hypothèse du jeune policier ne reposait que sur une série d'observations subtiles et de déductions dont le point de départ était une phrase prononcée par le meurtrier.

Et cependant Lecoq n'avait plus l'ombre d'un doute, depuis une courte conversation avec le greffier de M. d'Escorval, qu'il avait rencontré en sortant du Dépôt.

Ce brave garçon, adroitement interrogé par Lecoq, n'avait point vu d'inconvénient à lui apprendre ce qui s'était passé dans la cellule des « secrets » entre le prévenu et le juge d'instruction.

C'était, autant dire, rien.

Non seulement le meurtrier n'avait rien avoué à M. d'Escorval; mais il avait, assurait le greffier, répondu de la façon la plus évasive aux questions qui lui étaient posées, et même, à certaines, il n'avait pas répondu.

Et si le juge n'avait pas insisté, c'est que pour lui ce premier interrogatoire n'était qu'une formalité destinée à justifier la délivrance un peu prématurée du mandat de dépôt.

Dès lors, que penser de l'acte de désespoir du prévenu?...

La statistique des prisons est là, pour démontrer que les « malfaiteurs d'habitude » — c'est l'expression — ne se suicident pas.

Arrêtés chauds du crime, les uns sont pris d'une exaltation folle et ont des attaques de nerfs, les autres tombent dans une torpeur stupide, pareille à celle de la bête repue qui s'endort, les babines pleines de sang.

Mais aucun n'a l'idée d'attenter à ses jours. Ils « tiennent à leur peau », si compromise qu'elle soit; ils sont lâches, ils sont douillets. L'abject Poulman, pendant sa détention, ne put jamais se résoudre à se laisser arracher une dent, dont il souffrait tant qu'il en pleurait.

D'un autre côté, le malheureux qui dans un moment d'égarement commet un crime cherche presque toujours à échapper par une mort volontaire aux conséquences de son acte.

Donc, la tentative avortée du prévenu était une forte présomption en faveur du système de Lecoq.

— Il faut, se disait-il, que le secret de cet infortuné soit terrible, puisqu'il y tient plus qu'à la vie, puisqu'il a essayé de s'étrangler pour l'emporter intact dans la tombe.

Il s'interrompit, quatre heures sonnaient.

Lestement il sauta à bas de son lit, où il s'était jeté tout habillé, et cinq minutes plus tard, il descendait la rue Montmartre, où il logeait déjà à cette époque, mais dans un hôtel garni.

Le temps était toujours détestable; il brouillassait. Mais qu'importait au jeune policier!... Il marchait d'un bon pas, quand arrivé à la pointe Saint-Eustache, il fut interpellé par une grosse voix railleuse.

— Hé!... joli garçon!...

Il regarda et aperçut Gévrol qui, suivi de trois de ses agents, venait jeter ses filets aux environs des Halles. C'est un bon endroit. Il est rare qu'il ne se glisse pas quelques filous altérés dans les établissements qui restent ouverts toute la nuit pour les maraîchers.

— Te voilà levé bien matin, monsieur Lecoq, continua l'inspecteur de la sûreté. Tu cours toujours après l'identité de notre homme?

— Toujours.

— Est-ce un prince déguisé, décidément, ou un simple marquis ?

— L'un ou l'autre, à coup sûr...

— Bon !... En ce cas tu vas nous payer une tournée à prendre sur ta future gratification.

Lecoq consentit, et la petite troupe entra en face, dans un débit.

Les verres remplis :

— Ma foi !... Général, reprit le jeune policier, notre rencontre m'évite une course. Je comptais passer à la Préfecture pour vous prier, de la part du juge d'instruction, d'envoyer ce matin même un de nos collègues à la Morgue. L'affaire de la *Poivrière* a fait du bruit, il y aura du monde, et il s'agirait de dévisager et d'écouter les curieux...

— C'est bon !... le père Absinthe y sera dès l'ouverture.

Envoyer le père Absinthe là où il fallait un agent subtil, était une moquerie. Cependant Lecoq ne protesta pas. Mieux valait encore être mal servi que trahi, et il était sûr du bonhomme.

— N'importe !... continua Gévrol, tu aurais dû me prévenir hier soir. Mais quand je suis arrivé tu étais déjà parti.

— J'avais affaire.

— Où ?

— A la place d'Italie. Je voulais savoir si le violon du poste est pavé ou carrelé.

Sur cette réponse, il paya, salua, et sortit.

— Tonnerre !... s'écria alors Gévrol, en reposant violemment son verre sur le comptoir, sacré tonnerre !... Que ce cadet-là me déplaît ! Méchant galopin !... Ça ne sait pas le b, a, ba du métier, et ça fait le malin. Quand ça ne trouve rien, ça invente des histoires, et ça entortille les juges d'instruction avec des phrases, pour avoir de l'avancement. Je t'en donnerai, moi, de l'avancement... à rebours... Ah ! je t'apprendrai à te ficher de moi.

Lecoq ne s'était pas moqué. La veille, en effet, il s'était rendu au poste où avait été renfermé le prévenu, il avait comparé au sol du violon la poussière qu'il avait en poche, et il rapportait, croyait-il, de cette expédition une de ces charges accablantes qui, souvent, suffisent à un juge d'instruction pour obtenir des aveux complets du plus obstiné prévenu.

S'il s'était hâté de fausser compagnie à Gévrol, c'est qu'il avait une rude besogne à mener à bonne fin avant de se présenter à M. d'Escorval.

Il prétendait retrouver le cocher qui avait été arrêté par les deux femmes rue du Chevaleret, et, dans ce but, il s'était procuré dans les bureaux de la Préfecture le nom et l'adresse de tous les loueurs de voitures établis entre la route de Fontainebleau et la Seine.

— J'ai eu des malheurs, mon bon juge, pleurnicha-t-elle.

Les débuts de ses recherches ne furent pas heureux.

Dans le premier établissement où il se présenta, les garçons d'écurie, qui n'étaient pas levés, l'injurièrent. Les palefreniers étaient debout dans le second, mais pas un cocher n'était arrivé. Ailleurs, le patron refusait de lui communiquer les feuilles où est — où devrait être du moins — inscrit l'itinéraire quotidien de chaque cocher.

Il commençait à désespérer, quand enfin, sur les sept heures et demie, au jour, chez un nommé Trigault, dont l'établissement était situé au delà des fortifications, il apprit que, dans la nuit du dimanche au lundi, un des cochers avait dû rebrousser chemin comme il rentrait.

Même, ce cocher, on le lui montra dans la cour, où il aidait à atteler sa voiture.

C'était un gros petit vieux, au teint enflammé, au petit œil pétillant de ruse, qui avait dû user sur le siège plus d'un fagot de manches de fouet. Lecoq marcha droit à lui.

— C'est vous, lui demanda-t-il, qui, dans la nuit de dimanche à lundi, entre une heure et deux du matin, avez pris deux femmes rue du Chevaleret?

Le cocher se redressa, enveloppa Lecoq d'un regard sagace, et prudemment répondit :

— Peut-être.

— C'est une réponse positive qu'il me faut.

— Ah ! ah !... fit le vieux d'un ton narquois, monsieur connaît sans doute deux dames qui ont perdu quelque chose dans une voiture, et alors...

Le jeune policier tressaillit de joie. Cet homme, évidemment, était celui qu'il cherchait, il l'interrompit :

— Avez-vous entendu parler d'un crime dans les environs ?...

— Oui, dans un cabaret borgne ; on a assassiné...

— Eh bien !... ces deux femmes s'y trouvaient ; elles fuyaient quand elles vous ont rencontré. Je les cherche ; je suis agent du service de la sûreté, voici ma carte : voulez-vous me donner des renseignements ?...

Le gros cocher était devenu blême.

— Ah !... les scélérates, s'écria-t-il. Je ne m'étonne plus du pourboire qu'elles m'ont donné. Un louis, et deux pièces de cent sous pour la course, en tout trente francs... Gueux d'argent !... si je ne l'avais pas dépensé, je le jetterais...

— Et où les avez-vous conduites ?

— Rue de Bourgogne. J'ai oublié le numéro, mais je reconnaîtrai la maison.

— Malheureusement, elles ne se seront pas fait descendre chez elles.

— Qui sait ?... Je les ai vues sonner ; on a tiré le cordon, et elles entraient comme je filais. Voulez-vous que je vous y mène ?

Pour toute réponse, Lecoq s'élança sur le siège en disant :
— Partons!...

XIV

Devait-on supposer complètement dénuées d'intelligence les femmes qui s'étaient échappées du cabaret de la veuve Chupin au moment du meurtre?

Non.

Était-il admissible que ces deux fugitives, avec la conscience de leur situation périlleuse, se fussent fait conduire jusqu'à leur domicile par une voiture prise sur la voie publique?

Non encore.

Donc l'espoir de les rejoindre que manifestait le cocher était chimérique.

Lecoq se dit tout cela, et cependant il n'hésita pas à grimper sur le siège et à donner le signal : En route.

C'est qu'il obéissait à un axiome qu'il s'était forgé à ses heures de méditation, qui devait plus tard assurer sa réputation et qu'il formulait ainsi :

« En matière d'information, se défier surtout de la vraisemblance. Commencer toujours par croire ce qui paraît incroyable. »

D'autre part, en se décidant ainsi, le jeune policier se ménageait les bonnes grâces du cocher, et par suite des renseignements plus abondants.

Enfin, c'était une façon d'être rapidement ramené au cœur de Paris.

Ce dernier calcul ne fut pas déçu.

Le cheval dressa l'oreille et allongea le trot, quand son maître cria : « Hue, Cocotte! » La bête avait pratiqué l'homme et reconnaissait l'intonation avec laquelle il n'y avait pas à badiner.

En moins de rien, la voiture atteignit la route de Choisy, et alors Lecoq reprit ses questions.

— Voyons, mon brave, commença-t-il, vous m'avez conté les choses en gros, j'aurais besoin de détails maintenant. Comment ces deux femmes vous ont-elles accosté?

— C'est bien simple. J'avais fait, le dimanche gras, une fichue journée. Six heures de file sur les boulevards, et la pluie tout le temps. Quelle misère!... A minuit, j'avais trente sous de pourboire, pour tout potage. Cependant j'étais tellement éreinté, mon cheval était si las, que je me décide à rentrer. Je marronnais, il faut voir... quand, rue du Chevaleret, passé la rue Picard, j'aperçus de loin deux femmes debout sous un réverbère. Naturellement, je ne m'en occupe pas, parce que les femmes, quand on a mon âge...

— Passons ! interrompit le jeune policier.

— Je passe en effet devant elles, et quand elles se mettent à m'appeler : « Cocher !... cocher !... » je fais celui qui n'entend rien. Mais alors en voilà une qui court après moi, en criant : « Un louis de pourboire ! » Je réfléchissais, quand, pour comble, la femme ajoute : « Et dix francs pour la course ! » Du coup j'arrête net.

Lecoq bouillait d'impatience ; mais il sentait que des questions directes et rapides ne le mèneraient à rien. Le plus sage était de tout entendre.

— Vous comprenez, poursuivit le cocher, qu'on ne se fie pas à deux gaillardes pareilles, à cette heure, dans le quartier là-bas. Donc, quand elles s'approchent pour monter, je dis : « Halte-là !... les petites mères, on a promis des sous à papa ; où sont-ils ? » Aussitôt il y en a une qui allonge recta 30 francs, en disant : « Surtout, bon train ! »

— Impossible d'être plus précis, approuva le jeune policier. A présent, comme étaient ces deux femmes ?

— Vous dites ?

— Je vous demande de qui elles avaient l'air, pour qui vous les avez prises...

Un large rire épanouit la bonne face rouge du cocher.

— Dame !... répondit-il, elles m'ont fait l'effet de deux... de deux pas grand'-chose de bon.

— Ah !... Et comment étaient-elles habillées ?

— Comme les demoiselles qui vont danser à l'*Arc-en-Ciel*, vous m'entendez. Seulement, l'une avait l'air cossu, tandis que l'autre... Oh ! là là !... quel déchet !

— Laquelle a couru après vous ?

— Celle qui avait l'air minable, celle qui...

Il s'interrompit : si vif était le souvenir qui traversait son esprit, qu'il tira sur les rênes à faire cabrer son cheval.

— Tonnerre !... s'écria-t-il, attendez, j'ai fait une remarque, à ce moment-là. Il y avait une des deux coquines qui appelait l'autre madame, gros comme le bras, tandis que l'autre la tutoyait et la rudoyait.

— Oh !... fit le jeune policier, sur trois tons différents, oh ! oh !... Et laquelle, s'il vous plaît, disait tu ?

— La mal mise. Elle n'avait pas les deux pieds dans le même soulier, celle-là. Elle secouait l'autre, la cossue, comme un prunier. « Malheureuse, lui disait-elle, veux-tu nous perdre... tu t'évanouiras quand nous serons à la maison, marche !... » Et l'autre répondait en pleurnichant : « Vrai, madame, bien vrai, je ne peux pas ! » Elle paraissait si bien ne pas pouvoir, en effet, que je me disais à part moi : « En voilà une qui a bu plus que sa suffisance !... »

C'étaient là des circonstances, et d'une importance extrême, qui confirmaient, en les rectifiant, les premières suppositions de Lecoq.

Ainsi qu'il l'avait soupçonné, la condition sociale des deux femmes n'était pas la même.

Seulement, il s'était trompé en attribuant la prééminence à la femme aux fines bottines à talons hauts, dont les empreintes inégales lui avaient révélé les défaillances.

Cette prééminence appartenait à celle qui avait laissé les traces de ses souliers plats, et supérieure par sa condition, elle l'avait été par son énergie.

Lecoq était désormais persuadé que, des deux fugitives, l'une était la servante et l'autre la maîtresse.

— Est-ce bien tout, mon brave ? demanda-t-il à son compagnon.

— Tout, répondit le cocher, sauf que j'ai observé que celle qui m'a donné l'argent, la mal vêtue, avait une main... oh ! mais une main d'enfant, et que malgré sa colère sa voix était douce comme une musique.

— Avez-vous vu sa figure ?...

— Oh !... si peu...

— Enfin, pouvez-vous me dire si elle est jolie, si elle est brune ou blonde ?...

Tant de questions à la fois étourdissaient le digne cocher.

— Minute !... répondit-il. Dans mon idée, elle n'est pas jolie, je ne la crois pas jeune, mais pour sûr elle est blonde, avec beaucoup de cheveux.

— Est-elle petite ou grande, grasse ou maigre ?

— Entre les deux.

C'était vague.

— Et l'autre, demanda Lecoq, la cossue ?...

— Diable !... pour celle-là, ni vu ni connu ; elle m'a paru petite, voilà tout.

— Reconnaîtriez-vous celle qui vous a payé, si on vous la représentait ?

— Dame !... non.

La voiture arrivait au milieu de la rue de Bourgogne ; le cocher arrêta son cheval en disant :

— Attention !... Voici la maison où sont entrées les deux coquines... là.

Retirer le foulard qui lui servait de cache-nez, le plier, le glisser dans sa poche, sauter à terre et entrer dans la maison indiquée, fut pour le jeune policier l'affaire d'un instant.

Dans la loge du concierge une vieille femme cousait.

— Madame, lui dit poliment Lecoq en lui présentant son foulard, je rapporte ceci à une de vos locataires.

— A laquelle ?...

— Par exemple, voilà ce que je ne sais pas.

La digne concierge crut comprendre que ce jeune homme si poli était un mauvais plaisant qui prétendait se moquer d'elle.

— Vilain malhonnête ! commença-t-elle.

— Pardon, interrompit Lecoq, laissez-moi finir ; voici la chose. Avant-hier soir, avant-hier matin plutôt, sur les trois heures, je rentrais me coucher, tranquillement, quand, ici près, deux dames qui avaient l'air très pressé me devancent. L'une d'elles laisse tomber ceci... Je le ramasse, et comme de juste, je hâte le pas pour le lui remettre... Peine perdue, elles étaient déjà entrées ici. A l'heure qu'il était, je n'ai pas osé sonner dans la crainte de vous déranger ; hier j'ai été occupé, mais aujourd'hui j'arrive : voici l'objet.

Il posa le foulard sur la table et fit mine de se retirer ; la concierge le retint.

— Grand merci de la complaisance, dit-elle, mais vous pouvez garder ça. Nous n'avons pas, dans la maison, des femmes qui rentrent seules après minuit.

— Cependant, insista le jeune policier, j'ai des yeux, j'ai vu...

— Ah ! j'oubliais, s'écria la vieille femme. La nuit que vous dites, en effet, on sonne ici... quelle scie ! Je tire le cordon et j'écoute... rien. N'entendant ni refermer la porte ni monter dans l'escalier, je me dis : « Bon ! encore un polisson qui me fait une niche. » La maison, vous m'entendez, ne pouvait pas rester ouverte au premier venu. Lors, je ne fais ni une ni deux, je passe un jupon et je sors de la loge. Qu'est-ce que je vois ?... deux ombres qui filent, bssst... et qui me plantent la porte sur le nez. Vite je reviens me tirer le cordon à moi-même, et je cours regarder dans la rue... Qu'est-ce que j'aperçois ?... Deux femmes qui couraient !...

— Dans quelle direction ?...

— Elles allaient vers la rue de Varennes...

Lecoq était fixé ; il salua civilement la concierge, dont il pouvait avoir besoin encore, et regagna la voiture.

— Je l'avais prévu, dit-il au cocher, elles ne demeurent pas là.

Le cocher eut un geste de dépit. Sa colère allait s'épancher en un flux de paroles, mais Lecoq, qui avait consulté sa montre, l'interrompit :

— Neuf heures !... dit-il, je serai en retard de plus d'une heure, mais j'apporterai des nouvelles... Conduisez-moi à la Morgue, et vite !

XV

Les lendemains de crimes mystérieux et de catastrophes dont les victimes n'ont pas été reconnues sont les grands jours de la Morgue.

Dès le matin, les employés se hâtent, tout en échangeant des plaisanteries à faire frissonner. Presque tous sont très gais, pas suite d'un impérieux besoin de réagir contre l'horrible tristesse de ce qui les entoure.

— Nous aurons du monde, aujourd'hui, disent-ils.

Et de fait, quand Lecoq et son cocher atteignirent le quai, ils purent de loin distinguer des groupes nombreux et animés qui stationnaient autour du lugubre monument.

Les journaux avaient rapporté l'affaire du cabaret de la veuve Chupin, et dame ! on voulait voir...

Sur le pont, Lecoq se fit arrêter, et sauta sur le trottoir.

— Je ne veux pas descendre de voiture devant la Morgue, dit-il.

Puis, tirant alternativement sa montre et son porte-monnaie, il poursuivit :

— Nous avons, mon brave, une heure quarante minutes ; par conséquent, je vous dois...

— Ah !... rien du tout !... répondit impérieusement le cocher.

— Cependant...

— Non !... pas un sou. Je suis trop vexé d'avoir dépensé l'argent de ces satanées coquines... Je voudrais, tenez, que ce que j'en ai bu m'eût donné la colique. Ainsi, ne vous gênez pas... s'il vous faut une voiture, prenez la mienne, pour rien, jusqu'à ce que vous ayez pincé les scélérates.

Lecoq n'était pas riche, à cette époque ; il n'insista plus.

— Vous avez bien pris mon nom au moins, poursuivit le cocher, et mon adresse ?...

— Assurément !... Il faudra que le juge d'instruction entende votre déposition. Vous recevrez une assignation...

— Eh bien ! c'est ça... Papillon (Eugène), cocher, chez M. Trigault... Je loge chez lui, parce que, voyez-vous, je suis un peu son associé.

Déjà le jeune policier s'éloignait. Papillon le rappela.

— En sortant de la Morgue, lui dit-il, vous irez bien quelque part... vous m'avez déclaré que vous aviez un rendez-vous, et que même vous étiez en retard.

— Sans doute, on m'attend au Palais de Justice, mais c'est à deux pas...

— N'importe... je vais vous espérer au coin du quai. Ah!... ce n'est pas la peine de répondre non, je l'ai mis dans ma tête et je suis Breton. C'est un service que je vous demande : gardez-moi au moins pour les trente francs des coquines.

Il y eût eu cruauté à repousser cette requête. Lecoq fit donc un geste d'assentiment et se dirigea rapidement vers la Morgue.

S'il y avait tant de monde aux alentours, c'est que le sinistre établissement était plein, et on faisait queue littéralement.

Lecoq, pour pénétrer, dut jouer énergiquement des coudes.

Au dedans, c'était hideux. Oui, hideux, à se demander quelles dégoûtantes émotions venaient chercher là ces féroces curieux.

Il y avait des femmes en grand nombre, des jeunes filles aussi.

Les petites ouvrières qui, en se rendant à leur ouvrage, sont obligées de passer aux environs, font un détour pour venir contempler la moisson de cadavres inconnus que donnent quotidiennement le crime, les accidents de voitures, la Seine et le canal Saint-Martin. Les plus sensibles restent à la porte, les intrépides entrent, et en ressortant racontent leurs impressions. Quand il n'y a personne, que les dalles chôment, elles ne sont pas contentes... C'est à n'y pas croire.

Mais il y avait, ce matin-là, chambrée complète. Toutes les dalles, hormis deux, étaient occupées.

L'atmosphère était infâme. Un froid malsain tombait sur les épaules, et au-dessus de la foule planait comme un brouillard infect, tout imprégné des âcres odeurs du chlore, destiné à combattre les miasmes.

Et aux chuchotements des causeries, entrecoupées d'exclamations et de soupirs, se mêlaient, ainsi qu'un accompagnement continu, le murmure des robinets, placés au chevet de chaque dalle, et le sourd clapotis de l'eau qui coulait et tombait en s'éclaboussant.

Par les petites fenêtres cintrées, la lumière glissait blafarde sur les corps exposés, faisait saillir énergiquement les muscles, accusait les marbrures des chairs verdâtres, et éclairait sinistrement les haillons pendus autour de l'amphithéâtre, défroques horribles qui doivent aider aux reconnaissances, et qui, au bout d'un certain temps, sont vendues... car rien ne se perd.

Mais le jeune policier était trop à ses pensées pour remarquer les hideurs du spectacle.

A peine donna-t-il un coup d'œil aux trois victimes de l'avant-veille. Il cherchait le père Absinthe et ne le découvrait pas.

Gévrol, volontairement ou non, avait-il manqué à ses promesses, ou bien le vieil homme de la rue de Jérusalem s'était-il oublié à sa goutte matinale et avait-il bu la consigne?

En désespoir de cause, Lecoq s'adressa au chef des gardiens.

MONSIEUR LECOQ

Le juge avait quitté son bureau et était venu s'adosser à la cheminée.

Il paraît, demanda-t-il, que personne encore n'a reconnu un seul des mal[heur]eux de l'affaire de l'autre nuit?

Personne!... Et cependant, depuis l'ouverture, nous avons un monde fou. voyez-vous, si j'étais le maître, des jours comme aujourd'hui, je demanderais [dix] sous par personne, à la porte, demi-place pour les enfants, et on ferait de [belles] recettes... on couvrirait les frais...

[C]ette idée ainsi émise était un appât présenté à la conversation. Lecoq ne le [mord]it pas.

[— E]xcusez, interrompit-il. — Ne vous a-t-on pas, dès ce matin, envoyé un [agen]t du service de la sûreté?

En effet.

— Alors, où est-il passé?... Je ne l'aperçois pas.

Le gardien, avant de répondre, toisa d'un œil soupçonneux ce questionneur [ach]arné, et enfin, d'un ton hésitant, il dit :

— En êtes-vous?...

Cette phrase fut lancée dans la circulation, à l'époque où prospéraient d'im[mo]ndes agents provocateurs; sous la Restauration, elle s'appliquait uniquement [à la] police. « On en était ou on n'en était pas. » La phrase a survécu aux circons[tan]ces.

— J'en suis, répondit le jeune policier, exhibant sa carte à l'appui de son [affir]mation.

— Et vous vous nommez?...

— Lecoq.

La physionomie du gardien-chef se fit soudainement souriante :

— En ce cas, dit-il, j'ai une lettre pour vous, qui vient de m'être remise par [vot]re camarade, lequel était forcé de s'absenter... La voici.

[Le] jeune agent rompit immédiatement le cachet, et lut :

« Monsieur Lecoq... »

Monsieur!... Cette simple formule de politesse amena sur ses lèvres un léger [sou]rire. N'était-elle pas, de la part du père Absinthe, la reconnaissance explicite [de] la supériorité de son collègue? Le jeune policier devina là un dévouement [sa]in qu'il devait payer par cette protection affectueuse du maître pour son pre[mi]er disciple.

Cependant, il poursuivait sa lecture :

« Monsieur Lecoq, j'étais de faction depuis l'ouverture, quand vers neuf heures [tr]ois jeunes gens sont entrés bras dessus bras dessous. Ils avaient la tournure [e]t le genre d'employés de magasin. Tout à coup j'en vois un qui devient plus

« blanc que sa chemise, et qui montre aux autres un de nos inconnus de ch[ez]
« Chupin, en disant : Gustave !...

« Aussitôt ses camarades lui mettent la main sur la bouche, en répétant :
« tu te taire, fichue bête ! De quoi te mêles-tu ? Veux-tu donc nous faire arriv[er]
« la peine ?

« Là-dessus ils sortent, et moi je sors derrière eux.

« Mais celui qui avait parlé était si ému qu'il ne pouvait plus se traîner
« sorte que les autres l'ont conduit dans un petit caboulot.

« J'y suis entré, moi aussi, et c'est là que je vous fais cette lettre, [tout] e[n]
« guignant du coin de l'œil. Le gardien-chef vous remettra ce papier qui
« expliquera mon absence. Vous comprenez que je vais *filer* ces gaillards-là.

« Abs. »

Cette lettre était d'une écriture presque indéchiffrable, les fautes d'orthogr[aphe]
s'entrelaçaient de ligne en ligne, mais elle était claire et précise et devait éve[iller]
les plus flatteuses espérances.

Le visage de Lecoq rayonnait donc, quand il remonta en voiture, et tou[t en]
poussant son cheval, le vieux cocher ne put se tenir de questionner.

— Cela va comme vous voulez ? dit-il.

Un « chut ! » amical fut la seule réponse du jeune policier. Il n'avait pas [trop]
de toute son attention pour coordonner dans son esprit ses renseignem[ents]
nouveaux.

Descendu devant la grille du Palais, il eut bien de la peine à congédi[er le]
vieux cocher, qui voulait absolument rester à ses ordres. Il y réussit cepen[dant,]
mais il était déjà sous le porche de gauche, que le bonhomme, debout su[r son]
siège, lui criait encore :

— Chez M. Trigault !... n'oubliez pas !... le père Papillon... numéro 99[8,]
1,000 moins 2...

Parvenu au troisième étage de l'aile gauche du Palais, à l'entrée de cette lon[gue,]
étroite et sombre galerie qu'on appelle la galerie de l'instruction, Lecoq s'ad[ressa]
à un huissier installé derrière un bureau de chêne.

— M. d'Escorval est sans doute dans son cabinet, demanda-t-il.

L'huissier hocha tristement la tête.

— M. d'Escorval, répondit-il, n'est pas venu ce matin et il ne viendra pas [de]
des mois...

— Comment cela ?... Que voulez-vous dire ?

— Hier soir en descendant de son coupé, à sa porte, il est tombé si mal[heu]reusement qu'il s'est cassé la jambe.

XVI

On est riche, on a voiture, chevaux, cocher..., et quand on passe étalé sur les coussins, on recueille plus d'un regard d'envie.

Mais voilà que le cocher qui a bu un coup de trop verse l'équipage, ou bien les chevaux s'emportent et brisent tout, ou encore l'heureux maître, en un moment de préoccupation, manque le marche-pied et se fracasse la jambe à l'angle du trottoir.

Tous les jours de pareils accidents arrivent, et même leur longue liste doit être, pour les humbles piétons, une raison de bénir leur modeste fortune, qui les met à l'abri de telles aventures.

Néanmoins, en apprenant le malheur de M. d'Escorval, Lecoq eut l'air si parfaitement déconfit que l'huissier ne put s'empêcher d'éclater de rire.

— Que voyez-vous donc là de si extraordinaire? demanda-t-il.

— Moi?... rien.

Le jeune policier mentait. Il venait d'être frappé de la bizarre coïncidence de ces deux événements : la tentative de suicide du meurtrier et la chute du juge d'instruction.

Mais il ne laissa pas au vague pressentiment qui tressaillit dans son esprit le temps de prendre consistance. Quel rapport entre ces deux faits?...

D'ailleurs, il n'entrevoyait pour lui aucun préjudice, bien au contraire, et il n'avait pas encore enrichi son formulaire d'un axiome qu'il professa plus tard :

« Se défier extraordinairement de toutes les circonstances qui paraissent favoriser nos secrets désirs. »

Il est sûr que Lecoq était bien loin de se réjouir de l'accident de M. d'Escorval, il eût donné bonne chose de grand cœur pour que la blessure n'eût pas de suites... Seulement, il ne pouvait s'empêcher de se dire qu'il se trouvait, de par le hasard de ce malheur, quitte de relations qui lui semblaient affreusement pénibles avec un homme dont les hauteurs dédaigneuses l'avaient comme écrasé.

Tous ces motifs divers réunis furent cause d'une légèreté dont il devait porter la peine.

— De la sorte, dit-il à l'huissier, je n'ai que faire ici, ce matin.

— Plaisantez-vous?... Depuis quand le couvent chôme-t-il faute d'un moine?... Il y a plus d'une heure déjà que toutes les affaires urgentes dont était chargé M. d'Escorval ont été réparties entre MM. les juges d'instruction.

— Moi, je viens pour cette grosse affaire d'avant-hier.

— Eh!... que ne le disiez-vous! On vous attend, et même on a déjà envoyé un garçon vous demander à la Préfecture. C'est M. Segmuller qui instruit...

Le front du jeune policier se plissa. Il cherchait à se rappeler celui des juges qui portait ce nom, et s'il ne s'était pas déjà trouvé en rapport avec lui.

— Oui, reprit l'huissier, qui était d'humeur causeuse, M. Segmuller... Ne le connaissez-vous donc pas?... Voilà un brave homme, et qui n'a pas la mine toujours renfrognée comme presque tous nos messieurs. C'est de lui qu'un prévenu disait en sortant d'être interrogé : « Ce diable-là m'a si bien tiré les vers du nez que j'aurai certainement le cou coupé; mais c'est égal, c'est un bon enfant ! »

C'est le cœur ragaillardi par ces détails de bon augure, que le jeune policier alla frapper à la porte qui lui avait été indiquée, et qui portait le n° 23.

— Ouvrez!... cria une voix bien timbrée.

Il entra, et se trouva en face d'un homme d'une quarantaine d'années, assez grand, un peu replet, et qui lui dit tout d'abord :

— Vous êtes l'agent Lecoq?... Parfait!... Asseyez-vous, je m'occupe de l'affaire; je serai à vous dans cinq minutes.

Lecoq obéit, et sournoisement, avec la perspicacité de l'intérêt en éveil, il se mit à étudier le juge dont il allait devenir le collaborateur... à peu près comme le limier est le collaborateur du chasseur.

Son extérieur s'accordait parfaitement avec les dires de l'huissier. La franchise et la bienveillance éclataient sur sa large face, bien éclairée par des yeux bleus très doux.

Cependant le jeune policier s'imagina qu'il serait imprudent de se fier absolument à ces apparences bénignes.

Il n'avait pas tort.

Né aux environs de Strasbourg, M. Segmuller utilisait dans l'exercice de ses délicates fonctions cette physionomie candide départie à presque tous les enfants de la blonde Alsace, masque trompeur qui fréquemment dissimule une finesse gasconne doublée de la redoutable prudence cauchoise.

L'esprit de M. Segmuller était des plus pénétrants et des plus alertes, mais son système — chaque juge a le sien — était la bonhomie. Pendant que certains de ses confrères demeuraient raides et tranchants autant que le glaive qu'on place dans la main de la statue de la Justice, il affectait la simplicité et la rondeur, sans que pourtant jamais l'austérité de son caractère de magistrat en fût altérée.

Mais sa voix avait de si paternelles intonations, il voilait si bien de naïveté la subtilité des questions et la portée des réponses, que celui qu'il interrogeait oubliait de se tenir sur ses gardes et se laissait aller. Et quand au dedans de lui-même il s'applaudissait du peu de malice du juge, le prévenu était déjà retourné comme un gant.

Près d'un tel homme, un greffier maigre et grave eût entretenu la défiance; aussi s'en était-il trié un, qui était comme sa caricature. Il s'appelait Goguet. Il était court, obèse, imberbe et souriant. Sa large face exprimait, non plus la bonhomie mais la niaiserie, et il était niais raisonnablement.

Ainsi qu'il l'avait dit, M. Segmuller étudiait la cause qui lui arrivait là inopinément.

Sur son bureau étaient étalées toutes les pièces de conviction réunies par Lecoq, depuis le flocon de laine jusqu'à la boucle d'oreille en diamant.

Il lisait et relisait le rapport écrit par Lecoq, et, suivant les phrases diverses, il examinait les objets placés devant lui ou consultait le plan du terrain.

Après non pas cinq minutes, mais une bonne demi-heure, il repoussa son fauteuil.

— Monsieur l'agent, prononça-t-il, M. d'Escorval m'avait prévenu par une note en marge du dossier que vous êtes un homme intelligent et qu'on peut se fier à vous.

— J'ai du moins la bonne volonté.

— Oh! vous avez mieux que cela; c'est la première fois qu'on m'apporte un travail aussi complet que votre rapport. Vous êtes jeune; si vous persévérez, je vous crois appelé à rendre de grands services.

Le jeune policier s'inclina, balbutiant, pâle de plaisir.

— Votre conviction, poursuivit M. Segmuller, devient dès ce moment la mienne. C'était, m'a dit M. le procureur impérial, celle de M. d'Escorval. Nous sommes en face d'une énigme, il s'agit de la déchiffrer.

— Oh!... nous y arriverons, monsieur! s'écria Lecoq.

Il se sentait capable de choses extraordinaires, il était prêt à passer dans le feu pour ce juge qui l'accueillait si bien. L'enthousiasme qui brillait dans ses yeux était tel que M. Segmuller ne put s'empêcher de sourire.

— J'ai bon espoir, dit-il, moi aussi, mais nous ne sommes pas au bout... Maintenant, vous, depuis hier, avez-vous agi? M. d'Escorval vous avait-il donné des ordres?... Avez-vous recueilli quelque nouvel indice?...

— Je crois, monsieur, n'avoir pas perdu mon temps.

Et aussitôt, avec une précision rare, avec un bonheur d'expression qui ne fait jamais défaut à qui possède bien son sujet, Lecoq raconta tout ce qu'il avait surpris depuis son départ de la *Poivrière*.

Il dit les démarches hardies de l'homme qu'il croyait le complice, ses observations à lui sur le meurtrier, ses espérances avortées et ses tentatives. Il dit les dépositions du cocher et de la concierge, il lut la lettre du père Absinthe.

Pour finir, il déposa sur le bureau les quelques pincées de terre qu'il s'était si singulièrement procurées, et à côté une quantité à peu près égale de poussière qu'il était allé ramasser au violon de la place d'Italie.

Puis, quand il eut expliqué quelles raisons l'avaient fait agir, et le parti qu'on pouvait tirer de ses précautions :

— Ah! vous avez raison! s'écria M. Segmuller, il se peut que nous ayons là un moyen de déconcerter toutes les dénégations du prévenu... C'est, certes, de votre part, un trait de surprenante sagacité.

Il fallait que ce fût ainsi, car Goguet, le greffier, approuva.

— Saperlote!... murmura-t-il, je n'aurais pas trouvé celle-là, moi!...

Tout en causant, M. Segmuller avait fait disparaître dans un vaste tiroir toutes les pièces de conviction, qui ne devaient apparaître qu'en temps et lieu.

— Maintenant, dit-il, je possède assez d'éléments pour interroger la veuve Chupin. Peut-être en tirerons-nous quelque chose.

Il allongeait la main vers un cordon de sonnette. Lecoq fit un geste presque suppliant.

— J'aurais, monsieur, dit-il, une grâce à vous demander.

— Laquelle?... parlez.

— Je m'estimerais bien heureux s'il m'était permis d'assister à l'interrogatoire... Il faut si peu, quelquefois, pour éveiller une heureuse inspiration.

La loi dit que « l'accusé sera interrogé secrètement par le juge assisté de son greffier », mais elle admet cependant la présence des agents de la force publique.

— Soit, répondit M. Segmuller, demeurez.

Il sonna, un huissier parut.

— A-t-on, selon mes ordres, amené la veuve Chupin? demanda-t-il.

— Elle est là, dans la galerie, oui, monsieur.

— Qu'elle entre.

L'instant d'après, la cabaretière faisait son entrée, s'inclinant de droite et de gauche, avec force révérences et salutations.

Elle n'en était plus à ses débuts devant un juge d'instruction, la veuve Chupin, et elle n'ignorait pas quel grand respect on doit à la justice.

Aussi s'était-elle parée pour l'interrogatoire.

Elle avait lissé en bandeaux plats ses cheveux gris rebelles et avait tiré tout le parti possible des vêtements qu'elle portait. Même, elle avait obtenu du directeur du Dépôt qu'on lui achetât, avec l'argent trouvé sur elle lors de son arrestation un bonnet de crêpe noir et deux mouchoirs blancs, où elle se proposait de « pleurer toutes les larmes de son corps » aux moments pathétiques.

Pour seconder ces artifices de toilette, elle avait tiré de son répertoire de grimaces un petit air innocent, malheureux et résigné, tout à fait propre, selon elle, à se concilier les bonnes grâces et l'indulgence du magistrat dont son sort allait dépendre.

Ainsi travestie, les yeux baissés, la voix mielleuse, le geste patelin, elle ressemblait si peu à la terrible patronne de la *Poivrière* que ses pratiques eussent hésité à la reconnaître.

En revanche, rien que sur la mine, un vieux et honnête célibataire lui eût proposé vingt francs par mois pour se charger de son ménage.

Mais M. Segmuller avait démasqué bien d'autres hypocrisies, et l'idée qui lui vint fut celle qui brilla dans les yeux de Lecoq :

— Quelle vieille comédienne !...

Sa perspicacité, il est vrai, devait être singulièrement aidée par quelques notes qu'il venait de parcourir. Ces notes étaient simplement le dossier de la veuve Chupin adressé à titre de renseignement au parquet par la Préfecture de police.

Son examen achevé, le juge d'instruction fit signe à Goguet, son souriant greffier, de se préparer à écrire.

— Votre nom ?... demanda-t-il brusquement à la prévenue.

— Aspasie Clapard, mon bon monsieur, répondit la vieille femme, veuve Chupin, pour vous servir.

Elle esquissa une belle révérence, et ajouta :

— Veuve légitime, s'entend, j'ai mes papiers de mariage dans ma commode, et si on veut envoyer quelqu'un...

— Votre âge ?... interrompit le juge.

— Cinquante-quatre ans.

— Votre profession ?...

— Débitante de boissons, à Paris, tout près de la rue du Château-des-Rentiers, à deux pas des fortifications.

Ces questions d'individualité sont le début obligé de tout interrogatoire. Elles laissent au prévenu et au juge le temps de s'étudier réciproquement, de se tâter pour ainsi dire, avant d'engager la lutte sérieuse, comme deux adversaires qui, sur le point de se battre à l'épée, essaieraient quelques passes avec des fleurets mouchetés.

— Maintenant, poursuivit le juge, occupons-nous de vos antécédents. Vous avez déjà subi plusieurs condamnations ?...

La vieille récidiviste était assez au fait de la procédure criminelle pour n'ignorer pas le mécanisme de ce fameux casier judiciaire, une des merveilles de la justice française, qui rend si difficiles les négations d'identité.

— J'ai eu des malheurs, mon bon juge, pleurnicha-t-elle.

— Oui, et en assez grand nombre. Tout d'abord, vous avez été poursuivie pour recel d'objets volés.

Il commença : Silence, la musique !

— Mais j'ai été renvoyée plus blanche que neige. Mon pauvre défunt avait été trompé par des camarades.

— Soit. Mais c'est bien vous qui, pendant que votre mari subissait sa peine, avez été condamnée pour vol à un mois de prison une première fois, et à trois mois ensuite.

— J'avais des ennemis qui m'en voulaient, des voisins qui ont fait des cancans...

— En dernier lieu, vous avez été condamnée pour avoir entraîné au désordre des jeunes filles mineures...

— Des coquines, mon bon cher monsieur, des petites sans cœur... Je leur avais rendu service, et après elles sont allées conter des menteries pour me faire du tort... j'ai toujours été trop bonne.

La liste des malheurs de l'honnête veuve n'était pas épuisée, mais M. Segmuller crut inutile de poursuivre.

— Voilà le passé, reprit-il. Pour le présent, votre cabaret est un repaire de malfaiteurs. Votre fils en est à sa quatrième condamnation, et il est prouvé que vous avez encouragé et favorisé ses détestables penchants. Votre belle-fille, par miracle, est restée honnête et laborieuse, aussi l'avez-vous accablée de tant de mauvais traitements que le commissaire du quartier a dû intervenir. Quand elle a quitté votre maison, vous vouliez garder son enfant... pour l'élever comme son père, sans doute.

C'était, pensa la vieille, le moment de s'attendrir. Elle sortit de sa poche son mouchoir neuf, raide encore de l'apprêt, et essaya en se frottant énergiquement les yeux de s'arracher une larme... On en eût aussi aisément tiré d'un morceau de parchemin.

— Misère !... gémissait-elle, me soupçonner, moi, de songer à conduire à mal mon petit-fils, mon pauvre petit Toto !... Je serais donc pire que les bêtes sauvages, je voudrais donc la perdition de mon propre sang !...

Mais ces lamentations paraissaient ne toucher que très médiocrement le juge ; elle s'en aperçut, et changeant brusquement de système et de ton, elle entama sa justification.

Elle ne niait rien positivement, mais elle rejetait tout sur le sort, qui n'est pas juste, qui favorise les uns, non les meilleurs souvent, et accable les autres.

Hélas ! elle était de ceux qui n'ont pas de chance, ayant toujours été innocente et persécutée. En cette dernière affaire, par exemple, où était sa faute ? Un triple meurtre avait ensanglanté son cabaret, mais les établissements les plus honnêtes ne sont pas à l'abri d'une catastrophe pareille.

Elle avait eu le temps de réfléchir, dans le silence des « secrets ». Elle avait fouillé jusqu'aux derniers replis de sa conscience, et cependant elle en était encore à se demander quels reproches on pouvait raisonnablement lui adresser...

— Je puis vous le dire, interrompit le juge : on vous reproche d'entraver autant qu'il est en vous l'action de la loi...

— Est-il Dieu possible !...

— Et de chercher à égarer la justice. C'est de la complicité, cela, veuve Chupin, prenez-y garde. Quand la police s'est présentée, au moment du crime, vous avez refusé de répondre.

— J'ai dit tout ce que je savais.

— Eh bien !... il faut me le répéter.

M. Segmuller devait être content. Il avait conduit l'interrogatoire de telle sorte que la veuve Chupin se trouvait naturellement amenée à entreprendre d'elle-même le récit des faits.

C'était un point capital. Des questions directes eussent peut-être éclairé cette vieille, si fine, qui gardait tout son sang-froid, et il importait qu'elle ne soupçonnât rien de ce que savait ou de ce qu'ignorait l'instruction.

En l'abandonnant à sa seule inspiration, on devait obtenir dans son intégrité la version qu'elle se proposait de substituer à la vérité.

Cette version, ni le juge, ni Lecoq n'en doutaient, devait avoir été concertée au poste de la place d'Italie, entre le meurtrier et le faux ivrogne, et transmise ensuite à la Chupin par ce hardi complice.

— Oh !... la chose est bien simple, mon bon monsieur, commença l'honnête cabaretière. Dimanche soir, j'étais seule au coin de mon feu, dans la salle basse de mon établissement, quand tout à coup la porte s'ouvre, et je vois entrer trois hommes et deux dames.

M. Segmuller et le jeune policier échangèrent un rapide regard. Le complice avait vu relever les empreintes, donc on n'essayait pas de contester la présence des deux femmes.

— Quelle heure était-il ? demanda le juge.

— Onze heures à peu près.

— Continuez.

— Sitôt assis, poursuivit la veuve, ces gens me commandent un saladier de vin à la française. Sans me vanter, je n'ai pas ma pareille pour préparer cette boisson. Naturellement, je les sers, et aussitôt après, comme j'avais des blouses à repriser pour mon garçon, je monte à ma chambre qui est au premier.

— Laissant ces individus seuls ?

— Oui, mon juge.

— C'était, de votre part, beaucoup de confiance.

La veuve Chupin secoua mélancoliquement la tête.

— Quand on n'a rien, prononça-t-elle, on ne craint pas les voleurs.

— Poursuivez, poursuivez...

— Alors, donc, j'étais en haut depuis une demi-heure, quand on se met à m'appeler d'en bas : « Hé ! la vieille ! » Je descends, et je me trouve nez à nez avec un grand individu très barbu, qui venait d'entrer. Il voulait un petit verre de fil-en-quatre... Je le sers, seul à une table.

— Et vous remontez ? interrompit le juge.

L'ironie fut-elle comprise de la Chupin ? sa physionomie ne le laissa pas deviner.

— Précisément, mon bon monsieur, répondit-elle. Seulement, cette fois, j'avais à peine repris mon dé et mon aiguille, que j'entends un tapage terrible dans ma salle. Dare dare je dégringole mon escalier, pour mettre le holà... Ah ! bien, oui !... Les trois premiers arrivés étaient tombés sur le dernier venu, et ils l'assommaient de coups, mon bon monsieur, ils le massacraient... Je crie... c'est comme si je chantais. Mais voilà que l'individu qui était seul contre trois sort un pistolet de sa poche ; il tire et tue un des autres, qui roule à terre... Moi, de peur, je tombe assise sur mon escalier et pour ne pas voir, car le sang coulait, je relève mon tablier sur ma tête... L'instant d'après, M. Gévrol arrivait avec ses agents, on enfonçait ma porte, et voilà...

Ces odieuses vieilles, qui ont trafiqué de tous les vices et bu toutes les hontes, atteignent parfois une perfection d'hypocrisie à mettre en défaut la plus subtile pénétration.

Un homme non prévenu, par exemple, eût pu se laisser prendre à la candeur de la veuve Chupin, tant elle y mettait de naturel, tant elle rencontrait à propos la juste intonation de la franchise, de la surprise ou de l'effroi.

Malheureusement elle avait contre elle ses yeux, ses petits yeux gris, mobiles comme ceux de la bête inquiète, où l'astuce heureuse allumait des étincelles.

C'est qu'elle se réjouissait, au dedans d'elle-même, de son bonheur et de son adresse, n'étant pas fort éloignée de croire que le juge ajoutait foi à ses déclarations.

Dans le fait, pas un des muscles du visage de M. Segmuller n'avait trahi ses impressions pendant le récit de la vieille, récit débité avec une prestigieuse volubilité.

Quand elle s'arrêta, à bout d'haleine, il se leva sans mot dire et s'approcha de son greffier pour surveiller la rédaction du procès-verbal de cette première partie de l'interrogatoire.

Du coin où il se tenait modestement assis, Lecoq ne cessait d'observer la prévenue.

— Elle pense pourtant, se disait-il, que c'est fini, et que sa déposition va passer comme une lettre à la poste.

Si telle était, en effet, l'espérance de la veuve Chupin, elle ne tarda pas à être déçue.

M. Segmuller, après quelques légères observations au souriant Goguet, vint s'asseoir près de la cheminée, estimant le moment arrivé de pousser vivement l'interrogatoire.

— Ainsi, veuve Chupin, commença-t-il, vous affirmez n'être pas restée un seul instant près des gens qui étaient entrés boire chez vous?

— Pas une minute.

— Ils entraient et commandaient, vous les serviez et vous vous hâtiez de sortir.

— Oui, mon bon monsieur.

— Il me paraît impossible, cependant, que vous n'ayez pas surpris quelques mots de leur conversation. De quoi causaient-ils?

— Ce n'est pas mon habitude d'espionner mes pratiques.

— Enfin, avez-vous entendu quelque chose?

— Rien.

Le juge d'instruction haussa les épaules d'un air de commisération.

— En d'autres termes, reprit-il, vous refusez d'éclairer la justice.

— Oh!... si on peut dire...

— Laissez-moi finir. Toutes ces histoires invraisemblables de sorties, de blouses pour votre fils à raccommoder dans votre chambre, vous ne les avez inventées que pour avoir le droit de me répondre : « Je n'ai rien vu, rien entendu, je ne sais rien. » Si tel est le système que vous adoptez, je déclare qu'il n'est pas soutenable et ne serait admis par aucun tribunal.

— Ce n'est pas un système, c'est la vérité.

M. Segmuller parut se recueillir, puis tout à coup :

— Décidément, vous n'avez rien à me dire sur ce misérable assassin?

— Mais ce n'est pas un assassin, mon bon monsieur...

— Que prétendez-vous?...

— Dame!... il a tué les autres en se défendant. On lui cherchait querelle, il était seul contre trois hommes, il voyait bien qu'il n'avait pas de grâce à attendre de brigands qui...

Elle s'arrêta court, tout interdite, se reprochant sans doute de s'être laissé entraîner, d'avoir eu la langue trop longue.

Elle put espérer, il est vrai, que le juge n'avait rien remarqué.

Un tison venait de rouler du foyer, il avait pris les pincettes et ne semblait préoccupé que du soin de reconstruire artistement l'édifice écroulé de son feu.

— Qui me dira, murmurait-il, entre haut et bas, qui me garantira que ce n'est pas cet homme, au contraire, qui a attaqué les trois autres?...

— Moi, déclara carrément la veuve Chupin, moi, qui le jure !...

M. Segmuller se redressa, aussi étonné en apparence que possible.

— Comment pouvez-vous savoir? prononça-t-il. Comment pouvez-vous jurer ? Vous étiez dans votre chambre quand la querelle a commencé.

Grave et immobile sur sa chaise, Lecoq jubilait intérieurement. Il trouvait que c'était un joli résultat, et qui promettait, d'avoir, en huit questions, amené cette vieille rouée à se démentir. Il se disait aussi que la preuve de la connivence éclatait. Sans un intérêt secret, la vieille cabaretière n'eût pas pris si imprudemment la défense du prévenu.

— Après cela, reprit le juge, vous parlez peut-être d'après ce que vous savez du caractère du meurtrier, vous le connaissez vraisemblablement.

— Je ne l'avais jamais vu avant cette soirée-là.

— Mais il était cependant déjà venu dans votre établissement.

— Jamais de sa vie.

— Oh ! oh !... comment expliquez-vous alors que, entrant dans la salle du bas, pendant que vous étiez dans votre chambre, cet inconnu, cet étranger se soit mis à crier : « Hé !... la vieille! » Il devinait donc que l'établissement était tenu par une femme, et que cette femme n'était plus jeune ?

— Il n'a pas crié cela.

— Rappelez vos souvenirs : c'est vous-même qui venez de me le dire.

— Je n'ai pas dit cela, mon bon monsieur.

— Si... et on va vous le prouver, en vous relisant votre interrogatoire... Goguet, lisez, s'il vous plaît.

Le souriant greffier eut promptement trouvé le passage, et de sa meilleure voix il lut la phrase textuelle de la Chupin :

« ... J'étais en haut depuis une demi-heure, quand d'en bas on se met à « m'appeler : « Hé !... la vieille ! » Je descends, etc., etc. »

— Vous voyez bien ! insista M. Segmuller.

L'assurance de la vieille récidiviste fut sensiblement diminuée par cet échec. Mais loin d'insister, le juge glissa sur cet incident, comme s'il n'y eût pas attaché grande importance.

— Et les autres buveurs, reprit-il, ceux qui ont été tués, les connaissiez-vous ?...

— Non, monsieur, ni d'Ève ni d'Adam.

— Et vous n'avez pas été surprise de voir ainsi arriver chez vous trois inconnus, accompagnés de deux femmes ?

— Quelquefois le hasard...

— Allons !... vous ne pensez pas ce que vous dites. Ce n'est pas le hasard qui peut amener des clients la nuit, par un temps épouvantable, dans un cabaret mal famé comme le vôtre, et situé surtout assez loin de toute voie fréquentée, au milieu des terrains vagues...

— Je ne suis pas sorcière ; ce que je pense, je le dis.

— Donc, vous ne connaissez même pas le plus jeune de ces malheureux, celui qui était vêtu en soldat, Gustave, enfin ?

— Aucunement.

M. Segmuller nota l'intonation de cette réponse, et plus lentement il ajouta :

— Du moins, vous avez bien ouï parler d'un ami de ce Gustave, un certain Lacheneur ?

A ce nom, le trouble de l'hôtesse de la *Poivrière* fut visible, et c'est d'une voix profondément altérée qu'elle balbutia :

— Lacheneur ?... Lacheneur ?... Jamais je n'ai entendu prononcer ce nom.

Elle niait, mais l'effet produit restait, et à part soi, Lecoq jurait qu'il retrouverait ce Lacheneur, ou qu'il périrait à la tâche. N'y avait-il pas, parmi les pièces de conviction, une lettre de lui, écrite, on le savait, dans un café du boulevard Beaumarchais ?

Avec un pareil indice et de la patience...

— Maintenant, continua M. Segmuller, nous arrivons aux femmes qui accompagnaient ces malheureux. Quel genre de femmes était-ce ?

— Oh !... des filles de rien du tout.

— Étaient-elles richement habillées ?

— Très misérablement, au contraire.

— Bien !... donnez-moi leur signalement.

— C'est que... mon bon juge, je les ai à peine vues... Enfin, c'étaient deux grandes et puissantes gaillardes, si mal bâties que, sur le premier moment, comme c'était le dimanche gras, je les ai prises pour des hommes déguisés en femmes. Elles avaient des mains comme des épaules de mouton, la voix cassée, et des cheveux très noirs. Elles étaient brunes comme des mulâtresses, voilà surtout ce qui m'a frappé...

— Assez !... interrompit le juge ; j'ai désormais la preuve de votre insigne mauvaise foi. Ces femmes étaient petites, et l'une d'elles était remarquablement blonde.

— Je vous jure, mon bon monsieur...

— Ne jurez pas, je serais forcé de vous confronter avec un honnête homme qui vous dirait que vous mentez.

Elle ne répliqua pas, et il y eut un moment de silence ; M. Segmuller se décidait à frapper le grand coup.

— Soutiendrez-vous aussi, demanda-t-il, que vous n'aviez rien de compromettant dans la poche de votre tablier?

— Rien. On peut le chercher et fouiller; il est resté chez moi.

Cette assurance, sur ce point, ne trahissait-elle pas l'influence du faux ivrogne?...

— Ainsi, reprit M. Segmuller, vous persistez... Vous avez tort, croyez-moi. Réfléchissez... Selon que vous agirez, vous irez aux assises comme témoin... ou comme complice.

Bien que la veuve parût écrasée sous ce coup inattendu, le juge n'insista pas. On lui relut son interrogatoire, elle le signa et sortit.

M. Segmuller aussitôt s'assit à son bureau, remplit un imprimé et le remit à son greffier, en disant :

— Voici, Goguet, une ordonnance d'extraction pour le directeur du Dépôt. Allez dire qu'on m'amène le meurtrier.

XVII

Arracher des aveux à un homme intéressé à se taire, et persuadé qu'il n'existe pas de preuves contre lui, c'est certes difficile.

Mais demander, dans de telles conditions, la vérité à une femme, c'est prétendre confesser le diable.

Aussi, dès que M. Segmuller et Lecoq se trouvèrent seuls, ils se regardèrent d'un air qui disait leur inquiétude, et combien peu ils conservaient d'espoir.

En somme, qu'avait-il produit de positif, cet interrogatoire conduit avec cette dextérité du juge qui sait disposer et manier ses questions, comme un général sait manœuvrer ses troupes et les faire donner à propos?

Il en ressortait la preuve irrécusable de la connivence de la veuve Chupin, et rien de plus.

— Cette coquine sait tout !... murmura Lecoq.

— Oui, répondit le juge, il m'est presque démontré qu'elle connaît les gens qui se trouvaient chez elle, les femmes, les victimes, le meurtrier, tous enfin. Mais il est certain qu'elle connaît ce Gustave... Je l'ai lu dans son œil. Il m'est prouvé qu'elle sait qui est ce Lachenûur, cet inconnu dont le soldat mourant voulait se venger, ce personnage mystérieux qui a, très évidemment, la clef de cette énigme. C'est cet homme qu'il faudrait retrouver...

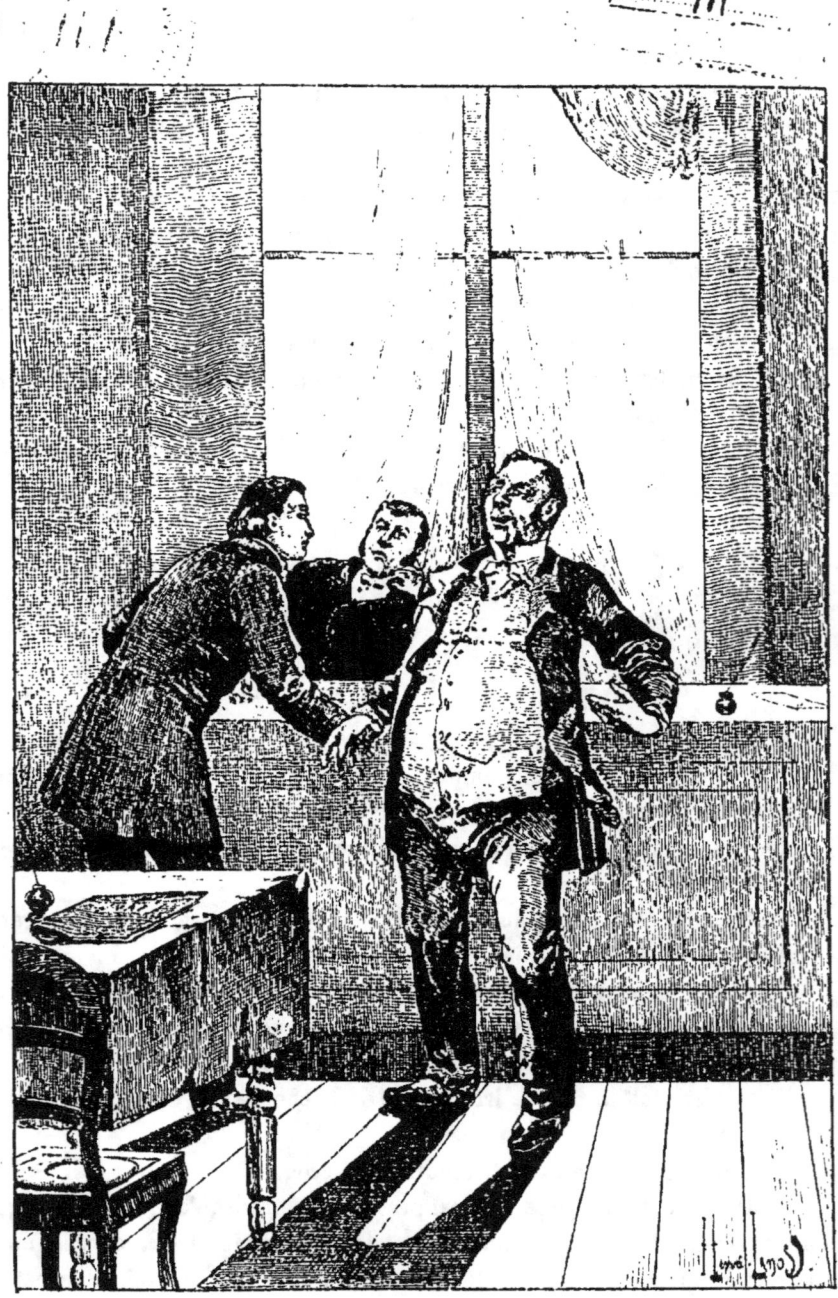

Le riant greffier se leva, très heureux de se dégourdir les jambes.

— Ah! je le retrouverai, s'écria Lecoq, quand je devrais questionner les onze cent mille hommes qui se promènent dans Paris!

C'était beaucoup promettre, à ce point que le juge, en dépit de ses préoccupations, se laissa aller à rire.

— Si seulement, poursuivit Lecoq, si seulement cette vieille sorcière se décidait à parler à son prochain interrogatoire!...

— Oui! mais elle ne parlera pas.

Le jeune policier hocha la tête. Tel était bien son avis. Il ne se faisait pas illusion; il avait reconnu entre les sourcils de la veuve Chupin ces plis qui trahissent l'idiote obstination de la brute.

— Les femmes ne parlent jamais, reprit le juge, et quand elles semblent se résigner à des révélations, c'est qu'elles espèrent avoir trouvé un artifice qui égarera les investigations. L'évidence, du moins, écrase l'homme le plus entêté; elle lui casse bras et jambes, il cesse de lutter, il avoue. La femme, elle, se moque de l'évidence. Lui montre-t-on la lumière, elle ferme les yeux et répond: « Il fait nuit. » Qu'on lui tourne la tête vers le soleil qui l'éblouit de ses rayons et l'aveugle, elle persiste et répète: « Il fait nuit. » Les hommes, selon la sphère sociale où ils sont nés, imaginent et combinent des systèmes de défense différents. Les femmes n'ont qu'un système, quelle que soit leur condition. Elles nient quand même, toujours, et elles pleurent. Quand, au prochain interrogatoire, je pousserai la Chupin, soyez sûr qu'elle trouvera des larmes...

Dans son impatience, il frappa du pied. Il avait beau fouiller l'arsenal de ses moyens d'action, il n'y trouvait pas une arme pour briser cette résistance opiniâtre.

— Si seulement j'avais idée du mobile qui guide cette vieille femme, reprit-il. Mais pas un indice! Qui me dira quel puissant intérêt lui commande le silence?... Serait-ce sa cause qu'elle défend?... Est-elle complice? Qui nous prouve qu'elle n'a pas aidé le meurtrier à combiner un guet-apens?

— Oui, répondit lentement Lecoq, oui, cette supposition se présente naturellement à l'esprit. Mais l'accueillir, n'est-ce pas rejeter les prémices admises par monsieur le juge?... Si la Chupin est complice, le meurtrier n'est pas le personnage que nous soupçonnons, il est simplement l'homme qu'il paraît être.

L'objection sembla convaincre M. Segmuller.

— Quoi, alors? s'écria-t-il. Quoi?...

L'opinion du jeune policier était faite. Mais pouvait-il décider, lui, l'humble agent de la sûreté, quand un magistrat hésitait?

Il comprit combien sa position lui imposait de réserve, et c'est du ton le plus modeste qu'il dit:

— Pourquoi le faux ivrogne n'aurait-il pas ébloui la Chupin en faisant briller à ses yeux les plus magnifiques espérances? Pourquoi ne lui aurait-il pas promis de l'argent, une grosse somme?...

Il s'interrompit, le greffier rentrait. Derrière lui s'avançait un garde de Paris qui demeura respectueusement sur le seuil, les talons sur la même ligne, la main droite à la visière du shako, la paume en dehors, le coude à la hauteur de l'œil... selon l'ordonnance.

— Monsieur, dit au juge ce militaire, monsieur le directeur de la prison m'envoie vous demander s'il doit maintenir la veuve Chupin au secret; elle se désespère de cette mesure.

M. Segmuller se recueillit un moment.

— Certes, murmurait-il, répondant à quelque révolte de sa conscience, certes, c'est une terrible aggravation de peine, mais si je laisse cette femme communiquer avec les autres détenues, une vieille récidiviste comme elle trouvera sûrement un expédient pour faire parvenir des avis au dehors... Cela ne se peut, l'intérêt de la justice et de la vérité doit passer avant tout.

Cette dernière considération l'emporta.

— Il importe, commanda-t-il, que la prévenue reste au secret jusqu'à nouvel ordre.

Le garde de Paris laissa retomber la main du salut, porta le pied droit à trois pouces en arrière du talon gauche, fit demi-tour et s'éloigna au pas ordinaire.

La porte refermée, le souriant greffier tira de sa poche une large enveloppe.

— Voici, dit-il, une communication de monsieur le directeur.

Le juge rompit le cachet et lut à haute voix :

« Je ne saurais trop conseiller à monsieur le juge d'instruction de s'entourer
« de sérieuses précautions quand il interrogera le prévenu Mai.

« Depuis sa tentative avortée de suicide, ce prévenu est dans un tel état
« d'exaltation qu'on a dû lui laisser la camisole de force. Il n'a pas fermé l'œil de
« la nuit, et les gardiens qui l'ont veillé s'attendaient à tout moment à voir la folie
« se déclarer. Cependant il n'a pas prononcé une parole.

« Quand on lui a présenté des aliments ce matin, il les a repoussés avec
« horreur, et je ne serais pas éloigné de lui croire l'intention de se laisser mourir
« de faim.

« J'ai rarement vu un malfaiteur plus dangereux. Je le crois capable de se
« porter aux plus affreuses extrémités... »

— Bigre!... exclama le greffier dont le sourire pâlit; à la place de monsieur le juge, je ferais entrer les soldats qui vont amener ce gaillard-là.

— Quoi!... c'est vous, Goguet, fit doucement M. Segmuller, vous, un vieux greffier, qui parlez ainsi. Auriez-vous peur?...

— Peur, moi?... Certainement non, mais..

— Bast!... interrompit Lecoq, d'un ton qui trahissait sa confiance en sa prodigieuse vigueur, ne suis-je pas là?

Rien qu'en s'asseyant à son bureau, M. Segmuller eût eu comme un rempart entre le prévenu et lui. Il s'y tenait d'habitude ; mais, après le mouvement d'effroi de son greffier, il eût rougi de paraître craindre.

Il se plaça donc près du feu, comme l'instant d'avant, quand il interrogeait la Chupin, et sonna pour donner l'ordre d'introduire l'homme, seul. Il insista sur ce mot : seul.

La seconde d'après, la porte s'ouvrait avec une violence terrible, et le meurtrier entrait, se précipitait, plutôt, dans le cabinet.

Le taureau qui s'échappe de l'abattoir, après avoir été manqué par la masse du boucher, a ces allures affolées, ces mouvements désordonnés et sauvages.

Goguet en blêmit derrière sa table, et Lecoq fit un pas, prêt à s'élancer.

Mais, arrivé au milieu de la pièce, l'homme s'arrêta, promenant autour de lui un regard perçant.

— Où est le juge?... demanda-t-il d'une voix rauque

— Le juge, c'est moi, répondit M. Segmuller.

— Non... l'autre.

— Quel autre?

— Celui qui est venu me questionner hier soir.

— Il lui est arrivé un accident. En vous quittant il s'est cassé la jambe.

— Oh!...

— Et c'est moi qui le remplace...

Mais le prévenu semblait hors d'état d'entendre. A son exaltation frénétique succédait subitement un anéantissement mortel. Ses traits contractés par la rage se détendaient. Il était devenu livide, il chancelait...

— Remettez-vous, lui dit le juge d'un ton bienveillant, et si vous vous sentez trop faible pour rester debout, prenez un siège...

Déjà, par un prodige d'énergie, l'homme s'était redressé. Même une flamme, aussitôt éteinte, avait brillé dans ses yeux...

— Bien des merci de votre bonté, monsieur, répondit-il, mais ça ne sera rien... j'ai eu comme un éblouissement, il est passé.

— Il y a longtemps peut-être que vous n'avez mangé?...

— Je n'ai rien mangé depuis que celui-ci, — il montrait Lecoq, — m'a apporté du pain et du jambon, au violon, là-bas.

— Sentez-vous le besoin de prendre quelque chose?

— Non!... Quoique cependant... si c'était un effet de votre bonté... je boirais bien un verre d'eau.

— Voulez-vous du vin avec ?...
— J'aime mieux de l'eau pure.

On lui apporta ce qu'il demandait.

Aussitôt il se versa un premier verre qu'il avala d'un trait, puis un second qu'il vida lentement.

On eût dit qu'il buvait la vie. Il semblait renaître.

XVIII

Sur vingt prévenus qui arrivent à l'instruction, dix-huit au moins se présentent armés d'un système complet de défense, conçu et discuté dans le silence des « secrets ».

Coupables ou innocents, ils ont adopté un rôle qui commence à l'instant où, le cœur battant et la gorge sèche, ils franchissent le seuil du cabinet redoutable où les attend le magistrat instructeur.

Ce moment de l'entrée du prévenu est donc un de ceux où le juge met en jeu toute la puissance de sa pénétration.

L'attitude de l'homme doit trahir le système, comme une table résume les matières d'un volume.

Mais ici, M. Segmuller n'avait pas, croyait-il, à se défier de trompeuses apparences. Il était évident pour lui que le prévenu n'avait pu songer à feindre, que le désordre de son arrivée était aussi réel que son anéantissement présent.

Du moins, tous les dangers dont avait parlé le directeur du Dépôt étaient écartés. Le juge alla donc s'établir à son bureau. Il s'y sentait plus à l'aise, et pour ainsi dire plus fort. Là, il tournait le dos au jour, sa tête s'effaçait dans l'ombre, et au besoin il pouvait, rien qu'en se baissant, dissimuler une surprise, une impression trop vive.

Le prévenu, au contraire, restait en pleine lumière, et pas un des tressaillements de sa face, pas un des battements de sa paupière ne devait échapper à une attention sérieuse.

Il paraissait alors complètement remis, et ses traits avaient repris l'insoucieuse immobilité de la résignation.

— Vous sentez-vous tout à fait mieux ?... lui demanda M. Segmuller.
— Je vais très bien.
— J'espère, poursuivit paternellement le juge, que vous saurez vous modérer,

maintenant. Hier, vous avez essayé de vous donner la mort. C'eût été un grand crime ajouté aux autres, un crime qui...

D'un geste brusque, le prévenu l'interrompit.

— Je n'ai pas commis de crime, dit-il, d'une voix rude encore, mais non plus menaçante. Attaqué, j'ai défendu ma peau, ce qui est le droit de chacun. Ils étaient trois sur moi, des enragés... J'ai tué pour ne pas être tué. C'est un grand malheur, et je donnerais ma main pour le réparer, mais ma conscience ne me reproche pas ça.

Ça... c'était le claquement de l'ongle de son pouce sous ses dents.

— Cependant, continua-t-il, on m'a arrêté et traité comme un assassin. Quand je me suis vu tout seul dans ce cercueil de pierre que vous appelez « le secret », j'ai eu peur, j'ai perdu la tête. Je me suis dit : « Mais, mon garçon, on t'a enterré vivant, il s'agit de mourir, et vite, si tu ne veux pas souffrir. » Là-dessus, j'ai cherché à m'étrangler. Ma mort ne faisait de tort à personne, je n'ai ni femme ni petits qui comptent sur le travail de mes bras, je m'appartiens. Ce qui n'empêche qu'après la saignée, on m'a lié dans un sac de toile, comme un fou... Fou ! j'ai cru que je le deviendrais. Toute la nuit les geôliers ont été après moi, comme des enfants qui tourmentent une bête enchaînée. Ils me tâtaient, ils me regardaient, ils passaient la chandelle devant mes yeux...

Tout cela était débité avec un sentiment d'amertume profonde, mais sans colère, violemment, mais sans déclamation, comme toutes les choses que l'on sent très vivement.

Et la même réflexion venait en même temps au juge et au jeune policier.

— Celui-là, pensaient-ils, est très fort, on n'en aura pas raison aisément.

Après une minute de méditation, M. Segmuller reprit :

— On s'explique, jusqu'à un certain point, un premier mouvement de désespoir dans la prison. Mais plus tard, ce matin même, vous avez refusé la nourriture qu'on vous offrait...

La sombre figure de l'homme s'éclaira soudain à cette question, ses yeux eurent un clignotement comique, et enfin il éclata de rire, d'un bon rire bien gai, bien franc, bien sonore.

— Ça, dit-il, c'est une autre affaire. Certainement, j'ai tout refusé, mais vous allez voir pourquoi... J'avais les mains prises dans le sac, et les gardiens prétendaient me faire manger comme un poupon à qui sa nourrice donne la bouillie... Ah ! mais non... j'ai serré les lèvres de toutes mes forces. Alors il y en a un qui a essayé de m'ouvrir la bouche de force pour y fourrer la cuillère, comme on ouvre la gueule d'un chien malade pour l'obliger à gober une médecine... Dame !.. celui-là, j'ai essayé de le mordre, c'est vrai, et si son doigt s'était trouvé entre mes dents, il y restait. Et c'est pour cette raison qu'ils se sont tous mis à lever les bras au ciel, et à dire en me montrant : « Voilà un redoutable malfaiteur, un fier scélérat !!! »

Ce souvenir lui semblait bien réjouissant, car il se reprit à rire de plus belle, à la grande stupéfaction de Lecoq, au grand scandale du bon Goguet, le greffier.

De son côté, M. Segmuller avait grand'peine à dissimuler complètement sa surprise.

— Vous êtes trop raisonnable, je l'espère, dit-il enfin, pour garder rancune à des hommes, qui, en vous attachant, obéissaient à leurs supérieurs, et qui, du reste, ne cherchaient qu'à vous sauver de vos propres fureurs.

— Hum!... fit le prévenu, redevenant sérieux, je leur en veux encore un petit peu, et si j'en tenais un dans un coin... Mais ça passera, je me connais, je n'ai pas plus de fiel qu'un poulet.

— Il dépend d'ailleurs de vous d'être bien traité ; soyez calme, et on ne vous remettra pas la camisole de force. Mai, il faut être calme...

Le meur'rier branla tristement la tête.

— Je serai donc sage, dit-il, quoique ce soit terriblement dur d'être en prison quand on n'a rien fait de mal. Si encore j'étais avec des camarades, on causerait, et le temps passerait... Mais rester seul, tout seul, dans ce trou froid, où on n'entend rien... c'est épouvantable. C'est si humide que l'eau coule de long du mur, et on jurerait que c'est des vraies larmes, des larmes d'homme qui sortent de la pierre...

Le juge d'instruction s'était penché sur son bureau pour prendre une note. Ce mot : « des camarades, » l'avait frappé, et il se proposait de le faire expliquer plus tard.

— Si vous êtes innocent, continua-t-il, vous serez bientôt relâché, mais il faut établir votre innocence.

— Que dois-je faire pour cela ?

— Dire la vérité, toute la vérité, répondre en toute sincérité, sans restrictions, sans arrière-pensée aux questions que je vous poserai.

— Pour ça, on peut compter sur moi.

Il levait déjà la main comme pour prendre Dieu et les hommes à témoin de sa bonne foi. M. Segmuller lui ordonna de l'abaisser, en ajoutant :

— Les prévenus ne prêtent pas serment.

— Tiens !... fit l'homme d'un air étonné, c'est drôle !

Tout en semblant laisser s'égarer le prévenu, le juge ne le perdait pas de vue. Il avait surtout voulu, par ces préliminaires, le rassurer, le mettre à l'aise, écarter autant que possible ses défiances, et il estimait le but qu'il se proposait atteint.

— Encore une fois, reprit-il, prêtez-moi toute votre attention, et n'oubliez pas que votre liberté dépend de votre franchise. Comment vous nommez-vous?
— Mai.
— Quels sont vos prénoms ?
— Je n'en ai pas.
— C'est impossible.

Un mouvement du prévenu trahit une impatience aussitôt maîtrisée.
— Voici, répondit-il, la troisième fois qu'on me dit cela depuis hier. C'est ainsi, cependant. Si j'étais menteur, rien ne serait si simple que de vous dire que je m'appelle Pierre, Jean ou Jacques... Mais mentir n'est pas mon genre. Vrai, je n'ai pas de prénoms. S'il s'agissait de surnoms, ce serait autre chose, j'en ai eu beaucoup.
— Lesquels ?...
— Voyons... Pour commencer, quand j'étais chez le père Fougasse, on m'appelait l'Affiloir, parce que, voyez-vous...
— Qui était ce père Fougasse ?
— Le roi des hommes pour les bêtes sauvages, monsieur le juge. Ah !... il pouvait se vanter de posséder une ménagerie, celui-là. Tigres, lions, perroquets de toutes les couleurs, serpents gros comme la cuisse, il avait tout. Malheureusement il avait aussi une connaissance qui a tout mangé.

Se moquait-il ? parlait-il sérieusement ? Il était si malaisé de le discerner, que M. Segmuller et Lecoq étaient également indécis. Goguet, lui, tout en minutant l'interrogatoire, riait.
— Assez !... interrompit le juge. Quel âge avez-vous ?
— Quarante-quatre ou cinq ans.
— Où êtes-vous né ?...
— En Bretagne, probablement.

Pour le coup, M. Segmuller crut découvrir une intention ironique qu'il importait de réprimer.
— Je vous préviens, dit-il durement, que, si vous continuez ainsi, votre liberté est fort compromise. Chacune de vos réponses est une inconvenance.

La plus sincère désolation, mêlée d'inquiétude, se peignit sur les traits du meurtrier.
— Ah !... il n'y a pas d'offense, monsieur le juge, gémit-il. Vous me questionnez, je réponds... Vous verriez bien que je dis vrai, si vous me laissiez vous conter ma petite affaire.

MONSIEUR LECOQ

Une fenêtre était ouverte, il s'y pencha.

XIX

« Prévenu bavard, cause bien instruite », dit un vieux proverbe du Palais.

C'est qu'il semble impossible, en effet, qu'un coupable, épié par le juge, puisse parler beaucoup sans que sa langue trahisse son intention ou sa pensée, sans qu'il s'évapore quelque chose du secret qu'il prétend garder.

Les plus simples, parmi les prévenus, ont compris cela. Aussi, obligés à une prodigieuse contention d'esprit, sont-ils généralement plus que réservés.

Enfermés dans leur système de défense, comme une tortue dans sa carapace, ils n'en sortent que le moins possible et avec la plus ombrageuse circonspection.

A l'interrogatoire, ils répondent, il le faut bien, mais c'est comme à regret, brièvement, ils sont avares de détails.

Ici, l'accusé était prodigue de paroles. Ah! il n'avait pas l'air de craindre de « se couper ». Il n'hésitait pas, à l'exemple de ceux qui tremblent de disloquer d'un mot le roman qu'ils s'efforcent de substituer à la vérité.

En d'autres circonstances, c'eût été une présomption en sa faveur.

— Expliquez-vous donc!... répondit M. Segmuller à la requête indirecte de son prévenu.

Le meurtrier ne dissimula pas adroitement la joie que lui causait la liberté qui lui était accordée.

L'éclat de ses yeux, le gonflement de ses narines, révélèrent une satisfaction pareille à celle du chanteur de romances qu'on traîne au piano.

Il se campa, la tête en arrière, en beau parleur sûr de ses moyens et de ses effets, promena sa langue sur ses lèvres pour les humecter, et dit :

— Comme cela, c'est mon histoire que vous me demandez?

— Oui.

— Pour lors, monsieur le juge, vous saurez qu'un beau jour, il y a de cela quarante-cinq ans, le père Tringlot, directeur d'une troupe pour la souplesse, la force et la dislocation, s'en allait de Guingamp à Saint-Brieuc par la grande route. Naturellement, il voyageait dans ses deux grandes voitures, avec son épouse, son matériel et ses artistes. Très bien. Mais voilà que peu après avoir dépassé un gros bourg nommé Châtelaudren, regardant de droite et de gauche, il aperçoit sur le revers d'un fossé quelque chose de blanc qui grouillait. « Faut que je voie ce que c'est », dit-il à son épouse. Il arrête, descend, va au fossé, prend la chose et pousse un cri. Vous me demanderez : Qu'avait-il donc trouvé, cet homme? Oh! mon Dieu! c'est bien simple. Il venait de trouver votre serviteur, alors âgé d'environ dix mois.

Il salua à la ronde sur ces derniers mots.

— Naturellement, reprit-il, le père Tringlot me porte à son épouse, une bien brave femme, tout de même. Elle me prend, m'examine, me tâte, et dit : « Il est fort, ce môme, et bien venant ; il faut le garder, puisque sa mère a eu l'abomination de l'abandonner. Je lui donnerai des leçons, et dans cinq ou six ans il nous fera honneur. » Là-dessus, on commence à me chercher un nom. On était aux premiers jours du mois de mai ; il fut décidé que je m'appellerais Mai, et Mai je suis depuis ce jour-là, sans prénom.

Il s'interrompit, et son regard s'arrêta successivement sur ses trois auditeurs, comme s'il eût quêté une approbation.

L'approbation ne venant pas, il poursuivit :

— C'était un homme simple, le père Tringlot, et ignorant les lois. Il ne déclara pas sa trouvaille à l'autorité. De la sorte, je vivais, mais je n'existais pas, puisqu'il faut être inscrit sur un registre de mairie pour exister.

« Tant que j'ai été moutard, je ne me suis pas inquiété de cela.

« Plus tard, quand j'ai été sur mes seize ans, quand je venais à penser à la négligence du bonhomme, je m'en réjouissais au dedans de moi-même.

« Je me disais : Mai, mon gars, tu n'es couché sur aucun registre du gouvernement, donc tu ne tireras pas au sort, par conséquent tu ne partiras pas soldat.

« Ce n'était pas du tout dans mon idée d'être soldat, je ne me serais pas fait inscrire pour un boulet de canon.

« Bien plus tard encore, l'âge de la conscription passé, un homme de loi m'a dit que si je réclamais pour avoir un état civil on me ferait de la peine. Alors, je me suis décidé à exister en contrebande.

« De n'être personne, ça a ses bons et ses mauvais côtés. Je n'ai pas servi, c'est vrai, mais je n'ai jamais eu de papiers.

« Ah !... ça m'a fait manger de la prison plus souvent qu'à mon tour. Mais comme en définitive je n'ai jamais été fautif, je m'en suis toujours tiré... Et voilà pourquoi je n'ai pas de prénom, et comment je ne sais pas au juste où je suis né...

Si la vérité a un accent particulier, ainsi que l'ont écrit des moralistes, le meurtrier avait trouvé cet accent-là.

Voix, geste, regard, expression, tout était d'accord : pas un mot de sa longue narration n'avait détonné.

— Maintenant, dit froidement M. Segmuller, quels sont vos moyens d'existence?

A la mine déconfite du meurtrier, on eût juré qu'il avait compté que son éloquence allait lui ouvrir les portes de la prison.

— J'ai un état, répondit-il piteusement, celui que m'a montré la mère Tringlot. J'en vis, et j'en ai vécu en France et dans d'autres contrées.

Le juge pensa trouver là un défaut de cuirasse.

— Vous avez habité l'étranger? demanda-t-il.

— Un peu !... Voilà seize ans que je travaille, tantôt en Allemagne, tantôt en Angleterre, avec la troupe de M. Simpson.

— Ainsi vous êtes saltimbanque. Comment avec un tel métier vos mains sont-elles si blanches et si soignées?

Loin de paraître embarrassé, le prévenu étala ses mains et les examina avec une visible complaisance.

— C'est vrai, au moins, fit-il, qu'elles sont jolies... C'est que je les soigne.

— On vous entretient donc à ne rien faire?

— Ah !... mais non !... Seulement, monsieur le juge, je suis, moi, pour parler au public, pour « tourner le compliment », pour faire le boniment, comme on dit... et, sans me flatter, j'ai une certaine capacité.

M. Segmuller se caressait le menton, ce qui est son tic lorsqu'il suppose qu'un prévenu s'enferre.

— En ce cas, dit-il, veuillez me donner un échantillon de votre talent.

— Oh !... fit l'homme, semblant croire à une plaisanterie, oh !......

— Obéissez, je vous prie, insista le juge.

Le meurtrier ne se défendit plus. A la seconde même, sa mobile physionomie prit une expression toute nouvelle, mélange singulier de bêtise, d'impudence et d'ironie.

En guise de baguette, il prit une règle sur le bureau du juge, et d'une voix fausse et stridente, avec des intonations bouffonnes, commença :

« Silence, la musique !... Et toi la grosse caisse, la paix !... Voici, messieurs
« et dames, l'heure, l'instant et le moment de la grrrande et unique représentation
« du théâtre des prestiges, sans pareil au monde pour le trapèze et la danse de
« corde, les élévations et les dislocations, et autres exercices de grâce, de sou-
« plesse et de force, avec le concours d'artistes de la capitale ayant eu
« l'honneur... »

— Il suffit !... interrompit le juge, vous débitiez cela en France, mais en Allemagne?...

— Naturellement, je parle la langue du pays.

— Voyons !... commanda M. Segmuller, dont l'allemand était la langue maternelle.

Le prévenu quitta son air niais, se grima d'une importance comique, et sans l'ombre d'une hésitation il reprit du ton le plus emphatique :

« *Mit Bewilligung der hochlœblichen Obrigkeit wird heute vor hiesiger ehren-*
« *werthen Bürgerschaft zum erstenmal aufgeführt...* Genovefa *oder die...* [1]. »

— Assez !... dit durement le juge.

Il se leva, peut-être pour cacher sa déception, et ajouta :

— On va aller chercher un interprète, qui nous dira si vous vous exprimez aussi facilement en anglais.

Lecoq, sur ces mots, s'avança modestement :

— Je parle l'anglais, dit-il.

— Alors, très bien. Vous m'avez entendu, prévenu...

Déjà l'homme s'était une fois encore transformé. Le flegme et la gravité britanniques se peignaient sur son visage, ses gestes étaient devenus raides et compassés. C'est du ton le plus sérieux qu'il dit :

« *Ladies and Gentlemen,*
« *Long life to our queen, and to the honourable mayor of that town. No country*
« *England excepted, — our glorious England! — should produce such a strange*
« *thing, such a parangon of curiosity...* [2]. »

Pendant une minute encore, il parla sans interruption.

M. Segmuller s'était accoudé à son bureau le front entre ses mains, Lecoq dissimulait mal sa stupeur.

Seul, Goguet, le souriant greffier, s'amusait...

XX

Le directeur du Dépôt, ce fonctionnaire à qui vingt ans de pratique des prisons et des détenus donnaient une autorité d'oracle, cet observateur si difficile à surprendre, avait écrit au juge d'instruction :

« Entourez-vous de précautions, avant d'interroger le prévenu Mai. »

1. Avec la permission de l'autorité locale, sera représentée devant l'honorable bourgeoisie, pour la première fois... *Geneviève* ou la...
2. Mesdames et messieurs. Longue vie à notre reine et à l'honorable maire de cette ville. Aucune contrée, l'Angleterre exceptée, — notre glorieuse Angleterre! — ne saurait produire une chose aussi étrange, un pareil exemple de curiosité!...

Pas du tout! Au lieu du dangereux malfaiteur dont l'annonce seule avait fait pâlir le greffier, on trouvait une manière de philosophe pratique, inoffensif et jovial, vaniteux et beau parleur, un homme à boniments, un pitre, enfin!

Le déconvenue était étrange.

Cependant, loin de souffler à M. Segmuller la tentation de renoncer au point de départ de Lecoq, elle enfonça plus profondément dans son esprit le système du jeune policier.

S'il restait silencieux, les coudes sur la tablette de son bureau, les mains croisées sur les yeux, c'est que, dans cette position, rien qu'en écartant les doigts, il pouvait, à loisir, étudier son homme.

L'attitude de ce meurtrier était inconcevable.

Son « compliment » anglais terminé, il restait au milieu du cabinet, la physionomie étonnée, moitié content, moitié inquiet, mais aussi à l'aise que s'il eût été sur les tréteaux où il disait avoir passé la moitié de sa vie.

Et, réunissant tout ce qu'il avait d'intelligence et de pénétration, le juge s'efforçait de saisir quelque chose, un indice, un tressaillement d'espoir, une contraction d'angoisse, sur ce masque plus énigmatique en sa mobilité que la face de bronze des sphinx.

Jusqu'alors, M. Segmuller avait le dessous.

Il est vrai qu'il n'avait point encore attaqué sérieusement. Il n'avait utilisé aucune des armes que lui avait forgées Lecoq.

Mais le dépit le gagnait, il fut aisé de le voir, à la façon brusque dont il releva la tête au bout d'un moment.

— Je le reconnais, dit-il au prévenu ; vous parlez couramment les trois grandes langues de l'Europe. C'est un rare talent.

Le meurtrier s'inclina, un sourire orgueilleux aux lèvres.

— Mais cela n'établit pas votre identité, continua le juge. Avez-vous des répondants à Paris ?... Pouvez-vous indiquer une personne honorable qui garantisse votre individualité?

— Eh !... monsieur, il y a seize ans que j'ai quitté la France et que je vis sur les grands chemins et dans les foires...

— N'insistez pas, la prévention ne saurait se contenter de ces raisons. Il serait trop aisé d'échapper aux conséquences de ses antécédents. Parlez-moi de votre dernier patron, M. Simpson... Quel est ce personnage?

— M. Simpson est un homme riche, répondit le prévenu d'un ton froissé, riche à plus de deux cent mille francs, et honnête. En Allemagne, il travaille avec un théâtre de marionnettes ; en Angleterre, il fait voir des phénomènes, selon le goût des pays...

— Eh bien !... ce millionnaire peut témoigner en votre faveur ; il doit être facile de le retrouver.

En ce moment, Lecoq n'avait plus un brin de fil sec sur lui ; il l'a avoué depuis. En dix paroles, le prévenu allait confirmer ou réduire en poudre les affirmations de l'enquête...

— Certes, répondit-il avec emphase, M. Simpson ne peut dire que du bien de moi. Il est assez connu pour qu'on le retrouve, seulement cela demandera du temps.

— Pourquoi ?...

— Parce que, à l'heure qu'il est, il doit être en route pour l'Amérique. C'est même ce voyage qui m'a fait le quitter... je crains la mer.

Les angoisses dont les griffes aiguës déchiraient le cœur de Lecoq s'envolèrent. Il respira.

— Ah !... fit le juge sur trois tons différents, ah !... ah !...

— Quand je dis qu'il est en route, reprit vivement le prévenu, il se peut que je me trompe, et qu'il ne soit pas encore parti. Ce qui est sûr, c'est qu'il avait arrangé toutes ses affaires pour s'embarquer quand nous nous sommes séparés.

— Sur quel navire devait-il prendre passage ?

— Il ne me l'a pas dit.

— Où vous êtes-vous quittés ?

— A Leipzig, en Saxe...

— Quand ?

— Vendredi dernier.

M. Segmuller haussa dédaigneusement les épaules...

— Vous étiez à Leipzig vendredi, vous ?... fit-il. Depuis quand êtes-vous à Paris ?

— Depuis dimanche, à quatre heures du soir.

— Voilà ce qu'il faudrait prouver.

A la contraction du visage du meurtrier, on dut supposer un puissant effort de mémoire. Pendant près d'une minute, il parut chercher, interrogeant de l'œil le plafond et le sol alternativement, se grattant la tête, frappant du pied.

— Comment prouver ? murmurait-il. Comment ?...

Le juge se lassa d'attendre.

— Je vais vous aider, dit-il. Les gens de l'auberge où vous étiez logés à Leipzig, ont dû vous remarquer ?...

— Nous ne sommes pas descendus à l'auberge.

— Où donc avez-vous mangé, couché ?...

— Dans la grande voiture de M. Simpson ; elle était vendue, mais il ne devait la livrer qu'au port où il s'embarquait.

— Quel est ce port ?...

— Je l'ignore.

Moins habitué que le juge à garder le secret de ses impressions, Lecoq ne put s'empêcher de se frotter les mains. Il voyait son prévenu convaincu de mensonge, « collé au mur », selon son expression.

— Ainsi, reprit M. Segmuller, vous n'avez à offrir à la justice que votre seule affirmation ?

— Attendez donc, dit le prévenu en étendant les bras en avant comme s'il eût pu saisir entre ses mains une inspiration encore vague, attendez donc. Lorsque je suis arrivé à Paris, j'avais une malle.

— Ensuite ?...

— Elle est toute remplie de linge marqué de la première lettre de mon nom. J'ai dedans des paletots, des pantalons, deux costumes pour mon état...

— Passez.

— Alors donc, en descendant du chemin de fer, j'ai porté cette malle dans un hôtel tout près de la gare...

Il s'arrêta court, visiblement décontenancé.

— Le nom de cet hôtel ? demanda le juge.

— Hélas !... monsieur, c'est précisément ce que je cherche, je l'ai oublié. Mais je n'ai pas oublié la maison, il me semble la voir encore, et si on me conduisait aux environs, je la reconnaîtrais certainement. Les gens de l'hôtel me remettraient, et d'ailleurs ma malle serait là pour faire preuve.

A part soi, Lecoq se promettait une petite enquête préparatoire dans les hôtels qui entourent la gare du Nord.

— Soit, prononça le juge on fera peut-être ce que vous demandez. Maintenant deux questions : Comment, arrivé à Paris à quatre heures, vous trouviez-vous à minuit à la *Poivrière*, un repaire de malfaiteurs, situé au milieu des terrains vagues, impossible à trouver la nuit quand on ne le connaît pas ?... En second lieu, comment, possédant tous les effets que vous dites, étiez-vous si misérablement vêtu ?...

L'homme sourit à ces questions.

Vous allez comprendre, monsieur le juge, répondit-il. Quand on voyage en troisième, on éreinte ses vêtements, voilà pourquoi, au départ, j'ai mis ce que j'avais de plus mauvais. En arrivant, quand j'ai senti sous mes pieds le pavé de Paris, je suis devenu comme fou ; j'avais de l'argent, c'était le dimanche gras, je n'ai pensé qu'à faire la noce, et pas du tout à me changer. M'étant amusé autrefois à la barrière d'Italie, j'y ai couru et je suis entré chez un marchand de vins. Pendant que je mangeais un morceau, deux individus près de moi parlaient de passer la nuit au bal de l'*Arc-en-ciel*. Je leur demande de m'y conduire, ils acceptent, je

Le directeur fit son entrée, son chapeau à la main.

paye une tournée et nous partons. Mais voilà qu'à ce bal, les jeunes gens m'ayant quitté pour danser, je commence à m'ennuyer à cent sous par tête. Vexé, je sors, et ne voulant pas demander mon chemin, une bêtise, quoi ! je me perds dans une grande plaine sans maisons. J'allais revenir sur mes pas, quand j'aperçois pas loin une lumière ; je marche droit dessus... et j'arrive à ce cabaret maudit.

— Comment les choses se sont-elles passées ?

— Oh !... bien simplement. J'entre, j'appelle, on vient, je demande un verre de dur, on me sert, je m'assieds et j'allume un cigare. Alors, je regarde. L'endroit était affreux à donner la chair de poule. A une table, trois hommes avec deux femmes buvaient en causant tout bas. Il paraît que ma figure ne leur revient pas. L'un d'eux se lève, vient à moi et me dit : « Toi, tu es de la police, tu es venu ici pour nous moucharder, ton affaire est claire. » Moi, je réponds que je n'en suis pas, il me dit que si, je soutiens que non... si... non... Bref, il jure qu'il en est sûr et que même j'ai une fausse barbe. Là-dessus, il m'empoigne la barbe et la tire. Il me fait mal, je me dresse, et v'lan, d'un coup de tampon je l'envoie à terre. Malheur !.. Voilà les autres sur moi... J'avais mon revolver... vous savez le reste.

— Et les deux femmes, pendant ce temps, que faisaient-elles ?...

— Ah !... j'avais trop d'ouvrage pour m'en occuper !... Elles ont filé.

— Mais vous les avez vues en arrivant... Comment étaient-elles ?...

— C'étaient, ma foi !... deux laides mâtines, taillées comme des carabiniers et noires comme des taupes !...

Entre le mensonge plausible et la vérité improbable, la justice, institution humaine, c'est-à-dire sujette à l'erreur, doit opter pour la vraisemblance.

Depuis une heure, cependant, M. Segmuller faisait précisément le contraire. Aussi n'était-il pas sans inquiétudes.

Mais ses derniers doutes se dissipèrent comme un brouillard au soleil, quand le prévenu déclara que les deux femmes étaient grandes et « noires ».

Selon lui, cette audacieuse assertion démontrait la cordiale entente du meurtrier et de la Chupin. Elle trahissait un roman imaginé pour égarer l'enquête.

Il en concluait que, sous ces apparences si habilement accumulées, existaient des faits d'autant plus graves qu'on prenait plus de peine pour les dérober à toute appréciation.

Si l'homme eût dit : « Les femmes étaient blondes », M. Segmuller n'eût plus su que croire.

Certes, sa satisfaction fut immense, mais son visage demeura impénétrable. Il importait de laisser le prévenu dans cette idée qu'il jouait la prévention.

— Vous comprenez, lui dit le juge d'un ton de bonhomie parfaite, combien il serait important de retrouver ces deux femmes. Si leur témoignage s'accordait avec vos allégations, votre position serait singulièrement améliorée.

— Oui, je comprends cela, mais comment mettre la main dessus ?...

— La police est là... ses agents sont au service des prévenus dès qu'il s'agit de les mettre à même d'établir leur innocence. Avez-vous fait quelques observations qui puissent préciser le signalement et faciliter les recherches ?

Lecoq, dont l'œil ne quittait pas le prévenu, crut surprendre un sourire montant à ses lèvres.

— Je n'ai rien remarqué, dit-il froidement.

Depuis un moment, M. Segmuller avait ouvert le tiroir de son bureau. Il en sortit la boucle d'oreille ramassée sur le théâtre du crime, et la présenta brusquement à l'homme, en disant :

— Ainsi, vous n'avez pas aperçu ceci aux oreilles d'une des femmes ?...

L'imperturbable insouciance du prévenu ne fut pas altérée.

Il prit la boucle d'oreille, l'examina attentivement, la fit miroiter au jour, admira ses feux, et dit :

— C'est une belle pierre, mais je ne l'avais pas remarquée.

— Cette pierre, insista le juge, est un diamant.

— Ah !...

— Oui, et qui vaut plusieurs milliers de francs.

— Tant que ça !...

Cette exclamation était bien dans l'esprit du rôle, mais le meurtrier n'y sut pas mettre la naïveté convenable, ou plutôt il l'exagéra.

Un nomade comme lui, qui avait couru toutes les capitales de l'Europe, ne devait pas s'ébahir tant que cela de la valeur d'un diamant.

Cependant M. Segmuller n'abusa pas de l'avantage remporté.

— Autre chose, dit-il. Quand vous avez jeté votre arme, en criant : « Venez me prendre », quelles étaient vos intentions ?...

— Je comptais fuir...

— Par où ?...

— Dame !... monsieur, par la porte, par...

— Oui, par la porte de derrière, fit le juge avec une ironie glaciale. Reste à expliquer comment vous, qui entriez dans ce cabaret pour la première fois, vous aviez connaissance de cette issue.

Pour la première fois, l'œil du prévenu se troubla, son assurance disparut, mais ce ne fut qu'un éclair, et il éclata de rire, mais d'un rire faux, voilant mal son angoisse.

— Quelle farce !... répondit-il, je venais de voir les deux femmes filer par là...

— Pardon !... vous venez de déclarer que vous ne vous êtes pas aperçu du départ des femmes, que vous aviez trop d'ouvrage pour surveiller leurs mouvements.

— Ai-je dit cela?...

— Mot pour mot; on va vous donner lecture du passage. Goguet... lisez.

Le greffier lut, mais alors l'homme entreprit de contester la signification de ses expressions... Il n'avait pas dit, prétendait-il, certainement il n'avait pas voulu dire... on l'avait mal compris...

Lecoq était aux anges.

— Toi, mon bonhomme, pensait-il, tu discutes, tu patauges, tu es perdu...

La réflexion était d'autant plus juste, que la situation d'un prévenu devant le magistrat instructeur peut être comparée à celle d'un homme qui, ne sachant pas nager, s'est avancé dans la mer jusqu'à avoir de l'eau au ras de la bouche. Tant qu'il garde son équilibre, tout va bien. Chancelle-t-il?... Aussitôt il perd pante. S'il se débat et barbotte, c'en est fait; il avale une gorgée, la vague prochaine le roule; il veut crier, il boit... il est noyé.

— Assez, dit le juge, dont les questions allaient se multiplier et porter sur tous les points, assez Comment, sortant avec l'intention de vous amuser, aviez-vous dans une de vos poches le revolver que voici?

— Je l'avais sur moi pour la route, je n'ai pas plus songé à le déposer à l'hôtel qu'à changer de vêtements.

— Où l'avez-vous acheté?

— Il m'a été donné par M. Simpson, c'est un souvenir.

— Convenez, remarqua froidement le juge, que ce M. Simpson est un personnage commode. Enfin, continuons. Deux coups seulement de cette arme redoutable ont été déchargés et trois hommes sont morts. Vous ne m'avez pas dit la fin de la scène.

— Hélas!... fit l'homme d'un ton ému, à quoi bon!... Deux de mes ennemis renversés, la partie devenait égale. J'ai donc saisi le dernier, le soldat, à bras le corps, et je l'ai poussé... Il est tombé sur le coin d'une table et ne s'est plus relevé.

M. Segmuller avait déplié sur son bureau le plan du cabaret dessiné par Lecoq.

— Approchez, dit-il au prévenu, et précisez sur ce papier votre position et celle de vos adversaires.

L'homme obéit, et avec une sûreté un peu bien surprenante chez un homme de sa condition apparente, il expliqua le drame.

— Je suis entré, disait-il, par cette porte marquée C, je me suis assis à la table II, qui est à gauche en entrant; les autres occupaient cette table qui est entre la cheminée F et la fenêtre B.

Lorsqu'il eut achevé :

— Je dois, dit le juge, rendre à la vérité cet hommage que vos déclarations s'accordent parfaitement avec les constatations des médecins, lesquels ont reconnu qu'un des coups avait été tiré à bout portant et l'autre de la distance de deux mètres environ.

Un prévenu vulgaire eût triomphé. L'homme, au contraire, eut un imperceptible haussement d'épaules.

— Cela prouve, murmura-t-il, que ces médecins savent leur métier.

Lecoq était content.

Juge, il n'eût pas mené autrement l'interrogatoire.

Il bénissait le ciel, qui lui avait donné M. Segmuller aux lieu et place de M. d'Escorval.

— Ceci réglé, reprit le juge, il vous reste, prévenu, à m'apprendre le sens d'une phrase prononcée par vous, quand l'agent que voici vous a renversé.

— Une phrase ?...

— Oui !... vous avez dit : « C'est les Prussiens qui arrivent, je suis perdu ! » Qu'est-ce que cela signifiait ?

Une fugitive rougeur colora les pommettes du meurtrier. Il devint clair qu'il avait prévu toutes les autres questions et que celle-ci le prenait au dépourvu.

— C'est bien étonnant, fit-il avec un embarras mal déguisé, que j'aie dit cela !...

Évidemment il gagnait du temps, il cherchait une explication.

— Cinq personnes vous ont entendu, insista le juge.

— Après tout, reprit l'homme, la chose est possible. C'est une phrase qu'avait coutume de répéter un vieux de la garde de Napoléon, qui, après la bataille de Waterloo, était entré au service de M. Simpson...

L'explication, pour être tardive, n'en était pas moins ingénieuse. Aussi M. Segmuller parut-il s'en contenter.

— Cela peut être, dit-il ; mais il est une circonstance qui passe ma compréhension. Étiez-vous débarrassé de vos adversaires avant l'entrée de la ronde de police ?... Répondez oui ou non.

— Oui.

— Alors, comment, au lieu de vous échapper par l'issue dont vous deviniez l'existence, êtes-vous resté debout sur le seuil de la porte de communication, avec une table devant vous en guise de barricade, votre arme dirigée vers les agents, pour les tenir en échec ?

L'homme baissa la tête, et sa réponse se fit attendre.

— J'étais comme fou, balbutia-t-il, je ne savais si c'étaient des agents de police ou des amis de ceux que j'avais tués.

— Votre intérêt vous commandait de fuir les uns comme les autres.

Le meurtrier se tut.

— Eh bien !... reprit M. Segmuller, la prévention suppose que vous vous êtes sciemment et volontairement exposé à être arrêté, pour protéger la retraite des deux femmes qui se trouvaient dans ce cabaret.

— Je me serais donc risqué pour deux coquines que je ne connaissais pas ?...

— Pardon... La prévention a de fortes raisons de croire que vous les connaissez au contraire très bien, ces deux femmes.

— Ça, par exemple !... si on me le prouve !...

Il ricanait, mais le rire fut glacé sur ses lèvres par le ton d'assurance avec lequel le juge dit, en scandant les syllabes :

— Je-vous-le-prouve-rai !...

XXI

Ces délicates et épineuses questions d'identité qui, à tout moment, se représentent, sont le désespoir de la justice.

Les chemins de fer, la photographie et le télégraphe électrique ont multiplié les moyens d'investigation ; en vain. Tous les jours encore il arrive que des malfaiteurs habiles réussissent à dérober au juge leur véritable personnalité, et échappent ainsi aux conséquences de leurs antécédents.

C'est à ce point qu'un spirituel procureur général disait une fois en riant, — et peut-être ne plaisantait-il qu'à demi :

« Les confusions de personnes ne cesseront que le jour où la loi prescrira
« d'imprimer, au fer rouge, un numéro d'ordre sur l'épaule de tout enfant déclaré
« à la mairie. »

Certes, M. Segmuller eût souhaité ce numéro d'ordre à l'énigmatique prévenu qui était là devant lui.

Et cependant, il ne désespérait pas, et sa confiance, si elle était exagérée, n'était pas feinte.

Il pensait que cette circonstance des deux femmes était le côté faible du système du meurtrier, le point où il devait concentrer ses efforts.

Il l'abandonna, néanmoins, pénétré de cette juste théorie qu'à un premier interrogatoire on ne doit traiter à fond aucune question.

Lorsqu'il estima que sa menace avait produit son effet, il reprit :

— Ainsi, prévenu, vous affirmez ne connaître aucune des personnes qui se trouvaient dans le cabaret?

— Je le jure.

— Vous n'avez jamais eu occasion de voir un individu dont le nom se trouve mêlé à cette déplorable affaire, un certain Lacheneur?

— J'entendais ce nom pour la première fois, quand le soldat mourant l'a prononcé, en ajoutant que ce Lacheneur était un ancien comédien...

Il eut un gros soupir, et ajouta :

— Pauvre troupier!... Je venais de lui donner le coup de mort, et ses dernières paroles ont été le témoignage de mon innocence.

Ce petit mouvement sentimental laissa le juge très froid.

— Par conséquent, demanda-t-il, vous acceptez la déposition de ce militaire?

L'homme hésita, comme s'il eût flairé un piège et calculé la réponse.

— J'accepte!... dit-il enfin ; basto!...

— Très bien. Ce soldat, vous devez vous le rappeler, voulait se venger de Lacheneur, lequel, en lui promettant de l'argent, l'avait entraîné dans un complot. Contre qui ce complot?... Contre vous, évidemment. D'un autre côté, vous prétendez n'être arrivé à Paris que ce soir-là même et n'avoir été conduit à la *Poivrière* que par le plus grand des hasards... Conciliez donc cela.

Le prévenu osa hausser les épaules.

— Moi, dit-il, je vois les choses autrement. Ces gens tramaient un mauvais coup contre je ne sais qui, et c'est parce que je les gênais qu'ils m'ont cherché querelle à propos de rien.

Le coup du juge était bon, mais la parade était meilleure ; si bien que le souriant greffier ne put dissimuler une grimace approbative. Lui, d'abord, il était toujours du parti du prévenu... platoniquement, bien entendu.

— Passons aux faits qui ont suivi votre arrestation, reprit M. Segmuller. Pourquoi avez-vous refusé de répondre à toutes les questions?...

Un éclair de rancune réelle ou de commande brilla dans l'œil du meurtrier.

— C'est bien assez d'un interrogatoire, grommela-t-il, pour faire un coupable d'un innocent!...

L'homme grossier reparaissait sous le pitre goguenard et bon enfant.

— Je vous engage, dans votre intérêt, dit sévèrement le juge, à rester convenable. Les agents qui vous ont arrêté ont observé que vous étiez au fait de toutes les formalités et que vous connaissiez les êtres de la prison.

— Eh! monsieur, ne vous ai-je pas dit que j'avais été pris et mis en prison plusieurs fois, toujours faute de papiers?... Je dis la vérité, par conséquent vous ne me ferez pas me couper, allez!...

Il avait déposé son masque d'insouciance gouailleuse, et affectait maintenant un ton bourru et mécontent.

Cependant il n'était pas à bout de peines, l'attaque sérieuse allait seulement commencer. M. Segmuller déposa sur son bureau un petit sac de toile :

— Reconnaissez-vous ceci? demanda-t-il.

— Parfaitement!... C'est le paquet qui a été cacheté au greffe par le directeur.

Le juge ouvrit le sac et vida sur une feuille de papier la poussière qu'il contenait.

— Vous n'ignorez pas, prévenu, dit-il, que cette poussière provient de la boue qui recouvrait vos pieds jusqu'à la cheville. L'agent de police qui l'a recueillie s'est transporté au poste où vous avez passé la nuit, et il a constaté, entre cette poussière et celle qui recouvre le sol du violon, une parfaite conformité.

L'homme écoutait, bouche béante.

— Donc, continua le juge, c'est au poste certainement, et à dessein, que vous vous êtes sali. Quel était votre projet?

— Je voulais...

— Laissez-moi achever. Résolu, pour garder le secret de votre identité, à endosser l'individualité d'un homme des dernières classes de la société, d'un saltimbanque, vous avez réfléchi que les recherches de votre personne vous trahiraient. Vous avez prévu ce qu'on penserait quand on vous ferait déshabiller au greffe, et qu'on verrait sortir de bottes malpropres, grossières, éculées, telles que celles que vous portiez, des pieds soignés comme les vôtres... car ils sont soignés à l'égal de vos mains, et les ongles sont passés à la lime. Qu'avez-vous fait alors? Vous avez jeté sur le sol le contenu de la cruche du violon, et vous avez piétiné dans la boue...

Pendant ce réquisitoire, le visage de l'homme avait exprimé tour à tour l'inquiétude, l'étonnement le plus comique, l'ironie, et en dernier lieu une franche gaîté.

A la fin, il parut contraint de céder à un de ces accès de fou rire qui coupent la parole.

— Voilà ce que c'est, dit-il s'adressant non au juge, mais à Lecoq, voilà ce qu'il arrive quand on cherche midi à quatorze heures. Ah!... monsieur l'agent, il faut être fin, mais pas tant que ça... La vérité est que lorsqu'on m'a mis au poste, il y avait quarante-huit heures, dont trente-six passées en chemin de fer, que je ne m'étais déchaussé. Mes pieds étaient rouges, enflés, et ils me cuisaient comme le feu. Qu'ai-je fait? J'ai versé de l'eau dessus... Pour le reste, si j'ai la peau douce et blanche, c'est que j'ai soin de moi... De plus, à l'exemple de tous les gens de ma profession, je ne porte jamais que des pantoufles... C'est si vrai que je n'avais pas seulement de bottes à moi quand j'ai quitté Leipzig, et que M. Simp-

MONSIEUR LECOQ

terrogatoire pour parler de cette circonstance. Quand cet homme qui est très fort m'a vu recueillir cette poussière, il a deviné mes intentions, il a cherché une explication, et il l'a trouvée... et elle est plausible, un jury l'admettrait.

C'est là précisément ce que se disait M. Segmuller. Mais il n'était ni surpris, ni ébranlé par tant de présence d'esprit.

— Résumons-nous, dit-il. Persistez-vous, prévenu, dans vos affirmations?
— Oui, monsieur.
— Eh bien!... je suis forcé de vous le dire, vous mentez.

Les lèvres de l'homme tremblèrent très visiblement, et il balbutia :
— Que ma première bouchée de pain m'étrangle si j'ai dit un seul mensonge.
— Un seul!... Attendez.

Le juge sortit de son tiroir les clichés coulés par Lecoq et les présenta au meurtrier.

— Vous m'avez déclaré, poursuivit-il, que les deux femmes avaient la taille d'un cuirassier... Or, voici les empreintes laissées par ces femmes si grandes. Elles étaient « noires comme des taupes », prétendez-vous; un témoin vous dira que l'une d'elles, petite et mignonne, a la voix douce et est merveilleusement blonde.

Il chercha les yeux de l'homme, les trouva et lentement ajouta :
— Et ce témoin est le cocher dont les fugitives ont pris la voiture rue du Chevaleret...

Cette phrase fut pour le prévenu comme un coup d'assommoir; il pâlit, chancela et fut contraint, pour ne pas tomber, de s'appuyer au mur.

— Ah!... vous m'avez dit la vérité!... poursuivit le juge impitoyable, qu'est-ce alors que cet homme qui vous attendait pendant que vous étiez à la *Poivrière*? Qu'est-ce que ce complice qui, après votre arrestation, a osé pénétrer dans le cabaret pour y reprendre quelque pièce compromettante, une lettre, sans doute, qu'il savait être dans la poche du tablier de la veuve Chupin? Qu'est-ce que cet ami si dévoué et si hardi, qui a su feindre l'ivresse, à ce point que les sergents de ville trompés l'ont enfermé avec vous? Soutiendrez-vous que vous n'avez pas concerté avec lui votre système de défense? Affirmez-vous qu'il ne s'est pas assuré ensuite le concours de la Chupin?...

Mais déjà, grâce à un effort surhumain, l'homme était redevenu maître de soi.

— Tout ça, fit-il d'une voix rauque, est une invention de la police!...

Si fidèle qu'on suppose le procès-verbal d'un interrogatoire, il n'en rend pas plus l'exacte physionomie que des cendres froides ne donnent la sensation d'un feu clair.

On peut noter les moindres paroles; on ne saurait traduire le mouvement de la passion, l'expression du visage, les réticences calculées, le geste, l'intonation, les regards qui se croisent, chargés de soupçons ou de haine, enfin l'angoisse émouvante et terrible d'une lutte mortelle.

Pendant que le prévenu se débattait sous sa parole vibrante, le juge d'instruction tressaillait de joie.

— Il faiblit, pensait-il, je le sens, il s'abandonne, il est à moi!...

Mais tout espoir de succès immédiat s'évanouit, dès qu'il vit ce surprenant adversaire dompter sa défaillance d'une minute, se raidir et se redresser avec une énergie nouvelle et plus vigoureuse.

Il comprit qu'il lui faudrait plus d'un assaut avant d'avoir raison d'un caractère si solidement trempé.

Aussi est-ce d'une voix rendue plus rude par l'attente trompée, qu'il reprit :

— Décidément, vous niez l'évidence même.

Le meurtrier était redevenu de bronze. Il devait regretter amèrement sa faiblesse, car une audace infernale étincelait dans ses yeux.

— Quelle évidence?... dit-il en fronçant les sourcils. Le roman inventé par la police est vraisemblable, je ne dis pas le contraire ; mais il me semble que la vérité est au moins aussi probable. Vous me parlez d'un cocher qui a chargé, rue du Chevaleret, deux femmes petites et blondes... Qui prouve que ce sont bien celles qui se trouvaient dans ce cabaret de malheur?...

— La police a suivi leurs traces sur la neige.

— La nuit, à travers des terrains coupés de fondrières, le long d'une rue, quand il tombait une pluie fine et que le dégel commençait!... c'est bien fort.

Il étendit le bras vers Lecoq et d'un ton écrasant de mépris, il ajouta :

— Il faut à un agent de police une fière confiance en soi ou une rude envie d'avancement, pour demander qu'on coupe la tête d'un homme sur une preuve pareille !

Tout en faisant voler sa plume, le souriant greffier observait.

— Pan!... dans le noir!... se dit-il.

Terrible, en effet, était le reproche, et il remua le jeune policier jusqu'au plus profond des entrailles. Il était touché, et si juste, qu'il oublia en quel lieu il se trouvait et se dressa furieux.

— Cette circonstance ne serait rien, dit-il vivement, si elle n'était l'anneau d'une longue chaîne...

— Silence, monsieur l'agent, interrompit le juge.

Et se retournant vers le prévenu :

— La justice, poursuivit-il, n'utilise les charges recueillies par la police qu'après les avoir contrôlées et évaluées.

— N'importe!... murmura l'homme, je voudrais bien voir ce cocher.

— Soyez sans crainte, il répétera sa déposition en votre présence.

— Eh bien !... je serai content alors. Je lui demanderai comment il s'y prend pour dévisager les gens, quand il fait noir comme dans un four. Sans doute, ce beau donneur de signalements est de la race des chats, qui y voient mieux la nuit que le jour.

Il s'interrompit et se frappa le front, éclairé en apparence par une inspiration soudaine.

— Suis-je assez bête !... s'écria-t-il, je me fais de la bile au sujet des femmes pendant que vous savez qui elles sont. Car vous le savez, n'est-ce pas, monsieur, puisque le cocher les a ramenées à leur domicile ?

M. Segmuller se sentit deviné. Il vit que le prévenu s'efforçait d'épaissir les ténèbres précisément sur le point que la prévention avait tant d'intérêt à éclairer ?

Comédien incomparable, l'homme avait prononcé cette phrase avec l'accent de la plus sincère candeur. Mais l'ironie était sensible, et s'il raillait, c'est qu'il savait n'avoir rien à redouter de ce côté.

— Si vous êtes conséquent, reprit le juge, vous niez aussi l'assistance d'un complice, d'un... camarade.

— A quoi bon nier, monsieur, puisque vous ne croyez rien de ce que j'affirme? Vous traitiez tout à . heure mon patron, M. Simpson, de personnage imaginaire. Que dirai-je donc de ce prétendu complice? Ah !... les agents qui l'ont inventé en font un bon garçon. Mécontent sans doute de leur avoir échappé une première fois, il vient se remettre entre leurs griffes. Ces messieurs prétendent qu'il s'est concerté avec moi et ensuite avec la cabaretière. Comment s'y est-il pris ?... Après cela, en le tirant du cabanon où j'étais, on l'a peut-être renfermé avec la vieille...

Goguet le greffier écrivait et admirait.

— Voilà, pensait-il, un gaillard qui a le fil, et qui n'aura pas besoin de la langue d'un avocat devant le jury.

— Enfin, continua l'homme, qu'y a-t-il contre moi?... Un nom, Lacheneur, balbutié par un mourant, des empreintes sur la neige fondante, la déclaration d'un cocher, un soupçon vague au sujet d'un ivrogne. C'est tout?... ce n'est guère.

— Assez ! interrompit M. Segmuller. Votre assurance est grande, maintenant, mais votre trouble tout à l'heure était plus grand encore. Quelle en était la cause?...

— La cause!... s'écria le meurtrier avec une sorte de rage. La cause? Vous ne voyez donc pas, monsieur, que vous me torturez effroyablement, sans pitié, moi, innocent, qui vous dispute ma vie. Depuis tant d'heures que vous me tournez et me retournez, je suis comme sur la bascule de la guillotine, et à chaque mot que je prononce, je me demande si c'est celui-là qui va faire partir le ressort. Mon trouble vous surprend, quand j'ai senti vingt fois le froid du couteau sur mon cou! Tenez... je n'oserais pas souhaiter un tel supplice à mon plus cruel ennemi.

Il devait en effet souffrir atrocement, et on le voyait parce qu'il est de ces phénomènes physiques qui échappent à la plus robuste volonté. Ainsi, ses cheveux étaient trempés de sueur, et de grosses gouttes qu'il essuyait avec sa manche roulaient par moments de son visage pâli.

— Je ne suis pas votre ennemi, dit doucement M. Segmuller, qui avait pris le mot pour lui. Un juge d'instruction n'est ni l'ami ni l'ennemi d'un prévenu, il n'est que l'ami de la vérité et des lois. Je ne cherche ni un innocent ni un coupable. Je veux trouver ce qui est. Il faut que je sache qui vous êtes... et je le saurai.

— Eh!... je me tue à le dire : je suis Mai!

— Non.

— Qui donc serais-je alors ?... Un grand personnage déguisé?... Ah! je le voudrais bien. J'aurais de bons papiers, en ce cas, je vous les montrerais et vous me lâcheriez... car vous le savez bien, mon bon monsieur, je suis innocent comme vous.

Le juge avait quitté son bureau, et était venu s'adosser à la cheminée, à deux pas du prévenu.

— N'insistez pas, dit-il.

Et aussitôt, changeant de ton et de manières, il ajouta, avec l'urbanité parfaite d'un homme du monde s'adressant à un de ses pairs :

— Faites-moi l'honneur, monsieur, de me croire assez de perspicacité pour avoir su démêler, sous le rôle difficile que vous jouez avec une désolante perfection, un homme supérieur, un homme doué des plus rares facultés...

Lecoq vit bien que ce brusque changement déroutait le meurtrier.

Il essaya de rire : le rire expira dans sa gorge, lugubre comme un sanglot, et deux larmes jaillirent de ses yeux.

— Je ne vous torturerai pas davantage, monsieur, continua le juge. Avec vous, d'ailleurs, sur le terrain des questions subtiles, je serais battu, je l'avoue en toute modestie. Quand je reviendrai à la charge, c'est que j'aurai en mains assez de preuves pour vous en écraser...

Il se recueillit ; puis, lentement et en appuyant sur chaque mot, il ajouta :

— Seulement, n'attendez plus alors de moi les égards que je vous accorderais si volontiers en ce moment. La justice est humaine, monsieur, c'est-à-dire indulgente pour certains crimes. Elle a mesuré la profondeur des abîmes où peut rouler l'homme honnête que la passion égare. Tous les ménagements qui ne seraient pas contre mes devoirs, je vous les promets... Parlez, monsieur... Dois-je faire sortir l'agent de police que voici ? Voulez-vous que je charge mon greffier de quelque commission?...

Il se tut.

Il attendait l'effet de ce dernier, de ce suprême effort.

Le meurtrier dardait sur lui un de ces regards qui s'efforcent de pénétrer jusqu'au fond de l'âme. Ses lèvres remuèrent ; on put croire qu'il allait parler... Mais non. Il croisa ses bras sur sa poitrine et murmura :

— Vous êtes bien honnête, monsieur ; malheureusement, je ne suis que le pauvre diable que je vous ai dit : Mai, artiste pour parler au public et « tourner le compliment... »

— Qu'il soit donc fait selon votre volonté, prononça tristement le juge. M. le greffier va vous donner lecture de votre interrogatoire... écoutez.

Goguet aussitôt se mit à lire. Le prévenu écouta sans observations, mais à la fin, il refusa de signer, redoutant, déclara-t-il, « quelque traîtrise du grimoire. »

L'instant d'après, les gardes de Paris qui l'avaient amené, l'entraînaient...

XXII

Le prévenu sorti, M. Segmuller se laissa tomber sur son fauteuil, épuisé, écrasé, anéanti, comme il arrive après d'exorbitants efforts dépensés en pure perte.

A l'éréthisme immodéré de toutes les facultés de son esprit et de son âme, une invincible prostration succédait.

C'est à peine s'il lui restait la force de tamponner avec son mouchoir trempé dans de l'eau fraîche, son front brûlant et ses yeux qui lui cuisaient.

Cette effroyable séance d'instruction n'avait pas duré moins de sept heures.

Le riant greffier qui, lui, pendant tout ce temps, était resté assis à sa table, écrivant, se leva, très heureux de se dégourdir les jambes et de faire claquer ses doigts, las de tenir la plume.

Il ne s'était pourtant pas ennuyé. Les drames, que depuis tant d'années il voyait se dérouler, n'avaient jamais cessé de lui offrir un intérêt quasi théâtral, émoustillé par l'incertitude du dénoûment et la conscience d'une petite part de collaboration.

— Quel gredin !... s'écria-t-il, après avoir attendu vainement un mot du juge ou de l'agent de la sûreté ; quel scélérat !...

D'ordinaire, M. Segmuller accordait une certaine confiance à la vieille expérience de Goguet. Il lui était même arrivé de le consulter, un peu sans doute comme Molière consultait sa servante.

Mais cette fois, il ne pouvait accepter son opinion.

— Non, dit-il, d'un ton pensif, non, cet homme n'est pas un coquin. Quand je lui ai parlé si doucement, il a été réellement ému, il a pleuré. Il a hésité, je le jurerais, à me tout confier...

— Ah!... il est fort, approuva Lecoq, prodigieusement fort!...

L'éloge du jeune policier était sincère. Loin d'en vouloir à ce prévenu qui avait trompé ses calculs et qui même l'avait injurié, il l'admirait pour son habileté et son audace.

Il s'apprêtait à le combattre à outrance, il espérait le vaincre... N'importe! il éprouvait pour lui cette secrète sympathie qu'inspire l'adversaire qu'on sent digne de soi.

— Quelle organisation, poursuivit Lecoq, quel sang-froid, quelle hardiesse!... Ah!... il n'y a pas à dire non, son système de dénégation absolue est un chef-d'œuvre; il est complet, tout s'y tient. Et comme il a soutenu ce personnage impossible de pitre!... Oui, il y a eu des instants où je me suis tenu à quatre pour ne pas applaudir. Que seraient près de lui les comédiens vantés?... Les plus grands acteurs, pour donner l'illusion, ont besoin de l'optique de la scène... Lui, à deux pas de moi, surprenait ma raison.

Peu à peu, le juge d'instruction se remettait.

— Savez-vous, monsieur l'agent, dit-il, ce que prouvent vos justes réflexions?

— J'écoute, monsieur.

— Eh bien! voici ma conclusion : Ou cet homme est véritablement Mai, « pour tourner le compliment, » comme il dit, ou il appartient aux plus hautes sphères sociales. Pas de milieu. Ce n'est qu'aux derniers échelons, ou aux premiers de la société, qu'on rencontre la sombre énergie dont il a fait preuve, ce mépris de la vie, tant de présence d'esprit et de résolution. Un vulgaire bourgeois attiré à la *Poivrière* par quelque passion inavouable, eût tout avoué il y a longtemps, et réclamé la faveur de la pistole...

— Mais, monsieur, ce prévenu n'est pas le pitre Mai, dit le jeune policier.

— Non certes, répondit M. Segmuller; c'est donc à voir en quel sens doivent être dirigées les investigations.

Il sourit amicalement, et de sa meilleure voix ajouta :

— Était-il bien besoin de vous dire cela, monsieur Lecoq?... Non, car à vous revient l'honneur d'avoir pénétré la fraude. Pour moi, je le confesse, si je n'eusse été averti, je serais en ce moment la dupe de ce grand artiste.

Le jeune policier s'inclina, le vermillon de la modestie sur les joues; mais la vanité heureuse éclatait dans ses yeux plus brillants que des escarboucles.

Quelle différence entre ce juge expansif et bienveillant et l'autre, si taciturne et si hautain !

Celui-ci, au moins, le comprenait, l'appréciait, l'encourageait, et c'est avec des présomptions communes et une égale ardeur qu'ils allaient s'élancer à la découverte de la vérité.

S'il n'eût fallu que remuer le petit doigt, ce doigt qui tue les mandarins, pour guérir subitement la jambe de M. d'Escorval, Lecoq eût peut-être hésité.

Ainsi pensait le jeune agent...

Mais il songea aussi que sa satisfaction était bien prématurée, et que le succès était encore des plus problématiques.

Le souvenir de la peau de l'ours vendue trop tôt lui rendit tout son sang-froid.

— Monsieur, reprit-il d'un ton calme, il m'est venu une idée.

— Voyons ?...

— La veuve Chupin, vous vous le rappelez sans doute, nous a parlé de son fils, un certain Polyte...

— Oui, en effet.

— Ce garçon, un détestable garnement, a obtenu de rester au Dépôt jusqu'à son jugement. Pourquoi ne l'interrogerait-on pas ? Il doit connaître tous les habitués de la *Poivrière*, et nous donnerait peut-être sur Gustave, sur Lacheneur et sur le meurtrier lui-même des renseignements précieux. Comme il n'est pas au secret, il a probablement appris l'arrestation de sa mère, mais il me paraît impossible qu'il se doute des perplexités de la justice.

— Ah !... vous avez cent fois raison !... s'écria le juge. Comment n'ai-je pas songé à cela ? Demain, dès le matin, j'interrogerai cet individu, que sa situation d'inculpé rendra plus maniable qu'un autre. Je veux aussi questionner sa femme...

Il se retourna vers son greffier et ajouta :

— Vite, Goguet, préparez une citation au nom de la femme Hippolyte Chupin, et remplissez une ordonnance d'extraction.

Mais la nuit était venue, on n'y voyait plus assez pour écrire ; le greffier sonna et demanda de la lumière.

L'huissier qui avait apporté les lampes se retirait, quand on frappa à la porte. Il ouvrit et le directeur du Dépôt fit son entrée le chapeau à la main.

Depuis vingt-quatre heures, ce digne fonctionnaire était fort préoccupé de ce locataire mystérieux qu'il avait logé au numéro 3 des secrets, et il venait aux informations.

— Je viens vous demander, monsieur, dit-il au juge, si je dois continuer à maintenir séquestré le prévenu Mai ?

MONSIEUR LECOQ

Les maigres rosses volèrent sous le fouet.

— Oui, monsieur.

— C'est que je redoute sa fureur, et que d'un autre côté il me répugne de lui remettre la camisole de force.

— Laissez-le libre dans sa cellule, dit M. Segmuller, recommandez qu'on le traite doucement, et contentez-vous de faire exercer sur lui une surveillance incessante.

Aux termes de l'article 613, quoique la police des prisons soit confiée à l'autorité administrative, le juge y peut faire exécuter tout ce qu'il croit utile à l'instruction.

Le directeur s'inclina donc, puis il ajouta :

— Vous avez sans doute, monsieur, réussi à constater l'identité du prévenu ?

— Non, malheureusement.

Le directeur secoua la tête d'un air sagace.

— En ce cas, fit-il, mes conjectures étaient justes. Il me paraît surabondamment démontré que cet homme est un malfaiteur de la pire catégorie, un récidiviste, très certainement, qui a le plus puissant intérêt à dissimuler son individualité. Vous verrez, monsieur, que nous avons affaire à quelque forçat à vie, revenu de Cayenne sans congé.

— Peut-être vous trompez-vous...

— Hum !... j'en serais surpris. Je dois avouer que mon sentiment est celui de M. Gévrol, le plus expérimenté et le plus habile des inspecteurs de sûreté. Après cela, il arrive parfois que des agents jeunes et trop zélés se montent la tête, et courent après les chimères de leur imagination.

Lecoq, tout rouge de colère, allait sans doute répliquer vertement lorsque M. Segmuller, d'un geste, lui imposa silence.

Ce fut le juge qui répondit en souriant :

— Ma foi !... cher monsieur, plus j'étudie cette affaire, plus je tiens pour le système de l'agent trop zélé. Après cela, je ne suis pas infaillible, et je compte bien sur vos services...

— Oh !... j'ai mes moyens de vérification, interrompit l'entêté directeur, et j'espère bien qu'avant vingt-quatre heures notre homme aura été positivement reconnu, soit par les agents du service de la sûreté, soit par les détenus à qui on le montrera.

Il se retira sur cette promesse, et Lecoq se dressa furieux.

— Voyez-vous, ce Gévrol, monsieur le juge, s'écria-t-il, déjà il dit du mal de moi, il est jaloux...

— Eh bien !... que vous importe ! Si vous réussissez, vous êtes vengé... Si vous échouez, je suis là.

Et aussitôt, comme l'heure avançait, M. Segmuller remit au jeune policier les pièces de conviction qu'il avait recueillies et qui devaient aider les investigations : la boucle d'oreille d'abord, dont il était indispensable de rechercher l'origine, puis la lettre signée Lacheneur, trouvée dans la poche de Gustave, le faux soldat.

Il lui donna divers ordres encore, et après lui avoir recommandé l'exactitude pour le lendemain, il le congédia par ces mots :

— Allez... et bonne chance.

XXIII

Longue, étroite, basse de plafond, percée de quantité de petites portes numérotées, comme le corridor d'un hôtel garni, meublée d'un bout à l'autre d'un grossier banc de chêne noirci par l'usage, telle est la galerie des juges d'instruction.

Dans le jour, peuplée de ses hôtes habituels, prévenus, témoins et gardes de Paris, elle est d'une tristesse navrante.

Elle est sinistre, quand elle est déserte, la nuit venue, à peine éclairée par la lampe fumeuse de l'huissier de semaine attendant quelque juge attardé.

Si peu impressionnable que fût Lecoq, il eut le cœur serré en suivant cet interminable couloir, et il se hâta de gagner l'escalier pour échapper à l'écho de ses pas, lugubres dans ce silence.

A l'étage inférieur, une fenêtre était restée ouverte, il s'y pencha pour reconnaître l'état du temps au dehors.

La température s'était singulièrement adoucie. Plus de neige, les pavés étaient presque secs. C'est à peine si un léger brouillard, illuminé des lueurs rouges du gaz, se balançait comme un velum de pourpre au-dessus de Paris.

En bas, la rue était à l'apogée de son animation : les voitures circulaient plus rapides, les trottoirs devenaient trop étroits pour la foule bruyante qui, la journée finie, courait à ses plaisirs.

Ce spectacle arracha un soupir au jeune policier.

— Et c'est dans cette ville immense, murmura-t-il, au milieu de tout ce monde, que je prétends retrouver les traces d'un inconnu !... Est-ce possible ?...

Mais cette défaillance ne dura pas.

— Oui, c'est possible, lui criait une voix au dedans de lui-même ; d'ailleurs, il le faut, c'est l'avenir ! Ce qu'on veut, on le peut.

Dix secondes après, il était dans la rue, plus que jamais enflammé de courage et d'espoir.

L'homme, malheureusement, n'a pour servir des désirs sans limites, que des organes fort bornés. Le jeune policier n'eut pas fait vingt pa   ;.'il reconnut que ses forces physiques trahissaient sa volonté : ses jambes fléchissaient, la tête lui tournait. La nature reprenait ses droits : depuis deux jours et deux nuits, il n'avait pas reposé une minute, et il n'avait rien pris de la journée...

— Vais-je donc me trouver mal? pensa-t-il, réduit à s'asseoir sur un banc.

Et il se désolait, en récapitulant tout ce qu'il avait à faire dans la soirée.

Ne devait-il pas, pour ne parler que du plus pressé, s'informer des résultats de la chasse du père Absinthe, rechercher si l'une des victimes avait été reconnue à la Morgue, vérifier dans les hôtels qui entourent la gare du Nord les assertions du prévenu, enfin se procurer l'adresse de la femme de Polyte Chupin pour lui remettre l'assignation ?...

Sous le fouet de l'impérieuse nécessité, il réussit à triompher de sa faiblesse, et il se dressa en murmurant :

— Je vais toujours passer rue de Jérusalem et à la Morgue. Après je verrai.

Mais à la Préfecture il ne trouva pas le père Absinthe, et personne ne put lui en donner des nouvelles. Le bonhomme ne s'était pas montré.

Personne, non plus, ne put lui indiquer, même vaguement, la demeure de la bru de la veuve Chupin.

En revanche, il rencontra bon nombre de ses collègues, qui se moquèrent de lui outrageusement.

— Ah! tu es un lapin !... lui disaient tous ceux qu'il abordait, il paraît que tu viens de faire une fameuse découverte!... on parle de toi pour la croix !...

L'influence de Gévrol se trahissait. L'ombrageux inspecteur, en effet, racontait à tout venant que ce pauvre Lecoq, fou d'ambition, s'obstinait à prendre pour un gros personnage déguisé un vulgaire repris de justice.

Baste !... ces quolibets ne touchaient guère le jeune policier. Rira bien qui rira le dernier, marmottait-il.

Si sa mine était inquiète pendant qu'il remontait le quai des Orfèvres, c'est qu'il ne s'expliquait pas l'absence prolongée du vieux Absinthe. Il se demandait encore si Gévrol, dans le délire de sa jalousie, ne serait pas bien capable d'essayer d'embrouiller sous main tous les fils de l'affaire.

A la Morgue, il n'eut pas meilleure aventure. Après qu'il eut sonné trois ou quatre fois, le gardien qui vint lui ouvrir lui déclara que les cadavres restaient toujours inconnus et qu'on n'avait pas revu le vieil agent envoyé le matin.

— Décidément, pensa le jeune policier, je débute mal... Allons dîner, cela rompra la chance, et j'ai bien gagné la bouteille de bon vin que je veux m'offrir.

Ce fut une heureuse inspiration. Ce que c'est que de nous !... Un potage et deux verres de vin de bordeaux versèrent dans son sang une audace et une énergie nouvelles. S'il sentait encore sa lassitude, elle était tolérable, quand il sortit du restaurant, un cigare aux lèvres.

C'est à ce moment qu'il regretta la voiture et le bon cheval du père Papillon !... Un fiacre passait, par fortune, il le prit, et huit heures sonnaient quand il mit pied à terre sur la place de la gare du chemin de fer du Nord. Il s'arrêta d'abord, puis les investigations commencèrent.

Bien entendu, il ne se présentait pas dans les maisons sous son titre d'agent de la sûreté. C'eût été le moyen de ne rien savoir.

Rien qu'en se coiffant en arrière et en haussant son faux-col, il s'était donné un certain air exotique, et c'est avec un accent anglais assez prononcé qu'il demandait des nouvelles d'un ouvrier étranger.

Mais vainement il employait toute son adresse à questionner, partout on lui répondait la même chose :

— Nous ne connaissons pas, nous n'avons pas vu !...

Le contraire eût étonné Lecoq, persuadé que le meurtrier n'avait imaginé cette histoire de malle déposée dans un hôtel que pour donner à son récit un cachet plus net de vraisemblance.

S'il s'obstinait, s'il notait sur son calepin les hôtels visités, c'est qu'il voulait être bien sûr de la déconvenue du prévenu quand on l'amènerait sur le terrain pour le convaincre de mensonge.

Rue de Saint-Quentin, c'est par l'hôtel de Mariembourg qu'il débuta.

La maison était d'apparence modeste, mais propre et bien tenue. Le jeune policier poussa le portillon à claire-voie muni d'une sonnette qui défendait l'accès du vestibule, et pénétra dans le bureau de l'hôtel, une jolie pièce, éclairée par un bec de gaz à globe de verre dépoli.

Il y avait une femme dans ce bureau.

Elle était hissée sur une chaise, le visage à hauteur d'une cage couverte d'un grand morceau de lustrine noire, et elle répétait avec acharnement trois ou quatre mots allemands.

Elle s'appliquait si fort à cet exercice, que Lecoq fut obligé de tousser et de faire du bruit pour attirer son attention.

Enfin, elle se retourna.

— Aôh !... bien le bonsoir, madame, dit le jeune policier ; vous êtes en train, à ce que je vois, d'apprendre à parler à votre perroquet.

— Ce n'est pas un perroquet que j'ai là, monsieur, répondit la femme du haut de sa chaise, c'est un sansonnet. Je voudrais qu'il sût dire en allemand : « As-tu déjeuné ? »

— Tiens ! les sansonnets parlent donc ?

— Comme des personnes, oui, monsieur, dit la femme en sautant à terre.

Et en effet, l'oiseau comme s'il eût compris qu'il était question de lui, se mit à crier très distinctement :

— Camille !... Où est Camille ?...

Mais Lecoq était bien trop tourmenté pour s'occuper de cet oiseau et du nom qu'il prononçait.

— Madame, commença-t-il, je désirerais parler à la propriétaire de l'hôtel...

— C'est moi, monsieur.

— Oh !... très bien ; alors voici : J'ai donné rendez-vous à Paris à un ouvrier de Leipzig, je suis surpris qu'il ne soit pas arrivé encore, et je viens savoir s'il ne serait pas descendu chez vous. Il se nomme Mai.

— Mai, répéta l'hôtelière qui eut l'air de chercher, Mai !...

— Il aurait dû arriver dimanche soir... C'est un pauvre diable !...

La physionomie de la femme s'éclaira.

— Attendez donc ! fit-elle. Votre ouvrier serait-il par hasard un homme d'un certain âge, de taille moyenne, très brun, portant toute sa barbe, ayant des yeux très brillants ?

Lecoq tressaillit. C'était le signalement du meurtrier.

— Voilà bien, balbutia-t-il, le portrait de mon homme !

— Eh bien ! monsieur, il est descendu chez moi dans l'après-midi du dimanche gras. Il a demandé un cabinet très bon marché, et je lui en ai montré un au cinquième. Le garçon étant absent en ce moment, il a voulu à toute force porter sa malle lui-même. Je lui ai offert de prendre quelque chose, il a refusé sous prétexte qu'il était très pressé, et il est parti après m'avoir remis dix francs d'arrhes.

— Et où est-il ? demanda vivement le jeune policier.

— Mon Dieu !... monsieur, répondit la femme, vous m'y faites penser !... Cet homme n'a pas reparu, et je ne suis pas sans inquiétudes. Paris est si dangereux pour les étrangers ! Il est vrai qu'il parle le français comme vous et moi. N'importe !... j'ai dès hier soir donné l'ordre d'aller prévenir le commissaire de police.

— Hier !... le commissaire !...

— Oui... seulement je ne sais pas si on a fait la commission... J'avais oublié ! Permettez que je sonne le garçon pour lui demander...

Un seau d'eau glacée, tombant de dix mètres sur la tête du jeune policier, l'eût moins étourdi que la déclaration de la propriétaire de l'hôtel de Mariembourg.

Le meurtrier avait-il donc dit vrai ?... Était-ce possible !... Gévrol et le directeur du Dépôt auraient raison alors !... En ce cas, M. Segmuller et lui, Lecoq, ne seraient que des insensés, des coureurs de chimères !

La trame ingénieuse des savantes déductions était rompue !... Le bel échafaudage de la prévention s'écroulait dans le ridicule de la plate réalité !... Tout cela traversa comme un éclair le cerveau du jeune agent.

Mais il n'eut pas le temps de réfléchir.

Le garçon appelé parut, un bon gros garçon candide et joufflu.

— Fritz, lui demanda sa patronne, êtes-vous allé chez le commissaire ?

— Oui, madame.

— Que vous a-t-il dit ?

— Je ne l'ai pas trouvé, mais j'ai parlé à son secrétaire, M. Casimir, qui m'a dit de ne pas vous tourmenter, qu'il viendrait.

— Il n'est pas venu.

Le garçon leva les deux bras avec ce mouvement d'épaules qui est la plus éloquente traduction de cette réponse : « Que voulez-vous que j'y fasse ?... »

— Vous voyez, monsieur, fit l'hôtelière, semblant croire que l'importun questionneur allait se retirer.

Telle n'était pas l'intention de Lecoq, et il ne bougea, encore qu'il eût besoin de tout son sang-froid pour garder, en dépit de l'émotion, son accent anglais.

— C'est bien désagréable, prononça-t-il, oh !... beaucoup ! Me voilà moins avancé que tout à l'heure et plus indécis, puisque je crois bien que cet homme est celui que je cherche, et que cependant je n'en suis pas assuré du tout.

— Dame !... monsieur, que voulez-vous que je vous dise !...

Lecoq se recueillit, fronçant les sourcils et pinçant les lèvres, comme s'il eût poursuivi quelque inspiration pour le sortir d'incertitude.

La vérité est qu'il cherchait par quel détour adroit se faire proposer par cette femme le livre de police où les hôteliers sont tenus de consigner les prénoms, noms, profession et domicile de tous les gens qui viennent loger chez eux. Il tremblait d'éveiller ses soupçons.

— Comme cela, madame, insista-t-il, vous ne vous souvenez aucunement du nom que vous a donné cet homme ?... Voyons, est-ce Mai ?... Faites un effort, rappelez-vous... Mai, Mai !...

— Ah !... j'ai tant de choses dans la tête...

— On pourrait bien, murmura le jeune policier, qui sembla se disposer à sortir, on devrait bien inscrire le nom des voyageurs, comme en Angleterre.

— Mais on les inscrit, monsieur, riposta la femme en se rebiffant, et au jour le jour sur un registre exprès, imprimé, avec des colonnes pour chaque mention... et au fait, j'y songe, je puis, pour vous obliger, vous montrer mon livre, il est là, dans le tiroir de mon secrétaire... Allons, bon ! voici que je ne trouve plus ma clef...

Pendant que cette hôtelière, d'aussi peu de cervelle évidemment que ses oiseaux parleurs, bouleversait tout dans le bureau de son hôtel, Lecoq l'observait en dessous.

C'était une femme de quarante ans environ, très blonde, conservée comme les blondes qui se conservent, c'est-à-dire fraîche, blanche, dodue, ayant de la santé à plein corset, appétissante à la manière de ces beaux fruits mûrs dont l'eau savoureuse coule le long des lèvres quand on mord dedans.

Son regard était d'ailleurs droit et franc, elle avait la voix bien timbrée, ses façons étaient simples et parfaitement naturelles.

— Ah ! s'écria-t-elle, triomphante, j'ai cette maudite clef.

Elle ouvrit aussitôt son secrétaire, en sortit le livre de police qu'elle posa sur la tablette, et commença à feuilleter.

Elle s'y prenait assez maladroitement, de telle sorte que le jeune policier avec ses yeux de lynx put constater que le registre était bien tenu.

Enfin, elle arriva au feuillet important.

— Dimanche, 20 février, dit-elle, regardez, monsieur, ici, à la septième ligne : MAI, — *sans prénoms*, — *artiste forain* — *venant de Leipzig*, — *sans papiers*...

Pendant que Lecoq examinait cette mention d'un air absolument hébété, la femme eut encore un souvenir.

— Je m'explique, s'écria-t-elle, comment je n'avais dans la mémoire ni ce nom de Mai, ni cette drôle de profession : artiste forain. Ce n'est pas moi qui ai écrit cela...

— Qui donc est-ce ?...

— L'individu lui-même, monsieur, pendant que je cherchais dix francs pour les lui rendre sur un louis qu'il venait de me remettre. Vous devez bien voir que l'écriture n'est plus du tout celle des autres inscriptions qui sont au-dessus et au-dessous...

Oui, Lecoq voyait cela, et c'était un argument irréfutable, précis et terrible comme un coup de bâton.

— Êtes-vous bien sûre au moins, insista-t-il vivement, que cette mention est de la main de l'homme ?... Le jureriez-vous ?...

Il était si fort troublé, qu'il oublia sa prononciation exotique. La femme s'en aperçut, car elle recula, enveloppant d'un regard soupçonneux ce faux étranger. Puis, à la défiance, la colère d'avoir été prise pour dupe parut succéder.

— Je sais ce que je dis ! déclara-t-elle un peu plus que sèchement. Et ensuite, en voilà assez, n'est-ce pas ?

Reconnaissant qu'il s'était trahi, et honteux de son peu de sang-froid, Lecoq renonça à son accent d'outre-Manche.

Il se précipita sur la malle.

— Pardon, dit-il, une question encore. Avez-vous toujours la malle de cet individu?

— Naturellement.

— Ah!... vous me rendriez un immense service en me la montrant.

— Vous la montrer! s'écria la blonde hôtesse indignée. Ah çà ! pour qui me prenez-vous?... Que voulez-vous? qui êtes-vous?...

— Dans une demi-heure vous le saurez, répondit le jeune policier qui comprit l'inutilité de toute espèce d'insistance.

Il sortit brusquement, courut jusqu'à la place de Roubaix, sauta dans une voiture, et donna l'adresse du commissaire du quartier, promettant cent sous, outre la course, au cocher, s'il menait bon train. A ce prix, les maigres rosses volèrent sous le fouet.

Lecoq eut encore du bonheur, le commissaire était chez lui. Lecoq déclina sa qualité, et fut aussitôt conduit devant le magistrat du quartier.

— Ah!... monsieur, s'écria-t-il, venez à mon secours.

Et tout d'une haleine, il se mit à conter juste ce qu'il fallait de l'histoire pour être tiré d'embarras.

Dès qu'il eut fini :

— C'est pourtant vrai! exclama le commissaire, on est venu me chercher pour cet homme disparu, Casimir me l'a dit ce matin.

— On est venu... vous... pré-ve-nir... balbutia Lecoq.

— Hier... oui... mais j'ai eu tant d'occupations!... Enfin, mon garçon, que puis-je pour vous être utile?

— Venir avec moi, monsieur, exiger qu'on nous représente la malle, requérir un serrurier pour l'ouvrir. Voici des pouvoirs, un mandat de perquisition que le juge d'instruction m'a remis en tout cas. Ne perdons pas une minute, j'ai une voiture à votre porte.

— Partons ! dit simplement le commissaire.

Quand ils furent dans le fiacre qui repartit au galop :

— Maintenant, monsieur, demanda le jeune policier, permettez-moi de vous demander si vous connaissez la femme qui tient l'hôtel de Mariembourg ?

— Très bien!... Lorsque j'ai été nommé à cet arrondissement, il y a six ans, je n'étais pas marié, et j'ai pris mes repas assez longtemps à la table d'hôte de cette dame.... Casimir, mon secrétaire, y mange encore.

— Et quelle espèce de femme est-ce?...

— Mais, ma foi!... mon jeune camarade, Mme Milner, — tel est son nom, — est une très respectable veuve, aimée et estimée dans le quartier, dont les affaires prospèrent, et qui reste veuve uniquement parce que cela lui plaît, car elle est fort agréable encore et excessivement à l'aise...

— Alors, vous ne la croiriez pas capable, moyennant une bonne somme, de... comment dirai-je?... de servir quelque prévenu très riche...

— Devenez-vous fou!... interrompit le commissaire. Mme Milner consentir à un faux témoignage pour de l'argent!... Ne viens-je donc pas de vous dire qu'elle est honnête, et qu'elle a de la fortune?... D'ailleurs elle m'avait fait prévenir dès hier. Ainsi..

Lecoq se tut, on arrivait.

En voyant apparaître derrière « son » commissaire le questionneur obstiné, Mme Milner parut tout comprendre.

— Jésus!... s'écria-t-elle, un agent! J'aurais dû m'en douter. Il y a un crime. Voilà mon hôtel perdu de réputation.

Il fallut du temps pour la rassurer et la consoler; tout le temps employé à chercher un serrurier aux environs.

Enfin, on monta à la chambre de l'homme disparu, et Lecoq se précipita sur la malle.

Ah!... il n'y avait pas à dire non, elle venait de Leipzig, les petits carrés de papier collés par les diverses administrations de chemins de fer le prouvaient.

On l'ouvrit : tout ce que l'homme avait annoncé s'y trouvait.

Lecoq était pétrifié. Il regarda d'un air stupide, le commissaire serrer le tout dans une armoire dont il prit la clef, puis il sortit.

Il sortit, se tenant aux murs, la tête perdue, et on l'entendit trébucher comme un ivrogne dans les escaliers.

XXIV

Le mardi gras, cette année-là, fut très gai, ce qui veut dire que le Mont-de-Piété et les bals publics firent des affaires.

Quand, vers minuit, Lecoq quitta l'hôtel de Mariembourg, le rues étaient bruyantes et peuplées comme en plein midi, et les cafés regorgeaient de consommateurs.

Mais le jeune policier n'avait pas le cœur à la joie. Il se mêlait à la foule sans la voir et fendait les groupes sans entendre les imprécations que soulevait sa brusquerie.

Où il allait?... Il l'ignorait. Il marchait droit devant lui, sans but, au hasard, plus éperdu que le joueur dont le dernier louis perdu a emporté la dernière espérance.

— Il faut se rendre, murmurait-il, l'évidence éclate, mes présomptions n'étaient que chimères, mes déductions, jeux de hasard ! Il ne me reste plus qu'à me tirer avec le moins de dommage et de ridicule possible de ce mauvais pas.

Il venait d'atteindre le boulevard, quand une idée jaillit de sa cervelle, si éblouissante, qu'il ne put retenir un cri :

— Je ne suis qu'un sot.

Et il se frappait le front à le briser.

— Est-il possible, poursuivait-il, que moi, si fort en théorie, je devienne d'une si pitoyable faiblesse dès que je passe à la pratique ! Ah ! je ne suis qu'un enfant encore, un conscrit, qu'un rien surprend et jette hors du bon chemin. Je me trouble, la tête me tourne et je perds jusqu'à la faculté de raisonner.

« Or, réfléchissons froidement.

« Comment avais-je tout d'abord jugé ce prévenu, dont le système nous tient en échec ?

« Je m'étais dit : Celui-là est un homme d'un génie supérieur, d'une expérience et d'une pénétration consommées, audacieux, d'un sang-froid à toute épreuve et qui tentera l'impossible pour assurer le succès de sa comédie.

« Oui, voilà ce que je disais, et à la première circonstance que je ne m'explique pas, là, sur-le-champ, je jette le manche après la cognée.

« Il tombe sous le sens, pourtant, qu'un homme d'une prodigieuse habileté ne saurait avoir recours à des manœuvres vulgaires. Devais-je espérer qu'il coudrait ses malices de fil blanc !

« Allons donc !... plus les apparences sont contre mes présomptions et en faveur de la version du détenu, plus il est sûr que j'ai raison !... ou la logique n'est plus la logique.

Le jeune policier éclata de rire et ajouta :

— Seulement, exposer cette théorie à la Préfecture devant mons Gévrol serait peut-être prématuré, et me vaudrait un certificat pour Charenton.

Il s'interrompit, il était devant sa maison. Il sonna, on lui ouvrit.

Il avait lestement grimpé ses quatre étages, et il arrivait à son palier, quand une voix dans l'obscurité appela :

— Est-ce vous, monsieur Lecoq ?

— Moi-même, répondit le jeune agent un peu surpris, mais vous ?...

— Je suis le père Absinthe.

— Ma foi !... soyez le bienvenu, je ne reconnaissais pas votre voix... Donnez-vous la peine d'entrer chez moi.

Ils entrèrent et Lecoq alluma une bougie.

Alors le jeune policier put voir son vieux collègue, et en quel état, bon Dieu!...

Plus sale il était et plus crotté qu'un barbet qui a été perdu pendant trois jours de pluie. Sa redingote portait les traces de vingt murailles essuyées, son chapeau n'avait plus aucune forme.

Ses yeux étaient troubles et sa moustache pendait pitoyablement. Il mâchonnait à vide, comme s'il eût eu du sable plein la bouche. Par moments, il essayait de cracher; il faisait le geste, l'effort... mais rien ne sortait.

— Vous m'apportez de mauvaises nouvelles?... demanda Lecoq, après un court examen.

— Mauvaises.

— Les gens que vous filiez vous ont glissé entre les doigts.

Le vieux eut un mouvement de tête affirmatif de haut en bas.

— C'est un malheur, prononça le jeune policier, flairant quelque mésaventure. C'est un très grand malheur! Cependant, il ne faut pas vous désoler outre mesure. Voyons, papa, relevez la tête, morbleu! A nous deux, demain, nous réparerons cela.

Cet amical encouragement redoubla le très visible embarras du bonhomme. Il rougit, ce vieil homme de la police, comme une pensionnaire, et montrant le poing au plafond, il s'écria :

— Ah!... gredin, je te l'avais bien dit!

— Hein!... fit Lecoq, à qui en avez-vous?

Le père Absinthe ne répondit pas, il se plaça bien en face de la glace et se mit à accabler son reflet des plus cruelles injures.

— Vieux propre à rien!... disait-il, vilain soldat! n'as-tu pas honte! Tu avais une consigne, n'est-ce pas? Qu'en as-tu fait? Tu l'as bue, malpropre, comme un vieil ivrogne que tu es. Va, cela ne se passera pas ainsi, et quand même M. Lecoq te pardonnerait, tu seras privé de goutte huit jours. Tu bisqueras, ce sera bien fait.

Voilà, justement, ce qu'avait pressenti le jeune policier.

— Allons, dit-il au bonhomme, vous vous sermonnerez plus tard. Contez-moi vite votre histoire.

— Ah!... je n'en suis pas fier, je vous prie de le croire, mais n'importe. Donc on vous a sans doute remis une lettre où je vous disais que j'allais filer les jeunes gens qui avaient reconnu Gustave?...

— Oui, oui, passez!

— Pour lors, une fois dans le café, où je les avais suivis, voilà mes garçons qui se mettent à boire du vermouth à pleins verres, sans doute afin de chasser l'émotion. Après avoir bu, la faim les prend, et il demandent à déjeuner. Moi, dans mon coin, je fais comme eux. Le repas, le café, le pousse-café, la bière, tout cela exige du temps. A deux heures, cependant, ils se décident à payer et à sortir. Bon!... je pensais qu'ils rentraient chez eux. Pas du tout. Ils gagnent la rue Dauphine, et je les vois ouvrir la porte d'un estaminet. Je m'y glisse cinq minutes après eux; ils étaient déjà en train de jouer au billard.

Il toussait; c'est que le difficile à dire arrivait.

— Je me mets à une petite table, poursuivit-il, et je demande un journal. Je ne le lisais que d'un œil, quand tout à coup entre un bon bourgeois qui se place près de moi. Sitôt assis, il me demande le journal quand j'aurai fini, je le lui passe, et nous voilà à parler de la pluie et du beau temps. Bref, de fil en aiguille, ce bourgeois finit par me proposer une partie de bezigue, en quinze cents. Je refuse le bezique, mais j'accepte un cent de piquet. Les jeunes gens, vous m'entendez, choquaient toujours l'ivoire. On nous apporte un tapis et nous voilà à jouer des petits verres de fine. Je gagne. Le bourgeois me demande sa revanche et nous jouons deux bocks. Je regagne. Il s'entête; nous nous mettons à jouer des petits verres... Et toujours je gagnais, et toujours je buvais, et plus je buvais...

— Allez, allez!... et ensuite?...

— Eh!... voilà le *hic!* Ensuite je ne me souviens plus de rien, ni du bourgeois, ni des jeunes gens. Il me semble cependant me rappeler que je m'étais endormi dans le café, et que le garçon est venu me réveiller et me prier de me retirer... Alors, j'ai dû vaguer sur les quais, jusqu'au moment où, les idées m'étant revenues, je me suis décidé à venir vous attendre dans votre escalier.

A la grande surprise du père Absinthe, Lecoq semblait encore plus préoccupé que mécontent.

— Que pensez-vous de ce bourgeois, papa? interrogea-t-il.

— Je pense qu'il me suivait, pendant que je filais les autres, et qu'il n'est entré au café que pour me griser.

— Donnez-moi son signalement?

— C'est un grand bonhomme assez gros, avec une large figure rouge et un nez très camard, l'air bonasse...

— C'est lui!... s'écria Lecoq.

— Lui!... Qui?

— Le complice, l'homme dont nous avons relevé les empreintes, le faux ivrogne, un diable incarné qui nous mettra tous dedans, si nous n'ouvrons pas l'œil... Ne l'oubliez pas, papa, et si jamais vous le rencontrez!...

Mais la confession du père Absinthe n'était pas finie, et comme les dévotes il avait gardé le plus gros péché pour la fin.

— C'est que ce n'est pas tout, reprit-il, et je veux ne vous rien cacher. Il me semble bien que ce traître m'a parlé du meurtre de la *Poivrière*, et que je lui ai raconté tout ce que nous avons découvert et tout ce que vous comptez faire...

Lecoq eut un si terrible geste que le vieux recula épouvanté.

— Malheureux!... s'écria-t-il, livrer notre plan à l'ennemi!...

Mais il reprit vite son calme. D'abord le mal était sans remède, puis il avait encore un bon côté : il levait tous les doutes qu'eût pu laisser l'affaire de l'hôtel de Mariembourg.

— Mais ce n'est pas le moment de réfléchir, reprit le jeune policier, je suis écrasé de fatigue ; prenez un matelas au lit, pour vous, l'ancien, et couchons-nous...

XXV

Lecoq était un garçon prévoyant.

Il avait eu soin, avant de se mettre au lit, de monter un réveil, qu'il possédait, et d'en placer les aiguilles sur six heures.

— Comme cela, dit-il au père Absinthe, en soufflant la bougie, nous ne manquerons pas le coche.

Mais il comptait sans son extrême lassitude, à lui ; sans les fumées de l'alcool qui emplissaient encore la cervelle de son vieux collègue.

Quand six heures sonnèrent à Saint-Eustache, le réveil fonctionna fidèlement, mais le bruit strident de l'ingénieuse mécanique ne suffit pas pour interrompre le lourd sommeil des deux policiers.

Ils auraient vraisemblablement dormi longtemps encore, si vers les sept heures et demie deux vigoureux coups de poing n'eussent ébranlé la porte de la chambre.

D'un bond Lecoq fut debout, stupéfait de voir le jour levé, furieux de l'inanité de ses précautions.

— Entrez!... cria-t-il au visiteur matinal.

Le jeune policier n'avait pas encore d'ennemis, à cette époque ; il pouvait sans imprudence dormir la clé sur sa serrure.

La porte aussitôt s'entre-bâilla, et la figure futée du père Papillon se montra.

— Eh!... c'est mon brave cocher!... s'écria Lecoq. Il y a donc du nouveau ?

— Faites excuse, bourgeois, c'est au contraire toujours la même cause qui m'amène, vous savez, les trente francs des coquines... Je ne dormirai pas tranquille, tant que je ne vous aurai pas conduit gratis pour pareille somme. Vous vous êtes servi hier de ma voiture pour cent sous, c'est vingt-cinq francs que je vous redois.

— Mais c'est de la folie, mon ami!

— Possible!... c'est la mienne. Je me suis juré, si vous ne me prenez pas, de stationner onze heures d'horloge devant votre porte. A deux francs vingt-cinq centimes l'heure, nous serons quitte. Décidez-vous.

Son œil suppliait; il était clair qu'un refus l'eût sérieusement désobligé.

— Soit, dit Lecoq, je vous prends pour la matinée; seulement, je dois vous prévenir que nous allons débuter par un véritable voyage.

— Cocotte a de bonnes jambes.

— Nous avons affaire, mon collègue et moi, dans votre quartier. Il faut absolument que nous dénichions la bru de la veuve Chupin, et j'ai tout lieu d'espérer que nous trouverons son adresse chez le commissaire de l'arrondissement.

— Ah! nous irons où vous voudrez; je suis à vos ordres.

Ils partirent quelques instants plus tard.

Papillon, fier sur son siège, faisait claquer son fouet, et la voiture filait comme s'il y eût eu cent sous de pourboire.

Seul le père Absinthe était triste. Lecoq l'avait pardonné et même lui avait juré le secret, mais il ne se pardonnait pas, lui! Il ne pouvait se consoler d'avoir été, lui, un vieux policier, joué comme un provincial naïf. Si encore il n'eût pas livré le secret de l'instruction! Mais, il ne le comprenait que trop, il avait, par cela seul, doublé les difficultés de la tâche.

Du moins, la longue course ne fut pas inutile. Le secrétaire du commissaire de police du treizième arrondissement apprit à Lecoq que la femme Polyte Chupin demeurait avec son enfant aux environs, dans la ruelle de la Butte-aux-Cailles.

Il ne put indiquer le numéro précis, mais il donna des détails.

La bru de la mère Chupin était Auvergnate, et elle était cruellement punie d'avoir préféré un Parisien à un compatriote.

Arrivée à Paris à douze ans, elle était entrée comme servante dans une grosse fabrique de Montrouge et y était toujours restée. Après dix ans de privations et d'un travail acharné, elle avait amassé, sou à sou, trois mille francs, quand son mauvais génie jeta Polyte Chupin sur sa route.

Elle s'éprit de ce pâle et cynique gredin, et lui l'épousa pour ses économies. Tant que dura l'argent, c'est-à-dire pendant trois ou quatre mois, le ménage alla cahin-caha. Mais avec le dernier écu, Polyte s'envola et reprit avec délices sa vie de paresse, de maraude et de débauche.

Dès lors il ne reparut plus chez sa femme que pour la voler, quand il lui soupçonnait quelques petites épargnes. Et périodiquement elle se laissait dépouiller de tout.

Il eût voulu la pousser plus bas, alléché par l'espoir d'ignobles profits; elle résista.

MONSIEUR LECOQ

Je les vis ouvrir la porte d'un estaminet, je m'y suis glissé.

De cette résistance même était venue la haine de la vieille Chupin contre sa belle-fille, haine qui se traduisait par tant de mauvais traitements, que la pauvre femme dut fuir un soir avec les seules guenilles qui la couvraient.

La mère et le fils comptaient peut-être que la faim ferait ce que n'avaient pu faire leurs menaces et leurs conseils.

Leurs honteux calculs devaient être trompés.

Le secrétaire ajoutait que ces faits étaient de notoriété publique, et que tout le monde rendait justice à la vaillante Auvergnate.

— Même, disait-il, un sobriquet qu'on lui avait donné : Toinon-la-Vertu, était un grossier mais sincère hommage.

C'est muni de ces renseignements que Lecoq remonta en voiture.

La ruelle de la Butte-aux-Cailles, où le conduisit rapidement Papillon, ressemble peu au boulevard Malesherbes. Y demeure-t-il des millionnaires? on ne le devine pas. Ce qui est sûr, c'est que tous les habitants s'y connaissent comme dans un village. La première personne à qui le jeune policier demanda Mme Polyte Chupin le tira d'embarras.

— Toinon-la-Vertu demeure dans cette maison, à droite, lui fut-il répondu ; tout en haut de l'escalier, la porte en face.

L'indication était si précise, que du premier coup Lecoq et le père Absinthe arrivèrent au logis qu'ils cherchaient.

C'était une triste et froide mansarde carrelée, assez spacieuse, éclairée par une fenêtre à tabatière.

Un lit de noyer disloqué, une table boiteuse, deux chaises et de misérables ustensiles de ménage constituaient le mobilier.

Mais la propreté, en dépit de la pauvreté, étincelait, et on eût mangé par terre, selon l'énergique expression du père Absinthe.

Quand les deux policiers se présentèrent, ils trouvèrent une femme qui cousait des sacs de grosse toile, assise au milieu de la pièce, sous la fenêtre, pour que le jour tombât bien d'aplomb sur son ouvrage.

A la vue de deux étrangers, elle se leva à demi, surprise, un peu effrayée même ; et quand ils lui eurent expliqué qu'ils avaient à lui parler assez longuement, elle quitta sa chaise pour l'offrir.

Mais le vieil homme de police la contraignit de demeurer assise, et il resta debout pendant que Lecoq s'établissait sur l'autre chaise.

D'un coup d'œil, le jeune policier avait inventorié le logis et évalué la femme.

Elle était petite, courte, grosse, affreusement commune. Une forêt de rudes cheveux noirs plantés très bas sur le front et de gros yeux à fleur de tête donnaient à sa physionomie quelque chose de la navrante résignation de la bête maltraitée.

Peut-être avait-elle eu autrefois ce qu'on est convenu d'appeler la beauté du diable, maintenant elle semblait presque aussi vieille que sa belle-mère.

Le chagrin et les privations, les travaux excessifs, les nuits passées sous la lampe, les larmes dévorées et les coups reçus avaient plombé son teint, rougi ses yeux et creusé à ses tempes des rides profondes.

Mais de toute sa personne s'exhalait un parfum d'honnêteté native que n'avait pu corrompre le milieu où elle avait vécu.

Son enfant ne lui ressemblait en rien. Il était pâle et chétif, avec des yeux qui brillaient d'un éclat phosphorescent et des cheveux de ce jaune sale, qu'on appelle le blond de Paris.

Un détail émut les deux agents.

La mère n'avait sur elle qu'une méchante robe d'indienne, mais le petit était chaudement vêtu de gros drap.

— Madame, commença doucement Lecoq, vous avez sans doute entendu parler du grand crime commis dans l'établissement de votre belle-mère.

— Hélas !... oui, monsieur.

Et vivement elle ajouta :

— Mais mon homme ne peut y être mêlé, puisqu'il est en prison.

Cette objection, qui courait au-devant du soupçon, ne trahissait-elle pas des appréhensions horribles ?

— Oui, je le sais, dit le jeune policier. Polyte a été arrêté il y a une quinzaine...

— Oh !... bien injustement, monsieur, je vous le jure. Il a été, comme toujours, entraîné par ses amis, des mauvais sujets. Il est si faible ; quand il a un verre de vin en tête, on en fait alors tout ce qu'on veut. De lui-même, il ne ferait pas de mal à un enfant, il n'y a qu'à le regarder...

Tout en parlant, elle attachait des regards enflammés à une mauvaise photographie suspendue au mur et qui représentait un affreux garnement à l'œil louche, à la bouche grimaçante à peine ombragée d'une légère moustache, portant des mèches de cheveux bien collées aux tempes. C'était là Polyte.

Et il n'y avait pas à s'y méprendre, cette malheureuse l'aimait toujours ; c'était son mari, d'ailleurs.

Une minute de silence suivit cette scène muette où éclatait la passion et c'est pendant ce silence que la porte de la mansarde s'entr'ouvrit doucement.

Un homme avança la tête et la retira aussitôt avec une sourde exclamation. Puis, la porte se referma, la clé grinça dans la serrure, et on entendit des pas rapides dans l'escalier.

Assis dans la mansarde, le dos tourné à la porte, Lecoq n'avait pu apercevoir le visage de l'étrange visiteur.

Et, si promptement qu'il se fût retourné au bruit, il avait deviné le mouvement bien plutôt qu'il ne l'avait surpris.

Pourtant il n'eut pas l'ombre d'un doute.

— C'est lui, s'écria-t-il, le complice !

Grâce à sa position, le père Absinthe avait vu.

— Oui, dit-il, oui, j'ai reconnu l'homme qui m'a grisé hier.

D'un bond, les deux agents s'étaient jetés sur la porte, et ils s'épuisaient pour l'ouvrir en stériles efforts. Elle résistait, elle tenait bon, car elle était de chêne plein, ayant été achetée aux démolitions par le propriétaire, et ajustée là, par hasard, avec sa vieille et solide serrure.

— Mais aidez-nous donc, disait le père Absinthe à la femme de Polyte, pétrifiée de surprise, donnez-nous donc une barre, un morceau de fer, un clou, n'importe quoi !...

Le jeune policier, lui, s'ensanglantait les mains à essayer de renfoncer le pêne ou d'arracher la gâche. Il trépignait de rage...

Enfin, la porte fut forcée, et les deux agents, animés d'une ardeur pareille, s'élancèrent à la poursuite de leur mystérieux adversaire.

Arrivés dans la ruelle, ils s'informèrent. Ils pouvaient donner le signalement de l'homme ; c'était quelque chose. Deux personnes l'avaient vu entrer dans la maison de Toinon-la-Vertu, une troisième l'avait remarqué lorsqu'il en était sorti précipitamment. Des enfants qui jouaient sur la chaussée assurèrent que cet individu s'était enfui à toutes jambes dans la direction de la rue du Moulin-des-Prés.

C'était dans cette rue, près de l'endroit où s'y amorce la ruelle de la Butte-aux-Cailles, que Lecoq avait fait arrêter sa voiture.

— Courons-y ! proposa le père Absinthe, le cocher pourra peut-être nous donner quelque renseignement.

Mais l'autre hocha la tête d'un air découragé et ne bougea point.

— A quoi bon !... prononça-t-il. La présence d'esprit qu'a eue cet homme de donner un tour de clé l'a sauvé. Il a maintenant dix minutes d'avance sur nous, il est loin, nous ne le rattraperons pas.

Le vieil agent était blême de colère.

Il considérait maintenant comme son ennemi personnel ce rusé complice qui l'avait si cruellement mystifié ; il eût donné un mois de sa paye pour lui mettre la main au collet.

— Ah ! ce n'est pas le toupet qui lui manque, à ce brigand, dit-il, ni la chance !... Penser qu'il se moque de nous, comme une souris qui jouerait avec les griffes du chat, et que voici trois fois qu'il nous échappe... Trois fois...

Le jeune policier était aussi irrité au moins que son collègue, et bien autrement blessé dans sa vanité. Mais il sentait la nécessité du sang-froid.

— Oui, répondit-il, d'un ton pensif, le mâtin est hardi et intelligent, et il ne reste pas les jambes croisées. Si nous travaillons, il se remue ferme. Ce démon-là est partout. De quelque côté que je pousse l'attaque, je l'y trouve sur la défensive. C'est lui, l'ancien, qui vous a fait perdre la piste de Gustave, c'est lui qui a organisé cette belle comédie de l'hôtel de Mariembourg...

— Et maintenant, objecta le bonhomme, d'un air capable, que le Général vienne donc nous chanter que c'est des fantômes que vous prétendez conduire au poste !...

Si délicate que fût la flatterie, elle ne put tirer Lecoq de ses réflexions.

— Jusqu'à présent, reprit-il au bout d'un moment, cet habile metteur en scène m'a devancé partout ; de là mes échecs. Ici, du moins, nous arrivons avant lui. Or, s'il y venait, c'est qu'il flaire un danger... Donc nous pouvons espérer. Remontons près de la femme de ce garnement de Polyte.

Hélas ! la pauvre Toinon-la-Vertu ne comprenait rien à cette aventure. Elle était restée sur son palier, tenant son enfant par la main, penchée sur la rampe de l'escalier, palpitante, l'œil et l'oreille au guet.

Dès qu'elle aperçut les deux agents qui remontaient aussi lentement qu'ils étaient descendus vite, elle s'avança :

— Au nom du ciel, demandait-elle, que se passe-t-il ? qu'est-ce que cela signifie ?...

Mais Lecoq n'était pas homme à conter ses affaires dans un corridor tapissé d'oreilles, et c'est seulement quand il eut repoussé la jeune femme dans sa mansarde, la porte refermée, qu'il lui répondit.

— Il y a que nous venons de donner la chasse à un complice des meurtres de la *Poivrière*. Il arrivait espérant vous trouver seule, notre présence l'a effarouché.

— Un assassin !... balbutia Toinon, en joignant les mains. Que pouvait-il me vouloir ?

— Qui sait ? Il est à supposer qu'il est des amis de votre mari.

— Oh !... monsieur...

— Quoi !... Ne venez-vous pas de nous dire que Polyte a les plus détestables connaissances ! Rassurez-vous, cela ne le compromet en rien. Vous avez d'ailleurs un moyen simple d'écarter de lui les soupçons.

— Un moyen ! Lequel ? Oh ! dites vite...

— C'est de me répondre franchement, et de me mettre à même, vous qui êtes une honnête femme, d'arrêter le coupable. Parmi tous les amis de votre mari, n'en connaissez-vous pas de capables d'avoir fait le coup ?... Nommez-les moi.

L'hésitation de la malheureuse fut visible. Souvent, sans doute, elle avait assisté à d'ignobles conciliabules, et on avait dû la menacer de vengeances terribles si elle parlait.

— Vous n'avez rien à craindre, insista le jeune policier, et jamais, je vous le promets, on ne saura que vous m'avez dit un mot. Puis, quoi que vous disiez, vous ne m'apprendrez peut-être rien. On nous a conté déjà bien des choses de votre vie, sans parler des brutalités dont vous ont rendue victime Polyte et sa mère.

— Mon mari, monsieur, ne m'a jamais brutalisée, dit fièrement la jeune femme... Cela, d'ailleurs, ne regarde que moi.

— Et votre belle-mère?

— Elle est peut-être un peu vive; au fond, elle a bon cœur.

— Alors, pourquoi diable vous êtes-vous enfuie du cabaret de la veuve Chupin, puisque vous y étiez si heureuse?

Toinon-la-Vertu était devenue cramoisie jusqu'à la racine des cheveux.

— Je me suis sauvée, répondit-elle, pour d'autres raisons. Il venait beaucoup d'hommes ivres là-bas, et des fois, quand j'étais seule, d'aucuns voulaient pousser la plaisanterie un peu loin... Vous me direz que j'ai le poignet solide, et c'est vrai; aussi j'aurais peut-être patienté... Mais quand je m'absentais il y en avait qui étaient assez bêtes pour faire boire de l'eau-de-vie au petit, au point qu'une fois en rentrant je l'ai trouvé comme mort, raide déjà et tout froid, et il a fallu courir chercher le médecin.

Elle s'arrêta court, la pupille dilatée. De rouge elle était devenue livide, et c'est d'une voix étranglée qu'elle cria à son fils:

— Toto!... Malheureux!

Lecoq regarda autour de lui, et frissonna; il avait compris. Cet enfant, qui n'avait pas cinq ans, s'était glissé à quatre pattes près de lui, et lui fouillait dans les poches de son paletot, il le dévalisait... et adroitement.

— Eh bien!... oui, s'écria l'infortunée en fondant en larmes, oui, il y avait encore cela! Dès que je perdais le petit de vue, des gens l'attiraient dehors. Ils l'emmenaient dans des endroits où il y a du monde, et ils lui apprenaient à chercher dans les poches et à leur apporter ce qu'il y trouvait. Si on s'apercevait de quelque chose, ils se fâchaient très haut contre l'enfant et le battaient... Si personne ne voyait rien, ils lui donnaient un sou pour du sucre d'orge et gardaient ce qu'il avait pris.

Elle cacha son visage entre ses mains, et, d'une voix inintelligible, ajouta:

— Et moi, je ne veux pas que mon petit soit un voleur.

Ce qu'elle ne disait pas, la pauvre créature, c'est que celui qui emmenait ainsi l'enfant et le dressait au vol c'était le père, son mari à elle, Polyte Chupin. Mais les deux agents le comprenaient bien, et si abominable était le crime de l'homme, si déchirante la douleur de la femme, qu'ils se sentirent remués jusqu'au plus profond d'eux-mêmes. De ce moment, Lecoq ne songea plus qu'à abréger une scène affreusement pénible. D'ailleurs, l'émotion de cette pauvre mère lui garantissait sa sincérité.

— Tenez, lui dit-il avec une brusquerie affectée, deux questions seulement, et je vous tiens quitte. Parmi les habitués de votre cabaret, ne s'en trouvait-il pas un du nom de Gustave?...

— Non, monsieur, bien sûr.

— Soit!... Mais Lacheneur, vous devez connaître Lacheneur?

— Celui-là, oui.

Le jeune policier ne put retenir une exclamation de joie. Enfin il tenait, pensait-il, le bout du fil qui allait le conduire à la lumière, à la vérité.

— Quel homme est-ce? demanda-t-il vivement.

— Oh! il ne ressemble pas aux gens qui boivent chez ma belle-mère. Je ne l'ai vu qu'une fois mais sa figure m'est restée dans la tête. C'était un dimanche. Il était dans une voiture arrêtée près des terrains vagues et parlait à Polyte. Quand il a été parti, mon mari m'a dit: « Tu vois ce vieux-là, il fera notre fortune. » Je lui ai trouvé l'air d'un monsieur bien respectable...

— C'est assez, interrompit Lecoq ; maintenant il s'agit, ma bonne, de venir déposer devant le juge. J'ai une voiture en bas. Prenez votre enfant si vous voulez, mais hâtez-vous, venez vite, venez.

XXVI

M. Segmuller était de ces magistrats qui chérissent leur profession d'un amour sans partage, qui s'y donnent corps et âme et mettent à l'exercer tout ce qu'ils ont d'énergie, d'intelligence et de sagacité.

Juge d'instruction, il apportait à la recherche de la vérité la passion tenace du médecin luttant contre une maladie inconnue, l'enthousiasme de l'artiste s'épuisant à la poursuite du beau.

C'est dire combien impérieusement s'était emparée de son esprit cette affaire ténébreuse du cabaret de la Chupin qui lui était confiée.

Il y découvrait tout ce qui doit irriter l'intérêt : grandeur du crime, obscurité des circonstances, mystère impénétrable enveloppant les victimes et le meurtrier, attitude étrange d'un prévenu énigmatique.

L'élément romanesque ne manquait pas, représenté par ces deux femmes dont on avait perdu les traces, et par cet insaisissable complice.

Enfin l'anxiété du résultat était une attraction de plus. L'amour-propre ne perd jamais ses droits, et M. Segmuller songeait que le succès serait d'autant plus honorable que les difficultés auraient été plus grandes. Et il espérait vaincre, surtout ayant un auxiliaire comme Lecoq, ce débutant en qui il avait reconnu des facultés extraordinaires et le génie de son état.

Aussi l'idée ne lui vint-elle pas, après une journée écrasante, de se soustraire à la tyrannie de ses préoccupations ni de remettre les soucis au lendemain.

Il se hâta de dîner, avalant la bouchée double, et, son café pris, il se remit à la besogne avec une nouvelle ardeur.

Il avait emporté l'interrogatoire du soi-disant artiste forain, et il l'étudiait à la façon de l'ingénieur qui rôde autour de la place qu'il assiège, pour en reconnaître les endroits faibles où doivent converger les efforts de l'attaque.

Toutes les réponses, il les analysait, il en pesait les expressions une à une. Il cherchait le joint où il pourrait glisser quelque victorieuse question qui, semblable à une mine, disloquerait le système de défense.

Une bonne partie de sa nuit fut employée à ce travail, ce qui ne l'empêcha pas d'être debout de meilleure heure qu'à l'ordinaire.

Dès huit heures, il était habillé et rasé, il avait arrangé ses papiers, pris son chocolat, et il se mettait en route.

Il oubliait que l'impatience qui le dévorait ne bouillonnait pas dans les veines des autres. Il s'en aperçut bientôt.

C'est à peine si le Palais de Justice s'éveillait lorsqu'il y arriva. Toutes les portes même n'étaient pas encore ouvertes. Dans les couloirs, des huissiers et des garçons de bureaux mal éveillés se détiraient en échangeant leurs vêtements de ville contre leur costume officiel.

D'autres, en bras de chemise, balayaient et époussetaient, avec mille précautions toutefois, et de façon à ne pas mettre en mouvement des dunes de poussière dont le niveau monte tous les jours.

Par la fenêtre des vestiaires, les loueuses de costumes secouaient les robes des avocats, tristes loques noires en ce moment, toges magiques à l'audience, lorsqu'il s'en échappe des flots d'éloquence et des essaims d'arguments. Dans les cours, quelques petits clercs d'avoué polissonnaient en attendant l'ouverture du greffe ou des bureaux d'enregistrement.

M. Segmuller, qui avait à consulter le procureur impérial, se rendit tout d'abord au parquet. Personne n'était arrivé.

De dépit, il alla s'enfermer dans son cabinet, l'œil sur sa pendule, bien près de s'étonner de la lenteur des aiguilles à se mouvoir.

MONSIEUR LECOQ

D'un bond Lecoq fut debout.

A neuf heures dix minutes, Goguet, le souriant greffier, parut et fut accueilli par un : « Ah! vous voici enfin! » qui dut ne lui laisser aucun doute sur l'humeur du bon juge d'instruction.

Goguet, cependant, était en avance. Goguet, pressé par la curiosité, s'était hâté d'arriver.

Il voulut s'excuser, se disculper, mais M. Segmuller lui ferma la bouche assez vertement pour lui ôter toute envie de répliquer.

— Allons, pensa-t-il, le vent souffle du mauvais côté, ce matin.

Et, ployant l'échine sous la bourrasque, il passa philosophiquement ses manches de lustrine noire, gagna sa petite table et parut s'absorber dans la taille de ses plumes et la préparation de son papier.

Au fond, il était vexé. La veille au soir, tout en causant, avec Mme Goguet, de l'énigmatique prévenu, il lui était venu différentes idées qu'il n'eût pas été fâché de soumettre au juge.

L'occasion eût été mal choisie. M. Segmuller, le flegme personnifié d'ordinaire, l'homme par excellence grave, méthodique et tout en dedans, était devenu méconnaissable. Il se promenait de long en long dans son cabinet, se levait, s'asseyait, gesticulait, enfin paraissait ne pouvoir tenir en place.

— Décidément, se disait le greffier, l'écheveau ne se débrouille pas, les affaires de Maï vont très bien !

En ce moment il en était ravi ; il se rangeait du côté du prévenu, tant sa rancune était grande.

De neuf heures et demie à dix heures, M. Segmuller ne sonna pas son huissier moins de cinq fois, et cinq fois, il lui adressa les mêmes questions :

— Êtes-vous sûr que M. Lecoq, l'agent du service de la sûreté, ne se soit pas présenté !... Informez-vous... Il est impossible qu'il ne m'ait pas envoyé quelqu'un ; il doit m'avoir écrit.

Chaque fois, l'huissier surpris dut répondre :

— Personne n'est venu, il n'y a pas de lettre.

La colère gagnait le juge.

— Conçoit-on cela ! murmurait-il. Je suis sur des charbons ardents et cet agent se permet de se faire attendre... Où peut-il être allé ?...

En dernier lieu, il ordonna à l'huissier de voir si on ne trouverait pas Lecoq aux environs, dans quelque estaminet ; de le chercher et de le lui amener vite, bien vite.

L'huissier parti, M. Segmuller sembla reprendre son calme.

— Nous sommes là à perdre un temps précieux, dit-il à Goguet, je me décide à interroger le fils de la veuve Chupin... ce sera toujours cela de fait. Allez dire qu'on me l'amène, Lecoq a dû remettre l'ordre d'extraction...

Moins d'un quart d'heure après, Polyte faisait son entrée dans le cabinet du juge d'instruction.

C'était bien, de la tête aux pieds, de la casquette de toile cirée aux pantoufles de tapisserie à dessins voyants, c'était bien l'homme du portrait que la pauvre Toinon-la-Vertu enveloppait de ses regards passionnés.

Seulement, le portrait était flatté.

La photographie n'avait pu fixer l'expression de basse astuce de ce visage de coquin, l'impudence du sourire, la lâche férocité de l'œil fuyant. Elle n'avait pu rendre ni le teint flétri et plombé, ni le clignotement inquiétant des paupières, ni les lèvres minces, pincées sur des dents courtes et aiguës.

Du moins devait-il lui être difficile de surprendre son monde.

Le voir, c'était le juger à sa valeur.

Lorsqu'il eut répondu aux questions préliminaires, déclaré qu'il avait trente ans et qu'il était né à Paris, il prit une pose prétentieuse et attendit.

Mais avant d'aborder l'objet sérieux de l'interrogatoire, M. Segmuller voulait essayer de démonter un peu cette assurance de coquin.

Il rappela donc durement à Polyte sa position, lui donnant à entendre que de son attitude et de ses réponses dépendrait beaucoup le jugement à intervenir dans l'affaire où il se trouvait impliqué.

Polyte écoutait d'un air nonchalant et quelque peu ironique.

Dans le fait, il se souciait infiniment peu de la menace. Il avait consulté et se croyait sûr de son compte. On lui avait dit qu'il ne pouvait pas être condamné à plus de six mois de prison. Que lui importait un mois de plus ou de moins!

Le juge, qui surprit ce sentiment dans l'œil du gredin, abrégea.

— La justice, dit-il, attend de vous des renseignements sur quelques habitués du cabaret de votre mère.

— C'est qu'il y en a beaucoup, m'sieu, répondit le garnement d'une voix enrouée, traînarde, ignoble.

— En connaissez-vous un du nom de Gustave?

— Non, m'sieu.

Insister, c'était risquer de donner l'éveil à Polyte, si par hasard il était de bonne foi; M. Segmuller poursuivit donc :

— Vous devez, du moins, vous rappeler Lacheneur?

— Lacheneur?... C'est la première fois que j'entends ce nom.

— Prenez garde!... la police sait beaucoup de choses.

Le garnement ne broncha pas.

— Je dis la vérité, m'sieu, insista-t-il, quel intérêt aurais-je à mentir?...

La porte, qui s'ouvrit brusquement, lui coupa la parole. Toinon-la-Vertu parut, son enfant sur les bras.

A la vue de son mari, la malheureuse jeta un cri de joie et s'avança vivement... Mais Polyte, reculant, la cloua sur place d'un regard terrible.

— Il faudrait être mon ennemi, prononça-t-il d'un ton farouche, pour prétendre que je connais un nommé Lacheneur!... J'en voudrais à la mort à qui dirait ce mensonge ; oui, à la mort... et je ne pardonnerais jamais !

XXVII

Ayant reçu l'ordre de chercher partout Lecoq, et de le ramener s'il le rencontrait, l'huissier de M. de Segmuller s'était mis en campagne.

La commission ne lui déplaisait pas ; c'était une occasion de quitter son poste, un prétexte de légitime flânerie aux environs.

C'est à la Préfecture qu'il se rendit tout d'abord, par le plus long, bien entendu, par le quai. Mais à la Permanence, où il s'adressa, personne n'avait aperçu le jeune policier.

Il se rabattit alors sur les estaminets et les débits de boissons qui entourent le Palais de Justice et vivent de sa clientèle.

Commissionnaire consciencieux, il entra partout, et même ayant rencontré des connaissances, il se crut obligé à une politesse à 50 centimes la canette... Mais pas de Lecoq !

Il rentrait en hâte, un peu inquiet de la durée de son absence, quand une voiture qui arrivait à fond de train s'arrêta court devant la grille du Palais.

Machinalement, il regarda. O bonheur ! De cette voiture, il vit descendre Lecoq, suivi du père Absinthe et de la belle-fille de la veuve Chupin.

Du coup, il retrouva son aplomb, et c'est du ton le plus important qu'il transmit au jeune policier l'ordre de le suivre sans perdre une minute.

— Monsieur le juge vous a déjà demandé nombre de fois, disait-il, son impatience est extrême, il est d'une humeur massacrante, et vous pouvez vous attendre à avoir la tête lavée de la belle façon.

Lecoq souriait, tout en montant l'escalier. N'avait-il pas à présenter la plus victorieuse des justifications? Même il se faisait une fête de l'agréable surprise du juge, et il lui semblait voir son visage irrité s'épanouir soudain.

Et cependant les embarras de l'huissier et son insistance devaient avoir le plus désastreux résultat.

Pressé comme il l'était, le jeune policier ne vit nul inconvénient à ouvrir sans frapper la porte du cabinet de M. Segmuller, et il eut l'inspiration fatale de pousser en avant la malheureuse dont le témoignage pouvait être si décisif.

La stupeur le cloua net sur place, quand il vit que le juge n'était pas seul, quand il reconnut en ce témoin qu'on interrogeait l'homme du portrait, Polyte Chupin.

A l'instant, il comprit l'étendue de la faute, ses conséquences, et combien il importait d'empêcher toute communication, tout échange de pensées entre le mari et la femme.

Il bondit jusqu'à Toinon-la-Vertu, et la secouant rudement par le bras, il lui commanda de sortir à l'instant.

— Vous ne pouvez rester ici, lui criait-il, allons, venez !...

Mais la pauvre créature était tout éperdue, défaillante d'émotion, plus tremblante que la feuille. Hors son mari, elle était incapable de rien voir, de rien entendre. Retrouver ce misérable qu'elle adorait, quel ravissement ! Mais pourquoi reculait-il ? pourquoi lui lançait-il des regards farouches ?

Elle voulait parler, s'expliquer... Elle se débattit donc un peu, oh ! bien peu, assez cependant pour recueillir la phrase de Polyte, qui entra dans son cerveau comme une balle.

Ce que voyant, le jeune policier la saisit par la taille, la souleva comme une plume, et l'emporta dans la galerie.

Cette scène n'avait pas duré une minute en tout, et M. Segmuller en était encore à formuler une observation, que déjà la porte était refermée et qu'il se retrouvait seul avec Polyte.

— Eh ! oh !... pensait Goguet, frétillant d'aise, voici du nouveau !...

Mais comme ses apartés ne lui faisaient jamais négliger sa besogne de greffier, il se pencha à l'oreille du juge, pour demander :

— Dois-je inscrire ce qu'a dit en dernier lieu le témoin ?

— Certes ! répondit M. Segmuller, et mot pour mot, s'il vous plaît !

Il s'arrêta ; la porte s'ouvrait une fois encore et livrait passage à l'huissier qui timidement et d'un air fort penaud, remit un billet et sortit.

Ce billet, écrit au crayon par Lecoq, sur une feuille arrachée à son calepin, disait au juge le nom de la femme, et lui donnait brièvement, mais clairement, les renseignements recueillis.

— Ce garçon-là pense à tout... murmura M. Segmuller.

Le sens de la scène qu'il n'avait fait qu'entrevoir éclatait maintenant à ses yeux.

Tout lui était expliqué !

Il n'en regrettait que plus amèrement cette rencontre fatale qui venait d'avoir lieu dans son cabinet. Mais à qui devait-il s'en prendre ? A lui seul, à son impatience, à son défaut de prévoyance quand, son huissier parti, il avait envoyé chercher Polyte Chupin.

Cependant, comme il ne pouvait se douter de l'influence énorme de cette circonstance sur l'instruction, il ne s'en alarma pas et ne songea qu'à tirer parti des documents précieux qui lui arrivaient.

— Poursuivons, dit-il à Polyte.

Le gredin eut un geste d'insouciant assentiment. Sa femme sortie, il n'avait plus bougé, indifférent en apparence à tout ce qui se passait.

— C'est votre femme que nous venons de voir? demanda M. Segmuller.

— Oui.

— Elle voulait se jeter à votre cou, vous l'avez repoussée.

— Je ne l'ai pas repoussée, m'sieu.

— Vous l'avez tenue à distance, si vous aimez mieux, vous n'avez pas eu un regard pour votre enfant qu'elle vous tendait... pourquoi ?

— Ce n'était pas le moment de penser au sentiment.

— Vous mentez. Vous vouliez simplement la bien fixer pendant que vous lui dictiez sa déposition.

— Moi!... je lui ai dicté sa déposition?...

— Sans cette supposition, les paroles que vous avez prononcées seraient inintelligibles.

— Quelles paroles?...

Le juge se retourna vers son greffier.

— Goguet, dit-il, relisez au témoin sa dernière phrase.

Le greffier, de sa voix monotone, lut :

« J'en voudrais à la mort à qui me dirait que je connais Lacheneur. »

— Eh bien!... insista M. Segmuller, qu'est-ce que cela signifie?

— C'est bien facile à comprendre, m'sieu.

M. Segmuller s'était levé, enveloppant Polyte d'un de ces regards de juge, qui, selon l'expression d'un prévenu, « font grouiller la vérité dans les entrailles. »

— Assez de mensonges, interrompit-il. Vous commandiez le silence à votre femme, voilà le fait. A quoi bon? et que peut-elle nous apprendre? Pensez-vous donc que la police ne sait pas vos relations avec Lacheneur, vos entretiens, quand il vous attendait en voiture près des terrains vagues, les espérances de fortune que vous fondiez sur lui?... Croyez-moi, décidez-vous à des aveux, pendant qu'il en est temps encore, ne vous engagez pas dans une voie au bout de laquelle est un péril sérieux. On est complice de plus d'une façon!

Il est certain que l'impudence de Polyte reçut un rude choc. Il parut confondu, et baissa la tête en balbutiant une réponse inintelligible.

Cependant il s'obstina à garder le silence, et le juge, qui venait d'employer inutilement son arme la plus forte, désespéra. Il sonna et donna l'ordre de reconduire le témoin en prison, après avoir pris des précautions, toutefois, pour qu'il ne pût revoir sa femme.

Polyte sorti, Lecoq parut. Il était désespéré, il s'arrachait les cheveux.

— Et dire, répétait-il, que je n'ai pas tiré de cette femme tout ce qu'elle savait, quand c'était si facile! Mais je savais que vous m'attendiez, monsieur, je me dépêchais, j'ai cru bien faire...

— Rassurez-vous, ce malheur peut se réparer.

— Non, monsieur, non, nous ne saurons plus rien de cette malheureuse. Impossible de lui arracher un mot depuis qu'elle a vu son mari. Elle l'aime de la passion la plus folle, il a sur elle une influence toute-puissante. Il lui a commandé de se taire, elle se taira.

Le jeune policier n'avait que trop raison. M. Segmuller dut se l'avouer dès les premiers pas que Toinon-la-Vertu fit dans son cabinet.

La pauvre créature était écrasée de douleur. Il était aisé de reconnaître qu'elle eût donné sa vie pour reprendre les paroles qui lui étaient échappées dans sa mansarde. Le regard de Polyte l'avait glacée et remuait en son cœur les plus sinistres appréhensions. Ne concevant rien dont il ne pût être coupable, elle se demandait si son témoignage ne serait pas un arrêt de mort.

Aussi refusa-t-elle de répondre autre chose que : « Non! » ou « Je ne sais pas! » à toutes les questions, et tout ce qu'elle avait dit, elle le rétracta. Elle jurait qu'elle s'était trompée, qu'on avait mal compris, qu'on abusait de ses paroles. Elle affirmait avec les plus horribles serments que jamais elle n'avait entendu parler de Lacheneur.

Enfin, quand on la pressait trop, elle éclatait en sanglots, et serrait convulsivement sur sa poitrine son enfant qui poussait des cris perçants.

En présence de cette obstination idiote, aveugle comme celle de la brute, que faire? M. Segmuller hésitait. Il se sentait pris de pitié pour cette malheureuse. Enfin, après un moment de réflexion :

— Vous pouvez vous retirer, ma brave femme, dit-il doucement, mais souvenez-vous bien que votre silence nuit plus à votre mari que tout ce que vous pourriez dire.

Elle se retira... elle s'enfuit plutôt, pendant que le juge et l'agent de la sûreté échangeaient des regards consternés.

— Je le disais bien!... pensait Goguet. Les actions du prévenu sont en hausse. Je parie cent sous pour le prévenu.

XXVIII

D'un seul mot, Delamorte-Felines a défini l'instruction : « Une lutte. » Lutte terrible, entre la justice qui veut arriver à la vérité et le crime qui prétend garder son secret.

Mandataire de la société, investi de pouvoirs discrétionnaires, ne relevant que de sa conscience et de la loi, le juge d'instruction dispose de plus formidable appareil.

Rien ne le gêne, personne ne lui commande. Administration, police, force armée, il a tout à ses ordres. Sur un mot de lui, vingt agents, cent s'il le faut, vont remuer Paris, fouiller la France, explorer l'Europe.

Pense-t-il qu'un homme peut éclairer un point obscur, il cite cet homme à comparaître dans son cabinet, et il arrive, fût-il à cent lieues. Voilà pour le juge.

Seul, sous les verrous, au secret le plus souvent, l'homme accusé d'un crime se trouve comme retranché du nombre des vivants. Nul bruit de l'intérieur n'arrive jusqu'au cabanon où il vit sous l'œil des gardiens. Ce qu'on dit, ce qui se passe... il l'ignore. Quels témoins ont été interrogés et ce qu'ils ont répondu, il ne sait. Et il en est réduit à se demander, dans l'effroi de son âme, jusqu'à quel point il est compromis, quels indices ont été recueillis, quelles charges accablantes sont près de l'écraser.

Voilà pour le prévenu.

Eh bien !... en dépit de cette terrible disproportion d'armes entre les deux adversaires, parfois l'homme au secret l'emporte.

S'il est bien sûr de n'avoir laissé derrière lui aucune preuve du crime, s'il n'a pas d'antécédents qui se lèvent contre lui, il peut, inexpugnable dans un système de négation absolue, braver tous les efforts de la justice.

Telle était, en ce moment, la situation de Mai, le mystérieux meurtrier.

M. Segmuller et Lecoq se l'avouaient avec une douleur mêlée de dépit.

Ils avaient pu, ils avaient dû espérer que Polyte Chupin ou sa femme donneraient le mot de l'irritant problème... cette espérance s'envolait.

Le système du soi-disant artiste « bonisseur » sortait intact de cette épreuve si périlleuse, et plus que jamais son identité demeurait problématique.

— Et cependant, s'écria le juge avec un geste désolé, et cependant ces gens-là savent quelque chose, et s'ils voulaient...

MONSIEUR LECOQ

D'un bond ils s'étaient jetés sur la porte.

— Ils ne voudront pas.

— Pourquoi? Quel intérêt les guide? Ah! c'est là, ce qu'il faudrait découvrir. Qui nous dira par quelles éblouissantes promesses on a pu s'assurer du silence d'un misérable tel que Polyte Chupin? Sur quelle récompense compte-t-il donc, qu'il brave, en se taisant, un véritable danger?...

Lecoq ne répondit pas. La contraction de ses sourcils trahissait le prodigieux effort de sa réflexion.

— Il est une question, monsieur, dit-il enfin, qui m'embarrasse plus que toutes celles-là ensemble, et qui, si elle était résolue, nous ferait faire un grand pas.

— Laquelle?

— Vous vous demandez, monsieur, ce qu'on a promis à Chupin?... Moi je me demande qui lui a promis quelque chose?

— Qui?... Le complice, évidemment, cet artisan insaisissable des intrigues qui nous enveloppent.

A cet hommage rendu à une audace et à une habileté trop réelles, le jeune policier serra les poings. Ah! il lui en voulait terriblement, à ce complice, qui, ruelle de la Butte-aux-Cailles, avait fait la police prisonnière. Il ne lui pardonnait pas d'avoir osé, lui gibier, prendre le rôle de chasseur.

— Certes, répondit-il, je reconnais sa main. Mais quel artifice a-t-il imaginé cette fois? Qu'il se soit entendu au poste avec la veuve Chupin, rien de mieux, nous savons le moyen. Mais comment s'y est-il pris pour arriver jusqu'à Polyte prisonnier, et étroitement surveillé?

Il ne disait pas toute sa pensée, il l'atténuait, et cependant M. Segmuller eut un soubresaut, en homme que surprend une proposition un peu forte.

— Que me dites-vous là!... fit-il. Quoi! vous pensez qu'un des employés de la prison s'est laissé corrompre?

Lecoq hocha la tête d'un air passablement équivoque.

— Je ne crois rien, répondit-il, je ne soupçonne personne, surtout; je cherche. Chupin a-t-il, oui ou non, été prévenu?

— Oui, à coup sûr.

— C'est donc un fait acquis! Eh bien! pour l'expliquer, il faut supposer des intelligences dans la prison ou une visite au parloir.

Il était difficile, en effet, d'imaginer une troisième alternative.

M. Segmuller était très visiblement troublé. Il parut balancer entre plusieurs partis, puis se décidant tout à coup, il se leva et prit son chapeau en disant

— Je veux en avoir le cœur net. Venez, monsieur Lecoq.

Ils sortirent, et, grâce à cette étroite et sombre galerie qui met en communication « la souricière » et le Palais de Justice, ils arrivèrent en deux minutes au Dépôt.

On venait de distribuer la pitance aux prévenus, et le directeur, tout en surveillant le service, se promenait dans la première cour avec Gévrol.

Dès qu'il aperçut le juge, il s'avança vers lui avec un empressement marqué.

— Sans doute, monsieur, commença-t-il, vous venez pour le prévenu Mai ?
— En effet.

Du moment où il était question d'un prévenu, Gévrol crut pouvoir s'approcher sans indiscrétion.

— J'en causais justement avec monsieur l'inspecteur de la sûreté, poursuivit le directeur, et je lui disais combien j'ai lieu d'être satisfait de la conduite de cet homme. Non seulement il n'y a pas eu besoin de lui remettre la camisole de force, mais son humeur est changée du tout au tout. Il mange de bon appétit, il est gai comme un pinson, il plaisante avec les gardiens...

— Baste ! fit le Général, en se voyant pincé, le désespoir l'avait pris... Puis il a réfléchi qu'il sauverait probablement sa tête, que la vie au bagne est encore la vie, et que d'ailleurs on sort du bagne.

Le juge et le jeune policier avaient échangé un regard inquiet. Cette gaieté du soi-disant saltimbanque pouvait n'être que la suite de son rôle ; mais elle pouvait aussi venir de la certitude acquise de déjouer les investigations, et qui sait ?... de quelque nouvelle favorable reçue du dehors.

Cette dernière supposition s'offrit si vivement à l'esprit de M. Segmuller, qu'il tressaillit.

— Êtes-vous sûr, monsieur le directeur, demanda-t-il, que nulle communication du dehors ne peut parvenir aux prévenus qui sont au secret ?

Ce doute parut blesser vraiment le digne fonctionnaire. Suspecter ses cachots !... Autant le suspecter lui-même. Il ne put s'empêcher de lever les bras au ciel comme pour le prendre à témoin de ce blasphème insensé.

— Si j'en suis sûr !... s'écria-t-il. Mais vous n'avez donc jamais vu le luxe de précautions qui les entoure, les triples barreaux, les hottes qui interceptent le jour... Et je ne compte pas le factionnaire qui nuit et jour se promène sous les fenêtres. C'est-à-dire qu'une hirondelle, une hirondelle même n'arriverait pas jusqu'aux prisonniers.

Cette seule description devait rassurer.

— Me voici donc tranquille, dit le juge. Maintenant, monsieur le directeur, je désirerais quelques renseignements sur un autre prévenu, un certain Chupin.

— Ah !... je sais, un détestable garnement.

— C'est cela. Je voudrais savoir s'il n'a pas reçu quelque visite hier.

— Diable !... c'est qu'il va falloir que j'aille au greffe, monsieur, si je veux vous répondre avec quelque certitude. C'est-à-dire, attendez donc, voici un gardien, ce petit là-bas, sous le porche, qui peut nous renseigner. Hé ! Ferrau !... cria-t-il.

Le surveillant appelé accourut.

— Sais-tu, lui demanda-t-il, si le nommé Chupin a été au parloir hier ?

— Oui, monsieur, c'est même moi qui l'y ai conduit.

M. Segmuller eut un sourire de satisfaction, cette réponse dissipait tous les soupçons.

— Et qui le visitait, interrogea vivement Lecoq, un gros homme, n'est-ce pas ? très rouge de figure, ayant le nez camard...

— Faites excuse, monsieur, c'était une femme, sa tante, à ce qu'il m'a dit.

Une même exclamation de surprise échappa au juge et au jeune policier, et ensemble ils demandèrent :

— Comment était-elle ?

— Petite, répondit le surveillant, boulotte, très blonde, l'air d'une bien brave femme, pas cossue, par exemple...

— Serait-ce une de nos fugitives de là-bas ?... fit tout haut Lecoq.

Gévrol partit d'un grand éclat de rire.

— Encore une princesse russe, dit-il.

Mais le juge parut goûter médiocrement la plaisanterie.

— Vous vous oubliez, monsieur l'agent !... dit-il sévèrement. Vous oubliez que les plaisanteries que vous adressez à votre camarade arrivent jusqu'à moi !

Le Général comprit qu'il avait été trop loin, et tout en lançant à Lecoq son plus venimeux regard, il se confondit en excuses.

M. Segmuller ne parut pas l'entendre. Il salua le directeur, et faisant signe au jeune policier de le suivre :

— Courez à la Préfecture, lui dit-il, et sachez comment et sous quel prétexte cette femme a obtenu la carte qui lui a permis de voir Polyte Chupin.

XXIX

Resté seul, M. Segmuller reprit le chemin de son cabinet, guidé bien plus par l'instinct machinal de l'habitude que par une volonté délibérée.

Toutes les facultés de son intelligence étaient à « l'affaire », et telle était sa préoccupation, que lui, la politesse même, il oubliait de rendre les saluts qu'il recueillait sur son passage.

Comment avait-il procédé, jusqu'ici ? Au hasard ; selon le caprice des évènements. Il avait couru au plus pressé, ou du moins à ce qu'il jugeait tel. Pareil à l'homme égaré dans les ténèbres, il avait erré à l'aventure, sans direction, marchant vers tout ce qui, dans le lointain, lui semblait être une lumière.

A courir ainsi on s'épuise vainement, il se l'avouait en reconnaissant l'impérieuse et pressante nécessité d'un plan.

Il n'avait pu enlever la place d'un coup de main, force lui était de se résigner aux méthodiques lenteurs d'un siège en règle.

Et il se hâtait, car il sentait les heures lui échapper. Il savait que le temps est une obscurité de plus, et que la recherche d'un crime devient plus difficile à mesure qu'on s'éloigne de l'instant où il a été commis.

Que de choses à faire encore cependant !

Ne devait-il pas confronter avec les cadavres des victimes le meurtrier, la veuve Chupin et Polyte ?

Ces tristes confrontations sont fécondes en résultats inespérés.

Leverd, l'assassin, allait être relâché faute de preuves, quand mis brusquement en présence de sa victime, il changea de visage et perdit son assurance. Une question à brûle-pourpoint lui arracha alors un aveu.

M. Segmuller avait aussi les témoins à interroger : Papillon le cocher, la concierge de la maison de la rue de Bourgogne, où les deux femmes s'étaient un instant réfugiées, enfin Mme Milner, la maîtresse de l'hôtel de Mariembourg.

N'était-il pas de même indispensable d'entendre dans le plus bref délai un certain nombre de gens du quartier de la *Poivrière*, quelques camarades de Polyte et les propriétaires du bal de l'*Arc-en-Ciel* où les victimes et le meurtrier avaient passé une partie de la soirée ?

Certes, on ne pouvait pas espérer de grands éclaircissements de chacun de ces témoins en particulier. Les uns ignoraient les faits, les autres avaient à les dénaturer un intérêt qui demeurait un problème.

Mais chacun d'eux devait apporter sa part de conjectures, dire quelque chose, émettre une opinion, proposer une fable.

Et là éclate le génie du juge d'instruction, habitué à éprouver les unes par les autres les réponses les plus contradictoires, exercé à tirer d'une certaine quantité de mensonges une moyenne qui est à peu près la vérité.

Goguet, le souriant greffier, achevait de remplir, sur les indications du juge, une douzaine de citations, quand Lecoq reparut.

— Eh bien ?... lui cria le juge.

Réellement la question était superflue. Le résultat de la démarche était visiblement écrit sur la figure du jeune policier.

— Rien, répondit-il, toujours rien.

— Comment !... On ne sait pas à qui on a donné une carte pour visiter Polyte Chupin au Dépôt ?

— Pardon, monsieur, on ne le sait que trop. Nous retrouvons là une preuve nouvelle de l'infernale habileté du complice à profiter de toutes les circonstances. La carte dont on s'est servi hier est au nom d'une sœur de la veuve Chupin, Rose-Adélaïde Pitard, marchande des quatre-saisons à Montmartre. Cette carte a été délivrée il y a huit jours, sur une demande apostillée du commissaire de police. Il est dit, dans cette demande, que la femme Rose Pitard a besoin de voir sa sœur pour le règlement d'une affaire de famille.

Si grande était la surprise du juge, qu'elle arrivait à une expression presque comique.

— Cette tante serait-elle donc du complot !... murmura-t-il.

Le jeune policier hocha la tête.

— Je ne le pense pas, répondit-il. Ce n'est pas elle, en tous cas, qui était hier au parloir du Dépôt. Les employés de la Préfecture se rappellent très bien la sœur de la Chupin, et d'ailleurs nous avons trouvé son signalement... C'est une femme de cinq pieds passés, très brune, très ridée, hâlée et comme tannée par la pluie, le vent et le soleil, enfin âgée d'une soixantaine d'années. Or la visiteuse d'hier était petite, blonde, blanche et ne paraissait pas plus de quarante-cinq ans...

— Mais s'il en est ainsi, interrompit M. Segmuller, cette visiteuse doit être une de nos fugitives.

— Je ne le pense pas.

— Qui donc serait-elle, à votre avis ?

— Eh !... la propriétaire de l'hôtel de Mariembourg, cette fine mouche qui s'est si bien moquée de moi. Mais qu'elle y prenne garde !... Il est des moyens de vérifier mes soupçons...

Le juge écoutait à peine, tout ému qu'il était de l'inconcevable audace et du merveilleux dévouement de ces gens qui risquaient tout pour assurer l'incognito du meurtrier.

— Reste à savoir, prononça-t-il, comment le complice a pu apprendre l'existence de ce laisser-passer.

— Oh ! rien de si simple, monsieur. Après s'être entendus au poste de la barrière d'Italie, la veuve Chupin et le complice ont compris combien il était urgent de prévenir Polyte. Ils ont cherché comment arriver jusqu'à lui, la vieille s'est souvenue de la carte de sa sœur, et l'homme est allé l'emprunter sous le premier prétexte venu...

— C'est cela, approuva M. Segmuller, oui, c'est bien cela, le doute n'est pas possible... Il faudra vous informer cependant...

Lecoq eut ce geste résolu de l'homme dont le zèle impatient n'a pas besoin d'être stimulé.

— Et je m'informerai !... répondit-il, que monsieur le juge s'en remette à moi. Rien de ce qui peut préparer le succès ne sera négligé. Avant ce soir, j'aurai deux observateurs sous les armes, l'un ruelle de la Butte-aux-Cailles, l'autre à la porte de l'hôtel de Mariembourg. Si le complice du meurtrier a l'idée de visiter Toinon-la-Vertu ou M⁽ᵐᵉ⁾ Milner, il est pris. Il faudra bien que notre tour vienne, à la fin !...

Mais ce n'était pas le moment de se dépenser en paroles, en vanteries surtout. Il s'interrompit, et alla prendre son chapeau déposé en entrant.

— Maintenant, dit-il, je demanderai à monsieur le juge ma liberté ; s'il avait des ordres à donner, je laisse en faction dans la galerie un de mes collègues, le père Absinthe. J'ai, moi, à utiliser nos deux plus importantes pièces de conviction : la lettre de Lacheneur et la boucle d'oreille...

— Allez donc, dit M. Segmuller, et bonne chance !...

Bonne chance !... Le jeune policier l'espérait bien. Si même, jusqu'à ce moment, il avait si facilement pris son parti de ses échecs successifs, c'est qu'il se croyait bien assuré d'avoir en poche un talisman qui lui donnerait la victoire.

— Je serais plus que simple, pensait-il, si je n'étais pas capable de découvrir la propriétaire d'un objet de cette valeur. Or, cette propriétaire trouvée, nous constatons du coup l'identité de notre homme-énigme.

Avant tout, il s'agissait de savoir de quel magasin sortait la boucle d'oreille. Aller de bijoutier en bijoutier, demandant : « Est-ce votre ouvrage ? » eût été un peu long.

Heureusement Lecoq avait sous la main un homme qui s'estimerait très heureux de mettre son savoir à son service.

C'était un vieil Hollandais, nommé Van-Nunen, sans rival à Paris, dès qu'il s'agissait de joaillerie ou de bijouterie.

La Préfecture l'utilisait en qualité d'expert. Il passait pour riche et l'était bien plus qu'on ne le supposait. Si sa mise était toujours sordide, c'est qu'il avait une passion : il adorait les diamants. Il en avait toujours quelques-uns sur lui, dans une petite boîte qu'il tirait dix fois par heure, comme un priseur sort sa tabatière.

Le bonhomme reçut bien le jeune policier. Il chaussa ses besicles, examina le bijou avec une grimace de satisfaction, et d'un ton d'oracle dit :

— La pierre vaut huit mille francs, et la monture vient de chez Doisty, rue de la Paix.

Vingt minutes plus tard, Lecoq se présentait chez le célèbre bijoutier.

Van-Nunen ne s'était pas trompé. Doisty reconnut la boucle d'oreille, elle sortait bien de chez lui. Mais à qui l'avait-il vendue ? Il ne put se le rappeler, car il y avait bien trois ou quatre ans de cela.

— Seulement, attendez, ajouta-t-il, je vais appeler ma femme qui a une mémoire incomparable.

Mme Doisty méritait cet éloge. Il ne lui fallut qu'un coup d'œil pour affirmer qu'elle connaissait cette boucle et que la paire avait été vendue vingt mille francs à Mme la marquise d'Arlange.

— Même, ajouta-t-elle, en regardant son mari, tu devrais te rappeler que la marquise ne nous avait donné que neuf mille francs comptant, et que nous avons eu toutes les peines du monde à obtenir le solde.

Le mari se souvint en effet de ce détail.

— Maintenant, dit le jeune policier, je voudrais bien avoir l'adresse de cette marquise.

— Elle demeure au faubourg Saint-Germain, répondit Mme Doisty, près de l'esplanade des Invalides...

XXX

Tant qu'il avait été sous l'œil du bijoutier, Lecoq avait eu la force de garder le secret de ses impressions.

Mais une fois hors du magasin, et quand il eut fait quelques pas sur le trottoir, il s'abandonna si bien au délire de sa joie, que les passants surpris durent se demander si ce beau garçon n'était pas fou. Il ne marchait pas, il dansait, et tout en gesticulant de la façon la plus comique, il jetait au vent un monologue victorieux.

— Enfin !... disait-il, cette affaire sort donc des bas-fonds où elle s'agitait jusqu'ici. J'arrive aux véritables acteurs du drame, à ces personnages haut placés que j'avais devinés. Ah ! mon Gévrol, illustre Général, vous vouliez une princesse russe ! il faudra vous contenter d'une simple marquise... On fait ce qu'on peut !

Mais ce vertige peu à peu se dissipa, le bon sens reprenait ses droits.

Le jeune policier sentait bien qu'il n'aurait pas trop de la plénitude de son sang-froid, de tous ses moyens et de toute sa sagacité pour mener à bonne fin cette expédition.

Comment s'y prendrait-il, quand il serait en présence de cette marquise, pour

Elle était allée sur le palier tenant son enfant par la main.

obtenir des aveux sans réticences, pour lui arracher, avec tous les détails de la scène du meurtre, le nom du meurtrier ?

— Il faut, pensait-il, se présenter la menace à la bouche, et lui faire peur, tout est là... Si je lui laisse le temps de se reconnaître, je ne saurai rien.

Il s'interrompit, il arrivait devant l'hôtel de la marquise d'Arlange, charmante habitation bâtie entre cour et jardin, et avant de pénétrer dans la place, il jugeait indispensable d'en reconnaître l'intérieur.

— C'est donc là, murmurait-il, que je trouverai le mot de l'énigme. Là, derrière ces riches rideaux de mousseline, agonise d'effroi notre fugitive de l'autre nuit. Quelles ne doivent pas être ses angoisses, depuis qu'elle s'est aperçue de la perte de sa boucle d'oreille !...

Durant près d'une heure, établi sous une porte cochère, il resta en observation. Il eût voulu entrevoir un des hôtes de cette belle demeure. Faction perdue ! Pas un visage ne se montra aux glaces des fenêtres, pas un valet ne traversa la cour.

Impatienté, il résolut de commencer une enquête aux environs.

Il ne pouvait tenter sa démarche décisive sans avoir une idée des gens qu'il allait trouver.

Quel pouvait être le mari de cette audacieuse, qui s'encanaillait comme dans les romans régence, et courait la prétantaine, la nuit, au cabaret de la Chupin ?

Lecoq se demandait à qui et où s'adresser, quand de l'autre côté de la rue, il avisa un marchand de vins qui fumait sur le seuil de sa boutique.

Il alla droit à lui, jouant bien l'embarras d'un homme qui a oublié une adresse, et poliment lui demanda l'hôtel d'Arlange.

Sans un mot, sans daigner retirer sa pipe de sa bouche, le marchand étendit le bras.

Mais il était un moyen de le rendre communicatif, c'était d'entrer dans son établissement, de se faire servir quelque chose et de lui proposer de trinquer.

Ainsi fit le jeune policier, et la vue de deux verres pleins délia comme par miracle la langue du digne négociant.

On ne pouvait mieux tomber pour obtenir des renseignements, car il était établi dans le quartier depuis dix ans et honoré de la clientèle de messieurs les gens de maison.

— Même, dit-il à Lecoq, je vous plains si vous allez chez la marquise pour toucher une facture. Vous aurez le temps d'apprendre le chemin de sa maison avant de voir la couleur de son argent. En voilà une dont les créanciers ne laisseront jamais geler la sonnette.

— Diable !... elle est donc pauvre ?

— Elle !... On lui connaît bien une vingtaine de mille livres de rentes, sans compter cet hôtel. Mais vous savez, quand on dépense tous les ans le double de son revenu...

Il s'arrêta court, pour montrer au jeune policier deux femmes qui passaient, l'une âgée de plus de quarante ans et vêtue de noir, l'autre toute jeune, mise comme une pensionnaire.

— Et tenez, ajouta-t-il, voici justement la petite-fille de la marquise, Mlle Claire, qui passe avec sa gouvernante, Mme Schmidt.

Lecoq eut un éblouissement.

— Sa petite-fille? balbutia-t-il.

— Mais oui... la fille de défunt son fils, si vous aimez mieux.

— Quel âge a-t-elle donc?...

— Une soixantaine d'années, au moins. Mais on ne les lui donnerait pas, non. C'est une de ces vieilles bâties à chaux et à sable, qui vivent cent ans, comme les arbres. Et méchante, qu'elle est!... Je ne voudrais pas lui dire ce que je pense d'elle à deux pouces du nez. Elle aurait plus tôt fait de m'envoyer une taloche que moi d'avaler ce verre d'eau-de-vie...

— Pardon, interrompit le jeune policier, elle n'occupe pas seule cet hôtel...

— Mon Dieu!... si, toute seule avec sa petite-fille, la gouvernante et deux domestiques... Mais qu'est-ce qui vous prend donc?...

Le fait est que ce pauvre Lecoq était plus blanc que sa chemise. C'était le magique édifice de ses espérances qui s'écroulait aux paroles de cet homme comme le fragile château de cartes d'un enfant.

— Je n'ai rien, répondit-il d'une voix mal assurée, oh!... rien du tout.

Mais il n'eût pas supporté un quart d'heure de plus l'horrible supplice de l'incertitude. Il paya et alla sonner à la grille de l'hôtel.

Un domestique vint lui ouvrir, l'examina d'un œil défiant et lui répondit que Mme la marquise était à la campagne.

Évidemment on lui faisait cet honneur de le prendre pour un créancier.

Mais il sut insister si adroitement, il fit si bien comprendre qu'il ne venait pas réclamer d'argent, il parlait si fortement d'affaires urgentes, que le domestique finit par le planter seul au milieu du vestibule en lui disant qu'il allait s'assurer de nouveau si madame était bien réellement sortie.

Elle n'était pas sortie. L'instant d'après le valet revint dire à Lecoq de le suivre, et après l'avoir guidé à travers un grand salon d'une magnificence fort délabrée, il l'introduisit dans un boudoir tendu d'étoffe rose.

Là, sur une chaise longue, au coin du feu, une vieille dame d'aspect terrible, grande, osseuse, très parée et plus fardée, tricotait une bande de laine verte.

Elle toisa le jeune policier jusqu'à lui faire monter le rouge au front, et comme il lui parut intimidé, ce qui la flatta, elle lui parla presque doucement.

— Eh bien! mon garçon, demanda-t-elle, qu'est-ce qui vous amène?

Lecoq n'était pas intimidé, mais il reconnaissait avec douleur que Mme d'Arlange ne pouvait être une des femmes du cabaret de la Chupin.

En elle, rien ne répondait assurément au signalement donné par Papillon.

Puis, le jeune policier se rappelait combien étaient petites les empreintes laissées sur la neige par les deux fugitives, et le pied de la marquise, qui dépassait sa robe, était d'une héroïque grandeur.

— Ah çà ! êtes-vous muet ? insista la vieille dame en enflant la voix.

Sans répondre directement, le jeune policier tira de sa poche la précieuse boucle d'oreille, et la déposa sur la chiffonnière en disant :

— Je vous rapporte ceci, madame, que j'ai trouvé, et qui vous appartient, m'a-t-on dit.

Mme d'Arlange posa son tricot pour examiner le bijou.

— C'est pourtant vrai, dit-elle, après un moment, que ce bouton d'oreille m'a appartenu. C'est une fantaisie que j'eus, il y a quatre ans, et qui me coûta bel et bien vingt mille livres. Ah !... le sieur Doisty, qui me vendit ces diamants, dut gagner un joli denier. Mais j'ai une petite-fille à élever !... Des besoins d'argent pressants me contraignirent peu après à me défaire de cette parure, que je regrettai, et je la cédai.

— A qui ?... interrogea vivement Lecoq.

— Eh !... fit la marquise choquée ; qu'est-ce que cette curiosité ?

— Excusez-moi, madame, c'est que je voudrais tant retrouver le propriétaire de cette jolie chose...

Mme d'Arlange regarda son jeune visiteur d'un air curieux et surpris :

— De la probité !... fit-elle. Oh ! oh !... Et pas le sou peut-être...

— Madame !...

— Bon ! bon !... ce n'est pas une raison pour devenir rouge comme un coquelicot, mon garçon. J'ai cédé ces boucles à une grande dame allemande, — car la noblesse a encore quelque fortune en Autriche, — à la baronne de Watchau...

— Et où demeure cette dame, madame la marquise ?...

— Au Père-Lachaise, depuis l'an dernier qu'elle s'est laissée mourir... Les femmes d'à-présent, un tour de valse et un courant d'air, et c'est fait d'elles !... De mon temps, après chaque galop, les jeunes filles vidaient un grand verre de vin sucré et se mettaient entre deux portes... Et nous nous portions comme vous voyez.

— Mais, madame, insista le jeune policier, la baronne de Watchau a dû laisser des héritiers, un mari, des enfants ?...

— Personne qu'un frère qui a une charge à la cour de Vienne, et qui n'a pas pu se déplacer. Il a envoyé l'ordre de vendre à l'encan tout le bien de sa sœur, sans excepter sa garde-robe, et on lui a expédié l'argent là-bas.

Lecoq ne put triompher d'un mouvement de désespoir.

— Quel malheur ! murmura-t-il.

— Hein !... Pourquoi ?... fit la vieille dame. De cette affaire, mon garçon, le diamant vous reste, et je m'en réjouis, ce sera une juste récompense de votre probité.

Si le hasard, à ses rigueurs, joint encore l'ironie, la mesure est comble. Ainsi la marquise d'Arlange ajoutait au supplice de Lecoq des raffinements inconnus, pendant qu'elle lui souhaitait, avec toutes les apparences de la bonne foi, de ne jamais retrouver la femme qui avait perdu ce riche bijou.

S'emporter, crier, donner cours à sa colère, reprocher à cette vieille son ineptie, lui eût été un ineffable soulagement. Mais, alors, que devenait son rôle de bon jeune homme probe?...

Il sut contraindre ses lèvres à grimacer un sourire; il balbutia même un remerciment de tant de bonté. Puis, comme il n'avait plus rien à attendre, il salua bien bas et sortit à reculons, étourdi de ce nouveau coup.

Fatalité, maladresse de sa part, habileté miraculeuse de ses adversaires, il avait vu se rompre successivement entre ses mains tous les fils sur lesquels il avait compté pour guider l'instruction hors de l'inextricable labyrinthe où elle s'égarait de plus en plus.

Était-il encore dupe d'une nouvelle comédie? Ce n'était pas admissible.

Si le complice du meurtrier eût pris pour confident le bijoutier Doisty, il lui eût demandé purement et simplement de répondre qu'il ne savait pas à qui ces brillants avaient été vendus, ou même qu'ils ne sortaient pas de chez lui.

La complication même des circonstances en décelait la sincérité.

Puis le jeune policier avait d'autres raisons de ne douter point des allégations de la marquise. Certain regard qu'il avait surpris entre le bijoutier et sa femme éclairait les faits d'un jour éblouissant.

Ce regard signifiait que, dans leur opinion, la marquise en prenant ces diamants avait hasardé une petite spéculation plus commune qu'on ne croit, et dont quantité de femmes du vrai monde sont coutumières. Elle avait acheté à crédit pour céder à perte, mais au comptant, et profiter momentanément de la différence entre la somme donnée en acompte et le prix de cession.

Lecoq n'en décida pas moins qu'il irait jusqu'au fond de cet incident.

Il voulait, à défaut d'autre satisfaction, s'épargner des remords comme ceux qui le poursuivaient depuis qu'il s'était naïvement laissé prendre aux apparences à l'hôtel de Mariembourg.

Il retourna donc chez Doisty, et sous un prétexte assez plausible pour écarter tout soupçon de sa profession, il obtint la communication de ses livres de commerce.

A l'année indiquée, au mois fixé, la vente était inscrite, non seulement sur la main-courante, mais encore sur le grand-livre. Les neuf mille francs étaient passés en compte et successivement, à des intervalles éloignés, les divers versements de la marquise étaient portés à l'avoir.

Que Mme Milner eût réussi à glisser sur son registre de police une fausse mention, on le comprenait. Il était impossible que le bijoutier eût falsifié toute sa comptabilité de quatre ans.

La réalité est indiscutable, et cependant le jeune policier ne se tint pas pour satisfait.

Il se transporta rue du Faubourg-Saint-Honoré, à la maison qu'habitait en son vivant la baronne de Watchau, et là, il apprit d'un concierge complaisant que lors du décès de cette pauvre dame ses meubles et ses effets avaient été portés à l'hôtel de la rue Drouot.

— Même, ajouta le concierge, la vente a été faite par M. Petit.

Sans perdre une minute, le jeune policier courut chez ce commissaire-priseur qui avait la spécialité des « riches mobiliers ».

M⁰ Petit se rappelait très bien la « vente Watchau », qui avait fait un certain bruit à l'époque, et il en eut bientôt retrouvé le volumineux procès-verbal dans ses cartons.

Beaucoup de bijoux y étaient décrits, avec le chiffre de l'adjudication et le nom des adjudicataires en regard, mais aucun ne se rapportait, même vaguement, aux maudits boutons d'oreilles.

Lecoq montra le diamant qu'il avait en poche ; le commissaire-priseur ne se rappelait pas l'avoir vu. Mais cela ne signifiait rien, il lui en avait tant passé, il lui en passait tant entre les mains !...

Ce qu'il affirmait, c'est que le frère de la baronne, son héritier, ne s'était rien réservé de la succession, pas une bague, pas un bibelot, pas une épingle, et qu'il avait paru pressé de recevoir le montant des vacations, lequel s'élevait à l'agréable chiffre de cent soixante-sept mille cinq cent trente francs, frais déduits.

— Ainsi, fit Lecoq pensif, tout ce que possédait la baronne a bien été vendu ?...

— Tout.

— Et comment se nomme son frère ?

— Watchau, lui aussi... La baronne avait sans doute épousé un de ses parents. Ce frère, jusqu'à l'an dernier, a occupé un poste éminent dans la diplomatie ; il résidait à Berlin, je crois...

Certes, ces renseignements n'avaient nul trait à la prévention, qui occupait despotiquement l'esprit du jeune policier, et cependant ils se figèrent dans sa mémoire.

— C'est bizarre, pensait-il, en regagnant son logis, de tous côtés, dans cette affaire, je me heurte à l'Allemagne. Le meurtrier prétend venir de Leipzig, Mᵐᵉ Milner doit être Bavaroise, voici maintenant une baronne autrichienne.

Il était trop tard, ce soir-là, pour rien entreprendre ; le jeune policier se coucha, mais le lendemain, à la première heure, il reprenait avec une ardeur nouvelle ses investigations.

Une seule chance de succès semblait lui rester désormais : la lettre signée Lacheneur, trouvée dans la poche du faux soldat.

Cette lettre, l'entête à demi effacé le prouvait, avait été écrite dans un café du boulevard Beaumarchais.

Découvrir dans lequel était un jeu d'enfant.

Le quatrième limonadier à qui Lecoq exhiba cette lettre reconnut parfaitement son papier et son encre.

Mais ni lui, ni sa femme, ni la demoiselle de comptoir, ni les garçons, ni aucun des habitués questionnés habilement l'un après l'autre n'avaient entendu, de leur vie, articuler les trois syllabes de ce nom : Lacheneur.

Que faire, que tenter?... Tout était-il donc absolument désespéré? Pas encore.

Le soldat mourant n'avait-il pas déclaré que ce brigand de Lacheneur était un ancien comédien?...

Se raccrochant à cette faible indication comme l'homme qui se noie à la plus mince planche, le jeune policier reprit sa course, et de théâtre en théâtre, il s'en alla demandant à tout le monde, aux portiers, aux secrétaires, aux artistes :

— Ne connaîtriez-vous pas un acteur nommé Lacheneur?

Partout il recueillit des non unanimes, enjolivés de plaisanteries de coulisses. Assez souvent on ajoutait :

— Comment est-il, votre artiste?...

Voilà justement ce qu'il ne pouvait dire. Tous ses renseignements se bornaient à la phrase de Toinon-la-Vertu : « Je lui ai trouvé l'air d'un monsieur bien respectable! » Ce n'est pas un signalement, cela. Et d'ailleurs restait à savoir ce que la femme de Polyte Chupin entendait par ce qualificatif « respectable ». L'appliquait-elle à l'âge ou aux dehors de la fortune?

D'autres fois, on demandait :

— Quels rôles joue-t-il, votre comédien?

Et le jeune policier se taisait, car il l'ignorait. Ce qu'il ne pouvait dire, ce qui était vrai, c'est que Lacheneur, en ce moment, jouait un rôle à le faire mourir de chagrin, lui, Lecoq.

En désespoir de cause, il eut recours à un moyen d'investigation qui est le grand cheval de bataille de la police quand elle est en peine de quelque personnage problématique, moyen banal qui réussit toujours parce qu'il est excellent.

Il résolut de dépouiller tous les livres de police des hôteliers et des logeurs.

Levé avant l'aube, couché bien après, il épuisait ses journées à visiter toutes les maisons meublées, tous les hôtels, tous les garnis de Paris.

Courses vaines. Pas une seule fois il ne rencontra ce nom de Lacheneur qui hantait obstinément son cerveau. Existait-il, ce nom? N'était-ce pas un pseudonyme composé à plaisir? Il ne l'avait pas trouvé dans l'*Almanach Bottin* où on trouve cependant tous les noms de France, les plus impossibles, les plus invraisemblables, ceux qui sont formés de l'assemblage le plus fantastique de syllabes...

Mais rien n'était capable de le décourager, ni de le détourner de cette tâche presque impossible qu'il s'était donnée. Son opiniâtreté touchait à la monomanie.

Il n'avait plus, comme aux premiers moments, de simples accès de colère, aussitôt réprimés; il vivait dans une sorte d'exaspération continuelle, qui altérait sa lucidité.

Plus de théories, d'inventions subtiles, d'ingénieuses déductions!... Il cherchait à l'aventure, sans ordre, sans méthode, comme l'eût pu faire le père Absinthe sous l'influence de l'alcool.

Peut-être en était-il arrivé à compter moins sur son habileté que sur le hasard, pour dégager des ténèbres le drame qu'il devinait, qu'il sentait, qu'il respirait...

XXXI

Si l'on jette au milieu d'un lac une lourde pierre, elle produit un jaillissement considérable, et la masse de l'eau est agitée jusque sur les bords... Mais le grand mouvement ne dure qu'une minute; le remous diminue à mesure que ses cercles s'élargissent, la surface reprend son immobilité, et bientôt nulle trace ne reste de la pierre, enfouie désormais dans les vases du fond.

Ainsi il en est des événements qui tombent dans la vie de chaque jour, si énormes qu'ils puissent paraître. Il semble que leur impression durera des années. Folie! Le temps se referme au-dessus plus vite que l'eau du lac, et, plus rapidement que la pierre, ils glissent dans les abîmes du passé.

C'est dire qu'au bout de quinze jours le crime affreux du cabaret de la Chupin, ce triple meurtre qui avait fait frémir Paris, dont tous les journaux s'étaient émus, était plus oublié qu'un vulgaire assassinat du règne de Charlemagne.

Au Palais, seulement, à la Préfecture et au Dépôt on se souvenait.

C'est que les efforts de M. Segmuller, et Dieu sait s'il s'était épargné, n'avaient pas eu un succès meilleur que ceux de Lecoq.

Interrogatoires multipliés, confrontations habilement ménagées, questions captieuses, insinuations, menaces, promesses, tout s'était brisé contre cette force invincible, la plus puissante dont l'homme dispose, la force d'inertie.

Un même esprit semblait animer la veuve Chupin et Polyte, Toinon-la-Vertu et Mme Milner, la maîtresse de l'hôtel de Mariembourg.

Il ressortait clairement des dépositions, que tous ces témoins avaient reçu les

Un quart d'heure après, Polyte faisait son entrée dans le cabinet du juge.

confidences du complice et qu'ils obéissaient à la même politique savante : mais que servait cette certitude !

L'attitude de tous ces gens conjurés pour jouer la justice ne variait pas. Il arrivait parfois que leurs regards démentaient leurs dénégations, on ne cessait de lire dans leurs yeux l'inébranlable résolution de taire la vérité.

Il y avait des moments où ce juge, le meilleur des hommes cependant, écrasé par le sentiment de l'insuffisance d'armes purement morales, se prenait à regretter l'arsenal de l'Inquisition.

Oui, en présence de ces allégations dont l'impudence arrivait à l'insulte, il comprenait les barbaries des juges du moyen âge, les coins qui brisaient les muscles des patients, les tenailles rougies, la question de l'eau, toutes ces épouvantables tortures qui arrachaient la vérité avec la chair.

Le meurtrier, lui aussi, s'était tenu, et même chaque jour il ajoutait à son rôle une perfection nouvelle, pareil à l'homme qui s'habitue à un vêtement étranger où d'abord il s'était trouvé gêné.

Son assurance, en présence du juge, grandissait, comme s'il eût été plus sûr de soi, comme s'il eût pu, en dépit de sa séquestration et des rigueurs du secret, acquérir cette certitude que l'instruction n'avait point avancé d'un pas.

A un de ses derniers interrogatoires, il avait osé dire, non sans une nuance très saisissable d'ironie :

— Me garderez-vous donc encore longtemps au secret, monsieur le juge?... Ne serai-je pas remis en liberté ou envoyé devant la cour d'assises? Dois-je souffrir longtemps de cette idée qui vous est venue, je me demande comment, que je suis un gros personnage !...

— Je vous garderai, avait répondu M. Segmuller, tant que vous n'aurez pas avoué.

— Avoué quoi?...

— Oh! vous le savez bien...

Cet homme indéchiffrable avait alors haussé les épaules, et de ce ton moitié triste, moitié goguenard qui lui était habituel, il avait répondu :

— En ce cas, je ne me vois pas près de sortir de ce cabanon maudit?...

C'est en raison de cette conviction, sans doute, qu'il parut prendre ses dispositions pour une détention indéfinie.

Il avait obtenu qu'on lui remît une partie des effets contenus dans sa malle, et il avait témoigné une joie d'enfant en rentrant en possession de ses « affaires ».

Grâce à l'argent trouvé sur lui et déposé au greffe, il s'accordait de ces petites douceurs qu'on ne refuse jamais à des prévenus, lesquels, en définitive, quelles que soient les charges qui pèsent sur eux, peuvent être considérés comme innocents tant que le jury n'a pas prononcé.

Pour se distraire, il avait demandé et on lui avait donné un volume de chansons de Béranger, et il passait ses journées à en apprendre par cœur; il les chantait à pleine voix et avec assez de goût.

Il s'inquiétait de l'époque du jugement, du résultat, non.

S'il était pris de tristesse, c'était quand il parlait de sa profession. Il avait la nostalgie du tréteau. Il pleurait presque en songeant à son costume bariolé de pitre, à son public, à ses boniments accompagnés par les musiques enragées de la foire.

Jamais, d'ailleurs, on ne vit détenu plus ouvert, plus communicatif, plus soumis, meilleur enfant.

C'est avec un empressement marqué qu'il recherchait toutes les occasions de babiller. Il aimait à raconter sa vie, ses aventures, ses courses vagabondes à travers l'Europe, à la suite de M. Simpson, le montreur de phénomènes.

Ayant beaucoup vu, il avait beaucoup retenu, et il possédait un inépuisable fonds de bons contes et de saillies triviales qui faisaient se pâmer de rire les surveillants.

Et toutes les paroles de ce grand bavard, de même que ses actions les plus indifférentes, étaient marquées d'un tel cachet de naturel, que les gens du Dépôt ne doutaient plus de la vérité de ses assertions.

Plus difficile à convaincre était le directeur.

Il avait affirmé que ce soi-disant « bonisseur » ne pouvait être qu'un dangereux repris de justice, dissimulant des antécédents accablants; il ne négligea rien pour le prouver.

Quinze jours durant, Mai fut soumis tous les matins à l'examen du ban et de l'arrière-ban des agents de la sûreté, réguliers et irréguliers.

On le présenta ensuite à une trentaine de forçats renommés pour leur connaissance parfaite de la population des prisons, et qui avaient été transférés au Dépôt pour cette épreuve.

Personne ne le reconnut.

Sa photographie avait été envoyée à tous les bagnes, à toutes les maisons centrales; personne ne se rappela ses traits.

A ces circonstances, d'autres vinrent se joindre, qui avaient bien leur importance, et qui plaidaient en faveur du prévenu.

Le 2ᵉ bureau de la Préfecture, qui était celui des sommiers judiciaires, trouva des traces positives de l'existence d'un nommé Tringlot, « artiste forain, » lequel pouvait fort bien être l'homme de la version de Mai. Ce Tringlot était mort depuis plusieurs années.

En outre, de renseignements pris en Allemagne et en Angleterre, il résultait qu'on y connaissait très bien un sieur Simpson, en grande réputation sur tous les champs de foire.

« Le prévenu Mai, écrivit-il au juge d'instruction, est bien réellement et véritablement ce qu'il prétend être ; les doutes à cet égard ne sont plus possibles. »
Ce fut en dernier lieu l'avis de Gévrol.

Ainsi M. Segmuller et Lecoq restaient seuls de leur opinion.

Il est vrai que seuls ils étaient bons juges, puisque seuls ils connaissaient tous les détails d'une instruction demeurée strictement secrète.

Mais peu importe ! Lutter contre tout le monde est toujours pénible, sinon dangereux, eût-on d'ailleurs mille et mille fois raison.

« L'affaire Mai, » on lui donnait ce nom, avait transpiré ; et si le jeune policier était accablé de quolibets grossiers dès qu'il paraissait à la Préfecture, le juge d'instruction n'était pas à l'abri d'amicales ironies.

Plus d'un juge, en le rencontrant dans la galerie, lui demandait, le sourire aux lèvres, ce qu'il faisait de son Gaspard Hauser, de son homme au masque de fer, de son mystérieux saltimbanque...

De là chez M. Segmuller et chez Lecoq, cette exaspération de l'homme qui, ayant la certitude absolue d'une chose, ne peut cependant en démontrer l'exactitude.

Ils en perdaient l'appétit l'un et l'autre, ils en maigrissaient, ils en verdissaient.

— Mon Dieu !... disait parfois le juge, pourquoi d'Escorval est-il tombé !... Sans cette chute maudite, il aurait tous mes soucis, et, à cette heure, je rirais comme les autres !

— Et moi qui me croyais fort ! murmurait le jeune policier.

Mais l'idée ne leur venait point de se rendre. Bien que de tempéraments essentiellement opposés, chacun d'eux, à part soi, s'était juré d'avoir le mot de cette agaçante énigme.

C'est alors que Lecoq résolut de renoncer à ses courses au dehors pour se consacrer uniquement à l'étude du prévenu.

— Désormais, dit-il à M. Segmuller, je me constitue prisonnier comme lui, et sans qu'il me voie, je ne le perds plus de vue !...

XXXII

Au-dessus de l'étroite cellule occupée par le prévenu Mai, se trouvait une sorte de soupente, ménagée par les architectes pour le service des toitures.

Elle était carrelée, mais si basse, qu'un homme de taille moyenne ne pouvait s'y tenir debout. Quelques minces rayons filtrant entre les interstices des ardoises l'éclaireraient à peine d'un jour douteux.

C'est là qu'un beau matin Lecoq vint s'établir.

C'était l'heure où le détenu faisait, sous la surveillance de deux gardiens, sa promenade quotidienne; le jeune policier put donc, sans retard, procéder à ses travaux d'installation.

Armé d'un pic dont il s'était muni, il descella deux ou trois carreaux et se mit à percer l'intervalle des planchers.

Le trou qu'il pratiquait affectait la forme d'un entonnoir. Très large au ras du sol du grenier, il allait se rétrécissant jusqu'à n'avoir plus que deux centimètres de diamètre à l'endroit où il entamait le plafond de la cellule.

La place où débouchait ce trou avait d'ailleurs été choisie à l'avance, si habilement, qu'il se confondait avec les lézardes et les taches du crépi, et qu'il était impossible que le prisonnier le distinguât d'en bas.

Pendant que travaillait Lecoq, le directeur du Dépôt et Gévrol, qui avait tenu à l'accompagner, se tenaient sur le seuil de la soupente et ricanaient.

— Ainsi, monsieur Lecoq, disait le directeur, voici désormais votre observatoire?

— Mon Dieu, oui, monsieur.

— Vous n'y serez pas à l'aise.

— J'y serai moins mal que vous ne le croyez. J'ai apporté une grosse couverture, je l'étendrai à terre et je me coucherai dessus.

— Si bien que, nuit et jour, vous aurez l'œil à cette ouverture

— Nuit et jour, oui, monsieur.

— Sans boire ni manger?... demanda Gévrol.

— Pardon! le père Absinthe, que j'ai relevé de son inutile faction à la ruelle de la Butte-aux-Cailles, m'apportera mes repas, il fera mes commissions et au besoin me remplacera.

L'envieux Général éclata de rire, mais d'un rire évidemment forcé.

— Tiens, dit-il, tu me fais pitié.

— Possible.

— Sais-tu à qui tu vas ressembler, l'œil collé à ce trou, épiant le prévenu?...

— Dites!... Ne vous gênez pas.

— Eh bien!... Tu me fais l'effet d'un de ces vieux nigauds de naturalistes qui mettent toutes sortes de petites bêtes sous verre, et qui passent leur vie à les regarder grouiller à travers une grosse loupe.

Lecoq avait parachevé son œuvre, il se releva.

— Jamais comparaison ne fut plus juste, Général, prononça-t-il. Vous l'avez deviné, je dois au souvenir des travaux de ces naturalistes que vous traitez si mal l'idée que je vais mettre à exécution. A force d'étudier une petite bête, comme vous dites, au microscope, ces savants ingénieux et patients finissent par surprendre ses mœurs, ses habitudes, ses instincts... Eh bien! ce qu'ils font pour un insecte, je le ferai, moi, pour un homme.

— Oh! oh! fit le directeur un peu étonné.

— C'est ainsi, oui, monsieur. Je veux le secret de ce prévenu... je l'aurai, je l'ai juré. Oui, je l'aurai, parce que, si solidement trempée que soit son énergie, il est impossible qu'il n'ait pas un moment de défaillance, et qu'à cette heure je serai là... Je serai là, si sa volonté le trahit, si se croyant seul il laisse tomber son masque, s'il s'oublie une seconde, si son sommeil laisse échapper une parole indiscrète, s'il n'a pas tout son sang-froid à son réveil, si le désespoir lui arrache une plainte, un geste, un regard... je serai là, toujours là!...

L'implacable résolution du jeune policier communiquait à sa voix des vibrations si puissantes, que le directeur du Dépôt en fut remué.

Il admit, pour un instant, les présomptions de Lecoq, et son esprit fut saisi de l'étrangeté de cette lutte entre un prévenu s'efforçant de garder le secret de sa personnalité, et l'instruction qui s'acharnait à découvrir la vérité.

— Par ma foi!... mon garçon, dit-il, vous avez un fier courage.

— Et bien inutile, grogna Gévrol.

Il disait cela d'un ton délibéré, l'ombrageux inspecteur, mais au fond il n'était pas parfaitement rassuré. La foi est contagieuse, et il se sentait troublé par l'imperturbable assurance de Lecoq.

Si pourtant ce conscrit allait avoir raison contre lui, Gévrol, un des oracles de la Préfecture, quelle honte et quel ridicule!...

Une fois de plus, il se jura que ce garçon si remuant ne vieillirait pas dans les cadres du service de la sûreté, et c'est en songeant aux moyens de l'évincer, qu'il ajouta :

— Il faut que la police ait de l'argent de trop pour payer deux hommes à faire une besogne de fou!...

Le jeune policier ne voulut pas relever cette observation blessante. Depuis quinze jours le Général l'agaçait si bien, qu'il redoutait, s'il entamait une discussion, de ne pas rester maître de soi.

Mieux valait se taire et poursuivre le succès... Réussir! Voilà la vengeance qui consterne les envieux.

Il lui tardait, d'ailleurs, de voir partir ces importuns. Peut-être croyait-il Gévrol capable d'éveiller, par quelque bruit insolite, l'attention du prisonnier.

Enfin ils partirent. Lecoq se hâta d'étendre sa couverture, et se coucha dessus tout de son long, de telle sorte qu'il pouvait appliquer alternativement au trou son œil et son oreille.

Dans cette position, il découvrait admirablement la cellule. Il apercevait la porte, le lit, la table, la chaise; un seul petit espace près de la fenêtre et la fenêtre elle-même échappaient à ses regards.

Il terminait à peine sa reconnaissance, quand les verrous grincèrent. Le prévenu revenait de sa promenade.

Il était très gai, et terminait une histoire fort intéressante sans doute, puisque le gardien resta un moment pour en attendre la fin.

Le jeune policier fut ravi de l'épreuve. Il entendait aussi bien qu'il voyait. Les sons arrivaient à son oreille aussi distinctement que s'ils y eussent été apportés par un cornet acoustique. Il ne perdit pas un mot du récit, qui était légèrement graveleux.

Le surveillant parti, Mai fit quelques pas de-ci et de-là dans sa cellule; puis il s'assit, ouvrit son volume de Béranger, et pendant une heure parut absorbé par l'étude d'une chanson. Finalement il se jeta sur son lit.

Au moment du repas du soir, seulement, il se leva pour manger de bon appétit. Il se remit ensuite à son chansonnier et ne se coucha qu'à l'extinction des feux.

Lecoq savait bien que la nuit ses yeux ne lui serviraient de rien ; mais c'est alors qu'il espérait surprendre quelque exclamation révélatrice.

Son attente fut trompée, Mai se tourna et se retourna douloureusement sur ses matelas, il geignit par moments; on eût dit qu'il sanglotait, mais il n'articula pas une syllabe.

Le prévenu resta couché fort tard le lendemain. Mais en entendant sonner l'heure de la pitance du matin, onze heures, il se leva d'un bond, et après quelques entrechats dans sa cellule, il entonna à pleine voix une vieille chanson :

> Diogène,
> Sous ton manteau,
> Libre et content, je ris, je bois sans gêne...

C'est seulement lorsque les gardiens entrèrent qu'il cessa de chanter...

Telle s'était écoulée la journée de la veille, telle s'écoula celle-ci; celle du lendemain fut pareille, les suivantes furent toutes semblables...

Chanter, manger, dormir, soigner ses mains et ses ongles, telle était la vie de ce soi-disant saltimbanque. Son attitude, toujours la même, était celle d'un homme d'un heureux naturel profondément ennuyé.

Telle était la perfection de la comédie soutenue par cet énigmatique personnage, que Lecoq, après six nuits et six jours passés à plat ventre dans son grenier, n'avait rien surpris de décisif.

Pourtant il était loin de désespérer. Il avait observé que tous les matins, à l'heure où la distribution des vivres met en mouvement les employés de la prison, le prévenu ne manquait pas de répéter sa chanson de *Diogène*.

— Évidemment, se disait le jeune policier, cette chanson est un signal. Que se passe-t-il alors, du côté de cette fenêtre que je ne vois pas?... Je le saurai demain.

Le lendemain, en effet, il obtint que Mai serait conduit à la promenade à dix heures et demie, et il entraîna le directeur à la cellule du prisonnier.

Le digne fonctionnaire n'était pas content du dérangement.

— Que prétendez-vous me montrer? répétait-il. Qu'y a-t-il de si curieux?...

— Peut-être rien, répondait Lecoq, peut-être quelque chose de bien grave...

Et onze heures sonnant peu après, il entonna la chanson du prévenu :

Diogène,
Sous ton manteau...

Il venait d'entamer le second couplet, quand une boulette de mie de pain de la grosseur d'une balle, adroitement lancée par-dessus la hotte de la fenêtre, vint rouler à ses pieds.

La foudre tombant dans la cellule de Mai n'eût pas terrifié le directeur autant que cet inoffensif projectile.

Il demeura stupide d'étonnement, la bouche béante, les yeux écarquillés, comme s'il eût douté du témoignage de ses sens...

Quelle disgrâce! L'instant d'avant il eût répondu sur sa tête chauve de l'inviolabilité des secrets. Il vit sa prison déshonorée, bafouée, ridiculisée.

— Un billet, répétait-il d'un air consterné, un billet!...

Prompt comme l'éclair, Lecoq avait ramassé ce message et il le retournait triomphalement entre ses doigts.

— J'avais bien dit, murmura-t-il, que nos gens s'entendaient!

Cette joie du jeune policier devait changer en furie la stupeur du directeur.

- Ah!... mes détenus s'écrivent!... s'écria-t-il bégayant de colère. Ah! mes surveillants font l'office de facteurs! Par le saint nom de Dieu!... cela ne se passera pas ainsi!

Il se dirigeait vers la porte; Lecoq l'arrêta.

— Qu'allez-vous faire, monsieur? dit-il.

— Moi! je vais rassembler tous les employés de ma maison, et leur déclarer qu'il y a un traître parmi eux, et qu'il faut qu'on me le livre. Je veux faire un exemple. Et si d'ici vingt-quatre heures le coupable n'est pas découvert, tout le personnel du Dépôt sera renouvelé.

De nouveau, il voulut sortir, et le jeune policier, cette fois, dut presque employer la violence pour le retenir.

Le jeune policier la saisit par la taille, et la souleva comme une plume.

— Du calme, monsieur, lui disait-il, du calme, modérez-vous...
— Je veux punir !
— Je comprends cela, mais attendez d'avoir tout votre sang-froid. Il se peut que le coupable soit, non un de vos gardiens, mais un de ces détenus dont vous utilisez la bonne volonté, et qui aident tous les matins à la distribution...
— Eh ! qu'importe !...

— Pardon!... Il importe beaucoup. Si vous faites du bruit, si vous dites un seul mot de ceci, jamais nous ne découvrirons la vérité. Le traître ne sera pas si fou que de se livrer, mais il sera assez sage pour ne plus recommencer. Sachons nous taire, dissimuler et attendre. Nous organiserons une surveillance sévère et nous prendrons le coquin sur le fait.

Si justes étaient ces objections que le directeur se rendit.

— Soit, soupira-t-il, je patienterai... Mais voyons toujours ce que renferme cette mie de pain.

C'est à quoi le jeune policier ne voulut pas consentir.

— J'ai prévenu M. Segmuller, déclara-t-il, qu'il y aurait sans doute du nouveau ce matin, et il doit m'attendre à son cabinet. C'est bien le moins que je lui réserve le plaisir de briser cette enveloppe.

Le directeur du Dépôt eut un geste désolé. Ah! il eût donné bonne chose pour tenir cet incident secret; mais il n'y fallait seulement pas penser.

— Allons donc trouver le juge d'instruction, dit-il, allons...

Ils partirent, et tout le long du chemin Lecoq s'efforça de démontrer à ce digne fonctionnaire qu'il avait bien tort de s'affecter d'une circonstance qui était pour l'instruction un vrai coup de partie. S'était-il donc, jusqu'à ce moment, supposé plus habile que ses détenus? Quelle illusion! Est-ce que l'ingéniosité du prisonnier n'a pas toujours défié et ne défiera pas toujours la finesse du surveillant?...

Mais ils arrivaient, et à leur vue M. Segmuller et son greffier se levèrent d'un bond. Ils avaient lu, sur le visage du jeune policier, une grande nouvelle.

— Qu'est-ce? demanda le juge d'un ton ému.

Lecoq, pour toute réponse, déposa sur le bureau la précieuse mie de pain, et un regard le paya de l'attention qu'il avait eue de ne la pas ouvrir.

Elle contenait une petite boulette de ce mince papier qu'on appelle du papier pelure d'oignon.

M. Segmuller le déplia et le lissa sur la paume de sa main. Mais dès qu'il y jeta les yeux, ses sourcils se froncèrent.

— Ah!... ce billet est écrit en chiffres, fit-il, en ébranlant son bureau d'un violent coup de poing.

— Il fallait s'y attendre, dit tranquillement le jeune policier.

Il prit alors le billet des mains du juge, et à haute et intelligible voix il énonça les nombres qui s'y trouvaient, tels qu'ils s'y trouvaient, séparés par des virgules :

« 235, 15, 3, 8, 25, 2, 16, 208, 5, 360, 4, 36, 19, 7, 14, 118, 84, 23, 9, 40, 11, 99... »

— Et voilà!... murmura le directeur. Notre trouvaille ne nous apprendra rien.

— Pourquoi donc!... fit le souriant greffier, il n'est pas d'écriture de convention qu'on ne déchiffre avec un peu d'habitude et de patience. Il y a des gens dont c'est le métier...

— Parfaitement exact! approuva Lecoq. Et moi-même, autrefois, j'étais d'une assez jolie force à cet exercice.

— Quoi! demanda le juge, vous espérez trouver la clé de ce billet!

— Avec du temps, oui, monsieur.

Il allait glisser le papier dans son gousset, mais M. Segmuller le pria de l'examiner et d'essayer au moins de se rendre compte de la difficulté du travail.

— Oh!... ce n'est guère la peine, dit-il. Ce n'est pas en ce moment qu'on peut juger...

Il fit ce qu'on lui demandait, cependant, et fit bien, car son visage s'éclaira presque aussitôt, et il se frappa le front en criant :

— J'ai trouvé!

Une même exclamation de surprise, peut-être aussi d'incrédulité, échappa au juge, au directeur et à Goguet.

— Je le parierais, du moins... ajouta prudemment Lecoq. Le prévenu et son complice ont, si je ne m'abuse, employé le système du double livre. Ce système est simple :

« Les correspondants conviennent tout d'abord de se servir d'un livre quelconque, et ils s'en procurent chacun un exemplaire de la même édition.

« Que fait alors celui qui veut donner de ses nouvelles?

« Il ouvre le livre au hasard et commence par écrire le numéro de la page.

« Il n'a plus ensuite qu'à chercher dans cette page des mots qui traduisent sa pensée. Si le premier mot qu'il utilise est le vingtième de la page, il écrit le chiffre 20, et il recommence à compter un, deux, trois, jusqu'à ce qu'il trouve un mot qui lui convienne. Si ce mot arrive le sixième, il écrit le chiffre 6, et il continue jusqu'à ce qu'il ait ainsi traduit tout ce qu'il avait à dire.

« Vous voyez maintenant ce qu'a à faire le correspondant qui reçoit un tel billet. Il cherche la page indiquée, et pour chaque chiffre il a un mot...

— Impossible d'être plus clair, approuva le juge.

— Si ce billet que je tiens là, poursuivit Lecoq, avait été échangé entre deux personnes libres, essayer de le traduire serait folie. Ce système si simple est le seul qui déjoue les efforts de la curiosité, parce qu'il n'est pas de pénétration capable de deviner le livre convenu.

« Mais ici tel n'est pas le cas. Mai est prisonnier, et il n'a qu'un volume en sa possession : les chansons de Béranger. Allons chercher ce livre...

Positivement, le directeur était enthousiasmé.

— Je cours le quérir moi-même, interrompit-il.

Mais le jeune policier le retint d'un geste.

— Et surtout, lui recommanda-t-il, prenez bien vos précautions, monsieur, pour que Mai ne s'aperçoive pas qu'on a touché à ses chansons. S'il est rentré de la promenade, faites-le ressortir sous un prétexte quelconque... Et, de plus, qu'il reste dehors tant que nous nous servirons de son chansonnier...

— Oh!... fiez-vous à moi, répondit le directeur.

Il sortit, et telle fut sa hâte, que, moins d'un quart d'heure plus tard, il reparaissait agitant triomphalement un petit volume in-32.

D'une main tremblante, le jeune policier l'ouvrit à la page 235, et commença à compter.

Le 15ᵉ mot de la page était : JE ; le 3ᵉ après était le mot : LUI ; le 8ᵉ ensuite : AI ; le 25ᵉ : DIT ; le 2ᵉ : VOTRE ; le 16ᵉ : VOLONTÉ...

Ainsi, avec ces six chiffres seulement, on trouvait un sens :

« *Je lui ai dit votre volonté...* »

Les trois personnes qui assistaient à cette émouvante expérience ne purent s'empêcher d'applaudir.

— Bravo, Lecoq!... dit le juge.

— Je ne parierais plus cent sous pour Mai, pensa le greffier.

Mais, Lecoq comptait toujours, et bientôt, d'une voix que faisait trembler la vanité heureuse, il put donner la traduction du billet entier. Voici ce qu'on écrivait au prévenu :

« *Je lui ai dit votre volonté, elle se résigne. Notre sécurité est assurée, nous*
« *attendons vos ordres pour agir. Espoir! Courage!...* »

XXXIII

Quelle déception, que ce laconique et obscur billet, après cette grande fièvre d'anxiété qui avait tenu oppressés et haletants les témoins de cette scène!

Chiffrée ou traduite, cette lettre n'était-elle pas une arme inutile aux mains de la prévention!

L'œil de M. Segmuller, que l'espoir avait fait étinceler, s'éteignit, et Goguet en revint à son opinion, que le prévenu s'en tirerait peut-être.

— Quel malheur! prononça le directeur avec une nuance d'ironie, quel dommage que tant de peines et une si surprenante pénétration soient perdues!

Lecoq, dont la confiance semblait inaltérable le, regarda d'un air goguenard.

— Vraiment!... dit-il, M. le directeur trouve que j'ai perdu mon temps!... Tel n'est pas mon avis. Ce petit papier me semble établir assez victorieusement que si quelqu'un s'est abusé quant à l'identité du prévenu, ce n'est pas moi.

— Soit!... M. Gévrol et moi avons été trompés par la vraisemblance. Nul n'est infaillible. En êtes-vous plus avancés?...

— Mais oui, monsieur. Comme à cette heure on sait bien qui n'est pas le prévenu, au lieu de me plaisanter et de me gêner, on m'aidera peut-être à découvrir qui il est.

Le ton du jeune policier, son allusion à la mauvaise volonté qu'il avait rencontrée, blessèrent le directeur. Mais précisément parce qu'il sentait le sang lui monter aux oreilles, il résolut de briser cette discussion avec un inférieur.

— Vous avez raison, dit-il durement. Ce Mai doit être quelque grand et illustre personnage. Seulement, cher monsieur Lecoq, car il y a un seulement, faites-moi le plaisir de m'expliquer comment ce personnage si important a pu disparaître sans que la police en ait été avisée?... Un homme considérable, tel que vous le supposez, a d'ordinaire une famille, des parents, des amis, des protégés, des relations très étendues; et de tout ce monde, personne n'aurait élevé la voix depuis plus de trois semaines que Mai est sous mes verrous!... Allons, avouez-le, monsieur l'agent, vous n'aviez pas réfléchi à cela.

Le directeur venait de rencontrer la seule objection sérieuse qu'on pût opposer au système de la prévention.

Mais Lecoq l'avait aperçue bien avant lui, et elle ne cessait de le préoccuper, et il s'était mis l'esprit à la torture sans y trouver une réponse satisfaisante.

Sans doute il allait s'emporter, comme toujours quand on se sent touché à un défaut de cuirasse, mais M. Segmuller intervint.

— Toutes ces récriminations, dit-il de sa voix calme, ne nous feront point faire un pas. Il serait plus sage de concerter le moyen de tirer parti de la situation.

Rappelé ainsi à la situation présente, le jeune policier sourit; toutes ses rancunes s'évanouirent.

— Le moyen est tout trouvé, fit-il.

— Oh!...

— Et je le crois infaillible, monsieur, en raison de sa simplicité. Il consiste tout uniment à substituer une prose à celle de l'auteur de ce billet. Quoi de moins difficile, maintenant que j'ai la clef de la correspondance!... J'en serai quitte pour acheter un exemplaire des chansons de Béranger. Mai, croyant s'adresser à son complice, répondra en toute sincérité...

— Pardon!... interrompit le directeur, comment vous répondra-t-il?

— Ah!... vous m'en demandez trop, monsieur. Je sais de quelle façon on lui fait tenir ses lettres, c'est déjà bien joli... Pour le reste, j'observerai, je chercherai, je verrai...

Goguet ne dissimula pas une grimace approbative. S'il eût eu dix francs à exposer, il les eût pariés dans le jeu de Lecoq.

— Pour commencer, poursuivit le jeune policier, je vais remplacer ce message par un autre de ma façon... Demain, à l'heure de la soupe, si le prévenu fait entendre son signal en musique, le père Absinthe lui lancera la chose par la fenêtre, pendant que moi, de mon observatoire, je guetterai l'effet.

Il était si ravi de sa conception, qu'il se permit de sonner, et quand l'huissier se présenta, il lui remit une pièce de dix sous en le priant de courir lui chercher un cahier de papier pelure d'oignon.

— Avec des pèlerins si rusés et si défiants, on ne doit négliger aucune précaution.

Quand il fut en possession du papier, lequel était, en vérité, tout semblable à celui du billet, il s'assit à la table du greffier, et s'armant du volume de Béranger il se mit à composer sa fausse missive, en copiant autant que possible la forme des chiffres du mystérieux correspondant.

Cette besogne ne lui prit pas dix minutes. Craignant de commettre quelque bévue, il avait reproduit les termes de la lettre véritable, se bornant à en altérer absolument le sens.

Voici ce qu'il écrivait :

« Je lui ai dit votre volonté ; elle ne se résigne pas. Notre sécurité est menacée. Nous attendons vos ordres. Je tremble. »

Cela fait, il roula le papier comme l'autre, et le remit dans la mie de pain, en disant :

— Demain nous saurons quelque chose !

Demain !... Les vingt-quatre heures qui séparaient le jeune policier de l'instant décisif lui apparaissaient comme un siècle à traverser. A quels expédients se vouer, pour hâter le vol tardif du temps ?...

Il expliqua clairement et minutieusement au père Absinthe ce qu'il aurait à faire, et sûr d'avoir été compris, certain qu'il serait obéi, il regagna sa soupente.

La soirée lui parut bien longue, et plus interminable la nuit, car il lui fut impossible de clore la paupière...

Quand le jour se leva, il constata que son prisonnier était éveillé et assis sur le pied de son lit. Bientôt il sauta à terre et arpenta sa cellule d'un pas saccadé. Il était fort agité, contre son ordinaire, il gesticulait et par intervalles laissait échapper quelques paroles, toujours les mêmes :

— Quelle croix, mon Dieu !... répétait-il, quelle croix !

— Bon ! pensait Lecoq, tu es inquiet, mon garçon, de ton billet quotidien que tu n'as pas reçu... Patience, patience. Il va t'en arriver un de ma façon.

Enfin, le jeune policier distingua au dehors le mouvement qui précède la distribution des victuailles. On allait, on venait, les sabots claquaient sur les dalles, les surveillants criaient...

Onze heures sonnèrent à la vieille horloge fêlée, le prévenu commença sa chanson :

Diogène,
Sous ton manteau,
Libre et content...

Il n'acheva pas ce troisième vers ; le bruit léger de la boulette de mie de pain tombant sur la dalle l'avait arrêté court.

Lecoq, la tête dans son trou, retenait son souffle et regardait de toutes les forces de son âme.

Il ne perdit pas un mouvement de l'homme, pas un tressaillement, pas un battement de paupière.

Mai s'était mis à regarder en l'air, du côté de la fenêtre, d'abord, puis tout autour de lui, comme s'il lui eût été impossible de s'expliquer l'arrivée de ce projectile.

Ce n'est qu'après un petit bout de temps qu'il se décida à le ramasser. Il le garda dans le creux de la main, l'examina curieusement. Ses traits exprimaient une profonde surprise. On eût juré qu'il était intrigué au possible.

Bientôt, cependant, un sourire monta à ses lèvres. Il eut un mouvement d'épaules qui pouvait s'interpréter ainsi : « Suis-je simple ! » et d'un geste rapide, il brisa la mie de pain. La vue du papier roulé menu le rendit soucieux...

— Ah çà !... se disait Lecoq tout désorienté, qu'est-ce que ces manières ?...

Le prévenu avait ouvert le billet, et regardait, les sourcils froncés, ces chiffres alignés qui semblaient ne rien lui dire.

Mais voilà que tout à coup il se précipita contre la porte de sa cellule, l'ébranlant de coups de poing et criant :

— A moi !... gardien !... à moi !...

Un surveillant accourut, Lecoq entendit ses pas dans le corridor.

— Que voulez-vous ? demanda-t-il à travers le guichet de la porte.

— Je veux parler au juge ?

— C'est bon !... On le fera prévenir.

— Tout de suite, n'est-ce pas, je veux faire des révélations.

— On y va !...

Lecoq n'en écouta pas davantage.

Il dégringola le raide escalier de la soupente, et d'un pied fiévreux il courut au Palais raconter à M. Segmuller ce qui se passait.

— Qu'est-ce que cela signifie ? pensait-il. Touchons-nous donc au dénoûment ?... Ce qui est sûr, c'est que mon billet n'est pour rien dans la détermination du prévenu. Il ne pouvait le déchiffrer qu'avec le secours de son volume, il n'y a pas touché, donc il ne l'a pas lu.

Non moins que le jeune policier, M. Segmuller fut stupéfait. Ils revinrent ensemble à la prison, en toute hâte, très inquiets, suivis du greffier, cette ombre inévitable du juge d'instruction.

Ils atteignaient l'extrémité de la galerie, quand ils rencontrèrent le directeur qui arrivait tout émoustillé par ce gros mot : révélations.

Le digne fonctionnaire voulait sans doute ouvrir un avis, le juge lui coupa la parole.

— Je sais tout, lui dit-il, et j'accours...

Arrivé à l'étroit corridor des « secrets », Lecoq pressa le pas pour devancer le juge d'instruction, le directeur et le greffier.

Il se disait qu'en s'avançant sur la pointe du pied, il surprendrait peut-être le prévenu en train de déchiffrer le billet, et qu'en tout cas il aurait le temps de jeter un coup d'œil sur l'intérieur de la cellule.

Mai était assis devant sa table, la tête entre ses mains.

Au grincement des verrous tirés de la propre main du directeur, il se leva en sursaut, arracha sa coiffure, et se tint debout respectueusement, attendant qu'on lui adressât la parole.

— Vous m'avez fait appeler ? lui demanda le juge.

— Oui, monsieur.

— Vous avez, prétendez-vous, des révélations à faire ?

— J'ai des choses importantes à vous dire.

— C'est bien ! ces messieurs vont se retirer...

M. Segmuller se retournait déjà vers Lecoq et le directeur, pour les prier de le laisser à ses fonctions, mais le prévenu, d'un mouvement de protestation, l'arrêta.

— Ce n'est pas la peine, prononça-t-il ; je me trouverai très content, au contraire, de parler devant tout le monde.

— Parlez, alors.

Mai ne se fit pas répéter l'ordre. Il se mit en position, de trois quarts, la poitrine gonflée, la tête en arrière, comme toujours, depuis le début de l'instruction, quand il se disposait à faire parade de son éloquence.

— C'est pour vous dire, messieurs, commença-t-il, que je suis un très honnête homme. Le métier n'y fait rien, n'est-ce pas ? On peut être chez un montreur de curiosités pour le boniment, et avoir du cœur et de l'honneur...

Une vieille dame d'aspect terrible, osseuse, tricotait une bande de laine.

— Oh !... faites-nous grâce de vos réflexions.

— Vous le voulez, monsieur... je veux bien. Alors, en deux mots, voici un petit papier qu'on m'a jeté tout à l'heure. Il y a des numéros dessus qui doivent signifier quelque chose, mais j'ai eu beau chercher, je n'y ai vu que du feu.

Il tendit au juge, qui le prit, le billet chiffré par Lecoq, et ajouta :

— Il était roulé dans une boulette de mie de pain.

La violence de ce coup inattendu, inouï, abasourdit manifestement tous les assistants. Mais le détenu, sans paraître remarquer l'effet produit, poursuivait :

— Je calcule que celui qui m'a envoyé ça s'est trompé de fenêtre. Je sais bien que c'est très mal de dénoncer un camarade de prison, c'est lâche, et on risque de lui faire arriver de la peine, mais on est bien forcé d'être prudent, quand on est, comme moi, accusé d'être un assassin et qu'on est sous le coup d'un grand désagrément.

Un geste horriblement significatif du tranchant de sa main sur son cou ne laissa pas de doutes sur ce qu'il entendait par « un désagrément ».

— Et pourtant je suis innocent, murmura-t-il.

Le juge, le premier, avait ressaisi la libre disposition de toutes ses facultés. Il concentra en un regard toute la puissance de sa volonté, et fixant le prévenu :

— Vous mentez !... dit-il lentement, c'est à vous que ce billet était destiné.

— A moi !... Je suis donc le plus grand des imbéciles, puisque je vous fais appeler pour vous le remettre. A moi !... Pourquoi en ce cas ne l'ai-je pas gardé ? Qui savait, qui pouvait savoir que je l'avais reçu ?...

Tout cela était dit avec une si merveilleuse apparence de bonne foi, l'œil de Mai était si clair, l'intonation si juste, son raisonnement était si spécieux, que le directeur, troublé, se reprenait à douter.

— Et si je vous prouvais que vous mentez, insista M. Segmuller, si je vous le démontrais, là, sur-le-champ ?...

— Par exemple !... Vous seriez malin !... Oh ! monsieur, pardon, excusez, je voulais dire...

Mais le juge n'en était pas à se soucier d'une expression plus ou moins mesurée.

Il fit signe à Mai de se taire, et, s'adressant à Lecoq :

— Montrez au prévenu, monsieur l'agent, dit-il, que vous avez découvert la clé de sa correspondance...

Brusquement le visage du prisonnier changea.

— Ah ! c'est cet agent de police, fit-il d'une voix sourde, qui a trouvé cela. Ce même agent qui assure que je suis un gros seigneur.

Il toisa dédaigneusement le jeune policier, et ajouta :

— Si c'est ainsi, mon compte est réglé. Quand la police veut absolument qu'un homme soit coupable, elle prouve qu'il est coupable, c'est connu... Et quand un prisonnier ne reçoit pas de billets, un agent qui veut de l'avancement sait lui en adresser.

Il arrivait, ce soi-disant saltimbanque, à une expression de mépris si écrasant, que Lecoq furieux parut près de lui répondre.

Il se contint, cependant, sur un signe du juge, et prenant sur la table le volume de Béranger, il prouva au prévenu que chaque chiffre du billet correspondait à un mot de la page indiquée, et que tous ces mots formaient bien un sens.

Cet accablant témoignage ne sembla pas embarrasser Mai. Après avoir admiré ce système de correspondance comme un enfant s'extasie devant un jouet nouveau, il déclara qu'il n'y avait que la police pour de telles machinations.

Que faire en présence d'une telle obstination?...

M. Segmuller n'eut pas même l'idée d'insister, et il se retira suivi des personnes qui l'avaient accompagné.

Jusqu'au cabinet du directeur, où il se rendit, il ne prononça pas une parole. Mais il se laissa tomber sur un fauteuil, en disant :

— Il faut s'avouer vaincu... Cet homme restera ce qu'il est : une énigme.

— Mais pourquoi cette comédie qu'il vient de jouer? demanda le directeur. Je ne me l'explique pas.

— Eh!... répondit Lecoq, ne voyez-vous donc pas qu'il a eu l'espoir de persuader au juge que le premier billet avait été fabriqué par moi, pour les besoins de l'opinion que je soutiens. La tentative était hardie, mais l'importance du résultat devait le séduire. S'il eût réussi, j'étais déshonoré, et lui restait Mai, sans conteste, pour tout le monde. Seulement, comment a-t-il pu savoir que j'avais saisi un billet, et que je l'épiais de la soupente?... Voilà ce qui ne sera sans doute jamais expliqué.

Le directeur et le jeune policier échangeaient des regards gros de soupçons.

— Eh! eh!... pensait le directeur, pourquoi, en effet, le billet qui est tombé à mes pieds ne serait-il pas l'œuvre de ce gaillard si subtil?... Son ami Absinthe a pu le servir pour le premier aussi bien que pour le second...

— Qui sait, se disait Lecoq, si ce brave directeur n'a pas tout confié à Gévrol Avec cela, que mon jaloux Général se serait fait un scrupule de me jouer un tour de sa façon !...

— Ah !... c'est égal, s'écria Goguet, il est bien fâcheux qu'une comédie si bien montée n'ait pas eu de succès !...

Ce mot tira le juge de ses réflexions.

— Une comédie indigne!... prononça-t-il, et que je n'aurais jamais autorisée, si la passion d'arriver à la vérité ne m'eût aveuglé. C'est porter atteinte à la majesté de la justice que de la rendre complice de si misérables supercheries !...

Lecoq, à ces mots, devint blême, et une larme de rage brilla dans ses yeux.

C'était le second affront depuis une heure. Après l'insulte du prévenu, l'outrage de la prévention !...

— J'ai échoué, pensa-t-il, on me désavoue !... C'est dans l'ordre. Ah ! si j'avais réussi !...

Le dépit seul avait arraché à M. Segmuller ces dures paroles ; elles étaient dures, il les regretta et fit tout pour que Lecoq les oubliât.

Car ils se revirent les jours qui suivirent cette malheureuse tentative, et chaque matin ils avaient une longue conférence, quand le jeune policier venait rendre compte de ses démarches.

C'est que Lecoq cherchait toujours, avec une obstination que retrempaient d'incessants quolibets ; il cherchait soutenu par une de ces rages froides qui entretiennent l'énergie durant des années.

Mais le juge était absolument découragé.

— C'est fini, disait-il ; tous les moyens d'investigations sont épuisés, je me rends. Le prévenu ira en cour d'assises et il sera acquitté ou condamné sous le nom de Mai. Je ne veux plus penser à cette affaire.

Il disait cela, mais les soucis, le noir chagrin d'un échec, des allusions parfois blessantes, l'anxiété d'un parti à prendre altérèrent sa santé, et il fut obligé de garder le lit.

Il y avait huit jours qu'il n'était sorti de chez lui, quand un matin il vit paraître Lecoq.

— Vous le voyez, mon pauvre garçon, lui dit-il, cet énigmatique meurtrier est fatal à ses juges d'instruction... Ah !... il nous a joués, il sauvera sa personnalité.

— Peut-être ! répondit le jeune policier. Il est un dernier moyen d'avoir le secret de cet homme : il faut le faire évader...

XXXIV

L'expédient suprême que préparait Lecoq n'était pas de son invention et n'avait rien de précisément neuf.

De tout temps, la police a su, quand il le fallait, fermer les yeux et entrebâiller la porte d'un cachot.

Fou, par exemple, bien fou et bien naïf, qui croit à ces favorables négligences, et se laisse prendre à ce piège éblouissant de la liberté offerte.

Tous les prisonniers ne sont pas, comme Lavalette, protégés par une royale connivence, niée jadis avec de grands serments, aujourd'hui prouvée.

On compterait plutôt ceux qui, pareils à l'infortuné Georges d'Etchérony, ne sont lâchés que sous bénéfice d'inventaire, et sont repris dès qu'ils se sont acquittés de la tâche de dénonciateurs involontaires qu'on leur ménageait.

Pauvre d'Etchérony!... Il croyait bien avoir trompé la vigilance de ses gardiens. Quant il reconnut son erreur et sa faute, il se tira un coup de pistolet au cœur.

Hélas! il survécut assez à l'affreuse blessure pour entendre un des amis qu'il avait livrés, lui jeter cette injure qu'il ne méritait pas : Traître!

Ce n'est cependant qu'à la dernière extrémité, très rarement, en des cas spéciaux, qu'on se décide à prêter secrètement la main à l'évasion d'un détenu. En somme, le moyen est dangereux.

Si on y a recours, c'est qu'on espère en retirer quelque avantage important, comme de mettre la main sur une association de malfaiteurs.

On capture un homme de la bande, il a la probité de son infamie, et refuse de nommer ses complices. Que faire?... Faut-il se résigner à le juger, à le condamner seul?...

Eh!... non! Mieux vaut laisser traîner à sa portée, par le plus grand des hasards, une lime qui lui permettra de scier ses barreaux, une corde qui lui facilitera l'escalade d'un mur...

Il s'échappe, mais pareil au hanneton qui s'envole avec un fil à la patte, il traîne un bout de chaîne, une escouade d'observateurs subtils.

Et au moment où il vante à ses associés, qu'il a rejoints, son audace et son bonheur, la compagnie se trouve prise d'un coup de filet.

M. Segmuller savait tout cela, et bien d'autres choses encore, et cependant, à la proposition de Lecoq, il se dressa sur son séant en disant :

— Êtes-vous fou?...

— Je ne crois pas, monsieur.

— Faire évader le prévenu!

— Oui, répondit froidement le jeune policier, tel est bien mon projet.

— Une chimère!...

— Pourquoi cela, monsieur? Après l'assassinat des époux Chaboiseau, à La Chapelle-Saint-Denis, on réussit à prendre les coupables, il doit vous en souvenir. Mais un vol de 150,000 francs en espèces et en billets de banque avait été commis, cette grosse somme ne se retrouvait pas et les meurtriers refusaient obstinément de dire où ils l'avaient cachée. C'était la fortune pour eux s'ils échappaient au bourreau, mais les enfants des victimes étaient ruinés. C'est alors que M. Patrigent, le juge d'instruction, fut le premier, je ne dirai pas à conseiller, mais à laisser entendre qu'on pourrait bien se risquer à confier la clé des champs à un de ces misérables. On suivit son avis, et trois jours plus tard l'évadé était surpris dans une carrière de champignoniste, en train de déterrer le trésor. Je dis donc que notre prévenu...

— Assez!... interrompit M. Segmuller, je ne veux plus entendre parler de cette affaire. Je vous avais, ce me semble, défendu de me la rappeler...

Le jeune policier baissa la tête d'un petit air de soumission hypocrite. Mais il guignait le juge du coin de l'œil, et remarquait bien son agitation.

— Je puis me taire, pensait-il, sans crainte; il y reviendra.

Il y revint, en effet, l'instant d'après.

— Soit, fit-il, je suppose votre homme hors de prison, que faites-vous?...

— Moi, monsieur! Je m'attache à lui comme la misère à un pauvre; je ne le perds plus de vue; je vis dans son ombre...

— Et vous vous imaginez qu'il ne s'apercevra pas de cette surveillance?

— Je prendrai mes précautions.

— Un coup d'œil et un hasard, et il vous reconnaîtra.

— Non, monsieur, parce que je me déguiserai. Un agent de la sûreté qui n'est pas capable d'en remontrer au plus habile acteur, pour se grimer, n'est qu'un policier médiocre. Voici un an que je m'exerce à faire de mon visage et de ma personne ce que je veux, et je puis être à ma volonté vieux ou jeune, brun ou blond, un homme comme il faut ou un affreux rôdeur de barrière..

— Je ne vous soupçonnais pas ce talent, monsieur Lecoq.

— Oh!... je suis bien loin encore de la perfection que je rêve!... J'ose, cependant, monsieur, prendre l'engagement de me présenter à vous, avant trois jours, et de vous parler pendant une demi-heure sans que vous me reconnaissiez...

M. Segmuller ne répliqua pas, et il parut clair à Lecoq qu'il présentait des objections avec l'espérance de les voir détruire plutôt qu'avec l'envie de les faire prévaloir.

— Je crois, mon pauvre garçon, reprit le juge, que vous vous abusez étrangement. Nous avons été à même, vous et moi, d'apprécier la pénétration de ce mystérieux prévenu. Sa sagacité est étrange, n'est-ce pas, si merveilleuse qu'elle passe l'imagination... Croyez-vous donc que cet homme si fort ne flaire pas votre piège grossier? Il devinera, allez, que si on lui laisse reconquérir sa liberté, ce ne peut être que pour l'utiliser contre lui.

— Je ne m'abuse pas, monsieur, Mai devinera, je le sais.

— Eh bien! alors?

— Alors, monsieur, je me suis dit ceci : Une fois libre, cet homme se trouvera étrangement embarrassé de sa liberté. Il n'aura pas un sou, il n'a pas de métier... Que fera-t-il, de quoi vivra-t-il? Cependant il faut manger! Il luttera bien pendant un certain temps, mais il se lassera de souffrir, à la longue... Les jours où il n'aura ni un abri, ni un morceau de pain, il songera qu'il est riche... Ne cherchera-t-il pas à se rapprocher des siens? Si, évidemment. Il s'ingéniera à se procurer des secours; il tâchera de donner de ses nouvelles à ses amis... C'est là que je l'attends. Des mois se seront écoulés, nulle surveillance ne se sera révélée à lui... il hasardera quelque démarche décisive. Et moi, j'apparaîtrai, un mandat d'arrêt à la main...

— Et s'il fuit, s'il passe à l'étranger?

— Je l'y suivrai. Une de mes tantes m'a laissé au pays une masure qui vaut une douzaine de mille francs, je la vendrai, et j'en mangerai le prix jusqu'au dernier sou, s'il le faut, à poursuivre une revanche. Cet homme m'a roulé comme un enfant, moi qui me croyais si fort... j'aurai mon tour.

— Et s'il allait vous glisser entre les doigts, vous échapper?

Lecoq éclata de rire en homme sûr de soi.

— Qu'il essaie !... fit-il. Je réponds de lui sur ma tête.

Le malheur est que l'enthousiasme de Lecoq ne faisait que refroidir le juge.

— Décidément, monsieur l'agent, reprit-il, votre idée est bonne. Seulement, la Justice, vous le comprenez, ne saurait se mêler de telles intrigues. Tout ce que je puis promettre, c'est mon approbation tacite. Rendez-vous donc à la Préfecture, voyez vos supérieurs...

D'un geste vraiment désespéré, le jeune policier interrompit M. Segmuller.

— Proposer une telle chose, s'écria-t-il, moi !... Non seulement on me la refuserait, mais on me signifierait mon congé, si toutefois je ne suis pas déjà rayé du service de la sûreté...

— Vous !... lorsque vous vous êtes si bien conduit dans cette affaire !...

— Hélas! monsieur, tel n'est pas l'avis de tout le monde. Les langues ont marché depuis huit jours que vous êtes malade. Mes ennemis ont su tirer parti de la dernière comédie de Mai !... Ah !... oui, cet homme est habile. On dit à cette heure que c'est moi qui, dans un but d'avancement, ai imaginé les détails romanesques de cette affaire. On assure que seul j'ai soulevé cette question d'identité qui n'en est pas une. A entendre les gens du Dépôt, j'aurais inventé une scène qui n'a pas eu lieu chez la Chupin, supposé des complices, suborné des témoins, fabriqué de fausses pièces de conviction, enfin écrit le premier billet aussi bien que le second, dupé le père Absinthe, et mystifié le directeur.

— Diable!... fit M. Segmuller, que dit-on de moi, en ce cas?...

Le rusé policier sut se donner la contenance la plus embarrassée.

— Dame !... monsieur, répondit-il, on prétend que vous vous êtes laissé circonvenir par moi, que vous n'avez pas contrôlé mes preuves...

Une fugitive rougeur empourpra le front de M. Segmuller.

— En un mot, fit-il, on estime que je suis votre dupe et... un sot.

Le souvenir de certains sourires sur son passage, diverses allusions qui lui étaient restées sur le cœur le décidèrent.

— Eh bien !... je vous aiderai, monsieur Lecoq, s'écria-t-il. Oui, je veux que vous confondiez vos railleurs... Je vais me lever, à l'instant, et me rendre au Palais avec vous. Je verrai M. le procureur général, je parlerai, j'agirai, je répondrai de vous!...

La joie de Lecoq fut immense.

Jamais, non, jamais, il n'eût osé se flatter d'obtenir un tel concours.

Ah!... M. Segmuller pouvait désormais lui demander de passer dans le feu pour lui; il était prêt à s'y précipiter.

Cependant il fut assez prudent, il eut assez d'empire sur soi pour garder sa physionomie soucieuse. Il est comme cela des victoires qu'il faut se garder de laisser soupçonner, sous peine d'en perdre à l'instant tout le bénéfice.

Certes, le jeune policier n'avait rien avancé qui ne fût rigoureusement exact, mais encore est-il des façons de présenter la vérité, et il avait déployé un peu trop d'habileté pour mettre le juge de moitié dans ses rancunes et s'en faire un auxiliaire intéressé.

M. Segmuller, cependant, après le cri arraché à sa vanité adroitement blessée, après la première explosion de sa colère, revenait à son calme accoutumé

— Je suppose, dit-il à Lecoq, que vous avez réfléchi au stratagème à employer pour lâcher le prévenu sans que la connivence de l'administration éclate.

— Je n'y ai pas pensé une minute, monsieur, je l'avoue. A quoi bon, d'ailleurs! Cet homme sait trop de quels soupçons et de quelle surveillance inquiète il est l'objet, pour ne se pas tenir sur le qui-vive. Si ingénieusement que je m'y prenne pour lui ménager une occasion de filer, il reconnaîtra ma main et se défiera. Le plus court et le plus sûr est de lui laisser tout bonnement la porte ouverte...

— Peut-être avez-vous raison!...

— Seulement, il est une précaution que je crois nécessaire, indispensable, qui me paraît une condition essentielle du succès...

Le jeune policier paraissait chercher si péniblement ses mots, que le juge crut devoir l'aider.

— Voyons cette précaution? fit-il.

— Elle consisterait, monsieur, à donner l'ordre de transférer Mai dans une autre prison... Oh! n'importe laquelle, à votre choix.

— Pourquoi, s'il vous plaît?

— Parce que, monsieur, je voudrais que durant les quelques jours qui précéderont son évasion, Mai fût mis dans l'impossibilité absolue de donner de ses nouvelles au dehors, de prévenir son insaisissable complice...

La proposition parut étrangement surprendre M. Segmuller.

— Vous l'estimez donc mal gardé au Dépôt? fit-il.

— Oh! monsieur, je ne dis pas cela. Je suis même persuadé que depuis l'affaire du billet, le directeur a redoublé de vigilance... Mais, enfin, ce mystérieux meur-

Armé d'un pic, il descella deux ou trois carreaux.

trier avait des intelligences au Dépôt, nous en avons eu la preuve matérielle, évidente, irrécusable, et de plus...

Il s'arrêta devant l'expression de sa pensée, comme tous ceux qui sentent bien que ce qu'ils vont dire paraîtra une énormité.

— Et de plus?... insista le juge intrigué.

— Eh bien! donc, monsieur, tenez, je serai complètement franc avec vous...

Je trouve que Gévrol jouit au Dépôt d'une liberté trop grande; il y est comme chez lui, il va, vient, monte, descend, sort et rentre, sans que personne jamais songe à lui demander ce qu'il fait, où il va, ce qu'il veut... Pour lui, pas de consigne, et il ferait voir au directeur, qui est un bien honnête homme, des étoiles en plein midi... Moi, je me défie de Gévrol...

— Oh!... monsieur Lecoq!...

— Oui, je le sais, l'accusation est téméraire, mais on n'est pas maître de ses pressentiments et Gévrol m'inquiète. Le prévenu savait-il, oui ou non, que je l'observais du grenier et que j'avais surpris un premier billet? Évidemment oui, sa dernière scène le démontre...

— Tel est mon avis.

— Comment donc a-t-il su cela?... Il ne l'a pas deviné, sans doute. Voici huit jours que je me mets l'esprit à la torture pour trouver la solution de ce problème... J'y perds mes peines. L'intervention de Gévrol explique tout.

M. Segmuller, à cette seule supposition, pâlit de colère.

— Ah!... si je pouvais croire cela, s'écria-t-il, si j'étais sûr!... Avez-vous quelque preuve, existe-t-il des indices?

Le jeune policier hocha la tête.

— J'aurais les mains pleines de preuves, répondit-il, que je ne sais trop si je les ouvrirais. Ne serait-ce pas me fermer tout avenir? Je dois, si je réussis dans mon métier, m'attendre à de bien autres trahisons. Toutes les professions n'ont-elles pas leurs rivalités et leurs haines? Et notez, monsieur, que je n'attaque pas la probité de Gévrol. Pour cent mille francs, écus comptant, sur table, il ne lâcherait pas un prévenu... Mais il déroberait dix accusés à la justice, sur la seule espérance de me faire pièce, à moi qui lui porte ombrage.

Que de choses ces quelques mots expliquaient, de combien d'énigmes restées obscures ils donnaient la clef!... Mais le juge ne pouvait suivre le jeune policier sur ce terrain.

— Il suffit, lui dit-il, passez dans le salon quelques instants, je m'habille et je suis à vous... Je vais envoyer chercher une voiture; il faut que je me hâte si je veux voir aujourd'hui M. le procureur général...

Soigneux, d'ordinaire, jusqu'à la minutie, M. Segmuller ne mit pas, ce jour-là, un quart d'heure à sa toilette.

Bientôt il parut dans la pièce où Lecoq attendait, et d'un ton bref lui dit :

— Partons.

Ils allaient monter en voiture, quand un domestique, dont la tenue correcte annonçait un serviteur de bonne maison, s'avança rapidement vers M. Segmuller.

— Ah!... c'est vous, Jean, dit le juge, comment va votre maître?

— De mieux en mieux, monsieur. Il m'envoyait prendre des nouvelles de monsieur et lui demander où en est l'affaire.

— Toujours au point que je lui disais dans ma lettre. Saluez-le de ma part et dites-lui que je suis rétabli.

Le domestique salua, Lecoq prit place près de son juge d'instruction, et le fiacre se mit en route.

— Ce garçon, reprit M. Segmuller, est le valet de chambre de d'Escorval.

— Le juge qui...

— Précisément. Il me l'envoie tous les deux ou trois jours, afin de savoir ce que nous faisons de notre énigmatique Mai.

— M. d'Escorval s'en préoccupe?

— Prodigieusement, et je le conçois, puisque c'est lui, en définitive, qui a ouvert l'information, et qui la poursuivrait sans sa funeste chute. Peut-être regrette-t-il cette instruction et se dit-il qu'il l'eût mieux menée que moi. Nous nous entendrions bien, si c'était possible, car je donnerais bonne chose de le voir à ma place...

Mais cette substitution n'eût pas été du goût de Lecoq.

— Ce n'est pas, pensait-il, ce terrible juge qui jamais eût consenti aux démarches que je viens d'obtenir de M. Segmuller.

Il avait grandement raison de se féliciter, car le juge ne se ménagea pas. Il était de ceux qui, longs à se décider, ne reviennent plus sur un parti pris et vont jusqu'au bout sans détourner la tête.

Ce jour-là même, le projet de Lecoq fut adopté en principe, sauf à convenir des détails et à régler le jour.

Cette même après-midi, la veuve Chupin obtint sa liberté provisoire.

Il n'y avait plus à s'inquiéter de Polyte. Traduit devant le tribunal correctionnel pour le vol où il se trouvait impliqué, il avait été, à sa grande surprise, condamné à treize mois de prison.

Désormais, M. Segmuller n'avait plus qu'à attendre, et ce fut d'autant plus aisé que les vacances de Pâques étant arrivées il put aller chercher en province, près de sa famille, un peu de repos et de liberté d'esprit.

Rentré à Paris, le dernier jour des vacances, le dimanche, il était resté chez lui, quand on lui annonça un domestique — envoyé par le bureau de placement — pour remplacer le sien qu'il avait congédié.

C'était un homme qui paraissait quarante ans, fort rouge de figure, ayant d'épais cheveux et de très gros favoris roux, plutôt grand que petit, de forte corpulence et roide sous ses vêtements coupés carrément.

Il expliqua d'un ton posé et avec un accent normand des plus prononcés, que depuis vingt ans il n'avait servi que des gens d'étude, un médecin et un notaire, qu'il était au fait des habitudes du Palais, qu'il savait épousseter des paperasses sans y mettre le désordre...

Bref, il s'exprima si bien, que tout en se réservant vingt-quatre heures pour les informations, le juge tira de sa poche et lui tendit le louis du denier à Dieu.

Mais l'homme, alors, changeant brusquement d'attitude et de voix, éclata de rire et dit :

— Monsieur le juge croit-il encore que Mai me reconnaîtra ?

— Monsieur Lecoq!... fit le juge émerveillé.

— Lui-même, monsieur, et je viens vous dire que si vous voulez bien mander Mai pour l'interroger, toutes les mesures sont prises pour son évasion... Ce sera demain si vous le voulez bien.

XXXV

Lorsqu'un juge d'instruction près le tribunal de la Seine veut interroger un prévenu consigné dans l'une des prisons, — le Dépôt excepté, puisqu'il communique directement avec le Palais de Justice, — voici comment les choses se passent.

Le juge remet à un huissier une ordonnance d'extraction dont la seule formule, impérative et concise, suffirait à donner une idée de la toute-puissance du magistrat instructeur.

Il y est dit :

« Le gardien de la maison d'arrêt de... remettra au porteur du présent ordre, « le nommé... prévenu de..., pour le conduire devant nous en notre cabinet, au « Palais de Justice, et le réintégrer ensuite à ladite maison d'arrêt. »

Rien de plus, rien de moins, une signature, le sceau, et tout le monde s'empresse d'obéir.

Mais du moment où il est nanti de cet ordre, jusqu'à l'instant de la réintégration, le directeur est relevé de sa responsabilité. Advienne que pourra, il a le droit de s'en laver les mains.

Aussi que d'embarras pour le voyage du plus mince filou, que de cérémonies, que de précautions!

On fait monter le détenu désigné dans une de ces voitures cellulaires, qu'on peut voir stationner à la journée au quai de l'Horloge ou dans la cour de la Sainte-Chapelle, et on l'enferme solidement dans un des compartiments.

Cette voiture le conduit au Palais, et là, en attendant que vienne son tour d'être interrogé, on le dépose dans une des cellules de cette triste prison d'attente qu'on appelait autrefois « la Souricière ».

C'est toujours dans l'enceinte même de la maison d'arrêt que le prévenu monte en voiture, il descend toujours dans une cour intérieure dont toutes les issues sont fermées et gardées.

A la montée comme à la descente, le prisonnier est entouré de surveillants

En route, il est sous l'œil de plusieurs gardiens, placés, les uns dans le couloir qui sépare les compartiments, les autres dans le cabriolet, près du conducteur.

Enfin, des gardes de Paris à cheval escortent toujours la voiture.

Aussi, les plus hardis et les plus habiles malfaiteurs reconnaissent-ils volontiers qu'il est à peu près impossible de s'échapper de cette geôle roulante pendant le trajet.

Les statistiques de l'administration ne comptent pas trente tentatives d'évasion en dix ans.

De ces trente tentatives, vingt-cinq étaient absolument ridicules. Quatre furent découvertes avant que leurs auteurs eussent pu concevoir de sérieuses espérances. Une seule, celle de Gourdier, en plein jour, rue de Rivoli, faillit réussir ; il était à cinquante pas de la voiture, qui filait toujours, quand un sergent de ville l'arrêta.

C'est cependant sur toutes ces circonstances que reposait le plan de Lecoq pour l'évasion de Mai, ce plan d'une simplicité enfantine, ainsi qu'il l'avouait ingénument. Il consistait à fermer imparfaitement, lors du départ de la maison d'arrêt, le compartiment de Mai, et à l'y oublier quand la voiture, après avoir versé à « la Souricière » son chargement de coquins, irait, selon l'habitude, attendre sur le quai l'heure du retour.

Il y avait cent à parier contre un que le prévenu se hâterait de profiter de cet oubli, pour prendre la clef des champs.

Tout fut donc préparé et combiné conformément aux intentions de Lecoq, pour le jour qu'il avait indiqué, c'est-à-dire pour le lundi de la rentrée des vacances de Pâques.

L'ordonnance d'extraction fut libellée et remise à un gardien-chef intelligent, avec les plus minutieuses instructions.

La voiture cellulaire désignée pour le transport du soi-disant saltimbanque devait arriver au Palais vers midi seulement.

Et cependant, dès neuf heures, flânait autour de la Préfecture un de ces vieux gamins de Paris, qui feraient presque croire à la fable de Vénus sortant des flots, tant ils semblent véritablement nés de l'écume du ruisseau.

Il était vêtu d'une méchante blouse de laine noire et d'un pantalon à carreaux trop large, retenu à la taille par une ceinture de cuir. Ses bottes trahissaient des courses enragées dans les boues de la banlieue, sa casquette était ignoble, mais sa cravate de foulard rouge, prétentieusement nouée, ne pouvait être qu'un présent de l'amour.

Il avait le teint blême, l'œil cerné, la mine louche, la barbe rare. Ses cheveux jaunâtres collés aux tempes, étaient coupés carrément au-dessus de la nuque, et rasés en dessous, comme pour épargner de la besogne au bourreau.

A voir sa démarche, le balancement de ses hanches, le mouvement de ses épaules, à examiner sa façon de tenir une cigarette et de lancer un jet de salive entre ses dents, Polyte Chupin lui eût tendu la main comme à un ami, à un « camaro, » à un « zig ».

On était au 14 avril, le temps était beau, l'atmosphère tiède, les cimes des marronniers des Tuileries verdoyaient à l'horizon, ce garnement devait être content de vivre, heureux de ne rien faire.

Il allait et venait, le long de ce quai de l'Horloge, que foulent, aux heures matinales, tant de pieds honteux; partageant son attention entre les passants et des tireurs de sable qui travaillaient sur la Seine.

Parfois, il traversait la chaussée et allait dire quelques mots à un respectable et vieux monsieur à lunettes et à longue barbe, proprement mis, ganté de filoselle, qui avait toutes les allures d'un petit rentier, et qui paraissait avoir pour les boutiques d'opticien une curiosité particulière.

De temps à autre, un agent de la sûreté passait, se rendant au rapport, et aussitôt le rentier ou le garnement courait à lui et demandait quelque renseignement en l'air.

L'homme de la sûreté répondait et passait, et alors les deux compères se rejoignaient en riant, et disaient :

— Bon !... voilà encore un tel qui ne nous remet pas.

Et ils avaient de bonnes raisons pour se réjouir, des motifs sérieux pour être fiers.

De douze ou quinze agents qu'ils accostèrent alternativement, pas un ne reconnut en eux deux collègues, Lecoq et le père Absinthe.

C'étaient bien eux, pourtant, armés et préparés pour cette chasse dont ils ne pouvaient prévoir les hasards, pour cette poursuite, qui devait être mystérieuse et acharnée comme celle des sauvages.

Dans l'esprit du jeune policier, cette audacieuse épreuve était décisive.

Du moment où des compagnons de tous les jours, des gens accoutumés à flairer toutes les supercheries du costume, se laissaient prendre à son travestissement et à celui du père Absinthe, Maï devait indubitablement y être pris.

— Ah! je ne suis pas étonné qu'on ne me reconnaisse pas, répétait le père Absinthe, puisque je ne me reconnais pas moi-même! Il n'y avait que vous, monsieur Lecoq, pour me transformer en un rentier bénin, moi qui ai toujours eu l'air d'un gendarme déguisé !...

Mais le temps des réflexions, utiles ou non, était passé.

Le jeune policier venait d'apercevoir, sur le pont au Change, une voiture cellulaire qui arrivait au grand trot.

— Attention, vieux, dit-il à son compagnon, voici qu'on amène notre homme !... Vite à notre poste, rappelez-vous la consigne et ouvrez l'œil !...

Près de là, sur le quai, était un chantier à demi entouré de planches. Le père Absinthe alla se poster devant une des affiches collées sur la clôture, et Lecoq, apercevant une pelle oubliée, s'en empara et se mit à remuer du sable.

Ils firent bien de se hâter.

La geôle roulante venait de tourner le quai.

Elle passa devant les deux agents de la sûreté, et s'engouffra avec un grand bruit de ferraille sous la voûte qui conduisait à « la Souricière ».

Mai y était enfermé.

Lecoq en eut la certitude, en apercevant le gardien-chef assis dans le cabriolet.

La voiture resta bien un gros quart d'heure dans la cour...

Quand elle reparut, le conducteur descendu de son siège tirait ses chevaux par la bride.

Il rangea le lourd véhicule tout contre le Palais de Justice, jeta une couverte sur les reins de ses bêtes, alluma une pipe et s'éloigna...

Durant un bon moment, l'anxiété des deux observateurs fut une véritable souffrance ; rien ne bougeait, rien ne remuait...

Mais à la fin, la portière de la voiture s'entre-bâilla doucement avec des précautions infinies, et une tête pâle et effarée se montra... la tête de Mai.

D'un rapide regard, le prisonnier explora les environs. Personne ne passait.

Alors, avec la prestesse et la précision du chat, il sauta à terre, referma sans bruit la portière, et se mit à marcher dans la direction du pont au Change.

XXXVI

Lecoq respira.

Il en était à chercher si quelque futile circonstance, oubliée ou négligée, n'avait pas disloqué toutes ses combinaisons.

Il en était à se demander si l'énigmatique prévenu n'avait pas refusé la périlleuse liberté qui lui était offerte.

Inquiétudes folles!... Mai s'évadait, non pas à l'étourdie, mais avec préméditation.

Entre le moment où il s'était senti seul, oublié dans son compartiment mal fermé, et l'instant où il avait entre-bâillé la portière, il s'était écoulé assez de temps pour qu'un homme de sa force, doué d'une prodigieuse perspicacité, pût analyser et calculer toutes les conséquences d'une si grave détermination.

Si donc il donnait dans le piège qui lui était tendu, c'était en toute connaissance de cause.

Il acceptait, en téméraire peut-être, mais non pas en dupe, une lutte prévue.

— Or, pensait Lecoq, s'il accepte cette lutte, c'est qu'il entrevoit quelque chance d'en sortir vainqueur.

Grave sujet de crainte pour le jeune policier; mais aussi, prétexte d'une délicieuse émotion. Il avait une ambition au-dessus de son état, et tout ambitieux est joueur.

Il considérait la partie comme presque égale, entre le prévenu et lui. Plus de prison, désormais, de geôliers, de juges, rien de tout le formidable appareil de la Justice.

Ils restaient seuls en présence, libres dans les rues de Paris, armés de défiances pareilles, obligés aux mêmes ruses, forcés, pour se cacher l'un de l'autre, de recourir à des précautions identiques.

Lecoq avait, il est vrai, un auxiliaire : le père Absinthe. Mais qui assurait que Mai ne saurait pas rejoindre son insaisissable complice?

C'était donc un véritable duel dont l'issue dépendait uniquement du courage, de l'adresse et du sang-froid des deux adversaires.

Toutes ces réflexions ensemble avaient traversé avec la rapidité de l'éclair l'esprit du jeune policier.

Il lâcha vivement sa pelle, et courant à un sergent de ville qui sortait de la Préfecture, il lui remit une lettre qu'il tenait toute prête dans sa poche.

— Portez vite ceci à M. Segmuller, le juge d'instruction, lui dit-il, c'est pour une affaire de service.

Le sergent de ville voulut interroger ce garnement, qui correspondait avec des magistrats, mais déjà Lecoq s'était élancé sur les traces du prévenu.

Mai n'était pas bien loin.

Il s'en allait le plus paisiblement du monde, les mains dans ses poches, la tête haute et la mine assurée.

Avait-il réfléchi qu'il est très dangereux de courir aux environs d'une prison dont on vient de s'enfuir? Ne se disait-il pas plutôt que si on l'avait laissé s'évader, ce n'était pas, à coup sûr, pour le reprendre tout de suite?

Il demeura stupide d'étonnement, la bouche béante.

Bientôt il fut clair que cette dernière considération dictait seule sa conduite, et qu'il s'estimait fort en sûreté, tout en sachant bien qu'il devait être surveillé.

Il ne se hâta nullement, lorsqu'il eut dépassé le pont au Change, et c'est du même train insolemment tranquille d'un promeneur, qu'il suivit le quai aux Fleurs et s'engagea dans la rue de la Cité.

Rien de suspect en lui ne trahissait le prisonnier évadé. Depuis que sa malle,

— cette fameuse malle qu'il prétendait avoir déposée à l'hôtel de Mariembourg, — lui avait été rendue, il ne manquait jamais, quand il allait à l'instruction, de mettre ses plus beaux effets.

Il portait, ce jour-là, une redingote, un gilet et un pantalon de drap noir. On devait, en le voyant passer, le prendre pour un ouvrier aisé, endimanché en l'honneur de la Saint-Lundi.

Mais lorsqu'après avoir passé la Seine il arriva rue Saint-Jacques, ses allures changèrent.

Il parut s'orienter en homme qui ne se reconnaît plus dans un quartier qui lui était autrefois familier. Sa marche, parfaitement sûre jusqu'alors, devint indécise. Il avançait maintenant le nez en l'air, regardant de droite et de gauche, épiant les enseignes.

— Évidemment il cherche quelque chose, pensait Lecoq, mais quoi?...

Il ne tarda pas à le savoir. Une boutique de marchand de vieux habits s'étant rencontrée, Mai y entra avec un empressement visible.

— Eh! oh!... murmura le jeune policier, je parierais volontiers que ce soi-disant saltimbanque a été étudiant, et qu'il lui est arrivé de vendre ici le superflu de sa garde-robe pour aller danser à la Chaumière...

Il s'était réfugié en face, sous une porte cochère, et semblait fort occupé à allumer une cigarette. Le père Absinthe crut pouvoir s'approcher sans inconvénient.

— Eh bien!... monsieur Lecoq, dit-il, voici notre homme en train de troquer ses habits de drap contre des vêtements grossiers. Il demandera du retour, on lui en donnera. Vous qui me disiez ce matin : « Mai sans le sou..., c'est la plus belle carte de notre jeu!. »

— Bast! avant de nous désoler, attendons. Qui nous dit qu'on va lui donner de l'argent? Les marchands d'habits n'achètent guère aux passants que sous la condition d'aller les payer à domicile.

Le père Absinthe, là-dessus, s'éloigna. Il se payait de ces raisons, mais non Lecoq, qui les lui donnait.

Au dedans de lui, le jeune policier s'adressait les injures les plus fortes.

Encore une étourderie, une faute, une arme laissée aux mains de l'ennemi.

Comment lui, qui se croyait si ingénieux, n'avait-il pas su prévoir ce qui arrivait? Il était si facile de ne laisser en possession du prévenu que ses misérables loques de prison!

Son repentir fut moins cuisant, quand il vit Mai sortir de la boutique comme il y était entré. La chance, dont il avait parlé au père Absinthe sans y croire, se décidait en sa faveur.

Le prévenu chancelait aux premiers pas qu'il fit dans la rue. Son visage trahis sait l'angoisse suprême du noyé qui sent s'enfoncer la frêle planche sur laquelle il fondait son seul espoir de salut.

Mais que s'était-il passé? Lecoq voulait le savoir.

Il modula d'une certaine façon un vigoureux coup de sifflet, signal convenu pour avertir son compagnon qu'il lui abandonnait la poursuite, et un coup de sifflet pareil lui ayant répondu, il entra dans la boutique.

Le marchand d'habits était encore à son comptoir. Lecoq ne s'amusa pas à parlementer. Il exhiba sa carte, preuve de sa profession, et d'un ton bref demanda des renseignements.

— Que voulait l'homme qui sort d'ici?...

Le négociant parut se troubler.

— C'est toute une histoire, balbutia-t-il.

— Contez-la-moi! ordonna Lecoq, surpris de l'embarras de cet homme.

— Oh! c'est bien simple. Il y a une douzaine de jours de cela, je vois entrer ici un individu, portant un paquet sous le bras, qui demande à me parler de la part d'un de mes « pays », qu'il me nomme.

— Vous êtes Alsacien?

— Oui, monsieur!... Pour lors, je vais avec ce particulier chez le marchand de vins du coin, il demande une bouteille de supérieur, et quand nous avons trinqué, il me demande si je veux consentir à garder chez moi le paquet qu'il porte, jusqu'à ce qu'un de ses cousins vienne me le réclamer. Crainte d'erreur, ce cousin devait me dire certaines paroles de reconnaissance, un mot de passe, quoi! Moi je refuse net. Justement le mois passé j'ai failli me trouver pris dans une affaire de recel pour une obligeance pareille! Non, jamais vous n'avez vu d'homme si surpris, ni si vexé. Ah! je peux dire qu'il a tout fait pour me décider, il a été jusqu'à me promettre une bonne somme pour ma peine... Tout cela ne faisait qu'augmenter ma défiance, et j'ai tenu bon...

Il s'arrêta pour reprendre haleine, mais Lecoq était sur des charbons ardents.

— Et après?... insista-t-il durement.

— Après? Dame! Cet individu a payé la bouteille et est parti. J'avais oublié cela, quand tout à l'heure, entre un autre particulier qui me demande si je n'ai pas pour lui un paquet déposé par un de ses cousins, et qui tout de suite se met à bredouiller une phrase, le mot d'ordre, sans doute. Quand j'ai répondu que je n'avais rien, il est devenu blanc comme un linge, et j'ai cru qu'il s'évanouissait. Tous mes doutes me sont revenus. Aussi, quand il m'a proposé d'acheter ses vêtements, bernique!

Tout cela était fort clair.

— Et comment était ce cousin d'il y a quinze jours? demanda le jeune policier.

— C'était un homme d'assez forte corpulence, un bon gros rougeaud, avec des favoris blancs. Ah! je le reconnaîtrais bien.

— Le complice! exclama Lecoq.

— Vous dites?

— Rien qui vous intéresse. Merci!... je suis pressé, vous me reverrez, salut!...

Lecoq n'était pas resté cinq minutes chez le marchand d'habits; pourtant, lorsqu'il sortit, Mai et le père Absinthe avaient disparu.

Mais il n'y avait rien là d'inquiétant.

Lorsqu'il avait arrêté avec son vieux collègue le plan de cette chasse à l'homme à travers Paris, le jeune policier s'était évertué à en imaginer toutes les difficultés afin de les résoudre à l'avance.

Or, le cas présent avait été prévu. Si l'un des deux observateurs se trouvait obligé de rester en arrière, l'autre devait le mettre à même de rejoindre, grâce à un expédient emprunté aux aventures du Petit-Poucet.

Il était convenu que celui qui resterait sur la piste de Mai tracerait, de distance en distance, à la craie, sur les murs et sur les volets des magasins, des flèches dont le fer, comme un index tendu, indiquerait au retardataire la route à suivre.

Pour savoir où aller, Lecoq n'avait donc qu'à interroger les devantures des environs.

L'examen ne fut ni difficile ni long.

Sur les volets de la troisième boutique après celle du marchand d'habits, une flèche superbe se voyait, la pointe tournée vers le haut de la rue Saint-Jacques.

Le jeune policier s'élança dans cette direction.

Il se hâtait, dévoré d'inquiétudes.

Ah! son assurance du matin venait de recevoir un rude choc!

Quel terrible avertissement que cette déclaration du marchand de vieux habits!...

Désormais, c'était un fait acquis: le mystérieux et insaisissable complice du meurtrier avait poussé la prévoyance jusqu'à s'inquiéter de combinaisons de salut pour le cas si improbable d'une évasion.

La subtile pénétration de cet homme dépassait les prétendus miracles des somnambules lucides.

— Que contenait ce paquet? pensait Lecoq, des vêtements, sans doute, un déguisement, de l'argent, des papiers supposés, un faux passe-port?...

Il arrivait rue Soufflot, il dut s'interrompre pour demander son chemin aux murailles.

Ce fut l'affaire d'une seconde. Une longue flèche, sur le magasin d'un petit horloger, montrait le boulevard Saint-Michel.

Le jeune policier reprit sa course.

— Le complice, poursuivait-il, n'a pas réussi dans sa tentative près du marchand d'habits, mais il n'est pas homme à rester sur un échec... Il aura certainement pris d'autres mesures. Comment les deviner pour les déjouer!...

Le prévenu avait traversé le boulevard Saint-Michel et pris la rue Monsieur-le-Prince ; les flèches du père Absinthe le disaient éloquemment.

Lecoq suivit la rue Monsieur-le-Prince.

— Une circonstance me rassure, murmurait-il, la démarche de Mai près de ce marchand, et sa consternation quand il a su que cet homme n'avait rien à lui remettre. Le complice qui l'avait informé de ses espérances n'aura pas pu lui faire savoir sa déconvenue. Donc, à cette heure, mon prévenu est bien livré à ses seules ressources... la chaîne de convention qui l'unissait à son complice est rompue, brisée ; il n'y a plus rien d'arrêté entre eux, plus de système commun, plus de projets... Il s'agit de les empêcher de se rejoindre. Tout est là !

Combien il se réjouissait alors d'avoir obtenu que Mai fût éloigné du Dépôt. Son triomphe, en admettant qu'il gagnât la partie, résulterait de cet acte de défiance. Il était à croire que la tentative du complice avait eu lieu précisément la veille du jour où le prévenu avait été changé de prison. Cette supposition expliquait comment il n'avait pu être averti...

Cependant, de flèche en flèche, le jeune policier était arrivé jusqu'à l'Odéon. Là, plus de signes, mais il aperçut le père Absinthe sous la galerie.

Le vieil agent de la sûreté était debout devant l'étalage d'un libraire, et il paraissait donner toute son attention aux gravures d'un journal illustré.

Le jeune policier, tout en outrant la démarche nonchalante de ces garnements de Paris dont il portait le costume, alla se placer près de son collègue.

— Eh bien !... lui demanda-t-il, et Mai ?...

— Il est là, répondit le bonhomme en désignant du regard le péristyle du triste monument.

En effet, le prévenu était assis sur une marche de l'escalier de pierre, les coudes appuyés sur les genoux, le visage caché entre ses mains, comme s'il eût senti la nécessité de dérober aux passants l'expression de son désespoir.

Sans doute, en ce moment, il se voyait perdu. Seul, sans un sou, au milieu de Paris, que devenir ?

Il se savait, assurément, surveillé, épié, suivi pas à pas, et il ne comprenait que trop qu'au moindre effort pour rejoindre son complice, à la première démarche significative pour lui donner signe de vie, c'en était fait de son secret : de ce secret qu'il avait estimé plus précieux que la vie même, et que jusqu'ici il avait réussi à sauver au prix de prodigieux sacrifices, grâce à des prodiges d'énergie et de sang-froid.

Après avoir longuement contemplé en silence cet homme si malheureux, qu'il estimait et qu'il admirait, après tout, Lecoq se retourna vers son vieux compagnon :

— Qu'a fait le prévenu, demanda-t-il, le long de la route?

— Il est entré chez cinq marchands d'habits, bien inutilement. En désespoir de cause, il s'est adressé à un « chineur » qui passait, avec un lot de vieilles frusques sur l'épaule, mais ils ne se sont pas entendus.

Lecoq hocha la tête.

— La morale de ceci, père Absinthe, dit-il, c'est qu'il y a un abîme entre la théorie et la pratique. Voilà un prévenu que les gens les plus exercés ont pris pour un pauvre diable, pour un misérable saltimbanque, tant il savait bien parler des malheurs et des hasards de son existence... Il est dehors, il est libre, et ce soi-disant bohémien ne sait comment s'y prendre pour faire argent des vêtements qu'il a sur le dos. Le comédien qui faisait illusion sur la scène s'évanouit, l'homme reste... l'homme qui a toujours été riche et qui ne sait rien de la vie !...

Il ne poursuivit pas, Mai venait de se lever.

Lecoq se trouvait à moins de dix pas de lui et le distinguait parfaitement.

L'infortuné était livide, son attitude révélait l'excès de son abattement; on lisait l'indécision dans ses yeux.

Peut-être se demandait-il si le plus sage ne serait pas d'aller se remettre volontairement aux mains de ses geôliers, puisque les ressources sur lesquelles il comptait en s'évadant lui faisaient défaut.

Mais bientôt il secoua cette torpeur qui l'avait envahi, son regard étincela, et après un geste de menace et de défi, il descendit l'escalier de l'Odéon, traversa la place, et s'engagea dans la rue de l'Ancienne-Comédie.

Il marchait d'un bon pas, maintenant, en homme qui a un but.

— Qui sait où il va?... murmurait le père Absinthe, tout en jouant des jambes aux côtés de Lecoq.

— Moi!... répondit le jeune policier. Et la preuve, c'est que je vais vous quitter, et courir lui préparer un plat de mon métier. Je puis me tromper, cependant, et comme il faut tout prévoir, vous allez me laisser des flèches partout. Si notre homme ne se rendait pas à l'hôtel de Mariembourg, comme je le présume, je reviendrais ici reprendre votre piste.

Un fiacre vide arrivait au pas, il y monta en commandant au cocher de le conduire à la gare du Nord, par le plus court, et vite.

Il se voyait bien juste le temps de préparer sa mise en scène. Aussi profita-t-il de la route pour payer le cocher et chercher dans son portefeuille, entre toutes les pièces que lui avait confiées M. Segmuller, la pièce dont il allait avoir besoin.

La voiture n'était pas encore arrêtée devant le chemin de fer que Lecoq était à terre. Il courut tout d'un trait à l'hôtel.

Comme la première fois, il trouva la blonde Mme Milner, grimpée sur une chaise devant la cage de son sansonnet, lui serinant obstinément sa phrase allemande, à laquelle l'oiseau répondait avec une obstination égale : « Camille !... où est Camille ? »

A l'aspect du garnement qui pénétrait dans son hôtel, la jolie veuve ne daigna pas se déranger.

— Qu'est-ce que vous désirez ? demanda-t-elle d'un ton peu encourageant.

Lecoq saluait tant qu'il pouvait, s'efforçant de rehausser par son maintien son déplorable accoutrement.

— Je suis, madame, répondit-il, le propre neveu d'un huissier du Palais de Justice. Étant allé visiter mon oncle, ce tantôt, vu que je suis sans ouvrage, je l'ai trouvé tout perclus de rhumatismes, et il m'a prié de vous apporter ce papier à sa place... C'est une citation pour vous rendre immédiatement près du juge d'instruction.

Cette réponse eut la vertu de décider Mme Milner à abandonner sa chaise. Elle prit le papier et lut... C'était bien ce que lui annonçait ce singulier commissionnaire.

— C'est bien, répondit-elle, le temps de jeter un châle sur mes épaules, et j'obéis...

Lecoq se retira à reculons, la bouche en cœur, saluant toujours... mais il n'avait pas dépassé le seuil, que déjà une grimace significative trahissait son intime satisfaction.

Il venait de rendre à la blonde veuve la monnaie de sa pièce. Elle l'avait dupé, il la jouait.

Le coup était monté. Il traversa la chaussée, et avisant au coin de la rue de Saint-Quentin une maison en construction, il s'y cacha, attendant...

« — Le temps de passer un châle et un chapeau, et je pars ! »

Ainsi avait dit Mme Milner au jeune policier.

Mais elle avait quarante ans sonnés, elle était veuve, blonde, très agréable encore, de l'aveu du commissaire de police de son quartier... Il lui fallut plus de dix minutes pour nouer négligemment les brides de son chapeau de velours gros bleu.

Lecoq, au milieu de ses plâtras, sentait des sueurs perler le long de son échine à l'idée que Mai pouvait arriver d'un instant à l'autre.

Combien avait-il d'avance sur lui ?... Une demi-heure peut-être, et encore !... Et il n'avait accompli que la moitié de sa tâche.

Chaque ombre qui apparaissait au coin de la rue de Saint-Quentin, du côté de la rue Lafayette, lui donnait le frisson.

Enfin la coquette hôtelière apparut, toute pimpante par cette belle journée de printemps.

Elle tenait sans doute à réparer le temps perdu à sa toilette, car c'est presque en courant qu'elle gagna le bout de la rue.

Dès qu'elle eut disparu, le jeune policier bondit hors de sa cachette, et entra comme une trombe à l'hôtel de Mariembourg.

Fritz, le garçon bavarois, avait dû être prévenu que la maison allait rester sous sa seule garde, pendant quelques heures, et... il gardait.

Il s'était bien et commodément établi dans le propre fauteuil de sa patronne, les jambes allongées sur une chaise, et déjà il dormait presque.

— Debout!... lui cria Lecoq, debout !

A cette voix qui avait l'éclat des trompettes, Fritz se dressa tout effaré.

— Tu vois, poursuivit le jeune policier en lui montrant sa carte, je suis un agent de la Préfecture de police... Si tu veux éviter toutes sortes de désagréments, dont le moindre serait une promenade au Dépôt, il faut m'obéir.

Le vigilant garçon tremblait de tous ses membres.

— J'obéirai, bégaya-t-il... Mais que dois-je faire?

— Peu de chose. Un homme va se présenter ici, à la minute ; tu le reconnaîtras à ses vêtements noirs et à sa longue barbe; il s'agit de lui répondre ce que je vais te dire, mot pour mot. Et songe qu'une erreur, même involontaire, te mènerait loin.

— Comptez sur moi, monsieur, dit Fritz, j'ai une mémoire excellente...

La seule perspective de la prison l'avait terrifié ; il parlait dans la sincérité de son âme ; on pouvait tout obtenir de lui.

Lecoq profita de ces dispositions, et avec la concision et la clarté dont il avait le secret, il expliqua au garçon d'hôtel ce qu'il voulait.

Il s'exprimait d'ailleurs d'un ton à faire pénétrer sa volonté dans l'esprit le plus rebelle, aussi sûrement qu'un marteau enfonce un clou dans une planche.

Lorsqu'il eut achevé ses explications :

— Maintenant, ajouta-t-il, je veux voir et entendre !... Où puis-je me cacher ?

Fritz lui montra une porte vitrée.

— Dans le cabinet noir que voici, monsieur l'agent, répondit-il. En laissant la porte entre-bâillée, vous entendrez, et vous verrez tout par le carreau.

Sans un mot, Lecoq se jeta dans le cabinet, la sonnette du portillon de l'hôtel annonçait l'entrée d'un visiteur.

C'était Mai.

— Je désirerais parler à la maîtresse de l'hôtel, dit-il.

— A quelle maîtresse ?

— A la femme qui m'a reçu quand je suis descendu ici, il y a six semaines..

— J'y suis, interrompit Fritz, c'est Mme Milner que vous voudriez voir. Vous arrivez trop tard, ce n'est plus elle qui tient cette maison. Elle l'a vendue, le mois passé, après fortune faite, et elle est partie pour son pays, l'Alsace.

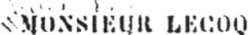

Il se précipita contre la porte de sa cellule, l'ébranlant de coups de poing.

Le prévenu frappa du pied en lâchant un juron à faire frémir un charretier embourbé :

— J'ai cependant une réclamation à lui adresser, insista-t-il.

— Voulez-vous que j'appelle son successeur?...

De son trou, le jeune policier ne pouvait s'empêcher d'admirer Fritz : il mentait impudemment avec cet air de candeur parfaite qui donne aux Allemands une si grande supériorité sur les gens du midi, lesquels, même quand ils disent la vérité, ont l'air de mentir.

— Eh!... le successeur m'enverra promener, s'écria Mai. Je venais réclamer des arrhes que j'ai données pour une chambre dont je ne me suis jamais servi !

— Des arrhes ne se rendent jamais.

Le prévenu grommela des menaces confuses, dont on ne put guère saisir que ces mots : « vol manifeste » et encore : « la justice, » puis il sortit en tirant violemment la porte sur lui.

— Eh bien !... Ai-je répondu comme il faut ? demanda Fritz triomphant au jeune agent qui quittait son cabinet noir.

— Oui, parfaitement, répondit Lecoq...

Et d'un bras nerveux, faisant pirouetter le garçon, qui lui barrait le passage, il se précipita sur les pas de Mai.

Une vague appréhension lui serrait la gorge.

Il lui semblait que le prévenu n'avait été ni surpris ni ému véritablement. Il était venu à l'hôtel comptant sur Mme Milner, l'âme damnée de son complice ; la nouvelle du départ de cette femme eût dû le terrifier.

Avait-il donc deviné la ruse ?... Comment ?...

Le bon sens démontrait si bien que le prévenu en ce cas devait avoir été mis en garde, que la première question de Lecoq, en rejoignant le père Absinthe, rue Lafayette, fut celle-ci :

— Mai a parlé à quelqu'un en route ?

— Tiens !... répondit le bonhomme surpris, vous savez cela !

— Ah !... j'en étais sûr !... A qui a-t-il parlé ?

— A une jolie femme, ma foi ! blonde et boulotte.

Lecoq était devenu vert de colère.

— Tonnerre du ciel !... s'écria-t-il, le hasard est contre nous. Je cours en avant chez Mme Milner, pour que Mai ne la voie pas, je trouve un expédient pour la chasser de chez elle, et ils se rencontrent !

Le père Absinthe eut un geste désespéré.

— Ah !... si j'avais su !... prononça-t-il, mais vous ne m'aviez pas dit d'empêcher Mai de parler aux passants...

— Consolez-vous, l'ancien, interrompit le jeune policier, il n'y a rien à faire contre le malheur...

Le soi-disant saltimbanque atteignait le faubourg Montmartre ; les deux agents de la sûreté durent s'interrompre, presser le pas et se rapprocher de leur homme, pour ne pas le perdre dans la foule.

Quand ils furent à une bonne distance :

— Maintenant, reprit Lecoq, des détails. Où nos gens se sont-ils rencontrés ?...

— A deux pas de la rue Saint-Quentin.
— Lequel a aperçu l'autre et s'est avancé le premier?
— Mai.
— Qu'a dit la femme? Avez-vous entendu quelque cri de surprise?
— Je n'ai rien entendu parce que j'étais à vingt-cinq pas, mais au mouvement de la femme, j'ai bien vu qu'elle était stupéfaite.

Ah! si Lecoq eût vu la scène de ses yeux, il eût pu en tirer des inductions précieuses!

— Ont-ils causé longtemps? poursuivit-il.
— Moins d'un quart d'heure.
— Savez-vous si Mme Milner a remis de l'argent à Mai?
— Je ne puis répondre ni oui ni non. Ils gesticulaient comme des enragés, à ce point que j'ai cru qu'ils se disputaient.
— Naturellement. Ils se savaient observés et tâchaient de dérouter les conjectures...

Le père Absinthe s'arrêta court, comme un cheval se cabre devant un obstacle : une idée lui venait.

— Si on arrêtait cette maîtresse d'hôtel, prononça-t-il, si on l'interrogeait?...
— A quoi bon!... M. Segmuller ne l'a-t-il pas, à dix reprises, pressée, accablée de questions, sans en rien tirer. Ah! c'est une fine mouche!... Cette fois, elle répondrait que Mai l'ayant rencontrée lui a réclamé ses dix francs d'arrhes.

Le jeune policier eut un geste résigné.

— Il faut en prendre notre parti, reprit-il. Si le complice n'est pas averti déjà, il ne tardera pas à l'être, et il faut nous attendre à l'avoir bientôt sur les bras. Quelle ruse imagineront pour nous échapper ces deux hommes si prodigieusement forts? C'est ce que je ne puis deviner. Ce que je prévois, par exemple, c'est qu'ils n'inventeront rien de vulgaire!...

Ces présomptions de Lecoq firent frémir le père Absinthe.

— Bigre!... s'écria-t-il, le plus sûr serait peut-être de recoffrer ce gaillard-là.

— Jamais!... répondit le jeune policier, non, jamais!... je veux son secret, je l'aurai. Que serions-nous donc, si nous n'étions pas capables, à deux, de « filer » un homme! Il ne disparaîtra pas, je pense, comme le diable des féeries. Nous allons bien voir ce qu'il fera, maintenant qu'il a un plan et de l'argent, car il a l'un et l'autre, l'ancien, j'en mettrais la main au feu.

A ce moment même, comme si le prévenu eût tenu à donner raison à une partie des soupçons de Lecoq, il entra dans un bureau de tabac et en sortit un cigare à la bouche.

XXXVII

La maîtresse de l'hôtel de Mariembourg avait remis de l'argent à Mai ; l'achat de ce cigare le prouvait péremptoirement.

Mais s'étaient-ils concertés? Avaient-ils eu le temps de décider point pour point et par le menu les manœuvres à tenter pour dérouter les poursuites?...

Il n'y avait à cet égard que des probabilités, très fortes, il est vrai, fortifiées encore par la conduite du prévenu.

Car une fois de plus, ses façons venaient de changer. Autant jusqu'alors il avait paru se soucier peu d'être poursuivi et repris, autant à cette heure il semblait inquiet et agité. Après avoir marché si longtemps la tête haute, en plein soleil, il était pris de panique, et il filait en baissant le nez le long des maisons, se dissimulant, se faisant petit autant que possible.

— Il est clair, disait Lecoq au père Absinthe, que les craintes de notre homme augmentent en raison des espérances qu'il conçoit. Il était totalement découragé sous l'Odéon, pour un peu il se fût livré ; maintenant il croit bien avoir une issue pour nous échapper avec son secret.

Le prévenu longea ainsi les boulevards jusqu'au passage Vendôme. Il le traversa et gagna le Temple.

Bientôt le père Absinthe et son jeune collègue le virent s'arrêter à la voix d'une de ces obstinées marchandes qui considèrent comme leur proie tous les passants de ces parages et prétendent les déshabiller ou les habiller... au choix.

La marchande faisait l'article, et Mai résistait faiblement. Il finit par céder et disparut dans la boutique.

— Il y tenait, murmura le père Absinthe. Voici qu'il a trouvé à vendre ses frusques... A quoi bon!... puisqu'il a de la monnaie?

Le jeune policier hocha la tête d'un air soucieux.

— Il soutient son rôle, répondit-il, et il tient surtout à changer de costume. N'est-ce pas surtout la première préoccupation d'un prisonnier qui a réussi à s'évader?

Il se tut. Mai reparaissait métamorphosé de la tête aux pieds.

Il était maintenant vêtu d'un pantalon de grosse toile bleue et d'une sorte de vareuse de laine noire. Un foulard à carreaux lui entourait le cou, et il était coiffé d'une casquette à double fond mou, qu'il portait sur l'oreille, un peu en arrière, à la crâne.

Réellement, il n'avait pas, en son genre, la mine plus rassurante que Lecoq ; à décider lequel on eût préféré rencontrer au coin d'un bois, on eût hésité.

Lui, paraissait heureux de sa transformation, comme s'il se fût senti plus à l'aise et plus libre sous des vêtements auxquels il était accoutumé.

Il y avait du défi dans le regard qu'il promena autour de lui, comme s'il eût essayé de démêler entre tous les gens qu'il apercevait ceux qui étaient chargés de l'épier et de surprendre son secret.

Du reste, il ne s'était pas défait de son costume de drap ; il le portait sous son bras, noué dans un mouchoir. Il avait acheté et non troqué, dépensé et non augmenté son capital. Il n'avait abandonné que son chapeau de soie à haute forme.

Lecoq eût bien voulu entrer chez le marchand pour questionner ; mais il comprit que ce serait une imprudence. Mai venait d'assurer sa casquette sur sa tête d'un geste qui ne pouvait laisser de doutes sur ses intentions.

La seconde d'après, il détalait dans la rue du Temple. La chasse sérieuse commençait, et bientôt les deux limiers n'eurent pas trop de toute leur expérience et de tout leur flair pour suivre à vue un gibier qui semblait doué de l'agilité du cerf.

Mai avait probablement habité l'Angleterre et l'Allemagne, puisqu'il parlait la langue de ces pays aussi couramment que les natifs, mais à coup sûr il connaissait son Paris aussi bien que le plus vieux Parisien.

Cela fut démontré rien que par la façon dont il se jeta brusquement rue des Gravilliers et à la sûreté de sa course au milieu de ce lacis de petites rues bizarrement percées, qui s'enchevêtrent entre la rue du Temple et la rue Beaubourg.

Ah ! il savait ce quartier sur le bout du doigt, et comme s'il y eût vécu la moitié de son existence. Il savait les maisons à deux issues, les passages tolérés par certaines cours, les longs couloirs tortueux et sombres débouchant sur plusieurs rues.

Par deux fois il faillit dépister les policiers. Au passage Frépillon, son salut ne tint qu'à un fil. S'il fût resté une minute encore immobile dans un coin obscur où il s'était blotti, derrière des tonneaux vides, les deux agents s'éloignaient.

La poursuite présentait d'horribles difficultés. La nuit était venue, et en même temps s'était élevé ce léger brouillard qui suit invariablement les premières belles journées du printemps. Le gaz des réverbères brûlait rouge dans la brume sans projeter de lueurs.

Et pour comble, c'était l'heure où ces rues laborieuses sont le plus peuplées ; les ouvriers sortent des ateliers, les ménagères courent aux provisions pour le souper, devant toutes les maisons des centaines de locataires bourdonnent comme des abeilles autour de leur ruche.

Mai profitait de tout pour égarer les gens acharnés après lui. Groupes, embarras de voitures, travaux de voirie, il utilisait tout, avec une merveilleuse présence d'esprit et une adresse si rare qu'il glissait comme une ombre, à travers la foule, sans heurter personne, sans soulever sur son passage la moindre réclamation.

Il avait fini par s'engager dans la rue des Gravilliers et gagnait les larges voies.

Après s'être fait battre dans une étroite enceinte, il voulait essayer de l'espace. Il avait lutté de ruses, il allait lutter de vitesse et de fond.

Arrivé au boulevard de Sébastopol, il tourna à gauche, du côté de la Seine, et prit son élan...

Il filait avec une prestigieuse rapidité, les coudes au corps, ménageant son haleine, cadençant son pas avec la précision d'un professeur de gymnastique.

Rien ne l'arrêtait, il ne détournait pas la tête, il courait...

Et c'est du même train égal et furieux, qu'il descendit le boulevard de Sébastopol, qu'il traversa la place du Châtelet et les ponts, et qu'il remonta le boulevard Saint-Michel.

Près du musée de Cluny, des fiacres stationnaient. Mai s'arrêta devant la première file, adressa quelques mots au cocher, et monta du côté de la chaussée.

Le fiacre aussitôt partit à fond de train.

Mais le prévenu n'était pas dedans. Il n'avait fait que le traverser, et pendant que le cocher s'éloignait pour une course imaginaire payée à l'avance, Mai se glissait du côté du trottoir cette fois dans une voiture qui quitta la station au galop.

Peut-être, après tant de ruses, après un formidable effort, après ce dernier stratagème, peut-être Mai se croyait-il libre... Il se trompait.

Derrière le fiacre qui l'emportait, s'appuyant aux ressorts pour se délasser, un homme courait... Lecoq.

Le pauvre père Absinthe, lui, était tombé à moitié chemin, devant le Palais de Justice, épuisé, hors d'haleine. Et le jeune policier ne comptait plus guère le revoir, ayant eu assez à faire de se maintenir, sans crayonner des flèches indicatrices.

Mai avait donné à son cocher l'ordre de le conduire à la place d'Italie, et lui avait surtout recommandé de s'arrêter court au beau milieu de la place, à cent pas de ce poste où il avait été enfermé avec la veuve Chupin.

Quand il y fut arrivé, il se précipita hors du fiacre, et d'un coup d'œil prompt et sûr, il explora les environs, cherchant s'il ne découvrirait pas quelque ombre suspecte.

Il ne vit rien. Surpris par le brusque arrêt de la voiture, le jeune policier avait eu le temps de se jeter à plat ventre sous la caisse, au risque de se faire broyer par les roues.

De plus en rassuré vraisemblablement, Mai paya la course et revint sur ses pas du côté de la rue Mouffetard.

D'un bond, Lecoq fut debout, plus acharné sur sa piste qu'un dogue après un os. Il atteignait l'ombre projetée par les grands arbres des boulevards extérieurs, quand un coup de sifflet étouffé retentit à son oreille.

— Le père Absinthe !... fit-il, stupéfait et ravi.

— Moi-même, répondit le bonhomme, et reposé, qui plus est, grâce à un sapin qui m'a ramassé là-bas. J'ai pu de cette façon...

— Oh ! assez ! interrompit Lecoq, assez... ouvrons l'œil.

Mai rôdait alors, avec une indécision manifeste, autour des nombreux cabarets du quartier. Il semblait chercher quelque chose.

Enfin, après avoir été coller son visage aux carreaux de trois de ces bouges, il se décida, et entra dans le quatrième.

La porte n'était pas refermée, que les deux policiers étaient à la vitre, regardant de tous leurs yeux.

Ils virent le prévenu traverser la salle et aller s'asseoir tout au fond, à une table où se trouvait déjà un homme de puissante carrure, au teint enflammé, à favoris grisonnants.

— Le complice !... murmura le père Absinthe.

Était-ce donc, enfin, l'insaisissable complice du meurtrier ?...

Se fier à un vague rapport entre deux signalements est si téméraire et expose à tant de bévues, qu'en toute autre occasion Lecoq eût hésité à se prononcer.

Mais ici, tant de circonstances, de probabilités si fortes étayaient l'opinion émise par le père Absinthe, que le jeune policier l'admit tout d'abord.

Ce rendez-vous n'était-il pas dans la logique des événements, le résultat prévu et annoncé de la rencontre fortuite du prévenu et de la blonde maîtresse de l'hôtel de Mariembourg !...

— Mai, pensait Lecoq, a commencé par prendre tout l'argent que Mme Milner avait sur elle ; il l'a ensuite chargée de dire à son complice de venir l'attendre dans quelque bouge de ce quartier. S'il a hésité et cherché, c'est qu'il n'avait pu indiquer au juste le cabaret. S'ils ne jettent pas le masque, c'est que Mai n'est pas bien sûr de nous avoir dépistés, et que d'un autre côté le complice craint qu'on n'ait suivi Mme Milner.

Le complice, si c'était véritablement lui, avait eu recours à un avertissement du genre de ceux adoptés par Mai et par Lecoq. Il portait une vieille blouse toute maculée, et avait sur la tête un feutre mou hideux, une loque de feutre. Il avait outré. Sa physionomie peu rassurante était à remarquer parmi toutes les figures louches ou farouches de l'établissement.

Car c'était un repaire qu'ils avaient choisi pour leur rendez-vous. On n'y eût as trouvé quatre ouvriers dignes de ce nom. Tous les gens qui mangeaient et qui buvaient là, devaient avoir eu des démêlés avec la justice. Les moins redoutables étaient peut-être les rôdeurs de barrière, qui formaient la majorité de l'honorable compagnie, tous reconnaissables à leur cravate à la Colin et à leur casquette de toile cirée.

Et cependant Mai, cet homme si fortement soupçonné d'appartenir aux plus hautes sphères sociales, semblait là comme chez lui.

Il s'était fait servir « un ordinaire » et un litre, et il dévorait, littéralement, arrosant sa soupe et son bœuf de larges coups, s'essuyant les lèvres du revers de sa manche.

Seulement, s'entretenait-il avec son voisin de table? C'est ce qu'il était impossible de discerner du dehors à travers les vitres obscurcies par la buée des mets et la fumée des pipes.

— Il faut que j'entre!... déclara résolument Lecoq. J'irai me placer près d'eux et j'écouterai.

— Y pensez-vous!... fit le père Absinthe. Et s'ils allaient vous reconnaître?

— Ils ne me reconnaîtront pas.

— Ils vous feraient un mauvais parti!...

Le jeune policier eut un geste insouciant.

— Je crois bien, répondit-il, qu'ils ne reculeraient pas devant un bon coup de couteau qui les débarrasserait de moi. La belle affaire!... Un agent de la sûreté qui ne saurait pas risquer sa peau ne serait plus qu'un mouchard. Voyez donc si Gévrol a jamais reculé...

Le vieux malin avait peut-être voulu savoir si le courage de son jeune compagnon égalait sa perspicacité. Il fut édifié.

— Vous, l'ancien, ajouta Lecoq, ne vous éloignez pas, afin de pouvoir les « filer » s'ils sortaient brusquement...

Il avait déjà tourné le bouton de la porte, il la poussa, et étant allé s'établir à une table très rapprochée de celle qu'occupaient ses deux pratiques, il demanda, d'une voix odieusement enrouée, une chopine et une portion.

Le prévenu et l'homme au feutre causaient, mais comme des étrangers rapprochés par le hasard, et nullement en amis qui se retrouvent à un rendez-vous.

Ils parlaient argot... non cet argot puéril qui émaille certains romans sous prétexte de couleur locale, mais l'argot véritable, celui qui a cours dans les repaires de malfaiteurs, langue ignoble et obscène qu'il est impossible de rendre, tant est flottante et diverse la signification des mots.

— Quels merveilleux comédiens!... pensait le jeune policier, quelle perfection! quelle science!... comme je me laisserais prendre si je n'avais pas des certitudes absolues!...

— Monsieur Lecoq ! fit le juge émerveillé.

L'homme au feutre tenait le dé, et il donnait sur les prisons de France de ces détails qu'on chercherait en vain dans les livres spéciaux.

Il disait le caractère des directeurs de toutes les maisons centrales, comment la discipline est plus dure ici que là, comment la nourriture de Poissy vaut dix fois celle de Fontrevault...

Lecoq, ayant dépêché son repas, avait demandé un demi-septier d'eau-de-vie, et, le dos au mur, les yeux fermés, il paraissait sommeiller et écoutait.

Mai avait pris la parole à son tour, et il narrait son histoire telle qu'il l'avait contée au juge, depuis le meurtre jusqu'à son évasion, sans oublier les soupçons de la police et de la justice à l'endroit de son individualité, soupçons qui l'avaient bien fait rire, disait-il.

Cependant il se fût tenu pour très chanceux, il le déclarait, s'il eût eu de quoi regagner l'Allemagne. Mais l'argent lui manquait et il ne savait comment s'en procurer. Il n'avait même pas réussi à se défaire du vêtement à lui appartenant, qu'il avait là dans un paquet.

Là-dessus, l'homme au feutre jura qu'il avait trop bon cœur pour laisser un camarade dans l'embarras. Il connaissait, dans la rue même, un négociant de bonne composition, il offrit à Mai de l'y conduire.

Pour toute réponse, Mai se redressa en disant : « Partons!... » Et ils se mirent en route, ayant toujours Lecoq sur leurs talons.

Ils descendirent d'un bon pas jusqu'en face de la rue du Fer-à-Moulin, et là, ils s'engagèrent dans une allée étroite et sombre.

— Courez, l'ancien, dit aussitôt Lecoq au père Absinthe, courez demander au concierge si cette maison n'a pas deux issues.

La maison n'avait que cette entrée sur la rue Mouffetard. Les agents attendirent.

— Nous sommes découverts! murmurait le jeune policier, je le parierais. Il faut que le prévenu m'ait reconnu ou que le garçon de l'hôtel de Mariembourg ait donné mon signalement au complice!...

Le père Absinthe garda le silence ; les deux compagnons émergeaient de l'ombre du corridor. Mai faisait sauter dans le creux de sa main quelques pièces de vingt sous, et il paraissait d'une humeur massacrante.

— Quels filous!... grommelait-il, que ces receleurs.

Si peu qu'on lui eût acheté ses vêtements, l'obligeance de l'homme au feutre valait une politesse. Mai lui proposa un verre de n'importe quoi et ils entrèrent ensemble chez un liquoriste.

Ils y restèrent bien une heure, jouant des tournées au tourniquet, et quand ils le quittèrent, ce fut pour aller s'installer cent pas plus loin chez un marchand de vins.

Mis dehors par ce marchand de vins qui fermait sa boutique, les deux bons compagnons se réfugièrent dans un débit resté ouvert. On les en chassa; ils coururent à un autre, puis à un autre...

Et ainsi, de bouteilles en petits verres, ils atteignirent, sur les une heure du matin, la place Saint-Michel.

Mais là, par exemple, plus rien à boire. Tout était clos.

Les deux hommes alors se consultèrent, et après une courte discussion, ils se dirigèrent vers le faubourg Saint-Germain, bras dessus, bras dessous, comme une paire d'amis.

L'alcool qu'ils avaient absorbé en notable quantité semblait produire son effet. Ils titubaient, ils gesticulaient, ils parlaient très haut et tous deux à la fois.

A tous risques, Lecoq les devança pour tâcher de saisir quelques bribes de leur conversation, et les mots de « bon coup à faire » et de « argent pour faire la noce » arrivèrent jusqu'à lui.

Décidément, pour s'obstiner à voir deux « personnages » sous de telles apparences, il fallait la foi robuste de cet illuminé qui s'écriait : « Je crois, parce que c'est absurde. »

La confiance du père Absinthe chancelait.

— Tout cela, murmura-t-il, finira mal !

— Soyez donc sans crainte !... répondit le jeune policier. Je ne comprends rien, je l'avoue, aux manœuvres de ces deux rusés compères ; mais qu'importe !... Maintenant que nos deux oiseaux sont réunis, je suis sûr du succès, sûr, entendez-vous. Si l'un s'envole, l'autre nous restera, et Gévrol verra bien qui avait raison de lui ou de moi !...

Cependant, les allures des deux ivrognes s'étaient peu à peu ralenties.

A voir de quel air ils examinaient ces magnifiques demeures du faubourg Saint-Germain, on pouvait leur supposer les pires intentions.

Rue de Varennes, enfin, à deux pas de la rue de la Chaise, ils s'arrêtèrent devant le mur peu élevé d'un vaste jardin.

C'était l'homme au feutre qui pérorait. Il expliquait à Maï, on le devinait à ses gestes, que la maison, dont ce jardin était une dépendance, avait sa façade rue de Grenelle.

— Ah çà !... grommela Lecoq, jusqu'où pousseront-ils la comédie ?...

Ils la pousseront jusqu'à l'escalade.

S'aidant des épaules de son compagnon, Maï se hissa jusqu'au chaperon du mur, et l'instant d'après on entendit le bruit de sa chute dans le jardin...

L'homme au feutre, resté dans la rue, faisait le guet...

XXXVIII

L'énigmatique prévenu avait mis à accomplir son étrange, son inconcevable dessein, une telle promptitude, que Lecoq n'eut ni le temps, ni même l'idée de s'y opposer.

Son entendement avait été ébranlé par ce terrible coup de cloche du pressentiment qui annonce un grand malheur.

Durant dix secondes, il demeura pétrifié, privé de sentiment autant que la borne du coin de la rue de la Chaise, derrière laquelle il s'était blotti pour observer sans être vu.

Mais il revint vite à lui, sachant déjà comment atténuer sa faute, avec cette rapidité de décision qui est le génie des hommes d'action.

D'un œil sûr, il mesura la distance qui le séparait du complice de Mai, il prit son élan, et en trois bonds il fut sur lui.

L'homme au feutre voulut crier... une main de fer étouffa le cri dans sa gorge. Il essaya de se débattre... un coup de genou dans les reins l'étendit à terre comme un enfant.

Et avant d'avoir le temps de se reconnaître, il était lié, garrotté, bâillonné, enlevé et porté, à demi-suffoqué, rue de la Chaise.

Pas un mot, d'ailleurs, pas une exclamation, pas un juron, pas même un trépignement de lutte, rien.

Aucun bruit suspect n'avait pu parvenir jusqu'à Mai, de l'autre côté du mur, et lui donner l'éveil.

— Quelle histoire!... murmura le père Absinthe, trop ahuri pour songer à prêter main-forte à son jeune collègue, quelle histoire!... Qui se serait attendu...

— Oh!... assez! interrompit Lecoq, de cette voix rauque et brève que donne aux hommes énergiques l'imminence du péril, assez... nous causerons demain. Pour l'instant, il faut que je m'éloigne. Vous, papa, vous allez rester en faction devant ce jardin. Si Mai reparaît, empoignez-le et ne le lâchez plus... Et sur votre vie, ne le laissez pas s'échapper...

— J'entends; mais que faire de celui-ci qui est couché là?...

— Laissons-le provisoirement où il est. Je l'ai ficelé soigneusement, ainsi rien à craindre... Quand les sergents de ville du quartier passeront, vous le leur remettrez...

Il s'interrompit, prêtant l'oreille. Non loin de là, du côté de la rue de Grenelle, on entendait sur le pavé des pas lourds et cadencés qui se rapprochaient.

— Les voici!... fit le père Absinthe.

— Ah! je n'ose l'espérer! Ce serait une fière chance que j'aurais...

Il l'eut... deux sergents de ville accouraient, très intrigués par ce groupe confus qu'ils distinguaient au coin de la rue.

En deux mots Lecoq leur exposa — comme il fallait — la situation. Il fut décidé que l'un d'eux allait conduire au poste l'homme au feutre et que l'autre resterait avec le père Absinthe pour guetter le prévenu.

— Et maintenant, déclara le jeune policier, je cours rue de Grenelle donner l'alarme... De quelle maison dépend ce jardin?

— Quoi!... répondit un des sergents de ville tout surpris, vous ne connaissez pas les jardins du duc de Sairmeuse, de ce fameux duc qui est dix fois millionnaire, et était autrefois l'ami...

— Je sais, je sais!... dit Lecoq.

— Même, poursuivit le sergent, le voleur qui s'est introduit là n'a pas eu le nez creux. Il y a eu ce soir réception à l'hôtel, comme tous les lundis, du reste, et tout le monde est encore debout.

— Sans compter, ajouta l'autre sergent de ville, que les invités ne sont seulement pas partis. Il y avait encore au moins cinq ou six voitures, à l'instant, devant la porte.

Muni de ces renseignements, le jeune policier partit comme un trait, plus troublé après ce qu'il venait d'apprendre, qu'il ne l'avait été jusqu'alors.

Il comprenait que si Mai s'était introduit dans cet hôtel, ce n'était pas dans le but de commettre un vol, mais poussé par l'espérance de faire perdre sa piste aux limiers acharnés après lui.

Or, n'y avait-il pas à craindre, à parier même, que grâce au brouhaha d'une fête, il réussirait à gagner la rue de Grenelle et à fuir?

Il se disait cela en arrivant à l'hôtel de Sairmeuse, demeure princière dont l'immense façade était tout illuminée.

La voiture du dernier invité venait de sortir de la cour, les valets de pied apportaient des échelles pour éteindre, et le suisse, un superbe homme, à face violacée, superlativement fier de son éblouissante livrée, fermait les deux lourds battants de la grande porte.

Le jeune policier s'avança vers cet important personnage.

— C'est bien là l'hôtel de Sairmeuse?... lui demanda-t-il.

Le suisse suspendit son mouvement pour toiser cet audacieux garnement qui l'interrogeait; puis d'une voix rude :

— Je te conseille, l'ami, de passer ton chemin. Je n'aime pas les mauvais plaisants, et j'ai là une provision de manches à balai...

Lecoq avait oublié son costume à la Polyte Chupin.

— Eh!... s'écria-t-il, je ne suis pas ce que je vous parais être, je suis un agent du service de la sûreté, M. Lecoq, voici ma carte si vous ne me croyez pas sur parole, et je viens vous dire qu'un malfaiteur a escaladé le mur du jardin de l'hôtel de Sairmeuse.

— Un mal-fai-teur?...

Le jeune policier pensa qu'un peu d'exagération ne pouvait nuire, et même lui assurait un concours plus efficace.

— Oui, répondit-il, et des plus dangereux... un assassin qui a déjà sur les mains le sang de trois meurtres. Nous venons d'arrêter son complice qui lui a fait la courte échelle.

Les rubis du nez du suisse pâlirent visiblement.

— Il faut appeler les gens de service, balbutia-t-il.

Joignant l'action à la parole, il allongea la main vers la corde de la cloche qui lui servait à frapper les visites, mais Lecoq l'arrêta.

— Un mot avant!... dit-il. Le malfaiteur n'a-t-il pas pu traverser simplement l'hôtel et s'esquiver, par cette porte, sans être aperçu?... Il serait loin en ce cas.

— Impossible!

— Cependant...

— Permettez! je sais ce que je dis. Primo, le vestibule qui donne sur les jardins est fermé; on l'ouvre pour les grandes réceptions, mais non pour les soirées intimes du lundi. Secondement, monseigneur exige, quand il reçoit, que je me tienne sur le seuil de la porte... Aujourd'hui encore, il m'a renouvelé ses ordres à cet égard, et vous pensez bien que je n'ai pas désobéi.

— S'il en est ainsi, fit le jeune policier, un peu rassuré, nous retrouverons peut-être notre homme. Avertissez les domestiques, mais sans mettre votre cloche en branle. Moins nous ferons de bruit, plus nous nous ménagerons de chances de succès.

En un moment les cinquante valets qui peuplaient les antichambres, les écuries et les cuisines de l'hôtel de Sairmeuse furent sur pied.

Les grosses lanternes des remises et des écuries furent décrochées, et le jardin se trouva illuminé comme par enchantement.

— Si Maï est caché là, pensait Lecoq, heureux de se voir tant d'auxiliaires, il est impossible qu'il en réchappe.

Mais c'est en vain que les jardins furent battus, retournés, fouillés jusqu'en leurs moindres recoins... on ne trouva personne.

Les loges des outils de jardinage, les serres, les volières d'été, les deux pavillons rustiques du fond, les niches à chiens, tout fut scrupuleusement visité... en vain.

Les arbres, à l'exception des marronniers du fond, étaient peu feuillus, mais on ne les négligea pas pour cela. Un agile marmiton y grimpait armé d'une lanterne, et éclairait jusqu'aux plus hautes branches.

— L'assassin sera sorti par où il était entré, répétait obstinément le suisse, qui s'était armé d'un lourd pistolet à silex, et qui ne lâchait pas Lecoq, crainte d'un accident, sans doute...

Il fallut, pour le convaincre de son erreur, que le jeune policier se mît en communication, d'un côté du mur à l'autre, avec le père Absinthe, et les deux sergents de ville, car celui qui avait conduit l'homme au feutre au poste était de retour.

Ils répondirent en jurant qu'ils n'avaient pas perdu de vue le chaperon du mur; qu'ils n'avaient, sacrebleu! pas la berlue, et que pas une mouche ne s'y était posée.

Jusqu'alors, on avait procédé un peu au hasard, chacun courant selon son inspiration, on reconnut la nécessité d'investigations méthodiques.

Lecoq prenait des mesures pour que pas un coin, pas un endroit sombre n'échappât aux explorations, il partageait la tâche entre ses volontaires, quand un nouveau venu parut dans le cercle de lumière.

C'était un monsieur grave et bien rasé, vêtu comme un notaire pour une signature de contrat.

— Monsieur Otto, murmura le suisse à l'oreille du jeune policier, le premier valet de chambre de monseigneur.

Cet homme important venait de la part de M. le duc, — lui ne disait pas « monseigneur », — savoir ce que signifiait ce remue-ménage.

Quand on lui eut expliqué ce dont il s'agissait, M. Otto daigna féliciter Lecoq, et même il lui recommanda de fouiller l'hôtel des caves aux combles... Cette précaution seule rassurerait Mme la duchesse.

Il s'éloigna, et les recherches recommencèrent avec une ardeur qu'enflammait certaine promesse de M. le sommelier...

Une souris cachée dans les jardins de l'hôtel de Sairmeuse eût été découverte, tant furent minutieuses les investigations.

Pas un objet d'un volume un peu considérable ne fut laissé en place. Tous les arbustes des massifs furent examinés pour ainsi dire feuille à feuille.

Par moments, les domestiques harassés et découragés proposaient d'abandonner la chose, mais Lecoq les ramenait.

Il avait des accents irrésistibles pour échauffer de la passion qui l'enflammait tous ces indifférents qui, en somme, se souciaient infiniment peu que Mai fût repris ou s'échappât.

Véritablement il était hors de lui, et il y avait presque de la folie dans l'activité fébrile qu'il déployait. Il courait de l'un à l'autre, priant ou menaçant tour à tour, jurant qu'il ne demandait plus qu'un effort, le dernier, qui très certainement allait être couronné de succès.

Promesses chimériques!... Le prévenu restait introuvable.

Désormais l'évidence éclatait. S'obstiner encore n'eût plus été qu'un enfantillage. Le jeune policier se décida à rappeler ses auxiliaires.

— C'est assez!... leur dit-il d'une voix désespérée. Il est maintenant démontré que le meurtrier n'est plus dans le jardin.

Était-il donc blotti dans quelque coin de l'immense hôtel, blême de peur, tremblant au bruit de tout ce grand mouvement de gens qui le cherchaient?

On pouvait raisonnablement l'espérer, et c'était assez l'avis des domestiques. C'était surtout l'opinion du suisse, qui renouvelait avec une assurance croissante ses affirmations de tout à l'heure.

— Je n'ai pas quitté, jurait-il, le seuil de ma porte, il est impossible que quelqu'un soit sorti, sans que je l'aie remarqué.

— Visitons donc la maison, fit Lecoq. Mais avant, laissez-moi dire à mon collègue, qui est dans la rue de Varennes, de venir me rejoindre ; sa faction de l'autre côté du mur est maintenant sans objet.

Le père Absinthe arrivé, toutes les portes du rez-de-chaussée furent fermées ; on s'assura de toutes les issues et les investigations commencèrent à travers l'hôtel de Sairmeuse, un des plus vastes et des plus magnifiques du faubourg Saint-Germain.

Mais toutes les merveilles de l'univers n'eussent obtenu de Lecoq ni un regard, ni une seconde d'attention. Toute son intelligence, toutes ses pensées étaient au prévenu.

Et c'est certainement sans rien voir qu'il traversa des salons admirables, une galerie de tableaux sans rivale à Paris, la salle à manger aux dressoirs chargés de précieuse vaisselle plate.

Il allait avec une sorte de rage, pressant les gens qui le guidaient et l'éclairaient. Il soulevait comme une plume les meubles les plus lourds, il dérangeait les fauteuils et les chaises, il sondait les placards et les armoires, il interrogeait les tentures, les rideaux et les portières.

Jamais perquisition ne fut plus complète. De la cour au grenier pas un recoin ne fut oublié; et même, arrivé aux combles, le jeune policier se hissa par une lucarne jusque sur les toits qu'il examina.

Enfin, après deux heures d'un prodigieux travail, Lecoq fut ramené au palier du premier étage.

Cinq ou six domestiques seulement l'avaient suivi. Les autres, un à un, s'é-

Il filait avec une prestigieuse rapidité.

taient esquivés, ennuyés à la fin de cette aventure qui avait eu pour eux, en commençant, l'attrait d'une partie de plaisir.

— Vous avez tout vu, messieurs les agents? déclara un vieux valet de pied.

— Tout!... interrompit le suisse, certes non! Il y a encore à voir les appartements de monseigneur et ceux de Mme la duchesse.

— Hélas! murmura le jeune policier, à quoi bon!...

Mais déjà le suisse était allé frapper doucement à l'une des portes donnant sur le palier. Son acharnement égalait celui des agents de la sûreté, s'il ne le dépassait. Ils avaient vu le meurtrier entrer, lui ne l'avait pas vu sortir; donc il était dans l'hôtel, et il voulait qu'on le retrouvât, il le voulait opiniâtrement.

La porte cependant s'entre-bâilla, et le visage grave et bien rasé de Otto, le premier valet de chambre, se montra.

— Que diable voulez-vous? demanda-t-il d'un ton rogue.

— Entrer chez monseigneur, répondit le suisse, afin de nous assurer que le malfaiteur ne s'y est pas réfugié.

— Êtes-vous fou!... déclara M. le premier valet, quand y serait-il entré et comment? Je ne puis d'ailleurs souffrir qu'on dérange M. le duc. Il a travaillé toute la nuit, et il vient de se mettre au bain pour se délasser avant de se coucher.

Le suisse parut fort contrarié de l'algarade et Lecoq apprêtait des excuses, quand une voix se fit entendre qui disait :

— Laissez, Otto, laissez ces braves gens faire leur métier.

— Ah!... entendez-vous!... fit le suisse triomphant.

— Très bien!... M. le duc permet... cela étant, arrivez, je vais vous éclairer.

Lecoq entra, mais c'est pour la forme seulement qu'il parcourut les diverses pièces : la bibliothèque, un admirable cabinet de travail, un ravissant fumoir.

Comme il traversait la chambre à coucher, il eut l'honneur d'entrevoir M. le duc de Sairmeuse, par la porte entr'ouverte d'une petite salle de bains de marbre blanc.

— Eh bien!... cria gaiement le duc, le malfaiteur est-il toujours invisible?

— Toujours, monseigneur!... répondit respectueusement le jeune policier.

Le valet de chambre ne partageait pas la bonne humeur de son maître.

— Je pense, messieurs les agents, dit-il, que vous pouvez vous épargner la peine de visiter l'appartement de Mme la duchesse. C'est un soin dont nous nous sommes chargés, les femmes et moi, et nous avons regardé jusque dans les tiroirs...

Sur le palier, le vieux valet de pied, qui ne s'était pas permis d'entrer, attendait les agents de la sûreté.

Il avait sans doute reçu des ordres, car il leur demanda poliment s'ils n'avaient besoin de rien, et s'il ne leur serait pas agréable, après une nuit de fatigues, d'accepter une tranche de viande froide et un verre de vin.

Les yeux du père Absinthe étincelèrent. Il pensa, probablement, que dans cette demeure quasi royale on devait manger et boire des choses exquises, telles qu'il n'en avait pas goûté de sa vie.

Mais Lecoq refusa brusquement, et il sortit de l'hôtel de Sairmeuse, entraînant son vieux compagnon.

Le pauvre garçon avait hâte de se trouver seul. Depuis plusieurs heures, il avait eu besoin de toute la puissance de sa volonté pour ne rien laisser paraître de sa rage et de son désespoir.

Mai disparu, évanoui, évaporé !... A cette idée il se sentait devenir fou.

Ce qu'il avait déclaré impossible était arrivé.

Il avait, dans la confiance de son orgueil, répondu sur sa tête du prévenu, et ce prévenu s'était échappé, il lui avait glissé entre les doigts !...

Une fois dans la rue, il s'arrêta devant le père Absinthe, croisant les bras, et d'une voix brève :

— Eh bien !... l'ancien, demanda-t-il, que pensez-vous de cela ?...

Le bonhomme secoua la tête, et sans avoir certes conscience de sa maladresse :

— Je pense, répondit-il, que Gévrol va joliment se frotter les mains.

A ce nom, qui était celui de son plus cruel ennemi, Lecoq bondit comme le taureau blessé.

— Oh ! s'écria-t-il, Gévrol n'a pas encore partie gagnée. Nous avons perdu Mai, c'est un malheur ; seulement son complice nous reste ; nous le tenons, ce personnage insaisissable, qui a fait échouer toutes nos combinaisons. Il est certainement habile et dévoué, mais nous verrons si son dévouement résiste à la perspective des travaux forcés. Et il n'y a pas à dire, c'est là ce qui l'attend s'il se tait et s'il accepte ainsi la complicité de l'escalade de cette nuit. Oh ! je suis sans crainte, M. Segmuller saura bien lui arracher le mot de l'énigme.

Il brandit son poing fermé, d'un air menaçant ; puis, d'un ton plus calme, il ajouta :

— Mais allons au poste où on l'a conduit, je veux l'interroger.

XXXIX

Il faisait grand jour alors, il était près de six heures, et quand le jeune policier et le père Absinthe arrivèrent au poste, ils trouvèrent celui qui le commandait assis à une petite table, rédigeant son rapport.

Il ne se dérangea pas lorsqu'ils entrèrent, ne pouvant les reconnaître sous leur travestissement.

Mais quand ils se furent nommés, le chef de poste se leva avec un visible empressement et leur tendit la main.

— Par ma foi!... dit-il, je vous félicite de votre belle capture de cette nuit.

Le père Absinthe et Lecoq échangèrent un regard inquiet.

— Quelle capture?... firent-ils ensemble.

— Cet individu que vous m'avez expédié cette nuit, si bien ficelé.

— Eh bien?...

Le chef de poste éclata de rire.

— Allons, fit-il, vous ignorez votre bonheur. Ah! la chance vous a bien servis, et vous aurez une jolie gratification.

— Enfin! qui avons-nous pris? demanda le père Absinthe impatienté.

— Un coquin de la pire espèce, un forçat en rupture de ban, recherché inutilement depuis trois mois, et dont vous avez certainement le signalement en poche, Joseph Couturier, enfin!...

Aux derniers mots du chef de poste, Lecoq devint si affreusement pâle, que le père Absinthe étendit les bras, croyant qu'il allait tomber.

On s'empressa de lui avancer une chaise, et il s'assit.

— Joseph Couturier! bégayait-il, sans avoir, en apparence, conscience de ce qu'il disait; Joseph Couturier!... un forçat en rupture de ban!...

Le chef de poste ne comprenait certes rien au trouble affreux du jeune policier, non plus qu'à l'air déconfit du père Absinthe.

— Mâtin!... observa-t-il, le succès vous fait une fière impression, à vous autres!... Il est vrai que la prise est fameuse. Je vois d'ici le nez de Gévrol, qui hier encore se prétendait seul capable d'arriver à ce dangereux coquin.

Ainsi, jusqu'à la fin, les événements se moquaient à plaisir du jeune policier. Quelle ironie que ces compliments, après un échec sans doute irréparable! Ils le cinglèrent comme autant de coups de fouet, et si cruellement, qu'il se dressa, retrouvant toute son énergie.

— Vous devez vous tromper, dit-il brusquement au chef de poste, cet homme n'est pas Couturier.

— Je ne me trompe pas, rassurez-vous. Son signalement se rapporte trait pour trait à celui de la circulaire qui ordonne de le rechercher. Il lui manque bien, ainsi qu'il est spécifié, le petit doigt de la main gauche...

— Ah!... c'est une preuve, gémit le père Absinthe.

— N'est-ce pas?... Eh bien! j'en sais une plus concluante. Couturier est une vieille connaissance à moi. Je l'ai déjà eu en pension toute une nuit, et il m'a reconnu comme je le reconnaissais.

A cela, point d'objection possible. C'est donc d'un tout autre ton que Lecoq reprit :

— Du moins, camarade, vous me permettrez bien d'adresser quelques questions à notre prisonnier?

— Oh!... tant que vous voudrez. Après toutefois que nous aurons barricadé la porte et placé deux de mes hommes devant. Ce Couturier est un gaillard qui adore le grand air et qui nous brûlerait très bien la politesse...

Ces précautions prises, l'homme au feutre fut tiré du violon où il était enfermé.

Il s'avança tout souriant, ayant déjà recouvré cette insouciance des vieux repris de justice qui, une fois arrêtés, sont sans rancune contre la police, pareils en cela aux joueurs qui, ayant perdu, tendent la main à leur adversaire.

Du premier coup, il reconnut Lecoq.

— Ah!... c'est vous, dit-il, qui m'avez « servi... » Vous pouvez vous vanter d'avoir un fier jarret et une solide poigne. Vous êtes tombé sur mon dos comme du ciel, et la nuque me fait encore mal de vos caresses...

— Alors, fit le jeune policier, si je vous demandais un service, vous ne me le rendriez pas?

— Oh!... tout de même. Je n'ai pas plus de fiel qu'un poulet, et votre face me revient. De quoi s'agit-il?...

— Je désirerais quelques renseignements sur votre complice de cette nuit?

La physionomie de l'homme au feutre se rembrunit à cette question.

— Ce n'est certainement pas moi qui les donnerai, répondit-il.

— Pourquoi?

— Parce que je ne le connais pas; je ne l'avais jamais tant vu que hier soir.

— C'est difficile à croire. Pour une expédition comme celle de cette nuit, on ne se fie pas au premier venu. Avant de « travailler » avec un homme, on s'informe...

— Eh!... interrompit Couturier, je ne dis pas que je n'ai pas fait une bêtise. Je m'en mords assez les doigts, allez!... On ne m'ôtera pas de l'idée, voyez-vous, que ce lapin-là est un agent de la sûreté. Il m'a tendu un piège, j'y ai donné... C'est bien fait pour moi; il ne fallait pas y aller!...

— Tu te trompes, mon garçon, prononça Lecoq. Cet individu n'appartient pas à la police, je t'en donne ma parole d'honneur.

Pendant un bon moment, Couturier examina le jeune policier d'un air sagace, comme s'il eût espéré reconnaître s'il disait vrai ou non.

— Je vous crois, dit-il enfin, et la preuve, c'est que je vais vous conter comment les choses se sont passées. Je dînais seul, hier soir, chez un traiteur, tout en haut de la rue Mouffetard, quand ce gars-là est venu s'asseoir à ma table. Naturellement, nous nous mettons à causer, et il me fait l'effet d'un camarade. A propos de je ne sais quoi, il me dit qu'il a des habits à vendre, et qu'il ne sait comment s'en défaire. Moi, bon garçon, je le conduis chez un ami qui les lui achète...

« C'était un service, n'est-ce pas? Comme de juste il m'offre quelque chose, moi je réponds par une tournée, il propose des petits verres, moi je paie un litre... si bien que de politesses en politesses, à minuit, j'y voyais double...

« C'est ce moment qu'il choisit pour me parler d'une affaire qu'il connaît, et qui doit, jure-t-il, nous enrichir tous deux du coup. Il s'agit d'enlever toute l'argenterie d'une maison colossalement riche.

« — Rien à risquer pour toi, me disait-il, je me charge de tout, tu n'auras qu'à m'aider à escalader un mur de jardin et à faire le guet ; je réponds d'apporter en trois voyages plus de couverts et de plats d'argent que nous n'en pourrons porter.

« Dame!... c'était tentant, n'est-ce pas? Vous eussiez topé d'emblée à ma place. Eh bien!... moi, non, j'ai hésité. Tout soûl que j'étais, je me méfiais.

« Mais l'autre insiste, il me jure qu'il connaît les habitudes de la maison, que tous les lundis il y a grand gala, et que ces jours-là, comme on veille tard, les domestiques laissent tout à la traîne... Alors, ma foi! je le suis... »

Une fugitive rougeur colorait les joues pâles de Lecoq.

— Es-tu sûr, demanda-t-il vivement, es-tu certain que cet individu t'a dit que le duc de Sairmeuse reçoit tous les lundis?

— Parbleu!... comment l'aurais-je deviné!... Il avait même prononcé le nom que vous venez de dire, un nom en euse.

Une idée bizarre, inouïe, absolument inadmissible, venait de traverser l'esprit du jeune policier.

— Si c'était lui, cependant!... se disait-il. Si Maï et le duc de Sairmeuse n'étaient qu'un seul et même personnage?...

Mais il repoussa cette idée, et même il se gourmanda de l'avoir eue.

Il maudit cette disposition de son imagination qui le poussait à voir dans tous les événements des côtés romanesques et invraisemblables.

A quoi bon chercher des solutions chimériques lorsque les circonstances étaient si simples?... Qu'y avait-il de surprenant à ce qu'un prévenu qu'il supposait un homme du monde, sût le jour choisi par le duc de Sairmeuse pour recevoir ses amis?

Cependant il n'avait plus rien à attendre de Couturier ; il le remercia, et après une poignée de main au chef de poste, il sortit appuyé au bras du père Absinthe.

Car il avait besoin d'un appui. Il sentait ses jambes plus molles que du coton, la tête lui tournait, il avait des éblouissements.

Il ne pouvait comprendre comment, par quelle magie, par quels sortilèges il avait perdu cette partie, dont il avait accepté avec tant de confiance les hasards.

Et il l'avait perdue misérablement, honteusement, sans lutte, sans résistance, d'une façon ridicule... oui, ridicule. S'être cru le génie de son état et être ainsi joué sous jambe!...

Pour se débarrasser de lui, Lecoq, Mai n'avait eu qu'à lui jeter un faux complice, ramassé au hasard dans un cabaret, comme un chasseur qui, serré de trop près par un ours, lui jette son gant... Et, ni plus ni moins que la bête, il s'était laissé prendre au stratagème grossier !

Cependant le père Absinthe s'inquiétait de la morne tristesse de son collègue.

— Où allons-nous, demanda-t-il, au Palais ou à la Préfecture?

Lecoq tressauta à cette question, qui le ramenait brutalement à la désolante réalité de la situation.

— A la Préfecture!... répondit-il ; pourquoi faire ?... pour m'exposer aux insultes de Gévrol? C'est un courage que je ne me sens pas. Je ne me sens pas la force, non plus, d'aller dire à M. Segmuller : « Pardon, vous m'aviez trop favorablement jugé ; je ne suis qu'un sot!... »

— Qu'allons-nous donc faire?...

— Ah!... je ne sais... peut-être m'embarquer pour l'Amérique, peut-être me jeter à l'eau...

Il fit une centaine de pas, puis s'arrêtant tout à coup :

— Non!... s'écria-t-il, en frappant rageusement du pied, non, cette affaire n'en restera pas là. J'ai juré que j'aurais le mot de l'énigme, je l'aurai. Comment, par quels moyens?... je l'ignore. Mais il me le faut, il m'est dû, je le veux... je l'aurai!...

Pendant une minute il réfléchit, puis d'une voix plus calme :

— Il est, reprit-il, un homme qui peut nous sauver, un homme qui saura voir ce que je n'ai pas vu, qui comprendra ce que je n'ai pas compris... Allons lui demander conseil, sa réponse dictera ma conduite... Venez!...

XL

Après une journée et une nuit comme celles qu'ils venaient de traverser, les deux hommes de la Préfecture devaient avoir, ce semble, un irrésistible besoin de sommeil.

Mais chez Lecoq, l'exaspération de l'amour-propre, la douleur encore vive, l'espoir non abandonné d'une revanche, soutenaient la machine.

Quant au père Absinthe, il ressemblait un peu à ces pauvres chevaux de fiacre qui, ayant oublié le repos, ne savent plus ce qu'est la fatigue, et trottent jusqu'à ce qu'ils s'abattent épuisés.

Il déclara bien que les genoux lui rentraient dans le corps; mais Lecoq lui dit : « Il le faut, » et il marcha.

Ils gagnèrent le petit logis de Lecoq, où ils se débarrassèrent de leur travestissement, et après un passable déjeuner arrosé d'une bonne bouteille de bourgogne, ils se remirent en route.

Le jeune policier ne desserrait pas les dents.

Une idée unique bourdonnait dans son cerveau, taquine, importune, irritante autant que la mouche qui tourne autour de la lampe.

Et il ne l'eût pas communiquée pour trois mois de ses appointements, tant elle lui paraissait ridicule...

C'est rue Saint-Lazare, à deux pas de la gare, que se rendaient les deux agents de la sûreté. Ils entrèrent dans une des plus belles maisons du quartier et demandèrent au concierge :

— M. Tabaret !...

— Le propriétaire ?... Ah ! il est malade...

— Gravement ?... fit Lecoq déjà inquiet.

— Heu !... on ne sait pas, répondit le portier ; c'est sa goutte qui le travaille...

Et d'un air d'hypocrite commisération, il ajouta :

— Monsieur n'est pas raisonnable, de mener la vie qu'il mène... Les femmes, c'est bon dans un temps, mais à son âge !...

Les deux policiers échangèrent un regard singulier, et dès qu'ils eurent le dos tourné, ils se prirent à rire...

Ils riaient encore en sonnant à la porte de l'appartement du premier étage.

La grosse et forte fille qui vint leur ouvrir leur dit que son maître recevait, bien que condamné à garder le lit.

— Seulement, ajouta-t-elle, son médecin est près de lui. Ces messieurs veulent-ils attendre qu'ils soit parti ?...

Ces « messieurs » répondirent affirmativement, et la gouvernante les fit passer dans une belle bibliothèque, les engageant à s'asseoir.

Cet homme, ce propriétaire, que venait consulter Lecoq, était célèbre, à la Préfecture, pour sa prodigieuse finesse, et sa pénétration poussée jusqu'aux limites de l'invraisemblable.

C'était un ancien employé du Mont-de-Piété, qui jusqu'à quarante-cinq ans avait vécu plus que chichement de ses maigres appointements.

Enrichi tout à coup par un héritage, il s'était empressé de donner sa démission, et le lendemain, comme de juste, il s'était mis à regretter ce bureau qu'il avait tant maudit.

Il essaya de se distraire; il s'improvisa collectionneur de vieux livres; il entassa

S'aidant des épaules de son compagnon, Mai se hissa jusqu'au haut du mur.

des montagnes de bouquins dans d'immenses armoires de chêne... Tentatives illusoires!... Le bâillement persistait.

Il maigrissait et jaunissait à vue d'œil, il dépérissait près de ses quarante mille francs de rentes, quand brilla pour lui l'éclair du chemin de Damas.

C'était un soir, après avoir lu les mémoires d'un célèbre inspecteur de la sûreté, d'un de ces hommes au flair subtil, déliés plus que la soie, souples autant que l'acier, que la justice lance sur la piste du crime.

Une soudaine révélation illumina son cerveau.

— Et moi aussi!... dut-il s'écrier, et moi aussi, je suis policier!

Il l'était, il devait le prouver.

C'est avec un fiévreux intérêt qu'à dater de ce jour il rechercha tous les documents ayant trait à la police. Lettres, mémoires, rapports, pamphlets, collections de journaux judiciaires, tout lui était bon, il lisait tout.

Il faisait son éducation.

Un crime se commettait-il? Vite, il se mettait en campagne; il s'informait, il quêtait les détails, et à part soi poursuivait une petite instruction, heureux ou malheureux selon que le jugement donnait tort ou raison à ses prévisions.

Mais ces investigations platoniques ne devaient pas longtemps lui suffire.

Une irrésistible vocation le poussait vers cette mystérieuse puissance dont la tête est là-bas, vers le quai des Orfèvres, et dont l'œil invisible est partout.

Le désir le poignait de devenir un des rouages d'une machine que son aptitude particulière lui montrait admirable.

Il tressaillait d'aise et de vanité à cette pensée qu'il pourrait être tout comme un autre un des collaborateurs de cette Providence au petit pied, chargée de confondre le crime et de faire triompher la vertu.

Cent fois il résolut de solliciter un petit emploi, cent fois il fut retenu par le respect humain, par ce qu'il appelait en enrageant un stupide préjugé.

— Que dirait-on, pensait-il, si on venait à savoir que moi, bourgeois de Paris, propriétaire et sergent de la garde civique... « j'en suis »?

Mais il est des destinées qu'on n'évite pas.

Un soir, à la brune, prenant son courage à deux mains, il s'en alla d'un pied furtif demander humblement de l'ouvrage rue de Jérusalem.

On le reçut assez mal d'abord. Dame!... les solliciteurs sont nombreux. Mais il insista si adroitement, qu'on le chargea de plusieurs petites commissions. Il s'en tira bien. Le plus difficile était fait.

Un succès où d'autres avaient échoué, le posa. Il s'enhardit et put déployer ses surprenantes aptitudes de limier.

L'affaire de Mme B..., la femme du banquier, couronna sa réputation.

Consulté au moment où la police était sur les dents, il prouva par A plus B, par une déduction mathématique, pour ainsi dire, qu'il fallait que la chère dame se fût volée elle-même.

On chercha dans ce sens... il avait dit vrai.

Après cela, et pendant plusieurs années, il fut appelé à donner son avis sur toutes les affaires obscures.

On ne peut dire cependant qu'il fût employé à la Préfecture. Qui dit emploi, dit appointements, et jamais ce bizarre policier ne consentit à recevoir un sou.

Ce qu'il faisait, c'était pour son plaisir, pour la satisfaction d'une passion devenue sa vie, pour la gloire, pour l'honneur...

Il chassait au scélérat dans Paris, comme d'autres au sanglier dans les bois, et il trouvait que c'était bien autrement utile, et surtout bien plus émouvant.

Même, quand les fonds alloués lui paraissaient insuffisants, bravement il y allait de sa poche, et jamais les agents qui travaillaient avec lui ne le quittaient sans emporter des marques monnayées de sa munificence.

Un tel caractère devait lui susciter des ennemis.

Pour rien, il travaillait autant et mieux que deux inspecteurs. En l'appelant « gâte-métier » on n'avait pas tort.

Son nom seul donne encore des convulsions à Gévrol.

Et pourtant, le jaloux inspecteur sut habilement exploiter une erreur de ce précieux volontaire.

Entêté comme tous les gens passionnés, le père Tabaret faillit, une fois, faire couper le cou à un innocent, un pauvre petit tailleur accusé d'avoir tué sa femme.

Ce malheur refroidit le bonhomme, les dégoûts dont on l'abreuva l'éloignèrent. Il ne parut plus que rarement à la Préfecture.

Mais en dépit de tout, il resta l'oracle, pareil à ces grands avocats qui dégoûtés de la barre, triomphent encore dans leur cabinet, et prêtent aux a tres des armes qu'il ne leur convient plus de manier.

Quand, rue de Jérusalem, on ne savait plus à quel saint se vouer, on sait : « Allons consulter Tirauclair!... »

Car ce fut là un nom de guerre, un sobriquet emprunté à une phrase : « ut que cela se tire au clair, » qu'il avait toujours à la bouche.

Peut-être ce sobriquet l'aida-t-il à dérober le secret de ses occupations po cières. Aucun de ses amis ne le soupçonna jamais.

Son existence accidentée, quand il suivait une enquête, les étranges visites qu'il recevait, ses préoccupations constantes, il avait su faire mettre tout cela sur le compte d'une galanterie hors de saison.

Son concierge était dupe comme ses amis et ses voisins.

On jasait de ses prétendus débordements, on riait de ses nuits passées dehors, on l'appelait vieux roquentin, vieux coureur de guilledou...

Mais jamais il ne vint à l'idée de personne que Tirauclair et Tabaret ne faisaient qu'un.

Toute cette histoire de cet excentrique bonhomme, Lecoq la repassait dans tête pour se donner espoir et courage, quand la gouvernante reparut, annonçant le départ du médecin.

Elle ouvrit une porte en même temps, et dit :

— Voici la chambre de monsieur, ces messieurs peuvent entrer.

XLI

Dans un grand lit à baldaquin, suant et geignant sous ses couvertures, était couché l'oracle à deux visages, Tirauclair rue de Jérusalem, Tabaret rue Saint-Lazare.

Comment jamais soupçon de ses travaux policiers n'avait effleuré l'esprit de ses voisins les plus proches, on le comprenait en le voyant.

Impossible d'accorder, non pas une perspicacité supérieure, mais seulement une intelligence moyenne au porteur de cette physionomie, où la bêtise le disputait à un étonnement perpétuel.

Avec son front fuyant et ses immenses oreilles, son nez odieusement retroussé, ses petits yeux et ses grosses lèvres, M. Tabaret, réalisait, à désoler un caricaturiste, le type convenu du petit rentier idiot.

Il est vrai qu'en l'observant attentivement on devait être frappé de sa ressemblance avec le chien de chasse, dont il avait les aptitudes et les instincts.

Quand il passait dans la rue, les gamins impudents devaient se retourner pour crier : « Oh ! cette balle !... »

Il riait de la méprise, l'astucieux bonhomme, et même il prenait plaisir à épaissir ses apparences de niaiserie, exagérant cette idée que « celui-là n'est pas véritablement fin qui paraît l'être ».

A la vue des deux policiers, qu'il connaissait bien, l'œil du père Tabaret étincela.

— Bonjour, Lecoq, mon garçon, dit-il, bonjour mon vieux Absinthe. On pense donc encore à ce pauvre papa Tirauclair, là-bas, que vous voici chez moi ?

— Nous avons besoin de vos conseils, monsieur Tabaret.

— Ah ! ah !...

— Nous venons de nous laisser « rouler » comme deux enfants par un prévenu.

— Fichtre !... il est donc fort, ce gaillard-là ?...

Lecoq eut un gros soupir.

— Si fort, répondit-il, que si j'étais superstitieux, je dirais que c'est le diable en personne...

La physionomie du bonhomme prit une comique expression d'envie.

— Quoi!... vous avez trouvé un prévenu malin, dit-il, et vous vous plaignez! C'est une fière chance, cependant. Voyez-vous, mes enfants, tout dégénère et se rapetisse à notre époque. Les grands scélérats ne sont plus, et il ne nous reste que leur monnaie, un tas de petits aigrefins et de vulgaires filous qui ne valent pas les bottes qu'on use à courir après eux. C'est à dégoûter de faire de la police, parole d'honneur!... Plus de peines, d'émotions, d'anxiétés, de jouissances vives; plus de ces belles parties de cache-cache comme il s'en jouait jadis entre les malfaiteurs et les agents de la sûreté. Maintenant, quand un crime est commis, le lendemain le criminel est coffré. On prend l'omnibus pour aller l'arrêter à domicile... et on le trouve; ça fait pitié!... Mais que lui reproche-t-on, à votre prévenu?

— Il a tué trois hommes! répondit le père Absinthe.

— Oh!... fit M. Tabaret sur trois tons différents, oh! oh!...

Ce meurtrier le raccommodait un peu avec les contemporains.

— Et où cela?... interrogea-t-il.

— Dans un cabaret, du côté d'Ivry.

— Bon!... j'y suis, chez la veuve Chupin... un nommé Mai... J'ai vu cela dans la *Gazette des Tribunaux*, et Fanferlot-l'Écureuil, qui m'est venu voir, m'a raconté que vous étiez tous, là-bas, dans d'étranges perplexités au sujet de l'identité de ce gars-là... C'est donc toi, mon fils, qui étais chargé des investigations?... Allons, tant mieux! Tu me conteras tout, et je t'aiderai selon mes petits moyens.

Il s'interrompit brusquement; et baissant la voix :

— Mais avant, dit-il à Lecoq, fais-moi le plaisir de te lever... attends, quand je te ferai signe... et d'ouvrir brusquement cette porte, là, à gauche. Manette, ma gouvernante, qui est la curiosité même, est derrière à nous écouter, j'entends le frôlement de ses cheveux le long de la serrure... Vas-y!...

Le jeune policier obéit, et Manette, prise en flagrant délit d'espionnage domestique, se sauva, poursuivie par les sarcasmes de son maître.

— Tu devrais pourtant savoir que cela ne te réussit jamais, criait-il.

Bien que placés plus près de la porte que le papa Tirauclair, ni Lecoq ni le père Absinthe n'avaient rien entendu, et ils se regardaient, surpris au point de se demander si le bonhomme jouait une comédie convenue, ou si son ouïe avait réellement la merveilleuse sensibilité que trahissait cet incident.

— Maintenant, reprit le père Tabaret, en cherchant sur son lit une favorable position, je t'écoute, Lecoq, mon garçon... Manette n'y reviendra pas.

Le jeune policier avait eu le temps, en route, de préparer son récit, et c'est de la façon la plus claire qu'il conta par le menu, et avec des détails qu'on ne saurait écrire, tous les incidents de cette étrange affaire, les péripéties de l'instruction, les émotions de la poursuite, depuis le moment où Gévrol avait enfoncé la porte de la *Poivrière*, jusqu'à l'instant où Maï avait franchi le mur des jardins de l'hôtel de Sairmeuse.

Pendant que parlait Lecoq, le père Tabaret se transformait.

Pour sûr, il ne sentait plus les douleurs de sa goutte.

Selon les phases du récit, il se « tortillait » sur son lit, en poussant des cris de jubilation, ou il demeurait immobile, plongé dans une sorte de béatitude extatique comme un fanatique de musique de chambre, écoutant quelque divin quatuor de Beethoven.

— Que n'étais-je là! murmurait-il parfois entre ses dents, que n'étais-je là!...

Quand le jeune policier eut terminé, il laissa éclater ses transports.

— Voilà qui est beau!... s'écria-t-il. Et avec un mot : « C'est les Prussiens qui arrivent! » pour point de départ, Lecoq, mon garçon, il faut que je te le dise, et je m'y connais, tu t'es conduit comme un ange.

— Ne voudriez-vous pas dire comme un sot? demanda le défiant policier.

— Non, mon ami, certes non, Dieu m'en est témoin. Tu viens de réjouir mon vieux cœur; je puis mourir, j'aurai un successeur. Je voudrais t'embrasser au nom de la logique. Ah! ce Gévrol qui t'a trahi, — car il t'a trahi, n'en doute pas, et je te donnerai le moyen de le convaincre de perfidie, — cet obtus et entêté Général n'est pas digne de brosser ton chapeau...

— Vous me comblez, monsieur Tabaret!... interrompit Lecoq, qui n'était pas bien sûr qu'on ne se moquât pas de lui; mais avec tout cela, Maï a disparu, et je suis perdu de réputation avant d'avoir pu commencer ma réputation.

Le bonhomme eut une grimace de singe épluchant une noix.

— Oh! attends, reprit-il, avant de repousser mes éloges. Je dis que tu as bien mené cette affaire, mais on pouvait la mener mieux, infiniment mieux!... Cela s'explique. Tu es doué, c'est incontestable; tu as le flair, le coup d'œil, tu sais déduire du connu à l'inconnu... seulement l'expérience te manque, tu t'enthousiasmes ou tu te décourages pour un rien, tu manques de suite, tu t'obstines à tourner autour d'une idée fixe comme un papillon autour d'une chandelle... Enfin tu es jeune. Sois tranquille, c'est un défaut qui passera tout seul et trop tôt. Pour tout dire, tu as commis des fautes.

Lecoq baissait la tête comme l'élève recevant la leçon de son professeur. N'était-il pas l'écolier, et ce vieux n'était-il pas le maître?

— Toutes tes fautes, poursuivit le bonhomme, je te les énumérerai et je te démontrerai que par trois fois au moins tu as laissé échapper l'occasion de tirer au clair cette affaire si trouble en apparence, si limpide en réalité.

— Cependant, monsieur...

— Chut, chut, mon fils! laisse-moi dire. De quel principe es-tu parti, au début? De celui-ci : « Se défier surtout des apparences, croire précisément le contraire de ce qui paraîtra vrai ou seulement vraisemblable. »

— Oui, c'est bien cela que je me suis dit.

— Et c'était bien dit. Avec cette idée dans ta lanterne, pour éclairer ton chemin, tu devais aller droit à la vérité. Mais tu es jeune, je te l'ai déjà dit, et à la première circonstance très vraisemblable qui s'est rencontrée, tu as totalement oublié ta règle de conduite. On t'a servi un fait plus que probable, et tu l'as avalé comme le goujon gobe l'appât du pêcheur.

La comparaison ne laissa pas que de piquer le jeune policier.

— Je n'ai pas été, ce me semble, si simple que cela, protesta-t-il.

— Bah!... qu'as-tu donc pensé lorsqu'on t'a appris que M. d'Escorval, le juge d'instruction, s'était cassé la jambe en descendant de voiture?

— Dame!... j'ai cru ce qu'on me disait, je l'avoue franchement, parce que...

Il cherchait ; le père Tirauclair éclata de rire.

— Tu l'as cru, acheva-t-il, parce que c'était extraordinairement vraisemblable.

— Qu'eussiez-vous donc imaginé à ma place?...

— Le contraire de ce qu'on me disait. Je me serais peut-être trompé, je serais en tout cas resté dans la logique de ma déduction.

La conclusion était si hardie, qu'elle déconcerta Lecoq.

— Quoi!... s'écria-t-il, supposez-vous donc que la chute de M. d'Escorval n'est qu'une fiction? qu'il ne s'est pas cassé la jambe?...

La physionomie du bonhomme devint soudainement grave.

— Je ne le suppose pas, répondit-il ; j'en suis sûr.

XLII

Certes, la confiance de Lecoq en cet oracle policier qu'il venait consulter était grande, mais enfin le père Tirauclair pouvait se tromper, il s'était trompé déjà plusieurs fois : tous les oracles se trompent, c'est connu.

Ce qu'il disait paraissait si bien une énormité et s'écartait tellement du cercle des choses admissibles, que le jeune policier ne put dissimuler un geste d'incrédulité.

— Ainsi, monsieur Tabaret, dit-il, vous êtes prêt à jurer que M. d'Escorval se porte aussi bien que le père Absinthe et moi, et que s'il garde la chambre depuis deux mois, c'est uniquement pour soutenir un premier mensonge.

— Je le jurerais.

— Ce serait téméraire, je crois. Mais dans quel but cette comédie ?

Le bonhomme leva les bras vers le ciel, comme s'il lui eût demandé pardon de l'ineptie du jeune policier.

— Comment, c'est toi !... prononça-t-il, toi en qui je voyais un successeur et un continuateur de ma méthode d'induction ; comment, c'est toi qui m'adresses cette question saugrenue !... Voyons, réfléchis donc un peu ! Te faut-il un exemple pour aider ton intelligence ? Soit. Suppose-toi juge, pour un moment. Un crime est commis ; on te charge de l'instruction, et tu te rends près du prévenu pour l'interroger... très bien. Ce prévenu avait réussi jusque-là à dissimuler son identité... c'est notre cas, n'est-il pas vrai ? Eh bien !... Que ferais-tu, si du premier coup d'œil tu reconnaissais sous un déguisement ton meilleur ami, ou ton plus cruel ennemi ?... Que ferais-tu ?...

— Je me dirais qu'il commet une coupable imprudence, le magistrat qui s'expose à avoir à hésiter entre son devoir et sa passion, et je me récuserais.

— J'entends, mais dévoilerais-tu la véritable personnalité de ce prévenu, ami ou ennemi, personnalité que tu serais seul à connaître ?...

La question était délicate, la réponse embarrassante. Lecoq garde le silence, réfléchissant.

— Moi ! s'écria le père Absinthe, je ne révélerais rien du tout. Ami ou ennemi du prévenu, je resterais neutre absolument. Je me dirais que d'autres cherchent qui il est, ce sera tant mieux s'ils le trouvent... et j'aurais la conscience nette.

C'était le cri de l'honnêteté, non la consultation d'un casuiste.

— Je me tairais aussi, répondit enfin le jeune policier, et il me semble qu'en me taisant je ne manquerais à aucune des obligations du magistrat.

Le père Tabaret se frottait vigoureusement les mains, ainsi qu'il lui arrive quand il va tirer de son arsenal un argument victorieux.

— Cela étant, dit-il, fais-moi le plaisir, mon fils, de me dire quel prétexte tu imaginerais pour te récuser sans éveiller des soupçons ?

— Ah ! je ne sais, je ne puis répondre à l'improviste... si j'en étais là, je chercherais, je m'ingénierais...

— Et tu ne trouverais rien qui vaille, interrompit le bonhomme, allons, pas de mauvaise foi, confesse-le... ou plutôt, si... tu trouverais l'expédient de M. d'Escorval et tu l'utiliserais ; tu ferais semblant de te briser quelque membre ; seulement, comme tu es un garçon adroit, c'est le bras que tu sacrifierais, ce qui serait moins incommode et ne te condamnerait pas à une réclusion de plusieurs mois.

Le suisse, un homme superbe, fermait les deux lourds battants de la porte.

A la physionomie de Lecoq, il était aisé de voir que le vieux volontaire de la rue de Jérusalem l'avait amené au soupçon...

Mais il fallait des assurances plus positives, à cet esprit précis et en quelque sorte mathématique.

Il n'avait pas pour rien aligné des chiffres pendant des années.

— Donc, monsieur Tabaret, fit-il, votre avis est que M. d'Escorval sait à quoi s'en tenir sur la personnalité de Mai ?

Le père Tirauclair se dressa sur son séant, si brusquement que sa goutte oubliée lui arracha un gémissement.

— En doutes-tu ? s'écria-t-il. En douterais-tu véritablement ? Quelles preuves exiges-tu donc ? Estimerais-tu naturelle cette coïncidence de la chute du juge et de la tentative de suicide du prévenu ? Pour l'honneur de ta perspicacité, je suppose que non.

« Je n'étais pas là comme toi, je n'ai pas pu juger par mes yeux ; mais rien qu'avec ce que tu m'as conté, je me fais fort de rétablir la scène telle qu'elle a eu lieu. Il me semble la voir... écoute :

« M. d'Escorval, son enquête chez la veuve Chupin terminée, arrive au Dépôt et se fait ouvrir le cachot de Mai... Ces deux hommes se reconnaissent. S'ils eussent été seuls ils se fussent expliqués, et les choses prenaient une autre tournure... tout s'arrangeait peut-être.

« Mais ils n'étaient pas seuls ; il y avait là un tiers : le greffier. Ils ne se sont donc rien dit. Le juge, d'une voix troublée, a posé quelques questions banales, et le prévenu, horriblement troublé, a répondu tant bien que mal.

« La porte refermée, M. d'Escorval s'est dit : « Non, je ne saurais être le juge de « cet homme que je hais !... » Ses perplexités étaient terribles. Quand tu as voulu lui parler à sa sortie, il t'a brutalement revoyé au lendemain, et un quart d'heure plus tard il simulait une chute.

— Alors, interrogea Lecoq, vous pensez que M. d'Escorval et notre soi-disant Mai sont des ennemis ?

— Parbleu !... répondit le bonhomme de sa petite voix claire et tranchante ; est-ce que les faits ne le démontrent pas ? S'ils étaient amis, le juge eût probablement joué sa comédie, mais le prévenu n'eût point cherché à s'étrangler.

« Enfin, grâce à toi, Mai a été sauvé... car il te doit la vie, cet homme-là. Entortillé dans sa camisole de force, il n'a rien pu entreprendre de la nuit... Ah ! il a dû, cette nuit-là, être mouillé d'une sueur de sang ! Quelles souffrances ! quelle agonie !...

« Aussi, au matin, quand on l'a conduit à l'instruction, c'est avec une sorte de frénésie dont les transports t'avaient frappé, ô aveugle !... qu'il s'est précipité dans le cabinet du juge.

« Dans ce cabinet, il comptait trouver M. d'Escorval triomphant de son malheur. Je ne suppose pas qu'il eût l'intention de se précipiter sur lui, mais il voulait lui dire :

« — Eh bien ! oui !... oui, c'est moi. La fatalité s'en est mêlée : j'ai tué trois hommes, et vous me tenez, je suis à votre discrétion... Mais précisément parce qu'il y a entre nous une haine mortelle, vous vous devez à vous-même de ne pas prolonger mes tortures !... abuser serait une lâcheté infâme !... »

« Oui, il voulait dire cela ou à peu près, Lecoq, mon garçon, si tu m'as bien décrit l'expression de son visage, où la hauteur le disputait au plus farouche désespoir.

« Mais ce n'est pas tout.

« Au lieu de M. d'Escorval, ce hautain magistrat, le prévenu aperçoit le digne, l'excellent M. Segmuller... Alors, qu'arrive-t-il ?

« Il est surpris et son œil trahit l'étonnement qu'il ressent de la générosité de son ennemi... Il l'avait cru implacable.

Puis un sourire monte à ses lèvres, sourire d'espoir, car il pense que puisque M. d'Escorval n'a pas trahi son secret, il peut se sauver encore, et que peut-être il retirera intacts de cet abîme de honte et de sang son honneur et son nom.

Le père Tabaret fit, de la main, un mouvement ironique qui lui était familier, et changeant subitement de ton, il ajouta :

— Et voillà... mon fiston !

Le vieux Absinthe s'était dressé, empoigné jusqu'au délire.

— Cristi ! s'écria-t-il, ça y est !... oh ! ça y est !

Pour être muette, l'approbation de Lecoq n'en était pas moins évidente.

Mieux que son vieux collègue, et en plus exacte connaissance de cause, il pouvait apprécier ce rapide et merveilleux travail d'induction.

Il s'extasiait devant les surprenantes facultés d'investigation de cet excentrique policier, qui sur des circonstances inaperçues de lui, Lecoq, reconstruisait le drame de la vérité, pareil en cela à ces naturalistes qui, sur la seule inspection de deux ou trois os, dessinent l'animal auquel ils ont appartenu.

Pendant une bonne minute, le père Tabaret savoura ces deux formes si diverses, mais également délicieuses pour lui, de l'admiration ; puis, reprenant son calme, il poursuivit :

— Te faudrait-il quelques petites preuves encore, Lecoq, mon fils ? Souviens-toi de la persévérance de M. d'Escorval à envoyer demander à M. Segmuller des nouvelles de l'instruction. J'admets, certes, qu'on se passionne pour son métier... mais non à ce point. A ce moment, tu croyais encore à la jambe cassée. Comment ne t'es-tu pas dit qu'un juge, sur le grabat, avec ses os en morceaux, ne s'inquiète pas tant que cela d'un misérable meurtrier ?... Je n'ai rien de brisé, moi, j'ai seulement la goutte ; mais je sais bien que pendant mes accès, la moitié de la terre jugerait l'autre moitié sans que l'idée me vînt d'expédier Manette aux informations. Ah ! une seconde réflexion t'évitait bien des soucis, car là, probablement, est le nœud de toute cette affaire...

Lecoq, si brillant causeur au cabaret de la veuve Chupin, si gonflé de confiance en soi, si pétillant de verve quand il exposait ses théories à l'innocent père Absinthe, Lecoq baissait le nez et ne soufflait mot.

Et il n'y avait dans son attitude ni calcul ni dépit.

Venu pour demander un conseil, il trouvait tout naturel — bon sens rare — le qu'on lui donnât.

Il avait commis des fautes, on les lui faisait toucher du doigt, et il ne s'en indignait pas, — autre prodige ! — et il ne cherchait pas à démontrer qu'il avait eu surtout raison quand il avait eu tort.

D'autres, à sa place, eussent jugé le père Tirauclair un peu bien prolixe en ses sermons ; lui, non. Il lui savait, bien au contraire, un gré infini de la semonce, se jurant bien qu'elle lui profiterait.

Si quelqu'un, pensait-il, peut me tirer l'horrible épine que j'ai au pied, c'est assurément ce bonhomme si perspicace... et il me la tirera, je le vois bien à son assurance.

Cependant M. Tabaret s'était versé un grand verre de tisane et l'avait avalé.

Il s'essuya les lèvres et reprit :

— Je ne parlerai que pour mémoire, mon garçon, de l'école que tu as faite en n'arrachant pas à Toinon-la-Vertu, pendant qu'elle était à ta dévotion, tout ce qu'elle savait de l'affaire... Quand on tient la poule... tu sais le proverbe ?... il faut la plumer sur-le-champ, sinon...

— Soyez tranquille, monsieur Tabaret, je suis payé pour me rappeler le danger qu'on court à laisser refroidir un témoin bien disposé.

— Passons donc !... Mais ce qu'il faut que je te dise, c'est que trois ou quatre fois, pour le moins, tu as eu le moyen de tirer la chose au clair...

Il s'arrêta, attendant quelque protestation de son élève. Elle ne vint point.

— S'il le dit, pensait le jeune policier, cela doit être...

Cette discrétion frappa beaucoup le bonhomme et redoubla l'estime qu'il avait conçue pour le caractère de Lecoq.

— La première fois que tu as manqué le coche, poursuivit-il, c'est quand tu promenais la boucle d'oreille trouvée à la *Poivrière*.

— Ah !... j'ai cependant tout tenté pour arriver à la dernière propriétaire...

— Beaucoup tenté, je ne dis pas non, mon fils, mais tout... c'est trop dire. Par exemple, quand tu as appris que la baronne de Watchau était morte et qu'on avait vendu tout ce qu'elle possédait, qu'as-tu fait?

— Vous le savez, j'ai couru chez le commissaire-priseur chargé de la vente.

— Très bien !... Après ?...

— J'ai examiné le catalogue, et n'y découvrant aucun bijou dont la description s'appliquât à ces beaux diamants, j'ai reconnu que la piste était perdue...

Le père Tirauclair jubilait.

— Justement!... s'écria-t-il, voilà en quoi tu t'es trompé. Si ce bijou d'une grande valeur n'était pas décrit au catalogue de la vente, c'est que la baronne de Watchau ne le possédait plus au moment de sa mort. Si elle ne le possédait plus, c'est qu'elle l'avait donné ou vendu. A qui?... A une de ses amies, très probablement.

« C'est pourquoi, à ta place, je me serais enquis du nom des amies intimes de Mme de Watchau, ce qui était aisé, et j'aurais tâché de me mettre bien avec toutes les femmes de chambre de ces amies... Joli garçon comme tu l'es, c'eût été un jeu pour toi.

Ce conseil parut divertir prodigieusement le père Absinthe.

— Eh! oh!... fit-il avec son gros rire, ça m'irait joliment, ce système de police.

M. Tabaret ne releva pas l'exclamation.

— Enfin, continua-t-il, j'aurais montré la boucle d'oreille à toutes ces soubrettes, jusqu'à ce qu'il s'en trouvât une qui me dit : « Ce diamant est à ma maîtresse, » ou une qui, à sa vue, eût été prise d'un tremblement nerveux...

— Et dire, murmura Lecoq, que cette idée ne m'est pas venue!...

— Attends, attends... j'arrive à la seconde occasion manquée. Comment t'es-tu conduit quand tu as eu en ta possession la malle que Mai prétendait être sienne? Tu l'as tout bonifacement remise à ce prévenu si fin. Saperlotte!... tu n'ignorais pourtant pas que cette malle n'était qu'un accessoire de la comédie, qu'elle n'avait pu être déposée chez Mme Milner que par le complice, que tous les effets qui s'y trouvaient avaient été achetés après coup...

— Non, je ne l'ignorais pas... Mais quel parti tirer de ma certitude?

— Quel parti, ô mon fils!... Moi qui ne suis qu'un pauvre vieux bonhomme, j'aurais convoqué le ban et l'arrière-ban des fripiers de Paris, et j'en aurais, à la fin, déniché un qui se serait écrié : « Ces frusques?... c'est moi qui les ai vendues à un individu comme ça et comme ça, qui achetait pour le compte d'un de ses amis dont il avait apporté la mesure. »

Dans la colère où il était contre lui-même, Lecoq s'emporta jusqu'à ébranler d'un furieux coup de poing un meuble placé contre lui.

— Sacrebleu!... s'écria-t-il, le moyen était infaillible et simple comme bonjour. Ah!... de ma vie je ne me pardonnerai mon ineptie!...

— Doucement, doucement!... interrompit le bonhomme, tu vas trop loin, mon cher garçon. Ineptie n'est pas du tout le mot : c'est légèreté, qu'il faut dire... Tu es jeune, que diable! Ce qui serait moins excusable, c'est la façon dont tu as mené la chasse du prévenu après son évasion...

— Hélas! murmura le jeune policier découragé, Dieu sait pourtant si je me suis donné du mal!...

— Trop, mon fils, mille fois trop, et c'est là ce que je te reproche. Quelle diantre d'idée t'a pris de suivre ce soi-disant Mai pas à pas, comme un vulgaire « fileur » ?

Cette fois, Lecoq fut stupéfié.

— Devais-je donc le laisser échapper?... demanda-t-il.

— Non, mais si j'avais été à côté de toi, sous les galeries de l'Odéon, quand tu as si habilement, — car tu es habile, ô mon fils ! — et promptement deviné les intentions du prévenu, je t'aurais dit : « Ce gars-là, ami Lecoq, court chez Mme Milner lui dire de faire savoir son évasion... laissons-le courir. » Et quand il est sorti de l'hôtel de Mariembourg, j'aurais ajouté : « Maintenant, laisse-le aller où il voudra, mais attache-toi à Mme Milner, ne la perds pas de vue, ne la quitte pas plus que l'ombre le corps, car elle te conduira au complice, c'est-à-dire au mot de l'énigme.

— Et elle m'y eût conduit, oui, je le reconnais...

— Au lieu de cela, cependant, qu'as-tu imaginé?... Tu as couru te montrer à l'hôtel de Mariembourg, tu as terrifié le garçon ! Quand on a tendu des nasses et qu'on prétend prendre le poisson, on ne bat pas du tambour auprès !...

Ainsi le père Tabaret reprenait l'instruction tout entière, et la suivant pas à pas, il la refaisait selon sa méthode d'induction. Lecoq avait eu au début une inspiration magnifique, il avait déployé au cours de l'enquête un génie supérieur, et cependant il n'avait pas réussi. Pourquoi?... C'est que toujours il s'était écarté du principe admis au commencement et résumé par lui en cet axiome : « Se défier de la vraisemblance. »

Mais le jeune policier n'écoutait que d'une oreille distraite. Mille projets se présentaient à son esprit. Bientôt il n'y tint plus.

— Vous venez de me sauver du désespoir, monsieur, interrompit-il. J'avais cru tout perdu, et je découvre que toutes mes sottises peuvent se réparer. Ce que je n'ai pas fait, je puis le faire, il en est temps encore. N'ai-je pas toujours à ma disposition la boucle d'oreille et divers effets du prévenu?... Mme Milner tient encore l'hôtel de Mariembourg, je vais la surveiller...

— Et pourquoi toutes ces démarches, garçon ?

— Comment, pourquoi?... Pour retrouver mon prévenu, donc !...

Moins plein de son idée, Lecoq eût surpris le fin sourire qui errait sur les lèvres niaises de Tirauclair.

— Ah çà ! mon fils, est-ce que tu ne te doutes pas un peu du vrai nom de ton soi-disant saltimbanque ?

Lecoq tressaillit et détourna la tête. Il ne voulait pas laisser voir ses yeux.

— Non, répondit-il d'une voix émue, je ne me doute pas...

— Tu mens, interrompit le bonhomme, tu sais aussi bien que moi que Mai demeure rue de Grenelle-Saint-Germain, et qu'il se nomme M. le duc de Sairmeuse.

A ces mots, le père Absinthe éclata de rire.

— Ah! la bonne plaisanterie, s'écria-t-il. Ah! ah!...

Telle n'était pas l'opinion de Lecoq.

— Eh bien!... oui, monsieur Tabaret, dit-il, j'ai eu cette idée, moi aussi, mais je l'ai chassée...

— Vraiment!... et pour quelle raison, s'il te plaît?...

— Dame, c'est que...

— C'est que tu ne sais pas rester dans la logique de tes prémices. Mais je le sais, moi, je suis conséquent et je me dis :

« Il paraît impossible que le meurtrier du cabaret de la Chupin soit le duc de Sairmeuse...

« Donc, le meurtrier du cabaret de la Chupin, May, le soi-disant saltimbanque, est le duc de Sairmeuse ! »

XLII

Comment cette idée était-elle venue au père Tabaret? Voilà ce que Lecoq ne pouvait comprendre.

Qu'il l'eût eue, lui, Lecoq, lorsque son prévenu s'était pour ainsi dire évanoui, comme un léger brouillard, on le concevait à la rigueur. Le désespoir enfante les plus absurdes chimères, et d'ailleurs quelques mots de Couturier pouvaient servir de prétexte à toutes les suppositions.

Mais le père Tirauclair était de sang-froid, lui... mais les paroles de Couturier avaient perdu à être rapportées toute leur valeur...

Le bonhomme ne pouvait pas ne pas remarquer la mine étonnée du jeune policier, et, dès lors, démêler ses sentiments était aisé.

— Tu as l'air de tomber des nues, garçon, lui dit-il. Te figurerais-tu que j'ai parlé au hasard, comme un étourneau?...

— Non, certes, monsieur, mais...

— Tais-toi ! Ta surprise vient de ce que tu ne sais pas le premier mot de l'histoire contemporaine. Ton éducation, sur ce point, est à faire, et tu la feras, si tu ne veux pas rester toute ta vie un grossier chasseur de scélérats comme ton ennemi Gévrol.

— J'avoue que je ne vois pas le rapport...

M. Tabaret ne daigna pas répondre à cette question. Il se retourna vers le père Absinthe, et du ton le plus amical :

— Faites-moi donc le plaisir, mon vieux, lui dit-il, de prendre dans ma bibliothèque, à côté, deux gros in-folio, intitulés : *Biographie générale des hommes du siècle*. Ils sont dans l'armoire de droite.

Le père Absinthe s'empressa d'obéir, et dès qu'il fut en possession de ses volumes, le père Tabaret se mit à les feuilleter d'une main fiévreuse non sans annoncer, comme toujours quand on cherche un mot dans le dictionnaire.

— Esbayron!... bredouillait-il, Escars..., Escayrac..., Escher..., Escodica... Enfin nous y voici ! Escorval!... Écoute-moi bien, mon fils, et la lumière se fera dans ta cervelle.

Point n'était besoin de la recommandation. Jamais les facultés du jeune policier n'avaient été plus tendues.

C'est d'une voix brève, que le bonhomme lut :

Escorval (Louis-Guillaume, baron d'). — Administrateur et homme politique français, né à Montaignac, le 3 décembre 1769, d'une vieille famille de robe. Il achevait ses études à Paris, quand éclata la Révolution. Il en embrassa la cause avec toute l'ardeur de la jeunesse. Mais, épouvanté bientôt des excès qui se commettaient au nom de la liberté, il se rangea du côté de la réaction, conseillé peut-être par Rœderer, qui était un ami de sa famille.

Recommandé au premier Consul par M. de Talleyrand, il débuta dans la carrière administrative par une mission en Suisse, et tant que dura l'Empire, il fut mêlé aux plus importantes négociations.

Dévoué corps et âme à la personne de l'Empereur, il se trouva gravement compromis à la seconde Restauration.

Arrêté lors des troubles de Montaignac sous la double prévention de haute trahison et de complot à l'intérieur, il fut traduit devant une commission militaire et condamné à mort.

Mais il ne fut pas exécuté. Il dut la vie au noble dévouement et à l'héroïque énergie d'un prêtre de ses amis, l'abbé Midon, curé du petit village de Sairmeuse.

Le baron d'Escorval n'a qu'un fils, entré fort jeune dans la magistrature...

Grand fut le désappointement de Lecoq.

— J'entends bien, prononça-t-il, c'est la biographie du père de notre juge... Seulement, je ne vois pas ce qu'elle nous apprend.

Un ironique sourire errait sur les lèvres du père Tirauclair.

— Elle nous apprend, répondit-il, que M. d'Escorval père a été condamné à mort. C'est quelque chose, je t'assure... Un peu de patience, et tu le reconnaîtras...

Il avait de nouveau feuilleté son dictionnaire ; il reprit sa lecture :

Sairmeuse (Anne-Marie-Victor de Tingry, duc de). — Homme politique et général français, né au château de Sairmeuse, près Montaignac, le 17 janvier 1758. La famille de Sairmeuse est une des plus anciennes et des plus illustres de France. Il ne faut pas la confondre avec la famille ducale de Sermeuse, dont le nom s'écrit par un e.

On s'empressa de lui avancer une chaise.

Émigré aux premiers moments de la Révolution, Anne de Sairmeuse se distingua par le plus brillant courage à l'armée de Condé. Quelques années plus tard, il demandait du service à la Russie, et se battait, disent certains de ses biographes, dans les rangs russes, lors de la désastreuse retraite de Moscou.

Rentré en France à la suite des Bourbons, il s'acquit une bruyante célébrité par l'exaltation de ses opinions ultra-royalistes. Il est vrai qu'il eut le bonheur de rentrer en possession des immenses domaines de sa famille, et les grades qu'il avait gagnés à l'étranger lui furent confirmés.

Désigné par le roi pour présider la commission militaire chargée de suivre et de juger les conspirateurs de Montaignac, il déploya des rigueurs et une partialité que flétriront tous les partis.

Lecoq s'était dressé l'œil étincelant.

— Sacré tonnerre!... s'écria-t-il, j'y vois clair maintenant. Le père du duc de Sairmeuse actuel a voulu faire couper le cou du père de notre M. d'Escorval...

M. Tabaret rayonnait.

— Voilà à quoi sert l'histoire, dit-il. Mais je n'ai pas fini, garçon; notre duc de Sairmeuse à nous a aussi son article... Écoute donc encore :

Sairmeuse (Anne-Marie-Martial), fils du précédent, est né à Londres en 1791 et a été élevé en Angleterre d'abord, puis à la cour d'Autriche, près de laquelle il devait plus tard remplir diverses missions confidentielles.

Héritier des opinions, des préjugés et des rancunes de son père, il mit au service de son parti la plus haute intelligence et d'admirables facultés... Mis en avant au moment où les passions politiques étaient les plus violentes, il eut le courage d'assumer seul la responsabilité des plus terribles mesures... Obligé de se retirer des affaires devant l'animadversion générale, il laissa derrière lui des haines qui ne s'éteindront qu'avec sa vie...

Le bonhomme ferma le volume, et se grimant de fausse modestie :

— Eh bien!... demanda-t-il, que penses-tu, garçon, de ma petite méthode d'induction?

Mais l'autre était trop préoccupé pour répondre.

— Je pense, objecta-t-il, que si le duc de Sairmeuse eût disparu deux mois, le temps de la prévention de Mai, tout Paris l'eût su, et ainsi...

— Tu rêves!... interrompit le père Tabaret. Avec sa femme et son valet de chambre pour complices, le duc s'absentera un an quand il le voudra, et tous ses domestiques le croiront à l'hôtel...

Le visage contracté du jeune policier disait l'effort de sa pensée.

— J'admets cela, prononça-t-il enfin, je me résigne à croire que ce grand seigneur a su jouer le rôle merveilleux de Mai... Malheureusement, il est une circonstance qui, seule, renverse tout l'échafaudage de nos suppositions...

— Et laquelle, s'il te plaît?...

— Si l'homme de la *Poivrière* eût été le duc de Sairmeuse, il se fût nommé... il eût expliqué comment, attaqué, il s'était défendu... et son nom seul lui eût ouvert les portes de la prison. Au lieu de cela, qu'a fait notre prévenu?... Il a essayé de s'étrangler. Est-ce que jamais un grand seigneur tel que le duc de Sairmeuse, dont la vie doit être un enchantement perpétuel, eût songé au suicide?...

Un sifflement moqueur du père Tabaret interrompit le jeune policier.

— Il paraît, prononça le bonhomme, que tu as oublié la dernière phrase de la biographie : « M. de Sairmeuse laisse derrière lui des haines terribles... » Sais-tu de quel prix on lui eût fait payer sa liberté ? Non... ni moi non plus. Ce que nous savons, c'est que ce n'est pas son parti qui triomphe... Pour expliquer sa présence à la *Poivrière*..; et la présence d'une femme qui peut-être était la sienne, qui sait quels secrets d'infamie il eût été obligé de livrer... Entre le suicide et la honte, il a choisi le suicide... Il a voulu sauver son nom... il s'est fait un linceul de son honneur intact.

Le père Tirauclair s'exprimait avec une véhémence si extraordinaire, que le vieil Absinthe en était remué, bien qu'il n'eût pas, en vérité, compris grand'chose à cette scène.

Il s'enthousiasmait de confiance.

Quant à Lecoq, il se dressa, pâle et les lèvres un peu tremblantes, comme un homme qui vient de prendre une suprême détermination.

— Vous excuserez ma supercherie, monsieur Tabaret, fit-il d'une voix émue. Tout cela, je l'avais pensé... Mais je me défiais de moi, je voulais vous l'entendre dire...

Il eut un geste insouciant, et ajouta :

— Maintenant, je sais ce que j'ai à faire.

Le père Tabaret leva les bras au ciel avec tous les signes de la plus terrible agitation.

— Malheureux!... s'écria-t-il, aurais-tu la pensée d'aller arrêter le duc de Sairmeuse!... Pauvre Lecoq!... Libre, cet homme est presque tout-puissant, et toi, infime agent de la sûreté, tu serais brisé comme verre! Prends garde, ô mon fils! n'attaque pas au duc, je ne répondrais même pas de ta vie.

Le jeune policier hocha la tête.

— Oh!... je ne m'abuse pas, dit-il. Je sais qu'en ce moment le duc est hors de mes atteintes... Mais je le tiendrai le jour où j'aurai pénétré son secret... Je méprise le danger, mais je sais que pour réussir je dois me cacher... je me cacherai donc. Oui, je me tiendrai dans l'ombre jusqu'au jour où j'aurai soulevé le voile de cette ténébreuse affaire... alors j'apparaîtrai. Et si véritablement Maï est le duc de Sairmeuse... j'aurai ma revanche.

DEUXIÈME PARTIE

L'HONNEUR DU NOM

I

Le premier dimanche du mois d'août 1815, à dix heures précises, — comme tous les dimanches, — le sacristain de la paroisse de Sairmeuse sonna les « trois coups », qui annoncent aux fidèles que le prêtre monte à l'autel pour la grand'messe.

L'église était plus d'à moitié pleine, et de tous côtés arrivaient en se hâtant des groupes de paysans et de paysannes.

Les femmes étaient en grande toilette, avec leurs fichus de cou bien tirés à quatre épingles, leurs jupes à larges rayures et leurs grandes coiffes blanches. Seulement, économes autant que coquettes, elles allaient les pieds nus, tenant à la main leurs souliers, que respectueusement elles chaussaient avant d'entrer dans la maison de Dieu.

Les hommes, eux, n'entraient guère.

Presque tous restaient à causer, assis sous le porche ou debout sur la place de l'Église, à l'ombre des ormes séculaires.

Telle est la mode au hameau de Sairmeuse.

Les deux heures que les femmes consacrent à la prière, les hommes les emploient à se communiquer les nouvelles, à discuter l'apparence ou le rendement des récoltes, enfin à ébaucher des marchés qui se terminent le verre à la main dans la grande salle de l'auberge du *Bœuf couronné*.

Pour les cultivateurs, à une lieue à la ronde, la messe du dimanche n'est guère qu'un prétexte de réunion, une sorte de bourse hebdomadaire.

Tous les curés qui se sont succédé à Sairmeuse ont essayé de dissoudre ou du moins de transporter sur un autre point cette « foire scandaleuse »; leurs efforts se sont brisés contre l'obstination campagnarde.

Ils n'ont obtenu qu'une concession : au moment où sonne l'élévation, les voix se taisent, les fronts se découvrent, et nombre de paysans même plient le genou en se signant.

C'est l'affaire d'une minute, et les conversations aussitôt reprennent de plus belle.

Mais ce dimanche d'août, la place n'avait pas son animation accoutumée.

Nul bruit ne s'élevait des groupes, pas un juron, pas un rire. L'âpre intérêt faisait trêve. On n'eût pas surpris entre vendeurs et acheteurs une seule de ces interminables discussions campagnardes, que ponctuent toutes sortes de serments, des « ma foi de Dieu ! » des « que le diable me brûle ! »

On ne causait pas, on chuchotait. Une morne tristesse se lisait sur les visages, la circonspection pinçait les lèvres, les bouches mystérieusement s'approchaient des oreilles, l'inquiétude était dans tous les yeux.

On sentait un malheur dans l'air.

C'est qu'il n'y avait pas encore un mois que Louis XVIII avait été, pour la seconde fois, installé aux Tuileries par la coalition triomphante.

La terre n'avait pas eu le temps de boire les flots de sang répandus à Waterloo ; douze cent mille soldats étrangers foulaient le sol de la patrie ; le général prussien Muffling était gouverneur de Paris.

Et les gens de Sairmeuse s'indignaient et tremblaient.

Ce roi, que ramenaient les alliés, ne les épouvantait guère moins que les alliés eux-mêmes.

Dans leur pensée, ce grand nom de Bourbon qu'il portait ne pouvait signifier que dîme, droits féodaux, corvées, oppression de la noblesse...

Il signifiait surtout ruine, car il n'était pas un d'entre eux qui n'eût acquis quelque lopin des biens nationaux, et on assurait que toutes les terres allaient être rendues aux anciens propriétaires émigrés.

Aussi, est-ce avec une curiosité fiévreuse qu'on entourait et qu'on écoutait un tout jeune homme revenu de l'armée depuis deux jours.

Il racontait, avec des larmes de rage dans les yeux, les hontes et les misères de l'invasion.

Il disait le pillage de Versailles, les exactions d'Orléans, et aussi comment d'impitoyables réquisitions dépouillaient de tout les pauvres gens des campagnes.

— Et ils ne s'en iront pas, répétait-il, ces étrangers maudits auxquels nous ont livrés des traîtres, ils ne s'en iront pas tant qu'ils sentiront en France un écu et une bouteille de vin !...

Il disait cela, et de son poing crispé il menaçait le drapeau arboré au haut du clocher, un drapeau blanc qui cliquetait à la brise.

Sa généreuse colère gagnait ses auditeurs, et l'attention qu'on lui accordait n'était pas près de se lasser, quand il fut interrompu par le galop d'un cheval sonnant sur le pavé de l'unique rue de Sairmeuse.

Un frisson agita les groupes. La même crainte serrait tous les cœurs.

Qui disait que ce cavalier ne serait pas quelque officier anglais ou prussien?...
Il annoncerait l'arrivée de son régiment et exigerait impérieusement de l'argent, des vêtements et des vivres pour ses soldats...

Mais l'anxiété dura peu.

Le cavalier qui apparut au bout de la place, était un homme du pays, vêtu d'une méchante blouse de toile bleue. Il bâtonnait à tour de bras un petit bidet maigre et nerveux, qui, tout couvert d'écume, faisait encore feu des quatre fers.

— Eh!... c'est le père Chupin!... murmura un des paysans avec un soupir de soulagement.

— Même, observa un autre, il paraît terriblement pressé.

— C'est que sans doute le vieux coquin a volé quelque part le cheval qu'il monte.

Cette dernière réflexion disait la réputation de l'homme.

Le père Chupin, en effet, était un de ces terribles pillards qui sont l'effroi et le fléau des campagnes. Il s'intitulait journalier, mais la vérité est qu'il avait le travail en horreur et passait toutes ses journées au cabaret. La maraude seule le faisait vivre ainsi que sa femme et ses fils, deux redoutables garnements qui avaient trouvé le secret d'échapper à toutes les conscriptions.

Il ne se consommait rien dans cette famille qui ne fût volé. Blé, vin, bois, fruits, tout était pris sur la propriété d'autrui. La chasse et la pêche partout, en tout temps, avec des engins prohibés, fournissaient l'argent comptant.

Tout le monde savait cela, à Sairmeuse, et cependant, lorsque, de temps à autre, le père Chupin était poursuivi, il ne se trouvait jamais de témoins pour déposer contre lui.

— C'est un mauvais homme, disait-on, et s'il en voulait à quelqu'un, il serait bien capable de l'attendre au coin d'un bois pour tirer dessus comme sur un lapin.

Le vieux braconnier, cependant, venait de s'arrêter devant l'auberge du *Bœuf couronné*.

Il sauta lestement à terre, chassa son cheval vers les écuries et s'avança sur la place.

C'était un grand vieux, d'une cinquantaine d'années, maigre et noueux comme un cep de vigne. Rien, au premier abord, ne révélait le coquin. Il avait l'air humble et doux. Mais la mobilité de ses yeux, l'expression de sa bouche à lèvres minces, trahissaient une astuce diabolique et la plus froide méchanceté.

A tout autre moment, on eût évité ce personnage redouté et méprisé, mais les circonstances étaient graves, on alla au-devant de lui.

— Eh bien! père Chupin! lui cria-t-on dès qu'il fut à portée de la voix, d'où nous arrivez-vous donc comme cela?

— De la ville.

La ville, pour les habitants de Sairmeuse et des environs, c'est le chef-lieu de l'arrondissement, Montaignac, une charmante sous-préfecture de huit mille âmes, distante de quatre lieues.

— Et c'est à Montaignac que vous avez acheté le cheval que vous rossiez si bien tout à l'heure?...

— Je ne l'ai pas acheté, on me l'a prêté.

L'assertion du maraudeur était si singulière que ses auditeurs ne purent s'empêcher de sourire. Lui ne parut pas s'en apercevoir.

— On me l'a prêté, poursuivit-il, pour apporter plus vite ici une fameuse nouvelle.

La peur reprit tous les paysans.

— L'ennemi est-il à la ville? demandèrent vivement les plus effrayés.

— Oui, mais pas celui que vous croyez. L'ennemi dont je vous parle est l'ancien seigneur d'ici, le duc de Sairmeuse.

— Ah! mon Dieu! on le disait mort.

— On se trompait.

— Vous l'avez vu?

— Non, mais un autre l'a vu pour moi, et lui a parlé. Et cet autre est M. Laugeron, le maître de l'*Hôtel de France*, de Montaignac. Je passais devant chez lui, ce matin, il m'appelle : « Vieux, me demanda-t-il, veux-tu me rendre un service? » Naturellement je réponds : « Oui. » Alors il me met un écu de six livres dans la main, en me disant : « Eh bien! on va te seller un cheval, tu galoperas jusqu'à Sairmeuse, et tu diras à mon ami Lacheneur que le duc de Sairmeuse est arrivé ici cette nuit, en chaise de poste, avec son fils, M. Martial, et deux domestiques. »

Au milieu de tous ces paysans qui l'écoutaient, la joue pâle et les dents serrées, le père Chupin gardait la mine contrite d'un messager de malheur.

Mais, à le bien examiner, on eût surpris sur ses lèvres un ironique sourire, et dans ses yeux les pétillements d'une joie méchante.

La vérité est qu'il jubilait. Ce moment le vengeait de toutes ses bassesses et de tous les mépris endurés. Quelle revanche!

Et si les paroles tombaient comme à regret de sa bouche, c'est qu'il cherchait à prolonger son plaisir en faisant durer le supplice de ses auditeurs.

Mais un jeune et robuste gars, à physionomie intelligente, qui l'avait peut-être pénétré, l'interrompit brusquement.

— Que nous importe, s'écria-t-il, la présence du duc de Sairmeuse à Montaignac!... Qu'il reste à l'*Hôtel de France* tant qu'il s'y trouvera bien, nous n'irons pas l'y chercher.

— Non!... nous n'irons pas l'y quérir, approuvèrent les paysans.

Le vieux maraudeur hocha la tête d'un air d'hypocrite pitié.

— C'est une peine que M. le duc ne vous donnera pas, dit-il; avant deux heures il sera ici.

— Comment le savez-vous?

— Je le sais par M. Laugeron, qui m'a dit, lorsque j'ai enfourché son bidet : « Surtout, vieux, explique bien à mon ami Lacheneur que le duc a commandé pour onze heures les chevaux de poste qui doivent le conduire à Sairmeuse. »

D'un commun mouvement tous les paysans qui avaient une montre la consultèrent.

— Et que vient-il chercher ici? demanda le jeune métayer.

— Pardienne!... il ne me l'a pas dit, répondit le maraudeur; mais il n'y a pas besoin d'être malin pour le deviner. Il vient visiter ses anciens domaines et les reprendre à ceux qui les ont achetés. A toi, Rousselet, il réclamera les prés de l'Oiselle qui donnent toujours deux coupes; à vous, père Gauchais, les pièces de terre de la Croix-Brûlée; à vous, Chanlouineau, les vignes de la Borderie...

Chanlouineau, c'était ce beau gars qui deux fois déjà avait interrompu le père Chupin.

— Nous réclamer la Borderie!... s'écria-t-il avec une violence inouïe, qu'il s'en avise... et nous verrons. C'était un terrain maudit, quand mon père l'a acheté, il n'y poussait que des ajoncs et une chèvre n'y eût pas trouvé sa pâture... Nous l'avons épierré pierre à pierre, nous avons usé nos ongles à gratter le gravier, nous l'avons engraissé de notre sueur, et on nous le reprendrait!... Ah!... on me tirerait avant ma dernière goutte de sang.

— Je ne dis pas, mais...

— Mais quoi?... Est-ce notre faute, à nous, si les nobles se sont sauvés à l'étranger? Nous n'avons pas volé leurs biens, n'est-ce pas? La nation les a mis en vente, nous les avons achetés et payés, nos actes sont en règle, la loi est pour nous.

— C'est vrai. Mais M. de Sairmeuse est le grand ami du roi...

Personne alors, sur la place de l'Église, ne s'occupait de ce jeune soldat dont la voix, l'instant d'avant, faisait vibrer les plus nobles sentiments.

La France envahie, l'ennemi menaçant, tout était oublié. Le tout-puissant instinct de la propriété avait parlé.

— M'est avis, reprit Chanlouineau, que nous ferions bien d'aller consulter M. le baron d'Escorval.

— Oui, oui!... s'écrièrent les paysans, allons!

Ils se mettaient en route, quand un homme du village même, qui lisait quelquefois les gazettes, les arrêta.

— Prenez garde à ce que vous allez faire, prononça-t-il. Ne savez-vous donc

Dans un grand lit, suant et geignant, était couché l'oracle.

pas que depuis le retour des Bourbons, M. d'Escorval n'est plus rien?... Fouché l'a couché sur ses listes de proscription, il est ici en exil et la police le surveille.

A cette seule objection, tout l'enthousiasme tomba.

— C'est pourtant vrai, murmurèrent plusieurs vieux, une visite à M. d'Escorval nous ferait, peut-être, bien du tort... Et d'ailleurs, quel conseil nous donnerait-il ?

Seul Chanlouineau avait oublié toute prudence.

— Qu'importe!... s'écria-t-il. Si M. d'Escorval n'a pas de conseil à nous donner, il peut toujours se mettre à notre tête et nous apprendre comment on résiste et comment on se défend.

Depuis un moment, le père Chupin étudiait d'un œil impassible ce grand déchaînement de colères. Au fond du cœur, il ressentait quelque chose de la monstrueuse satisfaction de l'incendiaire à la vue des flammes qu'il a allumées.

Peut-être avait-il déjà le pressentiment du rôle ignoble qu'il devait jouer quelques mois plus tard.

Mais, pour l'instant, satisfait de l'épreuve, il se posa en modérateur.

— Attendez donc, pour crier, qu'on vous écorche, prononça-t-il d'un ton ironique. Ne voyez-vous pas que j'ai tout mis au pis. Qui vous dit que le duc de Sairmeuse s'inquiétera de vous? Qu'avez-vous de ses anciens domaines, entre vous tous? Presque rien. Quelques landes, des pâtures et le coteau de la Borderie... Tout cela autrefois ne rapportait pas cinq cents pistoles par an...

— Ça, c'est vrai, approuva Chanlouineau, et si le revenu que vous dites a quadruplé, c'est que ces terres sont entre les mains de plus de quarante propriétaires qui les cultivent eux-mêmes.

— Raison de plus pour que le duc n'en souffle mot; il ne voudra pas se mettre tout le pays à dos. Dans mon idée, il ne s'en prendra qu'à un seul des possesseurs de ses biens, à notre ancien maire, à M. Lacheneur, enfin.

Ah! il connaissait bien le féroce égoïsme de ses compatriotes, le vieux misérable. Il savait de quel cœur et avec quel ensemble on accepterait une victime expiatoire dont le sacrifice serait le salut de tous.

— Il est de fait, objecta un vieux, que M. Lacheneur possède presque tout le domaine de Sairmeuse.

— Dites tout, allez, pendant que vous y êtes, reprit le père Chupin. Où demeure M. Lacheneur? Dans ce beau château de Sairmeuse dont nous voyons d'ici les girouettes à travers les arbres. Il chasse dans les bois des ducs de Sairmeuse, il pêche dans leurs étangs, il se fait traîner par des chevaux qui leur ont appartenu, dans des voitures où on retrouverait leurs armes si on grattait la peinture.

« Il y a vingt ans, Lacheneur était un pauvre diable comme moi, maintenant c'est un gros monsieur à cinquante mille livres de rente. Il porte des redingotes de drap fin, et des bottes à retroussis comme le baron d'Escorval. Il ne travaille plus, il fait travailler les autres, et quand il passe, il faut le saluer jusqu'à terre. Pour un moineau tué « sur ses terres », comme il dit, il vous enverrait un homme au bagne. Ah! il a eu de la chance! L'Empereur l'avait nommé maire. Les Bourbons l'ont destitué, mais que lui importe! En est-il moins le vrai seigneur d'ici, tout comme jadis les Sairmeuse, ses maîtres et les nôtres? Son fils en fait-il moins ses classes à Paris, pour devenir notaire? Quant à sa fille, Mlle Marie-Anne...

— Oh!... de celle-là, pas un mot! s'écria Chanlouineau... si elle était la maîtresse, il n'y aurait plus un pauvre dans le pays, et même on abuse de sa bonté... demandez plutôt à votre femme, père Chupin.

Sans s'en douter, le malheureux jeune homme venait de jouer sa tête.

Cependant, le vieux maraudeur dévora cet affront qu'il ne devait pas oublier, et c'est de l'air le plus humble qu'il poursuivit :

— Je ne dis pas que Mlle Marie-Anne n'est pas donnante, mais enfin il lui reste encore assez d'argent pour ses toilettes et ses falbalas... Je soutiens donc que M. Lacheneur serait encore très heureux après avoir restitué la moitié, les trois quarts même des biens qu'il a acquis on ne sait comment. Il lui en resterait encore assez pour écraser le pauvre monde.

Après s'être adressé à l'égoïsme, le père Chupin s'adressait à l'envie... son succès devait être infaillible.

Mais il n'eut pas le temps de poursuivre. La messe était finie, et les fidèles sortaient de l'église.

Bientôt apparut sous le porche l'homme dont il avait été tant question, M. Lacheneur, donnant le bras à une toute jeune fille d'une éblouissante beauté.

Le vieux maraudeur marcha droit à lui, et brusquement s'acquitta de son message.

Sous ce coup, M. Lacheneur chancela. Il devint si rouge d'abord, puis si affreusement pâle, qu'on crut qu'il allait tomber.

Mais il se remit vite, et sans un mot au messager, il s'éloigna rapidement en entraînant sa fille...

Quelques minutes plus tard, une vieille chaise de poste traversait le village au galop de ses quatre chevaux et s'arrêtait devant la cure.

Alors on eut un singulier spectacle.

Le père Chupin avait réuni sa femme et ses deux fils, et tous quatre ils entouraient la voiture en criant à pleins poumons :

— Vive monsieur le duc de Sairmeuse!!!...

II

Une route en pente douce, longue de près d'une lieue, ombragée d'un quadruple rang de vieux ormes, conduit du village au château de Sairmeuse.

Rien de beau comme cette avenue, digne d'une demeure royale, et l'étranger qui la gravit s'explique le dicton naïvement vaniteux du pays :

« Ne sait combien la France est belle,
« Qui n'a vu Sairmeuse ni l'Oiselle. »

L'Oiselle, c'est la petite rivière qu'on passe sur un pont en bois en sortant du village, et dont les eaux claires et rapides donnent à la vallée sa délicieuse fraîcheur.

Et à chaque pas, à mesure qu'on monte, le point de vue change. C'est comme un panorama enchanteur qui se déroule lentement.

A droite, on aperçoit les scieries de Féréol et les moulins de la Rèche. A gauche, pareille à un océan de verdure, frémit à la brise la forêt de Dolomieu. Ces ruines imposantes, de l'autre côté de la rivière, sont tout ce qu'il reste du manoir féodal des sires de Breulh. Cette maison de briques rouges, à arêtes de granit, à demi cachée dans un pli du coteau, appartient à M. le baron d'Escorval.

Enfin, si le temps est bien clair, on distingue dans le lointain les clochers de Montaignac...

C'est cette route que prit M. Lacheneur, après que le vieux Chupin lui eût appris la grande nouvelle, l'arrivée du duc de Sairmeuse...

Mais que lui importaient les magnificences du paysage !

Il avait été assommé, sur la place. Et maintenant il cheminait d'un pas lourd et chancelant; comme ces pauvres soldats qui, blessés mortellement sur le champ de bataille, se retirent, cherchant un fossé où se coucher et mourir.

Il semblait avoir perdu toute notion de soi, toute conscience des événements précédents et des circonstances extérieures... Il allait, abîmé dans ses réflexions, guidé par le seul instinct de l'habitude.

A deux ou trois reprises, sa fille Marie-Anne, qui marchait à ses côtés, lui adressa la parole; un : « Ah! laisse-moi!... » prononcé d'un ton rude, fut tout ce qu'elle en tira.

Sans doute, comme il arrive toujours après un coup terrible, cet homme malheureux repassait toutes les phases de sa vie...

A vingt ans, Lacheneur n'était qu'un pauvre garçon de charrue, au service de la famille de Sairmeuse.

Ses ambitions étaient modestes alors. Quand il s'étendait sous un arbre à l'heure de la sieste, ses rêves étaient naïfs autant que ceux d'un enfant.

— Si je pouvais amasser cent pistoles, pensait-il, je demanderais au père Barrois la main de sa fille Marthe, et il ne me la refuserait pas...

Cent pistoles!... Mille livres!... somme énorme, pour lui, qui, en deux ans de travail et de privations, n'avait économisé que onze louis, qu'il tenait cachés dans une boîte de corne enfouie au fond de sa paillasse.

Pourtant il ne désespérait pas... Il avait lu dans les yeux noirs de Marthe qu'elle saurait attendre.

Puis, Mlle Armande de Sairmeuse, une vieille fille très riche, était sa marraine, et il songeait qu'en s'y prenant avec adresse il l'intéresserait peut-être à ses amours.

C'est alors qu'éclata le terrible orage de la révolution.

Aux premiers coups de tonnerre, M. le duc de Sairmeuse avait émigré avec M. le comte d'Artois. Ils se réfugiaient à l'étranger comme un passant s'abrite sous une porte pour laisser passer une averse, en se disant : « Cela ne durera pas. »

Cela dura, et l'année suivante la vieille demoiselle Armande, qui était restée à Sairmeuse, mourut de saisissement à la suite d'une visite des patriotes de Montaignac.

Le château fut fermé, le président du district s'empara des clés au nom de la nation, et les serviteurs se dispersèrent, chacun tirant de son côté.

C'est Montaignac que Lacheneur choisit pour sa résidence.

Jeune, brave, bien fait de sa personne, doué d'une physionomie énergique, d'une intelligence très au-dessus de sa condition, il ne tarda pas à se faire une renommée dans les clubs.

Trois mois durant, Lacheneur fut le tyran de Montaignac.

A ce métier de tribun on ne s'enrichissait guère ; aussi la surprise fut-elle immense dans le pays, lorsqu'on apprit que l'ancien valet de ferme venait d'acheter le château et presque toutes les terres de ses anciens maîtres.

Certes, la nation n'avait pas vendu ce domaine princier le vingtième seulement de sa valeur. Il avait été adjugé au prix de soixante-cinq mille livres. C'était pour rien.

Encore, cependant, fallait-il avoir cette somme, et Lacheneur la possédait, puisqu'il l'avait versée en beaux louis d'or entre les mains du receveur du district.

De ce moment, sa popularité fut perdue. Les patriotes qui avaient acclamé le pauvre valet de charrue renièrent le capitaliste. Il s'en moqua et fit bien. De retour à Sairmeuse, il put constater qu'on saluait fort bas le citoyen Lacheneur.

Contre l'ordinaire, il ne fit pas fi de ses espérances passées au moment où elles devenaient réalisables.

Il épousa Marthe Barrois, et laissant la patrie se sauver sans lui, il se remit à la culture...

On l'observait attentivement ; en ces premiers temps, les paysans crurent remarquer qu'il était tout étourdi du brusque changement de sa situation.

Il ne semblait pas jouir en maître de ses propriétés. Ses allures avaient quelque chose de si gêné et de si inquiet, qu'on eût dit, à le voir, un domestique tremblant d'être surpris.

Il avait laissé le château fermé et s'était installé avec sa jeune femme dans l'ancien logis du garde-chasse, à l'entrée du parc. Il visitait les anciens fermiers de Sairmeuse, il les surveillait, mais il ne réclamait pas le prix des fermages.

Cependant, peu à peu, avec l'habitude de la possession, l'assurance lui vint.

Le Consulat avait succédé au Directoire, l'Empire remplaça le Consulat. Le citoyen devint M. Lacheneur gros comme le bras.

Nommé maire de la commune deux ans plus tard, il quitta la maison du garde-chasse et s'installa définitivement au château.

L'ancien valet de ferme coucha dans le lit à estrade des ducs de Sairmeuse, il mangea dans la vaisselle plate timbrée à leurs armes, il reçut dans un magnifique salon les gens qui venaient le voir de Montaignac.

La prise de possession était complète.

Pour ceux qui l'avaient connu autrefois, M. Lacheneur était devenu méconnaissable. Il avait su se maintenir à la hauteur de ses prospérités. Rougissant de son ignorance, il avait eu le courage, prodigieux à son âge, d'acquérir l'instruction qui lui manquait.

Alors, tout lui réussissait, à ce point que ce bonheur était devenu proverbial. Il suffisait qu'il se mêlât d'une entreprise pour qu'elle tournât à bien.

Sa femme lui avait donné deux beaux enfants, un fils et une fille.

Le domaine, administré avec une sagesse et une habileté que n'avaient pas les anciens propriétaires, rapportait bon an mal an soixante mille livres en sacs.

Beaucoup, à la place de M. Lacheneur, eussent été éblouis. Il sut, lui, garder son sang-froid.

En dépit du luxe princier qui l'entourait, sa vie resta simple et frugale. Il n'eut jamais de domestique pour son service personnel. Ses revenus, très considérables à cette époque, il les consacrait presque entièrement à améliorer ses terres ou à en acquérir de nouvelles. Et cependant il n'était pas avare. Dès qu'il s'agissait de sa femme ou de ses enfants, il ne comptait plus. Son fils, Jean, était élevé à Paris, il voulait qu'il pût prétendre à tout. Ne pouvant se résoudre à se séparer de sa fille, il lui avait donné une institutrice.

Parfois, ses amis l'accusaient d'une ambition démesurée pour ses enfants, mais alors il hochait tristement la tête et répondait :

— Que ne puis-je seulement leur assurer une modeste existence !... Compter sur l'avenir, quelle folie !... Qui eût prévu, il y a trente ans, que la famille de Sairmeuse serait dépossédée...

Avec de telles idées, il devait être un bon maître ; il le fut, mais on ne lui en tint nul compte. Ses anciens camarades ne pouvaient lui pardonner sa prestigieuse élévation. Il était rare qu'on parlât de lui sans souhaiter sa ruine à mots couverts.

Hélas !... les mauvais jours arrivèrent.

Vers la fin de 1812, il perdit sa femme, et les désastres de 1813 lui enlevèrent toute sa fortune mobilière confiée à un industriel de ses amis. Fortement compromis lors de la première Restauration, il fut obligé de se cacher, et, pour comble, la conduite de son fils, à Paris, lui donnait de sérieuses inquiétudes...

La veille encore, il s'estimait le plus malheureux des hommes...

Mais voici qu'un nouveau malheur le menaçait, si épouvantable que tous les autres étaient oubliés...

Entre le jour où il avait acheté Sairmeuse, et ce fatal dimanche d'août 1815, vingt ans s'étaient écoulés...

Vingt ans !... Et il lui semblait que c'était hier que, rouge et tremblant, il alignait les piles de louis sur le bureau du receveur du district.

Avait-il rêvé ?... Avait-il vécu ?...

Il n'avait pas rêvé... une vie entière tient dans l'espace de dix secondes, avec ses luttes et ses misères, ses joies inattendues et ses espoirs envolés...

Perdu dans ses souvenirs, il était à mille lieues de la situation présente, quand un vulgaire incident, plus puissant que la voix de sa fille, le ramena brutalement à l'affreuse vérité.

La grille du château de Sairmeuse — de son château — où il venait d'arriver, se trouvait fermée.

Il secoua les barreaux avec une sorte de rage, et ne pouvant briser la serrure, il sonna à briser la cloche.

Au bruit, le jardinier se hâta d'accourir.

— Pourquoi cette grille est-elle fermée ?... demanda M. Lacheneur avec une violence inouïe... De quel droit barricade-t-on ma maison lorsque moi, le maître, je suis dehors !...

Le jardinier voulut présenter quelques excuses.

— Tais-toi !... interrompit M. Lacheneur, je te chasse, tu n'es plus à mon service !...

Il passa, laissant le jardinier pétrifié, et traversa la cour du château, cour d'honneur princière, sablée de sable fin, entourée de gazons, de corbeilles de fleurs et de massifs d'arbres verts.

Dans le vestibule dallé de marbre, trois de ses métayers étaient assis, l'attendant, car c'était le dimanche qu'il recevait les gens de son immense exploitation.

Ils se levèrent dès qu'il parut, se découvrant respectueusement. Mais il ne leur laissa pas le temps de prononcer une parole.

— Qui vous a permis d'entrer ici?... leur dit-il d'un ton menaçant ; que me voulez-vous ? On vous envoie m'espionner, n'est-ce pas ?... Sortez !...

Les trois hommes demeurèrent plus ébahis que le jardinier, et leurs réflexions durent être singulières.

Mais M. Lacheneur ne pouvait les entendre. Il avait ouvert la porte du grand salon, et il s'y était précipité suivi de sa fille épouvantée.

Jamais Marie-Anne n'avait vu son père ainsi, et elle tremblait, le cœur navré par les plus affreux pressentiments.

Elle avait entendu dire que parfois, sous l'empire de certaines passions, des infortunés perdent tout à coup la raison, et elle se demandait si son père ne devenait pas fou.

En vérité, il semblait l'être. Ses yeux flamboyaient, des spasmes convulsifs le secouaient, une écume blanche montait à ses lèvres.

Il tournait autour du salon furieusement, comme la bête fauve dans sa cage, avec des gestes désordonnés et des exclamations rauques.

Ses façons étaient étranges, incompréhensibles. Tantôt il semblait tâter du bout du pied l'épaisseur du tapis, tantôt il se penchait sur les meubles comme pour en éprouver le moelleux.

Par moments, il s'arrêtait brusquement devant un des tableaux de maître qui cachaient les murs ou devant quelque bronze... On eût dit qu'il inventoriait et qu'il estimait toutes les choses magnifiques et coûteuses qui décoraient cette pièce, la plus somptueuse du château.

— Et je renoncerais à tout cela !... s'écria-t-il enfin.

Ce mot expliquait tout.

— Non, jamais !... reprit-il avec un emportement effrayant, jamais ! jamais !... Je ne saurais m'y résoudre... je ne peux pas... je ne veux pas !

Marie-Anne comprenait maintenant. Mais que se passait-il dans l'esprit de son père ? Elle voulut savoir, et, quittant la dormeuse où elle était assise, elle alla se placer debout devant lui.

— Tu souffres, père ? interrogea-t-elle, de sa belle voix harmonieuse, qu'y a-t-il ? que crains-tu ?... Pourquoi ne pas se confier à moi ? Ne suis-je pas ta fille, ne m'aimes-tu donc plus ?...

A cette voix si chère, M. Lacheneur tressaillit comme un dormeur arraché aux épouvantements du cauchemar, et il arrêta sur sa fille un regard indéfinissable.

— N'as-tu donc pas entendu, répondit-il lentement, ce que m'a dit Chupin ? Le duc de Sairmeuse est à Montaignac, il va arriver... et nous habitons le château de ses pères, et son domaine est devenu le nôtre !...

Cette question brûlante des biens nationaux, qui, durant trente années, agita la France, Marie-Anne la connaissait pour l'avoir entendu mille fois débattre

Presque tous restaient à causer assis sous le porche.

— Eh! cher père, dit-elle, qu'importe le duc!... Si nous avons ses terres, tu les a payées, n'est-ce pas?... elles sont donc bien et légitimement à nous.

M. Lacheneur hésita un moment avant de répondre...

Mais son secret l'étouffait ; mais il était dans une de ces crises où l'homme, si énergique qu'il soit, chancèle et cherche un appui, si fragile qu'il puisse être.

— Tu aurais raison, ma fille, murmura-t-il, en baissant la tête, si l'or que j'ai donné en échange de Sairmeuse m'eût appartenu.

A cet étrange aveu, la jeune fille recula en pâlissant.

— Quoi !... balbutia-t-elle, cet or n'était pas à toi, mon père ?... A qui donc était-il, d'où venait-il ?...

Le malheureux s'était trop avancé pour ne pas aller jusqu'au bout.

— Je vais tout te dire, ma fille, répondit-il, tout, et tu me jugeras, tu décideras... Quand les Sairmeuse ont émigré, je n'avais que mes bras pour vivre, et l'ouvrage manquant, je me demandais si le pain ne manquerait pas bientôt...

« Voilà où j'en étais, quand on vint me chercher, un soir, en me disant que Mlle Armande de Sairmeuse, ma marraine, se mourait et voulait me parler. J'accourus.

« On avait dit vrai, Mlle Armande était à l'agonie ; je le compris bien en la voyant dans son lit, plus blanche que la cire...

« Ah ! je vivrais cent ans que jamais je n'oublierais son visage à ce moment. On eût dit qu'à force de volonté et d'énergie, elle retenait pour quelque grande tâche son dernier soupir près de s'envoler.

« Quand j'entrai dans sa chambre, ses traits se détendirent.

« — Comme tu as tardé !... murmura-t-elle d'une voix faible.

« Je voulais m'excuser, mais elle m'interrompit du geste et ordonna aux femmes qui l'entouraient de se retirer.

« Dès que nous fûmes seuls :

« — Tu es un honnête garçon, n'est-ce pas ? me dit-elle... Je vais te donner une grande marque de confiance... On me croit pauvre, on se trompe... Pendant que les miens se ruinaient le plus gaiement du monde, j'économisais les cinq cents louis de pension que me servait annuellement M. le duc mon frère...

« Elle me fit signe d'approcher et de m'agenouiller près de son lit.

« J'obéis, et aussitôt Mlle Armande, se penchant vers moi, colla presque ses lèvres contre mon oreille et ajouta :

« — Je possède quatre-vingt mille livres en or.

« J'eus comme un éblouissement, mais ma marraine ne s'en aperçut pas.

« — Cette somme, continua-t-elle, n'est pas le quart des anciens revenus de notre maison... Qui sait cependant si elle ne sera pas un jour l'unique ressource des Sairmeuse ?... Je vais te la remettre, Lachenour, je la confie à ta probité et à ton dévouement... On va mettre en vente, dit-on, les terres des émigrés. Si cette affreuse injustice a lieu, tu rachèteras pour soixante-dix mille livres de nos propriétés... Dans le cas contraire, tu feras parvenir cette somme à M. le duc mon frère qui a suivi M. le comte d'Artois. Le surplus, c'est-à-dire les mille pistoles de différence, je te les donne, elles sont à toi...

« Les forces semblaient lui revenir. Elle se souleva sur son lit, et, me tendant la croix de son chapelet :

« — Jure sur l'image de notre Sauveur, me dit-elle, jure que tu exécuteras fidèlement les dernières volontés de ta marraine mourante.

« Je jurai, et son visage exprima une grande joie.

« — C'est bien, reprit-elle ; je mourrai tranquille... tu auras une protectrice là-haut. Mais ce n'est pas tout... Dans le temps où nous vivons, cet or ne sera en sûreté entre tes mains que si on ignore que tu le possèdes... J'ai cherché comment tu le sortirais de ma chambre et du château, à l'insu de tous, et j'ai trouvé un moyen. L'or est là, dans cette armoire, à la tête de mon lit, entassé dans un coffre de chêne... Il faut que tu aies la force de porter ce coffre... il le faut. Tu vas l'attacher à un drap et le descendre bien doucement, par la fenêtre, dans le jardin... Tu sortiras ensuite d'ici, comme tu y es entré, et une fois dehors, tu iras prendre le coffre et tu le porteras chez toi... La nuit est noire ; on ne te verra pas si tu sais prendre tes précautions... Mais hâte-toi, je suis à bout de forces...

« Le coffre était lourd, mais j'étais robuste. Deux draps que je pris dans un bahut firent l'affaire.

« En moins de dix minutes, j'eus terminé, sans embarras, sans un seul bruit capable de nous trahir. Pendant que je refermais la fenêtre :

« — C'est fini, marraine, dis-je.

« — Dieu soit loué !... balbutia-t-elle, Sairmeuse est sauvé !...

« J'entendis un profond soupir, je me retournai... elle était morte.

Cette scène que retraçait M. Lachencur, il la voyait...

Les plus futiles circonstances jaillissaient des cendres du passé comme les flammes d'un incendie mal éteint.

Feindre, déguiser la vérité, ménager des réticences, était hors de son pouvoir.

Il ne s'appartenait plus.

Ce n'est pas à sa fille qu'il s'adressait, mais à la morte, à Mlle Armande de Sairmeuse...

Et s'il frissonna en prononçant ces mots : « Elle était morte », c'est qu'il lui semblait qu'elle allait apparaître et lui demander compte de son serment.

Après un moment de silence pénible, c'est d'une voix sourde qu'il poursuivit :

— J'appelai au secours... on vint. Mme Armande était adorée, les larmes éclatèrent, et il y eut une demi-heure d'inexprimable confusion. Tout le monde perdait la tête excepté moi... Je pus me retirer sans être remarqué, courir au jardin et enlever le coffre de chêne... Une heure plus tard, il était enterré dans la misérable masure que j'habitais... L'année suivante, j'achetai Sairmeuse...

Il avait tout avoué, il s'arrêta tremblant, cherchant son arrêt dans les yeux de sa fille.

— Et vous hésitez?... demanda-t-elle.
— Ah!... tu ne sais pas...
— Je sais qu'il faut rendre Sairmeuse.

C'était bien là ce que lui criait la voix de sa conscience, cette voix qui n'est qu'un murmure et que cependant tout le fracas de l'univers ne saurait étouffer.

— Personne ne m'a vu emporter le coffre, balbutia-t-il. On me soupçonnerait qu'on ne trouverait pas une seule preuve... Mais personne ne sait rien...

Marie-Anne se redressa, l'œil étincelant de la plus généreuse indignation.

— Mon père!... interrompit-elle, oh!... mon père!...

Et d'un ton plus calme elle ajouta :

— Si le monde ne sait rien, pouvez-vous donc oublier, vous!...

M. Lacheneur semblait près de succomber aux souffrances des horribles combats qui se livraient en lui.

Moins abattu est l'accusé à l'heure où se décide son sort, pendant ces minutes éternelles où il attend un verdict de vie ou de mort, l'œil fixé sur cette petite porte par où il a vu le jury sortir pour délibérer.

— Rendre!... reprit-il, quoi?... Ce que j'ai reçu?... Soit, je consens. Je porterai au duc quatre-vingt mille francs, j'y ajouterai les intérêts de cette somme depuis que je l'ai en dépôt, et... nous serons quittes.

La jeune fille hochait la tête d'un air doux et triste.

— Pourquoi ces subterfuges indignes de toi? prononça-t-elle. Tu sais bien que c'est Sairmeuse que Mlle Armande entendait confier au serviteur de sa famille... C'est Sairmeuse qu'il faut rendre.

Ce mot de « serviteur » devait révolter un homme qui, tant qu'avait duré l'Empire, avait été un des puissants du pays.

— Ah!... vous êtes cruelle, ma fille, dit-il avec une profonde amertume, cruelle comme l'enfant qui n'a jamais souffert... cruelle comme celui qui, n'ayant jamais été tenté, est impitoyable pour celui qui succombe à la tentation.

« Il est des actes que Dieu seul, en sa divine justice, peut juger, parce que seul il sait tout et lit au fond des âmes...

« Je ne suis qu'un dépositaire, me dis-tu. C'est bien ainsi que je me considérais jadis...

« Si ta pauvre sainte mère vivait encore, elle te dirait mon trouble et mes angoisses en me voyant cette richesse soudaine qui n'était pas mienne... Je tremblais de me laisser prendre à ses séductions; j'avais peur de moi... J'étais comme le joueur chargé de tenir le jeu d'un autre, comme un ivrogne qui aurait reçu en dépôt les plus délicieuses liqueurs...

« Ta mère te dirait que j'ai remué ciel et terre pour retrouver le duc de Sairmeuse. Mais il avait quitté le comte d'Artois, on ne savait ce qu'il était devenu...

J'ai été dix ans avant de me décider à habiter le château, oui, dix ans, pendant lesquels chaque matin j'ai fait brosser les meubles et les tapis comme si le maître eût dû revenir le soir.

« Enfin j'osai... J'avais entendu M. d'Escorval affirmer que le duc avait été tué à la guerre... je m'installai ici. Et de jour en jour, à mesure que par mes soins le domaine de Sairmeuse devenait plus beau et plus vaste, je m'en sentais plus légitimement le possesseur...

Mais ce plaidoyer désespéré en faveur d'une cause mauvaise ne pouvait toucher la loyale Marie-Anne.

— Il faut restituer !... répéta-t-elle.

M. Lacheneur se tordait les bras.

— Implacable !... s'écria-t-il, elle est implacable. Malheureuse, qui ne comprends pas que c'est pour elle que je prétends, que je veux rester ce que je suis. Hésiterais-je, s'il ne s'agissait que de moi !... Je suis vieux et je connais la misère et le travail; l'oisiveté n'a pas fait disparaître les callosités de mes mains. Que me faudrait-il pour vivre en attendant ma place au cimetière? Une croûte de pain frottée d'oignon le matin, une écuellée de soupe le soir, et pour la nuit une botte de paille. Je saurais toujours bien me gagner cela. Mais toi, malheureuse enfant, mais ton frère, que deviendriez-vous?

— On ne discute ni ne transige avec le devoir, mon père... Je crois cependant que vous vous effrayez à tort. Je suppose au duc l'âme trop haute pour nous laisser jamais manquer du nécessaire après l'immense service que vous lui aurez rendu.

L'ancien serviteur des Sairmeuse eut un éclat de rire nouveau.

— Tu crois cela !... dit-il. C'est que tu ne connais pas ces nobles qui ont été nos maîtres pendant des siècles. Un « tu es un brave garçon ! » bien froid, serait toute ma récompense, et on nous renverrait, moi à ma charrue, toi à l'antichambre. Et si je m'avisais de parler des mille pistoles qui m'ont été données, on me traiterait de bélître, de faquin et d'impudent drôle... Par le saint nom de Dieu !... cela ne sera pas.

— Oh !... mon père !...

— Non, cela ne saurait être... Et je vois, moi, ce que tu ne peux pas voir, l'ignominie de la chute.. Tu nous crois aimés à Sairmeuse ?... tu te trompes. Nous avons été trop heureux pour ne pas être jalousés et haïs. Que je tombe demain, et tu verras se jeter sur nous, pour nous déchirer, ceux qui aujourd'hui nous lèchent les mains...

Ses yeux brillèrent; il pensa qu'il venait de trouver un argument victorieux.

— Et toi-même, poursuivit-il, toi si entourée, tu connaîtrais les horreurs du mépris... Tu éprouverais cette douleur épouvantable de voir s'éloigner de toi jusqu'à celui que ton cœur a choisi librement entre tous !...

Il avait frappé juste, car les beaux yeux de Marie-Anne s'emplirent de larmes.

— Si vous disiez vrai, mon père, murmura-t-elle d'une voix altérée, je mourrais peut-être de douleur, mais il me faudrait bien reconnaître que j'avais mal placé ma confiance et mon affection.

— Et tu t'obstines à me conseiller de rendre Sairmeuse ?...

— L'honneur parle, mon père...

M. Lacheneur disloqua à demi, d'un coup de poing terrible, le meuble près duquel il se trouvait.

— Et si je m'entêtais, moi aussi, s'écria-t-il, si je gardais tout... que ferais-tu ?

— Je me dirais, mon père, qu'une misère honnête vaut mieux qu'une fortune volée ; je quitterais ce château, qui est au duc de Sairmeuse, et je chercherais une place de fille de ferme aux environs...

Cette terrible réponse atteignit M. Lacheneur comme un coup de massue. Il se laissa tomber sur un fauteuil en sanglotant... Il connaissait assez sa fille pour savoir que ce qu'elle disait elle le ferait.

Mais il était vaincu, sa fille l'emportait, il venait de se résoudre à l'héroïque sacrifice.

— Je restituerai Sairmeuse, balbutia-t-il... advienne que pourra...

Il s'interrompit, un visiteur lui arrivait.

C'était un tout jeune homme d'une vingtaine d'années, de tournure distinguée, à l'air mélancolique et doux.

Son regard, quand il entra dans le salon, ayant rencontré celui de Marie-Anne, il devint cramoisi, et la jeune fille se détourna à demi, rougissant jusqu'à la racine des cheveux.

— Monsieur, dit ce jeune homme, mon père m'envoie vous dire que le duc de Sairmeuse et son fils viennent d'arriver. Ils ont demandé l'hospitalité à M. le curé.

M. Lacheneur s'était levé, dissimulant mal son trouble affreux.

— Vous remercierez le baron d'Escorval de son attention, mon cher Maurice, répondit-il, j'aurai l'honneur de le voir aujourd'hui même, après une démarche bien grave que nous allons faire, ma fille et moi.

Le jeune d'Escorval avait vu, du premier coup d'œil, que sa présence était importune, aussi ne resta-t-il que quelques instants.

Mais quand il se retira, Marie-Anne avait eu le temps de lui dire tout bas, et sans vouloir s'expliquer autrement :

— Je crois connaître votre cœur, Maurice, ce soir, je le connaîtrai certainement.

III

Peu de gens à Sairmeuse connaissaient autrement que de nom ce terrible duc dont l'arrivée mettait le village en émoi.

C'est à peine si quelques anciens du pays se rappelaient l'avoir entrevu, autrefois, avant 89, lorsqu'il venait, à de longs intervalles, rendre visite à sa tante, la vieille demoiselle Armande.

Sa charge le retenait à la cour.

S'il n'avait pas donné signe de vie tant qu'avait duré l'Empire, c'est qu'il n'avait pas eu à subir les misères et les humiliations qui attendaient les émigrés dans l'exil.

Il y avait au contraire trouvé, en échange de la fortune délabrée que lui enlevai' la Révolution, une fortune royale.

Réfugié à Londres après le licenciement de l'impuissante armée de Condé, il avait eu le bonheur de plaire à la fille unique d'un des plus riches pairs d'Angleterre, lord Holland, et il l'avait épousée.

Elle lui apportait en dot 250,000 livres sterling, plus de six millions de francs.

Cependant ce ménage ne fut pas heureux. Le compagnon des plaisirs trop faciles de M. le comte d'Artois, le gentilhomme qui avait prétendu reprendre sous Louis XVI les mœurs de la Régence, ne pouvait pas être un bon mari.

La jeune duchesse songeait à une séparation quand elle mourut en donnant le jour à un garçon, qui fut baptisé sous les noms de Anne-Marie-Martial.

Cette mort ne désola pas le duc de Sairmeuse.

Il se retrouvait libre et plus riche qu'il ne l'avait jamais été.

Dès que les convenances le lui permirent, il confia son fils à une parente de sa femme et se remit à courir le monde.

La renommée disait vrai : Il s'était battu, et furieusement, contre la France, tantôt dans les rangs autrichiens, tantôt dans les rangs russes.

Et jarnibleu ! — c'était un de ses jurons, — il ne s'en cachait guère, disant qu'en cela, il n'avait fait que strictement son devoir. Il estimait bien et loyalement gagné le grade de général que lui avait conféré sur le champ de bataille l'empereur de Russie.

On ne l'avait pas vu, lors de la première Restauration, mais son absence avait été bien involontaire. Son beau-père, lord Holland, venait de mourir, et il avait été retenu à Londres par les embarras d'une immense succession.

Les Cent-Jours l'avaient exaspéré.

Mais « la bonne cause », ainsi qu'il disait, triomphant de nouveau, il se hâtait d'accourir.

Hélas! Lacheneur soupçonnait bien les véritables sentiments de son ancien maître, quand il se débattait sous les obsessions de sa fille.

Lui qui avait été obligé de se cacher en 1814, il savait bien que les « revenants » n'avaient rien appris ni rien oublié.

Le duc de Sairmeuse était comme les autres.

Cet homme qui avait tant vu n'avait rien retenu.

Il pensait, et rien n'était si tristement grotesque, qu'il suffisait d'un acte de sa volonté pour supprimer net tous les événements de la Révolution et de l'Empire.

Quand il avait dit : « Je ne reconnais pas tout ça!... » il s'imaginait, de la meilleure foi du monde, que tout était dit, que c'était fini, que ce qui avait été n'était pas.

Et si quelques-uns de ceux qui avaient vu Louis XVIII à l'œuvre en 1814, lui affirmaient que la France avait quelque peu changé depuis 1789, il répondait en haussant les épaules :

— Bast! nous nous montrerons, et tous ces coquins dont la rébellion nous a surpris rentreront dans l'ombre.

C'était bien là, sérieusement, son opinion.

Tout le long de la route accidentée qui conduit de Montagnac à Sairmeuse, le duc, confortablement établi dans le fond de sa berline de voyage, développait ses plans à son fils Martial.

— Le roi a été mal conseillé, marquis, concluait-il, sans compter que je le soupçonne d'incliner plus qu'il ne conviendrait vers les idées jacobines. S'il m'en croyait, il profiterait, pour faire rentrer tout le monde dans le devoir, des douze cent mille soldats que nos amis les alliés ont mis à sa disposition. Douze cent mille baïonnettes ont un peu plus d'éloquence que les articles d'une charte.

C'est seulement lorsque la voit... approcha de Sairmeuse qu'il s'interrompit.

Il était ému, lui, si peu accessible à l'émotion, en se sentant dans ce pays où il était né, où il avait joué enfant, et dont il n'avait pas eu de nouvelles depuis la mort de sa tante.

Tout avait bien changé, mais les grandes lignes du paysage étaient restées les mêmes, les coteaux avaient gardé leurs ombrages, la vallée de l'Oiselle était toujours riante comme autrefois.

— Je me reconnais, marquis, disait-il avec un plaisir qui lui faisait oublier ses graves préoccupations, je me reconnais!...

Bientôt les changements devinrent plus frappants.

Il tournait autour du salon furieusement.

La voiture entrait dans Sairmeuse, et cahotait sur les pavés de la rue unique du village.

Cette rue, autrefois, c'était un chemin qui devenait impraticable dès qu'il pleuvait.

— Eh! eh!... murmura le duc, c'est un progrès, cela!...

Il ne tarda pas à en remarquer d'autres.

Là où il n'y avait jadis que de tristes et humides masures couvertes de chaume, il voyait maintenant des maisons blanches, coquettes et enviables avec leurs contrevents verts, et leur vigne courant au-dessus de la porte.

Bientôt il aperçut la mairie, une vilaine construction toute neuve, visant au monument, avec ses quatre colonnes et son fronton.

— Jarnibleu !... s'écria-t-il, pris d'inquiétude, les coquins sont capables d'avoir bâti tout cela avec les pierres de notre château !...

Mais la berline longeait alors la place de l'Église, et Martial observait les groupes qui s'y agitaient.

— Que pensez-vous de tous ces paysans, monsieur le duc ? demanda-t-il à son père, leur trouvez-vous la mine de gens qui préparent une triomphante réception à leur ancien maître ?

M. de Sairmeuse haussa les épaules. Il n'était pas homme à renoncer pour si peu à une illusion.

— Ils ne savent pas que je suis dans cette chaise de poste, répondit-il. Quand ils le sauront...

Des cris de « Vive M. le duc de Sairmeuse ! » lui coupèrent la parole.

— Vous entendez, marquis ? fit-il.

Et tout heureux des cris qui lui donnaient raison, il se pencha à la portière de la voiture, saluant de la main l'honnête famille Chupin, qui courait et criait.

Le vieux maraudeur, sa femme et ses fils, avaient des voix formidables, et il ne tint qu'à M. de Sairmeuse de croire que le pays entier l'acclamait. Il le crut, et lorsque la berline s'arrêta devant la porte du presbytère, il était bien persuadé que le prestige de la noblesse était plus grand que jamais.

Sur le seuil de la cure, Bibiane, la vieille gouvernante, se tenait debout. Elle savait déjà quels hôtes arrivaient à son maître, car la servante du curé est toujours et partout la mieux informée.

— Monsieur le curé n'est pas revenu de l'église, répondit-elle aux questions du duc ; mais si ces messieurs veulent entrer l'attendre, il ne tardera pas à arriver, car il n'a pas déjeuné, le pauvre cher homme...

— Entrons !... dit le duc à son fils.

Et guidés par la gouvernante, ils pénétrèrent dans une sorte de salon, où une table était dressée.

D'un coup d'œil, de M. Sairmeuse inventoria cette pièce. Les habitudes de la maison devaient lui dire celles du maître. Elle était propre, pauvre et nue. Les murs étaient blanchis à la chaux ; une douzaine de chaises composaient tout le mobilier ; sur la table, d'une simplicité monastique, il n'y avait que des couverts d'étain.

Ce logis était celui d'un ambitieux ou d'un saint.

— Ces messieurs prendraient peut-être quelque chose? demanda Bibiane.

— Ma foi! répondit Martial, j'avoue que la route m'a singulièrement aiguisé l'appétit.

— Doux Jésus!... s'écria la vieille gouvernante, d'un air désespéré, et moi qui n'ai rien!... c'est-à-dire, si, il me reste encore un poulet en mue, le temps de lui tordre le cou, de le plumer, de le vider...

Elle s'interrompit prêtant l'oreille, et on entendit un pas dans le corridor.

— Ah!... dit-elle, voici M. le curé.

Fils d'un pauvre métayer des environs de Montaignac, le curé de Sairmeuse devait aux privations de sa famille son latin et sa tonsure.

A le voir, on reconnaissait bien l'homme annoncé par le presbytère. Grand, sec, solennel, il était plus froid que les pierres tombales de son église.

Par quels prodiges de volonté, au prix de quelles tortures avait-il ainsi façonné ses dehors? On s'en faisait une idée en regardant ses yeux, où, par moments, brillaient les éclairs d'une âme ardente.

Bien des colères domptées avaient dû crisper ses lèvres involontairement ironiques, désormais assouplies par la prière.

Était-il vieux ou jeune? Le plus subtil observateur eût hésité à mettre un âge sur son visage émacié et pâli, coupé en deux par un nez immense, en bec d'aigle, mince comme la lame d'un rasoir.

Il portait une soutane blanchie aux coutures, usée et rapiécée, mais d'une propreté miraculeuse, et elle pendait le long de son corps maigre aussi misérablement que les voiles d'un navire en panne.

On l'appelait l'abbé Midon.

A la vue des deux étrangers assis dans son salon, il parut légèrement surpris.

La berline arrêtée à sa porte lui avait bien annoncé une visite, mais il s'attendait à trouver quelqu'un de ses paroissiens.

Personne ne l'ayant prévenu, ni à la sacristie, ni en chemin, il se demandait à qui il avait affaire, et ce qu'on lui voulait.

Machinalement, il se retourna vers Bibiane, mais la vieille servante venait de s'esquiver.

Le duc comprit l'étonnement de son hôte.

— Par ma foi!... l'abbé, fit-il avec l'aisance impertinente d'un grand seigneur qui se croit partout chez soi, nous avons pris sans façon votre cure d'assaut, et nous y tenons garnison, comme vous voyez... Je suis le duc de Sairmeuse, et voici mon fils, le marquis.

Le curé s'inclina, mais il ne parut pas qu'il fût fort touché de la qualité de ses visiteurs.

— Ce m'est un grand honneur, prononça-t-il d'un ton plus que réservé, de recevoir chez moi les anciens maîtres de ce pays.

Il souligna ce mot : anciens, de telle façon qu'il était impossible de se méprendre sur sa pensée et ses intentions.

— Malheureusement, continua-t-il, vous ne trouverez pas ici, messieurs, les aises de la vie auxquelles vous êtes accoutumés, et je crains...

— Bast!... interrompit le duc, à la guerre comme à la guerre, ce qui vous suffit nous suffira, l'abbé... Et comptez que nous saurons reconnaître de façon ou d'autre le dérangement que nous allons vous causer.

L'œil du curé brilla. Ce sans-gêne, cette familiarité choquante, cette dernière phrase outrageante atteignirent la fierté de l'homme violent caché sous le prêtre.

— D'ailleurs, ajouta gaîment Martial, que les angoisses de Bibiane avaient beaucoup amusé, d'ailleurs nous savons qu'il y a un poulet en mue...

— C'est-à-dire qu'il y avait, monsieur le marquis...

La vieille servante, qui reparut soudain, expliqua la réponse de son maître. Elle semblait au désespoir.

— Doux Jésus!... monsieur, clamait-elle, comment faire?... Le poulet a disparu... On nous l'a volé pour sûr, car la mue est bien fermée.

— Attendez, avant d'accuser votre prochain, interrompit le curé, on ne nous a rien volé... La Bertrande est venue ce matin me demander quelques secours au nom de sa fille qui se meurt; je n'avais pas d'argent, je lui ai donné cette volaille dont elle fera un bon bouillon...

Cette explication changea en fureur la consternation de Bibiane.

Elle se campa au milieu du salon, un poing sur la hanche, gesticulant de l'autre main.

— Voilà pourtant comme il est, s'écria-t-elle en montrant son maître, moins raisonnable qu'un enfant, et sans plus de défense qu'un innocent... Il n'y a pas de paysanne bête qui ne lui fasse accroire tout ce qu'elle veut... Un bon gros mensonge arrosé de larmes, et on a de lui tout ce qu'on veut... On lui tire ainsi jusqu'aux souliers qu'il a aux pieds, jusqu'au pain qu'il porte à sa bouche. La fille à la Bertrande, messieurs, une malade comme vous et moi!...

— Assez!... disait sévèrement le prêtre, assez!...

Puis, sachant par expérience que sa voix n'avait pas le pouvoir d'arrêter le flot des récriminations de la vieille gouvernante, il la prit par le bras et l'entraîna jusque dans le corridor.

M. de Sairmeuse et son fils se regardaient d'un air consterné.

Était-ce là une comédie préparée à leur intention? Évidemment non, puisqu'ils étaient arrivés à l'improviste.

Or, le prêtre que révélait cette querelle domestique, n'était pas leur fait.

Ce n'était pas là, il s'en fallait du tout au tout, l'homme qu'ils espéraient rencontrer, l'auxiliaire dont ils jugeaient le concours indispensable à la réussite de leurs projets.

Cependant ils n'échangèrent pas un mot, ils écoutaient.

On entendait comme une discussion dans le corridor. Le maître parlait bas, avec l'accent du commandement; la servante s'exclamait comme si elle eût été stupéfiée. Cependant on ne distinguait pas les paroles.

Bientôt le prêtre rentra.

— J'espère, messieurs, dit-il avec une dignité qui ne laissait aucune prise à la raillerie, que vous voudrez bien excuser la scène ridicule de cette fille... La cure de Sairmeuse, Dieu merci ! n'est pas si pauvre qu'elle le dit.

Ni le duc ni Martial ne répondirent.

Leur surprenante assurance se trouvait même si bien démontée, que M. de Sairmeuse, ajournant toute explication directe, entama le récit des événements dont il venait d'être témoin à Paris, insistant sur l'enthousiasme et les transports d'amour qui avaient accueilli Sa Majesté Louis XVIII...

Heureusement, la vieille gouvernante l'interrompit de nouveau.

Elle arrivait chargée de vaisselle, d'argenterie et de bouteilles, et derrière elle venait un gros homme en tablier blanc qui portait fort adroitement trois ou quatre plats.

C'est l'ordre d'aller quérir ce repas à l'auberge du *Bœuf couronné*, qui avait arraché à Bibiane tant de : Doux Jésus !

L'instant d'après le curé et ses hôtes se mettaient à table.

Le poulet eût été « court », la digne servante se l'avoua, en voyant le terrible appétit de M. de Sairmeuse et de son fils.

— On eût juré qu'ils n'avaient pas mangé de quinze jours, disait-elle le lendemain aux dévotes, ses amies.

L'abbé Midon n'avait pas faim, lui, bien qu'il fût près de deux heures et qu'il n'eût rien pris depuis la veille.

L'arrivée soudaine des anciens maîtres de Sairmeuse l'avait bouleversé. Elle présageait, pensait-il, les plus effroyables malheurs.

Aussi, ne remuait-il son couteau et sa fourchette que pour se donner une contenance; en réalité, il observait ses hôtes, il appliquait à les étudier toute la pénétration du prêtre, bien supérieure à celle du médecin et du magistrat

Le duc de Sairmeuse ne paraissait pas les cinquante-sept ans qu'il venait d'avoir.

Les orages de sa jeunesse, les luttes de son âge mûr, des excès exorbitants en tout genre, n'avaient pu entamer sa constitution de fer.

Taillé en hercule, il tirait vanité de sa force et étalait avec complaisance ses mains, d'un dessin correct, mais larges, épaisses, puissantes, ornées aux phalanges de bouquets de poils roux, véritables mains de gentilhomme dont les ancêtres ont donné les grands coups d'épée des croisades.

Sa physionomie disait bien son caractère. Des courtisans de l'ancienne monarchie il avait tous les travers, les rares qualités et les vices.

Il était à la fois spirituel et ignorant, sceptique et infatué jusqu'au délire des préjugés de sa race. Affectant pour les intérêts sérieux la plus noble insouciance, il devenait âpre, rude, implacable, dès que son ambition ou sa vanité étaient en jeu.

Pour être moins robuste que son père, Martial n'en était pas moins un fort remarquable cavalier. Les femmes devaient raffoler de ses grands yeux bleus et des admirables cheveux blonds qu'il tenait de sa mère.

De son père, il avait l'énergie, la bravoure et, il faut bien le dire aussi, la corruption. Mais il avait, de plus, une éducation solide et des idées politiques. S'il partageait les préjugés de son père, il les avait raisonnés. Ce que le vieillard eût fait dans un moment d'emportement, le fils était capable de le faire froidement.

C'est bien ainsi que l'abbé Midon, avec une rare sagacité, jugea ses deux hôtes.

Aussi, est-ce avec une grande douleur, mais sans surprise, qu'il entendit le duc de Sairmeuse exposer, au sujet des biens nationaux, des idées impossibles, que partageaient cependant tous les anciens émigrés.

Connaissant le pays, renseigné quant à l'état des esprits, le curé de Sairmeuse entreprit d'attaquer les illusions de cet obstiné vieillard.

Mais le duc, sur ce chapitre, n'entendait pas raillerie, et il commençait à jurer des jarnibleu à ébranler le presbytère, lorsque Bibiane se montra à la porte du salon.

— Monsieur le duc, dit-elle, il y a là M. Lacheneur et sa demoiselle qui désireraient vous parler.

IV

Ce nom de Lacheneur n'éveillait aucun souvenir dans l'esprit du duc.

D'abord, il n'avait jamais habité Sairmeuse...

Puis, quand même!... Est-ce que jamais courtisan de l'ancien régime daigna s'inquiéter des noms qui distinguaient entre eux ces paysans qu'il confondait dans sa profonde indifférence!

Ces gens-là, on les appelait : holà!... hé!... l'ami!... mon brave!...

C'est donc de l'air d'un homme qui fait un effort de mémoire, que le duc de Sairmeuse répétait :
— Lacheneur... M. Lacheneur...

Mais Martial, observateur plus attentif et plus pénétrant que son père, avait vu le regard du curé vaciller à ce nom, jeté à l'improviste par Bibiane.

— Qu'est-ce que cet individu, l'abbé ? demanda le duc d'un ton léger.

Si maître de soi que fût le prêtre, si habitué qu'il fût, depuis des années, à garder le secret de ses impressions, il dissimulait mal une cruelle inquiétude.

— M. Lacheneur, répondit-il avec une visible hésitation, est le possesseur actuel du château de Sairmeuse.

Martial, ce précoce diplomate, ne put se retenir de sourire à cette réponse qu'il avait presque prévue. Mais le duc bondit sur sa chaise.

— Ah !... s'écria-t-il, c'est le drôle qui a eu l'impudence de... Faites-le entrer, la vieille, qu'il vienne.

Bibiane sortie, le malaise de l'abbé Midon redoubla.

— Permettez-moi, monsieur le duc, dit-il fort vite, de vous faire remarquer que M. Lacheneur jouit d'une grande influence dans le pays... se l'aliéner serait impolitique...

— J'entends... vous me conseillez des ménagements. C'est parler en pur Jacobin, l'abbé. Si Sa Majesté, qui n'y est que trop portée, écoute des donneurs d'avis de votre sorte, les ventes seront ratifiées... Jarnibleu ! nos intérêts sont cependant les mêmes... Si la Révolution s'est emparée des propriétés de la noblesse elle a pris aussi les biens du clergé... entre nous, pourquoi faire la petite bouche ?

— Les biens d'un prêtre ne sont pas de ce monde, monsieur, prononça froidement le curé.

M. de Sairmeuse allait probablement répondre quelque grosse impertinence, mais M. Lacheneur parut suivi de sa fille.

L'infortuné était livide, de grosses gouttes de sueur perlaient sur ses tempes, et l'égarement de ses yeux disait la détresse de sa pensée.

Aussi pâle que son père était Marie-Anne, mais son attitude et la flamme de son regard disaient sa virile énergie.

— Eh bien !... l'ami, fit le duc, nous sommes donc le châtelain de Sairmeuse ?

Ceci fut dit avec une si choquante familiarité que le curé en rougit. C'était chez lui, en somme, qu'on traitait ainsi un homme qu'il jugeait son égal.

Il se leva, et avançant des chaises :

— Asseyez-vous donc, mon cher monsieur Lacheneur, dit-il avec une politesse qui voulait être une leçon, et vous aussi, mademoiselle, faites-moi cet honneur...

Mais le père et la fille refusèrent d'un signe de tête pareil.

— Monsieur le duc, continua Lacheneur, je suis un ancien serviteur de votre maison...

— Ah! Ah!...

— Mlle Armande, votre tante, avait accordé à ma pauvre mère la faveur d'être ma marraine...

— Parbleu!... mon garçon, interrompit le duc, je me souviens de toi maintenant. En effet, notre famille a eu de grandes bontés pour les tiens. Et c'est pour nous prouver ta reconnaissance que tu t'es empressé d'acheter nos biens!...

L'ancien valet de charrue était parti de bien bas, mais son cœur et son caractère se haussant avec sa fortune, il avait l'exacte notion de sa dignité et de sa valeur.

Beaucoup le jalousaient dans le pays, quelques-uns le détestaient, mais tout le monde le respectait.

Et voici que cet homme le traitait avec le plus écrasant mépris et se permettait de le tutoyer... Pourquoi? De quel droit?...

Indigné de l'outrage, il fit un mouvement comme pour se retirer.

Personne, hormis sa fille, ne connaît la vérité, il n'avait qu'à se taire et Sairmeuse lui restait.

Oui, il était maître encore de garder Sairmeuse, et il le savait, car il ne partageait pas les craintes des paysans, trop éclairé pour ignorer qu'entre les espérances des anciens émigrés et le possible, il y avait cet abîme qui sépare le rêve de la réalité.

Un mot suppliant, prononcé à demi-voix par sa fille, le ramena.

— Si j'ai acheté Sairmeuse, poursuivit-il d'une voix sourde, c'est sur l'ordre de ma marraine mourante, et avec l'argent qu'elle m'avait laissé à l'insu de tous. Si vous me voyez ici, c'est que je viens vous restituer le dépôt confié à mon honneur.

Tout autre qu'un de ces tristes fous comme les alliés n'en ramenèrent que trop, eût été profondément ému.

Le duc, lui, trouva tout simple et tout naturel ce grand acte de probité.

— Voilà qui est fort bien pour le principal, dit-il. Parlons maintenant des intérêts... Sairmeuse, si j'ai bonne mémoire, rendait autrefois un millier de louis bon an mal an... Ces revenus entassés doivent produire une belle somme: où est-elle?...

Cette réclamation, ainsi formulée, avait un caractère si odieux que Martial, révolté, fit à son père un signe que celui-ci ne vit pas.

Mais le curé, lui, protesta, essayant de rappeler cet insensé à la pudeur.

— Monsieur le duc!... fit-il, oh! monsieur le duc!

Lacheneur haussa les épaules d'un air résigné.

Grand, sec, solennel! On l'appelait l'abbé Midon.

— Les revenus, dit-il, je les ai employés à vivre et à élever mes enfants... mais surtout à améliorer Sairmeuse qui rapporte aujourd'hui le double d'autrefois...

— C'est-à-dire que depuis vingt ans, messire Lacheneur joue au châtelain... La comédie est plaisante. Enfin, tu es riche, n'est-ce pas?...

— Je ne possède rien ! Mais j'espère que vous m'autoriserez à prendre dix mille livres que votre tante m'avait données...

— Ah ! elle t'avait donné mille pistoles !... Et quand cela ?...

— Le soir où elle me remit les quatre-vingt mille francs destinées au rachat de ses terres...

— Parfait !... Quelle preuve as-tu à me fournir de ce legs ?

Lacheneur demeura confondu... Il voulut répondre, il ne le put... Il ne trouvait au service de sa rage que les plus épouvantables menaces ou un torrent d'injures...

Marie-Anne, alors, s'avança, vivement.

— La preuve, monsieur le duc, dit-elle d'une voix vibrante, est la parole de cet homme, qui, d'un mot librement prononcé, vient de vous rendre... de vous donner une fortune...

Dans son brusque mouvement, ses beaux cheveux noirs s'étaient à demi dénoués, le sang affluait à ses joues, ses yeux d'un bleu sombre lançaient des flammes ; et la douleur, la colère, l'horreur de l'humiliation, donnaient à son visage une expression sublime.

Elle était si belle que Martial en fut remué.

— Admirable !... murmura-t-il en anglais, belle comme l'ange de l'insurrection.

Cette phrase, qu'elle comprit, interrompit Marie-Anne. Mais elle en avait dit assez, son père se sentit vengé.

Il tira de sa poche un rouleau de papiers, et le jetant sur la table :

— Voici vos titres, dit-il au duc, d'un ton où éclatait une haine implacable, gardez le legs que me fit votre tante, je ne veux rien de vous... Je ne remettrai plus les pieds à Sairmeuse... Misérable, j'y suis entré, misérable j'en sors...

Il quitta le salon la tête haute, et une fois dehors, il ne dit à sa fille qu'un seul mot :

— Eh bien !...

— Vous avez fait votre devoir, répondit-elle, c'est ceux qui ne le font pas qui sont à plaindre !...

Elle n'en put dire davantage, Martial accourait, ne songeant qu'à se ménager une occasion de revoir cette jeune fille dont la beauté l'avait si fortement impressionné.

— Je me suis esquivé, dit-il en s'adressant plutôt à Marie-Anne qu'à M. Lacheneur, pour vous rassurer... Tout s'arrangera, mademoiselle, des yeux si beaux ne doivent pas verser de larmes... Je serai votre avocat près de mon père...

— Mlle Lacheneur n'a pas besoin d'avocat, interrompit une voix rude.

Martial se retourna et se trouva en présence de ce jeune homme qui, le matin, était allé prévenir M. Lacheneur.

— Je suis le marquis de Sairmeuse, lui dit-il du ton le plus impertinent.

— Moi, fit simplement l'autre, je suis Maurice d'Escorval.

Ils se toisèrent un moment en silence, chacun attendant peut-être une insulte de l'autre. Instinctivement ils se devinaient ennemis, et leurs regards étaient chargés d'une haine atroce. Peut-être eurent-ils ce pressentiment qu'il n'étaient pas deux rivaux, mais deux principes, en présence.

Martial, préoccupé de son père, céda.

— Nous nous retrouverons, monsieur d'Escorval ! prononça-t-il en se retirant.

Maurice, à cette menace, haussa les épaules, et dit :

— Ne le souhaitez pas.

V

L'habitation du baron d'Escorval, cette construction de briques à saillies de pierres blanches, qu'on apercevait de l'avenue superbe de Sairmeuse, était petite et modeste.

Son seul luxe était un joli parterre dont les gazons se déroulaient jusqu'à l'Oiselle, et un parc assez vaste délicieusement ombragé.

Dans le pays on disait : « le château d'Escorval », mais c'était pure flatterie. Le moindre manufacturier enrichi d'un coup de hausse eût voulu mieux, plus grand, plus beau, plus brillant et plus voyant surtout.

C'est que M. d'Escorval — et ce lui sera dans l'histoire un éternel honneur — n'était pas riche.

Après avoir été chargé de nombre de ces missions d'où généraux et administrateurs revenaient lourds de millions à crever les chevaux de poste le long de la route, M. d'Escorval restait avec le seul patrimoine que lui avait légué son père : vingt à vingt-cinq mille livres de rentes au plus.

Cette simple maison, à trois quarts de lieues de Sairmeuse, représentait ses économies de dix années.

Lui-même l'avait fait bâtir vers 1806, sur un plan tracé de sa main, et elle était devenue son séjour de prédilection.

Il se hâtait d'y accourir dès que ses travaux lui laissaient quelques journées, heureux de la solitude et des ombrages de son parc.

Mais cette fois il n'était pas venu à Escorval de son plein gré.

Il venait d'y être exilé par la liste de mort et de proscription du 24 juillet, cette même liste fatale qui envoyait devant un conseil de guerre l'enthousiaste Labédoyère et l'intègre et vertueux Drouot.

Cependant, en cette solitude même des campagnes de Montaignac, sa situation n'était pas exempte de périls.

Il était de ceux qui, quelques jours avant le désastre de Waterloo, avaient le plus vivement pressé l'Empereur de faire fusiller Fouché, l'ancien ministre de la police.

Or, Fouché savait ce conseil et il était tout-puissant.

— Gardez-vous!... écrivaient à M. d'Escorval ses amis de Paris.

Lui s'en remettait à la Providence, envisageant l'avenir, si menaçant qu'il dût paraître, avec l'inaltérable sérénité d'une conscience pure.

Le baron d'Escorval était un homme jeune encore, il n'avait pas cinquante ans; mais les soucis, les travaux, les nuits passées aux prises avec les difficultés les plus ardues de la politique impériale l'avaient vieilli avant l'âge.

Il était grand, légèrement chargé d'embonpoint et un peu voûté.

Ses yeux calmes malgré tout, sa bouche sérieuse, son large front dépouillé, ses manières austères inspiraient le respect.

— Il doit être dur et inflexible, disaient ceux qui le voyaient pour la première fois.

Ils se trompaient.

Si, dans l'exercice de ses fonctions, ce grand homme ignoré sut résister à tous les entraînements et aux plus furieuses passions, s'il restait de fer dès qu'il s'agissait du devoir, il redevenait dans la vie privée simple comme l'enfant, doux et bon jusqu'à la faiblesse.

A ce beau caractère, noblement apprécié, il dut la félicité de sa vie.

Il lui dut ce bonheur du ménage, que n'envie pas le vulgaire qui l'ignore, bonheur rare et précieux, si pénétrant et si doux, qui emplit la vie et l'embaume comme un céleste parfum.

A l'époque la plus sanglante de la Terreur, M. d'Escorval avait arraché au bourreau une jeune ci-devant, Victoire-Laure de l'Alleu, arrière-cousine des Rhéteau de Commarin, belle comme un ange et moins âgée que lui de trois ans seulement.

Il l'aima... et bien qu'elle fût orpheline et qu'elle n'eût rien, il l'épousa, estimant que les trésors de son cœur vierge valaient la dot la plus magnifique.

Celle-là fut une honnête femme, comme son mari était un honnête homme, dans le sens strict et rigoureux du mot.

On la vit peu aux Tuileries, dont le rang de M. d'Escorval lui ouvrit les portes. Les splendeurs de la cour impériale, qui dépassaient alors les pompes de Louis XIV, n'avaient pas d'attraits pour elle.

Grâces, beauté, jeunesse, elle réservait pour l'intimité du foyer les qualités exquises de son esprit et de son cœur.

Son mari fut son Dieu, elle vécut en lui et par lui, et jamais elle n'eut une pensée qui ne lui appartînt.

Les quelques heures qu'il dérobait pour elle à ses labeurs opiniâtres étaient ses heures de fête.

Et lorsque le soir, à la veillée, ils étaient assis chacun d'un côté de la cheminée de leur modeste salon, avec leur fils Maurice, jouant entre eux, sur le tapis, il leur paraissait qu'ils n'avaient rien à souhaiter ici-bas.

Les événements de la fin de l'Empire les surprirent en plein bonheur.

Les surprirent... non. Il y avait longtemps déjà que M. d'Escorval sentait chanceler le prodigieux édifice du génie dont il avait fait son idole.

Certes, il ressentit un cruel chagrin de la chute, mais il fut navré surtout de l'indigne spectacle des trahisons et des lâchetés qui la suivirent. Il fut épouvanté et écœuré, quand il vit la levée en masse de toutes les cupidités se précipitant à la curée.

Dans ces dispositions, l'isolement de l'exil devait lui paraître un bienfait...

— Sans compter, disait-il à la baronne, que nous serons vite oubliés ici.

Ce n'était pas tout à fait ce qu'il pensait.

Mais, de son côté, sa noble femme gardait un visage tranquille alors qu'elle tremblait pour la sécurité des siens.

Ce premier dimanche d'août, cependant, M. d'Escorval et sa femme étaient plus tristes que de coutume. Le même pressentiment vague d'un malheur terrible et prochain leur serrait le cœur.

A l'heure même où Lacheneur se présentait chez l'abbé Midon, ils étaient accoudés à la terrasse de leur maison, et ils exploraient d'un œil inquiet les deux routes qui conduisent d'Escorval au château et au village de Sairmeuse.

Prévenu, le matin même, par ses amis de Montaignac, de l'arrivée du duc, le baron avait envoyé son fils avertir M. Lacheneur.

Il lui avait recommandé d'être le moins longtemps possible... et malgré cela, les heures s'écoulaient et Maurice ne reparaissait pas.

— Pourvu, pensaient-ils chacun à part soi, qu'il ne lui soit rien arrivé !...

Non, il ne lui était rien arrivé... Seulement un mot de Mlle Lacheneur avait suffi pour lui faire oublier sa déférence accoutumée aux volontés paternelles.

— Ce soir, lui avait-elle dit, je connaîtrai vraiment votre cœur !...

Qu'est-ce que cela signifiait ?... Doutait-elle donc de lui ?...

Torturé par les plus douloureuses anxiétés, le pauvre garçon n'avait pu se résoudre à s'éloigner sans une explication, et il avait rôdé autour du château de Sairmeuse, espérant que Marie-Anne reparaîtrait.

Elle reparut, en effet, mais au bras de son père.

Le jeune d'Escorval les suivit de loin, et bientôt il les vit entrer au presbytère. Qu'y allaient-ils faire? Il savait que le duc et son fils s'y trouvaient.

Le temps qu'ils y restèrent, et qu'il attendit sur la place, lui parut plus long qu'un siècle.

Ils sortirent, cependant, et il s'avançait pour les aborder, quand il fut prévenu par Martial dont il entendit les promesses.

Maurice ne connaissait rien de la vie, son innocence était, autant dire, celle d'un enfant, mais il ne pouvait se méprendre aux intentions qui dictaient la démarche du marquis de Sairmeuse.

A cette pensée que le caprice d'un libertin osait s'arrêter sur cette jeune fille si belle et si pure, qu'il aimait de toutes les forces de son âme, dont il avait juré qu'il ferait sa femme, tout son sang afflua à son cerveau.

Il se dit qu'il se devait de châtier l'insolent, le misérable...

Heureusement — malheureusement peut-être — son bras fut arrêté par le souvenir d'une phrase qu'il avait entendu mille fois répéter à son père :

« Le calme et l'ironie sont les seules armes dignes des forts. »

Et il eut assez de volonté pour paraître de sang-froid, quand, en réalité, il était hors de lui. Ce fut Martial qui s'emporta et qui menaça...

— Ah! oui... je te retrouverai, fat!... répétait Maurice, les dents serrées, en suivant de l'œil son ennemi qui s'éloignait.

Il se retourna alors, mais Marie-Anne et son père l'avaient abandonné, et il les aperçut à plus de cent pas. Bien que cette indifférence le confondît, il s'empressa de les rejoindre, et adressa la parole à M. Lacheneur.

— Nous allons chez votre père, lui fut-il répondu d'un ton farouche.

Un regard de son amie lui commandait le silence, il se tut et se mit à marcher à quelques pas en arrière, la tête inclinée sur sa poitrine, mortellement inquiet et cherchant vainement à s'expliquer ce qui se passait.

Son attitude trahissait une si réelle douleur, que sa mère le devina, lorsqu'enfin, du haut de la terrasse, elle l'aperçut au tournant du chemin.

Toutes les angoisses que la courageuse femme dissimulait depuis un mois se résumèrent en un cri :

— Ah!... voici le malheur!... dit-elle, nous n'y échapperons pas.

C'était le malheur, on n'en pouvait douter à la seule vue de M. Lacheneur lorsqu'il entra dans le salon d'Escorval.

Il s'avançait du pas lourd d'un ivrogne, l'œil morne et sans expression, la face injectée, les lèvres blanches et tremblantes.

— Qu'y a-t-il?... demanda vivement le baron.

Mais l'autre ne sembla pas l'entendre.

— Ah!... je l'avais bien prévu, murmura-t-il, continuant un monologue commencé dehors, je l'avais bien dit à ma fille...

Mme d'Escorval, après avoir embrassé Marie-Anne, l'avait attirée près d'elle.

— Que se passe-t-il? mon Dieu! interrogeait-elle.

D'un geste empreint de la plus désolante résignation, la jeune fille lui fit signe de regarder et d'écouter son père.

M. Lacheneur paraissait sortir de cet horrible anéantissement, — bienfait de Dieu, — qui suit les crises trop cruelles pour les forces humaines. Pareil au dormeur que reprennent au réveil les misères oubliées pendant le sommeil, il retrouvait avec la faculté de se souvenir la faculté de souffrir.

— Ce qu'il y a, monsieur le baron, répondit-il d'une voix rauque, il y a que je me suis levé ce matin le plus riche propriétaire du pays, et que je me coucherai ce soir plus pauvre que le dernier mendiant de la commune. J'avais tout, je n'ai plus rien... rien que mes deux bras. Ils m'ont gagné mon pain jusqu'à vingt-cinq ans, ils me le gagneront jusqu'à la mort... J'ai fait un beau rêve, il vient de finir...

Devant l'explosion de ce désespoir, M. d'Escorval pâlissait.

— Vous devez vous exagérer votre malheur, balbutia-t-il, expliquez-moi ce qui vous arrive...

Sans avoir certes conscience de ce qu'il faisait, M. Lacheneur lança son chapeau sur un fauteuil, et rejeta en arrière ses cheveux gris qu'il portait fort longs.

— A vous, je dirai tout, monsieur le baron, reprit-il. Je suis venu pour cela. On vous connaît, vous, on connaît votre cœur... D'ailleurs, ne m'avez-vous pas fait quelquefois l'honneur de m'appeler votre ami?...

Aussitôt, avec la précision brutale de la vérité palpitante, il retraça la scène du presbytère.

Le baron écoutait pétrifié d'étonnement, doutant presque du témoignage de ses sens. Les exclamations sourdes de Mme d'Escorval disaient à quel point, en elle, tous les nobles sentiments étaient révoltés.

Mais il était un auditeur — Marie-Anne seule l'observait, — que le récit remuait jusqu'au plus profond de ses entrailles. Cet auditeur était Maurice.

Adossé à la porte, pâle comme la mort, il faisait pour retenir des larmes de douleur et de rage les plus énergiques et aussi les plus inutiles efforts.

Insulter Lacheneur, c'était insulter Marie-Anne, c'est-à-dire l'atteindre, le frapper, l'outrager, lui, dans tout ce qu'il avait de plus cher au monde.

Ah! s'il eût pu se douter de cela quand Martial était debout devant lui, à portée de sa main, il eût fait payer cher au fils l'odieuse conduite du père.

Mais il se jurait bien que le châtiment n'était que différé.

Et ce n'était pas, de sa part, forfanterie de la colère. Ce jeune homme si modeste et si doux avait un cœur inaccessible à la crainte. Ses beaux yeux noirs et profonds, qui avaient la timidité tremblante des yeux d'une jeune fille, savaient aller droit à l'ennemi comme une lame d'épée.

Lorsque M. Lacheneur eut terminé par la dernière phrase qu'il avait adressée au duc de Sairmeuse, M. d'Escorval lui tendit la main.

— Je vous ai dit jadis que j'étais votre ami, prononça-t-il d'une voix émue, je dois vous dire aujourd'hui que je suis fier d'avoir un ami tel que vous.

Le malheureux tressaillit au contact de cette main loyale qui lui était tendue, et son visage trahit une sensation d'une ineffable douceur.

— Si mon père n'eût pas rendu, murmura l'opiniâtre Marie-Anne, mon père n'eût été qu'un dépositaire infidèle... un voleur. Il a fait son devoir.

M. d'Escorval se retourna, un peu surpris, vers la jeune fille.

— Vous dites vrai, mademoiselle, fit-il d'un ton de reproche; mais lorsque vous aurez mon âge et mon expérience, vous saurez que l'accomplissement d'un devoir est, en certaines circonstances, un héroïsme dont peu de gens sont capables.

M. Lacheneur s'était redressé.

— Ah!... vos paroles me font du bien, monsieur le baron, dit-il, maintenant, je suis content d'avoir agi comme je l'ai fait.

La baronne d'Escorval se leva, trop femme pour savoir résister aux généreuses inspirations de son cœur.

— Moi aussi, monsieur Lacheneur, prononça-t-elle, je veux vous serrer la main. Je veux vous dire que je vous estime autant que je méprise les tristes ingrats qui ont essayé de vous humilier alors qu'ils devaient tomber à vos pieds... Vous avez rencontré des monstres sans cœur, tels qu'on ne trouverait sans doute pas leurs semblables...

— Hélas! soupira le baron, les alliés nous en ont ramené comme cela quelques uns qui pensent que le monde a été créé pour eux.

— Et ces gens-là, gronda Lacheneur, voudraient être nos maîtres!...

La fatalité voulut que personne n'entendît M. Lacheneur. Questionné sur le sens de sa phrase, il eût sans doute laissé deviner quelque chose des projets dont le germe existait déjà dans son esprit... Et alors, que de catastrophes évitées!

Cependant M. d'Escorval reprenait peu à peu son sang-froid.

— Maintenant, mon cher ami, demanda-t-il, quelle conduite vous proposez-vous de tenir avec les messieurs de Sairmeuse?

— Ils n'entendront plus par' de moi... d'ici quelque temps du moins.

— Quoi... vous ne réclamerez pas les dix mille francs qu'ils vous doivent?...

— Je ne demanderai rien...

— Il le faut pourtant, malheureux. Puisque vous avez parlé du legs de dix

— Nous nous retrouverons, monsieur d'Escorval.

mille francs de votre marraine, votre honneur exige que vous en poursuiviez par tous les moyens légaux la restitution... Il y a encore des juges en France.

M. Lacheneur hocha la tête.

— Les juges, fit-il, ne m'accorderaient pas la justice que je veux ; je ne m'adresserai pas à eux...

— Cependant...

— Non, monsieur, non, je ne veux plus avoir rien de commun avec ces nobles de malheur. Je n'enverrai même pas chercher à leur château mes hardes et celles de ma fille. S'ils me les renvoient... bien. S'il leur plaît de les garder, tant mieux ! Plus leur conduite à mon égard sera honteuse, infâme, odieuse, plus je serai satisfait...

Le baron ne répliqua pas, mais sa femme prit la parole, ayant, croyait-elle, un moyen sûr de vaincre cette incompréhensible obstination.

— Je comprendrais votre résolution, monsieur, dit-elle, si vous étiez seul au monde, mais vous avez des enfants...

— Mon fils a dix-huit ans, madame, une bonne santé et de l'éducation... il se tirera d'affaire tout seul à Paris, à moins qu'il ne préfère ici me seconder.

— Mais votre fille ?...

— Marie-Anne restera près de moi.

M. d'Escorval crut devoir intervenir.

— Prenez garde, mon cher ami, dit-il, que la douleur ne vous égare. Réfléchissez... Que deviendrez-vous, votre fille et vous ?...

Le pauvre dépossédé eut un sourire navrant.

— Oh !... répondit-il, nous ne sommes pas aussi dénués que je l'ai dit, j'ai exagéré. Nous sommes propriétaires encore. L'an dernier, une vieille cousine à moi, que je n'avais jamais pu déterminer à venir habiter Sairmeuse, est morte en nommant Marie-Anne héritière de tout son bien... Tout son bien, c'était une méchante masure tout en haut de la lande de la Rèche, avec un petit jardin devant et quelques perches de mauvais terrain. Cette masure, je l'ai fait réparer sur les prières de ma fille, et j'y ai fait même porter quelques meubles, deux mauvais lits, une table, quelques chaises... Ma fille comptait y établir gratis, en manière de retraite, le père Grivat et sa femme... Et moi, du sein de mon opulence je disais : « Mais ils seront supérieurement là-dedans, ces deux vieux, ils vivront comme des coqs en pâte !... » Eh bien ! ce que je jugeais si bon pour les autres, sera bon pour moi... Je cultiverai des légumes et Marie-Anne ira les vendre...

Parlait-il sérieusement ?

Maurice le crut, car il s'avança brusquement au milieu du salon.

— Cela ne sera pas, monsieur Lacheneur, s'écria-t-il.

— Oh !...

— Non, cela ne sera pas, parce que j'aime Marie-Anne et que je vous la demande pour femme.

VI

Il y avait bien des années déjà que Maurice et Marie-Anne s'aimaient.

Enfants, ils avaient joué ensemble sous les ombrages magnifiques de Sairmeuse et dans les allées du parc d'Escorval.

Alors, ils couraient après les papillons, ils cherchaient parmi le sable de la rivière les cailloux brillants, ou ils se roulaient dans les foins pendant que leurs mères se promenaient le long des prairies de l'Oiselle.

Car leurs mères étaient amies...

Mme Lacheneur avait été élevée comme les filles des paysans pauvres, et c'est à grand'peine que, le jour de son mariage, elle parvint à former sur le registre les lettres de son nom.

Mais, à l'exemple de son mari, elle avait compris que prospérité oblige, et avec un rare courage, couronné d'un succès plus rare encore, elle avait entrepris de se donner une éducation en rapport avec sa fortune et sa situation nouvelle.

Et la baronne d'Escorval n'avait pas résisté à la sympathie qui l'entraînait vers cette jeune femme si méritante, en qui elle avait reconnu, sous ses simples et modestes dehors, une intelligence supérieure et une âme d'élite.

Quand était morte Mme Lacheneur, Mme d'Escorval l'avait pleurée comme une sœur préférée.

De ce moment, l'attachement de Maurice prit un caractère plus sérieux.

Elevé à Paris dans un lycée, il arrivait quelquefois que ses maîtres avaient à se plaindre de son application.

— Si tes professeurs sont mécontents, lui disait sa mère, tu ne m'accompagneras pas à Escorval aux vacances, tu ne verras pas ta petite amie...

Et cette simple menace suffisait pour obtenir du turbulent écolier un redoublement d'ardeur au travail.

Ainsi, d'année en année était allée s'affirmant cette grande passion qui devait préserver Maurice des inquiétudes et des égarements de l'adolescence.

Noble et chaste passion d'ailleurs, et de celles dont le spectacle réjouit, dit-on, et rend jaloux les anges du ciel.

Ils étaient, ces beaux enfants si épris, timides et naïfs autant l'un que l'autre.

De longues promenades à la brune, sous les yeux de leurs parents, un regard où éclatait toute leur âme quand ils se revoyaient, quelques fleurs échangées, — reliques précieusement conservées... — telles étaient leurs joies.

Ce mot magique et sublime : amour, si doux à bégayer et si doux à entendre, ne monta pas une seule fois de leurs lèvres.

Jamais l'audace de Maurice n'avait dépassé un serrement de main furtif. Jamais Marie-Anne n'avait été osée autant que ce matin même, en reconduisant son ami.

Cette tendresse mutuelle, les parents ne pouvait l'ignorer, et s'ils fermaient les yeux, c'est qu'elle ne contrariait en rien leurs desseins.

M. et Mme d'Escorval ne voyaient nul obstacle à ce que leur fils épousât une jeune fille dont ils avaient pu apprécier le noble caractère, bonne autant que belle et la plus riche héritière du pays, ce qui ne gâtait rien.

M. Lacheneur, de son côté, était ravi de cette perspective de devenir, lui, l'ancien valet de charrue, l'allié d'une vieille famille dont le chef était un homme considérable.

Aussi, sans que jamais un seul mot direct eût été hasardé, soit par le baron, soit par M. Lacheneur, une alliance entre les deux familles était arrêtée en principe...

Oui, le mariage était parfaitement décidé...

Et cependant, à l'impétueuse et inattendue déclaration de Maurice, il y eut dans le salon un mouvement de stupeur.

Ce mouvement, le jeune homme l'aperçut malgré son trouble, et inquiet de sa hardiesse, il interrogea son père du regard.

Le baron était fort grave, triste même, mais son attitude n'exprimait aucun mécontentement.

Cela rendit courage au pauvre amoureux.

— Vous m'excuserez, monsieur, dit-il à Lacheneur, si j'ai osé vous présenter ainsi une telle requête... C'est en ce moment où le sort vous accable que vos amis doivent se montrer... heureux si leurs empressements peuvent vous faire oublier les indignes traitements dont vous avez été l'objet...

Tout en parlant, il gardait assez de sang-froid pour observer Marie-Anne.

Rougissante et confuse, elle détournait à demi la tête, peut-être pour dissimuler les larmes qui inondaient son visage, larmes de reconnaissance et de joie.

L'amour de l'homme qu'elle aimait sortait victorieux d'une épreuve qu'il serait imprudent à beaucoup d'héritières de tenter.

Maintenant, oui, elle pouvait se dire sûre du cœur de Maurice.

Lui, cependant, poursuivait :

— Je n'ai pas consulté mon père, monsieur, mais je connais son affection pour moi et son estime pour vous... Quand le bonheur de ma vie est en jeu, il ne peut vouloir que ce que je veux... Il doit me comprendre, lui qui a épousé ma chère mère sans dot...

Il se tut, attendant son arrêt...

— Je vous approuve, mon fils, dit M. d'Escorval d'un son de voix profond, vous venez de vous conduire en honnête homme... Certes, vous êtes bien jeune pour devenir le chef d'une famille, mais, vous l'avez dit, les circonstances commandent.

Il se retourna vers M. Lacheneur, et ajouta :

— Mon cher ami, je vous demande pour mon fils la main de Marie-Anne.

Maurice n'avait pas espéré un succès si facile...

Dans son délire, il était presque tenté de bénir cet haïssable duc de Sairmeuse, auquel il allait devoir un bonheur si prochain...

Il s'avança vivement vers son père, et lui prenant les mains, il les porta à ses lèvres, en balbutiant :

— Merci !... vous êtes bon !... je vous aime !... Oh ! que je suis heureux !

Hélas ! le pauvre garçon se hâtait trop de se réjouir.

Un éclair d'orgueil avait brillé dans les yeux de M. Lacheneur, mais il reprit vite son attitude morne.

— Croyez, monsieur le baron, que je suis profondément touché de votre grandeur d'âme... oh ! oui, bien profondément. Vous venez d'effacer jusqu'au souvenir de mon humiliation... Mais pour cela précisément, je serais le dernier des hommes si je ne refusais pas l'insigne honneur que vous faites à ma fille.

— Quoi !... fit le baron stupéfait, vous refusez...

— Il le faut.

Foudroyé tout d'abord, Maurice s'était redressé, puisant dans son amour une énergie qu'il ne se connaissait pas.

— Vous voulez donc briser ma vie, monsieur, s'écria-t-il, briser notre vie, car si j'aime Marie-Anne... elle m'aime...

Il disait vrai, il était aisé de le voir. La malheureuse jeune fille, si rouge l'instant d'avant, était devenue plus blanche que le marbre, elle semblait atterrée et adressait à son père des regards éperdus.

— Il le faut, répéta M. Lacheneur, et plus tard, Maurice, vous bénirez l'affreux courage que j'ai en ce moment.

Effrayée du désespoir de son fils, M⁽ᵐᵉ⁾ d'Escorval intervint.

— Ce refus, commença-t-elle, a des raisons...

— Aucune que je puisse dire, madame la baronne. Mais jamais, tant que je vivrai, ma fille ne sera la femme de votre fils.

— Ah !... vous tuez mon enfant !... s'écria la baronne.

M. Lacheneur hocha tristement la tête.

— M. Maurice, dit-il, est jeune, il se consolera, il oubliera...

— Jamais ! interrompit le pauvre amoureux, jamais !...

— Et votre fille ? interrogea la baronne.

Ah! c'était bien là vraiment la place faible, celle où il fallait frapper ; l'instinct de la mère ne s'était pas trompé. M. Lacheneur eut une minute d'hésitation visible, mais se raidissant contre l'attendrissement qui le gagnait :

— Marie-Anne, répondit-il lentement, sait trop ce qu'est le devoir pour ne pas obéir quand il commande... Quand je lui aurai dit le secret de ma conduite, elle se résignera, et si elle souffre, elle saura cacher ses souffrances...

Il s'interrompit. On entendait dans le lointain, comme une fusillade, des feux de file que dominait la voix puissante du canon.

Tous les fronts pâlirent. Les circonstances donnaient à ces sourdes détonations une signification terrible.

Le cœur serré d'une pareille angoisse, M. d'Escorval et Lacheneur se précipitèrent sur la terrasse.

Mais déjà tout était rentré dans le silence. Si large que fût l'horizon, l'œil n'y découvrait rien. Le ciel était bleu, pas un nuage de fumée ne se balançait au-dessus des arbres.

— C'est l'ennemi, gronda M. Lacheneur d'un ton qui disait bien de quel cœur il eût, comme cinq cent mille autres, pris le fusil et marché aux alliés...

Il s'arrêta... Les explosions reprenaient avec plus de violence, et durant cinq minutes elles se succédèrent sans interruption.

M. d'Escorval écoutait les sourcils froncés.

— Ce n'est pas là, murmurait-il, le feu d'un engagement...

Demeurer plus longtemps dans cet état d'anxiété était impossible.

— Si tu veux bien me le permettre, père, hasarda Maurice, je vais aller aux informations ?

— Va!... répondit simplement le baron, mais s'il y a quelque chose, ce dont je doute, ne t'expose pas, reviens.

— Oh!... sois prudent !... insista Mme d'Escorval, qui voyait déjà son fils exposé aux plus affreux dangers.

— Soyez prudent, insista Marie-Anne, qui était seule à comprendre quels attraits devait avoir le péril pour ce malheureux désespéré.

Les recommandations étaient inutiles. Au moment où Maurice s'élançait vers la porte, son père le retint.

— Attends, lui dit-il, voici venir là-bas quelqu'un qui nous donnera peut-être des renseignements.

En effet, au coude du chemin de Sairmeuse, un homme venait d'apparaître.

Il marchait à grands pas, au milieu de la route poudreuse, la tête nue sous le soleil, et par moments il brandissait son bâton, furieusement, comme s'il eût menacé un ennemi visible pour lui seul.

Bientôt on put distinguer ses traits.
— Eh !... c'est Chanlouineau, exclama M. Lacheneur.
— Le propriétaire des vignes de la Borderie ?
— Précisément... Le plus beau gars du pays et le meilleur aussi. Ah ! il a du bon sang dans les veines, celui-là, et on peut se fier à lui.
— Il faut le prier de monter, dit M. d'Escorval.
M. Lacheneur se pencha sur la balustrade, et appliquant ses deux mains en guise de porte-voix devant sa bouche, il appela :
— Ohé !... Chanlouineau.
Le robuste gars leva la tête.
— Monte !... cria Lacheneur, monsieur le baron veut te parler.
Chanlouineau répondit par un geste d'assentiment, on le vit dépasser la grille, traverser le jardin, enfin il parut à la porte du salon.
Ses traits bouleversés, ses vêtements en désordre, trahissaient quelque grave événement. Il n'avait plus de cravate, et le col de sa chemise déchiré laissait voir son cou musculeux.
— Où se bat-on ? demanda vivement Lacheneur; avec qui ?...
Chanlouineau eut un ricanement nerveux qui ressemblait fort à un rugissement de rage.
— On ne se bat pas, répondit-il, on s'amuse. Ces coups de fusil que vous entendez sont tirés en l'honneur et gloire de M. le duc de Sairmeuse.
— C'est impossible...
— Je le sais bien... et cependant c'est la pure vérité. C'est Chupin, le misérable maraudeur, le voleur de fagots et de pommes de terre, qui a tout mis en branle... Ah ! canaille !... si je te trouve jamais à portée de mon bras, dans un endroit écarté, tu ne voleras plus !...
M. Lacheneur était confondu.
— Enfin, que s'est-il passé ? interrogea-t-il.
— Oh !... c'est simple comme bonjour. Quand le duc est arrivé à Sairmeuse, Chupin, le scélérat, ses deux gredins de fils et sa femme, l'infâme vieille, se sont mis à courir après la voiture, comme des mendiants après une diligence, en criant : « Vive monsieur le duc ! » Lui, enchanté, qui s'attendait peut-être à recevoir des pierres, a fait remettre un écu de six livres à chacun de ces gueux. L'argent, vous m'entendez, a mis Chupin en appétit, et il s'est logé en tête de faire à ce vieux noble une fête comme on en faisait à l'Empereur. Ayant appris par Bibiane, une langue de vipère, tout ce qui s'était passé chez le curé entre vous, monsieur Lacheneur, et M. le duc de Sairmeuse, il est venu le conter sur la place... Voilà aussitôt tous les acquéreurs de biens nationaux saisis de peur. Le Chupin comptait là-dessus... et bien vite il se met à raconter à ces pauvres imbéciles qu'ils

n'ont qu'à brûler de la poudre au nez du duc pour obtenir la confirmation des ventes...

— Et ils l'ont cru?

— Dur comme fer... Ah! les préparatifs n'ont pas été longs. On est allé prendre à la mairie les fusils des pompiers, on a sorti de leur hangar les trois pierriers des fêtes publiques, le maire a donné de la poudre... et vous avez entendu. Quand j'ai quitté Sairmeuse, ils étaient plus de deux cents braillards devant le presbytère, qui criaient : « Vive monseigneur! vive M. le duc de Sairmeuse!... »

C'est bien là ce qu'avait deviné M. d'Escorval.

— Voilà, en petit, l'ignoble comédie du roi à Paris, murmura-t-il. La bassesse et la lâcheté humaines sont semblables partout!...

Cependant, Chanlouineau poursuivait :

— Enfin, fête complète!... Le diable avait sans doute prévenu les nobles des environs, car tous sont accourus... On dit que M. de Sairmeuse est le grand ami du roi et qu'il en obtient tout ce qu'il veut... Aussi, il fallait voir comment les autres lui parlaient!... Je ne suis qu'un pauvre paysan, moi, — il disait « pésan » — mais jamais je ne me mettrais à plat devant un homme, comme ces vieux, si fiers avec nous autres, devant le duc... Ils lui léchaient les mains... Et lui se laissait faire. Il se promenait sur la place avec le marquis de Courtomieu...

— Et son fils?... interrompit Maurice.

— Le marquis Martial, n'est-ce pas?... Il se promenait aussi devant l'église, donnant le bras à Mlle Blanche de Courtomieu... Ah! je ne sais pas comment il y a des gens pour la trouver jolie... une fille qui n'est pas plus grande que ça, si blonde qu'on dirait qu'elle a des cheveux morts sur la tête... Enfin!... ils riaient tous deux, ils se moquaient des paysans... On dit qu'ils vont se marier. Et même, ce soir, on donne un grand dîner au château de Courtomieu en l'honneur du duc...

Il avait conté tout ce qu'il savait, il s'arrêta.

— Tu n'as oublié qu'une chose, fit M. Lacheneur, c'est de nous dire pourquoi tes habits sont déchirés comme si tu t'étais battu?

Le robuste gars hésita un moment, puis brusquement :

— Je puis bien vous le dire tout de même, répondit-il. Pendant que Chupin prêchait, je prêchais aussi, et pas pour le même saint... Encore un peu, et je faisais manquer son coup. Le coquin a couru tout rapporter. Aussi, en traversant la place, le duc s'est arrêté devant moi : « Tu es donc une mauvaise tête? » m'a-t-il dit. J'ai répondu que non, mais que je connaissais mes droits. Alors il m'a pris par ma cravate, et il m'a secoué en me disant qu'il me corrigerait et qu'il me reprendrait *ses* vignes... Saint bon Dieu!... Quand j'ai senti la main de ce vieux, tout mon sang n'a fait qu'un tour... Je l'ai empoigné à bras le corps!...

En savourant son café, le duc se laissait aller à son ravissement.

Heureusement on s'est jeté à six sur moi et j'ai été obligé de lâcher prise... Mais qu'il ne s'avise jamais de venir rôder autour de *mes* vignes !...

Ses poings se crispaient, toute sa personne menaçait; le feu des révoltes flambait dans ses yeux.

Et M. d'Escorval se taisait, épouvanté de ces haines si imprudemment allumées, et dont l'explosion, pensait-il, serait terrible...

Mais M. Lacheneur s'était redressé.

— Il faut que je regagne m. masure, dit-il à Chanlouineau, tu vas m'accompagner, j'ai un marché à te proposer...

M. et Mᵐᵉ d'Escorval, stupéfaits, essayèrent de le retenir ; mais il ne se laissa pas fléchir, et il sortit entraînant sa fille.

Pourtant Maurice ne désespérait pas encore.

Marie-Anne lui avait promis qu'elle l'attendrait le lendemain dans le bois de sapins qui est au bas des landes de la Rèche.

VII

Lorsqu'il disait quelles démonstrations avaient accueilli M. le duc de Sairmeuse, Chanlouineau restait au-dessous de la vérité.

Chupin avait trouvé le secret de chauffer à blanc l'enthousiasme de commande des paysans si froids et si calculateurs qui l'entouraient.

C'était un dangereux gredin, que ce vieux maraudeur, pénétrant et cauteleux, hardi comme qui n'a rien, patient autant qu'un sauvage ; enfin, un de ces coquins complets et tout d'une venue, tels qu'on n'en trouve qu'au fond de la campagne.

On le craignait, et cependant on ne le connaissait pas complètement.

Toutes les ressources de son esprit, il les avait jusqu'alors dépensées misérablement à côtoyer, sans y tomber, les précipices du Code rural.

Pour se garder des gendarmes et pour dérober quelques sacs de blé, il avait dépensé des trésors d'intrigue à faire la fortune de vingt diplomates.

Les circonstances, il le disait souvent, l'avaient mal servi.

Aussi, est-ce désespérément qu'il s'accrocha à l'occasion rare et unique qui se présentait.

Comme de juste, ce rusé gredin n'avait rien dit des circonstances qui entouraient la restitution de Sairmeuse.

Les paysans ne connurent par lui que le fait brutal dont il allait semant la nouvelle de groupe en groupe.

— M. Lacheneur a rendu Sairmeuse, disait-il. Château, bois, vignes, terres à blé, il rend tout !...

C'était plus qu'il n'en fallait pour bouleverser tous ces propriétaires de la veille.

Si M. Lacheneur, cet homme si puissant à leurs yeux, se jugeait assez menacé pour aller au-devant d'une revendication, que ne devraient-ils pas craindre, eux, pauvres diables, sans appui, sans conseils, sans défense?...

On leur affirmait que la loi allait les trahir, qu'un décret se préparait qui rendrait comme des chiffons de papier leurs titres de propriété, ils ne virent de salut que dans la générosité de M. de Sairmeuse, cette générosité que Chupin faisait briller devant leurs yeux comme un miroir à alouettes.

— Quand on n'est pas le plus fort, comme l'ormeau, disaient les orateurs de leurs délibérations, on plie comme l'osier, qui se relève quand l'orage est passé.

Et ils plièrent... Et leur soi-disant enthousiasme déborda avec un délire d'autant plus extravagant que la rancune et la peur s'y mêlaient.

A bien écouter, on eût reconnu dans certains cris l'accent de la rage et de la menace.

Enfin, comme il est rare que l'homme des campagnes, travaillé de défiances, ne garde pas une arrière-pensée, chacun d'eux se disait à part soi :

— Que risquons-nous à crier : « Vive M. le duc! » Rien absolument. S'il se contente de cela pour tout loyer, bon! S'il ne s'en contente pas, il sera toujours temps de voir à trouver autre chose.

Là-dessus, ils clamaient à s'égosiller...

Et tout en savourant son café dans la petite salle du presbytère, le duc se laissait aller à son ravissement.

Il devait, lui, le grand seigneur du temps passé, l'incorrigé et l'incorrigible, l'homme des grotesques préjugés et des illusions obstinées, il devait prendre pour argent comptant les acclamations, fausse monnaie de la foule, « véritable monnaie de singe », prétendait Chateaubriand.

— Que me chantiez-vous donc, curé? disait-il à l'abbé Midon. Comment avez-vous pu me peindre vos populations comme mal disposées pour nous? Ce serait à croire, jarnibleu! que les mauvaises dispositions n'existent que dans votre esprit et votre cœur.

L'abbé Midon se taisait. Qu'eût-il pu répondre!...

Il ne concevait rien à ce revirement brusque de l'opinion, à cette allégresse soudaine, succédant au plus sombre mécontentement.

— Il y a quelqu'un sous tout ceci!... pensait-il.

Ce quelqu'un ne tarda pas à se révéler.

Enhardi par son succès, Chupin osa se présenter au presbytère.

Il s'avança dans le salon, l'échine arrondie en cerceau, humble, rampant, l'œil plein des plus viles soumissions, un sourire obséquieux aux lèvres.

Et, par l'entre-bâillement de la porte, on apercevait, dans l'ombre du corridor, le profil peu rassurant de ses deux fils.

Il venait en ambassadeur, il le déclara après une interminable litanie de protestations. Il venait conjurer « monseigneur » de se montrer sur la place.

— Eh bien!... Oui! s'écria le duc en se levant, oui, je veux me rendre aux désirs de ces bonnes gens!... Suivez-moi, marquis!

Il parut sur le seuil de la porte de la cure, et aussitôt un immense hurrah s'éleva, tous les fusils des pompiers furent déchargés en l'air, les pierriers firent feu... Jamais Sairmeuse n'avait ouï pareil fracas d'artillerie. Il y eut trois vitres de cassées au *Bœuf couronné*.

Véritable grand seigneur, M. le duc de Sairmeuse sut garder sa froideur hautaine et indifférente, — s'émouvoir est du commun, — mais en réalité il était ravi, transporté.

Si ravi qu'il chercha vite comment récompenser cet accueil.

Un simple coup d'œil jeté sur les titres remis par Lacheneur lui avait appris que Sairmeuse lui était rendu presque intact.

Les lots détachés de l'immense domaine et vendus séparément étaient d'une importance relativement minime.

Le duc pensa qu'il serait politique et peu coûteux d'abandonner ces misérables lopins de terre, partagés peut-être entre quarante ou cinquante paysans.

— Mes amis, cria-t-il d'une voix forte, je renonce pour moi et mes descendants à tous les biens de ma maison que vous avez achetés, ils sont à vous, je vous les donne!...

Par cette donation grotesque, M. de Sairmeuse pensait porter au comble sa popularité. Erreur. Il assurait simplement la popularité de Chupin, l'organisateur de la comédie, de Chupin qui se dessinait en personnage.

Et pendant que le duc se promenait d'un air fier et satisfait au milieu des groupes, les paysans riaient et se moquaient. Ne venaient-ils pas de jouer « l'ancien seigneur », comme disaient les vieux?

Même, s'ils s'étaient si promptement déclarés contre Chanlouineau, c'est que la donation leur semblait un peu fraîche... sans cela...

Mais le duc n'eut pas le temps de se préoccuper de cet incident qui frappa vivement son fils...

Un de ses anciens amis de l'émigration, le marquis de Courtomieu, qu'il avait prévenu de son arrivée par un exprès, accourait à sa rencontre, suivi de sa fille, Mlle Blanche.

Martial ne pouvait pas ne pas offrir son bras à la fille de l'ami de son père, et ils se promenèrent à petits pas, à l'ombre des grands arbres, pendant que le duc de Sairmeuse renouvelait connaissance avec toute la noblesse des environs...

Il n'était pas un hobereau qui ne tînt à serrer la main de M. de Sairmeuse. D'abord, il possédait, affirmait-on, plus de vingt millions en Angleterre. Puis, il était l'ami du roi, et chacun, pour soi, pour ses parents, pour ses amis, avait quelque requête à faire appuyer...

Pauvre roi !... il eût eu la France entière à partager comme un gâteau entre tous ces appétits, qu'il ne les eût pas satisfaits...

Ce soir-là, après un grand dîner au château de Courtomieu, le duc coucha au château de Sairmeuse, dans la chambre qu'avait occupée Lacheneur, comme Louis XVIII, disait-il en riant, dans la chambre de « Buonaparte ».

Il était gai, causeur, plein de confiance dans l'avenir.

— Ah !... on est bien chez soi, répétait-il à son fils.

Mais Martial ne répondait que du bout des lèvres.

Sa pensée était obsédée par le souvenir de deux femmes qui, dans cette journée, l'avaient ému, lui si peu accessible à l'émotion. Il songeait à ces deux jeunes filles si différentes :

Blanche de Courtomieu... Marie-Anne Lacheneur.

VIII

Ceux-là seuls qui, aux jours radieux de l'adolescence, ont aimé, ont été aimés et ont vu, tout à coup, s'ouvrir entre eux et le bonheur un abîme infranchissable, ceux-là seuls peuvent comprendre la douleur de Maurice d'Escorval.

Tous les rêves de sa vie, tous ses projets d'avenir reposaient sur son amour pour Marie-Anne.

Cet amour lui échappant, l'édifice enchanté de ses espérances s'écroulait, et il gisait foudroyé au milieu des ruines.

Sans Marie-Anne, il n'apercevait ni but, ni sens à son existence.

C'est qu'il ne s'abusait pas. Si tout d'abord son rendez-vous pour le lendemain lui était apparu comme le salut même, il se disait, en y réfléchissant froidement, que cette entrevue ne changerait rien, puisque tout dépendait d'une volonté étrangère, la volonté de M. Lacheneur.

Il garda donc, tout le reste de la journée, un morne silence. L'heure du dîner venue, il se mit à table, mais il lui fut impossible d'avaler une bouchée, et il demanda bientôt à ses parents la permission de se retirer.

M. d'Escorval et la baronne échangèrent un regard affligé, mais ils ne se permirent aucune observation.

Ils respectaient cette douleur qu'ils étaient si dignes de partager. Ils savaient qu'il est de ces chagrins cuisants qui s'irritent de toute consolation, pareils à ces blessures qui saignent, si légère que soit la main qui les panse.

— Pauvre Maurice !... murmura Mme d'Escorval, dès que son fils se fut retiré. Et son mari ne répondant pas :

— Peut-être, ajouta-t-elle d'une voix hésitante, peut-être serait-il sage à nous de ne pas l'abandonner seul aux inspirations de son désespoir.

Le baron tressaillit. Il ne devinait que trop l'horrible appréhension de sa femme.

— Nous n'avons rien à redouter, prononça-t-il vivement ; j'ai entendu Marie-Anne promettre à Maurice de l'attendre demain au bois de la Rèche.

La malheureuse mère respira plus librement. Tout son sang s'était glacé à cette idée que son fils songerait peut-être au suicide ; mais elle était mère, elle voulait savoir.

Elle monta rapidement à la chambre de son fils, entre-bâilla doucement la porte, et regarda... Il était si bien perdu dans ses tristes rêveries, qu'il n'entendit rien et ne soupçonna même pas la sollicitude qui veillait sur lui.

Maurice était à sa fenêtre, les coudes sur la barre d'appui, le front entre ses mains, et il regardait...

Bien que sans lune, la nuit était claire, et par delà le léger brouillard blanc qui indiquait le cours de l'Oiselle, il apercevait la masse imposante du château de Sairmeuse, avec ses tourelles et ses toits dentelés.

Que de fois il l'avait contemplé ainsi, au milieu du silence, ce château qui abritait ce qu'il avait de plus cher et de plus précieux au monde !

De sa fenêtre, il apercevait les fenêtres de Marie-Anne, et son cœur battait plus fort quand il les voyait s'éclairer.

— Elle est là, se disait-il, dans sa blanche chambre de jeune fille... Elle s'agenouille pour dire ses prières... Elle murmure mon nom après celui de son père en implorant la bénédiction de Dieu...

Mais ce soir, il n'avait pas à attendre qu'une lumière brillât derrière les vitres de cette fenêtre chérie.

Marie-Anne n'était plus à Sairmeuse... elle en avait été chassée.

Où était-elle, maintenant ?... Elle n'avait plus d'autre asile, elle, accoutumée aux recherches de la richesse, qu'une misérable masure couverte de chaume, dont les murs n'étaient même pas blanchis à la chaux, sans autre plancher que le sol même, poudreux en été comme la grande route et boueux en hiver.

Elle en était réduite à garder pour elle-même l'aumône que, charitable en sa prospérité, elle destinait à de pauvres gens.

Que faisait-elle à cette heure ?... Elle pleurait sans doute...

A cette idée, le cœur du pauvre Maurice se brisait.

Mais que devint-il, quand un peu après minuit, il vit soudainement s'illuminer le château de Sairmeuse ?

Le duc et son fils rentraient ; après le dîner de fête du marquis de Courtomieu, et avant de se coucher, ils visitaient cette magnifique demeure où avaient vécu leurs pères. Ils reprenaient pour ainsi dire possession de ce château dont M. de Sairmeuse n'avait pas franchi le seuil depuis vingt-deux ans, et que Martial ne connaissait pas.

Maurice vit les lumières courir d'étage en étage, de chambre en chambre, et enfin les fenêtres de Marie-Anne s'éclairèrent.

A ce spectacle, le malheureux ne put retenir un cri de rage.

Des hommes, des étrangers, entraient dans ce sanctuaire d'une vierge, où il osait à peine, lui, pénétrer par la pensée.

Ils foulaient insoucieusement le tapis de leurs lourdes bottes, ils parlaient haut. Maurice frémissait en songeant à ce que se permettait peut-être leur insolente familiarité. Il lui semblait les voir examiner et toucher ces mille riens dont aiment à s'entourer les jeunes filles, ils ouvraient les armoires, ils lisaient une lettre inachevée laissée sur le pupitre...

Jamais avant cette soirée Maurice n'eût voulu croire qu'on pouvait haïr quelqu'un autant qu'il haïssait ces Sairmeuse.

Désespéré, il se jeta sur son lit, et le reste de la nuit se passa à songer à ce qu'il dirait à Marie-Anne et à chercher une issue à une inextricable situation.

Levé avant le jour, il erra dans le parc comme une âme en peine, redoutant et appelant le moment où son sort serait fixé. Mme d'Escorval eut besoin de toute son autorité pour le décider à prendre quelque chose ; il ne s'apercevait pas que depuis la veille au matin il n'avait rien mangé.

Enfin, comme onze heures sonnaient, il partit.

Les landes de la Rèche étant situées de l'autre côté de l'Oiselle, Maurice dut gagner, pour traverser la rivière, un endroit où il y avait un bac, à une portée de fusil d'Escorval. Quand il arriva au bord de l'eau, il y trouva six ou sept paysans, hommes et femmes, qui attendaient le passeur.

Ces gens ne remarquèrent pas Maurice. Ils causaient ; il écouta.

— Pour vrai, c'est vrai, disait un gros garçon à l'air réjoui, et moi qui vous parle, je l'ai entendu de la propre bouche de Chanlouineau, hier soir... Il ne se tenait pas de joie... « Je vous invite tous à la noce ! criait-il, j'épouse la fille de M. Lacheneur, c'est décidé. »

Cette stupéfiante nouvelle atteignait Maurice comme un coup de bâton sur la tête. Sa stupeur fut telle, qu'il perdit jusqu'à la faculté de réfléchir.

— Du reste, poursuivait le gros garçon, il y a assez longtemps qu'il en était amoureux... c'est connu. Il fallait voir ses yeux, quand il la rencontrait... des brasiers, quoi !... Il en maigrissait. Tant que le père a été dans les grandeurs, il n'a rien osé dire..., dès qu'il l'a su tombé, il s'est déclaré et on a topé.

— Mauvaise affaire pour lui, hasarda un petit vieux.
— Tiens!... pourquoi donc?
— S'il est ruiné, comme on dit...

Les autres éclatèrent de rire.

— Ruiné !... M. Lacheneur ! disaient-ils tous à la fois, quelle farce !... Il a beau faire le pauvre, il est encore plus riche que nous tous... On sait ce qu'on sait... Le croyez-vous donc assez bête pour n'avoir rien mis de côté, en vingt ans !... Il en a placé, allez, de cet argent; pas en terres, parce que ça se voit, mais autrement... Même il paraît qu'il volait M. le duc de Sairmeuse comme il n'est pas possible...

— Vous mentez!... interrompit Maurice indigné, M. Lacheneur quitte Sairmeuse aussi pauvre qu'il y était entré.

En reconnaissant le fils de M. d'Escorval, les paysans étaient devenus fort penauds. Mais lui, en intervenant, s'était enlevé tout moyen de se renseigner. Il questionna, on ne lui dit que des niaiseries, des choses vagues. Le paysan interrogé ne répond jamais que ce qu'il pense devoir être agréable à qui l'interroge ; il a peur de se compromettre.

Ce fut une raison pour Maurice de hâter sa course quand il eut traversé l'Oiselle.

— Marie-Anne épouser Chanlouineau ! répétait-il, c'est impossible ! c'est impossible !...

IX

Les landes de la Rèche, où Marie-Anne avait promis à Maurice de le rejoindre, doivent leur nom à la nature de leur sol âpre et rebelle.

La nature y semble maudite, rien n'y vient. La boue s'y détrempe contre les cailloux, le sable y défie les fumures. Si bien que la patience opiniâtre des paysans s'y est émoussée comme le fer des outils.

Quelques chênes rabougris s'élevant de place en place au-dessus des genêts et des ajoncs maigres attestent les tentatives de culture.

Mais le bois qui est au bas de la lande prospère. Les sapins y poussent droits et forts. Les eaux de l'hiver ont charrié dans quelques replis de terrain assez d'humus pour donner la vie à des clématites sauvages et à des chèvrefeuilles dont les spirales s'accrochent aux branches voisines.

En arrivant à ce bois, Maurice consulta sa montre. Elle marquait midi. Il s'était cru en retard et il était en avance de plus d'une heure.

Et ils se promenèrent à petits pas, à l'ombre des grands arbres.

Il s'assit sur un quartier de roche d'où il découvrait toute la lande, et il attendit.

Le temps était magnifique, l'air enflammé. Le soleil d'août dans toute sa force échauffait le sable et grillait les herbes rares des dernières pluies.

Le calme était profond, presque effrayant. Pas un bruit dans la campagne, pas un bourdonnement d'insectes, pas un frémissement de brise dans les arbres. Tout dormait. Et si loin que portât le regard, rien ne rappelait la vie, le mouvement, les hommes.

Cette paix de la nature, qui contrastait si vivement avec le tumulte de son cœur, devait être un bienfait pour Maurice. Ces moments de solitude lui permettaient de se remettre, de rassembler ses idées, plus éparpillées au souffle de la passion que les feuilles jaunies à la bise de novembre.

Avec le malheur, l'expérience lui venait vite, et cette science cruelle de la vie qui apprend à se tenir en garde contre les illusions.

Ce n'est que depuis qu'il avait entendu causer les paysans qu'il comprenait bien l'horreur de la situation de M. Lacheneur. Précipité brusquement des hauteurs sociales qu'il avait atteintes, il ne trouvait en bas que haines, défiances et mépris. Des deux côtés on le repoussait et on le reniait. Traître, disaient les uns, voleur, criaient les autres. Il n'avait plus de condition sociale. Il était l'homme tombé, celui qui a été et qui n'est plus...

Un tel excès de misère impatiemment supporté ne suffit-il pas à expliquer les plus étranges déterminations et les plus désespérées ?...

Cette réflexion faisait frémir Maurice. Rapprochant les cancans des paysans des paroles prononcées la veille à Escorval par M. Lacheneur, il arrivait à cette conclusion que peut-être cette nouvelle du mariage de Marie-Anne et de Chanlouineau n'était pas si absurde qu'il l'avait jugée tout d'abord.

Cependant, pourquoi M. Lacheneur donnerait-il sa fille à un paysan sans éducation ?... Par calcul ? Non, puisqu'il repoussait une alliance dont il eût été fier au temps de sa prospérité. Par amour-propre alors ?... Peut-être ne voulait-il pas qu'il fût dit qu'il dût quelque chose à un gendre...

Maurice épuisait tout ce qu'il avait de pénétration à chercher le mot de cette énigme, quand enfin, au haut du sentier qui traverse la lande, une femme apparut : Marie-Anne.

Il se dressa, mais craignant quelque regard indiscret, il n'osa quitter l'ombre des arbres.

Marie-Anne devait avoir quelque frayeur pareille, car elle courait en jetant de tous côtés des regards inquiets. Maurice remarqua, non sans surprise, qu'elle était tête nue, et qu'elle n'avait sur les épaules ni châle ni écharpe.

Enfin, elle atteignit le bois, il se précipita au-devant d'elle, et lui prit la main qu'il porta à ses lèvres.

Mais cette main qu'elle lui avait tant de fois abandonnée, elle la retira doucement avec un geste si triste qu'il eût bien dû comprendre qu'il n'était plus d'espoir.

— Je viens, Maurice, commença-t-elle, parce que je n'ai pu soutenir l'idée de votre inquiétude... Je trahis en ce moment la confiance de mon père... il a été obligé de sortir, je me suis échappée... Et cependant je lui ai juré, il n'y a pas deux heures, que je ne vous reverrais jamais... Vous l'entendez : jamais.

Elle parlait vite, d'une voix brève, et Maurice était confondu de la fermeté de son accent.

Moins ému, il eût vu combien d'efforts ce calme apparent coûtait à cette jeune fille si vaillante. Il l'eût vu, à sa pâleur, à la contraction de sa bouche, à la rougeur de ses paupières qu'elle avait vainement baignées d'eau fraîche, et qui trahissait les larmes de la nuit.

— Si je suis venue, poursuivait-elle, c'est qu'il ne faut pas, pour votre repos et pour le mien, il ne faut pas qu'il reste, au fond de votre cœur, l'ombre d'une pensée d'espérance... Tout est bien fini, c'est pour toujours que nous sommes séparés !... Les faibles seuls se révoltent contre une destinée qu'ils ne peuvent changer ; résignons-nous... Je voulais vous voir une dernière fois et vous dire cela... Ayons du courage, Maurice... Partez, quittez Escorval, oubliez-moi...

— Vous oublier, Marie-Anne ! s'écria le malheureux, vous oublier !...

Il chercha du regard le regard de son amie, et l'ayant rencontré, il ajouta d'une voix sourde :

— Vous m'oublierez donc, vous ?...

— Moi, je suis une femme, Maurice...

Mais il l'interrompit.

— Ah ! ce n'est pas là ce que j'attendais, prononça-t-il. Pauvre fou !... Je m'étais dit que vous sauriez trouver dans votre cœur de ces accents auxquels le cœur d'un père ne saurait résister.

Elle rougit faiblement, hésita, et dit :

— Je me suis jetée aux pieds de mon père... il m'a repoussée.

Maurice fut anéanti, mais se remettant :

— C'est que vous n'avez pas su lui parler, s'écria-t-il avec une violence inouïe, mais je le saurai, moi !... Je lui donnerai de telles raisons qu'il faudra bien qu'il se rende. De quel droit son caprice briserait-il ma vie !... Je vous aime... de par mon amour vous êtes à moi, oui, plus à moi qu'à lui !... Je lui ferai entendre cela, vous verrez... Où est-il, où le rencontrer à cette heure ?...

Déjà il prenait son élan, pour courir il ne savait où, Marie-Anne l'arrêta par le bras.

— Restez, commanda-t-elle, restez !... Vous ne m'avez pas comprise, Maurice ?... Eh bien ! sachez toute la vérité. Je connais maintenant les raisons du refus de mon père, et quand je devrais mourir de sa résolution, je l'approuve... N'allez pas trouver mon père... Si, touché de vos prières, il accordait son consentement, j'aurais l'affreux courage de refuser le mien !...

Si hors de soi était Maurice que cette réponse ne l'éclaira pas. Sa tête s'égara, et sans conscience de l'abominable injure qu'il adressait à cette femme tant aimée :

— Est-ce donc pour Chanlouineau, s'écria-t-il, que vous gardez votre consentement?... Il le croit, puisqu'il va disant partout que vous serez bientôt sa femme...

Marie-Anne frissonna comme si elle eût été atteinte dans sa chair même, et cependant il y avait plus de douleur que de colère dans le regard dont elle accabla Maurice.

— Dois-je m'abaisser jusqu'à me justifier? dit-elle. Dois-je affirmer que si je soupçonne ce qu'ont pu projeter mon père et Chanlouineau, je n'ai pas été consultée? Me faut-il vous apprendre qu'il est des sacrifices au-dessus des forces humaines? Soit. J'ai trouvé en moi assez de dévouement pour renoncer à l'homme que j'avais choisi... Je ne saurais me résoudre à en accepter un autre.

Maurice baissait la tête, foudroyé par cette parole vibrante, ébloui de la sublime expression du visage de Marie-Anne.

La raison lui revenait, il sentait l'indignité de ses soupçons, il se faisait horreur pour avoir osé les exprimer.

— Oh! pardon!... balbutia-t-il, pardon!...

Que lui importaient alors les causes mystérieuses de tous ces événements qui se succédaient, les secrets de M. Lacheneur, les réticences de Marie-Anne!...

Il cherchait une idée de salut; il crut l'avoir trouvée.

— Il faut fuir! s'écria-t-il, partir à l'instant, sans retourner la tête!... Avant la nuit nous aurons passé la frontière...

Les bras étendus, il s'avançait comme pour prendre possession de Marie-Anne, et l'entraîner, elle l'arrêta d'un seul regard.

— Fuir!... dit-elle d'un ton de reproche, fuir!... et c'est vous, Maurice, qui me conseillez cela. Quoi!... le malheur frappe à coups redoublés mon père, et j'ajouterais ce désespoir et cette honte à ses douleurs!... La solitude s'est faite autour de lui, ses amis l'ont abandonné, et moi, sa fille, je l'abandonnerais!... Ah! je serais, si j'agissais ainsi, la plus vile et la plus lâche des créatures. Si mon père, châtelain de Sairmeuse, eût exigé de moi ce que j'ai hier soir accordé à ses instances, je me serais peut-être résolue au parti extrême que vous m'offrez... je serais sortie en plein jour de Sairmeuse au bras de mon amant. Ce n'est pas le monde que je crains, moi!... Mais si on fuit le château d'un père riche et heureux, on ne déserte pas la masure d'un père désespéré et misérable. Laissez-moi, Maurice, où m'attache l'honneur... Je saurai devenir paysanne, moi, fille de vieux paysans. Partez... je n'ai pas trop de toute mon énergie. Partez et dites-vous qu'on ne saurait être complètement malheureux avec la conscience du devoir accompli...

Maurice voulait répondre, un bruit de branches sèches brisées lui fit tourner la tête.

A dix pas, Martial de Sairmeuse était debout, immobile, appuyé sur son fusil de chasse.

X

Le duc de Sairmeuse avait peu et mal dormi, la nuit de son retour, la première nuit de sa Restauration, ainsi qu'il disait.

Si inaccessible qu'il se prétendît aux émotions qui agitent les gens du commun, les scènes de la journée l'avaient profondément remué.

Il n'avait pu se défendre de plus d'un retour vers le passé, lui qui cependant s'était fait une loi de ne jamais réfléchir.

Tant qu'il avait été sous les yeux des paysans ou des convives du château de Courtomieu, il avait mis son honneur à paraître froid ou insouciant. Une fois enfermé dans sa chambre, il s'abandonna sans contrainte à l'excès de sa joie.

Elle était immense et tenait presque du délire.

Seul, il eût pu dire, mais il s'en fût bien gardé, quel prodigieux service lui rendait Lacheneur en restituant Sairmeuse.

Ce malheureux qu'il payait de la plus noire ingratitude, cet homme probe jusqu'à l'héroïsme qu'il avait traité comme un valet infidèle, venait de lui enlever un souci qui empoisonnait sa vie.

Lacheneur venait de mettre le duc de Sairmeuse à l'abri d'une misère non probable, mais possible, et que, dans tous les cas, il redoutait...

Celui-là eût bien ri, à qui on eût dit cela dans le pays.

— Allons donc ! eût-il répondu, ne sait-on pas que les Sairmeuse possèdent des millions en Angleterre, huit, dix, plus peut-être, on n'en connaît pas le nombre ?

Cela était vrai. Seulement ces millions, qui provenaient des successions de la duchesse et de lord Holland, n'avaient pas été légués au duc.

Il remuait en maître absolu cette fortune énorme, il disposait à sa guise du capital et des immenses revenus... mais tout appartenait à son fils, à son fils seul.

Lui ne possédait absolument rien, pas douze cents livres de rentes, pas de quoi vivre, strictement parlant.

Certes, jamais Martial n'avait dit un mot qui pût donner à soupçonner qu'il avait l'intention de s'emparer de l'administration de ses biens, mais ce mot, il pouvait le dire...

N'y avait-il pas lieu de croire qu'il le dirait fatalement quelque jour, tôt ou tard ?...

Ce mot, le duc tremblait à tout moment de l'entendre, s'avouant, à part soi, qu'à la place de son fils il l'eût dit depuis longtemps.

Rien qu'en songeant à cette éventualité, il frémissait.

Il se voyait réduit à une pension, considérable sans doute, mais enfin à une pension fixe, immuable, convenue, réglée, sur laquelle il lui faudrait baser ses dépenses.

Il serait obligé de compter pour nouer les deux bouts, lui accoutumé à puiser à des coffres pour ainsi dire inépuisables...

— Et cela arrivera, pensait-il, forcément, nécessairement... Que Martial se marie, que l'ambition le prenne, qu'il soit mal conseillé... c'en est fait.

Lorsqu'il était sous ces obsessions, il observait et étudiait son fils comme une maîtresse défiante un amant sujet à caution. Il croyait lire dans ses yeux quantité de pensées qui n'y étaient pas. Et selon qu'il le voyait gai ou triste, parleur ou préoccupé, il se rassurait ou s'effrayait davantage.

Parfois il mettait les choses au pis.

— Que je me brouille avec Martial, se disait-il, vite il reprend toute sa fortune, et me voilà sans pain...

Cette continuelle appréhension d'un homme qui jugeait les sentiments des autres sur les siens, n'était-elle pas un épouvantable châtiment?

Ah!... ils n'eussent pas voulu de sa vie au prix où il la payait, les misérables des rues de Londres qui, voyant passer le duc de Sairmeuse étendu dans sa voiture, enviaient son sort et son bonheur apparent.

Il y avait des jours où, véritablement, il se sentait devenir fou.

— Que suis-je? s'écria-t-il écumant de rage ; un jouet entre les mains d'un enfant. J'appartiens à mon fils. Que je lui déplaise, il me brise. Oui, il peut me casser aux gages comme un laquais. Si je jouis de tout, c'est qu'il le veut bien ; il me fait l'aumône de mon luxe et de ma grande existence... Mais je dépens d'un moment de colère, de moins que cela, d'un caprice...

Avec de telles idées, M. le duc de Sairmeuse ne pouvait guère aimer son fils.

Il le haïssait.

Il lui enviait passionnément tous les avantages qu'il lui voyait, ses millions et sa jeunesse, sa beauté physique, ses succès, son intelligence, qu'on disait supérieure.

On rencontre tous les jours des mères jalouses de leur fille, mais des pères!... Enfin, cela était ainsi!...

Seulement, rien n'apparut à la surface de ces misères intérieures, et Martial, moins pénétrant, se serait cru adoré. Mais s'il surprit le secret de son père, il n'en laissa rien voir et n'en abusa pas.

Ils étaient parfaits l'un pour l'autre, le duc bon jusqu'à la plus extrême faiblesse, Martial plein de déférence. Mais leurs relations n'étaient pas celles d'un père et d'un fils, l'un craignant toujours de déplaire, l'autre un peu trop sûr de sa puissance. Ils vivaient sur un pied d'égalité parfaite, comme deux compagnons du même âge, n'ayant même pas l'un pour l'autre de ces secrets que commande la pudeur de la famille...

Eh bien ! c'est cette horrible situation que dénouait Lacheneur.

Propriétaire de Sairmeuse, d'une terre de plus d'un million, le duc échappait à la tyrannie de son fils, il recouvrait sa liberté !...

Aussi que de projets en cette nuit !...

Il se voyait le plus riche châtelain du pays, il était l'ami du roi ; n'avait-il pas le droit d'aspirer à tout ?

Lui qui avait épuisé jusqu'au dégoût, jusqu'à la nausée tous les plaisirs que peut donner une fortune immense, il allait enfin goûter les délices du pouvoir qu'il ne connaissait pas...

Ces perspectives le ragaillardissaient, il se sentait vingt ans de moins sur la tête, les vingt ans passés hors de France.

Aussi, debout avant neuf heures, alla-t-il éveiller Martial.

En revenant la veille du dîner du marquis de Courtomieu, le duc avait parcouru le château de Sairmeuse, redevenu son château, mais cette rapide visite à la lueur de quelques bougies n'avait pas contenté sa curiosité. Il voulait tout voir en détail par le menu.

Suivi de son fils, il explorait, les unes après les autres, toutes les pièces de cette demeure princière, et à chaque pas les souvenirs de son enfance lui revenaient en foule.

Lacheneur n'avait-il pas tout respecté !... Le duc retrouvait toutes choses vieillies comme lui, fanées, mais pieusement conservées, laissées en leur place et telles pour ainsi dire qu'il les avait quittées.

Lorsqu'il eut tout vu :

— Décidément, marquis, s'écria-t-il, ce Lacheneur n'est pas un aussi mauvais drôle que je pensais. Je suis disposé à lui pardonner beaucoup, en faveur du soin qu'il a pris de notre maison en notre absence...

Martial resta sérieux.

— Moi je ferais mieux, monsieur, dit-il, je remercierais cet homme par une belle et large indemnité.

Ce mot fit bondir le duc.

— Une indemnité !... s'écria-t-il. Devenez-vous fou, marquis ? Eh bien ! et mes revenus ?... N'oubliez-vous pas le calcul que nous fit hier soir le chevalier de La Livandière ?...

— Le chevalier n'est qu'un sot !... déclara Martial. Il a oublié que Lacheneur a triplé la valeur de Sairmeuse. Je crois qu'il est de notre dignité de faire tenir à cet homme une indemnité de cent mille francs... ce sera d'ailleurs d'une bonne politique en l'état des esprits, et Sa Majesté vous en saura gré...

Politique... état des esprits... Sa Majesté... On eût obtenu bien des choses de M. de Sairmeuse avec ces six mots.

— Jarnibieu !... s'écria-t-il, cent mille livres !... comme vous y allez !... Vous en parlez à votre aise, avec votre fortune !... Cependant, si c'est bien votre avis...

— Eh !... monsieur, ma fortune n'est-elle pas la vôtre ?... Oui, je vous ai bien dit mon opinion. C'est à ce point que, si vous le permettez, je verrai Lacheneur moi-même et je m'arrangerai de façon à ne pas blesser sa fierté. C'est un dévouement qu'il nous faut conserver...

Le duc ouvrait des yeux immenses.

— La fierté de Lacheneur !... murmura-t-il. Un dévouement à conserver... Que me chantez-vous là ?... D'où vous vient cet intérêt extraordinaire ?...

Il s'interrompit, éclairé par un rapide souvenir.

— J'y suis ! reprit-il ; j'y suis !... Il a une jolie fille, ce Lacheneur !

Martial sourit sans répondre.

— Oui, jolie comme un cœur, poursuivit le duc, mais cent mille livres... Jarnibieu !... c'est une somme cela !... Enfin, si vous y tenez...

C'est muni de cette autorisation que deux heures plus tard Martial se mit en route, armé d'un fusil qu'il avait trouvé dans l'une des salles du château, pour le cas où il ferait lever quelque lièvre.

Le premier paysan qu'il rencontra lui indiqua le chemin de la masure qu'habitait désormais M. Lacheneur...

— Remontez la rivière, lui dit cet homme, et quand vous verrez un bois de sapins sur votre gauche, traversez-le...

Martial traversait ce bois, quand il entendit un bruit de voix. Il s'approcha, reconnut Marie-Anne et Maurice d'Escorval, et obéissant à une inspiration de colère, il s'arrêta, laissant tomber lourdement à terre la crosse de son fusil.

XI

Aux heures décisives de la vie, quand l'avenir tout entier dépend d'une parole ou d'un geste, vingt inspirations contradictoires peuvent traverser l'esprit dans l'espace de temps que brille un éclair.

A la brusque apparition du jeune marquis de Sairmeuse, la première idée de Maurice d'Escorval fut celle-ci :

A dix pas, Martial de Sermeuse était debout, immobile.

— Depuis combien de temps est-il là? Nous épiait-il? Nous a-t-il écoutés? Qu'a-t-il entendu?...

Son premier mouvement fut de se précipiter sur cet ennemi, de le frapper au visage, de le contraindre à une lutte corps à corps.

La pensée de Marie-Anne l'arrêta.

Il entrevit les résultats possibles, probables même, d'une querelle née de pareilles circonstances. Une rixe, quelle qu'en fût l'issue, perdait de réputation cette jeune fille si pure. Martial parlerait et la campagne est impitoyable. Il vit cette femme tant aimée devenant, par son fait, la fable du pays, montrée au doigt... et il eut assez de puissance sur soi pour maîtriser sa colère.

Tout cela ne dura pas la moitié d'une seconde.

Il toucha légèrement le bord de son chapeau, et faisant un pas vers Martial:

— Vous êtes étranger, monsieur, lui dit-il, d'une voix affreusement altérée, et vous cherchez sans doute votre chemin...

L'expression trahissait ses sages intentions. Un « passez votre chemin » bien sec eût été moins blessant. Il oubliait que ce nom d'étranger était la plus sanglante injure qu'on jetait alors à la face des anciens émigrés revenus avec les armées alliées.

Cependant le jeune marquis de Sairmeuse ne quitta pas sa pose insolemment nonchalante.

Il toucha du bout du doigt la visière de sa casquette de chasse et répondit :

— C'est vrai... je me suis égaré.

Si troublée, si défaillante que fût Marie-Anne, elle comprenait bien que sa présence seule contenait la haine de ces deux jeunes gens. Leur attitude, la façon dont ils se mesuraient du regard ne pouvaient laisser l'ombre d'un doute. Si l'un restait ramassé sur lui-même, comme pour bondir en avant, l'autre serrait le double canon de son fusil, tout prêt à se défendre...

Le silence de près d'une minute qui suivit, fut menaçant comme ce calme profond qui précède l'orage... Martial à la fin le rompit :

— Les indications des paysans ne brillent pas précisément par leur netteté, reprit-il d'un ton léger, voici plus d'une heure que je cherche la maison où s'est retiré M. Lachenour...

— Ah !...

— Je lui suis envoyé par M. le duc de Sairmeuse, mon père.

D'après ce qu'il savait, Maurice crut deviner qu'il s'agissait de quelque réclamation de ces gens si étrangement rapaces.

— Je pensais, fit-il, que toutes relations entre M. Lachenour et M. de Sairmeuse avaient été rompues hier soir chez M. l'abbé Midon...

Ceci fut dit du ton le plus provocant, mais Martial ne sourcilla pas. Il venait de se jurer qu'il resterait calme quand même, et il était de force à se tenir parole.

— Si ces relations, ce qu'à Dieu ne plaise ! prononça-t-il, sont jamais rompues, croyez, monsieur d'Escorval, qu'il n'y aura pas de notre faute...

— Ce n'est pas ce qu'on prétend.

— Qui, on... ?

— Tout le pays.

— Ah !... Et que dit-il ?...

— La vérité... Il est de ces offenses qu'un homme d'honneur ne saurait oublier ni pardonner.

Le jeune marquis de Sairmeuse branla la tête d'un air grave.

— Vous êtes prompt à vous prononcer, monsieur, dit-il froidement. Permettez-moi d'espérer que M. Lacheneur sera moins sévère que vous, et que son ressentiment, — juste, j'en conviens — tombera devant... — il hésitait — devant des explications loyales.

Une pareille phrase dans la bouche de ce jeune homme si fier, était-ce possible !...

Martial profita de l'effet produit pour s'avancer vers Marie-Anne et s'adresser uniquement à elle, paraissant désormais compter Maurice pour rien.

— Car il y a eu malentendu, mademoiselle, reprit-il, n'en doutez pas... Les Sairmeuse ne sont pas ingrats... A qui fera-t-on entendre que nous ayons pu offenser volontairement un... ami dévoué de notre famille, et cela au moment même où il nous rendait le plus signalé service ! Un gentilhomme tel que mon père et un héros de probité tel que le vôtre sont faits pour s'estimer. J'avoue que, dans la scène d'hier, M. de Sairmeuse n'a pas eu le beau rôle, mais ma démarche d'aujourd'hui prouve ses regrets...

Certes, ce n'était plus là le ton cavalier qu'avait pris Martial quand, pour la première fois, il avait abordé Marie-Anne sur la place de l'église.

Il s'était découvert, il restait à demi-incliné, et il s'exprimait d'un ton de respect profond, comme s'il eût eu devant lui une fière duchesse, et non l'humble fille de ce « maraud » de Lacheneur.

Était-ce simplement une manœuvre de roué ? Subissait-il, sans trop s'en rendre compte, l'ascendant de cette jeune fille si étrange ?... C'était l'un et l'autre. Mais il lui eût été difficile de dire où cessait le voulu et où commençait l'involontaire.

Cependant il continuait :

— Mon père est un vieillard qui a cruellement souffert... L'exil, loin de la France, est lourd à porter !... Mais si les chagrins et les déceptions ont aigri son caractère, ils n'ont pas changé son cœur. Ses dehors impérieux, hautains, souvent âpres, cachent une bonté que j'ai vu souvent dégénérer en faiblesse. Et, pourquoi ne pas l'avouer ? le duc de Sairmeuse, sous ses cheveux blancs, garde les illusions d'un enfant... Il se refuse à reconnaître que le monde a marché depuis vingt ans... On l'a abusé par des rodomontades ridicules... Enfin, nous étions encore à Montaignac que déjà les ennemis de M. Lacheneur avaient trouvé le secret d'indisposer mon père contre lui...

On eût juré qu'il disait la vérité, tant sa voix était persuasive, tant l'expression de son visage, son regard, son geste, étaient d'accord avec ses paroles.

Et Maurice, qui sentait, qui était sûr qu'il mentait et mentait impudemment, Maurice restait ébahi de cette science de comédien que donne le commerce de la « haute société », et qu'il ignorait, lui...

Mais où Martial en voulait-il venir, et pourquoi cette comédie?...

— Dois-je vous dire, mademoiselle, tout ce que j'ai souffert hier, dans cette petite salle du presbytère?... Non, je ne me rappelle pas, en ma vie, de si cruel moment. Je comprenais, moi, l'héroïsme de M. Lachenour. Apprenant notre arrivée, il accourait, et sans hésitation, sans faste, il se dépouillait volontairement d'une fortune... et on le rudoyait. Cet excès d'injustice me faisait horreur. Et si je n'ai pas protesté hautement, si je ne me suis pas révolté, c'est que la contradiction irrite mon père jusqu'à la folie... Mais à quoi bon protester?... Le sublime élan de votre piété filiale devait être plus puissant que toutes mes paroles. Vous n'étiez pas hors du village, que déjà M. de Sairmeuse, honteux de ses préventions, me disait : « J'ai eu tort, mais je suis un vieillard, je ne saurais me résoudre à faire le premier pas, allez, vous, marquis, trouver M. Lachenour, et *obtenez qu'il oublie...* »

Marie-Anne, plus rouge qu'une pivoine, baissait les yeux, horriblement embarrassée.

— Je vous remercie, monsieur, balbutia-t-elle, au nom de mon père...

— Oh !... ne me remerciez pas, interrompit Martial avec feu, ce sera à moi, au contraire, de vous rendre grâces, si vous obtenez de M. Lachenour qu'il accepte les justes réparations qui lui sont dues... et il les acceptera si vous consentez à plaider notre cause... Qui donc résisterait à votre voix si douce, à vos beaux yeux suppliants!...

Si inexpérimenté que fût Maurice; il ne pouvait plus ne pas comprendre les projets de Martial. Cet homme, qu'il haïssait déjà mortellement, osait parler d'amour à Marie-Anne devant lui, Maurice... C'est-à-dire que, depuis une heure, il le bafouait et l'outrageait; il se jouait abominablement de sa simplicité.

La certitude de cette affreuse insulte charria tout son sang à son cerveau.

Il saisit Martial par le bras, et avec une vigueur irrésistible, il le fit pirouetter par deux fois sur lui-même, et le repoussa, le lança plutôt à dix pas, en s'écriant :

— Ah ! c'est trop d'impudence à la fin, marquis de Sairmeuse!...

L'attitude de Maurice était si formidable, que Martial le vit sur lui. La violence du choc l'avait fait tomber un genou en terre; sans se relever, il arma son fusil, prêt à faire feu.

Ce n'était pas lâcheté de la part du marquis de Sairmeuse, mais se colleter lui représentait quelque chose de si ignoble et de si bas, qu'il eût tué Maurice comme un chien, plutôt que de se laisser toucher du bout du doigt.

Cette explosion de la colère si légitime de Maurice, Marie-Anne l'attendait, la souhaitait même depuis un moment.

Elle était bien plus inexpérimentée encore que son ami, mais elle était femme et n'avait pu se méprendre à l'accent du jeune marquis de Sairmeuse.

Il était évident qu'il « lui faisait la cour ». Et avec quelles intentions!... il n'était que trop aisé de le deviner.

Son trouble, pendant que le marquis parlait d'une voix de plus en plus tendre, venait de la stupeur et de l'indignation qu'elle ressentait d'une si prodigieuse audace.

Comment, après cela, n'eût-elle pas béni la violence qui mettait fin à une situation atroce pour elle, ridicule pour Maurice!

Une femme vulgaire se fût jetée entre ces deux jeunes gens près à s'entre-tuer. Marie-Anne ne bougea pas.

Le devoir de Maurice n'était-il pas de la défendre quand on l'insultait! Qui donc, sinon lui, la protégerait contre la flétrissante galanterie d'un libertin? Elle eût rougi, elle qui était l'énergie même, d'aimer un être faible et pusillanime.

Mais toute intervention était inutile.

Si la passion est, le plus souvent, aveugle, il arrive aussi parfois qu'elle éclaire.

Maurice comprit qu'il est de ces injures qu'on ne doit pas paraître soupçonner, sous peine de donner sur soi un avantage à qui les adresse.

Il sentit que Marie-Anne devait être hors de cause. C'était affaire à lui d'expliquer les motifs de son agression.

Cette intelligence instantanée de la situation opéra en lui une si puissante réaction, qu'il recouvra, comme par magie, tout son sang-froid et le libre exercice de ses facultés.

— Oui, reprit-il d'un ton de défi, c'est assez d'hypocrisie, monsieur!... Oser parler de réparations après le traitement que vous et les vôtres avez infligé, c'est ajouter à l'affront une humiliation préméditée... et je ne le souffrirai pas.

Martial avait désarmé son fusil; il s'était relevé, et il époussetait le genou de son pantalon, où s'étaient attachés quelques grains de sable, avec un flegme dont il avait surpris le secret en Angleterre.

Il était bien trop fin pour ne pas reconnaître que Maurice déguisait la véritable cause de son emportement, mais que lui importait!... S'il s'avouait, qu'emporté par l'étrange impression que produisait sur lui Marie-Anne, il était allé trop vite et trop loin, il n'en était pas absolument mécontent.

Cependant il fallait répondre, et garder la supériorité qu'il s'imaginait avoir eue jusqu'à ce moment.

— Vous ne saurez jamais, monsieur, dit-il, en regardant alternativement son fusil et Marie-Anne, tout ce que vous devez à Mˡˡᵉ Lacheneur. Nous nous rencontrerons encore, je l'espère...

— Vous me l'avez déjà dit, interrompit brutalement Maurice. Rien n'est si facile que de me rencontrer... Le premier paysan venu vous indiquera la maison du baron d'Escorval.

— Eh bien!... monsieur, je ne dis pas que je ne vous enverrai pas deux de mes amis...

— Oh!... quand il vous plaira!...

— Naturellement... Mais il me plaît de savoir avant en vertu de quel mandat vous vous improvisez juge de l'honneur de M. Lacheneur, et prétendez le défendre quand on ne l'attaque pas... Quels sont vos droits?

Au ton goguenard de Martial, Maurice fut certain qu'il avait entendu au moins une partie de sa conversation avec Marie-Anne.

— Mes droits, répondit-il, sont ceux de l'amitié... Si je vous dis que vos démarches sont inutiles, c'est que je sais que M. Lacheneur n'acceptera rien de vous... non, rien, sous quelque forme que vous déguisiez l'aumône que vous voudriez bien lui jeter, sans doute, pour faire taire votre conscience... Il prétend garder son affront qui est son honneur et votre honte. Ah! vous avez cru l'abaisser, messieurs de Sairmeuse!... Vous l'avez élevé à mille pieds de votre fausse grandeur... Sa noble pauvreté écrase votre opulence, comme j'écrase, moi, du talon, cette motte de sable... Lui, recevoir quelque chose de vous... allons donc!... Sachez que tous vos millions ne vous donneront jamais un plaisir qui approche de l'ineffable jouissance qu'il ressentira, quand, vous voyant passer dans votre carrosse, il se dira : « Ces gens-là me doivent tout ! »

Sa parole enflammée avait une telle puissance d'émotion, que Marie-Anne ne sut pas résister à l'inspiration qu'elle eut de lui serrer la main. Et ce seul geste le vengea de Martial qui pâlit.

— Mais j'ai d'autres droits encore, poursuivit Maurice... Mon père a eu hier l'honneur de demander pour moi à M. Lacheneur la main de sa fille...

— Et je l'ai refusée!... cria une voix terrible.

Marie-Anne et les deux jeunes gens se retournèrent avec un même mouvement de surprise et d'effroi.

M. Lacheneur était devant eux, et à ses côtés se tenait Chanlouineau qui roulait des yeux menaçants.

— Oui, je l'ai refusée, reprit M. Lacheneur, et je ne prévoyais pas que ma fille irait jamais contre mes volontés... Que m'avez-vous juré ce matin, Marie-Anne?... Est-ce bien vous... vous, qui donnez des rendez-vous aux galants dans les bois!... Rentrez à la maison, à l'instant...

— Mon père...

— Rentrez !... insista-t-il en jurant, rentrez, je l'ordonne.

Elle obéit et s'éloigna, non sans avoir adressé à Maurice un regard où se lisait un adieu qu'elle croyait devoir être éternel.

Dès qu'elle fut à vingt pas, M. Lacheneur vint se placer devant Maurice, les bras croisés :

— Quant à vous, monsieur d'Escorval, dit-il rudement, j'espère ne plus vous reprendre à rôder autour de ma fille...

— Je vous jure, monsieur...

— Oh !... pas de serments. C'est une mauvaise action que de détourner une jeune fille de son devoir, qui est l'obéissance... Vous venez de rompre à tout jamais toutes relations entre votre famille et la mienne...

Le pauvre garçon essaya encore de se disculper, mais M. Lacheneur l'interrompit.

— Assez, croyez-moi, reprenez le chemin de votre logis.

Et Maurice hésitant, il le saisit au collet et le porta presque jusqu'au sentier qui traversait le bois de la Rèche.

Ce fut l'affaire de dix secondes, et cependant il eut le temps de lui dire à l'oreille de son ton amical d'autrefois :

— Mais allez-vous-en donc, petit malheureux !... voulez-vous rendre toutes mes précautions inutiles !...

Il suivit de l'œil Maurice, qui se retirait tout étourdi de cette scène, stupéfié de ce qu'il venait d'entendre, et c'est seulement quand il le vit hors de la portée de la voix qu'il revint à Martial.

— Puisque j'ai l'honneur de vous rencontrer, monsieur le marquis, dit-il, je dois vous avertir que Chupin et un de ses fils vous cherchent partout... C'est de la part de M. le duc qui vous attend pour se rendre au château de Courtomieu.

Il se retourna vers Chanlouineau, et ajouta :

— Et nous, en route !...

Mais Martial l'arrêta d'un geste.

— Je suis bien surpris qu'on me cherche, dit-il. Mon père sait bien où il m'a envoyé... J'allais chez vous, monsieur, et de sa part...

— Chez moi ?...

— Chez vous, oui, monsieur, et je m'y rendais pour vous porter l'expression de nos regrets sincères de la scène qui a eu lieu chez le curé Midon...

Et sans attendre une réponse, Martial, avec une extrême habileté et un rare bonheur d'expression, se mit à répéter au père l'histoire qu'il venait de conter à la fille.

A l'entendre, son père et lui étaient désespérés... Se pouvait-il que M. Lacheneur eût cru à une ingratitude si noire !... Pourquoi s'était-il retiré si précipitamment?... Le duc de Sairmeuse tenait à sa disposition telle somme qu'il lui plairait de fixer, soixante, cent mille francs, davantage même...

Cependant M. Lacheneur ne semblait pas ébloui, et quand Martial eut fini, il répondit respectueusement mais froidement qu'il réfléchirait.

Cette froideur devait stupéfier Chanlouineau; il ne le cacha pas dès que le marquis de Sairmeuse se fut retiré après force protestations.

— Nous avions mal jugé ces gens-là, déclara-t-il.

Mais M. Lacheneur haussa les épaules.

— Comme cela, fit-il, tu crois que c'est à moi qu'on offre tout cet argent?

— Dame!... j'ai des oreilles...

— Eh bien! mon pauvre garçon, il faut se défier de ce qu'elles entendent. La vérité est que ces grosses sommes sont destinées aux beaux yeux de ma fille. Elle a plu à ce freluquet de marquis, et il voudrait en faire sa maîtresse...

Chanlouineau s'arrêta court, l'œil flamboyant, les poings crispés.

— Saint bon Dieu!... s'écria-t-il, prouvez-moi cela, et je suis à vous, corps et âme... et pour tout ce que vous voudrez.

XII

— Non, décidément, je n'ai de ma vie rencontré une femme qui se puisse comparer à cette Marie-Anne. Quelle grâce et quelle majesté!... Ah! sa beauté est divine!...

Ainsi pensait Martial en regagnant Sairmeuse, après ses propositions à M. Lacheneur.

Au risque de s'égarer, il avait pris au plus court, et il s'en allait à travers champs, se servant de son fusil comme d'une perche pour sauter les fossés.

Il trouvait une jouissance toute nouvelle pour lui, et délicieuse, à se représenter Marie-Anne telle qu'il venait de la voir, palpitante et émue, pâlissant et rougissant tour à tour, près de défaillir ou se redressant superbe de fierté.

— Comment soupçonner, se disait-il, sous ces chastes dehors, sous cette naïveté pudique, une âme de feu et une indomptable énergie! Quelle adorable expression avait son visage, que de passion dans ses deux grands yeux noirs pendant qu'elle regardait ce petit imbécile d'Escorval!... Que ne donnerait-on pas pour être regardé ainsi, ne fût-ce qu'une minute!... Comment ce garçon ne serait-il pas fou d'elle!...

Lui-même l'aimait, sans vouloir encore se l'avouer. Cependant, quel nom

Maurice hésitant, il le saisit au collet.

donner à cet envahissement de sa pensée, à ces furieux désirs qui frémissaient en lui ?

— Ah !... n'importe, s'écria-t-il, je la veux... Oui, je la veux et je l'aurai.

En conséquence, il se mit à étudier le côté politique et stratégique de l'entreprise, avec la sagacité d'une expérience souvent mise à l'épreuve.

Son début, force lui était d'en convenir, n'avait été ni heureux ni adroit.

— C'est mon père, murmurait-il, qui me vaut cette école... Comment, moi qui le connais, ai-je pu prendre ses rêveries pour des réalités !...

Il est sûr que l'épreuve qu'il venait de tenter était faite pour porter la lumière dans son esprit. Hommages et argent avaient été repoussés. Si Marie-Anne avait entendu avec une visible horreur ses déclarations déguisées, M. Lacheneur avait accueilli plus que froidement ses avances et l'offre d'une véritable fortune.

En outre, il se rappelait l'œil terrible de Chanlouineau.

— Comme il me toisait, ce magnifique rustre! grommela-t-il. Sur un signe de Marie-Anne, il m'eût écrasé comme un œuf, sans souci de mes aïeux. Ah çà! l'aimerait-il aussi, lui?... Nous serions trois poursuivants en ce cas.

Mais plus l'aventure lui paraissait difficile et même périlleuse, plus elle irritait sa passion.

— Tout peut se réparer, songeait-il. Les occasions de nous revoir ne nous manqueront pas. Ne faudra-t-il pas que nous ayons quelques entrevues avec M. Lacheneur pour régulariser la restitution de Sairmeuse?... Je l'apprivoiserai. Pour la fille, mon rôle est tout tracé. Même, je profiterai de la détestable impression que j'ai produite. Je me montrerai aussi timide que j'ai été hardi, et ce sera bien le diable si elle n'est pas touchée et flattée de ce triomphe de sa beauté. Reste le d'Escorval.

C'était là que le bât blessait Martial, ainsi qu'il se le répétait en ce langage trivial qu'on emploie vis-à-vis de soi.

Il avait bien vu M. Lacheneur chasser brutalement Maurice, mais sa colère lui avait paru bien grande pour être absolument réelle.

Il soupçonnait une comédie, mais pour qui? Pour lui, Martial, ou pour Chanlouineau?... Et encore dans quel but?...

— En attendant, disait-il, me voici les mains liées, et empêché de demander compte à ce petit d'Escorval de son insolence. Digérer un affront en silence... c'est dur. Puis, il est brave, c'est incontestable; peut-être s'avisera-t-il de venir me provoquer de nouveau. Que faire, en ce cas?... Il est d'assez bonne noblesse pour que je n'aie aucune satisfaction à lui refuser. D'un autre côté, si j'avais seulement le malheur de faire tomber un cheveu de sa tête, Marie-Anne ne me le pardonnerait jamais... Ah! je donnerais bonne chose en échange d'un petit expédient pour le forcer à quitter le pays.

Tout en roulant dans son esprit ces projets dont il ne pouvait ni prévoir, ni calculer les épouvantables conséquences, Martial arrivait à l'avenue de Sairmeuse quand il lui sembla entendre des pas précipités derrière lui.

Il se retourna, et voyant deux hommes qui accouraient en faisant des signes, il s'arrêta.

C'était Chupin et un de ses fils.

Le vieux maraudeur, le dimanche soir, s'était faufilé parmi les gens chargés d'aller préparer à Sairmeuse les appartements, il avait déjà trouvé le secret de se rendre utile, il visait à devenir indispensable.

— Ah! monsieur le marquis, s'écria-t-il dès qu'il fut à portée de la voix, nous vous cherchons partout, mon fils et moi; c'est M. le duc...

— Bien, dit sèchement Maurice, je rentre.

Mais Chupin n'était pas susceptible, et si fâcheux que fût l'accueil, il ne s'en risqua pas moins à cheminer derrière Martial, assez près pour être entendu.

Il avait son projet, car il ne tarda pas à entamer le long récit de toutes les calomnies répandues dans le pays sur le compte de M. Lacheneur.

Pourquoi choisissait-il ce sujet plutôt qu'un autre? Avait-il deviné quelque chose de la passion du jeune marquis de Sairmeuse?...

A l'entendre, Lacheneur — il ne disait plus : Monsieur — n'était définitivement qu'un scélérat, la restitution de Sairmeuse n'était qu'une rouerie, enfin il possédait des mille et des cent mille francs, puisqu'il mariait sa fille Marie-Anne.

Si le vieux maraudeur n'avait que des soupçons, Martial les changea en certitude par sa vivacité à demander :

— Comment, Mlle Lacheneur va se marier?

— Oui, monsieur le marquis.

— Et avec qui?...

— Avec Chanlouineau, monsieur le marquis, ce gars, vous savez bien, que les paysans voulaient massacrer sur la place, parce qu'il avait manqué de respect à M. le duc. Il est finaud, le mâtin, et si Marie-Anne ne lui apportait pas de bons écus vaillants, il ne la mènerait pas à la mairie... Oh non!... quoique ce soit une belle fille.

— Est-ce positif ce que vous dites là?...

— A ma connaissance, oui. Mon aîné, qui est là, a entendu dire à Chanlouineau et à Lacheneur que la noce est pour le mois qui vient, et qu'on va publier les bans...

Et se retournant vers son fils :

— Pas vrai... garçon? demanda-t-il.

— Ma grande foi, oui! répondit le gars, qui jamais n'avait ouï rien de pareil.

Martial se tut, honteux peut-être de s'être laissé prendre aux amorces de ce vieux, mais satisfait d'être averti de cette circonstance si importante.

Si Chupin ne mentait pas, et quelles raisons pouvait-il avoir de mentir? il devenait évident que la conduite de M. Lacheneur cachait quelque gros mystère. Comment, sans quelque tout-puissant motif, eût-il refusé sa fille à Maurice d'Escorval qu'elle aimait, pour la donner à un paysan?...

Ce motif, Martial se jurait de le pénétrer quand il arriva à Sairmeuse. Un singulier spectacle l'y attendait. Dans le grand espace sablé qui s'étendait entre le parterre et le perron du château, se trouvaient amoncelés toutes sortes d'effets d'habillement, du linge, de la vaisselle, des meubles... On eût dit un déménagement. Une demi-douzaine d'hommes allaient et venaient, et debout au milieu de ce remue-ménage, le duc de Sairmeuse donnait des ordres.

Martial ne comprit pas tout d'abord. Il s'avança donc vers son père, et après l'avoir respectueusement salué :

— Qu'est-ce que cela ?... demanda-t-il.

M. de Sairmeuse éclata de rire.

— Comment, vous ne devinez pas ?... fit-il. C'est cependant bien simple. Qu'un maître légitime, à son retour, couche dans les draps d'un usurpateur, c'est charmant pour une première nuit, pour une seconde, non. Ici, tout rappelait trop mons Lacheneur. Il me semblait que j'étais chez lui, et ça m'assassinait. J'ai donc fait rassembler et descendre sa défroque, celle de sa fille, tout ce qui n'est pas de l'ancien mobilier du château... On va charger le tout sur une charrette et le lui porter...

Le jeune marquis de Sairmeuse bénit le ciel d'être arrivé si à point. Le projet de son père exécuté, il eût pu dire adieu à ses espérances.

— Vous ne ferez pas cela, monsieur le duc, dit-il.

— Hein !... pourquoi ? Qui m'en empêcherait, je vous prie ?

— Personne assurément... Mais vous réfléchirez qu'un homme qui ne s'est pas trop mal conduit, en somme, a droit à quelques égards...

Le duc parut abasourdi.

— Des égards !... s'écria-t-il, ce maraud a droit à des égards !... Voilà qui est du dernier plaisant ! Comment, je lui donne, c'est-à-dire vous lui donnez — car il n'est que juste que vous fassiez la guerre à vos dépens — vous lui faites présent de cent mille livres, et il ne se tient pas pour content, il lui faut encore des égards !... Accordez-lui-en, vous qui en tenez pour sa fille... moi, je ferai ce que j'ai résolu...

— Eh bien !... moi, monsieur, j'y regarderais à deux fois, à votre place. Lacheneur vous a rendu Sairmeuse, c'est très bien. Mais où en est la preuve ? Que feriez-vous si, imprudemment irrité par vous, il revenait sur sa parole ?... Où sont vos titres de propriété ?...

M. de Sairmeuse devint vert.

— Jarnibieu ! s'écria-t-il, je n'avais pas pensé à cela... Holà ! vous autres, qu'on me rentre toute cette dépouille, et promptement !...

Et comme on lui obéissait :

— Maintenant, dit-il à son fils, hâtons-nous de nous rendre à Courtomieu, d'où on nous a déjà envoyé chercher deux fois... Il s'agit d'une affaire d'une importance extrême.

XIII

Le château de Courtomieu passe, après Sairmeuse, pour la plus magnifique habitation de l'arrondissement de Montaignac. Si Sairmeuse s'enorgueillit de ses hautes futaies, Courtomieu vante ses prairies et ses eaux jaillissantes.

On y arrivait alors par une longue et étroite chaussée mal pavée, très laide, et qui gâtait absolument l'harmonie du paysage. Elle avait cependant coûté au marquis les yeux de la tête, à ce qu'il disait, et, pour cette raison, il la considérait comme un chef-d'œuvre.

Quand la voiture qui amenait Martial et son père quitta la grande route pour cette chaussée, les cahots tirèrent le duc de la rêverie profonde où il était tombé dès en quittant Sairmeuse.

Cette rêverie, le marquis pensait bien l'avoir causée.

— Voilà, se disait-il, non sans une secrète satisfaction, le résultat de mon adroite manœuvre!... Tant que la restitution de Sairmeuse ne sera pas légalisée, j'obtiendrai de mon père tout ce que je voudrai... oui, tout. Et s'il le faut, il invitera Lacheneur et Marie-Anne à sa table.

Il se trompait. Le duc avait déjà oublié cette affaire; ses impressions les plus vives ne duraient pas ce que dure un dessin sur le sable.

Il abaissa la glace de devant de sa voiture, et après avoir ordonné au cocher de marcher au pas :

— Maintenant, dit-il à son fils, causons!... Vous êtes décidément amoureux de cette petite Lacheneur?...

Martial ne put s'empêcher de tressaillir.

— Oh!... amoureux, fit-il d'un ton léger, ce serait peut-être beaucoup dire. Mettons qu'elle m'inspire un goût assez vif, ce sera suffisant.

Le duc regardait son fils d'un air narquois.

— En vérité, vous me ravissez!... s'écria-t-il. Je craignais que cette amourette ne dérangeât, au moins pour l'instant, certains plans que j'ai conçus... J'ai des vues sur vous, marquis!...

— Diable!...

— Oui, j'ai mes desseins et je vous les communiquerai plus tard en détail... Je me borne pour aujourd'hui à vous recommander d'examiner Mlle Blanche de Courtomieu.

Martial ne répondit pas. La recommandation était inutile. Si Mlle Lacheneur lui avait fait oublier, le matin, Mlle de Courtomieu, depuis un moment le souvenir de Marie-Anne s'effaçait sous l'image radieuse de Blanche.

— Mais avant d'arriver, reprit le duc, parlons du père... Il est fort de mes amis et je le sais par cœur. Vous avez entendu des faquins me reprocher ce qu'ils appelaient mes préjugés, n'est-ce pas? Eh bien! comparé au marquis de Courtomieu, je ne suis qu'un insigne jacobin.

— Oh!... mon père...

— Rien de plus exact. Si je ne suis pas de mon époque, on l'eût tenu, lui, pour arriéré, sous le règne de Louis XIV. Seulement, — car il y a un seulement, — les principes que j'affiche hautement, il les tient enfermés dans sa tabatière... et fiez-vous à lui pour ne l'ouvrir qu'au moment importun. Il a, jarnibleu! cruellement souffert pour ses opinions, en ce sens qu'il a été forcé de les cacher assez souvent. Il les a cachées sous le Consulat, d'abord, quand il revint d'émigration. Il les dissimula plus courageusement encore sous l'Empire... car il a été quelque peu chambellan de « Buonaparte », ce cher marquis.. Mais, chut! ne lui rappelez pas cet héroïsme : il le déplore depuis Lutzen.

C'est de ce ton que M. de Sairmeuse avait coutume de parler de ses meilleurs amis.

— L'histoire de sa fortune, poursuivit-il, serait l'histoire de ses mariages... Je dis : « ses », parce qu'il s'est marié un certain nombre de fois... avantageusement. Oui, en quinze ans, il a eu la douleur de perdre successivement trois femmes, toutes meilleures et plus riches les unes que les autres. Sa fille est de la troisième et dernière, une Cissé-Blossac... c'est celle qui a le plus duré; elle est morte vers 1809. À chaque veuvage, il trompait son désespoir en achetant quantité de terres ou des rentes. Si bien qu'à cette heure, il est aussi riche que vous, marquis, et qu'il a des influences secrètes dans tous les camps... Mais, jarnibleu! j'oubliais un détail : il flaire, m'a-t-on dit, l'influence du clergé, et il est devenu d'une haute piété.

Il s'interrompit, la voiture venait de s'arrêter dans la cour d'honneur de Courtomieu, et le marquis accourait de sa personne au-devant de ses hôtes. Distinction flatteuse qu'il ne prodiguait pas.

C'était bien l'homme du portrait.

Long plutôt que grand, solennel et remuant à la fois, M. de Courtomieu portait une lévite infinie et des souliers à boucle d'or. La tête qui surmontait cette immense charpente était remarquablement petite, — signe de race, — couronnée de rares cheveux plats et noirs, — il les teignait, — et éclairée par de gros yeux ronds et sans chaleur.

La morgue qui sied au gentilhomme et l'humilité qui convient au chrétien, se livraient, sur son visage, un perpétuel et bien plaisant combat.

Il serra tour à tour entre ses bras M. de Sairmeuse et Martial, non sans les combler de compliments débités d'une petite voix de tête, qui étonnait, venant de ce grand corps, autant que surprendraient des sons de flûte sortant des flancs d'un ophicléide.

— Enfin, vous voici... répétait-il; nous vous attendions pour délibérer... c'est très grave... très délicat aussi. Il s'agit de rédiger une adresse à Sa Majesté. La noblesse, qui a tant souffert de la Révolution, attend de larges compensations... Enfin, tous nos amis des environs, au nombre de seize, sont réunis dans mon cabinet, transformé en chambre de conseil...

Martial frémit à l'idée de tout ce qu'il allait être obligé d'entendre de choses niaises et insipides, et la recommandation de son père lui revenant à propos :

— N'aurons-nous donc pas l'honneur, demanda-t-il, de présenter nos respects à Mlle de Courtomieu?...

— Ma fille doit être dans le salon avec notre vieille cousine, répondit le marquis de Courtomieu d'un ton distrait... à moins qu'elles ne soient au jardin...

Cela pouvait signifier : « Allez-y, si bon vous semble! » Martial le prit ainsi, et arrivé dans le vestibule, il laissa monter seuls son père et le marquis.

Un domestique lui ouvrit la porte du grand salon... mais il était vide.

— C'est bien, dit-il, je sais où est le jardin.

Mais c'est en vain qu'il le parcourut en tous sens, ce jardin : personne.

Il allait se décider à rentrer, et à marcher bravement à l'ennemi, quand, à travers le feuillage d'un berceau de jasmin, il crut distinguer comme une robe blanche.

Il s'avança doucement, et son cœur battit, quand il reconnut qu'il avait bien vu.

Mlle Blanche de Courtomieu était assise près d'une vieille dame, et elle lui lisait à demi-voix une lettre.

Il fallait qu'elle fût bien préoccupée, pour n'avoir pas entendu le sable crier sous les bottes de Martial.

Il était à dix pas d'elle, si près qu'il distinguait, par une éclaircie des jasmins, jusqu'à l'ombre de ses longs cils.

Il s'arrêta, retenant son haleine, s'abandonnant à une délicieuse extase.

— Ah!... elle est bien belle, pensait-il, elle aussi!...

Belle, non!... Mais jolie à ravir l'imagination. En elle, tout souriait au désir, ses grands yeux d'un bleu velouté et ses lèvres entr'ouvertes. Elle était blonde, mais de ce blond vivant et doré des pays du soleil ; et de son chignon tordu haut sur la nuque s'échappaient à profusion des boucles folles où la lumière, en se jouant, semblait allumer des étincelles.

Peut-être l'eût-on souhaitée un peu plus grande... Mais elle avait le charme pénétrant des femmes petites et mignonnes, mais sa taille avait des rondeurs exquises, ses mains aux doigts effilés étaient celles d'une enfant.

Hélas!... ces jolis dehors mentaient, autant et plus que les apparences du marquis de Courtomieu.

Cette jeune fille au regard candide avait la sécheresse d'âme d'un vieux courtisan. Elle avait été tant fêtée au couvent, en sa qualité de fille unique d'un grand seigneur archi-millionnaire, on l'avait entourée de tant d'adulations! Le poison de la flatterie avait flétri en leur germe toutes ses bonnes qualités.

Elle n'avait pas dix-neuf ans, et elle ne pouvait plus être sensible qu'aux jouissances de la vanité ou de l'ambition satisfaites. Elle pensait à un tabouret à la cour, comme une pensionnaire rêve d'un amoureux...

Si elle avait daigné remarquer Martial, — car elle l'avait remarqué, — c'est que son père lui avait dit que ce jeune homme emporterait sa femme aux plus hautes sphères du pouvoir. Là-dessus, elle avait prononcé un : « C'est bien, nous verrons! » à faire fuir un prétendant à mille lieues.

Cependant, Martial, craignant d'être surpris, s'avança et Mlle Blanche, à sa vue, se dressa avec un mouvement de biche effarouchée...

Lui s'inclina bien bas, et d'une voix amicalement respectueuse :

— M. de Courtomieu, mademoiselle, dit-il, ayant eu l'imprudence de m'apprendre où j'aurais l'honneur de vous rencontrer, je ne me suis plus senti le courage d'affronter des discussions graves... seulement...

Il montra la lettre que la jeune fille tenait à la main et ajouta :

— Seulement, je suis peut-être indiscret?

— Oh! en aucune façon, monsieur le marquis, quoique cette lettre que je viens de lire m'ait profondément émue... elle m'est adressée par une pauvre enfant à qui je m'intéressais, que j'envoyais chercher, parfois, quand je m'ennuyais : Marie-Anne Lacheneur.

Exercé dès son enfance à la savante hypocrisie des salons, le jeune marquis de Sairmeuse avait habitué son visage à ne rien trahir de ses impressions.

Il savait rester riant avec l'angoisse au cœur, grave quand le fourire eût dû le secouer de ses hoquets.

Et cependant, à ce nom de Marie-Anne montant aux lèvres de Mlle de Courtomieu, son œil, où la satisfaction de soi le disputait au mépris des autres, son œil si clair se voila.

— Elles se connaissent! pensa-t-il.

L'idée d'un rapprochement de ces deux femmes entre lesquelles hésitait sa passion le troublait extraordinairement, et éveillait en lui toutes sortes de pudeurs inconnues.

La main tournée, rien ne paraissait de son trouble, mais Mlle Blanche l'avait aperçu.

— Qu'est-ce que cela signifie?... se dit-elle, tout inquiète.

La tête qui surmontait cette immense charpente était remarquablement petite.

Cependant, c'est avec le naturel parfait de l'innocence qu'elle poursuivit :
— Au fait, vous devez l'avoir vue, monsieur le marquis, cette pauvre Marie-Anne, puisque son père était le dépositaire de Sairmeuse ?
— Je l'ai vue, en effet, mademoiselle, répondit simplement Martial.
— N'est-ce pas, qu'elle est remarquablement belle, et d'une beauté tout étrange, et qui surprend ?

Un sot eût protesté. Le marquis de Sairmeuse ne commit pas cette faute.

— Oui, elle est très belle, dit-il.

Cette soi-disant franchise déconcerta un peu Mlle Blanche, et c'est avec un air d'hypocrite compassion qu'elle ajouta :

— Pauvre fille !... que va-t-elle devenir? Voici son père réduit à bêcher la terre.

— Oh !... vous exagérez, mademoiselle, mon père préservera toujours Lacheneur de la gêne.

— Soit... je comprends cela... mais cherchera-t-il aussi un mari pour Marie-Anne?

— Elle en a un tout trouvé, mademoiselle... J'ai ouï dire qu'elle va épouser un garçon des environs qui a quelque bien, un certain Chanlouineau.

La naïve pensionnaire était plus forte que Martial. Elle le soumettait à un interrogatoire en règle, et il ne s'en apercevait pas. Elle éprouva un certain dépit en le voyant si bien instruit de tout ce qui concernait Mlle Lacheneur.

— Et vous croyez, monsieur le marquis, dit-elle, que c'est là le parti qu'elle avait rêvé?... Enfin !... Dieu veuille qu'elle soit heureuse; nul plus que nous ne le souhaite, car nous l'aimons beaucoup, ici... oui, beaucoup. N'est-ce pas, tante Médie?

Tante Médie, c'était la vieille demoiselle assise près de Mlle Blanche.

— Oui, beaucoup, répondit-elle.

Cette tante, cousine plutôt, était une parente pauvre que M. de Courtomieu avait recueillie, et à qui Mlle Blanche faisait payer chèrement son pain ; elle l'avait dressée à jouer le rôle d'écho.

— Ce qui me désole, reprit Mlle de Courtomieu, c'est que je vois brisées des relations qui m'étaient chères... Mais écoutez plutôt ce que Marie-Anne m'écrit.

Elle retira de sa ceinture, où elle l'avait passée, la lettre de Mlle Lacheneur, et lut :

« Ma chère Blanche,

« Vous savez le retour de M. le duc de Sairmeuse. Il nous a surpris comme « un coup de foudre. Mon père et moi, nous étions trop accoutumés à regarder « comme nôtre le dépôt remis à notre fidélité; nous en avons été punis... Enfin, « nous avons fait notre devoir, et à cette heure tout est consommé... Celle que « vous appeliez votre amie n'est plus qu'une paysanne, comme sa mère... »

Le plus subtil observateur eût été pris à l'émotion de Mlle Blanche. On eût juré qu'elle avait mille peines à retenir ses larmes... peut-être même en tremblait-il quelqu'une entre ses longs cils.

La vérité est qu'elle ne songeait qu'à épier sur la figure de Martial quelque indice de ses sensations. Mais maintenant qu'il était en garde, il restait de marbre.

Elle continua :

« Je mentirais si je disais que je n'ai pas souffert de ce brusque changement...
« Mais j'ai du courage, je saurai me résigner. J'aurai, je l'espère, la force d'oublier,
« car il faut que j'oublie !... Le souvenir des félicités passées rendrait peut-être
« intolérables les misères présentes... »

Mlle de Courtomieu referma brusquement la lettre.

— Vous l'entendez, monsieur le marquis, dit-elle... concevez-vous cette fierté ? Et on nous accuse d'orgueil, nous autres filles de la noblesse !

Martial ne répondit pas. L'altération de sa voix l'eût trahi, il le sentit. Combien cependant, il eût été plus touché encore s'il lui eût été donné de lire les dernières lignes de la lettre.

« Il faut vivre, ma chère Blanche, ajoutait Marie-Anne, et je n'éprouve aucune
« honte à vous demander de m'aider. Je travaille fort joliment, comme vous le
« savez, et je gagnerais ma vie à faire des broderies si je connaissais plus de
« monde... Je passerai aujourd'hui même à Courtomieu vous demander la liste
« des personnes chez lesquelles je pourrais me présenter en me recommandant de
« votre nom. »

Mais Mlle de Courtomieu s'était bien gardée de parler de cette requête si touchante. Elle avait tenté une épreuve, elle n'avait pas réussi : tant pis ! Elle se leva, et accepta le bras de Martial pour rentrer.

Elle semblait avoir oublié « son amie », et elle babillait le plus gaiement du monde, quand, approchant du château, elle fut interrompue par un grand bruit de voix confuses montées à leur diapason le plus élevé.

C'était la discussion de l'Adresse au roi, qui s'agitait furieusement dans le cabinet de M. de Courtomieu. Mlle Blanche s'arrêta.

— J'abuse de votre bienveillance, monsieur le marquis, dit-elle, je vous étourdis de mes enfantillages, et vous voudriez sans doute être là-haut.

— Certes non ! répondit-il en riant. Qu'y ferais-je ? Le rôle des hommes d'action ne commence qu'après que les orateurs sont enroués...

Il dit cela si bien, on devinait, sous son ton plaisant, une énergie si forte, que Mlle de Courtomieu en fut toute saisie. Elle reconnaissait, pensait-elle, l'homme qui, selon son père, devait aller si loin.

Malheureusement, son admiration fut troublée par un coup frappé à la grosse cloche qui annonçait les visiteurs.

Elle tressaillit, lâcha le bras de Martial, et très vivement :

— Ah !... n'importe, fit-elle, je voudrais bien savoir ce qui se dit là-haut... Si je le demande à mon père, il se moquera de ma curiosité...Tandis que vous, monsieur le marquis, si vous assistiez à la conférence, vous me diriez tout...

Un désir ainsi exprimé était un ordre. Le marquis de Sairmeuse s'inclina et obéit.

— Elle me congédie, se disait-il en montant l'escalier, rien n'est plus clair, et même, elle n'y met pas de façons... Mais pourquoi diable me congédie-t-elle ?

Pourquoi ?... C'est qu'un seul coup à la cloche annonçait une visite pour Mlle Blanche, qu'elle attendait « son amie », et qu'elle ne voulait à aucun prix d'une rencontre de Martial et de Marie-Anne.

Elle n'aimait pas, et déjà les tourments de la jalousie la déchiraient... Telle était la logique de son caractère.

Ses pressentiments d'ailleurs ne l'avaient pas trompée. C'était bien Mlle Lacheneur qui l'attendait au salon.

La malheureuse jeune fille était plus pâle que de coutume, mais rien dans son attitude ne trahissait les affreuses tortures qu'elle subissait depuis deux jours.

Et sa voix, en demandant à son ancienne amie une liste de « pratiques », était aussi calme et aussi naturelle qu'autrefois quand elle la priait de venir passer une après-midi à Sairmeuse.

Aussi, lorsque ces deux jeunes filles si différentes s'embrassèrent, les rôles furent-ils intervertis.

C'était Marie-Anne que le malheur atteignait, ce fut Mlle Blanche qui sanglota.

Mais tout en écrivant à la file le nom des personnes de sa connaissance, Mlle de Courtomieu ne songeait qu'à l'occasion favorable qui se présentait de vérifier les soupçons éveillés en elle par le trouble de Martial.

— Il est inconcevable, dit-elle à son amie, inimaginable que le duc de Sairmeuse vous réduise à une si pénible extrémité !...

Si loyale était Marie-Anne, qu'elle ne voulut pas laisser peser cette accusation sur l'homme qui avait si cruellement traité son père.

— Il ne faut pas accuser le duc, dit-elle doucement ; il nous a fait faire, ce matin, des offres considérables, par son fils.

Mlle Blanche se dressa comme si une vipère l'eût mordue.

— Ainsi, vous avez vu le marquis de Sairmeuse, ma chère Marie-Anne ? dit-elle.

— Oui.

— Serait-il allé chez vous ?...

— Il y allait... quand il m'a rencontrée, dans les bois de la Rèche...

Elle rougissait, en disant cela ; elle devenait cramoisie au souvenir de l'impertinente galanterie de Martial.

La sotte expérience de Mlle Blanche — elle était terriblement expérimentée, cette fille qui sortait du couvent, — se méprit à ce trouble. Elle sut dissimuler, pourtant, et quand Marie-Anne se retira, elle eut la force de l'embrasser avec toutes les marques de l'affection la plus vive. Mais elle suffoquait.

— Quoi !... pensait-elle, pour une fois qu'ils se sont rencontrés, ils ont gardé l'un de l'autre une impression si profonde !... S'aimeraient-ils donc déjà ?...

XIV

Si Martial eût rapporté fidèlement à Mlle Blanche tout ce qu'il entendit dans le cabinet du marquis de Courtomieu, il l'eût probablement un peu étonnée.

Il l'eût, à coup sûr, stupéfiée, s'il lui eût confessé en toute sincérité ses impressions et ses réflexions.

C'est qu'il n'avait pas la foi, ce malheureux à qui on devait, plus tard, reprocher les excès du plus sombre fanatisme. Sa vie se passa à combattre pour des préjugés que réprouvait sa raison.

Tombant, de par la volonté de Mlle Blanche, au milieu d'une discussion enragée, ses impressions furent celles d'un homme à jeun arrivant au dessert d'un déjeuner d'ivrognes. L'échauffement des autres redoubla son sang-froid.

Il fut révolté, sans en être surpris outre mesure, des prétentions grotesques et des âpres convoitises des nobles hôtes de M. de Courtomieu.

Grades, cordons, fortune, honneurs, pouvoir... ils voulaient tout.

Il n'en était pas un dont le pur dévouement n'exigeât impérieusement les récompenses les plus inouïes. C'est à peine si les modestes déclaraient se contenter d'une recette générale, d'une préfecture ou des épaulettes de lieutenant général.

De là des récriminations bouffonnes, des mots piquants, des reproches amers. Tous les visages était courroucés, on se mesurait de l'œil, les voix s'enrouaient, et le marquis, qu'on avait nommé président, s'épuisait à répéter :

— Du calme, messieurs, du calme !... Un peu de modération, de grâce !...

— Tous ces gens-ci sont fous, pensait Martial, comprimant à grand'peine une violente envie de rire; fous à lier !...

Mais il n'eut pas à rendre compte de cette séance, qu'interrompit par bonheur l'annonce du dîner.

Mlle Blanche, quand le jeune marquis de Sairmeuse la rejoignit, ne songeait plus à interroger.

Et dans le fait, que lui importaient les espoirs ou les déceptions de ces personnages!

Elle les tenait en médiocre estime, par cette raison que pas un n'était d'aussi bonne noblesse que M. de Courtomieu, et qu'à eux tous il étaient à peine aussi riches.

Un souci plus grand, immense, le souci de son avenir et de son bonheur absorbait despotiquement toutes ses facultés.

Pendant les quelques moments où elle était restée seule, après le départ de Marie-Anne, Mlle Blanche avait réfléchi.

L'esprit et la personne de Martial lui plaisaient, elle lui devait les premières émotions fortes de sa vie, il réunissait toutes les conditions que devait souhaiter une ambitieuse... elle décida qu'il serait son mari.

Elle eût eu quelques jours d'irrésolution, vraisemblablement, sans le mouvement de jalousie qui l'avait agitée. Mais, du moment où elle put croire, soupçonner, à tort ou à raison, qu'une autre femme lui disputerait Martial, elle le voulut...

De cet instant, elle ne devait plus, elle ne pouvait plus agir que sous l'inspiration d'un de ces amours étranges où le cœur n'est pour rien, qui se fixent dans la tête et qui, tout en laissant une sorte de sang-froid, peuvent conduire aux pires folies.

Que la femme dont l'ombre d'une réalité n'a jamais fait battre le pouls plus vite lui jette la première pierre.

Qu'elle fût vaincue dans cette lutte qu'elle allait entreprendre, si toutefois il y avait lutte, ce dont elle n'était pas sûre, c'est une idée qui ne pouvait venir à Mlle Blanche de Courtomieu.

On lui avait tant dit, tant répété, qu'il s'estimerait heureux entre tous l'homme qu'elle daignerait choisir!

Elle avait vu tant de prétendants assiéger son père!...

— D'ailleurs, pensait-elle en se souriant orgueilleusement dans les glaces du salon, ne suis-je pas aussi jolie que Marie-Anne?

« Plus jolie! murmurait la voix de la vanité; et tu as, toi, ce que n'a pas cette rivale : la naissance, l'esprit, le génie de la coquetterie!... »

Elle se sentait, en effet, assez d'habileté et de patience pour prendre et soutenir le caractère qui lui semblait le plus propre à éblouir, à fasciner Martial!...

Quant à garder ce caractère, s'il lui déplaisait, après le mariage, c'était une autre affaire!...

Le résultat de ces honnêtes dispositions fut que pendant le dîner Mlle Blanche déploya pour le jeune marquis de Sairmeuse tout son génie.

Elle cherchait si évidemment à lui plaire, que plusieurs convives en furent frappés.

D'une autre, cela eût choqué comme une haute inconvenance. Mais Blanche de

Courtomieu pouvait tout se permettre, elle le savait bien. N'était-elle pas la plus riche héritière que l'on sût à dix lieues à la ronde? Il n'est pas de médisance capable d'entamer le prestige d'une dot d'un million comptant.

— Savez-vous, chevalier, disait à son voisin un vieux vicomte, que ces deux beaux enfants réuniraient à eux deux quelque chose comme sept à huit cent mille livres de rentes?

Martial, lui, s'abandonnait sans défiance au charme de cette situation.

Comment soupçonner de calcul cette jeune fille aux yeux si purs, dont les petits rires avaient la sonorité cristalline du rire de l'enfant!...

Involontairement il la comparait à la sérieuse Marie-Anne, et son imagination flottant de l'une à l'autre s'enflammait de l'étrangeté du contraste.

Mlle Blanche l'avait fait placer près d'elle à table, et ils causaient gaiement, se moquant un peu de leurs voisins, pendant que la discussion du tantôt se rallumait entre les autres convives, et s'enflammait à mesure que se succédaient les services.

Mais au dessert, ils furent interrompus. Les domestiques servaient du vin de Champagne, et on buvait aux alliés, dont les triomphantes baïonnettes avaient ramené le roi; on buvait aux Anglais, aux Prussiens, aux Russes, dont les chevaux mangeaient nos moissons sur pied...

Le nom de d'Escorval, éclatant tout à coup au milieu du choc des verres, devait arracher brusquement Martial à son enchantement.

Un vieux gentilhomme, dont le chef était couvert d'une petite calotte de soie noire, venait de se lever, et il proposait qu'on fît les plus actives démarches pour obtenir l'exil du baron d'Escorval.

— La présence d'un tel homme déshonore notre contrée, disait-il; c'est un jacobin frénétique, et même il a été jugé si dangereux, que M. Fouché l'a couché sur ses listes, et qu'il est ici sous la surveillance de la haute police.

Ce discoureur avait dû au baron d'Escorval de ne pas tomber dans la plus abjecte misère; aussi roulait-il des yeux féroces et semblait-il ivre de rancune.

On l'écoutait, mais on se taisait, l'hésitation se lisait dans tous les yeux.

Martial, lui, était devenu si pâle que Mlle Blanche remarqua sa pâleur et crut qu'il allait se trouver mal.

— Pourquoi cette émotion si violente? se demanda-t-elle, soupçonneuse.

C'est qu'un combat terrible se livrait dans l'âme du jeune marquis de Sairmeuse, entre son honneur et sa passion.

Ne souhaitait-il pas, la veille, l'éloignement de Maurice?

Eh bien!... une occasion se présentait, telle qu'il était impossible d'en imaginer une meilleure!... Que la démarche proposée eût lieu, et certainement le baron et sa famille allaient être forcés de s'expatrier peut-être pour toujours...

On hésitait, Martial le voyait, et il sentait qu'un mot de lui, un seul, pour ou contre, entraînerait tous les assistants.

Il eut dix secondes d'angoisses affreuses... Mais l'honneur l'emporta.

Il se leva et déclara que la mesure était mauvaise, impolitique...

— M. d'Escorval, dit-il, est un de ces hommes qui répandent autour d'eux comme un parfum d'honnêteté et de justice... Ayons le bon sens de respecter la considération qui l'environne.

Ainsi qu'il l'avait prévu, Martial décida les hôtes de M. de Courtomieu. L'air froid et hautain qu'il savait si bien prendre, sa parole brève et tranchante produisirent un grand effet.

— Évidemment, ce serait une faute ! fut le cri général.

Martial s'était rassis; Mlle Blanche se pencha vers lui.

— C'est bien !... ce que vous avez fait là, monsieur le marquis, murmura-t-elle, vous savez défendre vos amis.

Pris à l'improviste, la voix de Martial se ressentit de son agitation :

— M. d'Escorval n'est pas de mes amis, dit-il, l'injustice m'a révolté, voilà tout.

Mlle de Courtomieu ne pouvait être dupe de cette explication. Un pressentiment lui disait qu'il y avait là quelque chose. Cependant elle ajouta :

— Votre conduite n'en est que plus belle.

Mais ce n'était pas là l'avis du duc de Sairmeuse, et tout en regagnant son château quelques heures plus tard, il reprochait amèrement à son fils son intervention.

— Pourquoi, diable ! vous mêler de cette histoire ? disait le duc. Je n'eusse point voulu prendre sur moi l'odieux de cette proposition, mais puisqu'elle était lancée...

— J'ai tenu à empêcher une sottise inutile !

— Sottise... inutile !... Jarnibieu ! marquis, vous avez tôt fait de trancher. Pensez-vous que ce damné baron nous adore ?... Que répondriez-vous, si on vous disait qu'il trame quelque chose contre nous ?...

— Je hausserais les épaules.

— Oui-dà !... Eh bien !... marquis, faites-moi le plaisir d'interroger Chupin.

Il alla frapper à la porte de la maison.

XV

Il n'y avait pas deux semaines que le duc de Sairmeuse était rentré en France, il n'avait pas encore eu le temps de secouer la poussière de l'exil, et déjà son imagination, troublée par la passion, lui montrait des ennemis partout.

Il n'était à Sairmeuse que depuis deux jours, et déjà il en était à accueillir sans discernement, et de si bas qu'ils vinssent, les rapports envenimés qui caressaient ses rancunes.

Les soupçons qu'il eût voulu faire partager à Martial étaient cruellement et ridiculement injustes.

A l'heure même où il accusait le baron d'Escorval de « tramer quelque chose », cet homme malheureux pleurait au chevet de son fils, qu'il croyait, qu'il voyait mourant...

Maurice était au moins en grand danger.

Son organisation nerveuse et impressionnable à l'excès, n'avait pu résister aux rudes assauts de la destinée, à ces brusques alternatives de bonheur sublime et de désespoir qui se succédaient sans répit.

Quand, sur l'ordre si pressant de M. Lacheneur, il s'était éloigné précipitamment des bois de la Rèche, il avait comme perdu la faculté de réfléchir et de délibérer.

L'inexplicable résistance de Marie-Anne, les insultes du marquis de Sairmeuse, la feinte colère de Lacheneur, tout cela, pour lui, se confondait en un seul malheur, immense, irréparable, dont le poids écrasait sa pensée...

Les paysans qui le rencontrèrent, errant au hasard à travers les champs, furent frappés de sa démarche insolite, et pensèrent que sans doute une grande catastrophe venait de frapper la maison d'Escorval.

Quelques-uns le saluèrent... il ne les vit pas.

Il souffrait atrocement. Il lui semblait que quelque chose venait de se briser en lui, et il faisait à son énergie un appel désespéré. Il essayait de s'accoutumer au coup terrible.

L'habitude — cette mémoire du corps qui veille alors que l'esprit s'égare — l'habitude seule le ramena à Escorval pour le dîner.

Ses traits étaient si affreusement décomposés que Mᵐᵉ d'Escorval, en le voyant, fut saisie d'un pressentiment sinistre, et n'osa l'interroger.

Il parla le premier.

— Tout est fini ! prononça-t-il d'une voix rauque. Mais ne t'inquiète pas, mère, j'ai du courage, tu verras.

Il se mit à table, en effet, d'un air assez résolu, il mangea presque autant que de coutume, et son père remarqua, sans mot dire, qu'il buvait son vin pur.

Tout en lui était si extraordinaire, qu'on l'eût dit animé par une volonté autre que la sienne, effet étrange et saisissant dont peuvent seuls donner l'idée les mouvements inconscients d'une somnambule.

Il était fort pâle, ses yeux secs brillaient d'un éclat effrayant, son geste était saccadé, sa voix brève. Il parlait beaucoup, et même il plaisantait... Cherchait-il à s'étourdir ?...

— Que ne pleure-t-il ! pensait Mme d'Escorval épouvantée, je ne craindrais pas tant, et je le consolerais...

Ce fut le dernier effort de Maurice ; il regagna sa chambre, et quand sa mère, qui était venue à diverses reprises écouter à sa porte, se décida à entrer vers minuit, elle le trouva couché, balbutiant des phrases incohérentes...

Elle s'approcha... Il ne parut pas la reconnaître ni seulement la voir. Elle lui parla... Il ne sembla pas l'entendre. Il avait la face congestionnée, les lèvres sèches, et par moments il sortait de sa gorge comme un râle. Elle lui prit la main... Cette main était brûlante. Et cependant il grelottait, ses dents claquaient..

Un nuage passa devant les yeux de la pauvre femme, elle crut qu'elle allait se trouver mal ; mais elle dompta cette faiblesse et se traîna jusque sur le palier, où elle cria :

— Au secours !... mon fils se meurt !

D'un bond, M. d'Escorval fut à la chambre de Maurice. Il regarda, comprit et se précipita dehors en appelant son domestique d'une voix terrible.

— Attelle le cabriolet, lui ordonna-t-il, galope jusqu'à Montaignac et ramène un médecin... crève le cheval plutôt que de perdre une minute !...

Il y avait bien un « docteur » à Sairmeuse, mais c'était le plus borné des hommes. C'était un ancien chirurgien militaire, renvoyé de l'armée pour son incurable incapacité ; on le nommait Rublot. Il se soûlait, et quand il était ivre, il aimait à montrer une immense trousse pleine d'instruments effrayants, avec lesquels autrefois, sur les champs de bataille, il coupait, disait-il, les jambes comme des raves.

Les paysans le fuyaient comme la peste. Quand ils étaient malades, ils envoyaient quérir le curé. M. d'Escorval fit comme les paysans, après avoir calculé que le médecin ne pouvait arriver avant le jour.

L'abbé Midon n'avait jamais fréquenté les écoles de médecine ; mais au temps où il n'était que vicaire, les pauvres venaient si souvent lui demander conseil, qu'il s'était mis courageusement à l'étude, et que l'expérience aidant, il avait acquis un savoir que ne donne pas toujours le diplôme de la Faculté.

Quelle que fût l'heure à laquelle on vint le chercher pour un malade, de jour ou de nuit, par tous les temps, on le trouvait prêt. Il ne répondait qu'un mot : « Partons ! »

Et quand les gens des environs le rencontraient le long des chemins, avec son large chapeau et son grand bâton, sa boîte de médicaments pendue à l'épaule par une courroie, ils se découvraient respectueusement. Ceux qui n'aimaient pas le prêtre estimaient l'homme.

Pour M. d'Escorval, plus que pour tous les autres, l'abbé Midon devait se hâter. Le baron était son ami. C'est dire quelle appréhension le fit trembler, quand il aperçut, devant la grille, Mme d'Escorval guettant son arrivée. A la façon dont elle se précipita à sa rencontre, il crut qu'elle allait lui annoncer un malheur irréparable. Mais non. Elle lui prit la main, et sans prononcer une parole, elle l'entraîna jusqu'à la chambre de Maurice.

La situation de ce malheureux enfant était des plus graves, il ne fallut à l'abbé qu'un coup d'œil pour le reconnaître, mais elle n'était pas désespérée.

— Nous le tirerons de là, dit-il avec un sourire qui ramenait l'espérance.

Et aussitôt, avec le sang-froid d'un vieux guérisseur, il pratiqua une large saignée et ordonna des applications de glace sur la tête et des sinapismes.

En un moment toute la maison fut en mouvement, pour accomplir ces prescriptions de salut. Le prêtre en profita pour attirer le baron dans l'embrasure d'une fenêtre.

— Qu'arrive-t-il donc?... demanda-t-il.

M. d'Escorval eut un geste désolé.

— Un désespoir d'amour... répondit-il. M. Lacheneur m'a refusé la main de sa fille que je lui demandais pour mon fils... Maurice a dû voir aujourd'hui Marie-Anne... Que s'est-il passé entre eux?... je l'ignore. Vous voyez le résultat...

La baronne rentrait, les deux hommes se turent, et le silence vraiment funèbre de la chambre ne fut plus troublé que par les plaintes de Maurice.

Son agitation, loin de se calmer, redoublait. Le délire peuplait son cerveau de fantômes, et à tout moment les noms de Marie-Anne, de Martial de Sairmeuse et de Chanlouineau revenaient dans ses phrases, trop incohérentes pour qu'il fût possible de suivre sa pensée.

Ce que cette nuit-là parut longue à M. d'Escorval et à sa femme, ceux-là seuls le savent qui ont compté les secondes d'une minute près du lit d'un malade aimé...

Certes, leur confiance en l'abbé Midon, leur compagnon de veille, était grande; mais enfin il n'était pas médecin, tandis que l'autre, celui qu'ils attendaient...

Enfin, comme l'aube faisait pâlir les bougies, on entendit au dehors le galop furieux d'un cheval, et peu après le docteur de Montaignac parut.

Il examina attentivement Maurice, et après une courte conférence à voix basse avec le prêtre:

— Je n'aperçois aucun danger immédiat, déclara-t-il. Tout ce qu'il y avait à faire a été fait... il faut laisser le mal suivre son cours... je reviendrai.

Il revint en effet le lendemain et aussi les jours d'après, car ce ne fut qu'à la fin de la semaine suivante que Maurice fut déclaré hors de danger.

Ses parents remerciaient Dieu, lui s'affligeait.

— Hélas! se disait-il, je souffrais moins quand je ne pensais pas.

Ce jour-là même, il raconta à son père toute la scène du bois de la Rèche, dont les moindres détails étaient restés profondément gravés dans sa mémoire. Lorsqu'il eut terminé :

— Tu es bien sûr, lui demanda son père, de la réponse de Marie-Anne? Elle t'a bien dit que si son père donnait son consentement à votre mariage, elle refuserait le sien?...

— Elle me l'a dit.

— Et elle t'aime?

— J'en suis sûr.

— Tu ne t'es pas mépris au ton de M. Lacheneur, quand il t'a dit : Mais va-t'en donc, petit malheureux !...

— Non.

M. d'Escorval demeura un moment pensif.

— C'est à confondre la raison, murmura-t-il.

Et, si bas que son fils ne put l'entendre, il ajouta :

— Je verrai Lacheneur demain, et il faudra bien que ce mystère s'explique.

XVI

La maison où s'était réfugié M. Lacheneur était située tout au haut des landes de la Rèche.

C'était bien, ainsi qu'il l'avait dit, une masure étroite et basse; mais elle n'était guère plus misérable que le logis de beaucoup de paysans de la commune.

Elle se composait d'un rez-de-chaussée divisé en trois chambres et était couverte en chaume.

Devant était un petit jardin d'une vingtaine de mètres, où végétaient quelques arbres fruitiers, des choux jaunis et une vigne dont les brins couraient le long de la toiture.

Ce n'était rien, ce jardinet. Eh bien! sa conquête sur un sol frappé de stérilité, avait exigé de la défunte tante de Lacheneur des prodiges de courage et de ténacité.

Pendant les vingt dernières années de sa vie, cette vieille paysanne n'avait jamais failli un seul jour à apporter là deux ou trois hottées de terre végétale qu'elle allait prendre à plus d'une demi-lieue.

Il y avait près d'un an qu'elle était morte, et le petit routin qu'elle avait tracé à travers la lande, pour sa tâche quotidienne, était parfaitement net encore, tant son pied, à la longue, l'avait profondément battu.

C'est dans ce sentier que s'engagea M. d'Escorval, qui, fidèle à ses résolutions, venait avec l'espoir d'arracher au père de Marie-Anne le secret de son inexplicable conduite.

Il était si vivement préoccupé de cette tentative suprême, qu'il gravissait, en plein midi, la rude côte, sans s'apercevoir de la chaleur qui était accablante.

Arrivé au sommet, cependant, il s'arrêta pour reprendre haleine, et tout en s'essuyant le front, il se retourna pour donner un coup d'œil au chemin qu'il venait de parcourir.

C'était la première fois qu'il venait jusqu'à cet endroit ; il fut surpris de l'étendue du paysage qu'il découvrait.

De ce point, le plus élevé de la contrée, on domine toute la vallée de l'Oiselle. On aperçoit surtout, avec une netteté extraordinaire, en raison de la distance, la redoutable citadelle de Montaignac, bâtie sur un rocher presque inaccessible.

Cette dernière circonstance, que le baron devait se rappeler au milieu des plus effroyables angoisses, ne le frappa pas sur le moment. La maison de Lacheneur absorbait toute son attention.

Son imagination lui représentait vivement les souffrances de ce malheureux, qui, du jour au lendemain, sans transition, passait des splendeurs du château de Sairmeuse aux misères de cette triste demeure.

— Hélas ! pensait-il, combien en a-t-on vu dont la raison n'a pas résisté à de moindres épreuves...

Mais il avait hâte d'être fixé, il alla frapper à la porte de la maison.

— Entrez !... dit une voix.

Par un trou pratiqué à la vrille, dans la porte, passait une ficelle destinée à soulever le loquet intérieur ; le baron tira cette ficelle et entra.

La pièce où il pénétrait était petite, blanchie à la chaux, et n'avait d'autre plancher que le sol, d'autre plafond que le chaume du toit.

Un lit, une table et deux grossiers bancs de bois composaient tout le mobilier.

Assise sur un escabeau, près d'une fenêtre à petits carreaux verdâtres, Marie-Anne travaillait à un ouvrage de broderie.

Elle avait abandonné ses jolies robes de « demoiselle », et son costume était presque celui des ouvrières de la campagne.

Quand parut M. d'Escorval, elle se leva, et pendant un moment, ils demeurèrent debout, en face l'un de l'autre, silencieux, elle calme en apparence, lui visiblement agité.

Il examinait Marie-Anne, et il la trouvait comme transfigurée. Elle était très visiblement pâlie et maigrie, mais sa beauté avait une expression étrange et touchante, rayonnement sublime du devoir accompli et de la résignation au sacrifice.

Cependant, songeant à son fils, il s'étonna de voir cette tranquillité.

— Vous ne me demandez pas de nouvelles de Maurice ?... fit-il d'un ton de reproche.

— On m'en a apporté ce matin, monsieur, comme tous les jours. Je n'ai pas vécu tant que j'ai su sa vie en péril. Je sais qu'il va mieux, et que même depuis hier on lui a permis de manger un peu...

— Vous pensiez à lui ?...

Elle frissonna. Des rougeurs fugitives coururent de son cou à son front, mais c'est d'une voix presque assurée qu'elle répondit :

— Maurice sait bien qu'il ne serait pas en mon pouvoir de l'oublier, alors même que je le voudrais...

— Et cependant, vous lui avez dit que vous approuvez le refus de votre père !...

— Je l'ai dit, oui, monsieur le baron, et j'aurai le courage de le répéter.

— Mais vous avez désespéré Maurice, malheureuse enfant ; mais il failli mourir !...

Elle redressa fièrement la tête, chercha le regard de M. d'Escorval et quand elle l'eut rencontré :

— Regardez-moi, monsieur, prononça-t-elle. Pensez-vous que je ne souffre pas, moi ?

M. d'Escorval resta un instant abasourdi, mais se remettant, il prit la main de Marie-Anne, et la serrant affectueusement entre les siennes :

— Ainsi, dit-il, Maurice vous aime, vous l'aimez, vous souffrez, il a failli mourir, et vous le repoussez !...

— Il le faut, monsieur.

— Vous le dites, du moins, chère et malheureuse enfant ; vous le dites et vous le croyez. Mais moi qui cherche les raisons de ce sacrifice immense, je ne les découvre pas. Il faut me les avouer, Marie-Anne, il le faut... Qui sait si vous ne vous épouvantez pas de chimères que mon expérience dissiperait d'un souffle ?... N'avez-vous pas confiance en moi, ne suis-je plus votre vieil ami ?... Il se peut que votre père, sous le coup de son désespoir, ait pris quelques résolutions extrêmes... Parlez, nous les combattrons ensemble. Lacheneur sait combien mon amitié lui est dévouée, je lui parlerai, il m'écoutera...

— Je n'ai rien à vous apprendre, monsieur !...

— Quoi !... Vous aurez l'affreux courage de rester inflexible, car c'est un père qui vous prie à genoux, un père qui vous dit : Marie-Anne, vous tenez entre vos mains le bonheur, la vie, la raison de mon fils...

Les larmes, à ces mots, jaillirent des yeux de Marie-Anne, et elle dégagea vivement sa main.

— Ah!... vous êtes cruel, monsieur, s'écria-t-elle, vous êtes sans pitié!... Vous ne voyez donc pas tout ce que j'endure, et que vous me torturez comme il n'est pas possible!... Non; je n'ai rien à vous dire; non, il n'y a rien à dire à mon père!... Pourquoi venir ébranler mon courage, quand je n'ai pas trop de toute mon énergie pour combattre le désespoir!.. Que Maurice m'oublie et que jamais il ne cherche à me revoir... Il est de ces destinées contre lesquelles on ne lutte pas, ce serait folie, nous sommes séparés pour toujours. Suppliez Maurice de quitter ce pays, et s'il refuse, vous êtes son père, commandez. Et vous-même, monsieur, au nom du ciel, fuyez-vous, nous portons malheur... Gardez-vous de jamais revenir ici, notre maison est maudite, la fatalité qui pèse sur nous vous atteindrait...

Elle parlait avec une sorte d'égarement, et si haut que sa voix devait arriver à la pièce voisine.

La porte de communication s'ouvrit, et M. Lacheneur se montra sur le seuil.

A la vue de M. d'Escorval, il ne put retenir un blasphème. Mais il y avait plus de douleur et d'anxiété que de colère, dans la façon dont il dit:

— Vous, monsieur le baron, vous ici!...

Le trouble où Marie-Anne avait jeté M. d'Escorval était si grand qu'il eut toutes les peines du monde à balbutier une apparence de réponse:

— Vous nous abandonniez, j'étais inquiet; avez-vous oublié notre vieille amitié, je viens à vous...

Les sourcils de l'ancien maître de Sairmeuse restaient toujours froncés.

— Pourquoi ne m'avoir pas prévenu de l'honneur que me fait M. le baron, Marie-Anne? dit-il sévèrement à sa fille.

Elle voulut parler, elle ne le put, et ce fut le baron, dont le sang-froid revenait, qui répondit :

— Mais j'arrive à l'instant, mon cher ami.

M. Lacheneur enveloppait d'un même regard soupçonneux sa fille et le baron.

— Que se sont-ils dit, pensait-il évidemment, pendant qu'ils étaient seuls?

Mais si grandes que fussent ses inquiétudes, il parvint à en maîtriser l'expression, et c'est presque de sa bonne voix d'autrefois, sa voix des temps heureux, qu'il engagea M. d'Escorval à le suivre dans la chambre voisine.

— C'est le salon de réception et mon cabinet de travail, dit-il en souriant.

Cette pièce, beaucoup plus grande que la première, était tout aussi sommairement meublée, mais elle était encombrée de petits volumes et d'une quantité infinie de menus paquets.

— Pérlsse ma fille même, pourvu que je réussisse.

Deux hommes étaient occupés à ranger ces paquets et ces livres.

L'un était Chanlouineau.

M. d'Escorval ne se rappelait pas avoir jamais vu l'autre, qui était tout jeune.

— C'est mon fils Jean, monsieur le baron, dit Lacheneur... Dame!... il a changé depuis tantôt dix ans que vous ne l'avez vu.

C'était vrai... Il y avait bien dix bonnes années au moins que le baron d'Escorval n'avait eu l'occasion de voir le fils de Lacheneur.

Comme le temps passe!... Il l'avait quitté enfant, il le retrouvait homme.

Jean venait d'avoir vingt ans, mais des traits fatigués et une barbe précoce le faisaient paraître plus vieux.

Il était grand, très bien de sa personne, et sa physionomie annonçait une vive intelligence.

Malgré cela, il ne plaisait pas à première vue. Il y avait en lui un certain « on ne sait quoi » qui effarouchait la sympathie. Son regard mobile fuyait le regard de l'interlocuteur, son sourire offrait le caractère de l'astuce et de la méchanceté.

— Ce garçon, pensa M. d'Escorval, doit être faux comme un jeton.

Présenté par son père, il s'était incliné devant le baron, profondément, mais avec une mauvaise grâce très appréciable.

M. Lacheneur, lui, poursuivait :

— N'ayant plus les moyens d'entretenir Jean à Paris, j'ai dû le faire revenir... Ma ruine sera peut-être un bonheur pour lui!... L'air des grandes villes ne vaut rien pour les fils des paysans. Nous les y envoyons, vaniteux que nous sommes, pour qu'ils y apprennent à s'élever au-dessus de leur père, et pas du tout, ils n'aspirent qu'à descendre...

— Mon père, interrompit le jeune homme, mon père!... Attendez au moins que nous soyons seuls!...

— M. d'Escorval n'est pas un étranger!...

Chanlouineau était évidemment du parti du fils; il multipliait les signes pour engager M. Lacheneur à se taire.

Il ne les vit pas ou il ne lui plut pas d'en tenir compte, car il continua :

— J'ai dû vous ennuyer, monsieur le baron, à force de vous répéter : « Je suis content de mon fils, je lui vois une ambition honorable, il travaille, il arrivera... » Je le croyais sur la foi de ses lettres. Ah! j'étais un père naïf! L'ami chargé de porter à Jean l'ordre de revenir m'a appris la vérité. Ce jeune homme modèle ne sortait des tripots que pour courir les bals publics... Il s'était amouraché d'une mauvaise petite sauteuse de je ne sais quel théâtre infime, et pour plaire à cette créature, il montait sur les planches et se montrait à ses côtés, la face barbouillée de blanc et de rouge...

— Monter sur un théâtre n'est pas un crime!

— Non, mais c'en est un que de tromper son père, c'en est un que de se draper d'une fausse vertu!... T'ai-je jamais refusé de l'argent? non. Mais plutôt que de m'en demander, tu faisais des dettes partout, et tu dois au moins vingt mille francs !

Jean baissait la tête ; son irritation était visible, mais il craignait son père.

— Vingt mille francs !... répétait M. Lacheneur, je les avais il y a quinze jours... je n'ai plus rien. Je ne puis espérer cette somme que de la générosité des messieurs de Sairmeuse. .

Cette phrase, dans sa bouche, dépassait tellement tout ce que pouvait imaginer le baron, qu'il ne fut pas maître d'un mouvement de stupeur.

Ce geste, Lacheneur le surprit, et c'est avec toutes les apparences de la sincérité et de la plus entière bonne foi, qu'il reprit:

— Ce que je dis là vous étonne, monsieur? Je le comprends. La colère du premier moment m'a arraché tant de propos ridicules !... Mais je me suis calmé et j'ai reconnu mon injustice. Que vouliez-vous que fît le duc? Devait-il me faire cadeau de Sairmeuse? Il a été un peu brusque, je l'avoue, mais c'est son genre ; au fond il est le meilleur des hommes.

— Vous l'avez donc revu ?...

— Lui, non ; mais j'ai revu son fils, M. le marquis. Même, je suis allé avec lui au château pour y désigner les objets que je désire garder... Oh ! il n'y a pas à dire non, on a tout mis à ma disposition, tout. J'ai choisi ce que j'ai voulu, meubles, vêtements, linge... On m'apportera tout cela ici, et j'y serai comme un seigneur...

— Pourquoi ne pas chercher une autre maison? celle-ci...

— Celle-ci me plaît, monsieur le baron ; sa situation surtout me convient.

Au fait, pourquoi les Sairmeuse n'auraient-ils pas regretté l'odieux de leur conduite? Était-il impossible que les rancunes de Lacheneur eussent cédé devant les plus honorables réparations ? Ainsi pensa M. d'Escorval.

— Dire que M. le marquis a été bon, continuait Lacheneur, serait trop peu dire. Il a eu pour nous les plus délicates attentions. Par exemple, ayant vu combien Marie-Anne regrette ses fleurs, il a déclaré qu'il allait lui en envoyer de quoi remplir notre petit jardin, et qu'il les ferait renouveler tous les mois...

Comme tous les gens passionnés, M. Lacheneur outrait le rôle qu'il s'était imposé. Ce dernier exemple était de trop ; il éclaira d'une sinistre lueur l'esprit de M. d'Escorval.

— Grand Dieu !... pensa-t-il, ce malheureux méditerait-il un crime !...

Il regarda Chanlouineau et son inquiétude augmenta. Aux noms du marquis et de Marie-Anne, le robuste gars était devenu blême.

— Il est entendu, disait Lacheneur de l'air le plus satisfait, qu'on me donnera les dix mille francs que m'avait légués Mlle Armande. En outre, j'aurai à fixer le chiffre de l'indemnité qu'on reconnaît me devoir. Et ce n'est pas tout : on m'a offert de gérer Sairmeuse, moyennant de bons appointements... Je serais allé loger avec ma fille au pavillon de garde, que j'ai habité si longtemps... Toutes réflexions faites, j'ai refusé. Après avoir joui longtemps d'une fortune qui ne m'appartenait pas, je veux en amasser une qui sera bien à moi...

— Serait-il indiscret de vous demander ce que vous comptez faire ?...

— Pas le moins du monde... Je m'établis colporteur.

M. d'Escorval n'en pouvait croire ses oreilles.

— Colporteur ?... répéta-t-il.

— Oui, monsieur. Tenez, voici ma balle, là-bas, dans ce coin...

— Mais c'est insensé! s'écria M. d'Escorval, c'est à peine si les gens qui font ce métier gagnent leur vie de chaque jour!...

— Erreur, monsieur le baron. Mes calculs sont faits, le bénéfice est de trente pour cent. Et notez que nous serons trois à vendre, car je confierai une balle à mon fils et une autre à Chanlouineau, qui feront des tournées de leur côté.

— Quoi !... Chanlouineau...

— Devient mon associé.

— Et ses terres, qui en prendra soin ?

— Il aura des journaliers...

Et là-dessus, voulant sans doute faire entendre à M. d'Escorval que sa visite avait assez duré, Lacheneur se mit aussi, lui, à arranger les petits paquets qui devaient emplir la balle du marchand ambulant.

Mais le baron ne pouvait s'éloigner ainsi, maintenant surtout que ses soupçons devenaient presque une certitude.

— Il faut que je vous parle !... dit-il brusquement.

M. Lacheneur se retourna.

— C'est que je suis bien occupé, répondit-il avec une visible hésitation.

— Je ne vous demande que cinq minutes. Cependant, si vous ne les avez pas aujourd'hui, je reviendrai demain... après-demain... tous les jours, jusqu'à ce que je puisse me trouver seul avec vous.

Ainsi pressé, Lacheneur comprit qu'il n'éviterait pas cet entretien ; il eut le geste de l'homme qui se résigne, et, s'adressant à son fils et à Chanlouineau :

— Allez donc voir un moment de l'autre côté, si j'y suis... dit-il.

Ils sortirent, et dès que la porte fut refermée :

— Je sais, monsieur le baron, commença-t-il, très vite, quelles raisons vous amènent. Vous venez me demander encore Marie-Anne... Je sais que mon refus a failli tuer Maurice; croyez que j'ai cruellement souffert... Mais mon refus n'en reste pas moins définitif, irrévocable. Il n'est pas au monde de puissance capable de me faire revenir sur ma résolution. Ne me demandez pas les motifs de ma décision, je ne vous les dirai pas... croyez qu'ils sont graves...

— Nous ne sommes donc pas vos amis ?...

— Vous !... monsieur, s'écria Lacheneur, avec l'accent de la plus vive affection, vous!... Ah! vous le savez bien, vous êtes les meilleurs, les seuls amis que j'aie ici-bas!... Je serais le dernier et le plus misérable des hommes, si jusqu'à mon dernier soupir je ne gardais le souvenir précieux de vos bontés. Oui, vous êtes mes amis, oui je vous suis dévoué... et c'est pour cela même que je vous réponds : non, non, jamais!...

Il n'y avait plus à douter. M. d'Escorval saisit les poignets de Lacheneur, et les serrant à les briser :

— Malheureux!... dit-il d'une voix sourde, que voulez-vous faire ! quelle vengeance terrible rêvez-vous!...

— Je vous jure...

— Oh! ne jurez pas. On ne trompe pas un homme de mon âge et de mon expérience. Vos projets, je les devine... vous haïssez les Sairmeuse plus mortellement que jamais.

— Moi!...

— Oui, vous... et si vous semblez oublier, c'est afin qu'ils oublient, eux aussi... Ces gens-là vous ont trop cruellement offensé pour ne pas vous craindre, vous le comprenez bien, et vous faites tout au monde pour les rassurer... Vous allez au-devant de leurs avances, vous vous agenouillez devant eux... pourquoi?... Parce que vous êtes sûr qu'ils seront à vous quand vous aurez endormi leurs défiances, et que vous pourrez les frapper plus sûrement...

Il s'arrêta, on ouvrait la porte de communication. Marie-Anne parut :

— Mon père, dit-elle, voici M. le marquis de Sairmeuse.

Ce nom, que Marie-Anne jetait d'une voix effrayante de calme, au milieu d'une explication brûlante, ce nom de Sairmeuse empruntait aux circonstances une telle signification, que M. d'Escorval fut comme pétrifié.

— Il ose venir ici, pensa-t-il. Comment ne craint-il pas que les murs ne s'écroulent sur lui!...

M. Lacheneur avait foudroyé sa fille du regard. Il la soupçonnait d'une ruse qui pouvait le forcer à se découvrir. En une seconde, les plus furieuses passions contractèrent ses traits.

Mais il se remit, par un prodige de volonté. Il courut à la porte, repoussa Marie-Anne, et s'appuyant à l'huisserie, il se pencha dans la première pièce, en disant :

— Daignez m'excusez, monsieur le marquis, si je prends la liberté de vous prier d'attendre ; je termine une affaire et je suis à vous à l'instant...

Il n'y avait dans son accent ni trouble ni colère, mais bien une respectueuse déférence et comme un sentiment profond de gratitude.

Ayant dit, il attira la porte à lui et se retourna vers M. d'Escorval.

Le baron, debout, les bras croisés, avait assisté à cette scène de l'air d'un homme qui doute du témoignage de ses sens; et cependant il en comprenait la portée.

— Ainsi, dit-il à Lacheneur, ce jeune homme vient ici, chez vous?...

— Presque tous les jours... non à cette heure, mais un peu plus tard.

— Et vous le recevez, vous l'accueillez !...

— De mon mieux, oui, monsieur le baron. Comment ne serais-je pas sensible à l'honneur qu'il me fait !... D'ailleurs, nous avons à débattre des intérêts sérieux... Nous nous occupons de régulariser la restitution de Sairmeuse... J'ai à lui donner des détails infinis pour l'exploitation des propriétés...

— Et c'est à moi, interrompit le baron, à moi, votre ami, que vous espérez faire entendre que vous, un homme d'une intelligence supérieure, vous êtes dupe des prétextes dont se pare M. le marquis de Sairmeuse pour hanter votre maison !... Regardez-moi dans les yeux... oui, comme cela !... Et maintenant osez me soutenir que véritablement, dans votre conscience, vous croyez que les visites de ce jeune homme s'adressent à vous !...

L'œil de Lacheneur ne vacilla pas.

— A qui donc s'adresseraient-elles ? dit-il.

Cette opiniâtre sérénité trompait toutes les prévisions du baron. Il n'avait plus qu'à frapper un grand coup.

— Prenez garde, Lacheneur !... prononça-t-il sévèrement. Songez à la situation que vous faites à votre fille, entre Chanlouineau qui la voudrait pour femme, et M. de Sairmeuse qui la veut...

— Qui la veut pour maîtresse, n'est-ce pas?... Oh ! dites le mot. Mais que m'importe !... Je suis sûr de Marie-Anne et je méprise les propos des imbéciles.

M. d'Escorval frémit.

— En d'autres termes, dit-il d'un ton indigné, vous faites de l'honneur et de la réputation de votre fille les enjeux de la partie que vous engagez !...

C'en était trop. Toutes les passions furieuses que Lacheneur comprimait éclatèrent à la fois; il ne songea plus à se contenir.

— Eh bien ! oui !... s'écria-t-il avec un affreux blasphème, oui, vous l'avez dit : Marie-Anne doit être et sera l'instrument de mes projets... Ah! c'est ainsi. L'homme qui est où j'en suis ne s'arrête plus aux considérations qui retiennent les autres hommes. Fortune, amis, famille, la vie, l'honneur, j'ai d'avance tout sacrifié. Périsse la vertu de ma fille, périsse ma fille même, que m'importe! pourvu que je réussisse...

Il était effrayant d'énergie et de fanatisme, ses poings crispés menaçaient d'invisibles ennemis, ses yeux s'injectaient de sang.

Le baron le saisit par le revers de sa redingote comme s'il eût craint qu'il ne lui échappât...

— Vous l'avouez donc, lui dit-il... Vous voulez vous venger de Sairmeuse et vous avez fait Chanlouineau votre complice.

Mais Lacheneur, d'un mouvement brusque, se dégagea.

— Je n'avoue rien, répliqua-t-il... Et cependant je veux vous rassurer...

Il leva la main comme pour prêter serment, et d'une voix solennelle :

— Devant Dieu qui m'entend, prononça-t-il ; sur tout ce que j'ai de sacré au monde, par la mémoire de ma sainte femme qui est en terre, je jure que je ne médite rien contre les Sairmeuse, que je n'ai jamais eu l'idée de toucher seulement un cheveu de leur tête... Je les ménage parce que j'ai absolument besoin d'eux. Ils m'aideront sans s'en douter.

Lacheneur disait vrai, cette fois ; on le sentait ; la vérité trouve à son service d'irrésistibles accents. Cependant M. d'Escorval feignit de douter. Il pensa que si lui, de sang-froid, il attisait la colère de ce malheureux, il lui arracherait toute sa pensée. C'est donc d'un air de défiance insultante qu'il dit :

— Comment croire à vos serments, après vos aveux !...

Calcul inutile !... Éclairé par une dernière lueur de raison, Lacheneur vit le piège ; tout son calme lui revint comme par magie.

— Soit, monsieur le baron, dit-il, ne me croyez pas. Mais vous n'obtiendrez plus un mot de moi sur ce sujet ; j'en ai que trop dit. Je sais que votre seule amitié vous guide, ma reconnaissance est grande, mais je ne puis vous répondre. Les événements ont creusé un abîme entre nous, n'essayons pas de le franchir. Pourquoi nous revoir encore ?... Il me faut vous répéter ce que je disais hier à M. l'abbé Midon. Si vous êtes mon ami, ne revenez plus ici, jamais ni de nuit ni de jour, sous aucun prétexte... On irait vous dire que je suis à la mort, n'importe, ne venez pas, la maison est fatale. Et si vous me rencontrez, détournez-vous, évitez-moi comme un pestiféré dont le contact peut être mortel !...

Le baron se taisait. C'était là, sous une forme nouvelle et bien autrement saisissante, ce que déjà lui avait dit Marie-Anne. Et son esprit s'épuisait à chercher le mot de cette effrayante énigme.

— Mais il y a mieux, poursuivait Lacheneur. Tout en ce pays est fait pour éterniser le désespoir de Maurice. Il n'est pas un sentier, pas un arbre, pas une fleur qui ne lui rappelle cruellement le rêve de ses amours perdues... Partez, emmenez-le loin, bien loin...

— Eh !... le puis-je !... Ce misérable Fouché ne m'a-t-il pas emprisonné ici !...

— Raison de plus pour écouter mes conseils. Vous avez été l'ami de l'Empereur, donc vous êtes suspect. Vous êtes environné d'espions. Vos ennemis guettent dans l'ombre une occasion de vous perdre. Que leur faut-il pour vous jeter en prison ?... Une démarche mal interprétée, une lettre, un mot... La frontière est proche, allez attendre à l'étranger des temps plus heureux...

— C'est ce que je ne ferai pas, dit fièrement M. d'Escorval.

Son accent n'admettait pas de discussion, Lacheneur ne le comprit que trop, et il parut désespéré.

— Ah !... vous êtes comme l'abbé Midon, fit-il d'une voix sourde, vous ne voulez pas croire... Qui sait cependant ce qui peut vous en coûter d'être venu ici ce matin ? Enfin, il est dit que nul ne peut fuir sa destinée. Mais si quelque jour la main du bourreau s'abattait sur votre épaule, rappelez-vous que je vous ai prévenu, et ne me maudissez pas...

Il dit... et voyant que cette sinistre prophétie n'ébranlait pas le baron, il lui serra la main comme pour un suprême adieu, et alla ouvrir la porte au marquis de Sairmeuse.

Martial était peut-être dépité de rencontrer M. d'Escorval ; il ne l'en salua pas moins avec une politesse étudiée, et tout aussitôt il se mit à raconter gaiement à M. Lacheneur que les objets choisis par lui au château venaient d'être chargés sur des charrettes qui allaient arrriver...

M. d'Escorval n'avait plus rien à faire dans cette maison. Parler à Marie-Anne était impossible ; Chanlouineau et Jean la gardaient à vue.

Il se retira donc... et lentement, poigné par les plus cruelles angoisses, il redescendit cette côte de la Rèche que deux heures plus tôt il gravissait le cœur plein d'espoir.

Qu'allait-il dire au pauvre Maurice ?...

Il arrivait au petit bois de pins, quand un pas jeune et leste, sur le sentier, le fit retourner.

Le marquis de Sairmeuse arrivait, lui faisant signe. Il s'arrêta, très surpris. Martial l'aborda avec cet air de juvénile franchise qu'il savait si bien prendre, et d'un ton brusque :

— J'espère, monsieur, dit-il, que vous m'excuserez de vous avoir poursuivi quand vous m'aurez entendu. Je ne suis pas de votre bord, j'exècre ce que vous adorez, mais je n'ai ni la passion ni les rancunes de vos ennemis. C'est pourquoi je vous dis : A votre place, je voyagerais... La frontière est à deux pas, un bon cheval et un temps galop, et on est à l'abri... A bon entendeur salut !

Et sans attendre une réponse, il s'éloigna.

M. d'Escorval était confondu.

— On dirait une conspiration pour me chasser, murmura-t-il. Mais j'ai de fortes raisons de suspecter la bonne foi de ce beau fils.

Martial était déjà loin.

Moins préoccupé, il eût aperçu deux ombres le long du bois : Mlle Blanche de Courtomieu, suivie de l'inévitable tante Médio, était venue l'épier.

Le fusil sur l'épaule, il passa l'Oiselle.

XVII

M. le marquis de Courtomieu idolâtrait sa fille ; c'était un fait admis, notoire dans le pays, incontestable et incontesté.

Venait-on à lui parler de Mlle Blanche, on ne manquait jamais de lui dire :

— Vous qui adorez votre fille...

Et si lui-même en parlait, il disait :

— Moi qui adore Blanche...

La vérité est qu'il eût donné bonne chose, le tiers de sa fortune, pour en être débarrassé.

Cette jeune fille toute souriante, qui semblait encore une enfant, avait su prendre sur lui un empire absolu dont elle abusait ; et, selon son expression en ses jours de mauvaise humeur, « elle le menait comme un tambour. »

Or le marquis, excédé du despotisme de sa fille, était las de plier comme une baguette de vigne au souffle de tous ses caprices... et Dieu sait si elle en avait!

Il lui avait bien jeté tante Médie, mais en trois mois la parente pauvre avait été rompue, brisée, assouplie, au point de ne compter plus.

Souvent le marquis se révoltait, mais neuf fois sur dix il payait cher ses tentatives de rébellion. Quand Mlle Blanche arrêtait sur lui, d'une certaine façon, ses yeux froids et durs comme l'acier, tout son courage s'envolait. Avec lui, d'ailleurs, elle maniait l'ironie comme un poignard empoisonné, et connaissant les endroits sensibles, elle frappait avec une admirable précision.

— Ce n'est pas une fille que j'ai, pensait parfois le marquis avec une sorte de désespoir, c'est une seconde conscience, bien autrement cruelle que l'autre...

Pour comble Mlle Blanche faisait frémir son père.

Il savait de quoi sont capables ou plutôt il se demandait de quoi ne sont pas capables ces filles blondes, dont le cœur est un glaçon et la tête un brasier, que rien n'émeut et que tout passionne, qu'une incessante inquiétude d'esprit agite, et que la vanité mène.

— Qu'elle s'amourache du premier faquin venu, pensait-il, et elle me plante là sans hésiter... Quel scandale, alors, dans le pays!...

C'est dire de quels vœux il appelait le bon, l'honnête jeune homme qui, en épousant Mlle Blanche, le délivrerait de tous ses soucis.

Mais où le prendre, ce libérateur ?...

Le marquis avait annoncé partout, et à son de trompe, qu'il donnait à sa fille un million de dot. Comme de raison, ce mot magnifique avait mis sur pied le ban et l'arrière-ban des épouseurs, non seulement de l'arrondissement, mais encore des départements voisins.

On eût rempli les cadres d'un escadron sur le pied de guerre, rien qu'avec les ambitieux qui avaient tenté l'aventure.

Malheureusement, si dans le nombre quelques-uns convenaient assez à M. de Courtomieu, nul n'avait eu l'heure de plaire à Mlle Blanche.

Son père lui présentait-il quelque prétendant, elle l'accueillait gracieusement, elle se parait pour lui de toutes ses séductions; mais dès qu'il avait tourné les talons, d'un seul mot qu'elle laissait tomber de la hauteur de ses dédains, elle l'écartait.

— Il est trop petit, disait-elle, ou trop gros... il n'est pas assez noble... Je le crois fat.... Il est sot... son nez est mal fait !...

Et à ces jugements sommaires, pas d'appel. On eût vainement insisté ou discuté. L'homme condamné n'existait plus.

Cependant, la revue des prétendants l'amusant, elle ne cessait d'encourager son père à des présentations, et le pauvre homme battait le pays avec un acharnement qui lui eût valu des quolibets s'il eût été moins riche.

Il désespérait presque, quand la fortune ramena à Sairmeuse le duc et son fils. Ayant vu Martial, il eut le pressentiment de la libération prochaine.

— Celui-là sera mon gendre, pensa-t-il.

Le marquis professait ce principe qu'il faut battre le fer pendant qu'il est chaud. Aussi, dès le lendemain, laissait-il entrevoir ses vues au duc de Sairmeuse.

L'ouverture venait à propos.

Arrivant avec l'idée de se créer à Sairmeuse une petite souveraineté, le duc ne pouvait qu'être ravi de s'allier à la maison la plus ancienne et la plus riche du pays après la sienne.

La conférence de ces deux vieux gentilshommes fut courte.

— Martial, mon fils, dit le duc, a de son chef cent mille écus de rentes...

— J'irai, pour ma fille, jusqu'à... oui, quinze cent mille francs, prononça le marquis.

— Sa Majesté a des bontés pour moi... j'obtiendrai pour Martial un poste diplomatique important...

— Moi, j'ai, en cas de malheur, beaucoup d'amis dans l'opposition...

Le traité était conclu, mais M. de Courtomieu se garda bien d'en parler à sa fille. Lui dire combien il souhaitait cette alliance, eût été lui donner l'idée de la repousser. Laisser aller les choses lui parut le plus sûr...

La justesse de ses calculs lui fut démontrée, un matin que Mlle Blanche fit irruption dans son cabinet.

— Ta capricieuse fille est décidée, père, lui dit-elle péremptoirement... elle serait heureuse de devenir la marquise de Sairmeuse.

Il fallut à M. de Courtomieu beaucoup de volonté pour dissimuler la joie qu'il ressentait; mais il songea qu'en en laissant apercevoir quelque chose, il perdait peut-être tout.

Il présenta quelques objections, elles furent vivement combattues, et enfin, il osa dire :

— Voici donc un mariage à moitié fait. Déjà une des parties consent. Reste à savoir si l'autre...

— L'autre consentira, déclara l'orgueilleuse héritière.

Et dans le fait, depuis plusieurs jours déjà, Mlle Blanche appliquait toutes ses facultés à l'œuvre de séduction qui devait faire tomber Martial à ses genoux.

Après s'être avancée, avec une inconséquence calculée, sûre de l'impression produite, elle battait en retraite, manœuvre trop simple pour ne pas réussir toujours.

Autant elle s'était montrée vive, spirituelle, coquette, rieuse, autant peu à peu elle devint timide et réservée. La pensionnaire étourdie parut s'effacer sous la vierge.

Elle joua pour Martial, et avec quelle perfection! cette comédie divine du premier amour. Il put observer les naïves pudeurs et les chastes appréhensions de ce cœur qui semblait s'éveiller pour lui. Paraissait-il, Mlle Blanche rougissait et se taisait. Pour un mot elle devenait confuse. On ne vit plus ses beaux yeux qu'à travers les franges soyeuses de ses sourcils.

Qui lui avait enseigné cette politique de la coquetterie la plus raffinée?.. On dit que le couvent est un grand maître.

Mais ce qu'on ne lui avait pas appris, ce qu'elle ignorait, c'est que les plus habiles deviennent dupes de leurs mensonges, c'est que les grandes comédiennes ne finissent pas toujours par verser de vraies larmes.

Elle le comprit un soir où une plaisanterie du duc de Sairmeuse lui révéla que Martial allait tous les jours chez Lacheneur.

Ce qu'elle ressentit alors ne pouvait se comparer au frémissement de jalousie, de colère plutôt, qui déjà l'avait agitée.

Ce fut une douleur aiguë, âpre, intolérable, la sensation d'une lame rougie déchirant ses chairs.

La première fois, tout en rêvant une vengeance, elle avait pu garder son sang-froid; cette fois, non.

Pour ne pas se trahir, elle dut quitter le salon précipitamment. Elle courut s'enfermer dans sa chambre, et là éclata en sanglots.

— Ne m'aimerait-il donc pas! murmurait-elle.

Cette pensée la glaçait, et elle, l'orgueilleuse héritière, pour la première fois elle douta de soi.

Elle songea que Martial était assez noble pour se moquer de la noblesse, trop riche pour ne pas mépriser l'argent, et qu'elle-même n'était sans doute ni si jolie ni si séduisante qu'elle le croyait et que le disaient ses flatteurs.

Elle pouvait n'être pas aimée... elle tremblait de ne l'être pas.

Tout cependant, dans la conduite de Martial, et Dieu sait avec quelle fidélité sa mémoire la lui rappelait depuis une semaine, tout était fait pour lui rendre quelque assurance.

Il ne s'était pas déclaré formellement, mais il était parfaitement clair qu'il lui faisait la cour. Ses façons avec elle étaient celles du plus respectueux et en même temps du plus épris des amants. A certains moments, elle l'avait troublé, elle en était sûre. Il lui semblait entendre encore le tremblement de sa voix, à quelques phrases qu'il avait murmurées à son oreille...

Mlle Blanche se rassurait à demi, quand le souvenir soudain d'une conversation surprise entre deux de ses parentes illumina les ténèbres où elle se débattait.

L'une de ces deux jeunes femmes racontait en pleurant que son mari, qu'elle adorait, avait une liaison avant son mariage et qu'il ne l'avait pas rompue.

Épouse légitime, elle était entourée de soins et de respects ; on lui faisait la charité des apparences, mais l'autre avait la réalité, l'amour.

Cette pauvre femme ajoutait encore que cette situation la rendait la plus misérable des créatures, qu'elle se taisait pourtant et dévorait ses larmes en secret, redoutant, au premier mot de reproche, de voir son mari l'abandonner ou cesser de se contraindre...

Cette confidence, autrefois, avait fait rire Mlle Blanche, et l'avait indignée en même temps, .

— Peut-on être lâche à ce point !... s'était-elle dit.

Maintenant, il lui fallait bien reconnaître qu'elle avait raisonné la passion comme un aveugle-né la lumière. Et elle disait :

— Qui me garantit que Martial ne songe pas à se conduire comme le mari de ma parente ?...

Mais comme jadis, tout lui paraissait préférable à l'ignominie d'un partage.

— Il faudrait écarter Marie-Anne, pensait-elle, la supprimer... mais comment ?

Il faisait jour depuis longtemps que Mlle Blanche délibérait encore, hésitant entre mille projets contradictoires et plus impraticables les uns que les autres.

Pour la rappeler à la réalité, il ne fallut rien moins que l'entrée de sa camériste qui lui apportait un énorme bouquet de roses envoyé par Martial...

— Comment, mademoiselle ne s'est pas couchée !... fit cette fille surprise.

— Non !... je me suis endormie sur ce fauteuil et je m'éveille à l'instant. Il est inutile de parler de cela.

Elle avait pris les roses, et tout en les disposant dans un grand vase du Japon, elle baignait d'eau froide ses paupières gonflées par les premières larmes sincères qu'elle eût répandues depuis qu'elle était au monde.

A quoi bon !... Cette nuit d'angoisses et de rages solitaires avait pesé plus qu'une année sur le front de l'orgueilleuse héritière.

Elle était si pâle et si triste, si différente d'elle-même, lorsqu'elle parut à l'heure du déjeuner, que tante Médie s'inquiéta.

M¹¹ᵉ Blanche avait préparé une excuse, elle la donna d'un ton si doux que la parente pauvre en fut saisie, comme d'un miracle.

M. de Courtomieu n'était guère moins intrigué.

— De quelle nouvelle lubie cette contenance était-elle la préface?... pensait-il.

Il devint inquiet pour tout de bon, quand, au moment où il se levait de table, sa fille lui demanda un instant d'entretien.

Il la précéda dans son cabinet, et dès qu'ils y furent seuls, sans laisser à son père le temps de s'asseoir, M¹¹ᵉ Blanche le supplia de lui apprendre sans réticences tout ce qui avait dû se passer et se dire entre le duc de Sairmeuse et lui, si les conditions d'une alliance étaient arrêtées, où en étaient les choses, et enfin si Martial avait été prévenu et ce qu'il avait répondu.

Sa voix était humble, son regard humide, tout en elle trahissait la plus affreuse anxiété.

Le marquis était ravi.

— Mon imprudente a voulu jouer avec le feu... se disait-il en caressant son menton glabre, et, par ma foi! elle s'est brûlée.

Ce moment le vengeait délicieusement de quantité de coups d'épingles qui lui cuisaient encore.

Même, la tentation d'abuser de son avantage traversa son esprit. Il n'osa, craignant un retour.

— Hier, mon enfant, répondit-il, le duc de Sairmeuse m'a formellement demandé ta main, et on n'attend que ta décision pour les démarches officielles... Ainsi, rassurez-vous, belle amoureuse, vous serez un jour duchesse.

Elle cacha son visage entre ses mains, pour dissimuler la rougeur que ce mot « amoureuse » faisait monter à son front. Ce mot jusqu'alors lui paraissait qualifier une monstrueuse faiblesse, indigne et inavouable.

— Tu sais bien ma décision, père, balbutia-t-elle d'une voix à peine distincte, il faut nous hâter...

Il recula, croyant avoir mal entendu.

— Nous hâter? répéta-t-il.

— Oui, père, j'ai des craintes.

— Et lesquelles, bon Dieu?...

— Je te les dirai quand je serai sûre, répondit-elle en s'échappant.

Certes, elle ne doutait pas, mais elle voulait voir de ses yeux, étant de ces âmes qui goûtent une âpre et affreuse jouissance à descendre tout au fond de leur malheur.

Aussi, dès qu'elle eut quitté son père, elle força tante Médio à s'habiller en toute hâte, et, sans un mot d'explication, elle la traîna au bois de la Rèche, à un endroit d'où elle apercevait la maison de Lacheneur.

C'était le jour où M. d'Escorval était venu demander une explication à son ancien ami. Elle le vit arriver d'abord, puis, peu après, arriva Martial...

On ne l'avait pas trompée... elle pouvait se retirer.

Mais non. Elle se condamnait à compter les secondes que Martial passerait près de Marie-Anne...

M. d'Escorval ne tarda pas à sortir, elle vit Martial s'élancer après lui et lui parler.

Elle respira... Sa visite n'avait pas duré une demi-heure, et sans doute il allait s'éloigner. Point. Après avoir salué le baron, il remonta la côte et rentra chez Lacheneur.

— Que faisons-nous ici? demandait tante Médie.

— Ah! laisse-moi!... répondit durement Mlle Blanche; tais-toi!

Elle entendait au haut de la lande comme un bruit de roues, des piétinements de chevaux, des coups de fouet et des jurons.

Les charrettes annoncées par Martial, et qui portaient le mobilier et les effets de M. Lacheneur, arrivaient.

Ce bruit, Martial l'entendit de la maison, car il sortit, et après lui parurent M. Lacheneur, son fils, Chanlouineau et Marie-Anne.

Tout ce monde aussitôt s'employa à débarrasser les charrettes, et positivement, aux mouvements du jeune marquis de Sairmeuse, on eût juré qu'il commandait la besogne; il allait, venait, s'empressait, parlait à tout le monde, et même par moments ne dédaignait pas de donner un coup de main.

— Il est dans cette maison comme chez lui, se disait Mlle Blanche... quelle horreur! un gentilhomme... Ah! cette dangereuse créature lui ferait faire tout ce qu'elle voudrait...

Ce n'était rien... une troisième charrette apparaissait, traînée par un seul cheval, et chargée de pots de fleurs et d'arbustes.

Cette vue arracha à Mlle de Courtomieu un cri de rage qui devait porter l'épouvante dans le cœur de tante Médie.

— Des fleurs!... dit-elle d'une voix sourde, comme à moi!... Seulement, il m'envoie un bouquet, et pour elle, il dépouille les massifs de Sairmeuse.

— Que parles-tu donc de fleurs? interrogea la parente pauvre.

Mlle Blanche eût voulu répondre qu'elle ne l'eût pu. Elle étouffait... Et cependant elle se contraignit à rester là trois longues heures, tout le temps qu'il fallut pour tout rentrer...

Les charrettes étaient parties depuis un bon moment déjà, quand enfin Martial reparut sur le seuil de la maison.

Marie-Anne l'avait accompagné et ils causaient... Il semblait ne pouvoir se décider à partir...

Il se décida cependant, et s'éloigna doucement, comme à regret... Marie-Anne, restée sur la porte, lui adressait un geste amical.

— Je veux parler à cette créature! s'écria M{to Blanche... Viens, tante Médie... il le faut...

Il n'y a pas à en douter : si Marie-Anne se fût trouvée en ce moment à portée de la voix, M{to de Courtomieu laissait échapper le secret des souffrances qu'elle venait d'endurer.

Mais de l'endroit du bois où s'était établie M{to Blanche, jusqu'à la pauvre maison de Lacheneur, il y avait bien cent mètres d'un terrain très en pente, sablonneux, malaisé, et tout entrecoupé de bruyères et d'ajoncs.

Il fallait à M{to Blanche une minute pour traverser cet espace, et c'était assez de cette minute pour changer toutes ses idées.

Elle n'avait pas franchi le quart du chemin, que déjà elle regrettait amèrement de s'être montrée. Mais il n'y avait plus à reculer, Marie-Anne, debout sur le seuil de sa porte, devait l'avoir vue.

Il ne lui restait qu'à profiter du reste de la route, pour se remettre, pour composer son visage... elle en profita.

Elle avait aux lèvres son meilleur, son plus doux sourire, quand elle aborda Marie-Anne. Pourtant elle était embarrassée, elle ne savait trop de quel prétexte colorer sa visite, et pour gagner du temps elle feignait d'être très essoufflée, presque autant que tante Médie.

— Ah!... on n'arrive pas aisément chez vous, chère Marie-Anne, dit-elle enfin, vous demeurez sur une montagne...

M{to Lacheneur ne disait mot. Elle était extrêmement surprise et ne savait pas le cacher.

— Tante Médie prétendait connaître le chemin, continua M{to Blanche, mais elle m'a égarée... n'est-ce pas, tante?

Comme toujours, la parente pauvre approuva, et sa nièce poursuivit :

— Mais, enfin, nous voici... Je n'ai pu, ma chérie, me résigner à rester sans nouvelles de vous, surtout après votre malheur. Que devenez-vous? ma recommandation vous a-t-elle procuré le travail que vous espériez?

Sans défiances aucunes, Marie-Anne devait être prise au ton d'intérêt touchant de son ancienne amie. C'est donc avec la plus entière franchise, sans faste de douleur comme sans fausse honte, qu'elle avoua l'inanité de presque toutes ses démarches. Même, il lui avait semblé que plusieurs personnes avaient pris plaisir à la mal recevoir...

Mais M{to Blanche n'écoutait pas. A deux pas d'elle étaient les caisses d'arbustes apportées de Sairmeuse... et leurs parfums rallumaient sa colère.

Cinq minutes après la maison était en flammes.

— Du moins, interrompit-elle, vous avez ici de quoi vous faire oublier les jardins de Sairmeuse... Qui donc vous a envoyé ces belles fleurs ?

Marie-Anne devint pourpre, resta un moment interdite, et enfin répondit ou plutôt balbutia :

— C'est... une attention de M. le marquis de Sairmeuse.

— Ainsi, elle avoue! pensa Mlle de Courtomieu, stupéfaite de ce qu'elle jugeait une insigne impudence.

Mais elle réussit à cacher sa rage sous un grand éclat de rire, et c'est sur le ton de la plaisanterie qu'elle dit :

— Prenez garde, chère amie, je vais vous en vouloir ; c'est de mon fiancé que vous avez accepté ces fleurs...

— Comment, le marquis de Sairmeuse...

— ... a demandé la main de votre amie, oui, ma belle mignonne, et mon père la lui a accordée. C'est encore un grand secret, mais je ne vois nul danger à le confier à votre amitié.

Elle croyait ainsi percer le cœur de Marie-Anne, mais elle eut beau l'observer, elle ne surprit pas sur son visage le plus léger tressaillement.

— Quel héroïsme de dissimulation ! pensa-t-elle.

Puis, tout haut, avec un effort de gaieté, elle reprit :

— Et le pays verra deux noces en même temps, car vous allez vous marier aussi, ma chérie?...

— Moi !...

— Oui, vous... vilaine cachotière ! Tout le monde sait bien que vous épousez un jeune homme des environs, qui se nomme... attendez... je sais... Chanloineau !

Ainsi ce bruit qui désolait Marie-Anne lui revenait de tous les côtés, ironique, persistant.

— Tout le monde se trompe, dit-elle avec trop d'énergie, jamais je ne serai la femme de ce jeune homme.

— Tiens !... pourquoi donc ? On le dit très bien de sa personne et assez riche...

— Parce que, balbutia Marie-Anne, parce que...

Le nom de Maurice d'Escorval montait à ses lèvres, malheureusement elle ne le prononça pas, arrêtée qu'elle fut par un regard étrange de son ancienne amie. Que de destinées ont tenu à une circonstance tout aussi futile en apparence !

— Coquine !... pensait Mme Blanche, impudente !... il lui faudrait un marquis de Sairmeuse.

Et comme Marie-Anne s'embarrassait à chercher une excuse plausible, elle reprit d'un ton froid et railleur qui laissait à la fin deviner toutes ses rancunes :

— Vous avez tort, ma chère, croyez-moi, de refuser ce parti. Ce Chanloineau vous éviterait, en tout cas, la pénible obligation de travailler de vos mains et d'aller de porte en porte quêter de l'ouvrage qu'on vous refuse. Mais n'importe, je serai, moi — elle appuyait sur ce mot — plus généreuse que vos anciennes connaissances... J'ai des bandes de jupons à broder, je vous les enverrai par ma femme de chambre, vous vous entendrez ensemble pour le prix... Allons, adieu, ma chère !... Viens-tu, tante Médie ?

Elle partit en ricanant, laissant Marie-Anne pétrifiée de surprise et d'indignation.

Sans avoir l'expérience de Mlle Blanche, elle comprenait bien que cette visite étrange cachait quelque mystère, mais lequel?

Après plus d'une minute, elle était encore immobile à la même place, au milieu du jardin, regardant s'éloigner cette amie de sa prospérité, quand une main s'appuya légèrement sur son bras.

Elle tressaillit, se retourna vivement... et se trouva en face de son père.

Lacheneur était plus blanc que le col de sa chemise, et ses yeux brillaient d'un sinistre éclat.

— J'étais là, dit-il en montrant la porte de sa maison, j'ai tout entendu...

— Mon père...

— Quoi!... voudrais-tu par hasard la défendre, après qu'elle a eu l'infamie de venir ici, chez toi, t'écraser de son insolent bonheur, après qu'elle t'a accablée de son mépris!... Va! je te l'avais dit, elles sont toutes ainsi, ces filles à qui la vanité a tourné la tête, et qui se croient dans les veines un autre sang que le nôtre... Mais patience... Le jour de notre revanche luira...

Ils eussent frémi, ceux qu'il menaçait, s'ils l'eussent entendu et vu en ce moment, tant il y avait de rage dans son accent, tant il paraissait formidable.

— Et toi, reprit-il, ma fille bien-aimée, ma pauvre Marie-Anne; toi, tu n'as rien compris aux outrages de cette noble héritière... Tu te demandes, n'est-ce pas, dans ton innocence, quelles raisons elle a de t'en vouloir?... Eh bien! je vais te les dire : elle s'imagine que le marquis de Sairmeuse est ton amant.

Marie-Anne chancela sous ce coup terrible et un spasme nerveux la secoua de la nuque aux talons.

— Est-ce possible!... balbutia-t-elle, Grand Dieu, grand Dieu... quelle honte!... quelle humiliation!...

— Eh bien! reprit froidement Lacheneur, qu'y a-t-il là qui t'étonne?... Ne t'attendais-tu pas à cela, le jour où, fille dévouée, tu t'es résignée, pour servir mes desseins, à subir les fades et écœurants hommages de ce marquis de Sairmeuse que tu exècres et que je méprise?

— Mais Maurice! Maurice me méprisera... Je puis tout accepter, oui, tout, excepté cela...

M. Lacheneur ne répondit pas, le désespoir de Marie-Anne était déchirant; il sentit qu'il s'attendrissait et rentra.

Mais sa pénétration avait deviné juste. En attendant de trouver une vengeance digne d'elle, Mlle Blanche résolut de se servir d'une arme que la jalousie et la haine trouvent toujours à leur service : la calomnie.

Cependant, deux ou trois histoires abominables, par elle imaginées, et qu'ell* forçait tante Médie de répéter partout, ne produisirent pas l'effet qu'elle espérait.

La réputation de Marie-Anne fut perdue, mais Martial, loin de cesser ses visites chez Lacheneur, les fit plus longues et plus fréquentes. Même, craignant d'être pris pour dupe, il surveilla...

Et c'est ainsi qu'un soir où il était sûr que Lacheneur, son fils et Chanlouineau étaient absents, Martial aperçut un homme qui s'échappait de la maison et traversait en courant la lande.

Il s'élança à la poursuite de cet homme, mais il lui échappa...

Il avait cru reconnaître Maurice d'Escorval.

XVIII

Les chances favorables qu'il entrevoyait encore, après les confidences de son fils, le baron d'Escorval avait eu la prudence de les taire.

— Mon pauvre Maurice, pensait-il, est désolé mais résigné ; mieux vaut lui laisser la certitude du malheur que l'exposer à un mécompte...

Mais la passion a parfois les éclairs de la double vue.

Ce que le baron taisait, Maurice le devina, et il se raccrocha à ce chétif espoir avec l'âpre ténacité du noyé qui, au fond de l'eau, serre encore entre ses mains crispées la planche qui n'a pu le sauver.

S'il n'interrogea pas, c'est qu'il était bien persuadé qu'on ne lui dirait pas la vérité.

Seulement, dès ce moment, il guetta tout ce qui se passait dans la maison, servi par cette prodigieuse subtilité de sens que communique la fièvre.

Il était dans son lit, assoupi en apparence, mais pas un des mouvements du baron ne lui échappait.

Ainsi, il l'entendit passer ses bottes, demander son chapeau, et trier une canne parmi celles qui se trouvaient dans le vestibule. Il distingua le grincement des ferrures de la grille extérieure.

— Mon père sort, se dit-il.

Et si extrême que fût sa faiblesse, il réussit à se traîner jusqu'à la fenêtre assez à temps pour reconnaître la justesse de ses conjectures.

— Si mon père sort, pensa-t-il encore, ce ne peut être que pour se rendre chez M. Lacheneur... donc il ne désespère pas tout à fait.

Un fauteuil était près de lui, il s'y laissa tomber, songeant qu'en guettant à la fenêtre le retour de son père, il connaîtrait sa destinée quelques secondes plus tôt.

Il la connut au bout de trois mortelles heures.

A la seule attitude de M. d'Escorval, il vit bien que tout, cette fois, était irrémissiblement perdu ; il en fut sûr, comme l'accusé qui a lu sur le visage morne des jurés le verdict fatal qu'ils vont prononcer.

Il eut besoin de toute son énergie pour regagner son lit, il se sentait mourir.

Mais bientôt il eut honte de cette faiblesse qu'il jugeait indigne. Il voulut savoir ce qui s'était passé, demander des détails.

Il sonna et dit au domestique qu'il souhaitait parler à son père. M. d'Escorval ne tarda pas à paraître.

— Eh bien?... cria Maurice.

Rien qu'à l'accent de cette question, M. d'Escorval se sentit deviné.

Dès lors, à quoi bon nier?...

— Lacheneur a été sourd à mes remontrances et à mes prières, répondit-il d'un ton grave... Il ne te reste plus qu'à te soumettre, mon fils, sans arrière-pensée. Je ne te dirai pas que le temps emportera jusqu'au souvenir d'une douleur qui te semble en ce moment devoir être éternelle... tu ne me croirais pas. Mieux vaut te dire : Tu es homme, montre-le par ton courage. Je te dirai encore : Défends-toi de penser à Marie-Anne, comme le voyageur côtoyant un précipice se défend de songer au vertige...

— Vous avez vu Marie-Anne, mon père, vous lui avez parlé?...

— Je l'ai trouvée plus inflexible que Lacheneur.

— Inflexibles !... Ils me repoussent, et ils reçoivent peut-être Chanlouineau.

— Chanlouineau est devenu leur commensal...

— Mon Dieu !... Et Martial de Sairmeuse ?...

— Il vient chez eux familièrement, je l'y ai trouvé...

Chacune de ces réponses tombait comme un coup d'assommoir sur le front de Maurice, ce n'était que trop évident.

Mais M. d'Escorval s'était armé de l'impassible courage du chirurgien qui, ayant entrepris une périlleuse opération, ne lâche pas ses bistouris parce que le patient hurle et se tord sous le fer.

M. d'Escorval voulait éteindre dans le cœur de son fils la dernière lueur d'espoir.

— C'en est fait, répétait Maurice, M. Lacheneur a perdu la raison...

Le baron hocha la tête d'un air découragé.

— C'est ce que je pensais d'abord, murmura-t-il.

— Mais que dit-il, pour justifier sa conduite ; il doit dire quelque chose?...

— Rien... il a su esquiver toute explication.

— Et vous, mon père, vous qui avez la pratique des hommes, avec toute votre expérience, vous n'avez pu pénétrer ses intentions !

Entre le moment où Martial de Sairmeuse l'avait quitté au milieu de la lande, et l'instant présent, M. d'Escorval avait eu le temps de réfléchir :

— J'ai des soupçons, répondit-il, mais seulement des soupçons... Il se peut que Lacheneur, obéissant aux inspirations de sa haine, rêve quelque vengeance terrible... Qui sait s'il ne songe pas à organiser quelque complot dont il serait le chef ?... Ces suppositions expliquent tout. Chanlouineau serait comme un autre lui-même, il ménagerait le marquis de Sairmeuse pour avoir par lui des informations indispensables...

Le sang revenait aux joues pâlies de Maurice.

— Un complot, fit-il, n'explique pas l'obstination de M. Lacheneur à me repousser...

— Hélas !... si, mon pauvre enfant. C'est par Marie-Anne qu'il tient Chanlouineau et le marquis de Sairmeuse. Qu'elle devienne ta femme demain, ils lui échappent aussitôt... Puis, précisément parce qu'il nous aime, il ne voudrait à aucun prix nous mêler à une aventure dont le succès lui paraît au moins incertain... Mais ce ne sont là que des conjectures.

— En effet, balbutia Maurice, en effet, je reconnais bien qu'il faut se soumettre, se résigner... oublier, s'il se peut.

Il disait cela, parce qu'il voulait rassurer son père, mais il pensait précisément le contraire.

Une idée venait d'éclore en son cerveau, vague encore, indéterminée, obscure, à peine distincte, mais qu'il pressentait devoir être une idée de salut. Et, en effet, dès qu'il fut seul, elle se dégagea, elle grandit, elle se précisa :

— Si Lacheneur organise une conspiration, se disait-il, des complices lui sont nécessaires ; il doit même en chercher... Pourquoi n'irais-je pas m'offrir à lui ? Du jour où je serai de moitié dans ses préparatifs, où je partagerai ses dangers et ses espérances, il lui sera impossible de me refuser encore sa fille. Quoi qu'il veuille entreprendre, je vaux bien Chanlouineau.

De là à prendre la résolution d'aller offrir ses services à Lacheneur, il n'y avait qu'un pas, Maurice le franchit, et de ce moment il ne songea plus qu'à tout faire pour hâter sa convalescence.

Elle fut prompte, l'espoir a des vertus merveilleuses, rapide à étonner l'abbé Midon qui remplaçait le docteur de Montaignac.

— Jamais je n'aurais cru que Maurice pût se consoler ainsi, disait Mme d'Escorval, toute heureuse de voir son fils se reprendre à aimer la vie.

Mais le baron ne répondait pas. Il tenait pour suspect ce rétablissement presque miraculeux, il était assailli de défiances...

Inquiet, il interrogea son fils, mais si habilement qu'il s'y prît, il n'en put rien tirer.

Maurice, que la seule tentation d'un mensonge faisait rougir jusqu'aux oreilles, trouva au service de ses projets l'imperturbable dissimulation d'un vieux diplomate.

Il avait décidé qu'il ne dirait rien à ses parents. A quoi bon les inquiéter !... D'un autre côté, il redoutait des remontrances, sentant bien que plutôt que de subir des empêchements il déserterait la maison paternelle...

Enfin, vers la seconde semaine de septembre, l'abbé Midon déclara que Maurice pouvait reprendre sa vie habituelle, et que même, le temps se maintenant au beau, quelques exercices violents lui seraient favorables.

Volontiers, Maurice eût embrassé le digne prêtre.

— Quel bonheur !... s'écria-t-il, je vais donc pouvoir chasser.

La chasse, jusqu'alors, lui avait médiocrement plu, mais il jugeait utile d'afficher cette passion qui pouvait lui fournir de perpétuels prétextes d'absence.

Jamais il ne s'était senti si heureux que le matin où sur les sept heures, le fusil sur l'épaule, il passa l'Oiselle pour gagner la maison de M. Lacheneur.

Ayant réfléchi aux conjectures de son père, il les tenait pour des certitudes, et il ne doutait aucunement du succès de sa démarche.

Cependant, en arrivant au bois de la Rèche, il s'arrêta un moment à l'endroit d'où on découvrait la maison. Bien lui en prit, car il vit sortir successivement Jean et Chanlouineau. Ils portaient, l'un et l'autre, une balle de colporteur.

Maintenant, Maurice était sûr que M. Lacheneur et sa fille étaient seuls à la maison.

Il y courut, et sans frapper il entra.

Dans la première pièce, Marie-Anne et son père étaient accroupis devant la cheminée où flambait un grand feu...

Au bruit de la porte, ils s'étaient retournés ; à la vue de Maurice, ils se dressèrent aussi rouges et aussi émus l'un que l'autre.

— Que venez-vous faire ici ?... s'écrièrent-ils en même temps.

En toute autre circonstance, Maurice d'Escorval eût été bouleversé par cet accueil ouvertement hostile.

En ce moment, non seulement il n'en fut pas troublé, mais c'est à peine s'il le remarqua.

— C'est trop d'obstination que de revenir ici contre ma volonté et après ce que je vous ai dit, monsieur d'Escorval, reprit Lacheneur d'une voix rude.

Maurice sourit. Il avait la plénitude de son sang-froid, et même quelque chose de plus, l'étrange lucidité des grandes crises.

D'un seul regard, il avait saisi tous les détails de la pièce où il pénétrait, et s'il eût conservé un doute, il se fût envolé.

Il avait bien vu, sur le feu, une grande marmite pleine de plomb en fusion, et deux moules à balles près des chenets.

— Si j'ose me présenter chez vous, monsieur, prononça-t-il d'un ton ferme et grave, c'est que je sais tout... Vos projets de vengeance, je les ai pénétrés. Vous cherchez des hommes pour vous seconder, n'est-ce pas? Eh bien! regardez-moi en face, dans les yeux, et dites-moi si je ne suis pas de ceux qu'un chef s'estime heureux d'enrôler...

Ce fut M. Lacheneur qui perdit contenance.

— Je ne sais ce que vous voulez dire, balbutia-t-il, oubliant sa feinte colère; je n'ai pas de projets...

— En feriez-vous serment?... Alors pourquoi ces balles que vous êtes occupés à fondre?... Conspirateurs maladroits!... Il fallait au moins fermer votre porte, un autre que moi pouvait entrer...

Il dit, et joignant l'exemple au précepte, il se retourna et alla pousser le verrou.

— Ceci n'est qu'une imprudence, poursuivit-il... Mais répondre : « Arrière ! » au soldat qui vient à vous librement serait une faute dont vos complices auraient le droit de vous demander compte. Je ne prétends pas, entendez-moi bien, forcer votre confiance... Non. C'est les yeux fermés que je me donne, corps et âme. Quelle que soit votre cause, je la déclare mienne... Ce que vous voulez, je le veux; j'adopte vos plans, vos ennemis sont les miens... Commandez, j'obéirai... Je ne réclame qu'une grâce, celle de combattre, de triompher ou de me faire tuer à vos côtés !

— Oh! refusez, mon père !... s'écria Marie-Anne, refusez... Accepter serait un crime que vous ne commettrez pas !...

— Un crime !... Et pourquoi, s'il vous plaît?...

— Parce que, malheureux, notre cause n'est pas la vôtre, parce que le but est incertain, le succès improbable... parce que le danger est partout, de tous côtés !...

Une exclamation dédaigneuse et ironique de Maurice l'interrompit.

— Et c'est vous, prononça-t-il, vous, qui pensez m'arrêter en me montrant les dangers que vous bravez...

— Maurice !...

— Ainsi donc, si un péril me menaçait, imminent, immense, au lieu de me prêter secours, vous m'abandonneriez?... Vous vous cacheriez lâchement, en vous disant : « Qu'il périsse, pourvu que je sois sauvé! » Parlez!... est-ce là véritablement ce que vous feriez?...

Elle détourna la tête et ne répondit pas. Elle ne se sentait pas la force de mentir et elle ne voulait pas dire : « J'agirais comme vous. »

Debout au sommet de la lande, un peu en avant des siens...

Maintenant, elle s'en remettait à la décision de son père.

— Si je me rendais à vos prières, Maurice, dit M. Lacheneur, avant trois jours vous me maudiriez et vous nous perdriez par quelque éclat. Vous aimez Marie-Anne... saurez-vous voir d'un œil impassible sa position affreuse? Songez qu'elle ne doit décourager absolument ni Chanlouineau, ni le marquis de Sairmeuse. Vous me regardez... Oh! je le sais aussi bien que vous, c'est un rôle indigne que je lui impose, un rôle odieux où elle laissera ce qu'une jeune fille a de plus précieux en ce monde... sa réputation.

Maurice ne sourcilla pas.

— Soit! prononça-t-il froidement. Le sort de Marie-Anne sera celui de toutes les femmes qui se sont dévouées aux passions politiques de l'homme qu'elles aimaient, père, frère ou amant.... elle sera injuriée, outragée, calomniée. Qu'importe! Elle peut poursuivre sa tâche, je souffrirai, mais je ne douterai jamais d'elle et je me tairai. Si nous triomphons, elle sera ma femme, si nous subissons une défaite!...

Un geste compléta sa pensée, disant plus énergiquement que toutes les affirmations, qu'il s'attendait, qu'il se résignait à tout.

M. Lacheneur fut vivement ébranlé.

— Au moins, laissez-moi le temps de réfléchir, dit-il.

— Il n'y a pas à réfléchir, monsieur.

— Mais vous êtes un enfant, Maurice, mais votre père est mon ami...

— Qu'importe!...

— Malheureux!... Vous ne comprenez donc pas qu'en vous engageant, vous engagez fatalement le baron d'Escorval.. Vous croyez ne risquer que votre tête, vous jouez la vie de votre père...

Mais Maurice l'interrompit violemment.

— C'est trop d'hésitation!... s'écria-t-il, c'est assez de remontrances!... Répondez-moi d'un mot!... Seulement, sachez-le bien, si vous me repoussez, je rentre chez mon père, et avec ce fusil que je tiens, je me fais sauter la cervelle...

Ce ne pouvait être une menace vaine. On comprenait à son accent que ce qu'il disait, il le ferait. On le sentait si bien que Marie-Anne s'inclina vers son père les mains jointes, le regard suppliant.

— Soyez donc des nôtres! prononça durement M. Lacheneur. Mais n'oubliez jamais la menace qui m'arrache mon consentement. Quoi qu'il arrive à vous ou aux vôtres, rappelez-vous que vous l'aurez voulu!...

Mais ces sinistres paroles ne pouvaient toucher Maurice, il délirait, il était ivre de joie.

— Maintenant, continua M. Lacheneur, il me reste à vous dire mes espérances et à vous apprendre pour quelle cause...

— Eh!... qu'est-ce que cela me fait! dit insoucieusement Maurice.

Il s'avança vers Marie-Anne, lui prit la main qu'il porta à ses lèvres, et, riant de ce bon rire de la jeunesse, il s'écria:

— Ma cause... la voilà!...

Lacheneur se détourna. Peut-être songeait-il qu'il suffirait d'un mouvement de sa volonté, d'un sacrifice de son orgueil pour assurer le bonheur de ces deux pauvres enfants.

Mais si une pensée de rémission traversa son cerveau, il la repoussa, et c'est de l'air le plus sombre qu'il reprit :

— Encore faut-il, monsieur d'Escorval, arrêter nos conventions...

— Dictez vos conditions, monsieur.

— D'abord, vos visites ici, après certains bruits répandus par moi, éveilleraient des défiances. Vous ne viendrez nous voir que de nuit, à des heures convenues d'avance, jamais à l'improviste...

L'attitude seule de Maurice affirmait son consentement.

— Ensuite, comment traverserez-vous l'Oiselle sans avoir recours au passeur, qui est un dangereux bavard?...

— Nous avons un vieux canot, je prierai mon père de le faire réparer.

— Bien. Me promettez-vous aussi d'éviter le marquis de Sairmeuse?

— Je le fuirai...

— Attendez... il faut tout prévoir. Il se peut que le hasard, en dépit de nos précautions, vous mette en présence ici. M. de Sairmeuse est l'arrogance même, et il vous déteste... Vous le haïssez et vous êtes violent... Jurez-moi que s'il venait vous provoquer, vous mépriseriez ses provocations...

— Mais je passerais pour un lâche, monsieur!...

— Probablement!... Jurez-vous?...

Maurice hésitait, un regard de Marie-Anne le décida.

— Je le jure!... prononça-t-il.

— Pour ce qui est de Chanlouineau, il sera bon de ne lui pas laisser trop voir notre intelligence... mais c'est mon affaire...

M. Lacheneur s'arrêta, réfléchissant, cherchant dans sa mémoire s'il n'oubliait rien.

— Il ne me reste plus, Maurice, reprit-il, qu'à vous adresser une dernière et bien importante recommandation... Vous connaissez mon fils?

— Certes !... nous étions camarades quand il venait en vacances...

— Eh bien! quand vous serez maître de mon secret, car à vous je dirai toute ma pensée... défiez-vous de Jean.

— Oh !... monsieur.

— Restez sur vos gardes, vous dis-je...

Il rougit extrêmement, le malheureux homme, et ajouta :

— Ah! c'est pour un père un pénible aveu : je n'ai pas confiance en mon fils. Il ne sait de mes projets que ce que je lui ai dit le jour de son arrivée... Maintenant, je le trompe comme s'il devait trahir... Peut-être serait-il sage de l'éloigner; mais que penserait-on? Sans doute on dirait que je suis bien avare du sang des miens, quand je risque froidement la vie de tant de braves gens. Après cela, je m'abuse peut-être...

Il soupira et dit encore :

— Défiez-vous !...

XIX

Ainsi, c'était bien Maurice d'Escorval que le marquis de Sairmeuse avait surpris s'échappant de la maison de M. Lacheneur.

Martial n'avait aucune certitude, il se pouvait que l'obscurité l'eût trompé, mais le doute seul suffisait à gonfler son cœur de colère.

— Quel personnage fais-je donc! s'écria-t-il. Un personnage ridicule, assurément.

Si épais était le bandeau noué sur ses yeux par la passion, qu'il n'apercevait rien des circonstances les plus frappantes.

L'amitié cérémonieuse de Lacheneur, il la tenait pour sincère. Il croyait aux respects étudiés de Jean. Les empressements presque serviles de Chanlouineau ne l'étonnaient pas.

Enfin, de ce que Marie-Anne le recevait sans colère, il concluait qu'il s'avançait dans son esprit et dans son cœur.

Ayant oublié, il s'imaginait que les autres ne se souvenaient pas.

Après cela, il se figurait s'être montré assez généreux pour avoir des droits à une certaine reconnaissance.

M. Lacheneur, outre tous les objets choisis au château, avait reçu le montant du legs de Mlle Armande et une indemnité. Le tout allait à une soixantaine de mille francs.

— Il serait, jarnibleu! bien dégoûté s'il n'était pas content! maugréait le duc, furieux d'une prodigalité qui cependant ne lui coûtait rien.

Encore entretenu dans ses illusions par l'opinion de son père, Martial se croyait un peu dans la maison de M. Lacheneur.

Le soupçon des visites de Maurice faillit l'éclairer...

— Serais-je donc dupe d'une rouée ?... pensa-t-il.

Son dépit fut tel que, pendant plus d'une semaine, il prit sur lui de ne point se montrer à la Rèche.

Cette bouderie, le duc de Sairmeuse la devina, et l'exploitant avec l'adresse de l'intérêt en éveil, il en sut tirer le consentement de son fils à l'alliance avec les Courtomieu.

Livré jusqu'alors aux plus cruelles indécisions, Martial avait esquivé toute réponse catégorique. Habilement agacé, il s'écria enfin :

— Soit!... j'épouse Mlle Blanche.

Le duc n'était pas homme à laisser refroidir ces bonnes dispositions.

En moins de quarante-huit heures, les démarches officielles furent faites ; on rédigea un projet de contrat, les paroles furent échangées et on décida que le mariage serait célébré au printemps.

C'est à Sairmeuse qu'eut lieu le dîner des fiançailles, dîner d'autant plus gai qu'on y célébrait deux petites victoires.

Le duc de Sairmeuse venait de recevoir, avec son brevet de lieutenant général, une commission qui lui attribuait un commandement militaire à Montaignac.

Le marquis de Courtomieu, qui avait à faire oublier les adulations prodiguées à l'empereur, venait d'obtenir la présidence de la Cour prévôtale, instituée à Montaignac, pour y servir les haines et les terreurs de la Restauration...

Mlle Blanche triomphait. Après cette fête, déclaration publique, Martial se trouvait lié.

En effet, pendant une quinzaine, il ne la quitta pour ainsi dire pas. Elle le pénétrait d'un charme dont la douceur infinie lui faisait presque oublier la violence de ses sensations près de Marie-Anne.

Malheureusement, l'orgueilleuse héritière ne sut pas résister au plaisir de risquer une allusion assez obscure, du reste, à ce qu'elle appelait la « bassesse des anciennes inclinations du marquis ». Elle trouva l'occasion de dire qu'elle faisait travailler Marie-Anne pour l'aider à vivre.

Martial se contraignit à sourire, mais l'indignité du procédé le forçait de plaindre Marie-Anne...

Et le lendemain même, il courait chez M. Lacheneur.

A la chaleur de l'accueil qui lui fut fait, toutes ses rancunes se fondirent, tous ses soupçons s'évaporèrent... La joie de le revoir éclatait même dans les yeux de Marie-Anne ; il le remarqua bien...

— Oh!... je l'aurai!... pensa-t-il.

C'est qu'en réalité on était bien heureux de son retour. Fils du commandant des forces militaires de Montaignac, gendre ou autant dire du président de la Cour prévôtale, Martial devenait un instrument précieux.

— Par lui, avait dit Lacheneur, nous aurons l'œil et l'oreille dans le camp ennemi... Le marquis de Sairmeuse, le fat, sera notre espion...

Il le fut, car il eut vite repris l'habitude de ses visites quotidiennes. Le mois de décembre était venu, les chemins étaient défoncés, mais il n'était pluie, neige, ni boue capables d'arrêter Martial.

Il arrivait vers dix heures, s'asseyait sur un escabeau, contre l'âtre, sous le haut manteau de la cheminée, et il parlait...

Marie-Anne paraissait s'intéresser prodigieusement aux événements; il lui contait tout ce qu'il pouvait surprendre.

Parfois ils restaient seuls...

Lacheneur, Chanlouineau et Jean couraient la campagne pour le « commerce ». Les affaires allaient si bien que M. Lacheneur avait acheté un cheval afin d'étendre ses tournées.

Mais le plus souvent les causeries de Martial étaient interrompues... Il eût dû être surpris de la quantité de paysans qui se présentaient pour parler à M. Lacheneur. C'était une interminable procession. Et à tous ces clients, Marie-Anne avait quelque chose à dire en secret. Puis, elle offrait à boire... La maison était comme un cabaret...

Qui ne sait où l'âpreté des convoitises peut mener un homme amoureux !... Rien ne chassait Martial. Il plaisantait avec les allants et venants, il donnait une poignée de main, à l'occasion, il lui arrivait de trinquer...

Il eût accepté bien d'autres choses !... N'avait-il pas offert à Lacheneur de l'aider à mettre ses comptes au net ?...

Et une fois, c'était vers le milieu de février, comme il voyait Chanlouineau très embarrassé pour composer une lettre, il voulut absolument lui servir de secrétaire.

— C'est que ce n'est pas pour moi, cette damnée lettre, disait Chanlouineau, c'est pour un oncle à moi qui marie sa fille...

Bref, Martial se mit à la table, et, sous la dictée de Chanlouineau, non sans mainte rature, il écrivit :

« Mon cher ami... Nous sommes enfin d'accord, et le mariage est décidé. Nous ne nous occupons plus que de la noce qui est fixée à ..... Nous vous invitons à nous faire le plaisir d'y venir. Nous comptons sur vous et vous devez être persuadé que plus vous amènerez de vos amis, plus nous serons contents.

« Comme la fête est sans façons et que nous serons très nombreux, vous nous rendrez service en apportant quelques provisions. »

Si Martial eût pu voir quel sourire avait Chanlouineau en le priant de laisser en blanc la date de « la noce », il eût, à coup sûr, reconnu qu'il venait de tomber dans un piège grossièrement tendu... Mais il était fasciné.

— Ah çà ! marquis, lui disait son père, Chupin prétend que vous ne sortez pas de chez Lacheneur... Quand donc en aurez-vous fini avec cette petite ?

Martial ne répondit pas. Il se sentait à   discrétion de cette « petite ». Près d'elle, il perdait son libre arbitre, et chacun de ses regards le remuait comme une commotion électrique. Elle lui eût demandé de la prendre pour femme, qu'il n'eût pas dit : Non...

Marie-Anne n'avait pas cette ambition... Toutes ses pensées, tous ses vœux étaient pour le succès de son père...

Maurice et Marie-Anne devaient être les deux plus intrépides auxiliaires de M. Lacheneur. Ils entrevoyaient après le triomphe une si magnifique récompense !...

N'est-ce pas dire la fiévreuse activité que déploya Maurice !... Toute la journée, il courait les hameaux des environs, et le soir, aussitôt le dîner, il s'esquivait, traversant l'Oiselle dans son bateau, et volait à la Rèche.

M. d'Escorval ne pouvait ne pas remarquer à la longue les absences de son fils ; il le surveilla et acquit la certitude que Lacheneur l'avait « embauché » ; ce fut son expression.

Saisi d'effroi, il résolut d'aller sur-le-champ, sans prévenir Maurice, trouver son ancien ami, et prévoyant un nouvel échec, il pria l'abbé Midon de l'accompagner.

C'est le 4 mars, vers quatre heures et demie, que M. d'Escorval et le curé de Sairmeuse prirent le chemin des landes de la Rèche. Si tristes ils étaient et si inquiets, qu'ils n'échangèrent pas dix paroles le long de la route.

Un spectacle étrange les attendait à la sortie du bois...

Le jour tombait, mais on distinguait encore les objets...

Devant la maison de Lacheneur se tenait un groupe d'une douzaine de personnes, et M. Lacheneur parlait...

Que disait-il ?... Ni le baron, ni le prêtre ne pouvaient l'entendre, mais il y eut un moment où les plus vives acclamations accueillirent ses paroles...

Aussitôt une allumette brilla entre ses doigts... il alluma une torche de paille et la lança sur le toit de chaume de sa maison en criant d'une voix formidable :

— Le sort en est jeté !... Voilà qui vous prouve que je ne reculerai pas...

Cinq minutes après la maison était en flammes...

Dans le lointain on vit une des fenêtres de la citadelle de Montaignac s'éclairer comme un phare... et de tous côtés l'horizon s'empourpra de lueurs d'incendie.

On répondait au signal de Lacheneur...

XX

Ah! l'ambition est une belle chose!...

Déjà presque vieillards, éprouvés par tous les orages du siècle, riches à millions, possesseurs des plus somptueuses habitations de la province, le duc de Sairmeuse et le marquis de Courtomieu n'eussent plus dû, ce semble, aspirer qu'au repos du foyer domestique.

Il leur eût été si facile de se créer une vie heureuse, tout en répandant le bien autour d'eux, tout en préparant pour leur dernière heure un concert de bénédictions et de regrets.

Mais non!... Ils avaient voulu être pour quelque chose dans la manœuvre de ce « vaisseau de l'État », où personne ne consent plus à rester simple passager.

Nommés, l'un commandant des forces militaires, l'autre président de la Cour prévôtale de Montaignac, ils avaient dû quitter leurs châteaux pour s'installer tant bien que mal à la ville.

Le duc de Sairmeuse habitait sur la place d'Armes, une grande vieille maison toute délabrée, une ruine où la nuit, la bise qui se glissait par les portes mal closes venait réveiller ses rhumatismes.

Le marquis de Courtomieu s'était établi en camp volant chez un de ses parents, rue de la Citadelle...

Leur vanité sénile était satisfaite... tout était donc pour le mieux.

Et cependant on traversait alors cette période douloureuse de la Restauration, restée dans toutes les mémoires sous le nom de Terreur Blanche.

Les représailles s'exerçaient librement; les vengeances s'assouvissaient en plein soleil; et les haines privées et d'effroyables cupidités s'abritaient sous le manteau des rancunes politiques. On menaçait même les acheteurs de biens nationaux.

Si bien que les petits, les humbles du peuple, dans les villes, et les paysans, dans les campagnes, épouvantés et intimidés, tournaient leurs pensées et leurs vœux vers « l'autre », et il leur semblait que le vaisseau qui portait à Sainte-Hélène le vaincu de Waterloo emportait en même temps leurs dernières espérances.

Mais rien de tout cela ne montait jusqu'au duc de Sairmeuse, jusqu'au marquis de Courtomieu.

Louis XVIII régnait, leurs préjugés triomphaient, ils étaient heureux; quel faquin eût osé ne l'être pas!

L'héroïque paysan saisit son fusil par le canon.

Donc, nulle inquiétude ne troublait leur sereine satisfaction. Au pis aller, n'avaient-ils pas encore des centaines et des milliers d'Alliés sous la main !

Quelques esprits chagrins leur parlèrent de « mécontents », ils les traitèrent de visionnaires.

Cependant, ce jour du 4 mars 1816, le duc de Sairmeuse se mettait à table quand un grand bruit se fit dans le vestibule de la maison...

Il se leva... mais la porte au même moment s'ouvrit, et un homme hors d'haleine entra.

Cet homme, c'était Chupin, le vieux maraudeur, élevé par M. de Sairmeuse à la dignité de garde-chasse.

Évidemment il se passait quelque chose d'extraordinaire.

— Qu'est-ce? interrogea le duc.

— Ils viennent!... monseigneur, s'écria Chupin, ils sont en route!...

— Qui?... qui?...

Pour toute réponse, le vieux maraudeur tendit une copie de la lettre écrite par Martial sous la dictée de Chanlouineau.

M. de Sairmeuse lut à haute voix :

« Mon cher ami, nous sommes enfin d'accord, et le mariage est décidé. Nous ne nous occupons plus que de la noce, qui est fixée au 4 mars... »

La date n'était plus en blanc, cette fois, mais tel était l'aveuglement du duc qu'il s'obstinait à ne pas comprendre.

— Eh bien?... demanda-t-il.

Chupin s'arrachait les cheveux.

— Ils sont en route!... répétait-il... je parle des paysans... Ils comptent s'emparer de Montaignac, chasser S. M. Louis XVIII, ramener « l'autre », ou du moins le fils de « l'autre ». Gredins de paysans! Ils m'ont trompé... Je me doutais de la chose, mais je ne la croyais pas si proche,...

Ce coup terrible, en pleine sécurité, frappait le duc de stupeur. Il demanda

— Combien donc sont-ils?

— Eh!... le sais-je, monseigneur... deux mille peut-être... peut-être dix mille...

— Tous les gens de la ville sont pour nous.

— Non, monseigneur, non!...-Ils ont des complices ici; tous les officiers à la demi-solde les attendent pour leur tendre la main.

— Quels sont les chefs?...

— Lacheneur, l'abbé Midon, Chanlouineau, le baron d'Escorval...

— Assez! cria le duc.

Le danger se précisant, le sang-froid lui revenait; sa taille herculéenne courbée par les ans se redressait.

Il sonna à briser la sonnette; un valet parut :

— Mon uniforme, commanda M. de Sairmeuse, mes ordres, mon épée, mes pistolets!... Faites vite!

Le domestique se retirait abasourdi...

— Attends!... cria-t-il encore. Qu'on monte à cheval et qu'on aille dire à mon fils d'accourir ici, bride abattue... Qu'on prenne mes meilleurs chevaux... On peut aller à Sairmeuse et en revenir en deux heures...

Chupin le tirait par le pan de sa redingote; il se retourna.

— Qu'est-ce encore?...

Le vieux maraudeur mit le doigt sur ses lèvres, commandant ainsi le silence; mais dès que le valet fut sorti:

— Inutile, monseigneur, dit-il, d'envoyer chercher M. le marquis?

— Et pourquoi, maître drôle?

— C'est que, monseigneur, c'est que, excusez-moi, je vous suis dévoué...

— Jarnibieu!... parleras-tu?...

Positivement, Chupin regrettait de s'être tant avancé...

— Alors donc, bégaya-t-il... monsieur le marquis...

— Eh bien?...

— Il en est!...

D'un formidable coup de poing, M. de Sairmeuse renversa la table.

— Tu mens, misérable!... hurla-t-il, en jurant à faire tomber le crépi du plafond, tu mens!...

Il était à ce point menaçant et terrible que le vieux maraudeur bondit jusqu'à la porte, dont il tourna le bouton, prêt à s'enfuir.

— Que j'aie le cou coupé si je ne dis pas vrai, insista-t-il... Ah! la fille à Lacheneur est une fière enjôleuse; tous ses galants en sont, Chanlouineau, le petit d'Escorval, le fils de monseigneur et les autres...

M. de Sairmeuse commençait à vomir un torrent d'injures contre Marie-Anne quand son valet de chambre rentra...

Il se tut, endossa son uniforme, ordonna à Chupin de le suivre et s'élança dehors.

Il espérait encore que Chupin exagérait, mais quand il arriva sur la place d'Armes, d'où on découvrait une grande étendue de pays, ses dernières illusions s'envolèrent.

L'horizon flamboyait. Montaignac était comme entouré d'un cercle de flammes.

— C'est le signal!... murmura le vieux maraudeur, c'est l'ordre de se mettre en route pour la noce, comme ils disent dans la lettre. Ils seront aux portes de la ville vers deux heures du matin...

Le duc ne répondit pas. Il ne lui restait plus qu'à se concerter avec M. de Courtomieu.

Il se dirigeait à grands pas vers la maison du marquis, lorsqu'en tournant court la rue de la Citadelle, il distingua sous une porte deux hommes qui causaient, et qui, à la vue de ses épaulettes brillant dans la nuit, prirent la fuite..

Instinctivement il s'élança à leur poursuite et en atteignit un qu'il saisit au collet.

— Qui es-tu?... interrogea-t-il. Ton nom?

Et, l'homme se taisant, il le secoua si rudement que deux pistolets qu'il tenait cachés sous sa redingote tombèrent à terre.

— Ah! brigand!... s'écria M. de Sairmeuse, tu conspires!...

Aussitôt, sans un mot, il traîna cet homme au poste de la Citadelle, le jeta aux soldats stupéfiés et se précipita chez M. de Courtomieu.

Il pensait terrifier le marquis. Point. Lui avait été bouleversé, son ami sembla ravi.

— Enfin!... prononça-t-il, voici donc une occasion de faire éclater notre dévouement et notre zèle!... Et sans danger!... Nous avons de bonnes murailles, des portes solides... 3,000 hommes de troupes!... Ces paysans sont fous!... Mais bénissez leur folie, cher duc, et courez faire monter à cheval les chasseurs de Montaignac...

Mais une pensée soudaine l'assombrit, il se gratta le front et ajouta :

— Diable!... et moi qui attends Blanche ce soir!... Elle a dû quitter Courtomieu après dîner... Pourvu qu'il ne lui arrive pas malheur!...

XXI

Le duc de Sairmeuse et le marquis de Courtomieu avaient plus de temps devant eux qu'ils ne croyaient.

Les paysans s'avançaient, mais non si vite que l'avait dit Chupin.

Deux de ces circonstances qui, fatalement, échappent aux prévisions humaines, devaient disloquer le plan de Lacheneur...

Debout, au sommet de la lande, un peu en avant des siens, Lacheneur avait compté les feux qui répondaient à l'incendie qu'il venait d'allumer.

Leur nombre répondait à ses espérances, il eut une exclamation de joie.

— Tous nos amis, s'écria-t-il, nous tiennent parole... Ils sont prêts, ils se mettent en route!... Partons donc, nous qui devons être les premiers au rendez-vous!...

On lui amena son cheval, et déjà il avait le pied à l'étrier quand deux hommes s'élancèrent des genêts voisins et bondirent jusqu'à lui. L'un d'eux saisit le cheval par la bride.

— L'abbé Midon!... fit Lacheneur abasourdi. M. d'Escorval!...

Et, prévoyant peut-être ce qui allait arriver, il ajouta d'un ton de fureur concentrée :

— Que me voulez-vous encore, tous deux ?

— Nous voulons empêcher l'accomplissement d'une œuvre de délire !... s'écria M. d'Escorval. La haine vous égare, Lacheneur !

— Eh ! monsieur, vous ne savez rien de mes projets !

— Pensez-vous donc que je ne les devine pas ?... Vous espérez vous emparer de Montaignac...

— Que vous importe !... interrompit violemment Lacheneur...

Mais M. d'Escorval n'était pas homme à se laisser imposer silence.

Il saisit le bras de son ancien ami, et d'une voix forte, de façon à être entendu par tous les gens du groupe, il poursuivit :

— Insensé !... Vous oubliez donc que Montaignac est une place de guerre, défendue par de profonds fossés et de hautes murailles... Vous oubliez donc que derrière ces fortifications est une garnison nombreuse commandée par un homme à qui on ne saurait refuser une rare énergie et une indomptable bravoure : le duc de Sairmeuse.

Lacheneur se débattait, essayant de se dégager.

— Tout a été prévu, répondit-il, et on nous attend à Montaignac. Vous en seriez sûr si, comme moi, vous aviez vu briller une lumière aux fenêtres de la citadelle. Et, tenez... regardez, on l'aperçoit encore. Elle m'annonce, cette lumière, que deux à trois cents officiers en demi-solde viendront nous ouvrir les portes de la ville, dès que nous paraîtrons...

— Et après !... Je veux admettre l'impossible ; vous prenez Montaignac. Que faites-vous ensuite ? Pensez-vous que les Anglais vous rendront l'empereur ? Napoléon II n'est-il pas prisonnier des Autrichiens ? Ne vous souvient-il pas que les souverains coalisés ont laissé 150,000 soldats à une journée de marche de Paris ?

De sourds murmures se faisaient entendre parmi les amis de Lacheneur.

— Cependant tout ceci n'est rien, continua le baron. Vous ignorez ce que savent à cette heure les enfants, que toujours et quand même, dans une entreprise comme la vôtre, il y a autant de traîtres que de dupes...

— Qui appelez-vous dupes, monsieur ?...

— Tous ceux qui, comme vous, prennent leurs illusions pour des réalités ; tous ceux qui, parce qu'ils souhaitent fortement une chose, s'imaginent que cette chose est. Espérez-vous véritablement que ni le marquis de Courtomieu ni le duc de Sairmeuse n'ont été prévenus ?...

Lacheneur haussa les épaules.

— Qui donc les aurait avertis ? fit-il.

Mais sa tranquillité était feinte, le regard dont il enveloppa son fils Jean le prouvait.

C'est cependant du ton le plus froid qu'il ajouta :

— Il est probable qu'à cette heure le duc et le marquis sont au pouvoir de nos amis...

Ainsi, rien ne pouvait ébranler la résolution de cet homme ; il n'était force ni adresse capables de faire tomber le bandeau de ses yeux...

C'était au curé de Sairmeuse à joindre ses efforts à ceux du baron.

— Vous ne partirez pas, Lacheneur, prononça-t-il. Vous ne resterez pas sourd à la voix de la raison... Vous êtes un honnête homme, songez à l'épouvantable responsabilité que vous acceptez... Quoi ! sur des chances imaginaires vous oserez jouer la vie de milliers de braves gens et l'existence de leurs familles... On vous l'a dit, malheureux, vous ne pouvez réussir, vous devez être trahis, je suis sûr que vous êtes trahis !...

Le lieu, l'instant, l'anxiété du péril, l'étrangeté de cette scène aux clartés de l'incendie, la robe noire de ce prêtre, son geste véhément, sa parole vibrante, tout était fait pour porter le trouble dans l'âme la plus ferme.

Une inexprimable horreur contracta pendant dix secondes les traits de Lacheneur. Il était visible pour tous qu'il était remué jusqu'au plus profond de ses entrailles.

Qui peut dire ce qui fût advenu sans l'intervention de Chanlouineau ?

Le robuste gars s'avança, brandissant son fusil double :

— Par le saint nom de Dieu !.. s'écria-t-il, voici bien du temps perdu en bavardages inutiles !...

Lacheneur bondit comme sous un coup de fouet. Il se dégagea brusquement et s'élança en selle :

— Partons !... commanda-t-il.

Mais le baron et l'abbé ne désespéraient pas encore, ils s'étaient jetés à la tête du cheval.

— Lacheneur, cria le prêtre, insensé, prenez garde !... Le sang que vous allez faire répandre retombera sur votre tête et sur la tête de vos enfants !...

Épouvantée de ces accents prophétiques, la petite troupe s'arrêta...

Alors sortit des rangs et s'avança un des complices, vêtu comme les paysans des environs de Sairmeuse...

— Marie-Anne ! s'écrièrent en même temps l'abbé et le baron stupéfaits...

— Oui, moi !... répondit la jeune fille, en retirant le large chapeau qui cachait en partie son visage, moi qui veux ma part des dangers de ceux qui me sont chers, ma part de la victoire ou de la défaite... Vos conseils viennent trop tard, messieurs. Vous voyez ces lueurs à l'horizon ?... Elles nous annoncent que les gens de ces communes se rendent en armes au carrefour de la Croix-d'Arcy, à une lieue de Montaignac, où est le rendez-vous général... Avant deux heures, il y aura là quinze cents hommes dont mon père doit prendre le commandement... Et vous voudriez qu'il laissât sans chef ces soldats qu'il est allé arracher à leurs foyers?... C'est impossible!...

L'exaltation de son père et de son amant l'avait gagnée, elle partageait leur folie, si elle ne partageait pas toutes leurs espérances... Sa beauté avait quelque chose de fulgurant, les éclairs de ses yeux faisaient pâlir les flammes de l'incendie... Ah! c'est vraiment à cette heure, qu'elle méritait ce nom d'ange de l'insurrection que lui avait donné Martial.

— Non!... il n'y a plus à hésiter, reprit-elle, ni à réfléchir... C'est la prudence maintenant qui serait folie... C'est en arrière qu'est le plus grand danger. Laissez passer mon père, messieurs, chaque minute que vous nous faites perdre coûte peut-être la vie d'un homme... Et nous, mes amis, en avant!

Une immense acclamation lui répondit et la petite troupe s'élança à travers la lande.

Il n'y avait plus à lutter. M. d'Escorval était consterné, mais il ne pouvait laisser s'éloigner ainsi son fils qu'il apercevait dans les rangs.

— Maurice!... cria-t-il.

Le jeune homme hésita, mais enfin s'approcha...

— Vous ne suivrez pas ces fous, Maurice, dit le baron.

— Il faut que je les suive, mon père...

— Je vous le défends.

— Hélas! mon père, je ne puis vous obéir... je suis engagé... j'ai juré... je commande après Lacheneur...

Sa voix était triste; mais elle annonçait une inébranlable détermination.

— Mon fils!... reprit M. d'Escorval, malheureux enfant!... C'est à la mort que tu marches... à une mort certaine.

— Raison de plus pour ne pas manquer à ma parole, mon père...

— Et ta mère, Maurice, ta mère que tu oublies!...

Une larme brilla dans les yeux du jeune homme.

— Ma mère, répondit-il, aimera mieux pleurer son fils mort, que le garder près d'elle, déshonoré, flétri des noms de lâche et de traître... Adieu, mon père!

M. d'Escorval était digne de comprendre la conduite de Maurice. Il étendit les bras et serra sur son cœur ce fils tant aimé, convulsivement, comme si c'eût été pour la dernière fois...

— Adieu!... balbutia-t-il, adieu!...

Maurice avait déjà rejoint les autres, dont les acclamations allaient se perdant dans le lointain, que le baron d'Escorval était encore à la même place, écrasé sous l'excès de sa douleur...

Tout à coup il se redressa.

— Un espoir nous reste, l'abbé, s'écria-t-il.
— Hélas!... murmura le prêtre.
— Oh!... je ne m'abuse pas. Marie-Anne ne vient-elle pas de nous dire où est le rendez-vous?... En courant à Escorval, en attelant en hâte un cabriolet, nous pouvons devancer les conjurés à la Croix-d'Arcy. Votre voix, qui avait ému Lacheneur, touchera ses complices. Nous déciderons ces pauvres égarés à rentrer chez eux... Venez, l'abbé, venez vite!...

Et ils partirent en courant...

XXII

Huit heures sonnaient au clocher de Sairmeuse quand M. Lacheneur et les siens quittèrent la lande de la Rèche.

Une heure plus tard, au château de Courtomieu, Mlle Blanche finissait de dîner et demandait sa voiture pour aller rejoindre son père à Montaignac.

L'étroitesse du logis mis à sa disposition avait forcé le marquis à se séparer de sa fille. Ils ne se voyaient que le dimanche, soit que Mlle Blanche se rendît à la ville, soit que le marquis vînt au château.

Ainsi, ce voyage qu'entreprenait la jeune fille sortait des habitudes établies; des circonstances graves l'expliquaient.

Il y avait six jours que Martial n'avait paru à Courtomieu, et Mlle Blanche était à moitié folle de douleur et de colère.

Ce qu'eut à endurer tante Médie pendant ce temps ne peut être compris que de ceux qui ont observé dans certaines familles riches de ces pauvres parentes, réduites à tout attendre de la pitié, le vêtement, le pain, le sou même destiné à payer la chaise à l'église.

Durant les trois premiers jours, Mlle Blanche avait pu rester maîtresse de soi; le quatrième elle n'y tint plus et, malgré l'inconvenance de sa démarche, elle osa envoyer prendre des nouvelles de Martial. Était-il malade, absent?...

On répondit à son messager que M. le marquis se portait comme un charme, mais que, chassant de l'aurore au crépuscule, il se couchait tous les soirs aussitôt souper.

Quelle horrible injure!... Mais du moins elle était persuadée que Martial, prévenu de sa démarche, se hâterait le lendemain d'accourir s'excuser. Illusion vaine de l'orgueil! Il ne parut pas, il ne daigna pas donner signe de vie.

— Ah! sans doute il est près de l'autre, disait-elle à tante Médie, il est aux genoux de cette misérable Marie-Anne,.. sa maîtresse.

Dans l'ombre du palier on voyait étinceler les armes.

Elle disait ainsi, ayant fini par croire — cela arrive — aux calomnies qu'elle-même avait inventées.

En cette extrémité, elle se décida à se confier à son père, et elle lui écrivit pour lui annoncer son arrivée.

Laisser voir le déchirement de son âme, l'excès de son amour et de sa jalousie lui paraissait une atroce humiliation, mais ses souffrances étaient intolérables.

Elle voulait que son père contraignit Lacheneur à quitter le pays. Ce devait être un jeu pour lui, revêtu d'une autorité presque discrétionnaire, à une époque où une « attitude tiède » pouvait être un prétexte de proscription.

Le calme qui résulte du parti pris lui était revenu quand elle quitta Courtomieu, et ses espérances débordaient en phrases passionnées que la parente pauvre subissait avec son habituelle résignation.

— Enfin!... disait-elle, je serai donc débarrasssée de cette coureuse, de cette effrontée!... Nous verrons bien s'il a l'audace de la suivre!... La suivrait-il?... Oh! non, il n'oserait!...

Quand la voiture traversa le village de Sairmeuse, Mlle Blanche y remarqua une animation inaccoutumée.

Il y avait encore de la lumière dans toutes les maisons, les cabarets paraissaient pleins de buveurs, on apercevait des groupes animés sur la place, enfin sur le pas des portes des commères causaient.

Mais qu'importait à Mlle de Courtomieu! C'est seulement à une lieue de Sairmeuse qu'elle fut tirée de ses préoccupations.

— Écoute, tante Médie! dit-elle tout à coup. Entends-tu?...

La parente pauvre prêta l'oreille.

On entendait de lointaines clameurs qui, à chaque tour de roue, devenaient plus distinctes.

— Sachons ce que c'est, fit Mlle Blanche.

Et abaissant une des glaces de la voiture elle interrogea le cocher.

— Il me semble, répondit cet homme, que je vois, tout au haut de la côte, une grosse troupe de paysans... Ils ont des torches...

— Doux Jésus!... interrompit tante Médie épouvantée.

— Ce doit être quelque noce, ajouta le cocher en fouettant ses chevaux.

Ce n'était pas une noce, mais bien la troupe de Lacheneur grossie du contingent de quatre ou cinq communes. La petite colonne s'élevait à 500 hommes environ...

Depuis deux heures déjà, Lacheneur eût dû être à la Croix-d'Arcy.

Mais il lui était arrivé ce qui toujours arrive aux chefs populaires. Le branle donné, il n'avait plus été le maître.

Le baron d'Escorval lui avait fait perdre vingt minutes, il en avait perdu quatre fois autant à Sairmeuse.

Là, deux communes avaient opéré leur jonction, et les paysans s'étaient aussitôt répandus dans les cabarets du village pour boire au succès de l'entreprise.

Les arracher à leurs bouteilles avait été long et difficile...

Et pour comble, une fois qu'on les eut remis en marche, il fut impossible de les décider à éteindre les branches de pin qu'ils avaient allumées en guise de torches.

Prières, menaces, tout échoua contre une incompréhensible obstination. Ils voulaient y voir clair, disaient-ils...

Pauvres gens!... Ils n'avaient certes conscience ni des difficultés, ni des périls de l'entreprise.

On leur avait fait de si belles promesses, quand on les avait enrôlés, on les avait grisés de tant d'espérances!... Ils s'en allaient à la conquête d'une place de guerre, défendue par une nombreuse garnison, comme à une partie de plaisir...

Et gais, insouciants, animés de l'imperturbable confiance de l'enfant, ils marchaient bras dessus bras dessous, en chantant des chansons patriotiques.

A cheval, au milieu de la troupe, M. Lacheneur sentait ses cheveux blanchir d'angoisse.

Ce retard de deux heures n'allait-il pas tout perdre?... Que devaient penser les autres à la Croix-d'Arcy?... Que faisaient-ils en ce moment?...

— Avançons!... répétait-il, avançons!...

Seuls les chefs, Maurice, Chanlouineau, Jean, Marie-Anne et une vingtaine de vieux soldats de l'Empire, comprenaient et partageaient le désespoir de Lacheneur. Ils savaient, eux, ce qu'ils risquaient au terrible jeu qu'ils jouaient. Et eux aussi, ils répétaient :

— Plus vite, marchons plus vite!...

Exhortations stériles!... Il plaisait à ces gens de marcher ainsi, lentement.

Et même, tout à coup, la bande entière s'arrêta. Quelques-uns, en tournant la tête, avaient vu briller les lanternes de la voiture de Mlle de Courtomieu...

Elle arrivait au grand trot, elle rejoignit la colonne, on reconnut la livrée; une immense clameur la salua.

M. de Courtomieu, par son âpreté au gain, s'était fait plus d'ennemis que le duc de Sairmeuse. Tous ces paysans qui, plus ou moins, croyaient avoir à se plaindre de sa cupidité, étaient ravis de cette occasion qui se présentait de lui faire une peur épouvantable.

Car, en vérité, ils ne songeaient qu'à cette vengeance : le procès devait le prouver.

Grande fut donc la déception quand, la portière ouverte, on n'aperçut à l'intérieur que Mlle Blanche et tante Médie qui poussait des cris perçants.

Mlle de Courtomieu était brave.

— Qui êtes-vous? demanda-t-elle hardiment. Que voulez-vous?...

— Demain vous le saurez, répondit Chanlouineau qui s'était avancé. Pour ce soir, vous êtes notre prisonnière.

— Vous ignorez qui je suis, mon garçon, je le vois bien...

— Pardonnez-moi, et c'est pour cela que je vous prie de descendre... Il faut qu'elle descende, n'est-ce pas, monsieur d'Escorval?

— Eh bien!... Moi je déclare que je ne descendrai pas, dit Mlle Blanche; arrachez-moi d'ici, si vous l'osez!...

On eût osé, certainement, sans Marie-Anne qui arrêta plusieurs paysans prêts à s'élancer.

— Laissez passer librement Mlle de Courtomieu, dit-elle.

Mais cela pouvait avoir de telles conséquences, que Chanlouineau eut le courage de résister.

— Cela ne se peut, Marie-Anne, dit-il : elle irait prévenir son père... Il faut la garder en otage, sa vie peut répondre de la vie de nos amis.

Mlle Blanche n'avait pas plus reconnu le déguisement masculin de son ancienne amie qu'elle n'avait soupçonné le but de ce grand rassemblement d'hommes.

Le nom de Marie-Anne prononcé après celui de d'Escorval l'éclaira.

Elle comprit tout, et frémit de rage à cette pensée qu'elle était à la merci de sa rivale. Du moins ne voulut-elle pas subir de protection.

— C'est bien, fit-elle... nous descendons.

Son ancienne amie l'arrêta.

— Non, dit-elle, non!... Ce n'est pas ici la place d'une jeune fille

— D'une jeune fille honnête, devriez-vous dire.

Chanlouineau était à deux pas, armé : si un homme eût tenu ce propos, il était mort. Marie-Anne ne daigna pas entendre.

— Mademoiselle va rebrousser chemin, ordonna-t-elle, et comme elle pourrait gagner Montaignac par la traverse, deux hommes vont l'accompagner jusqu'à Courtomieu...

Elle commandait, on obéit; la voiture, retournée, s'éloigna, mais non si vite que Marie-Anne ne pût entendre Mlle Blanche qui lui criait :

— Garde-toi bien, Marie-Anne!... Je te ferai payer cher l'insulte de ta générosité!...

Les heures volaient, cependant...

Cet incident venait de prendre dix minutes encore, dix siècles, et pour comble les dernières apparences d'ordre avaient disparu.

Lacheneur pleurait de rage; mais il comprit la nécessité d'un parti suprême; tout retard désormais devenait mortel.

Il appela Maurice et Chanlouineau.

— Je vous remets le commandement, leur dit-il, faites tout au monde pour hâter la marche de ces insensés... Moi, je cours à la Croix-d'Arcy... Il y va de notre vie à tous.

Il partit, en effet, mais arrivé à moins de cinq cents mètres en avant de sa troupe, il distingua au loin, sur la route blanche, deux points noirs qui s'avançaient et grossissaient rapidement...

C'étaient deux hommes qui, les coudes au corps, le buste en avant, ménageant leur haleine, couraient...

L'un était vêtu comme les bourgeois aisés, l'autre portait un vieil uniforme de capitaine des guides de l'empereur.

Un nuage passa devant les yeux de Lacheneur, quand il reconnut deux de ces officiers à demi-solde qui devaient lui ouvrir une des portes de Montaignac, complices dévoués qui haïssaient la Restauration autant que lui-même, dont la voix devait troubler les soldats du duc de Sairmeuse, et qui avaient assez de courage pour en donner à tous les poltrons qu'on pourrait leur amener.

— Qu'arrive-t-il ? leur cria-t-il d'une voix affreusement altérée.

— Tout est découvert !...

— Grand Dieu !...

— Le major Carini est arrêté

— Par qui ?... Comment ?

— Ah ! c'est une fatalité !... Au moment où nous convenions de nos dernières mesures pour surprendre chez lui le duc de Sairmeuse, le duc lui-même est survenu. Nous nous sommes enfuis, mais ce noble de malheur a poursuivi Carini, l'a atteint, l'a pris au collet, et l'a traîné à la citadelle.

Lacheneur était anéanti. La sinistre prophétie de l'abbé Midon bourdonnait à ses oreilles...

— Aussitôt, continua l'officier, j'ai averti les amis et j'accours vous prévenir... C'est un coup manqué !...

Il n'avait que trop raison, et Lacheneur le savait mieux que personne. Mais, aveuglé par la haine et par la colère, il ne voulait pas avouer, il ne voulait pas s'avouer l'irréparable désastre.

Par un prodige de volonté, il parvint à affecter un calme bien éloigné de son âme.

— Vous êtes prompts à jeter le manche après la cognée, messieurs, dit-il d'un ton amer... Nous avons une chance de moins, et voilà tout.

— Diable !... Vous avez donc des ressources que nous ignorons ?

— Peut-être... Cela dépend. Vous venez de passer à la Croix-d'Arcy. Avez-vous dit à quelqu'un quelque chose de ce que vous venez de m'apprendre ?...

— Pas un mot... à personne.

— Combien avons-nous d'hommes au rendez-vous ?

— Au moins deux mille.

— En quelles dispositions ?

— Ils brûlent d'agir... Ils maudissent nos lenteurs. Ils nous ont recommandé de vous supplier de vous hâter.

Lacheneur eut un geste menaçant.

— En ce cas, fit-il, la partie n'est pas perdue. Attendez ici les gens que je précède, et dites-leur simplement que vous êtes envoyés pour les presser. Pressez-les surtout. Et comptez sur moi, je réponds du succès.

Il dit et, enfonçant les éperons dans le ventre de son cheval, il reprit sa course.

Il venait de tromper ces deux hommes. De ressources, il n'en avait aucune, il ne conservait pas même la plus chétive espérance. C'était un abominable mensonge, mais il avait, en quelque sorte, perdu son libre arbitre. L'édifice si laborieusement élevé s'écroulait, il voulait être enseveli sous les ruines. On devait être vaincu, il en était sûr, n'importe. On se battrait, il chercherait la mort et il la trouverait... Et il pensait :

— Pourvu qu'on ne se lasse pas, là-bas !...

Là-bas, à la Croix-d'Arcy, on l'accusait...

Après le passage des deux officiers à demi-solde, les murmures s'étaient changés en imprécations.

Ces deux mille paysans, arrivés successivement au rendez-vous, s'indignaient de ne pas voir leur chef, celui qui était venu les débaucher à la charrue pour en faire les soldats de ses rancunes.

— Où est-il? se disaient-ils. Qui sait s'il n'a pas eu peur, au dernier moment? Peut-être se cache-t-il, pendant que nous sommes ici risquant notre peau et le pain de nos enfants!

Et déjà ces terribles épithètes : traître, agent provocateur, circulaient de bouche en bouche, et gonflaient de colère toutes les poitrines.

Quelques-uns des conjurés étaient d'avis de se disperser; mais d'autres, et c'étaient les plus influents, voulaient au contraire qu'on marchât sur Montaignac sans Lacheneur, et cela, sur-le-champ, sans attendre seulement le moment fixé pour l'attaque.

Mais toutes les délibérations furent interrompues par le galop furieux d'un cheval.

Un cabriolet parut, qui s'arrêta au milieu du carrefour.

Deux hommes en descendirent : le baron d'Escorval et l'abbé Midon.

Ils avaient pris la traverse et devancé Lacheneur. Ils respirèrent... Ils pensèrent qu'ils arrivaient à temps.

Hélas! Ici comme là-bas, sur la lande de la Rèche, tous leurs efforts, leurs supplications et leurs menaces devaient se briser contre la plus aveugle obstination.

Ils étaient venus avec l'espoir d'arrêter le mouvement, ils le précipitèrent.

— Nous sommes trop avancés pour reculer, s'écria un propriétaire des environs, chef reconnu en l'absence de Lacheneur. Si la mort est devant nous, elle est aussi derrière nous. Attaquer et vaincre... telle est notre unique chance de salut. Marchons donc, et à l'instant, c'est le seul moyen de déconcerter nos ennemis... Lâche qui hésite; en avant!...

Une seule et même acclamation lui répondit :

— En avant!...

Aussitôt, on tire de son étui un drapeau tricolore, ce drapeau tant regretté, qui rappelait tant de gloire et de si grands malheurs, un tambour bat la marche, et la colonne entière s'ébranle aux cris de : « Vive Napoléon II! »

Pâles, les vêtements en désordre, la voix brisée par la fatigue et l'émotion, M. d'Escorval et l'abbé Midon s'obstinent à suivre les conjurés.

Ils voient à quel précipice courent ces pauvres gens, et ils demandent à Dieu une inspiration pour les arrêter.

En cinquante minutes, la distance qui sépare la Croix-d'Arcy de Montaignac est franchie.

Bientôt on aperçoit la porte de la citadelle, qui est celle que doivent livrer les officiers à demi-solde.

Il est onze heures et cependant cette porte est ouverte.

Cette circonstance ne prouve-t-elle pas aux conjurés que leurs amis de l'intérieur sont maîtres de la ville et qu'ils les attendent en force ?...

Ils avancent donc sans défiance, si certains du succès que ceux qui ont des fusils ne prennent seulement pas la peine de les armer.

Seuls M. d'Escorval et l'abbé Midon pressentent une catastrophe.

Le chef de l'expédition est près d'eux : ils le conjurent de ne pas négliger les plus vulgaires précautions; ils le pressent d'envoyer quelques hommes en reconnaissance. Eux-mêmes s'offrent d'y aller, à condition qu'on attendra leur retour avant d'aller plus loin.

— Si un piège vous est tendu, lui disent-ils, n'y donnez pas tête baissée.

Mais on les repousse.

Déjà on a dépassé les ouvrages avancés; la tête de colonne touche au pont-levis.

L'enthousiasme est devenu du délire; c'est à qui le premier pénétrera dans la place.

Hélas!... à ce moment un coup de pistolet est tiré.

C'est un signal, car aussitôt, de tous côtés, éclate une fusillade terrible.

Trois ou quatre paysans tombent mortellement frappés... Tous les autres s'arrêtent, glacés de stupeur, cherchant d'où partent les coups...

L'indécision est affreuse; cependant un chef énergique électriserait ces paysans, il y a parmi eux d'anciens soldats de Napoléon; la lutte s'engagerait, épouvantable dans l'obscurité!...

Mais ce n'est pas le cri de « En avant! » qui se fait entendre.

La voix d'un lâche jette le cri des paniques:
— Nous sommes vendus !... Sauve qui peut !..
Dès lors, c'en est fait de l'expédition.
La peur, une folle peur, s'empare de tous ces braves gens, et ils s'enfuient éperdus, balayés comme des feuilles sèches par la tempête.

XXIII

Les stupéfiantes révélations de Chupin, l'idée que Martial, l'héritier de son nom, conspirait peut-être avec des paysans, l'arrestation si imprévue d'un des conjurés de l'intérieur, toutes ces circonstances avaient bouleversé le duc de Sairmeuse.

Le sang-froid gouailleur du marquis de Courtomieu rendit à ses facultés leur équilibre.

Retrouvant l'énergie de sa jeunesse, il courut aux casernes, et moins d'une demi-heure plus tard, cinq cents fantassins et trois cents cavaliers des chasseurs de Montaignac étaient sous les armes, la giberne garnie de cartouches.

Avec ces forces seulement, faire avorter le mouvement sans effusion de sang n'était qu'un jeu. Il suffisait de fermer les portes de la ville. Ce n'était pas avec leurs fusils de chasse et leurs bâtons que ces pauvres campagnards pouvaient forcer l'entrée d'une place de guerre.

Mais tant de modération ne devait pas convenir à un homme d'un tempérament violent, tel que M. de Sairmeuse, impatient de lutte et de bruit, et que stimulait encore l'ambition de montrer son zèle.

Il ordonna donc de laisser ouverte cette porte de la citadelle, qui devait être livrée, et fit cacher une partie de ses fantassins derrière les parapets des ouvrages avancés.

Quant à lui, il s'établit à une porte d'où, découvrant parfaitement la route, il pouvait choisir son moment pour donner le signal du feu.

Chose étrange, cependant. Sur quatre cents balles, tirées de moins de vingt mètres, sur une masse de quinze cents hommes, trois seulement avaient porté.

Plus humains que leur chef, presque tous les soldats avaient déchargé leur fusil en l'air.

Mais le duc de Sairmeuse n'avait pas de temps à perdre à ces considérations. Il enfourcha son cheval et, à la tête de cinq cents hommes environ, cavaliers et fantassins, il s'élança sur les traces des fuyards.

Les deux officiers s'approchèrent du cadavre.

Les paysans avaient plus de vingt minutes d'avance.

Pauvres gens!... Il leur eût été bien facile de déjouer toutes les poursuites. Ils n'avaient qu'à se disperser, qu'à « s'égailler », comme autrefois les gars de la Vendée.

Malheureusement bien peu eurent l'idée de se jeter isolément à travers champs. Les autres, éperdus, troublés, saisis de cet inconcevable vertige des déroutes, suivaient le grand chemin, comme les moutons d'un troupeau pris d'épouvante.

Ils allaient vite néanmoins, la peur leur donnait des ailes. N'entendaient-ils pas à chaque moment des coups de fusil tirés aux traînards !...

Mais il était un homme qui, à chacune de ces détonations, recevait pour ainsi dire la mort... Lacheneur.

Penché sur le cou de son cheval, haletant, dévoré d'angoisses, il approchait ventre à terre de la Croix-d'Arcy, quand le fracas de la fusillade de Montaignac arriva jusqu'à lui.

Terrifié, il arrêta sa bête par une saccade si violente, qu'elle chancela sur ses jarrets.

Il prêta l'oreille et attendit...Rien. Nulle décharge ne répondit à cette décharge. Il pouvait y avoir eu boucherie ; combat, non.

Lacheneur comprit tout ; il devina la sanglante échauffourée ; il vit tous ces paysans soulevés à sa voix, mitraillés à bout portant.

Ah ! toutes ces balles, il eût voulu les avoir dans la poitrine

De nouveau, il éperonna les flancs de son cheval, et sa course devint plus furieuse encore.

Il traversa comme le vent le carrefour de la Croix-d'Arcy ; il était vide. A l'entrée d'un des chemins était arrêté le cabriolet qui avait amené M. d'Escorval et l'abbé Midon ; personne ne s'en était inquiété.

Enfin, M. Lacheneur aperçut les fuyards.

Il poussa droit à eux, les chargeant des plus horribles malédictions et les accablant d'injures.

— Lâches !... vociférait-il. Traîtres !... Vous fuyez et vous êtes dix contre un !... Où courez-vous ainsi ?... Chez vous ? Insensés ! Vous y trouverez les gendarmes qui vous attendent pour vous conduire à l'échafaud. Ne vaut-il pas mieux mourir les armes à la main ! Allons... Volte-face ! Suivez-moi ! Nous pouvons vaincre encore Je vous amène du renfort, deux mille hommes me suivent...

Il promettait deux mille hommes, il en eût promis dix mille, cent mille... Il eût promis aussi bien une armée et du canon...

Mais eût-il eu tout cela, à moins d'employer la force, il n'eût pas arrêté la déroute... Il fut entraîné comme la branche morte par le torrent.

Au carrefour de la Croix-d'Arcy seulement, à cet endroit où une heure auparavant ils parlaient pleins de confiance, les gens de cœur purent se reconnaître et se compter, pendant que les autres précipitaient leur course dans toutes les directions...

Une centaine de conjurés, les plus braves et les plus compromis, entouraient M. Lacheneur.

Parmi eux était l'abbé Midon, sombre, désespéré. Une poussée l'avait séparé de M. d'Escorval, et il ne l'avait plus revu. Qu'était devenu le baron? Avait-il été pris ou tué? Avait-il gagné les champs?

Et le digne prêtre n'osait s'éloigner; il attendait, heureux en son malheur d'avoir retrouvé la voiture et d'avoir réussi à la défendre contre une douzaine de paysans qui prétendaient s'en emparer.

Il écoutait la délibération de M. Lacheneur et de ses amis.

Devaient-ils tirer chacun de son côté? Devaient-ils, en s'obstinant à une résistance désespérée, laisser à tous les conjurés le temps de gagner leur maison?...

Ils hésitaient quand enfin arrivèrent au rendez-vous les débris de la colonne confiée à Maurice et à Chanlouineau.

De cinq cents hommes qui la composaient au départ de Sairmeuse, quinze restaient, en comptant les deux officiers à demi-solde.

Marie-Anne marchait au milieu de ce petit groupe.

La voix de Chanlouineau devait mettre fin aux hésitations.

— Je viens pour me battre, déclara-t-il, et je vendrai chèrement ma vie.

— Battons-nous donc! dirent les autres.

Mais Chanlouineau ne les suivit pas sur le terrain qui fut jugé le mieux disposé pour une longue défense; il avait tiré Maurice à l'écart.

— Vous, monsieur d'Escorval, lui dit-il brusquement, vous allez vous retirer.

— Moi!... Je vais faire mon devoir, comme vous, Chanlouineau...

— Votre devoir, monsieur, est de sauver Marie-Anne. Partez, emmenez-la.

— Je reste!... prononça Maurice.

Il allait rejoindre les derniers combattants. Chanlouineau l'arrêta.

— Vous n'avez pas le droit de vous faire tuer ici, dit-il d'une voix sourde. Votre vie appartient à la femme qui s'est donnée à vous.

— Malheureux!... Qu'osez-vous dire!...

Chanlouineau hocha tristement la tête.

— A quoi bon nier?... fit-il. Ce qui est arrivé devait arriver... Il est de ces tentations si grandes, qu'un ange n'y résisterait pas... Ce n'est ni votre faute, ni la sienne... Lacheneur a été un mauvais père. Il y a eu un jour... quand j'ai été sûr... où je voulais me tuer ou vous tuer, je ne savais lequel... Allez, vous n'aurez plus jamais la mort si près de vous qu'une fois... Je vous ai tenu au bout de mon fusil à cinq pas... C'est le bon Dieu qui a arrêté ma main, en me montrant son désespoir... Maintenant que je vais mourir ainsi que Lacheneur, il faut bien que quelqu'un reste à Marie-Anne... Jurez-moi que vous l'épouserez... On vous inquiétera peut-être pour l'affaire de cette nuit, mais j'ai ici de quoi vous sauver...

Un feu de peloton l'interrompit, les soldats du duc de Sairmeuse arrivaient...

— Saint bon Dieu!... s'écria Chanlouineau, et Marie-Anne!

Ils s'élancèrent, et Maurice le premier l'aperçut, debout au milieu du carrefour, appuyée sur le cou du cheval de son père. Il lui prit le bras en cherchant à l'entraîner :

— Venez, lui dit-il, venez !

Mais elle résista.

— De grâce, fit-elle, laissez-moi...

— Mais tout est perdu, mon amie !

— Oui, tout, je le sais... même l'honneur... Et c'est pour cela qu'il faut que je reste et que je meure. Il le faut, je le veux...

Elle se pencha vers Maurice, et d'une voix à peine intelligible, elle ajouta

— Il le faut, pour que le déshonneur ne devienne pas public...

La fusillade était d'une violence extraordinaire; ils restaient debout, à l'endroit le plus périlleux ; ils allaient certainement être atteints, quand Chanlouineau reparut.

Avait-il deviné le secret des résistances de Marie-Anne? Peut-être. Toujours est-il que, sans mot dire, il l'enleva comme un enfant entre ses bras robustes, et la porta jusqu'à la voiture que gardait l'abbé Midon.

— Montez, monsieur le curé, commanda-t-il, et retenez Mlle Lacheneur. Bien !... merci. Maintenant, monsieur Maurice, à votre tour.

Mais déjà les soldats de M. de Sairmeuse étaient maîtres du carrefour. Apercevant un groupe, dans l'ombre, ils accoururent.

Alors l'héroïque paysan saisit son fusil par le canon et, le manœuvrant comme une massue, il tint l'ennemi en échec et donna à Maurice le temps de s'élancer près de Marie-Anne, de prendre les guides et de fouetter le cheval qui partit au galop.

Ce que cette lamentable nuit cacha de lâchetés ou d'héroïsmes, d'inutiles cruautés ou de magnifiques dévouements, on ne l'a jamais su au juste...

Deux minutes après le départ de Marie-Anne et de Maurice, Chanlouineau luttait encore, barrant obstinément la route.

Il avait en face de lui une douzaine de soldats au moins... N'importe. Vingt coups de fusil lui avaient été tirés, pas une balle ne l'avait touché ; on l'eût dit invulnérable.

— Rends-toi !... lui criaient les soldats, émus de tant de bravoure, rends-toi !...

— Jamais ! jamais !...

Il était effrayant, il trouvait au service de son courage une vigueur et une agilité surhumaines. Malheur à qui se trouvait à portée de ses terribles moulinets !

C'est alors qu'un soldat, confiant son arme à un camarade, se jeta à plat ventre et rampant dans l'ombre alla saisir aux jambes, par derrière, ce héros obscur.

Il chancela comme un chêne sous la hache, se débattit furieusement et enfin, perdant pante, tomba en criant d'une voix formidable :

— A moi !... les amis, à moi !...

Nul ne répondit à son appel.

A l'autre extrémité du carrefour, les conjurés, après une lutte désespérée, combat d'hommes qui ont fait le sacrifice de leur vie, les conjurés cédaient...

Le gros de l'infanterie du duc de Sairmeuse accourait.

On entendait les tambours battant la charge, on apercevait les armes brillant dans la nuit.

Lacheneur, qui était resté à la même place, immobile sous les balles, sentit que ses derniers compagnons allaient être écrasés.

En ce moment suprême, le passé lui apparut fulgurant et rapide comme l'éclair. Il se vit et se jugea. La haine l'avait conduit au crime. Il se fit horreur, pour les hontes qu'il avait imposées à sa fille. Il se maudit pour les mensonges dont il avait abusé tous ces braves gens qui se faisaient tuer...

C'était assez de sang comme cela. Ceux qui restaient, il fallait les sauver.

— Cessez le feu, mes amis, commanda-t-il. Retirez-vous...

On lui obéit... et il put voir comme des ombres qui s'éparpillaient dans toutes les directions.

Il pouvait fuir aussi, lui. Ne montait-il pas un vaillant cheval qui l'emporterait vite loin de l'ennemi ?...

Mais il s'était juré qu'il ne survivrait pas au désastre : déchiré de remords, désespéré, fou de douleur et de rage impuissante, il ne voyait d'autre refuge que la mort...

Il eût pu l'attendre, elle approchait ; il aima mieux courir au-devant d'elle. Il rassembla son cheval, l'enleva de la bride et des éperons et le lança sur les soldats du duc de Sairmeuse.

Le choc fut rude, les rangs s'ouvrirent, et il y eut un instant de mêlée furieuse...

Mais bientôt le cheval de Lacheneur, le poitrail ouvert par les baïonnettes, se cabra ; il battit l'air de ses sabots, puis ses jarrets plièrent, et il se renversa, entraînant son cavalier...

Et les soldats passèrent, ne pouvant se douter que sous le cadavre du cheval le maître se débattait sans blessures.

Il était une heure et demie du matin... Le carrefour était désert.

Rien ne troublait le silence que les gémissements de quelques blessés appelant leurs compagnons et implorant des secours...

Les secours ne devaient pas venir encore.

Avant de penser aux blessés, M. de Sairmeuse songeait à tirer parti des événements pour sa fortune politique.

Maintenant que le soulèvement était comprimé, il importait de l'exagérer, les récompenses devant être proportionnées à l'importance du service rendu.

On avait ramassé, il le savait, un certain nombre de conjurés, quinze ou vingt; mais ce n'était pas assez pour l'éclat qu'il désirait, il voulait plus d'accusés que cela à jeter à la Cour prévôtale ou à une commission militaire.

Il divisa donc ses troupes en plusieurs détachements qu'il lança de tous côtés, avec l'ordre d'explorer les villages, de fouiller les maisons isolées, et d'arrêter tous les gens suspects...

Sa tâche, après cela, était terminée sur ce terrain; il recommanda une fois encore la plus implacable sévérité, et reprit au grand trot la route de Montaignac.

Il était ravi. Assurément il bénissait, comme M. de Courtomieu, ces honnêtes et naïfs conspirateurs; mais une crainte, qu'il s'efforçait vainement d'écarter empoisonnait sa satisfaction.

Son fils, le marquis de Sairmeuse, faisait-il, oui ou non, partie du complot ?

Il ne pouvait, il ne voulait pas le croire, et cependant le souvenir de l'assurance de Chupin le troublait.

D'un autre côté, qu'était donc devenu Martial ?... Le domestique expédié pour le prévenir l'avait-il rencontré ?... S'était-il mis en route?... Par où ?... Peut-être était-il tombé aux mains des paysans?...

C'est dire le tressaillement de joie de M. de Sairmeuse, quand, rentrant chez lui après une entrevue avec M. de Courtomieu, on lui apprit que Martial était arrivé depuis un quart d'heure.

— M. le marquis est monté précipitamment à sa chambre en descendant de cheval, ajouta le domestique.

— C'est bien !... fit le duc, je l'y rejoins.

Tout haut, devant ses gens, il disait : « C'est bien ! » Mais il se disait tout bas :

— Ceci, à la fin, frise l'impertinence! Quoi! je suis à cheval, en train de faire le coup de fusil, et monsieur mon fils se met au lit tranquillement, sans seulement s'informer de moi!

Il était arrivé à la chambre de son fils, mais la porte était fermée en dedans. Il frappa.

— Qui est là ? demanda Martial.

— Moi! Ouvrez !

Martial retira le verrou. M. de Sairmeuse entra, et ce qu'il vit le fit frémir.

Sur la table était une cuvette de sang, et Martial, le torse nu, lavait une large blessure qu'il avait un peu au-dessus du sein droit.

— Vous vous êtes battu !... exclama le duc d'une voix étranglée.

— Oui !...

— Ah!... vous en étiez donc!...

— J'en étais!... De quoi?

— De la conjuration de ces misérables paysans qui, dans leur folie parricide, ont osé rêver le renversement du meilleur des princes!...

Le visage de Martial trahit successivement une profonde surprise et la plus violente envie de rire.

— Je pense que vous plaisantez, monsieur, dit-il.

L'air et l'accent du jeune homme rassurèrent un peu le duc, sans toutefois dissiper entièrement ses soupçons.

— C'est donc ces vils coquins qui vous ont attaqué!... s'écria-t-il.

— Du tout!... J'ai simplement été obligé d'accepter un duel.

— Avec qui?... Nommez-moi le scélérat qui a osé vous provoquer.

Une fugitive rougeur colora les joues de Martial, mais c'est du ton léger qui lui était habituel qu'il répondit :

— Ma foi, non, je ne vous le nommerai pas. Vous l'inquiéteriez peut-être, et je lui dois de la reconnaissance à ce garçon... C'était sur la grande route, il pouvait m'assassiner sans cérémonie, et il m'a offert un combat loyal... Il est d'ailleurs blessé plus grièvement que moi...

Tous les doutes de M. de Sairmeuse lui revinrent.

— Si c'est ainsi, dit-il, pourquoi, au lieu d'appeler un médecin, vous enfermer pour soigner cette blessure?...

— Parce qu'elle est insignifiante et que je veux tenir cette blessure secrète.

Le duc hochait la tête.

— Tout cela n'est guère plausible, prononça-t-il, surtout après les assurances qui m'ont été données de votre complicité.

Le jeune homme haussa les épaules de la façon la moins révérencieuse.

— Ah!... dit-il, et par qui? Par votre espion en chef, sans doute, ce drôle de Chupin. Il m'étonne, monsieur, qu'entre la parole de votre fils et les rapports de ce chenapan, vous hésitiez une seconde.

— Ne dites point de mal de Chupin, marquis, c'est un homme précieux... Sans lui nous eussions été surpris. C'est par lui que j'ai connu le vaste complot ourdi par Lacheneur...

— Quoi! c'est Lacheneur?...

— ... Qui était à la tête du mouvement?... oui, marquis. Ah! votre perspicacité a été outrageusement mystifiée. Quoi! vous êtes toujours fourré dans cette maison et vous ne vous doutez de rien!... Le père de votre maîtresse conspire, elle conspire elle-même, et vous n'y voyez que du feu!... Et je vous destinais à la diplomatie!... Mais il y a mieux. Vous savez à quoi ont été employés les fonds que vous avez si magnifiquement donnés à ces gens-là ? Ils ont servi à acheter des fusils, de la poudre et des balles à notre intention...

Le duc goguenardait à l'aise, maintenant. Il était tout à fait rassuré désormais, et il cherchait à piquer son fils.

Tentative vaine. Martial reconnaissait bien qu'il avait été joué, mais il ne songeait pas à s'en indigner.

— Si Lacheneur était pris, pensait-il, s'il était condamné à mort, et si je le sauvais, Marie-Anne n'aurait rien à me refuser...

XXIV

Ayant pénétré le mystère des continuelles absences de Maurice, le baron d'Escorval avait su dissimuler à sa femme son chagrin et ses craintes.

C'était la première fois qu'il avait un secret pour cette fidèle et vaillante compagne de son existence.

C'est sans la prévenir qu'il alla prier l'abbé Midon de le suivre à la Rèche, chez M. Lacheneur.

Il se cacha d'elle pour courir à la Croix-d'Arcy.

Ce silence explique l'étonnement de Mme d'Escorval quand, l'heure du dîner venue, elle ne vit paraître ni son mari ni son fils.

Maurice, quelquefois, était en retard ; mais le baron, comme tous les grands travailleurs, était l'exactitude même. Qu'était-il donc arrivé d'extraordinaire ?...

Sa surprise devint inquiétude quand on lui apprit que son mari venait de partir avec l'abbé Midon. Ils avaient attelé eux-mêmes, précipitamment, sans mot dire, et au lieu de faire sortir la voiture par la cour, comme d'habitude, ils avaient passé par la porte de derrière de la remise qui donnait sur le chemin.

Qu'est-ce que cela voulait dire ?... Pourquoi ces étranges précautions ?...

Mme d'Escorval attendit, toute frissonnante de pressentiments inexpliqués !...

Les domestiques partageaient ses transes. Juste et d'un caractère toujours égal, le baron était adoré de ses gens ; tous se fussent mis au feu pour lui.

Aussi, vers dix heures, s'empressèrent-ils de conduire à leur maîtresse un paysan qui revenait de Sairmeuse et qui semait partout la nouvelle du mouvement.

Cet homme, qui était un peu en ribote, racontait des choses étranges.

Il assurait que toute la campagne, à dix lieues à la ronde, avait pris les armes, et que M. le baron d'Escorval était à la tête du soulèvement.

— M. le baron d'Escorval dit vrai ! prononça-t-il d'une voix éclatante !

Lui-même se fût joint volontiers aux conjurés, s'il n'eût eu une vache près de vêler...

Il ne doutait pas du succès, affirmant que Napoléon II, Marie-Louise et tous les maréchaux de l'Empire étaient cachés à Montaignac...

Hélas ! il faut bien l'avouer, Lacheneur ne reculait pas devant des mensonges plus grossiers encore, dès qu'il s'agissait de gagner des complices à sa cause.

Mme d'Escorval ne devait pas s'arrêter à ces fables ridicules, mais elle put croire, elle crut que le baron était en effet le chef de ce vaste complot.

Ce qui eût absolument consterné tant de femmes à sa place, la rassurait.

Elle avait en son mari une foi entière, absolue, indiscutée. Elle le voyait bien supérieur à tous les autres hommes, impeccable, infaillible pour ainsi dire. Du moment où il disait : « Cela est, » elle croyait.

Donc, si son mari avait organisé une conspiration, c'était bien. S'il s'était aventuré, c'est qu'il espérait réussir. Donc, elle était sûre du succès.

Impatiente cependant de connaître les résultats, elle expédia le jardinier à Sairmeuse, avec ordre de s'informer adroitement et d'accourir dès qu'il aurait recueilli quelque chose de positif.

Il revint sur le coup de deux heures, blême, effaré, tout en larmes.

Le désastre était déjà connu et on le lui avait raconté avec les plus épouvantables exagérations. On lui avait dit que des centaines et des milliers d'hommes avaient été tués et que toute une armée se répandait dans la campagne, massacrant tout...

Pendant qu'il parlait, Mme d'Escorval se sentait devenir folle.

Elle voyait, oui, positivement elle voyait son fils et son mari morts... pis encore : mortellement blessés et agonisant sur le grand chemin... Ils étaient étendus sur le dos, les bras en croix, livides, sanglants, les yeux démesurément ouverts, râlant, demandant de l'eau... une goutte d'eau...

— Je veux les voir !... s'écria-t-elle avec l'accent du plus affreux égarement !... J'irai sur le champ de bataille, et je chercherai parmi les morts, jusqu'à ce que je les trouve... Allumez des torches, mes amis, et venez avec moi.... car vous m'aiderez, n'est-ce pas ?... Vous les aimiez, eux si bons !... Vous ne voudriez pas laisser leurs corps sans sépulture !... Oh ! les misérables !... les misérables, qui me les ont tués !...

Les domestiques s'étaient empressés d'obéir, quand retentit sur la route le galop saccadé et convulsif d'un cheval surmené, et le roulement d'une voiture.

— Les voilà !... s'écria le jardinier, les voilà !...

Mme d'Escorval, suivie de ses gens, se précipita dehors juste assez à temps pour voir un cabriolet entrer dans la cour, et le cheval fourbu, rendu, épuisé, manquer des quatre fers et s'abattre.

Déjà l'abbé Midon et Maurice avaient sauté à terre, et ils soulevaient, ils attiraient un corps inanimé, étendu en travers sur les coussins...

L'énergie si grande de Marie-Anne n'avait pu résister à tant de chocs successifs ; la dernière scène l'avait brisée. Une fois en voiture, tout danger immédiat ayant disparu, l'exaltation désespérée qui la soutenait tombant, elle s'était trouvée mal, et tous les efforts de Maurice et du prêtre pour la ranimer étaient demeurés inutiles.

Mais Mme d'Escorval ne pouvait reconnaître Mlle Lacheneur sous ses vêtements masculins...

Elle vit seulement que ce n'était pas son mari qui était là, et elle sentit comme un frisson mortel qui lui montait des pieds jusqu'au cœur...

— Ton père, Maurice!... dit-elle d'une voix étouffée. Et ton père!...

L'impression fut terrible.

Jusqu'à ce moment, Maurice et le curé de Sairmeuse s'étaient bercés de cet espoir que M. d'Escorval serait rentré avant eux...

Maurice chancela à ce point qu'il faillit laisser échapper son précieux fardeau. L'abbé s'en aperçut et, sur un signe de lui, deux domestiques soulevèrent doucement Marie-Anne et l'emportèrent...

Alors il s'avança vers Mme d'Escorval.

— M. le baron ne saurait tarder à arriver, madame, dit-il à tout hasard; il a dû fuir des premiers...

Ah! Maurice, sur la lande, avait bien jugé sa mère...

— Le baron d'Escorval ne peut avoir fui, interrompit-elle... Un général ne déserte pas en face de l'ennemi... Si la déroute se met parmi ses soldats, il se jette au-devant d'eux, il les ramène au combat ou il se fait tuer...

— Ma mère! balbutia Maurice, ma mère!...

— Oh!... ne cherchez pas à m'abuser!... Mon mari était le chef du complot... Les conjurés battus et dispersés se sauvent lâchement... Dieu ait pitié de moi!... Mon mari est mort!

Si perspicace que fût l'abbé, il ne pouvait comprendre; il pensa que la douleur égarait la raison de cette femme si éprouvée...

— Eh! madame! s'écria-t-il, M. le baron n'était pour rien dans ce mouvement, bien loin de là...

Il s'arrêta; ceci se passait dans une cour fermée seulement par une grille. A la lueur des flambeaux allumés par les gens, de la route on pouvait voir... Il comprit l'imprudence.

— Venez, madame, fit-il en entraînant la baronne vers la maison, et vous aussi, Maurice, venez!...

C'est avec la docilité passive et muette des grandes douleurs que Mme d'Escorval suivit le curé de Sairmeuse...

Son corps seul agissait, machinalement; son âme et sa pensée s'envolaient à travers les espaces, vers l'homme qui avait été tout pour elle et dont l'âme et la pensée, sans doute, l'appelaient du fond de l'abîme où il avait roulé...

Mais, quand elle eut passé le seuil du salon, elle tressaillit et quitta le bras du prêtre, brusquement ramenée au sentiment de la réalité présente...

Elle venait d'apercevoir Marie-Anne sur le canapé où les domestiques l'avaient déposée.

— Mlle Lacheneur!... balbutia-t-elle, ici, sous ce costume... morte!...

On devait la croire morte, en effet, la pauvre enfant, à la voir ainsi raide et glacée, livide, comme si on lui eût tiré des veines la dernière goutte de sang. Son visage si beau avait l'immobilité du marbre, ses lèvres blanches s'entr'ouvraient sur ses dents convulsivement serrées et un large cercle, d'un bleu intense, cernait ses paupières fermées.

Ses longs cheveux noirs, qu'elle avait roulés pour les glisser sous son chapeau de paysan, s'étaient détachés; ils s'éparpillaient opulents et splendides sur ses épaules et traînaient jusqu'à terre...

— Ce n'est qu'une syncope sans gravité, déclara l'abbé Midon, après avoir examiné Marie-Anne; elle ne tardera pas à reprendre ses sens...

Et aussitôt, rapidement et clairement, il indiqua ce qu'il y avait à faire aux femmes de la baronne, aussi éperdues que leur maîtresse.

Mme d'Escorval regardait, la pupille dilatée par la terreur; elle paraissait douter de sa raison, et incessamment elle passait la main sur son front mouillé d'une sueur froide...

— Quelle nuit! murmurait-elle. Quelle nuit!...

— Il faut vous remettre, madame, prononça le prêtre d'un accent ému mais ferme; la religion, le devoir vous défendent de vous abandonner ainsi!... Épouse, où donc est votre énergie?... Chrétienne, qu'est devenue votre confiance en Dieu, juste et bon?...

— Oh!... j'ai du courage, monsieur, bégayait l'infortunée. J'ai du courage!...

L'abbé Midon la conduisit à un fauteuil où il la força de s'asseoir, pendant que les femmes de chambre s'empressaient autour de Marie-Anne, et d'un ton plus doux il reprit :

— Pourquoi désespérer, d'ailleurs, madame?... Votre fils est près de vous, en sûreté... Votre mari ne saurait être compromis, il n'a rien fait que je n'aie fait moi-même...

Et en peu de mots, avec une rare précision, il expliqua le rôle du baron et le sien pendant cette funeste soirée.

Mais ce récit, loin de rassurer la baronne, semblait augmenter son épouvante.

— Je vous entends, monsieur le curé, interrompit-elle, et je vous crois... Mais je sais aussi que tous les gens de la campagne sont persuadés que mon mari commande les paysans soulevés, ils le croient et ils le disent...

— Eh bien ?

— S'il a été fait prisonnier, comme vous me le donnez à entendre, il sera traduit devant la Cour prévôtale... N'était-il pas l'ami de l'empereur ? C'est un crime, cela, vous le savez bien ! Il sera jugé et condamné à mort...

— Non, madame, non !... Ne suis-je pas là ? Je me présenterai devant le tribunal, et je dirai : « Me voici, j'ai vu, *adsum qui vidi.* »

— Et ils vous arrêteront vous aussi, monsieur l'abbé, parce que vous n'êtes pas un prêtre selon le cœur de ces hommes cruels : ils vous jetteront en prison, et ils vous enverront à l'échafaud !...

Depuis un moment, Maurice écoutait, pâle, anéanti, près de tomber...

Sur ces derniers mots, il s'affaissa par terre, sur le tapis, à genoux, cachant son visage entre ses mains...

— Ah !... j'ai tué mon père !... s'écria-t-il.

— Malheureux enfant !... Que dis-tu !...

Le prêtre lui faisait signe de se taire, il ne le vit pas et poursuivit :

— Mon père ignorait jusqu'à l'existence de cette conspiration, dont M. Lacheneur était l'âme, mais je la connaissais, moi !.., Je voulais qu'elle réussît, parce que de son succès dépendait le bonheur de ma vie... Et alors, misérable que je suis, quand il s'agissait d'attirer dans nos rangs quelque complice timide et indécis, j'invoquais ce nom respecté et aimé : d'Escorval... Ah ! j'étais fou !... j'étais fou !...

Il eut un geste désespéré, et, avec une expression déchirante, il ajouta :

— Et en ce moment encore, je n'ai pas le courage de maudire ma folie !... Oh ! ma mère, ma mère ; si tu savais !...

Les sanglots lui coupèrent la parole, et alors on put entendre comme un faible gémissement...

Marie-Anne revenait à elle. Déjà elle s'était à demi redressée sur le canapé, et elle considérait cette scène navrante d'un air de profonde stupeur, comme si elle n'y eût rien compris.

D'un geste doux et lent, elle écartait ses cheveux de son front, et elle clignait des yeux, éblouie par l'éclat des bougies...

Elle voulait parler, interroger ; elle s'efforçait de rassembler ses idées, elle cherchait des mots pour les traduire... L'abbé Midon lui commanda le silence.

Seul au milieu de tous ces malheureux affolés, le prêtre conservait son sang-froid et la lucidité de son intelligence.

Éclairé par le témoignage de Mme d'Escorval et les aveux de Maurice, il comprenait tout et discernait nettement l'effroyable danger dont étaient menacés le baron et son fils.

Comment conjurer ce danger ?... Qu'imaginer ? Que faire ?...

Il n'y avait ni à s'expliquer ni à réfléchir ; avec chaque minute s'envolait une chance de salut... Il s'agissait de prendre un parti sur-le-champ et d'agir.

L'abbé Midon eut ce courage. Il courut à la porte du salon et appela les gens groupés dans l'escalier.

Quand ils furent tous réunis autour de lui :

— Écoutez-moi bien, leur dit-il de cette voix impérieuse et brève que donne la certitude du péril prochain, et souvenez-vous que de votre discrétion dépend peut-être la vie de vos maîtres. On peut compter sur vous, n'est-ce pas ?

Toutes les mains se levèrent comme pour prêter serment.

— Avant une heure, continua le prêtre, les soldats lancés sur les traces des fuyards seront ici. Pas un mot de ce qui s'est passé ce soir ne doit être prononcé. Pour tout le monde, je dois être parti avec M. le baron et revenu seul. Nul de vous ne doit avoir vu Mlle Lacheneur... Nous allons lui chercher une cachette... Rappelez-vous, mes amis, que le seul soupçon de sa présence ici perdrait tout... Si les soldats vous interrogent, efforcez-vous de leur persuader que M. Maurice n'est pas sorti ce soir...

Il s'arrêta, chercha s'il n'oubliait rien de ce que pouvait suggérer la prudence humaine, et ajouta :

— Un mot encore. Nous voir tous debout à l'heure qu'il est paraîtra suspect... C'est ce que je souhaite... Nous alléguerons, pour nous justifier, l'inquiétude où nous mettent l'absence de M. le baron et aussi une indisposition très grave de Mme la baronne... car Mme la baronne va se coucher; elle évitera ainsi un interrogatoire possible... Et vous, Maurice, courez changer de vêtements... et surtout, lavez-vous bien les mains, et répandez ensuite quelque parfum dessus...

Chacun sentait si bien l'imminence d'une catastrophe, qu'en moins de rien tout fut disposé comme l'avait ordonné l'abbé Midon.

Marie-Anne, bien qu'elle fût loin d'être remise, fut conduite à une petite logette sous les combles; Mme d'Escorval se retira dans sa chambre et les domestiques regagnèrent l'office...

Maurice et l'abbé Midon restèrent seuls au salon, silencieux, oppressés...

La figure si calme du curé de Sairmeuse trahissait d'affreuses anxiétés. Maintenant, oui, il croyait M. d'Escorval prisonnier, et toutes ses précautions n'avaient qu'un but : écarter de Maurice tout soupçon de complicité... C'était, pensait-il, le seul moyen qu'il y eût de sauver le baron. Ses combinaisons réussiraient-elles?...

Un violent coup de cloche à la grille l'interrompit...

On entendit les pas du jardinier qui allait ouvrir, le grincement de la grille, puis le piétinement d'une compagnie de soldats dans la cour.

Une voix forte commanda :

— Halte !... Reposez vos armes...

Le prêtre regarda Maurice, et il vit qu'il pâlissait comme s'il allait mourir.

— Du calme !... lui dit-il, ne vous troublez pas... Gardez votre sang-froid... Et n'oubliez pas mes instructions !...

— Ils peuvent venir, répondit Maurice, j'ai du courage !...

La porte du salon s'ouvrit, si brutalement poussée que les deux battants cédèrent à la fois comme sous un coup d'épaule.

Un jeune homme entra, qui portait l'uniforme de capitaine des grenadiers de la légion de Montaignac.

Il paraissait vingt-cinq ans à peine ; il était grand, mince, blond, avec des yeux bleus et de petites moustaches effilées. Toute sa personne trahissait des recherches d'élégance exagérées jusqu'au ridicule.

Sa physionomie, d'ordinaire, ne devait respirer que la satisfaction de soi, mais elle avait en ce moment une expression farouche.

Derrière lui, dans l'ombre du palier, on voyait étinceler les armes de plusieurs soldats.

Il promena autour du salon un regard défiant, puis d'une voix rude

— Le maître de la maison ? demanda-t-il.

— M. le baron d'Escorval, mon père, est absent, répondit Maurice.

— Où est-il ?

L'abbé Midon, resté assis jusqu'alors, se leva.

— Au bruit du désastreux soulèvement de ce soir, répondit-il, M. le baron et moi nous sommes rendus près des paysans pour les adjurer de renoncer à une tentative insensée... Ils n'ont pas voulu nous entendre. La déroute venue, j'ai été séparé de M. d'Escorval, je suis revenu seul ici, très inquiet, et je l'attends...

Le capitaine tortillait sa moustache de l'air le plus goguenard.

— Pas mal imaginé !... fit-il. Seulement, je ne crois pas un mot de cette bourde.

Une flamme aussitôt éteinte brilla dans l'œil du prêtre, ses lèvres tremblèrent... mais il se tut.

— Mais, au fait, reprit l'officier, qui êtes-vous ?

— Je suis le curé de Sairmeuse.

— Eh bien !... les curés honnêtes doivent être couchés à l'heure qu'il est... Ah ! vous allez courir la pretentaine, la nuit, avec les paysans révoltés !... Je ne sais, en vérité, ce qui me retient de vous arrêter...

Ce qui le retenait, c'était la robe du prêtre, toute-puissante sous la Restauration. Avec Maurice, il était plus à son aise.

— Combien y a-t-il de maîtres ici ? demanda-t-il.

— Trois. Mon père, ma mère, malade en ce moment, et moi...

— Et de domestiques ?

— Sept : quatre hommes et trois femmes.

— Vous n'avez reçu ni caché personne, ce soir ?
— Personne.
— C'est ce qu'on va vérifier, dit le capitaine.
Et se tournant vers la porte :
— Caporal Bavois!... appela-t-il.

C'était un de ces vieux qui pendant quinze ans avaient suivi l'Empereur à travers l'Europe. Celui-ci était plus sec que la pierre de son fusil. Deux petits yeux gris terribles éclairaient sa face tannée, coupée en deux par un grand diable de nez très mince, qui se recourbait en crochet sur ses grosses moustaches en broussaille.

— Bavois, commanda l'officier, vous allez prendre une demi-douzaine d'hommes et me fouiller cette maison du haut en bas... Vous êtes un vieux lapin qui connaissez le tour ; s'il y a une cachette, vous la découvrirez ; si quelqu'un y est caché, vous me l'amènerez... Demi-tour et ne traînons pas !

Le caporal sorti, le capitaine reprit ses questions.

— A nous deux, maintenant, dit-il à Maurice ; qu'avez-vous fait ce soir ?

Le jeune homme eut une seconde d'hésitation ; mais c'est avec une insouciance bien jouée qu'il répondit :

— Je n'ai pas mis le nez dehors.

— Hum ! c'est ce qu'il faudrait prouver. Voyons les mains !...

Le ton de ce joli soldat, qui affectait des airs de soudard, était si offensant, que Maurice sentait monter à son front des bouffées de colère. Heureusement, un coup d'œil de l'abbé Midon lui commanda le calme.

Il tendit les mains et le capitaine les examina minutieusement, les tourna et les retourna, et finalement les flaira.

— Allons !... fit-il, ces mains sont trop blanches et sentent trop bon la pommade pour avoir tiré des coups de fusil.

Il était clair qu'il s'étonnait que le fils eût le courage de rester au coin du feu pendant que le père conduisait les paysans à la bataille.

— Autre chose, fit-il. Vous devez avoir des armes, ici ?
— Oui, des armes de chasse.
— Où sont-elles ?
— Dans une petite pièce du rez-de-chaussée.
— Il faut m'y conduire.

On l'y mena, et en reconnaissant que pas un des fusils doubles n'avait fait feu depuis plusieurs jours, il sembla fort contrarié.

Il parut furieux, quand le caporal vint lui dire qu'ayant fureté partout, il n'avait rien rencontré de suspect.

— Qu'on fasse venir les gens, ordonna-t-il.

Elle s'affaissa sur son fauteuil, inerte, les bras pendants.

Mais tous les domestiques ne firent que répéter fidèlement la leçon de l'abbé.

Le capitaine comprit que, s'il y avait quelque chose, comme il le soupçonnait, il ne le saurait pas.

Il se leva donc, en jurant que, si on le trompait, on le payerait cher, et de nouveau il appela Bavois.

— Il faut que je continue ma tournée, lui dit-il, mais vous, caporal, vous allez rester ici avec deux hommes... Vous aurez à rendre compte de tout ce que vous verrez et entendrez... Si M. d'Escorval revient, empoignez-le-moi et ne le lâchez pas... et ouvrez l'œil, et le bon !...

Il ajouta diverses instructions à voix basse, puis il se retira, sans saluer, comme il était entré.

Le bruit des pas de la troupe ne tarda pas à se perdre dans la nuit, et alors le caporal laissa échapper un effroyable juron.

— Hein ! dit-il à ses hommes, vous l'avez entendu, ce cadet-là !... Écoutez, surveillez, arrêtez, venez au rapport sans armes... Nom d'un tonnerre ! il nous prend donc pour des mouchards !... Ah ! si « l'autre » voyait ce qu'on fait de ses anciens !...

Les deux soldats répondirent par un grognement sourd.

— Quant à vous, poursuivit le vieux troupier en s'adressant à Maurice et à l'abbé Midon, moi, Bavois, caporal de grenadiers, je vous déclare, tant en mon nom qu'au nom de mes deux hommes, que vous êtes libres comme l'oiseau et que nous n'arrêterons personne... Même, s'il fallait un coup de main pour tirer du pétrin le père du jeune bourgeois, nous sommes des bons. Il croit, le joli coco qui nous commande, que nous nous sommes battus ce soir... Va-t-en voir s'ils viennent !... Regardez la platine de mon fusil... je n'ai pas brûlé une amorce. Quant aux camarades, ils retiraient le pruneau de la cartouche avant de la couler dans le canon.

Cet homme, assurément, devait être sincère, mais il pouvait ne l'être pas.

— Nous n'avons rien à cacher, répondit le circonspect abbé Midon.

Le vieux caporal cligna de l'œil d'un air d'intelligence.

— Connu !... fit-il, vous vous défiez de moi. Vous avez tort, et je vais vous le prouver, parce que, voyez-vous, s'il est aisé de faire le poil à ce blanc-bec qui sort d'ici, il est un peu plus difficile de raser le caporal Bavois. Ah !... c'est comme cela. Il ne fallait pas laisser traîner dans la cour un fusil qui n'a certes pas été chargé pour tirer des merles.

Le curé et Maurice échangèrent un regard de stupeur. Maurice, maintenant se rappelait qu'en sautant du cabriolet pour soutenir Marie-Anne, il avait posé son fusil contre le mur. Il avait échappé aux regards des domestiques...

— Secondement, poursuivit Bavois, il y a quelqu'un de caché là-haut... J'ai l'oreille fine ! Troisièmement je me suis arrangé pour que personne n'entrât dans la chambre de la dame malade.

Maurice n'y tint plus : il tendit la main au caporal, et d'une voix émue :

— Vous êtes un brave homme !... dit-il.

Quelques instants plus tard, Maurice, l'abbé Midon et Mme d'Escorval, réunis de nouveau au salon, délibéraient sur les mesures de salut qu'il y avait à prendre, quand Marie-Anne qu'on était allé prévenir parut.

Tant bien que mal elle avait réparé le désordre de son costume. Elle était affreusement pâle encore, mais sa démarche était ferme.

— Je vais me retirer, madame, dit-elle à la baronne. Maîtresse de moi-même, je n'eusse pas accepté une hospitalité qui pouvait attirer tant de malheurs sur votre maison... Hélas!... il ne vous en coûte déjà que trop de larmes et trop de deuils de m'avoir connue.... Comprenez-vous, maintenant, pourquoi je voulais vous fuir?... Un pressentiment me disait que ma famille serait fatale à la vôtre...

— Malheureuse enfant!... s'écria Mme d'Escorval, où voulez-vous aller?...

Marie-Anne leva ses beaux yeux vers le ciel, où elle plaçait toutes ses espérances.

— Je l'ignore, madame, répondit-elle; mais le devoir commande... Je dois savoir ce que sont devenus mon père et mon frère et partager leur sort...

— Quoi!... s'écria Maurice, toujours cette pensée de mort!... Vous savez bien, cependant, que vous n'avez plus le droit de disposer de votre vie!...

Il s'arrêta, il avait failli laisser échapper un secret qui n'était pas le sien... Mais une inspiration lui venant, il se jeta aux pieds de Mme d'Escorval :

— O ma mère, lui dit-il, mère chérie, la laisserons-nous s'éloigner?... Je puis périr en essayant de sauver mon père... Elle serait ta fille alors, elle que j'ai tant aimée, tu reporterais sur elle tes tendresses divines

Marie-Anne resta.

XXV

Le secret que les approches de la mort avaient arraché à Marie-Anne au fort de la fusillade de la Croix-d'Arcy, Mme d'Escorval l'ignorait quand elle joignait sa voix aux prières de son fils pour retenir la malheureuse jeune fille.

Mais cette circonstance n'inquiétait pas Maurice.

Sa foi en sa mère était absolue, complète ; il était sûr qu'elle pardonnerait quand elle apprendrait la vérité.

Les femmes aimantes, chastes épouses et mères sans reproche, gardent au fond du cœur des trésors d'indulgence pour les entraînements de la passion.

Elles peuvent mépriser et braver les préjugés hypocrites, celles dont la vertu immaculée n'eut jamais besoin des honteuses transactions du monde.

Et, d'ailleurs, est-il une mère qui, secrètement, n'excuse la jeune fille qui n'a pu se défendre de l'amour de son fils à elle, de ce fils que son imagination pare de séductions irrésistibles!...

Toutes ces réflexions avaient traversé l'esprit de Maurice et, plus tranquille sur le sort de Marie-Anne, il ne songea qu'à son père.

Le jour venait... Maurice déclara qu'il allait endosser un déguisement et se rendre à Montaignac.

A ces mots, Mme d'Escorval se détourna, cachant son visage dans les coussins du canapé pour y étouffer ses sanglots.

Elle tremblait pour la vie de son mari, et voici que son fils se précipitait au-devant du danger... Peut-être, avant le coucher de ce soleil qui se levait, n'aurait-elle ni mari ni fils.

Et pourtant elle ne dit pas : « Non, je ne veux pas! » Maurice ne remplissait-il pas un devoir sacré!... Elle l'eût aimé moins, si elle l'eût cru capable d'une lâche hésitation. Elle eût séché ses larmes s'il l'eût fallu, pour lui dire : « Pars! »

Tout d'ailleurs n'était-il pas préférable aux horreurs de cette incertitude où on se débattait depuis des heures!...

Maurice gagnait déjà la porte pour monter revêtir un travestissement; l'abbé Midon lui fit signe de rester.

— Il faut, en effet, courir à Montaignac, lui dit-il, mais vous déguiser serait une folie. Infailliblement vous seriez reconnu, et indubitablement on vous appliquerait l'axiome que vous savez : « Tu te caches, donc tu es coupable. » Vous devez marcher ouvertement, la tête haute, exagérant l'assurance de l'innocence... Allez droit au duc de Sairmeuse et au marquis de Courtomieu, criez à l'injustice!... Mais je veux vous accompagner, nous irons en voiture à deux chevaux.

Maurice paraissait indécis.

— Suis les conseils de M. le curé, mon fils, dit Mme d'Escorval, il sait mieux que nous ce que nous devons faire.

— J'obéirai, mère!

L'abbé n'avait pas attendu cet assentiment pour courir donner l'ordre d'atteler. Mme d'Escorval sortit pour écrire quelques lignes à une amie dont le mari jouissait d'une certaine influence à Montaignac. Maurice et son amie restèrent seuls.

C'était, depuis l'aveu de Marie-Anne, leur première minute de solitude et de liberté.

Ils étaient debout, à deux pas l'un de l'autre, les yeux encore brillants de pleurs répandus, et ils restèrent ainsi un instant, immobiles, pâles, oppressés, trop émus pour pouvoir traduire leurs sensations.

A la fin, Maurice s'avança, entourant de son bras la taille de son amie.

— Marie-Anne, murmura-t-il, chère adorée, je ne savais pas qu'on pouvait aimer plus que je ne vous aimais hier... Et vous, vous avez souhaité la mort, quand de votre vie une autre vie précieuse dépend !...

Elle hocha tristement la tête.

— J'étais terrifiée, balbutia-t-elle... L'avenir de honte que je voyais, que je vois, hélas ! se dresser devant moi m'épouvantait jusqu'à égarer ma raison... Maintenant, je suis résignée... j'accepterai sans révolte la punition de l'horrible faute... Je m'humilierai sous les outrages qui m'attendent !...

— Des outrages, à vous !... Ah ! malheur à qui oserait !... Mais ne serez-vous pas ma femme devant les hommes comme vous l'êtes devant Dieu ?... Le malheur à la fin se lassera !...

— Non, Maurice, non !... Il ne se lassera pas.

— Ah !... c'est toi qui es sans pitié !... Je ne le vois que trop, tu me maudis ; tu maudis le jour où nos regards se sont rencontrés pour la première fois !... Avoue-le... Dis-le...

Marie-Anne se redressa.

— Je mentirais, répondit-elle, si je disais cela... Mon lâche cœur n'a pas ce courage. Je souffre, je suis humiliée et brisée, mais je ne regrette rien puisque...

Elle n'acheva pas ; il l'attira à lui, leurs visages se rapprochèrent et leurs lèvres et leurs larmes se confondirent en un baiser...

— Tu m'aimes, s'écria Maurice, tu m'aimes !... Nous triompherons, je saurai sauver mon père et le tien, je sauverai ton frère !

Dans la cour, les chevaux piaffaient. L'abbé Midon criait : — Eh bien ! partons-nous ? — Mme d'Escorval reparut avec une lettre, qu'elle remit à Maurice.

Longtemps elle tint embrassé dans une étreinte convulsive ce fils qu'elle tremblait de ne plus revoir, puis, rassemblant toute son énergie, elle le repoussa en prononçant ce seul mot :

— Va !...

Il sortit... et lorsque s'éteignit, sur la route, le roulement de la voiture qui l'emportait, Mme d'Escorval et Marie-Anne se laissèrent tomber à genoux, implorant la miséricorde du Dieu des causes justes.

Elles ne pouvaient que prier. Le curé de Sairmeuse agissait, ou plutôt il poursuivait l'exécution du plan de salut qu'il avait conçu.

Ce plan, d'une simplicité terrible, comme la situation, il l'expliquait à Maurice pendant que galopaient les chevaux rudement menés.

« — Si en vous livrant vous deviez sauver votre père, disait-il, je vous crierais : Livrez-vous, et confessez la vérité ; c'est votre devoir strict... Mais ce sacrifice serait plus qu'inutile, il serait dangereux. Jamais l'accusation ne consentirait à vous séparer de votre père. On vous garderait, mais on ne le lâcherait pas, et vous seriez indubitablement condamnés tous les deux... Laissons donc — je ne dirai pas la justice, ce serait un blasphème — mais les hommes de sang qui s'intitulent juges, s'égarer sur son compte et lui attribuer tout ce que vous avez fait.. Au moment du procès, nous arriverons avec les plus éclatants témoignages d'innocence, avec des alibis tellement indiscutables que force sera de l'acquitter... Et je connais assez les gens de notre pays pour être sûr que pas un des accusés ne révélera notre manœuvre...

— Et si nous ne réussissons pas, dit Maurice d'un air sombre, que me restera-t-il à faire ?

C'était une question si terrible que le prêtre n'osa répondre. Tout le reste du chemin, Maurice et lui gardèrent le silence.

Ils arrivaient cependant, et Maurice reconnut combien avait été sage Midon en l'empêchant de recourir à un déguisement.

Armés des pouvoirs les plus étendus, le duc de Sairmeuse et le marquis de Courtomieu avaient fait fermer toutes les portes de Montaignac, hormis une seule.

Par cette porte devaient passer ceux qui voulaient entrer ou sortir, et il s'y trouvait deux officiers qui examinaient les allants et venants, les interrogeaient, et qui, même, prenaient par écrit les noms et les signalements.

Au nom de d'Escorval, ces deux officiers eurent un tressaillement trop visible pour échapper à Maurice.

— Ah!... vous savez ce qu'est devenu mon père !... s'écria-t-il.

— Le baron d'Escorval est prisonnier, monsieur, répondit un des officiers.

Si préparé que dût être Maurice à cette réponse, il pâlit.

— Est-il blessé ? reprit-il vivement.

— Il n'a pas une égratignure !... Mais entrez, monsieur, passez !...

Aux regards inquiets de ces officiers, on eût dit qu'ils craignaient de se compromettre en causant avec le fils d'un si grand coupable. Peut-être, en effet, se compromettaient-ils.

La voiture roula, et elle ne s'était pas avancée de cent mètres dans la Grande-Rue, que déjà l'abbé Midon et Maurice avaient remarqué plusieurs affiches blanches collées aux murs...

— Il faut savoir ce que c'est, diront-ils ensemble.

Ils firent arrêter la voiture près d'une affiche devant laquelle stationnait déjà un lecteur, ils descendirent et lurent cet arrêté :

ARTICLE PREMIER. — *Les habitants de la maison dans laquelle sera trouvé le sieur Lacheneur seront livrés à une commission militaire pour être passés par les armes.*

ARTICLE II. — *Il est accordé à celui qui livrera mort ou vif ledit sieur Lacheneur une somme de 20,000 francs pour gratification.*

Cela était signé : *Duc de Sairmeuse.*

— Dieu soit loué !... s'écria Maurice. Le père de Marie-Anne est sauvé !... Il avait un bon cheval, et en deux heures...

Un coup de coude et un coup d'œil de l'abbé Midon l'arrêtèrent.

L'abbé lui montrait l'homme arrêté près d'eux... Cet homme n'était autre que Chupin.

Le vieux maraudeur les avait reconnus aussi ; il se découvrit devant le curé de Sairmeuse et, avec des regards où flamboyaient les plus ardentes convoitises, il dit :

— Vingt mille francs !... c'est une somme, cela ! En la plaçant à fonds perdus, on vivrait des revenus sa vie durant !...

L'abbé Midon et Maurice frissonnaient en remontant en voiture. Il leur avait été impossible de se méprendre à l'accent de Chupin.

L'énormité de la somme promise avait ébloui le misérable et le fascinait jusqu'à ce point de lui arracher son masque de cautèle accoutumé.

Il s'était trahi. Il avait laissé entrevoir ses détestables projets et quelles espérances abominables s'agitaient dans les boues de son âme.

— Lacheneur est perdu si cet homme découvre sa retraite, murmura le curé de Sairmeuse.

— Par bonheur, répondit Maurice, il doit avoir franchi la frontière ; il y a cent à parier contre un qu'il est désormais hors de toute atteinte.

— Et si vous vous trompiez ?... Si, blessé et perdant son sang, Lacheneur n'avait eu que bien juste la force de se traîner jusqu'à la maison la plus proche pour y demander l'hospitalité ?...

— Oh !... monsieur l'abbé, je connais nos paysans !... Il n'en est pas un qui soit capable de vendre lâchement un proscrit !..

Ce noble enthousiasme de la jeunesse arracha au prêtre le douloureux sourire de l'expérience.

— Vous oubliez, reprit-il, les menaces affichées à côté des provocations à la trahison et au meurtre. Tel qui ne voudrait pas souiller ses mains du prix du sang peut être saisi du vertige de la peur.

Ils suivaient alors la grande rue, et ils étaient frappés de l'aspect morne de Montaignac, cette petite ville si vivante et si gaie d'ordinaire.

La consternation et l'épouvante y régnaient. Les boutiques étaient fermées, les volets des maisons restaient clos. Partout un silence lugubre. On eût dit un deuil général et que chaque famille avait perdu quelqu'un de ses membres.

La démarche des rares passants était inquiète et singulière. Ils se hâtaient, en jetant de tous côtés des regards défiants.

Deux ou trois qui étaient des connaissances du baron et qui croisèrent la voiture se détournèrent d'un air effrayé pour éviter de saluer...

L'abbé Midon et Maurice devaient trouver l'explication de ces terreurs à l'hôtel où ils avaient donné l'ordre à leur cocher de les conduire.

Ils lui avaient désigné l'*Hôtel de France*, où descendait le baron d'Escorval quand il venait à Montaignac, et dont le propriétaire n'était autre que Laugeron, cet ami de Lacheneur, qui, le premier, avait donné avis de l'arrivée du duc de Sairmeuse.

Ce brave homme, en apprenant quels hôtes lui arrivaient, alla au-devant d'eux jusqu'au milieu de la cour, sa toque blanche à la main.

Ce jour-là, cette politesse était de l'héroïsme.

Était-il du complot ? On l'a toujours cru.

Le fait est qu'il invita Maurice et l'abbé à se rafraîchir, de façon à leur donner à entendre qu'il avait à leur parler, et il les conduisit à une chambre où il savait être à l'abri de toute indiscrétion.

Grâce à un des valets de chambre du duc de Sairmeuse qui fréquentait son établissement, il en savait autant que l'autorité, il en savait plus même, puisqu'il avait en même temps des informations par ceux des conjurés qui étaient restés en liberté.

Par lui, l'abbé Midon et Maurice eurent leurs premiers renseignements positifs.

D'abord on était sans nouvelles de Lacheneur, non plus que de son fils Jean ; ils avaient échappé aux plus ardentes recherches.

En second lieu, il y avait jusqu'à ce moment deux cents prisonniers à la citadelle, et parmi eux le baron d'Escorval et Chanlouineau.

Enfin, depuis le matin, il n'y avait pas eu moins de soixante arrestations à Montaignac même.

On pensait généralement que ces arrestations étaient l'œuvre d'un traître, et la ville entière tremblait...

Mais M. Laugeron connaissait leur véritable origine, qui lui avait été confiée, sous le sceau du secret, par son habitué le valet de chambre.

— C'est certes une histoire incroyable, messieurs, disait-il, et cependant elle est vraie. Deux officiers de la légion de Montaignac, qui revenaient de leur expédition ce matin, au petit jour, traversaient le carrefour de la Croix-d'Arcy, quand sur le revers d'un fossé ils aperçurent, gisant mort, un homme revêtu de l'uniforme des anciens guides de l'empereur...

Maurice tressaillit.

Cet infortuné, il n'en pouvait douter, était ce brave officier à la demi-solde, qui était venu se joindre à sa colonne sur la route de Sairmeuse, après avoir parlé à M. Lacheneur.

— Naturellement, poursuivait M. Laugeron, mes deux officiers s'approchent

Marie-Anne entra, soutenue par l'honnête caporal Bavois.

du cadavre. Ils l'examinent, et qu'est-ce qu'ils voient? Un papier qui dépassait les lèvres de ce pauvre mort. Comme bien vous pensez, ils s'emparent de ce papier, ils l'ouvrent, ils lisent... C'était la liste de tous les conjurés de la ville et de quelques autres encore, dont les noms n'avaient été placés là que pour servir d'appât... Se sentant blessé à mort, l'ancien guide aura voulu anéantir la liste fatale, les convulsions de l'agonie l'ont empêché de l'avaler...

Cependant, ni l'abbé ni Maurice n'avaient le temps d'écouter les commentaires dont le maître d'hôtel accompagnait son récit.

Ils se hâtèrent d'expédier à Mᵐᵉ d'Escorval et à Marie-Anne un exprès destiné à les rassurer, et sans perdre une minute, bien décidés à tout oser, ils se dirigèrent vers la maison occupée par le duc de Sairmeuse.

Lorsqu'ils y arrivèrent, une foule émue se pressait devant la porte.

Oui, il s'y trouvait bien une centaine de personnes, des hommes à la figure bouleversée, des femmes en larmes qui sollicitaient, qui imploraient une audience.

Ceux-là étaient les parents des malheureux qu'on avait arrêtés.

Deux valets de pied en superbe livrée, à l'air important, avaient toutes les peines du monde à retenir le flot grossissant des solliciteurs...

L'abbé Midon, espérant que sa robe lèverait la consigne, s'approcha et se nomma. Il fut repoussé comme les autres.

— M. le duc travaille et ne peut recevoir, répondirent les domestiques. M. le duc rédige ses rapports pour Sa Majesté.

Et, à l'appui de leurs dires, ils montraient dans la cour les chevaux tout sellés des courriers qui devaient porter les dépêches.

Le prêtre rejoignit tristement son compagnon.

— Attendons ! lui dit-il.

Volontairement ou non, les domestiques trompaient tous ces pauvres gens. M. de Sairmeuse, en ce moment, s'inquiétait peu de ses rapports. Une scène de la dernière violence éclatait entre M. de Courtomieu et lui.

Chacun de ces deux nobles personnages prétendant s'attribuer le premier rôle, — celui qui serait le plus chèrement payé, sans doute, — il y avait conflit d'ambitions et de pouvoirs.

Ils avaient commencé par échanger quelques récriminations, et ils en étaient vite venus aux mots piquants, aux allusions amères et enfin aux menaces.

Le marquis prétendait déployer les plus effroyables — il disait les plus salutaires — rigueurs; M. de Sairmeuse, au contraire, inclinait à l'indulgence.

L'un soutenait que du moment où Lacheneur, le chef de la conspiration, et son fils s'étaient dérobés aux poursuites, il était urgent d'arrêter Marie-Anne

L'autre déclarait que saisir et emprisonner cette jeune fille serait un acte impolitique, une faute qui rendrait l'autorité plus odieuse et les conjurés plus intéressants.

Et, entêtés chacun dans son opinion, ils discutaient sans se convaincre.

— Il faut décourager les rebelles en les frappant d'épouvante ! criait M. de Courtomieu.

— Je ne veux pas exaspérer l'opinion, disait le duc.

— Eh !... qu'importe l'opinion !...

— Soit !... Mais alors donnez-moi des soldats dont je sois sûr. Vous ne savez donc pas ce qui est arrivé cette nuit ? Il s'est brûlé de la poudre de quoi gagner une bataille, et il n'est pas resté quinze paysans sur le carreau. Nos hommes ont tiré en l'air. Vous ne savez donc pas que la légion de Montaignac est composée, pour plus de moitié, d'anciens soldats de Buonaparte qui brûlent de tourner leurs armes contre nous !...

Ni l'un ni l'autre n'osait dire la raison vraie de son obstination.

Mlle Blanche était arrivée le matin à Montaignac, elle avait confié à son père ses angoisses et ses souffrances et elle lui avait fait jurer qu'il profiterait de cette occasion pour la débarrasser de Marie-Anne.

De son côté, le duc de Sairmeuse, persuadé que Marie-Anne était la maîtresse de son fils, ne voulait à aucun prix qu'elle parût devant le tribunal. A la fin, le marquis céda.

Le duc lui avait dit : — Eh bien ! vidons cette querelle... en regardant si amoureusement une paire de pistolets, qu'il avait senti un frisson taquin courir le long de sa maigre échine...

Ils sortirent donc ensemble pour se rendre près des prisonniers, précédés de soldats qui écartaient les solliciteurs, et on attendit vainement le retour du duc de Sairmeuse.

Et, tant que dura le jour, Maurice ne put détacher ses yeux du télégraphe aérien établi sur la citadelle, et dont les bras noirs s'agitaient incessamment.

— Quels ordres traversent l'espace ?... disait-il à l'abbé Midon. Est-ce la vie ? Est-ce la mort ?...

XXVI

— Surtout, hâtez-vous ! avait dit Maurice au messager qu'il chargeait de porter une lettre à sa mère.

Cet homme n'arriva pourtant à Escorval qu'à la nuit tombante.

Troublé par la peur, il s'était égaré à chercher des chemins de traverse, et il avait fait dix lieues pour éviter tous les gens qu'il apercevait, paysans ou soldats.

Mme d'Escorval lui arracha la lettre des mains, plutôt qu'elle ne la prit. Elle l'ouvrit, la lut à haute voix à Marie-Anne et n'ajouta qu'un seul mot :

— Partons !

C'était plus aisé à dire qu'à exécuter.

Il n'y avait jamais eu que trois chevaux à Escorval; l'un était aux trois quarts mort de sa course furibonde de la veille; les deux autres étaient à Montaignac.

Comment faire?... Recourir à l'obligeance des voisins était l'unique ressource.

Mais ces voisins, de braves gens d'ailleurs, qui avaient appris l'arrestation du baron, refusèrent bravement de prêter leurs bêtes. Ils estimaient que ce serait se compromettre gravement que de rendre un service, si léger qu'il pût paraître, à la femme d'un homme sous le poids de la plus terrible des accusations.

Mme d'Escorval et Marie-Anne parlaient déjà de se mettre en route à pied, quand le caporal Bavois, indigné de tant de lâcheté, jura par le sacré nom d'un tonnerre que cela ne se passerait pas ainsi.

— Minute! dit-il; je me charge de la chose!...

Il s'éloigna, et un quart d'heure après reparut, traînant par le licol une vieille jument de labour, bien lente, bien lourde, qu'on harnacha tant bien que mal et qu'on attela au cabriolet... On irait au pas, mais on irait.

A cela ne devait pas se borner la complaisance du vieux troupier.

Sa mission était terminée, puisque M. d'Escorval était arrêté, et il n'avait plus qu'à rejoindre son régiment.

Il déclara donc qu'il ne laisserait pas des « dames » voyager seules, de nuit, sur une route où elles seraient exposées à de fâcheuses rencontres, et qu'il les escorterait avec ses deux grenadiers...

Et tant pis pour qui s'y frotterait, disait-il en faisant sonner la crosse de son fusil sous sa main nerveuse. Pékin ou militaire, on s'en moque! Pas vrai, vous autres?

Comme toujours, les deux hommes approuvèrent par un juron.

Et en effet, tout le long de la route, Mme d'Escorval et Marie-Anne les aperçurent précédant ou suivant la voiture, marchant à côté le plus souvent.

Aux portes de Montaignac seulement, le vieux soldat quitta ses « protégées », non sans les avoir respectueusement saluées, tant en son nom qu'en celui de ses deux hommes, non sans s'être mis à leur disposition si elles avaient jamais besoin de lui, Bavois, caporal de grenadiers, 1re compagnie, caserné à la citadelle...

Dix heures sonnaient, quand Mme d'Escorval et Marie-Anne mirent pied à terre dans la cour de l'*Hôtel de France*.

Elles trouvèrent Maurice désespéré et l'abbé Midon perdant courage.

C'est que, depuis l'instant où Maurice avait écrit, les événements avaient marché, et avec quelle épouvantable rapidité!...

On connaissait maintenant les ordres arrivés par le télégraphe; ils avaient été imprimés et affichés...

Le télégraphe avait dit :

« *Montaignac doit être regardé comme en état de siège. Les autorités militaires*
« *ont un pouvoir. discrétionnaire. Une commission militaire fonctionnera aux lieu et*
« *place de la Cour prévôtale. Que les citoyens paisibles se rassurent, que les mau-*
« *vais tremblent! Quant aux rebelles, le glaive de la loi va les frapper!...* »

Six lignes en tout... Mais chaque mot était une menace.

Ce qui surtout faisait frémir l'abbé Midon, c'était la substitution d'une commission à la Cour prévôtale.

Cela renversait tous ses plans, stérilisait toutes ses précautions, enlevait les dernières chances de salut.

La Cour prévôtale était certes expéditive et passionnée, mais du moins elle se piquait d'observer les formes, elle gardait quelque chose encore de la solennité de la justice régulière qui, avant de frapper, veut être éclairée.

Une commission militaire devait infailliblement négliger toute procédure et juger les accusés sommairement, comme en temps de guerre on juge un espion.

— Quoi! s'écriait Maurice. On oserait condamner sans enquête, sans audition de témoins, sans confrontation, sans laisser aux accusés le temps de rassembler les éléments de leur défense!...

L'abbé Midon se tut... Ses plus sinistres prévisions étaient dépassées... Désormais il croyait tout possible...

Maurice parlait d'enquête... Elle avait commencé dans la journée, et elle se poursuivait, en ce moment même, à la lueur des lanternes des geôliers.

C'est-à-dire que le duc de Sairmeuse et le marquis de Courtomieu, relégué au second plan par la mise en état de siège, passaient la revue des prisonniers...

Ils en avaient trois cents, et ils avaient décidé qu'ils choisiraient dans ce nombre, pour les livrer à la commission, les trente plus coupables.

Comment les choisirent-ils. A quoi reconnurent-ils le degré de culpabilité de chacun de ces malheureux?... Ils eussent été bien embarrassés de le dire

Il allaient de l'un à l'autre, posaient quelques questions au hasard et, d'après ce que l'homme terrifié répondait, selon qu'ils lui trouvaient une bonne ou une mauvaise figure, ils disaient au greffier qui les accompagnait : — Pour demain, celui-là... ou : — Pour plus tard, cet autre.

Au jour, il y avait trente noms sur une feuille de papier, et les deux premiers étaient ceux du baron d'Escorval et de Chanlouineau.

Aucun des infortunés réunis à l'*Hôtel de France* ne pouvait soupçonner cela, et cependant ils surent leur agonie pendant cette nuit, qui leur parut éternelle...

Enfin l'aube fit pâlir la lampe, on entendit battre la diane à la citadelle ; l'heure où il était possible de commencer de nouvelles démarches arriva...

L'abbé Midon annonça qu'il allait se rendre seul chez le duc de Sairmeuse, et qu'il saurait bien forcer les consignes...

Il avait baigné d'eau fraîche ses yeux rougis et gonflés, et il se disposait à sortir, quand on frappa discrètement à la porte de la chambre.

Maurice cria : — Entrez... et tout aussitôt M. Laugeron se présenta.

Sa physionomie seule annonçait un grand malheur, et en réalité le digne homme était consterné.

Il venait d'apprendre que la commission militaire était constituée.

Au mépris de toutes les lois humaines et des règles les plus vulgaires de la justice, la présidence de ce tribunal de vengeance et de haine avait été attribuée au duc de Sairmeuse...

Et il l'avait acceptée, lui que son rôle pendant les événements allait rendre tout à la fois acteur, témoin et juge...

Les autres membres étaient tous militaires.

— Et quand la commission entre-t-elle en fonctions? demanda l'abbé Midon...

— Aujourd'hui même, répondit l'hôtelier d'une voix hésitante, ce matin... dans une heure... peut-être plus tôt !...

L'abbé Midon comprit bien que M. Laugeron voulait et n'osait dire : — La commission s'assemble, hâtez-vous.

— Venez! dit-il à Maurice, je veux être présent quand on interrogera votre père...

Ah! que n'eût pas donné la baronne pour suivre le prêtre et son fils! Elle ne le pouvait, elle le comprit et se résigna...

Ils partirent donc et, une fois dans la rue, ils aperçurent un soldat qui de loin leur faisait un signe amical.

Ils reconnurent le caporal Bavois et s'arrêtèrent.

Mais lui passa près d'eux, de l'air le plus indifférent comme s'il ne les eût pas connus; seulement, en passant, il leur jeta cette phrase :

— J'ai vu Chanlouineau... bon espoir... il promet de sauver M. d'Escorval !...

XXVII

Il y avait à la citadelle de Montaignac, engagée au milieu des fortifications de la seconde enceinte, une vieille construction qu'on appelait « la chapelle ».

Consacrée jadis au culte, « la chapelle » restait sans destination. Elle était humide à ce point qu'elle ne pouvait même servir de magasin au régiment d'artillerie; les affûts des pièces y pourrissaient plus vite qu'en plein air. Une mousse noirâtre y couvrait les murs jusqu'à hauteur d'homme.

C'est cet endroit que le duc de Sairmeuse et le marquis de Courtomieu avaient choisi pour les séances de la commission militaire.

Tout d'abord, en y pénétrant, Maurice et l'abbé Midon sentirent comme un suaire de glace qui leur tombait sur les épaules. Une anxiété indéfinissable paralysa un instant toutes leurs facultés.

Mais la commission ne siégeait pas encore, ils purent se remettre et regarder.

Les dispositions prises pour transformer en tribunal cette salle lugubre attestaient la précipitation des juges et la volonté d'en finir promptement et brutalement.

On devinait le mépris absolu de toute forme et l'effrayante certitude du résultat.

Un vaste lit de camp, arraché à quelque corps de garde et apporté pendant la nuit par des soldats de corvée, figurait l'estrade. Il avait fallu le caller d'un côté pour faire disparaître l'inclinaison.

Sur cette estrade étaient placées trois tables grossières empruntées à la caserne, drapées de couvertes à cheval en guise de tapis. Des chaises de bois blanc attendaient les juges; mais au milieu étincelait le siège du président, un superbe fauteuil sculpté et doré, envoyé par M. le duc de Sairmeuse.

Plusieurs bancs de chêne disposés bout à bout, sur deux rangs, étaient destinés aux accusés.

Enfin, des cordes à fourrage tendues d'un mur à l'autre et fixées par des campons divisaient en deux la chapelle. C'était une précaution contre le public.

Précaution superflue, hélas!...

L'abbé Midon et Maurice s'étaient attendus à trouver une foule trop grande pour la salle, si vaste qu'elle fût, et ils trouvaient presque la solitude.

C'est qu'ils avaient compté sans la lâcheté humaine. La peur, infâme conseillère, retenait au fond de leurs logis les gens de Montaignac.

Il n'y avait pas vingt personnes en tout dans la chapelle.

Contre le mur du fond, dans l'ombre, une douzaine d'hommes se tenaient debout, pâles et raides, les yeux brillant d'un feu sombre, les dents serrées par la colère... C'étaient des officiers à la demi-solde. Trois autres hommes vêtus de noir causaient à voix basse près de la porte. Dans un angle, des femmes de la campagne, leur tablier relevé sur leur tête, pleuraient, et leurs sanglots rompaient seuls le silence... Celles-là étaient les mères, les femmes ou les filles des accusés...

Neuf heures sonnèrent. Un roulement de tambour fit trembler les vitres de l'unique fenêtre... Une voix forte au dehors cria : — Présentez... armes! La commission militaire entra, suivie du marquis de Courtomieu et de divers fonctionnaires civils.

Le duc de Sairmeuse était en grand uniforme, un peu rouge peut-être, mais plus hautain encore que de coutume. De tous les autres juges, un seul, un jeune lieutenant, paraissait ému.

— La séance est ouverte!... prononça le duc de Sairmeuse, président.

Et d'une voix rude, il ajouta :

— Qu'on introduise les coupables.

Il n'avait même pas cette pudeur vulgaire de dire : les accusés.

Ils parurent, et un à un, jusqu'à trente, ils prirent place sur les bancs, au pied de l'estrade.

Chanlouineau portait haut la tête et promenait de tous côtés des regards assurés. Le baron d'Escorval était calme et grave, mais non plus que lorsqu'il était, jadis, appelé à donner son avis dans les conseils de l'Empereur.

Tous deux aperçurent Maurice, réduit à s'appuyer sur l'abbé pour ne pas tomber. Mais, pendant que le baron adressait à son fils un simple signe de tête, Chanlouineau faisait un geste qui clairement signifiait :

— Ayez confiance en moi... Ne craignez rien.

L'attitude des autres conjurés annonçait plutôt la surprise que la crainte. Peut-être n'avaient-ils conscience ni de ce qu'ils avaient osé, ni du danger qui les menaçait...

Les accusés placés, ce qui demanda un peu de temps, le capitaine rapporteur se leva.

Son réquisitoire, d'une violence inouïe, ne dura pas cinq minutes. Il exposa brièvement les faits, exalta les mérites du gouvernement de la Restauration et conclut à la peine de mort contre les trente accusés.

Lorsqu'il eut cessé de parler, le duc de Sairmeuse interpella le premier conjuré du premier banc.

— Levez-vous...

Il se leva.

— Votre nom? Vos prénoms? Votre âge?...

— Chanlouineau (Eugène-Michel), âgé de vingt-neuf ans, cultivateur-propriétaire.

— Propriétaire de biens nationaux...

— Propriétaire de biens qui, ayant été payés en bon argent gagné à force de travail, sont à moi légitimement.

Le duc de Sairmeuse ne voulut pas relever le défi; car c'en était un, par le fait.

Le duc bondit jusqu'à la porte et d'une voix de tonnerre appela son fils.

— Vous avez fait partie de la rébellion? poursuivit-il.
— Oui.
— Vous avez raison d'avouer, car on va introduire des témoins qui vous reconnaîtront.

Cinq grenadiers entrèrent, qui étaient de ceux que Chanlouineau avait tenus en respect pendant que Maurice, l'abbé Midon et Marie-Anne montaient en voiture.

Ces militaires affirmèrent qu'ils remettaient très bien l'accusé, et même, l'un d'eux entama de lui un éloge intempestif, déclarant que c'était un solide gaillard, d'une bravoure admirable.

L'œil de Chanlouineau, pendant cette déposition, dut révéler quelque chose de ses angoisses. Les soldats parleraient-ils de cette circonstance de la voiture? Non, ils n'en parlèrent pas.

— Il suffit!... interrompit le président.

Et se tournant vers Chanlouineau:

— Quels étaient vos projets? interrogea-t-il.

— Nous espérions nous débarrasser d'un gouvernement imposé par l'étranger; nous voulions nous affranchir de l'insolence des nobles et garder nos terres...

— Assez!... Vous étiez un des chefs de la révolte?

— Un des quatre chefs, oui...

— Quels étaient les autres?

Un sourire inaperçu glissa sur les lèvres du robuste gars, il parut se recueillir et dit:

— Les autres étaient M. Lacheneur, son fils Jean et le marquis de Sairmeuse.

M. le duc de Sairmeuse bondit sur son fauteuil doré.

— Misérable!... s'écria-t-il. Coquin!... Vil scélérat!...

Il avait empoigné une lourde écritoire de plomb placée devant lui, et on put croire qu'il allait la lancer à la tête de l'accusé...

Chanlouineau demeurait seul impassible au milieu de cette assemblée, extraordinairement émue de son étrange déclaration.

— Vous m'interrogez, reprit-il, je réponds. Faites-moi mettre un bâillon, si mes réponses vous gênent... S'il y avait ici des témoins pour moi, comme il y en a contre, ils vous diraient si je mens... Mais tous les accusés qui sont là peuvent vous assurer que je dis la vérité... N'est-ce pas, vous autres?...

A l'exception du baron d'Escorval, il n'était pas un accusé capable de comprendre la portée des audacieuses allégations de Chanlouineau. Tous cependant approuvèrent d'un signe de tête.

— Le marquis de Sairmeuse était si bien notre chef, poursuivit le hardi paysan, qu'il a été blessé d'un coup de sabre en se battant bravement à mes côtés...

Le duc de Sairmeuse était plus cramoisi qu'un homme frappé d'un coup de sang, et la fureur lui enlevait presque l'usage de la parole.

— Tu mens, coquin, bégayait-il, tu mens!

— Qu'on fasse venir le marquis, dit tranquillement Chanlouineau, on verra bien s'il est ou non blessé.

Il est sûr que l'attitude du duc eût donné à penser à un observateur. C'est qu'il doutait en ce moment, plus encore que la veille en apercevant la blessure de Martial. On l'avait cachée, il était impossible de l'avouer maintenant.

Heureusement pour M. de Sairmeuse, un des juges le tira d'embarras.

— J'espère, monsieur le président, dit-il, que vous ne donnerez pas satisfaction à cet arrogant rebelle. La commission s'y opposerait...

Chanlouineau éclata de rire.

— Naturellement, fit-il... Demain j'aurai le cou coupé, une blessure est vite cicatrisée, rien ne restera donc de la preuve que je dis. J'en ai une autre, par bonheur, matérielle, indestructible, hors de votre puissance, et qui parlera quand mon corps sera à six pieds sous terre.

— Quelle est cette preuve ? demanda un autre juge, que le duc regarda de travers.

L'accusé hocha la tête.

— Je ne vous la donnerais pas, répondit-il, quand vous m'offririez ma vie en échange... Elle est entre des mains sûres qui la feront valoir... On ira au roi s'il le faut... Nous voulons savoir le rôle du marquis de Sairmeuse en cette affaire... s'il était vraiment des nôtres ou s'il n'était qu'un agent provocateur.

Un tribunal soucieux des règles immuables de la justice, ou simplement préoccupé de son honneur, eût exigé, en vertu de ses pouvoirs discrétionnaires, la comparution immédiate du marquis de Sairmeuse.

Et alors, tout s'éclaircissait, la vérité se dégageait des ténèbres, l'étonnante calomnie de Chanlouineau se trouvait confondue.

Mais la commission militaire ne devait point agir ainsi.

Ces hommes, qui siégeaient en grand uniforme, n'étaient pas des juges chargés d'appliquer une loi cruelle, mais enfin une loi !... C'étaient des instruments commis par les vainqueurs pour frapper les vaincus au nom de ce code sauvage que deux mots résument : *Væ victis !*...

Le président, le noble duc de Sairmeuse, n'eût consenti à aucun prix à mander Martial. Les officiers, ses conseillers, ne le voulaient pas davantage.

Chanlouineau avait-il prévu cela ?... On est autorisé à le supposer. Eût-il, sans une sorte d'intuition des faits, risqué un coup si hasardeux ?...

Quoi qu'il en soit, le tribunal, après une courte délibération, décida qu'on ne prendrait pas en considération cet incident qui avait remué l'auditoire et stupéfié Maurice et l'abbé Midon.

L'interrogatoire se poursuivit donc avec une âpreté nouvelle.

— Au lieu de désigner des chefs imaginaires, reprit le duc de Sairmeuse, vous eussiez mieux fait de nommer le véritable instigateur du mouvement, qui n'est pas Lacheneur, mais bien un individu assis à l'autre extrémité de ce banc où vous êtes, le sieur Escorval.

— M. le baron d'Escorval ignorait absolument le complot, je le jure sur tout ce qu'il y a de plus sacré, et même...

— Taisez-vous!... interrompit le capitaine rapporteur, songez, plutôt que d'abuser la commission par des fables ridicules, songez à mériter son indulgence!...

Chanlouineau eut un geste et un regard empreints d'un tel dédain, que son interrupteur en fut décontenancé.

— Je ne veux pas d'indulgence, prononça-t-il... J'ai joué, j'ai perdu, voici ma tête... Payez-vous... Mais si vous n'êtes pas plus cruels que les bêtes féroces, vous aurez pitié de ces malheureux qui m'entourent... J'en aperçois dix, pour le moins, parmi eux, qui jamais n'ont été nos complices et qui certainement n'ont pas pris les armes... Les autres ne savaient ce qu'ils faisaient... Non, ils ne le savaient pas!...

Ayant dit, il se rassit, indifférent et fier, sans paraître remarquer le frémissement qui, à sa voix vibrante, avait couru dans l'auditoire, parmi les soldats de garde et jusque sur l'estrade.

La douleur des pauvres paysannes en était ravivée, et leurs sanglots et leurs gémissements emplissaient la salle immense.

Les officiers à la demi-solde étaient devenus plus sombres et plus pâles, et sur les joues ridées de plusieurs d'entre eux de grosses larmes roulaient.

— Celui-là, pensaient-ils, est un homme!

L'abbé Midon s'était penché vers Maurice.

— Évidemment, murmurait-il, Chanlouineau joue un rôle... Il prétend sauver votre père... Comment!... Je ne comprends pas.

Les juges, cependant, s'étaient retournés à demi, et tous, inclinés vers le président, ils délibéraient à voix basse, avec animation.

C'est qu'une difficulté se présentait.

Les accusés, pour la plupart, ignorant leur mise en accusation immédiate, n'avaient pas pensé à se pourvoir d'un défenseur.

Et cette circonstance — amère dérision! — effrayait et arrêtait ce tribunal inique, qui n'avait pas craint de fouler aux pieds les plus saintes lois de l'équité, qui s'était affranchi de toutes les entraves de la procédure.

Le parti de ces juges était pris, leur verdict était comme rendu à l'avance, et cependant ils voulaient qu'une voix s'élevât pour défendre ceux qui ne pouvaient plus être défendus.

Mais, par une sorte de hasard, trois avocats choisis par la famille de plusieurs accusés se trouvaient dans la salle.

C'étaient ces trois hommes que Maurice en entrant avait remarqués, causant près de la porte de la chapelle...

Cela fut dit à M. de Sairmeuse; il se retourna vers eux en leur faisant signe d'approcher; puis, leur montrant Chanlouineau :

— Voulez-vous, demanda-t-il, vous charger de la défense de ce coupable?

Les avocats furent un instant sans répondre. Cette séance monstrueuse les impressionnait vivement, et ils se consultaient du regard.

— Nous sommes tout disposés à défendre le prévenu, répondit enfin le plus âgé, mais nous le voyons pour la première fois, nous ignorons ses moyens de défense, un délai nous est indispensable pour conférer avec lui...

— Le conseil ne peut vous accorder aucun délai, interrompit M. de Sairmeuse. Voulez-vous, oui ou non, accepter la défense?...

L'avocat hésitait. Non qu'il eût peur, c'était un vaillant homme, mais parce qu'il cherchait quelque argument assez fort pour troubler la conscience de ces juges.

— Et si nous refusions?... interrogea-t-il.

Le duc de Sairmeuse laissa voir un mouvement d'impatience.

— Si vous refusez, dit-il, je donnerai pour défenseur d'office à ce scélérat le premier tambour qui me tombera sous la main.

— Je parlerai donc, dit l'avocat, mais non sans protester de toutes mes forces contre cette façon inouïe de procéder...

— Oh !... faites-nous grâce de vos homélies... et soyez bref.

Après l'interrogatoire de Chanlouineau, improviser là, sur-le-champ, une plaidoirie était difficile. Pourtant le courageux défenseur puisa dans son indignation des considérations qui eussent fait réfléchir un autre tribunal.

Pendant qu'il parlait, le duc de Sairmeuse s'agitait sur son fauteuil doré, avec toutes les marques de la plus impertinente impatience...

— C'est bien long, prononça-t-il, dès que l'avocat eut fini, c'est terriblement long!... Nous n'en finirons jamais, si chacun des accusés doit nous tenir autant...

Il se retournait déjà vers ses collègues pour recueillir leur opinion, quand, se ravisant tout à coup, il proposa au conseil de réunir toutes les causes, à l'exception de celle du sieur d'Escorval.

— Ainsi, objectait-il, on abrégerait singulièrement « la besogne », puisqu'on n'aurait que deux jugements à prononcer... Ce qui n'empêchera pas la défense d'être individuelle, ajouta-t-il.

Les avocats se récrièrent. Un jugement « en bloc », comme disait le duc, leur enlevait l'espoir d'arracher au bourreau un seul des malheureux prévenus.

— Quelle défense prononcerons-nous, disaient-ils, lorsque nous ne savons rien de la situation particulière de chacun des accusés! Nous ignorons jusqu'à leurs noms!... Il nous faudra les désigner par la forme de leurs vêtements et la couleur de leurs cheveux...

Ils suppliaient le tribunal de leur accorder huit jours de délai, quatre jours, vingt-quatre heures! Efforts inutiles! La proposition du président avait été adoptée; il fut passé outre.

En conséquence, chacun des prévenus fut appelé d'après le rang qu'il occupait sur le banc. Il s'approchait du bureau, donnait son nom, ses prénoms, son âge, indiquait son domicile et sa profession... et il recevait l'ordre de retourner à sa place.

A peine laissa-t-on à six ou sept accusés le temps de dire qu'ils étaient absolument étrangers à la conspiration, qu'on leur avait mis la main au collet le 5, en plein jour, pendant qu'ils s'entretenaient paisiblement sur la grande route... Ils demandaient à fournir la preuve matérielle de ce qu'ils avançaient... Ils invoquaient le témoignage des soldats qui les avaient arrêtés...

M. d'Escorval, dont la cause se trouvait disjointe, ne fut pas appelé. Il devait être interrogé le dernier.

— Maintenant la parole est aux défenseurs, dit le duc de Sairmeuse, mais abrégeons, abrégeons!... Il est déjà midi.

Alors commença une scène inouïe, honteuse, révoltante. A chaque moment, le duc interrompait les avocats, leur ordonnait de se taire, les interpellait ou les raillait...

— C'est chose incroyable, disait-il, de voir défendre de pareils scélérats...

Ou encore :

— Allez, vous devriez rougir de vous constituer les défenseurs de ces misérables!

Les avocats tinrent ferme, encore qu'ils sentissent l'inanité de leurs efforts. Mais que pouvaient-ils?... La défense de ces vingt-neuf accusés ne dura pas une heure et demie...

Enfin la dernière parole fut prononcée; le duc de Sairmeuse respira bruyamment, et d'un ton qui trahissait la joie la plus cruelle :

— Accusé Escorval, levez-vous.

Interpellé, le baron se leva, digne, impassible....

Des sensations qui l'agitaient, et elles devaient être terribles, rien ne paraissait sur son noble visage.

Il avait réprimé jusqu'au sourire de dédain que faisait monter à ses lèvres la misérable affectation du duc à ne lui point donner le titre qui lui appartenait.

Mais, en même temps que lui, Chanlouineau s'était dressé, vibrant d'indignation, rouge comme si la colère eût charrié à sa face tout le sang généreux de ses veines.

— Restez assis!... commanda le duc, ou je vous fais expulser...

Lui, déclara qu'il voulait parler : il avait quelque chose à dire, des observations à ajouter à la plaidoirie des avocats. .

Alors, sur un signe, deux grenadiers s'approchèrent, qui appuyèrent leurs mains sur les épaules du robuste paysan. Il se laissa retomber sur son banc, comme s'il eût cédé à une force supérieure, lui qui eût étouffé aisément ces deux soldats, rien qu'en les serrant entre ses bras de fer.

On l'eût dit furieux; intérieurement il était ravi. Le but qu'il se proposait, il l'avait atteint. Ses yeux avaient rencontré les yeux de l'abbé Midon, et dans un rapide regard, inaperçu de tous, il avait pu lui dire :

— Quoi qu'il advienne, veillez sur Maurice, contenez-le... Qu'il ne compromette pas, par quelque éclat, le dessein que je poursuis !...

La recommandation n'était pas inutile.

La figure de Maurice était bouleversée comme son âme; il étouffait, il n'y voyait plus, il sentait s'égarer sa raison.

— Où donc est le sang-froid que vous m'avez promis ?... murmura le prêtre.

Cela ne fut pas remarqué. L'attention, dans cette grande salle lugubre, était intense, palpitante... Si profond était le silence qu'on entendait le pas monotone des sentinelles de faction autour de la chapelle.

Chacun sentait instinctivement que le moment décisif était venu, pour lequel le tribunal avait ménagé et réservé tous ses efforts.

Condamner de pauvres paysans dont nul ne prendrait souci... la belle affaire !... Mais frapper un homme illustre, qui avait été le conseiller et l'ami fidèle de l'Empereur... Quelle gloire et quel espoir pour des ambitions ardentes, altérées de récompenses !

L'instinct de l'auditoire avait raison. S'ils jugeaient sans enquête préalable des conjurés obscurs, les commissaires avaient poursuivi contre M. d'Escorval une information relativement complète.

Grâce à l'activité du marquis de Courtomieu, on avait réuni sept chefs d'accusation, dont le moins grave entraînait la peine de mort.

— Lequel de vous, demanda M. de Sairmeuse aux avocats, consentira à défendre ce grand coupable ?...

— Moi !... répondirent ensemble ces trois hommes.

— Prenez garde, fit le duc avec un mauvais sourire. La tâche est... lourde.

Lourde !... Il eût mieux fait de dire dangereuse. Il eût pu dire que le défenseur risquait sa carrière, à coup sûr... le repos de sa vie et sa liberté, vraisemblablement... sa tête, peut-être...

Mais il le donnait à entendre et tout le monde le savait.

— Notre profession a ses exigences, dit noblement le plus âgé des avocats. Et tous trois, courageusement, ils allèrent prendre place près du baron d'Escorval, vengeant ainsi l'honneur de leur robe, qui venait d'être misérablement compromis dans une ville de cent mille âmes, où deux pures et innocentes victimes de réactions furieuses n'avaient pu, — ô honte ! — trouver un défenseur.

— Accusé, reprit M. de Sairmeuse, dites-nous votre nom, vos prénoms, votre profession.

— Louis-Guillaume, baron d'Escorval, commandeur de l'ordre de la Légion d'honneur, ancien conseiller d'État du gouvernement de l'empereur.

— Ainsi, vous avouez de honteux services ! Vous confessez !...

— Pardon, monsieur !... Je me fais gloire d'avoir servi mon pays et de lui avoir été utile dans la mesure de mes forces...

D'un geste furibond le duc l'interrompit :

— C'est bien !... fit-il. Messieurs les commissaires apprécieront... C'est sans doute pour reconquérir ce poste de conseiller d'État que vous avez conspiré contre un prince magnanime avec ce vil ramassis de misérables !...

— Ces paysans ne sont pas des misérables, monsieur, mais bien des hommes égarés. Ensuite, vous savez, oui, vous savez aussi bien que moi que je n'ai pas conspiré.

— On vous a arrêté les armes à la main dans les rangs des rebelles !...

— Je n'avais pas d'armes, monsieur, vous ne l'ignorez pas... et si j'étais parmi les révoltés, c'est que j'espérais les décider à abandonner une entreprise insensée !...

— Vous mentez !...

Le baron d'Escorval pâlit sous l'insulte et ne répondit pas.

Mais il y eut un homme dans l'auditoire, qui ne put supporter l'horrible, l'abominable injustice, qui fut emporté hors de soi... Et celui-là, ce fut l'abbé Midon, qui, l'instant d'avant, recommandait le calme à Maurice.

Il quitta brusquement sa place, se courba pour passer sous les cordes à fourrage qui barraient l'enceinte réservée, et s'avança au pied de l'estrade.

— Monsieur le baron d'Escorval dit vrai, prononça-t-il d'une voix éclatante; les trois cents prisonniers de la citadelle l'attesteront, les accusés en feront serment la tête sur le billot... Et moi qui l'accompagnais, qui marchais à ses côtés, moi prêtre, je jure devant Dieu qui nous jugera l'un et l'autre, monsieur de Sairmeuse, je jure que tout ce qu'il était humainement possible de faire pour arrêter ce mouvement nous l'avons fait !...

Le duc écoutait d'un air à la fois ironique et méchant.

— On ne me trompait donc pas, dit-il, quand on m'affirmait que la rébellion avait un aumônier !... Allez, monsieur le curé, vous devriez rentrer sous terre de honte. Vous, un prêtre, mêlé à ces coquins, à ces ennemis de notre bon roi et de notre sainte religion !... Et ne niez pas... Vos traits contractés, vos yeux rougis, le désordre de vos vêtements souillés de poussière et de boue, tout trahit votre con-

Il dévidait une longue corde roulée autour de son corps.

duite coupable!... Faut-il donc que ce soit moi, un soldat, qui vous rappelle à la pudeur, au respect de votre caractère sacré!... Taisez-vous, monsieur, éloignez-vous!...

Les avocats se levèrent vivement.

— Nous demandons, s'écrièrent-ils, que ce témoin soit entendu, il doit l'être... Les commissions militaires ne sont pas au-dessus des lois qui régissent les tribunaux ordinaires.

— Si je ne dis pas la vérité, reprit l'abbé Midon, avec une animation extraordinaire, je suis donc un faux témoin, pis encore, un complice... Votre devoir en ce cas est de me faire arrêter...

La physionomie du duc de Sairmeuse exprimait une hypocrite compassion.

— Non, monsieur le curé, dit-il; non, je ne vous ferai pas arrêter... Je saurai éviter le scandale que vous recherchez... Nous aurons pour l'habit les égards que l'homme ne mérite pas... Une dernière fois, retirez-vous, sinon je me verrai contraint d'employer la force!

A quoi eût abouti une résistance plus longue?... A rien. L'abbé, plus blanc que le plâtre des murs, désespéré, les yeux pleins de larmes, regagna sa place près de Maurice.

Les avocats, pendant ce temps, protestaient avec une énergie croissante... Mais le duc, à grand renfort de coups de poing sur la table, finit par les réduire au silence.

— Ah! vous voulez des dépositions! s'écria-t-il. Eh bien! vous en aurez. Soldats, introduisez le premier témoin.

Un mouvement se fit parmi les grenadiers de garde, et presque aussitôt parut Chupin, qui s'avança d'un air délibéré.

Mais sa contenance mentait; un observateur l'eût vu à ses yeux, dont l'inquiète mobilité trahissait ses terreurs.

Même, il eut dans la voix un tremblement très appréciable, quand, la main levée, il jura sur son âme et conscience de dire la vérité, toute la vérité, rien que la vérité.

— Que savez-vous de l'accusé Escorval? demanda le duc.

— Il faisait partie du complot qui a éclaté dans la nuit du 4 au 5.

— En êtes-vous bien sûr?

— J'ai des preuves.

— Soumettez-les à l'appréciation de la commission.

Le vieux maraudeur se rassurait.

— D'abord, répondit-il, c'est chez M. d'Escorval que M. Lacheneur a couru après qu'il a eu restitué, bien malgré lui, à M. le duc, le château des ancêtres de M. le duc... M. Lacheneur y a rencontré Chanlouineau, et de ce jour-là date le plan de la conjuration.

— J'étais l'ami de Lacheneur, il était naturel qu'il vînt me demander des consolations après un grand malheur.

M. de Sairmeuse se retourna vers ses collègues.

— Vous entendez! fit-il. Le sieur Escorval appelle un grand malheur la restitution d'un dépôt!... Continuez, témoin.

— En second lieu, reprit Chupin, l'accusé était toujours fourré chez M. Lacheneur...

— C'est faux, interrompit le baron, je n'y suis allé qu'une fois, et encore, ce jour-là, l'ai-je conjuré de renoncer....

Il s'arrêta, comprenant trop tard la terrible portée de ce qu'il disait. Mais, ayant commencé, il ne voulut pas reculer, et il ajouta :

— Je l'ai conjuré de renoncer à ses projets de soulèvement.

— Ah !... vous les connaissiez donc, ces projets impies?

— Je les soupçonnais...

La non révélation d'un complot, c'était l'échafaud... Le baron d'Escorval venait, pour ainsi dire, de signer son arrêt de mort.

Étrange caprice de la destinée !... Il était innocent, et cependant, en l'état de la procédure, il était le seul de tous les accusés qu'un tribunal régulier eût pu condamner légalement, un texte sous les yeux.

Maurice et l'abbé Midon étaient atterrés de cet abandon de soi. Mais Chanlouineau, qui s'était retourné vers eux, avait encore aux lèvres son sourire de confiance.

Qu'espérait-il donc, alors que tout espoir paraissait absolument perdu ?

Mais la commission, elle, triomphait sans vergogne, et M. de Sairmeuse laissait éclater une joie indécente.

— Eh bien ! messieurs !... dit-il aux avocats d'un ton goguenard.

Les défenseurs dissimulaient mal leur découragement, mais ils n'en essayaient pas moins de contester la valeur de la déclaration de leur client. Il avait dit qu'il soupçonnait le complot, et non qu'il le connaissait... Ce n'était pas la même chose...

— Dites tout de suite que vous voulez des charges plus accablantes encore, interrompit le duc de Sairmeuse. Soit !... On va vous en produire. Continuez votre déposition, témoin...

Le vieux maraudeur hocha la tête d'un air capable.

— L'accusé, reprit-il, assistait à tous les conciliabules qui se tenaient chez Lacheneur, et la preuve en est plus claire que le jour... Ayant à traverser l'Oiselle pour se rendre à la Rèche, et craignant que le passeur ne remarquât ses voyages nocturnes, le baron a fait, juste à cette époque, raccommoder un vieux canot dont il ne se servait pas depuis des années...

— En effet !... Voilà une circonstance frappante ! Accusé Escorval, reconnaissez-vous avoir fait réparer votre bateau ?...

— Oui !... mais non avec le dessein que dit cet homme.

— Dans quel but alors ?...

Le baron garda le silence. N'était-ce pas sur les instances de Maurice que le canot avait été remis en état !

— Enfin, continua Chupin, quand Lachenour a mis le feu à sa maison pour donner le signal du soulèvement, l'accusé était près de lui...

— Pour le coup, s'écria le duc, voilà qui est concluant...

— J'étais à la Rèche, en effet, interrompit le baron ; mais c'était, je vous l'ai déjà dit, avec la ferme volonté d'empêcher le mouvement.

M. de Sairmeuse eut un petit ricanement dédaigneux.

— Messieurs les commissaires, prononça-t-il avec emphase, peuvent voir que l'accusé n'a même pas le courage de sa scélératesse... Mais je vais le confondre. Qu'avez-vous fait, accusé, quand les insurgés ont quitté la lande de la Rèche ?

— Je suis rentré chez moi en toute hâte, j'ai pris un cheval et je me suis rendu au carrefour de la Croix-d'Arcy.

— Vous saviez donc que c'était l'endroit désigné pour le rendez-vous général ?

— Lacheneur venait de me l'apprendre.

— Si j'admettais votre version, je vous dirais que votre devoir était d'accourir à Montaignac prévenir l'autorité... Mais vous n'avez pas agi comme vous dites... Vous n'avez pas quitté Lacheneur, vous l'avez accompagné.

— Non, monsieur, non !...

— Et si je vous le prouvais d'une façon indiscutable ?...

— Impossible, monsieur, puisque cela n'est pas.

A la sinistre satisfaction qui éclairait le visage de M. de Sairmeuse, l'abbé Midon comprit que ce juge inique devait avoir entre les mains une arme inattendue et terrible, et que le baron d'Escorval allait être écrasé sous quelqu'une de ces coïncidences fatales qui expliquent sans les justifier toutes les erreurs judiciaires...

Sur un signe du commissaire rapporteur, le marquis de Courtomieu avait quitté sa place et s'était avancé jusqu'à l'estrade.

— Je vous prie, monsieur le marquis, lui dit le duc, de vouloir bien donner à la commission lecture de la déposition écrite et signée de Mlle votre fille.

Cet effet d'audience devait avoir été préparé. M. de Courtomieu chaussa ses lunettes, tira de sa poche un papier qu'il déplia et, au milieu d'un silence de mort, il lut :

« Moi, Blanche de Courtomieu, soussignée, après avoir juré sur mon âme et conscience de dire la vérité, je déclare :

« Dans la soirée du 4 février dernier, entre dix et onze heures, suivant en voiture la route qui conduit de Sairmeuse à Montaignac, j'ai été assaillie par une horde de brigands armés. Pendant qu'ils délibéraient pour savoir s'ils devaient s'emparer de ma personne et piller ma voiture, j'ai entendu l'un d'eux s'écrier en parlant de moi : « Il faut qu'elle descende, n'est-ce pas, monsieur d'Escorval ? »

Je crois que le brigand qui a prononcé ces paroles est un homme du pays nommé Chanlouineau, mais je n'oserais l'affirmer. »

Un cri terrible, suivi de gémissements inarticulés, interrompit le marquis.

Le supplice enduré par Maurice était trop grand pour ses forces et pour sa raison. Il venait de s'élancer vers le tribunal pour crier : « C'est à moi que s'adressait Chanlouineau; seul je suis coupable, mon père est innocent !... »

L'abbé Midon, par bonheur, eut la présence d'esprit de se jeter devant lui et d'appliquer sa main sur sa bouche...

Mais le prêtre n'eût pu contenir ce malheureux jeune homme sans les officiers à demi-solde placés près de lui.

Devinant tout peut-être, ils entourèrent Maurice, l'enlevèrent et le portèrent dehors, bien qu'il se débattît avec une énergie extraordinaire.

Tout cela ne prit pas dix secondes.

— Qu'est-ce ? fit le duc, en promenant sur l'auditoire un regard irrité.

Personne ne souffla mot.

— Au moindre bruit je fais évacuer la salle, ajouta M. de Sairmeuse. Et vous, accusé, qu'avez-vous à dire pour votre justification, après l'accablant témoignage de Mlle de Courtomieu ?

— Rien ! murmura le baron.

— Ainsi, vous avouez ?...

Une fois dehors, l'abbé Midon avait confié Maurice à trois officiers à demi-solde qui s'étaient engagés, sur l'honneur, à le conduire, à le porter au besoin à l'hôtel, et à l'y retenir de gré ou de force.

Rassuré de ce côté, le prêtre rentra dans la salle juste à temps pour voir le baron se rasseoir sans répondre, indiquant ainsi qu'il renonçait à disputer plus longtemps sa tête.

Que dire, en effet ?... Se défendre, n'était-ce pas risquer de trahir son fils, le livrer, quand déjà lui-même, quoi qu'il advînt, ne pouvait plus être sauvé ?..

Jusqu'alors, il n'était personne dans l'auditoire qui ne crût à l'innocence absolue du baron. Était-il donc coupable ?... Sa résignation devait le faire croire; quelques-uns le crurent.

Mais les membres de la commission, qui avaient aperçu le mouvement de Maurice, ne pouvaient pas ne pas soupçonner la vérité. Ils se turent cependant.

Toutes les affaires de ce genre ont des côtés sombres et mystérieux que n'éclairent jamais les débats publics.

Si les accusés se tiennent bien, les accusateurs semblent redouter d'aller jusqu'au fond des choses, ne sachant ce qu'ils y trouveront.

Conseillé par le marquis de Courtomieu, inquiet du rôle de son fils, le duc de

Sairmeuse devait tenir à circonscrire l'accusation. Il n'avait pas fait arrêter l'abbé Midon, il était bien résolu à ne pas inquiéter Maurice tant qu'il n'y serait pas contraint.

Le baron d'Escorval semblait se reconnaître coupable. N'était-ce pas une assez belle victoire pour le duc de Sairmeuse !...

Il se retourna vers les avocats, et, d'un air dédaigneux et ennuyé :

— Maintenant, leur dit-il, parlez, puisqu'il le faut absolument, mais pas de phrases !... Nous devrions avoir fini depuis une heure.

Le plus âgé des avocats se leva, frémissant d'indignation, prêt à tout braver pour dire sa pensée; mais le baron l'arrêta.

— N'essayez pas de me défendre, monsieur, prononça-t-il froidement... Ce serait inutile !... Je n'ai qu'un mot à dire à mes juges : qu'ils se souviennent de ce qu'écrivait au roi le noble et généreux maréchal Moncey : L'échafaud ne fait pas d'amis !

Ce souvenir n'était pas de nature à émouvoir beaucoup la commission. Le maréchal, pour cette phrase, avait été « destitué » et condamné à trois mois de prison...

Cependant, les avocats ne prenant pas la parole, le duc de Sairmeuse résuma les débats et la commission se retira pour délibérer.

M. d'Escorval restait pour ainsi dire avec ses défenseurs. Il leur serra affectueusement la main et, en termes qui attestaient la liberté de son esprit, il les remercia de leur dévouement et de leur courage.

Ces hommes de cœur pleuraient...

Alors, le baron attira vers lui le plus âgé, et rapidement, tout bas, d'une voix émue :

— J'ai, monsieur, lui dit-il, un dernier service à vous demander... Tout à l'heure, quand la sentence de mort aura été prononcée, rendez-vous près de mon fils... Vous lui direz que son père mourant lui ordonne de vivre... Il vous comprendra. Dites-lui bien que c'est ma dernière volonté. Qu'il vive pour sa mère !...

Il se tut, la commission rentrait...

Des trente accusés, neuf, déclarés non coupables, étaient relâchés...

Les vingt et un autres, et M. d'Escorval et Chanlouineau étaient de ce nombre, étaient condamnés à mort !...

Chanlouineau souriait toujours !...

XXVIII

L'abbé Midon avait eu raison de se reposer sur la parole des officiers à demi-solde.

Voyant que toutes leurs instances ne décideraient pas Maurice à s'éloigner de la citadelle, ces hommes de cœur le saisirent chacun sous un bras, et littéralement l'emportèrent.

Bien leur en prit d'être robustes, car Maurice fit, pour leur échapper, les efforts les plus désespérés... Chaque pas en avant fut le résultat d'une lutte.

— Laissez-moi ! criait-il en se débattant, laissez-moi aller où le devoir m'appelle !... Vous me déshonorez en prétendant me sauver !...

Et, au bruit de ce qui leur paraissait être un rêve, les gens de Montaignac entre-bâillaient leurs volets et jetaient dans la rue un regard inquiet.

— C'est, disaient-ils, le fils de cet honnête homme qu'on va condamner... Pauvre garçon ! comme il doit souffrir !...

Oui, il souffrait, et comme on ne souffre pas dans les convulsions de l'agonie ! Voilà donc où l'avait conduit son amour pour Marie-Anne, ce radieux amour à qui tout jadis avait semblé sourire...

Misérable fou !... Il s'était jeté à corps perdu dans une entreprise insensée, et on faisait remonter à son père la responsabilité de ses actes !... Il vivrait, lui coupable, et son père innocent serait jeté au bourreau !

Mais la faculté de souffrir a ses limites...

Une fois dans la chambre de l'hôtel, entre sa mère et Marie-Anne, Maurice se laissa tomber sur une chaise, anéanti par cette invincible torpeur qui suit les douleurs trop lourdes pour les forces humaines.

— Rien n'est décidé encore, répondirent les officiers aux questions de Mme d'Escorval. M. le curé de Sairmeuse doit accourir dès que le verdict sera rendu...

Puis, comme ils avaient juré de ne pas perdre Maurice de vue, ils s'assirent, sombres et silencieux.

Au dehors, tout se taisait ; on eût cru l'hôtel désert. Les gens de la maison s'entendaient pour ne pas troubler cette grande et noble infortune ; ils la respectaient comme on respecte le sommeil du condamné à mort la nuit qui précède l'exécution.

Enfin, un peu avant quatre heures, l'abbé Midon arriva, suivi de l'avocat auquel le baron avait confié ses volontés dernières...

— Mon mari!... s'écria Mme d'Escorval en se dressant tout d'un bloc.

Le prêtre baissa la tête... Elle comprit.

— Mort!.... Ils l'ont condamné!...

Et, plus assommée que par un coup de maillet sur la tête, elle s'affaissa sur son fauteuil, inerte, les bras pendants...

Mais cet anéantissement dura peu; elle se releva :

— A nous donc de le sauver!... s'écria-t-elle, l'œil brillant de la flamme des résolutions héroïques. A nous de l'arracher à l'échafaud!... Debout, Maurice... Marie-Anne, debout!... Assez de lâches lamentations. A l'œuvre!... Vous aussi, messieurs, vous m'aiderez!... Je peux compter sur vous, monsieur le curé!... Qu'allons-nous faire?... Je l'ignore. Mais il doit y avoir quelque chose à faire... La mort de ce juste serait un trop grand crime. Dieu ne le permettra pas...

Elle s'arrêta, brusquement, les mains jointes, les yeux levés au ciel, comme si une inspiration divine lui fût venue...

— Et le roi!... reprit-elle. Le roi souffrira-t-il qu'un tel forfait s'accomplisse!... Non! Un roi peut refuser de faire grâce, il ne saurait refuser de faire justice!... Je veux aller à lui, je lui dirai tout!... Comment cette idée de salut ne m'est-elle pas venue plus tôt?... Il faut partir à l'instant pour Paris, sans perdre une seconde... Maurice, tu m'accompagnes!... Que l'un de vous, messieurs, m'aille commander des chevaux à la poste...

Elle pensa qu'on lui obéissait, et précipitamment elle passa dans la pièce voisine pour faire ses préparatifs de voyage.

— Pauvre femme!... murmura l'avocat à l'oreille de l'abbé Midon. Elle ignore que les arrêts de commissions militaires sont exécutoires dans les vingt-quatre heures.

— Eh bien?...

— Il faut quatre jours pour aller à Paris.

Il réfléchit et ajouta :

— Après cela, la laisser partir serait peut-être un acte d'humanité... Ney, au matin de son exécution, ne parla-t-il pas du roi pour éloigner la maréchale qui sanglotait à demi évanouie au milieu de son cachot?...

L'abbé Midon hocha la tête.

— Non, dit-il. Mme d'Escorval ne nous pardonnerait pas de l'avoir empêchée de recueillir la dernière pensée de son mari...

Elle reparut en ce moment, et le prêtre rassemblait son courage pour lui apprendre la vérité cruelle, quand on frappa à la porte à coups précipités.

Un des officiers à demi-solde ouvrit, et Bavois, le caporal des grenadiers,

M. d'Escorval tombait d'une hauteur de cinquante pieds.

entra, la main droite à son bonnet de police, respectueusement, comme s'il eût été en présence d'un supérieur.

— Mlle Lacheneur ? demanda-t-il.

Marie-Anne s'avança :

— C'est moi, monsieur, répondit-elle, que me voulez-vous ?

— J'ai ordre, mademoiselle, de vous conduire à la citadelle...

— Ah!... fit Maurice d'un ton farouche, on arrête les femmes aussi!...

Le digne caporal se donna sur le front un énorme coup de poing.

— Je ne suis qu'une vieille bête!... prononça-t-il, et je m'explique mal. Je veux dire que je viens chercher mademoiselle de la part d'un des condamnés, le nommé Chanlouineau, qui voudrait lui parler...

— Impossible, mon brave, dit un des officiers, on ne laissera pas mademoiselle pénétrer près d'un condamné sans une permission spéciale...

— Eh!... on l'a, cette permission! fit le vieux soldat.

Il s'assura, d'un regard, qu'il n'avait rien à redouter d'aucun de ces visiteurs, et plus bas il ajouta:

— Même, ce Chanlouineau m'a glissé dans le tuyau de l'oreille qu'il s'agit d'une affaire que sait bien M. le curé.

Le hardi paysan avait-il donc réellement trouvé quelque expédient de salut?... L'abbé Midon commençait presque à le croire.

— Il faut suivre ce vieux brave, Marie-Anne, dit-il.

A la seule pensée qu'elle allait revoir Chanlouineau, la pauvre jeune fille frissonna. Mais l'idée ne lui vint même pas de se soustraire à une démarche qui lui semblait le comble du malheur...

— Partons, monsieur, dit-elle au vieux soldat.

Mais le caporal restait à la même place, clignant de l'œil selon son habitude quand il voulait bien fixer l'attention de ses interlocuteurs.

— Minute!... fit-il. Ce Chanlouineau, qui me paraît un lapin, m'a dit de vous dire comme cela que tout va bien!... Si je vois pourquoi, je veux être pendu!... Enfin, c'est son opinion! Il m'a bien prié aussi de vous commander de ne pas bouger, de ne rien tenter avant le retour de mademoiselle, qui sera revenue avant une heure. Il vous jure qu'il tiendra ses promesses, il vous demande votre parole de lui obéir...

— Nous ne tenterons rien avant une heure, dit l'abbé Midon, je le promets...

— Alors, c'est tout... Salut la compagnie... Et nous, mademoiselle, au pas accéléré, marche!... le pauvre diable, là-bas, doit être sur le gril...

Qu'on permît à un condamné de recevoir la fille du chef de la conjuration, de ce Lachenour qui avait su se dérober à toutes les poursuites, il y avait là de quoi surprendre...

Mais Chanlouineau, à qui cette autorisation était indispensable, s'était ingénié à chercher le moyen de se la procurer...

C'est pourquoi, dès que fut prononcé le jugement qui le condamnait à mort, il parut saisi de terreur et se mit à pleurer lamentablement.

Les soldats ne revenaient pas de voir ce robuste gars, hardi tout à l'heure jusqu'à l'insolence, si défaillant qu'on dut le porter jusqu'à son cachot.

Là, ses lamentations redoublèrent, et il supplia ses gardiens d'aller lui chercher quelqu'un à qui parler, le duc de Sairmeuse ou le marquis de Courtomieu, affirmant qu'il avait à faire des révélations de la plus haute importance...

Ce gros mot : révélations, fit accourir M. de Courtomieu au cachot de Chanlouineau.

Il y trouva un homme à genoux, les traits décomposés, suant en apparence l'agonie de la peur, qui se traîna jusqu'à lui, qui lui prit les mains et les baisa, criant grâce et pardon, jurant que pour conserver la vie il était prêt à tout, oui, à tout, même à livrer M. Lacheneur...

Prendre Lacheneur!... Cette perspective devait enflammer le zèle du marquis de Courtomieu.

— Vous savez donc où se cache ce brigand?... lui demanda-t-il.

Chanlouineau déclara qu'il l'ignorait, mais il affirma que Marie-Anne, la fille de Lacheneur, le savait. Elle avait en lui, jurait-il, la plus entière confiance, et si on voulait lui permettre de l'envoyer chercher, et le laisser seul avec elle seulement dix minutes, il se faisait fort de lui arracher le secret de la retraite de son père... Ainsi posé, le marché devait être vite conclu.

La vie fut promise au condamné en échange de la vie de Lacheneur...

Un soldat, qui se trouva être le caporal Bavois, fut expédié à Marie-Anne...

Et Chanlouineau attendit, dévoré d'anxiété.

L'énergie déployée par le robuste gars, jusqu'au moment de sa soudaine et incompréhensible défaillance, l'avait fait traiter en prisonnier dangereux et lui avait valu, ni plus ni moins qu'au baron d'Escorval, l'honneur des plus minutieuses précautions et la faveur de la solitude.

On l'avait séparé de ses compagnons pour l'enfermer dans le cachot réputé le plus sûr de la citadelle, qui jusqu'alors n'avait eu pour hôtes que les soldats condamnés à mort.

Ce cachot, situé au rez-de-chaussée, au fond d'un corridor obscur, était long et étroit, et à demi conquis sur le roc.

Un abat-jour placé à l'extérieur, devant la fenêtre, mesurait si parcimonieusement la lumière qu'à peine on y voyait assez pour déchiffrer les exclamations désespérées et les noms charbonnés sur le mur.

Une botte de paille avec une mauvaise couverture, un escabeau, une cruche et un baquet infect, ajoutaient encore à l'aspect sinistre de ce séjour, bien fait pour porter le désespoir dans les âmes les plus solidement trempées.

Mais qu'importait à Chanlouineau l'horreur de son cachot!... Il était dans une de ces crises où les circonstances extérieures cessent d'exister.

Les geôliers ne gardaient que son corps... Son âme, libre, se jouant des verrous et des grilles, s'élançait vers les sphères supérieures, loin, bien loin des misères, des passions, des bassesses et des rancunes humaines.

Ah!... M. de Courtomieu revenant tout à coup n'eût plus reconnu le lâche qui l'instant d'avant se traînait à ses pieds, tremblant et blême. Ou plutôt il eût constaté qu'il avait été dupe d'une habile et audacieuse comédie.

Cet héroïque paysan, qui ne devait pas voir se coucher le soleil du lendemain, était comme transfiguré par la joie qu'il ressentait du succès de sa ruse.

Jusqu'à ce moment, il avait pu craindre une de ces circonstances futiles qui, pareilles au grain de sable brisant une machine parfaite, disloquent les plans les mieux conçus.

Maintenant la fortune, évidemment, se déclarait pour lui, il venait d'en avoir la preuve.

Ce soldat, qu'on avait mis à sa disposition, ne s'était-il pas trouvé un de ces vieux, comme à cette époque on en comptait tant, qui portaient à leur shako la cocarde blanche de la Restauration, mais qui gardaient dans leur poche la cocarde aux trois couleurs et au fond de leur cœur le souvenir de « l'autre ».

Il avait donc pu se confier relativement à ce soldat, et il ne doutait pas qu'il ne lui ramenât Marie-Anne.

Non, il n'en doutait pas. Nul ne l'avait informé de ce qui s'était passé à Escorval, mais il le devinait, éclairé par cette merveilleuse prescience qui précède les ténèbres éternelles.

Il était certain que Mme d'Escorval était à Montaignac, il était sûr que Marie-Anne y était avec elle, il savait qu'elle viendrait...

Et il attendait, comptant les secondes aux palpitations de son cœur.

Il attendait, s'expliquant toutes les rumeurs du dehors, recueillant avec l'étonnante acuité des sens surexcités par la passion des bruits qui eussent été insaisissables pour un autre...

Enfin, tout à l'extrémité du corridor, il entendit le frôlement d'une robe contre les murs.

— Elle!... murmura-t-il.

Des pas se rapprochaient, les lourds verrous grincèrent, la porte s'ouvrit et Marie-Anne entra, soutenue par l'honnête caporal Bavois.

— M. de Courtomieu m'a promis qu'on nous laisserait seuls! s'écria Chanlouineau.

— Aussi, je décampe, répondit le vieux soldat... Mais j'ai l'ordre de revenir chercher mademoiselle dans une demi-heure.

La porte refermée, Chanlouineau prit la main de Marie-Anne, et avec une violence contenue il l'attira tout près de la fenêtre, à l'endroit où l'abat-jour dispensait le plus de lumière.

— Merci d'être venue, disait-il, merci !... Je vous revois et il m'est permis de parler... A présent que je suis un mourant dont les minutes sont comptées, je puis laisser monter à mes lèvres le secret de mon âme et de ma vie... Maintenant, j'oserai vous dire de quel ardent amour je vous ai aimée, je vous dirai combien je vous aime...

Instinctivement Marie-Anne dégagea sa main et se rejeta en arrière.

L'explosion de cette passion, en ce moment, en ce lieu, avait quelque chose de lamentable et d'effrayant tout ensemble.

— Vous ai-je donc offensée ?... fit tristement Chanlouineau. Pardonnez à qui va mourir !... Vous ne sauriez refuser d'entendre ma voix qui demain sera éteinte pour toujours et qui si longtemps s'est tue !...

« C'est qu'il y a bien longtemps que je vous aime, Marie-Anne, il y a plus de six ans !... Avant de vous avoir vue, je n'avais aimé que la terre... Engranger de belles récoltes et amasser de l'argent me paraissait, ici-bas, le plus sublime bonheur.

« Pourquoi vous ai-je rencontrée !... Mais j'étais si loin de vous, en ce temps, vous étiez si haut et moi si bas, que mon espoir ne montait pas jusqu'à vous. J'allais à l'église le dimanche ; tant que durait la messe, je vous regardais, tout en extase, comme les paysannes devant la bonne Vierge ; je rentrais chez moi les yeux et le cœur pleins de vous... et c'était tout.

« C'est le malheur qui nous a rapprochés et c'est votre père qui m'a rendu fou, oui, fou, comme il l'était lui-même...

« Après les insultes des Sairmeuse, résolu à se venger de ces nobles si orgueilleux et si durs, votre père vit en moi un complice. Il m'avait deviné. C'est en sortant de chez le baron d'Escorval, il doit vous en souvenir, un dimanche soir, que fut conclu le pacte qui me liait aux projets de votre père.

« — Tu aimes ma fille, mon garçon, me dit-il. Eh bien ! aide-moi, et je te promets que le lendemain du succès elle sera ta femme... Seulement, ajouta-t-il, je dois te prévenir que tu joues ta tête !

« Mais qu'était la vie comparée à l'espérance dont il venait de m'éblouir ? De ce soir-là, je me donnai, corps, âme et biens, à la conspiration. D'autres s'y sont jetés par haine, pour satisfaire d'anciennes rancunes, ou par ambition, pour reconquérir des positions perdues : moi je n'avais ni ambitions ni haines !

« Que m'importaient les querelles des grands, à moi ouvrier de la terre !... Je savais bien qu'il était hors du pouvoir du plus puissant de tous de donner à mes récoltes une goutte d'eau pendant la sécheresse, un rayon de soleil pendant les pluies...

« J'ai conspiré parce que je vous aimais...

— Ah ! vous êtes cruel !... s'écria Marie-Anne, vous êtes impitoyable !...

Pauvre fille ! ses yeux, qui avaient tant pleuré avaient encore des larmes qui roulaient brûlantes le long de ses joues.

Il lui était donné de juger par le dénoûment l'horreur du rôle que son père lui avait imposé et qu'elle n'avait pas eu l'énergie de repousser.

Mais Chanlouineau n'entendit seulement pas l'exclamation de Marie-Anne. Toutes les amertumes du passé montant à son cerveau comme les fumées de l'alcool, il perdait conscience de se paroles.

— Le jour vint vite, cependant, poursuivit-il, où toutes les illusions de ma folie s'envolèrent... Vous ne pouviez plus être à moi puisque vous étiez à un autre !... Je devais rompre le pacte !... J'en eus l'idée, non le courage. J'avais l'enfer en moi, mais vous voir, entendre votre voix, être votre commensal, c'était encore une joie !... Je vous voulais heureuse et honorée, j'ai combattu pour le triomphe de l'autre, de celui que vous aviez choisi !...

Un sanglot qui montait à sa gorge l'interrompit, il voila sa figure de ses mains, pour dérober le spectacle de ses larmes, et pendant un moment il parut anéanti.

Mais il ne tarda pas à se redresser, il secoua la torpeur qui l'envahissait et d'une voix ferme :

— C'est assez s'attarder au passé, prononça-t-il, l'heure vole... l'avenir menace !...

Cela dit, il alla jusqu'à la porte, et appliquant alternativement son œil et son oreille au guichet, il chercha à découvrir si on l'épiait.

Personne dans le corridor, pas un mouvement suspect ; il était sûr de la solitude autant qu'on peut l'être au fond d'un cachot.

Il revint près de Marie-Anne et, déchirant la manche de sa veste, il en tira deux lettres cachées entre la doublure et le drap.

— Voici, dit-il à voix basse, voici la vie d'un homme !...

Marie-Anne ne savait rien des espérances de Chanlouineau, et son esprit en détresse n'avait pas sa lucidité accoutumée ; elle ne comprit pas tout d'abord.

— Ceci, s'écria-t-elle, la vie d'un homme !...

— Plus bas !... interrompit Chanloineau, parlez plus bas !... Oui, une de ces lettres peut être le salut d'un condamné...

— Malheureux !... Qu'attendez-vous alors pour l'utiliser ?...

Le robuste gars secoua tristement la tête.

— Est-il possible que vous m'aimiez jamais ? fit-il simplement. Non, n'est-ce pas ?... Je ne souhaite donc point vivre. Le repos, dans la terre, est plus enviable que mes angoisses. D'ailleurs j'ai été condamné justement. Je savais ce que je faisais quand j'ai quitté la Rèche, un fusil double sur l'épaule, un sabre passé dans ma ceinture. Je n'ai pas le droit de me plaindre. Mais les juges ineptes ou iniques ont frappé un innocent...

— Le baron d'Escorval.

— Oui, le père de... Maurice...

Sa voix s'altéra en prononçant le nom de cet autre, dont il eût payé le bonheur du prix de dix existences s'il les eût eues.

— Je veux le sauver, ajouta-t-il, je le puis.

— Oh! si vous disiez vrai!... Mais vous vous abusez, sans doute.

— Je sais ce que je dis.

Il tremblait d'être épié et entendu du dehors, il se rapprocha encore de Marie-Anne, et d'une voix rapide :

— Je n'ai jamais cru au succès de la conspiration, reprit-il... Quand je me demandais où trouver une arme en cas de malheur, le marquis de Sairmeuse me l'a fournie... Il s'agissait d'adresser à nos complices une lettre qui fixât le jour du soulèvement; j'eus l'idée de prier M. Martial d'en écrire le modèle... Il était sans défiances; je lui disais que c'était pour une noce; il fit ce que je lui demandais. Et le papier que je tiens est le brouillon de la circulaire qui a décidé le mouvement, écrit de la main du marquis de Sairmeuse... Et impossible de nier, il y a une rature à chaque ligne; on croirait reconnaître le manuscrit d'un homme qui a cherché et trié ses expressions pour bien rendre sa pensée...

Chanlouineau ouvrit l'enveloppe et montra, en effet, la fameuse lettre qu'il avait dictée, où la date du soulèvement était restée en blanc :

« *Mon cher ami, nous sommes enfin d'accord et le mariage est décidé*, etc. »

La flamme qui s'était allumée dans l'œil de Marie-Anne s'éteignit.

— Et vous croyez, fit-elle d'un ton découragé, que cette lettre peut servir à quelque chose?...

— Je ne crois pas, je suis sûr.

— Cependant...

D'un geste il l'interrompit :

— Ne discutons pas, fit-il vivement, écoutez-moi plutôt. Arrivant seul, ce brouillon serait sans importance... mais j'ai préparé l'effet qu'il produira. J'ai déclaré devant la commission militaire que le marquis de Sairmeuse était un des chefs du complot... On en a ri et j'ai lu l'incrédulité sur la figure de tous les juges... Mais une bonne calomnie n'est jamais perdue... Vienne pour le duc de Sairmeuse l'heure des récompenses, il lui sortira de terre des ennemis qui se souviendront de mes paroles... Il a si bien senti cela que pendant que les autres riaient, il était bouleversé...

— Calomnier ses ennemis est un crime, murmura l'honnête Marie-Anne.

— Oui, mais je voulais sauver mes amis, et je n'avais pas le choix des moyens. Mon assurance était d'autant plus grande, que je savais Martial blessé... J'ai affirmé qu'il s'était battu à mes côtés contre la troupe, j'ai demandé qu'on le fit comparaître, j'ai annoncé des preuves irrécusables de sa complicité...

— Le marquis de Sairmeuse s'est donc battu?...

Le plus vif étonnement se peignit sur la physionomie de Chanlouineau.

— Quoi !... commença-t-il, vous ne savez pas...

Mais se ravisant :

— Bête que je suis !... reprit-il, qui donc eût pu vous conter ce qui s'est passé !... Vous rappelez-vous ce que nous avons fait sur la route de Sairmeuse, à la Croix-d'Arcy, après que votre père nous eut quittés pour courir en avant?... Maurice s'est mis à la tête de la colonne et vous avez marché près de lui ; votre frère Jean et moi sommes restés en arrière pour pousser et ramasser les traînards.

« Nous faisions notre besogne en conscience, quand tout à coup nous entendons le galop d'un cheval.

« — Il faut savoir qui vient, me dit Jean.

« Nous nous arrêtons. Un cheval arrive sur nous à fond de train ; nous nous jetons à la bride et nous le maintenons. Savez-vous qui était le cavalier?... Martial de Sairmeuse !

« Vous dire la fureur de votre frère en reconnaissant le marquis est impossible.

« — Enfin, je te trouve, noble de malheur!... s'écria-t-il, et nous allons régler notre compte! Après avoir réduit au désespoir mon père qui venait de te rendre une fortune, tu as prétendu faire de ma sœur ta maîtresse... Cela se paye, marquis !... Allons, en bas, il faut se battre...

A voir Marie-Anne, on eût dit qu'elle doutait si elle rêvait ou si elle veillait...

— Mon frère, murmurait-elle, provoquer le marquis !... Est-ce possible !

Chanlouineau poursuivait :

— Dame!... si audacieux que soit M. Martial, il restait tout pantois. Il balbutiait comme cela : — Vous êtes fou!... vous plaisantez!... n'étions-nous pas amis? Qu'est-ce que cela signifie ?...

« Jean grinçait des dents de rage.

« — Cela signifie, répondit-il, que j'ai assez longtemps enduré les outrages de ta familiarité, et que, si tu ne descends pas de cheval pour te battre en duel avec moi, je te casse la tête!... »

« Votre frère, en disant cela, maniait un pistolet si terriblement que le marquis est descendu et s'est adressé à moi :

« — Voyons, Chanlouineau, me dit-il, est-ce un duel ou un assassinat? Si Jean me tue, tout est dit... Mais si je le tue, qu'arrivera-t-il?

« Je lui jurai qu'il serait libre de s'éloigner, après toutefois qu'il m'aurait donné sa parole de ne pas rentrer à Montaignac avant deux heures.

— Alors, fit-il, j'accepte le combat, donnez-moi une arme!...

Lorsqu'il revint à lui, ranimé par la fraîcheur de l'aube...

« Je lui donnai mon sabre, votre frère avait le sien, et ils tombèrent en garde au milieu de la grande route...

Le robuste paysan s'arrêta pour reprendre haleine, et plus lentement il dit :

— Marie-Anne, votre père, vous, moi, nous avons mal jugé votre frère. Il a une chose terrible contre lui, ce pauvre Jean : sa figure. Il a l'air faux comme un jeton, il a le sourire bas et l'œil fuyant des lâches... Nous nous sommes défiés de lui, nous avons à lui en demander pardon... Un homme qui se bat comme je l'ai vu se battre a le cœur haut et bien placé, on peut lui donner sa confiance... Car c'était terrible, ce combat sur cette route, dans la nuit!... Ils s'attaquaient furieusement, sans un mot, on n'entendait que leur respiration haletante de plus en plus, et des sabres qui se choquaient il jaillissait des gerbes d'étincelles... A la fin, Jean tomba...

— Ah! mon frère est mort!... s'écria Marie-Anne.

— Non, répondit Chanlouineau... on peut espérer que non. Les soins en tout cas ne lui auront pas manqué. Ce duel avait un témoin, un homme que vous devez connaître, nommé Poignot, qui a été le métayer de votre père... Il a emporté Jean en me promettant de le garder dans sa maison...

« Pour ce qui est du marquis, il m'a montré qu'il était blessé et il est remonté à cheval en me disant : — C'est lui qui l'a voulu.

Marie-Anne maintenant comprenait :

— Donnez-moi la lettre, dit-elle à Chanlouineau... J'irai trouver le duc de Sairmeuse, j'arriverai à tout prix jusqu'à lui, et Dieu m'inspirera...

L'héroïque paysan tendit à la jeune fille cette fragile feuille de papier qui eût pu être son salut à lui.

— Et surtout, prononça-t-il, ne laissez pas soupçonner au duc que vous avez apporté avec vous la preuve dont vous le menacez... Qui sait ce dont il serait capable?... Il vous répondra d'abord qu'il ne peut rien, qu'il ne voit nul moyen de sauver le baron d'Escorval.... Vous lui répondrez que c'est cependant à lui de trouver un moyen, s'il ne veut pas que la lettre soit envoyée à Paris à un de ses ennemis...

Il s'arrêta, les verrous grinçaient... Le caporal Bavois reparut.

— La demi-heure est passée depuis dix minutes, fit-il tristement... J'ai ma consigne.

— Allons!... murmura Chanlouineau, tout est fini!...

Et remettant à Marie-Anne la seconde lettre:

— Celle-ci est pour vous... ajouta-t-il. Vous la lirez quand je ne serai plus... De grâce... ne pleurez pas ainsi!... Il faut du courage!... Vous serez bientôt la femme de Maurice... Et quand vous serez heureuse, pensez quelquefois à ce pauvre paysan qui vous a tant aimée!...

Quand il se fût agi de sa vie et de celle de tous les siens, Marie-Anne n'eût pu prononcer une parole... Mais elle avança son visage vers celui de Chanlouineau...

— Ah! je n'osais vous le demander, s'écria-t-il.

Et pour la première fois il serra Marie-Anne entre ses bras, et de ses lèvres effleura ses joues pâlies...

— Allons, adieu, dit-il encore... ne perdez plus une minute. Adieu!...

XXIX

La perspective de s'emparer de Lacheneur, le chef du mouvement, émoustillait si fort M. le marquis de Courtomieu, qu'il n'avait pas quitté la citadelle, encore que l'heure de son dîner eût sonné.

Resté à l'entrée de l'obscur corridor qui conduisait au cachot de Chanlouineau il guettait la sortie de Marie-Anne. En la voyant passer aux dernières clartés du jour, rapide et toute vibrante d'énergie, il douta de la sincérité du soi-disant révélateur.

— Ce misérable paysan se serait-il joué de moi !... pensa-t-il.

Si aigu fut le soupçon, qu'il s'élança sur les traces de la jeune fille, résolu à l'interroger, à lui arracher la vérité, à la faire arrêter au besoin.

Mais il n'avait plus son agilité de vingt ans. Quand il arriva au poste de la citadelle, le factionnaire lui répondit que Mlle Lacheneur venait de passer le pont-levis. Il le franchit lui-même, regarda de tous côtés, n'aperçut personne et rentra furieux.

— Allons toujours visiter Chanlouineau, se dit-il ; demain, il fera jour pour mander cette péronnelle et la questionner.

Cette « péronnelle », ainsi que le disait le noble marquis, remontait alors la longue rue mal pavée qui mène à l'*Hôtel de France*, insoucieuse de soi et de la curiosité des rares passants, uniquement préoccupée d'abréger des angoisses mortelles.

Avec quelles palpitations devaient attendre son retour Mme d'Escorval et Maurice, l'abbé Midon et les officiers à demi-solde eux-mêmes !...

— Tout n'est peut-être pas perdu !... s'écria-t-elle en entrant.

— Mon Dieu ! murmura la baronne, vous avez donc entendu mes prières !...

Mais saisie aussitôt d'une appréhension terrible, elle ajouta :

— Ne me trompez-vous pas ?... Ne cherchez-vous pas à m'abuser d'irréalisables espérances ?... Ce serait une pitié cruelle !...

— Je ne vous trompe pas, madame... Chanlouineau vient de me confier une arme qui, je l'espère, mettra M. de Sairmeuse à notre absolue discrétion... Il est tout-puissant à Montaignac ; le seul homme qui pourrait traverser ses desseins, M. de Courtomieu, est son ami... Je crois que M. d'Escorval peut être sauvé.

— Parlez !... s'écria Maurice. Que faut-il faire ?

— Prier et attendre, Maurice. Je dois agir seule. Mais soyez sûr que tout ce qui est humainement possible je le ferai, moi, la cause unique de vos malheurs, moi que vous devriez maudire...

Tout entière à la tâche qu'elle s'était imposée, Marie-Anne ne remarquait pas un étranger survenu pendant son absence, un vieux paysan à cheveux blancs.

L'abbé Midon le lui montra.

— Voici un courageux ami, lui dit-il, qui depuis ce matin vous demande et vous cherche partout, pour vous donner des nouvelles de votre père.

Le saisissement de Marie-Anne fut tel qu'à peine on distingua les remerciments qu'elle balbutia.

— Oh! il n'y a pas à me remercier, fit le brave paysan. Je me suis dit comme ça : « Elle doit être terriblement inquiète, la pauvre fille, il s'agit de la tirer de peine » et je suis venu. C'est pour vous dire que M. Lacheneur se porte bien, sauf une blessure à la jambe qui le fait beaucoup souffrir, mais qui sera guérie en moins de trois semaines. Mon gendre qui chassait hier, dans la montagne, l'a rencontré près de la frontière en compagnie de deux des conjurés... Maintenant ils doivent être en Piémont, à l'abri des gendarmes...

— Espérons, fit l'abbé Midon, que nous saurons bientôt ce qu'est devenu Jean.

— Je le sais. monsieur le curé, répondit Marie-Anne, mon frère a été grièvement blessé et de braves gens l'ont recueilli.

Elle baissa la tête, près de défaillir sous le fardeau de ses tristesses; mais bientôt, se redressant :

— Que fais-je!... s'écria-t-elle. Ai-je le droit de penser aux miens quand de ma promptitude et de mon courage dépend la vie d'un innocent follement compromis par eux!...

Maurice, l'abbé Midon et les officiers à demi-solde entouraient la vaillante jeune fille.

Encore voulaient-ils savoir ce qu'elle allait tenter, et si elle ne courait pas au-devant d'un danger inutile.

Elle refusa de répondre aux plus pressantes questions. On voulait au moins l'accompagner ou la suivre de loin, elle déclara qu'elle irait seule...

— Avant deux heures je serai revenue et nous serons fixés, dit-elle en s'élançant dehors...

Obtenir une audience de M. le duc de Sairmeuse était certes difficile. Maurice et l'abbé Midon ne l'avaient que trop éprouvé l'avant-veille. Assiégé par des familles éplorées, il se celait, craignant peut-être de faiblir.

Marie-Anne savait cela, mais elle ne s'en inquiétait pas. Chanlouineau lui avait donné un mot — celui dont il s'était servi — qui, aux époques néfastes, ouvre les portes les plus sévèrement et les plus obstinément fermées.

Dans le vestibule de la maison du duc de Sairmeuse, trois ou quatre valets flânaient et causaient.

— Je suis la fille de M. Lacheneur, leur dit Marie-Anne, il faut que je parle à M. le duc, à l'instant même, au sujet de la conspiration...

— M. le duc est absent

— Je viens pour des révélations.

L'attitude des domestiques changea brusquement.

— En ce cas, suivez-moi, mademoiselle, dit un valet de pied

Elle le suivit le long de l'escalier et à travers deux ou trois pièces. Enfin, il ouvrit la porte d'un salon, en disant : « Entrez. » Elle entra...

Ce n'était pas le duc de Sairmeuse qui était dans le salon, mais son fils, Martial.

Étendu sur un canapé, il lisait un journal, à la lueur des six bougies d'un candélabre.

A la vue de Marie-Anne, il se dressa tout d'une pièce, plus pâle et plus troublé ne si la porte eût livré passage à un spectre.

— Vous !... bégaya-t-il.

Mais il maîtrisa vite son émotion, et en une seconde son esprit alerte eut parcouru tous les cas possibles.

— Lacheneur est arrêté! s'écria-t-il. Et vous, sachant quel sort lui réserve la commission militaire, vous vous êtes souvenue de moi. Merci, chère Marie-Anne, merci de votre confiance... je ne la tromperai pas. Que votre cœur se rassure. Nous sauverons votre père, je vous le promets, je vous le jure... Comment? je ne le sais pas encore... Qu'importe !... Il faudra bien que je le sauve, je le veux !...

Il s'exprimait avec l'accent de la passion la plus vive, laissant déborder la joie qu'il ressentait, sans songer à ce qu'elle avait d'insultant et de cruel.

— Mon père n'est pas arrêté, dit froidement Marie-Anne...

— Alors, fit Martial d'une voix hésitante, c'est donc... Jean qui est... prisonnier!

— Mon frère est en sûreté, et il échappera à toutes les recherches s'il survit à ses blessures...

De blême qu'il était, le marquis de Sairmeuse devint rouge comme le feu. Au ton de Marie-Anne, il comprit qu'elle connaissait le duel. Il n'essaya pas de nier, il voulut se disculper :

— C'est Jean qui m'a provoqué, dit-il. Je ne voulais pas... je n'ai fait que défendre ma vie, dans un combat loyal, à armes égales...

Marie-Anne l'interrompit.

— Je ne vous reproche rien, monsieur le marquis, prononça-t-elle.

— Eh bien !... moi, je suis plus sévère que vous... Jean a eu raison de me provoquer, il avait deviné mes espérances... Oui, je m'étais dit que vous seriez ma maîtresse... C'est que je ne vous connaissais pas, Marie-Anne... Je vous croyais comme toutes les autres, vous si chaste et si pure !...

Il cherchait à lui prendre les mains, elle le repoussa avec horreur et éclata en sanglots.

Après tant de coups qui la frappaient sans relâche, celui-ci, le dernier, était le plus terrible et le plus douloureux.

Quelle épouvantable humiliation que cette louange passionnée, et quelle honte ! Ah! maintenant la mesure était comble. « Chaste et pure, » disait-il. Amère dérision !... Le matin même, elle avait cru sentir son enfant tressaillir dans son sein.

Mais Martial devait se méprendre à la signification du geste de cette infortunée.

— Oh! je comprends votre indignation, reprit-il, avec une exaltation croissante. Mais si je vous ai dit l'injure, c'est que je veux vous offrir la réparation... J'ai été un fou, un misérable vaniteux, car je vous aime, je n'aime et je ne puis aimer que vous. Je suis marquis de Sairmeuse, j'ai des millions. Marie-Anne, voulez-vous être ma femme ?...

Marie-Anne écoutait, éperdue de stupeur...

Le vertige, à la fin, s'emparait d'elle, et il lui semblait que sa raison vacillait au souffle furieux de toutes ces passions.

Tout à l'heure, c'était Chanlouineau qui, du fond de son cachot, lui criait qu'il mourrait pour elle... C'était Martial, maintenant, qui prétendait lui sacrifier ses ambitions et son avenir.

Et le pauvre paysan condamné à mort et le fils du tout-puissant duc de Sairmeuse, enflammés d'un délire semblable, arrivaient pour le traduire à des expressions pareilles.

Martial, cependant, s'était arrêté. Tout enfiévré d'espérances, il attendait une réponse, un mot, un signe... Mais Marie-Anne demeurait muette, immobile et glacée.

— Vous vous taisez! reprit-il avec une véhémence nouvelle. Douteriez-vous de ma sincérité ? Non, c'est impossible ! Pourquoi donc ce silence ?... Auriez-vous peur de l'opposition de mon père ? Je saurai lui arracher son consentement. Que nous importe d'ailleurs sa volonté ! Ai-je besoin de lui ?... Ne suis-je pas mon maître ? Ne suis-je pas riche, immensément riche ! Je ne serais qu'un misérable sot, si j'hésitais entre des préjugés stupides et le bonheur de ma vie...

Il s'efforçait, évidemment, de prévoir toutes les objections, afin de les combattre et de les détruire...

— Est-ce votre famille, qui vous inquiète? continuait-il. Votre père et votre frère sont poursuivis et la France leur est fermée... Eh bien! nous quitterons la

France et ils viendront vivre près de nous. Jean ne m'en voudra plus, quand vous serez ma femme... Nous nous fixerons en Angleterre ou en Italie... Maintenant, oui, je bénis ma fortune, qui me permettra de vous créer une existence enchantée. Je vous aime... Je saurai bien, à force de tendresses, vous faire oublier toutes les amertumes du passé !...

Marie-Anne connaissait assez le marquis de Sairmeuse pour bien comprendre tout ce que révélaient de passion ces propositions inouïes...

Mais pour cela, précisément, elle hésitait à lui dire qu'il avait inutilement dompté les révoltes de son orgueil.

Elle se demandait avec épouvante à quelles extrémités le porteraient les rages de son amour-propre offensé et si elle n'allait pas trouver en lui un ennemi qui ferait échouer toutes ses tentatives.

— Vous ne répondez pas ?... interrogea Martial dont l'anxiété était visible.

Elle sentait bien qu'il fallait répondre, en effet ; parler, dire quelque chose, mais elle ne pouvait desserrer les lèvres...

— Je ne suis qu'une pauvre fille, monsieur le marquis, murmura-t-elle enfin... Je vous préparerais, si j'acceptais, des regrets éternels !...

— Jamais !...

— D'ailleurs, vous avez perdu le droit de disposer de vous-même. Vous avez donné votre parole. Mlle Blanche de Courtomieu est votre fiancée...

— Ah !... dites un mot, un seul, et ces engagements que je déteste sont rompus.

Elle se tut. Il était clair que son parti était pris irrévocablement et qu'elle refusait.

— Vous me haïssez donc ? fit tristement Martial.

S'il lui eût été permis de dire toute la vérité, Marie-Anne eût répondu : — Oui. Le marquis de Sairmeuse lui inspirait une aversion presque insurmontable.

— Je ne m'appartiens pas plus que vous ne vous appartenez, monsieur, prononça-t-elle.

Un éclair de haine, aussitôt éteint, brilla dans l'œil de Martial.

— Toujours Maurice !... dit-il.

— Toujours.

Elle s'attendait à une explosion de colère, il resta calme.

— Allons, reprit-il avec un sourire contraint, il faut que je me rende à l'évidence !... Il faut que je reconnaisse et que j'avoue que vous m'avez fait jouer, à la Rèche, un personnage affreusement ridicule... Jusqu'ici je doutais.

La pauvre fille baissa la tête, rouge de honte jusqu'à la racine des cheveux, mais elle n'essaya pas de nier.

— Je n'étais pas maîtresse de ma volonté, balbutia-t-elle, mon père commandait et menaçait : j'obéissais...

— Peu importe, interrompit-il, votre rôle n'a pas été celui d'une jeune fille...

Ce fut son seul reproche, et encore il le regretta ; soit qu'il crût de sa dignité de ne pas laisser deviner la blessure saignante de son orgueil, soit que véritablement — ainsi qu'il le déclarait plus tard — il ne pût prendre sur lui d'en vouloir à Marie-Anne.

— Maintenant, reprit-il, je m'explique votre présence ici. Vous venez demander la grâce de M. d'Escorval.

— Grâce ! non ; mais justice. Le baron est innocent...

Martial se rapprocha de Marie-Anne, et baissait la voix :

— Si le père est innocent, murmura-t-il, c'est donc le fils qui est coupable !...

Elle recula terrifiée. Il tenait le secret que les juges n'avaient pas su ou n'avaient pas voulu pénétrer.

Mais lui, voyant son angoisse, en eut pitié.

— Raison de plus, dit-il, pour essayer de sauver le baron ! Son sang versé sur l'échafaud creuserait entre Maurice et vous un abîme que rien ne comblerait... Je joindrai mes efforts aux vôtres...

Rouge, embarrassée, Marie-Anne n'osa pas remercier Martial. Comment allait-elle reconnaître sa générosité ? En le calomniant odieusement. Ah ! mille fois, elle eût préféré affronter sa colère.

Sans nul doute, il allait donner d'utiles indications, quand un valet ouvrit la porte du salon, et M. le duc de Sairmeuse, toujours en grand uniforme, entra :

— Par ma foi !... s'écria-t-il dès le seuil, il faut avouer que ce Chupin est un limier incomparable. Grâce à lui...

Il s'interrompit brusquement, il venait de reconnaître Marie-Anne.

— La fille de ce coquin de Lacheneur !... fit-il, de l'air le plus surpris. Que veut-elle !

Le moment décisif était arrivé. La vie du baron allait dépendre de l'adresse et du courage de Marie-Anne. La conscience de sa terrible responsabilité lui rendit comme par magie tout son sang-froid et même quelque chose de plus.

— On m'a chargée de vous vendre une révélation, monsieur, dit-elle résolument.

Le duc l'examina curieusement, et c'est en riant du meilleur cœur qu'il se laissa tomber et s'étendit sur un canapé.

— Vendez, la belle, répondit-il, vendez...

— Je ne puis traiter que si je suis seule avec vous, monsieur.

Sur un signe de son père, Martial se retira.

— Vous pouvez parlez, maintenant... mam'selle, dit le duc.

Elle n'eut pas une seconde d'hésitation.

— Vous devez avoir lu, monsieur, commença-t-elle, la circulaire qui convoquait tous les conjurés !

Condamné à avoir la tête tranchée, il fut conduit à la mort.

— Certes !... j'en ai une douzaine d'exemplaires dans ma poche.
— Par qui pensez-vous qu'elle a été rédigée ?
— Par le sieur Escorval, évidemment, ou par votre père...
— Vous vous trompez, monsieur, cette lettre est l'œuvre du marquis de Sairmeuse, votre fils...

Le duc de Sairmeuse se dressa, l'œil flamboyant, plus rouge que son pantalon garance.

— Jarnibieu !... s'écria-t-il, je vous engage, la fille, à brider votre langue !...
— La preuve existe de ce que j'avance !...
— Silence, coquine ! sinon...
— La personne qui m'envoie, monsieur le duc, possède le brouillon de cette circulaire, écrit en entier de la main de M. Martial, et je dois vous dire...

Elle n'acheva pas. Le duc bondit jusqu'à la porte et d'une voix de tonnerre appela son fils.

Dès que Martial rentra.

— Répétez, dit le duc à Marie-Anne, répétez devant mon fils ce que vous venez de me dire.

Audacieusement, le front haut, d'une voix ferme, Marie-Anne répéta.

Elle s'attendait, de la part du marquis, à des dénégations indignées, à des reproches cruels, à des explications violentes. Point. Il écoutait d'un air nonchalant et même elle croyait lire dans ses yeux comme un encouragement à poursuivre et des promesses de protection.

Dès que Marie-Anne eut achevé,

— Eh bien !... demanda violemment M. de Sairmeuse à son fils.

— Avant tout, répondit Martial d'un ton léger, je voudrais voir un peu cette fameuse circulaire.

Le duc lui en tendit un exemplaire.

— Tenez !... lisez !...

Martial n'y jeta qu'un regard, il éclata de rire et s'écria :

— Bien joué !...

— Que dites-vous ?...

— Je dis que Chanlouineau est un rusé compère... Qui diable ! jamais se serait attendu à tant d'astuce, en voyant la face honnête de ce gros gars ?... Fiez-vous donc, après, à la mine des gens !...

De sa vie, le duc de Sairmeuse n'avait été soumis à une épreuve si rude.

— Chanlouineau ne mentait donc pas, dit-il à son fils d'une voix étranglée ; vous étiez donc un des instigateurs de la rébellion...

La physionomie de Martial s'assombrit, et d'un ton de dédaigneuse hauteur :

— Voici quatre fois déjà, monsieur, fit-il, que vous m'adressez cette question, et quatre fois que je vous réponds : Non. Cela devrait suffire. Si la fantaisie m'eût pris de me mêler de ce mouvement, je vous l'avouerais le plus ingénument du monde. Quelles raisons ai-je de me cacher de vous ?...

— Au fait !.., interrompit furieusement le duc, au fait !...

— Eh bien !... répondit Martial, reprenant son ton léger, le fait est qu'un brouillon de cette circulaire existe, écrit de ma plus belle écriture sur une grande feuille de mauvais papier... Je me rappelle que, cherchant l'expression juste, j'ai raturé et surchargé plusieurs mots... Ai-je daté ce brouillon? Je crois que oui, mais je n'en jurerais pas...

— Conciliez donc cela avec vos dénégations? s'écria M. de Sairmeuse.

— Parfaitement!... Ne viens-je pas de vous dire que Chanlouineau s'était moqué de moi?...

Le duc ne savait plus que croire. Mais ce qui l'exaspéra plus que tout, c'était l'imperturbable tranquillité de son fils.

— Avouez donc plutôt, dit-il en montrant le poing à Marie-Anne, que vous vous êtes laissé engluer par votre maîtresse...

Mais cette injure, Martial ne voulut pas la tolérer.

— Mlle Lacheneur n'est pas ma maîtresse, déclara-t-il d'un ton impérieux jusqu'à la menace. Il est vrai qu'il ne tient qu'à elle d'être demain la marquise de Sairmeuse!... Laissons les récriminations, elles n'avanceront en rien nos affaires.

Une lueur de raison qui éclairait encore le cerveau de M. de Sairmeuse arrêta sur ses lèvres la plus outrageante réplique.

Tout frémissant de rage contenue, il arpenta trois ou quatre fois le salon; puis revenant à Marie-Anne, qui restait à la même place, raide comme une statue :

— Voyons, la belle, commanda-t-il, donnez-moi ce brouillon.

— Je ne l'ai pas, monsieur.

— Où est-il?

— Entre les mains d'une personne qui ne vous le rendra que sous certaines conditions.

— Quelle est cette personne?

— C'est ce qu'il m'est défendu de vous dire.

Il y avait de l'admiration et de la jalousie dans le regard que Martial attachait sur Marie-Anne.

Il était ébahi de son sang-froid et de sa présence d'esprit. Où donc puisait-elle cette audace virile, elle autrefois si craintive et qui pour un rien rougissait?... Ah! elle devait être bien puissante, la passion qui donnait à sa voix cette sonorité, cette flamme à ses yeux, tant de précision à ses réponses!

— Et si je n'acceptais pas les... conditions qu'on prétend m'imposer? interrogea M. de Sairmeuse.

— On utiliserait le brouillon de la circulaire...

— Qu'entendez-vous par là?...

— Je veux dire, monsieur, que demain, de bon matin, partirait pour Paris un homme de confiance, chargé de mettre ce document sous les yeux de divers personnages, connus pour n'être pas précisément de vos amis. Il le montrerait à M. Lainé, par exemple... ou à M. le duc de Richelieu, et, comme de juste, il leur en expliquerait la signification et la valeur... Cet écrit prouve-t-il, oui ou non, la complicité de M. de Sairmeuse?... Avez-vous, oui ou non, osé juger et condamner à mort des infortunés qui n'étaient que les soldats de votre fils?...

— Ah!... misérable!... interrompit le duc, scélérate, coquine, vipère...

Toutes les injures qui lui vinrent à la mémoire, il les égrena comme un chapelet. Il était hors de lui, il écumait, les yeux lui sortaient de la tête, il ne savait plus ce qu'il disait.

— Voilà, cria-t-il avec des gestes furibonds, voilà ce qu'il fallait craindre. Oui, j'ai des ennemis acharnés, oui, j'ai des envieux, qui donneraient leur petit doigt pour cette exécrable lettre... Ah! s'ils la tenaient!... Ils obtiendraient une enquête... Et alors, adieu les récompenses éclatantes dues à mes services...

« Qu'on nous envoie de Paris quelque coquin intéressé à notre perte, et il saura vite, marquis, vos relations avec Lacheneur... Il criera sur les toits que Chanlouineau en plein tribunal vous déclarait son complice et son chef... Il vous fera déshabiller par des médecins qui, voyant une cicatrice fraîche, vous demanderont où vous avez reçu une blessure et pourquoi vous l'avez cachée...

« Après cela, de quoi ne m'accuserait-on pas?... On dirait que j'ai brusqué la procédure pour étouffer les voix qui s'élevaient contre mon fils... Peut-être irait-on jusqu'à insinuer que je favorisais sous main le soulèvement... Je serais vilipendé dans tous les journaux!...

« Et qui aurait, s'il vous plaît, renversé la fortune de notre maison quand j'allais la porter si haut?... Vous seul, marquis...

« Mais c'est ainsi... On se targue de diplomatie, de profondeur, de pénétration, on joue au Talleyrand et on se laisse jouer par le premier paysan venu...

« On ne croit à rien, on doute de tout, on est froid, sceptique, dédaigneux, frondeur, railleur, usé, blasé... Mais qu'un cotillon paraisse, pst!... On s'enflamme comme un séminariste et on est prêt à toutes les sottises... C'est à vous que je m'adresse, marquis... entendez-vous?... parlez!... qu'avez-vous à dire?...

Martial avait écouté d'un air froidement railleur, sans même essayer d'interrompre.

Il répondit lentement :

— Je pense, monsieur, que si Mlle Lacheneur avait quelques doutes sur la valeur du document qu'elle possède... elle ne les a plus...

Cette réponse devait tomber comme un seau d'eau glacée sur la colère du duc de Sairmeuse, il vit et comprit sa folie et, tout épouvanté de ce qu'il venait de dire, il demeura stupide d'étonnement, bouche béante, les yeux écarquillés.

Sans daigner ajouter un mot, le marquis se retourna vers Marie-Anne.

— Voulez-vous nous dire, mademoiselle, demanda-t-il, ce qu'on exige de mon père en échange de cette lettre?...

— La vie et la liberté du baron d'Escorval, monsieur.

Cela secoua le duc comme une décharge électrique.

— Ah !... s'écria-t-il, je savais bien qu'on me demanderait l'impossible !...

A son exaltation, un profond abattement succédait. Il se laissa tomber sur un fauteuil, et le front entre ses mains il se recueillit, cherchant évidemment un expédient.

— Pourquoi n'être pas venu me trouver avant le jugement, murmura-t-il. Alors je pouvais tout... Maintenant j'ai les mains liées. La commission a prononcé, il faut que le jugement s'exécute...

Il se leva et du ton d'un homme résigné à tout :

— Décidément, fit-il, je risquerais, à essayer seulement de sauver le baron — il lui rendait son titre, tant il était troublé — mille fois plus que je n'ai à craindre de mes ennemis. Ainsi, mademoiselle — il ne disait plus : « la belle » — vous pouvez utiliser votre... document.

Le duc se disposait à quitter le salon. Martial le retint d'un signe.

— Réfléchissons encore, dit-il, avant de jeter le manche après la cognée... Notre situation n'est pas sans précédents. Il y a quatre mois de cela, le comte de Lavalette venait d'être condamné à mort. Le roi souhaitait vivement faire grâce, mais son entourage, les ministres, les gens de la cour s'y opposaient de toutes leurs forces... Que fit le roi, qui était le maître, cependant ?... Il parut rester sourd à toutes les supplications, on dressa l'échafaud... et cependant Lavalette fut sauvé !... Et il n'y eut personne de compromis. Pourtant... un geôlier perdit sa place, il vit de ses rentes maintenant.

Marie-Anne devait saisir avidement l'idée si habilement présentée par Martial.

— Oui, s'écria-t-elle, le comte de Lavalette, protégé par une royale connivence, réussit à s'échapper...

La simplicité de l'expédient, l'autorité de l'exemple surtout, devaient frapper vivement le duc de Sairmeuse.

Il garda un moment le silence, et Marie-Anne qui l'observait crut voir peu à peu s'effacer les plis de son front.

— Une évasion, murmura-t-il, c'est encore bien chanceux... Cependant, avec un peu d'adresse, si on était sûr du secret...

— Oh ! le secret sera religieusement gardé, monsieur le duc... interrompit Marie-Anne...

D'un coup d'œil, Martial lui recommanda le silence.

— On peut toujours, reprit-il, étudier l'expédient et calculer ses conséquences... Cela n'engage à rien. Quand doit être exécuté le jugement ?

M. de Sairmeuse répondit :

— Demain.

Cette terrible réponse n'arracha pas un tressaillement à Marie-Anne. Les angoisses du duc lui avaient donné la mesure de ce qu'elle pouvait espérer et elle voyait que Martial embrassait franchement sa cause.

— Nous n'avons donc que la nuit devant nous, reprit le jeune marquis... Par bonheur il n'est que sept heures et demie, et jusqu'à dix heures mon père peut se montrer à la citadelle sans éveiller le moindre soupçon.

Il s'interrompit. Ses yeux, où éclatait la plus absolue confiance, se voilèrent.

Il venait d'apercevoir une difficulté imprévue, et dans sa pensée, presque insurmontable.

— Avons-nous des intelligences dans la citadelle? murmura-t-il. Le concours d'un subalterne, d'un geôlier ou d'un soldat nous est indispensable.

Il se retourna vers son père, et brusquement :

— Avez-vous, lui demanda-t-il, un homme sur qui on puisse compter absolument?

— J'ai trois ou quatre espions... on pourrait les tâter...

— Jamais! Le misérable qui trahit ses camarades pour quelques sous nous trahirait pour quelques louis... Il nous faut un honnête homme partageant les idées du baron d'Escorval... un ancien soldat de Napoléon, s'il est possible.

Il tomba dans une rêverie profonde, en proie évidemment aux pires perplexités !...

— Qui veut agir doit se confier à quelqu'un, murmura-t-il, et ici une indiscrétion perd tout !...

De même que Martial, Marie-Anne se torturait l'esprit, quand une inspiration qu'elle jugea divine lui vint :

— Je connais l'homme que vous demandez! s'écria-t-elle.

— Vous!

— Oui, moi!... A la citadelle !...

— Prenez garde !... Songez bien qu'il nous faut un brave capable de se dévouer et de risquer beaucoup... Il est clair que, l'évasion venant à être découverte, les instruments seraient sacrifiés.

— Celui dont je vous parle est tel que vous le voulez... Je réponds de lui.

— Et c'est un soldat?...

— C'est un humble caporal... Mais par la noblesse de son cœur il est digne des plus hauts grades... Croyez-moi, monsieur le marquis, nous pouvons nous confier à lui sans crainte.

Si elle parlait ainsi, elle qui eût donné sa vie pour le salut du baron, c'est que sa certitude était complète, absolue.

Ainsi pensa Martial.

— Je m'adresserai donc à cet homme, fit-il, Comment le nommez-vous ?

— Il s'appelle Bavois et il est caporal à la 1ʳᵉ compagnie des grenadiers de la légion de Montaignac.

— Bavois!... répéta Martial, comme pour bien fixer ce nom dans sa mémoire, Bavois!... Mon père trouvera bien quelque prétexte pour le faire appeler.

— Oh! le prétexte est tout trouvé, monsieur le marquis. C'est ce brave soldat qui avait été laissé en observation à Escorval, après la visite domiciliaire...

— Tout va donc bien de ce côté, fit Martial. Poursuivons...

Il s'était levé et il était allé s'adosser à la cheminée, se rapprochant ainsi de son père.

— Je suppose, monsieur, commença-t-il, que le baron d'Escorval a été séparé des autres condamnés...

— En effet... il est seul dans une chambre spacieuse et fort convenable.

— Où est-elle située, je vous prie?

— Au second étage de la tour Plate.

Mais Martial n'était pas aussi bien que son père au fait des êtres de la citadelle de Montaignac; il fut un moment à chercher dans ses souvenirs.

— La tour Plate, fit-il, n'est-ce pas cette tour si grosse qu'on aperçoit de si loin, et qui est construite à un endroit où le rocher est presque à pic?

— Précisément.

A l'empressement que M. de Sairmeuse mettait à répondre, empressement bien loin de son caractère si fier, il était aisé de comprendre qu'il était prêt à tenter beaucoup pour la délivrance du condamné à mort.

— Comment est la fenêtre de la chambre du baron? continua Martial.

— Assez grande... haute surtout... elle n'a pas l'abat-jour comme les fenêtres des cachots, mais elle est garnie de deux rangs de barres de fer croisées et scellées profondément dans le mur.

— Bast!... on vient aisément à bout d'une barre de fer avec une bonne lime... De quel côté ouvre cette fenêtre?

— Elle donne sur la campagne.

— C'est-à-dire sur le précipice... Diable!... c'est une difficulté cela... il est vrai que d'un autre côté c'est un avantage. Place-t-on des factionnaires au pied de cette tour?...

— Jamais... A quoi bon... Entre la maçonnerie et le rocher à pic, il n'y a pas la place de trois hommes de front... Les soldats, même en plein jour, ne se hasardent pas sur cette banquette qui n'a ni parapet, ni garde-fou.

Martial s'arrêta, cherchant s'il n'oubliait rien.

— Encore une question importante, reprit-il. A quelle hauteur est la fenêtre de la chambre de M. d'Escorval?

— Elle est à quarante pieds environ de l'entablement...

— Bon !... Et de cet entablement au bas du rocher, combien y a-t-il ?

— Ma foi !... je ne sais pas trop... Une soixantaine de pieds au moins.

— Ah !... c'est haut !... c'est terriblement haut !... Le baron, par bonheur, est encore leste et vigoureux... puis il n'y a pas d'autre moyen.

Il était temps que l'interrogatoire finît. M. de Sairmeuse commençait à s'impatienter.

— Maintenant, dit-il à son fils, me ferez-vous l'honneur de m'expliquer votre plan ?

Après avoir mis, en commençant, une certaine âpreté à ses questions, Martial, insensiblement, était revenu à ce ton railleur et léger qui avait le don d'exaspérer si fort M. de Sairmeuse.

— Il est sûr du succès, pensa Marie-Anne.

— Mon plan, dit Martial, est la simplicité même... Soixante et quarante font cent... Il suffit de se procurer cent pieds de bonne corde... Cela fera un volume énorme, je le sais bien, mais peu m'importe !... Je roule tout ce chanvre autour de moi, je m'enveloppe d'un large manteau et je vous accompagne à la citadelle... Vous demandez le caporal Bavois, vous me laissez seul avec lui dans un endroit obscur, je lui expose nos intentions...

M. de Sairmeuse haussait les épaules.

— Et comment vous procurerez-vous cent pieds de corde, dit-il, à cette heure, à Montaignac ?... Allez-vous courir de boutique en boutique ? Autant publier votre projet à son de trompe.

— Ce que je ne puis faire, monsieur, les amis de la famille de M. d'Escorval le feront...

Le duc allait élever de nouvelles objections, il l'interrompit.

— De grâce, monsieur, fit-il avec vivacité, n'oubliez pas quel danger nous menace et combien peu de temps nous avons... J'ai commis la faute, laissez-moi la réparer...

Et se retournant vers Marie-Anne :

— Vous pouvez considérer le baron comme sauvé, poursuivit-il, mais il faut que je m'entende avec un de vos amis... Retournez vite à l'*Hôtel de France* et envoyez le curé de Sairmeuse me rejoindre sur la place d'Armes où je vais l'attendre.

XXX

Arrêté des premiers au moment de la panique des conjurés devant Montaignac, le baron d'Escorval n'avait pas eu une seconde d'illusion...

Il expédiait des courriers dans toutes les directions.

— Je suis un homme perdu!... pensa-t-il.

Et, envisageant d'une âme sereine la mort toute proche, il ne songea plus qu'aux périls qui menaçaient son fils.

Son attitude devant ses juges fut le résultat de cette préoccupation.

Il ne respira vraiment qu'après avoir vu Maurice traîné hors de la salle par l'abbé Midon et les officiers à demi-solde... Il avait compris que son fils voulait se livrer...

C'est donc le front haut, le maintien assuré, le regard droit et clair que le baron écouta la sentence fatale. D'avance son sacrifice était fait.

Mais bien lui en prit d'avoir confié à son courageux défenseur l'expression de ses volontés dernières... Les soldats chargés de reconduire les condamnés à leur prison envahirent la salle.

La sortie devait prendre du temps... Tous ces pauvres paysans qui venaient d'être frappés en étaient encore à comprendre les événements dont la vertigineuse rapidité les conduisait à l'échafaud.

Et, stupides d'étonnement plus que d'effroi, ils se pressaient à la porte trop étroite de la chapelle, comme des bœufs ahuris qui se serrent les uns contre les autres à la porte de l'abattoir.

Si grande fut la confusion, que M. d'Escorval se trouva refoulé près de Chanlouineau, qui commençait la comédie de sa défaillance.

— Du courage donc!... lui dit-il, indigné de cette lâcheté.

— Ah!... c'est facile à dire!... geignit le robuste gars.

Et, personne ne l'observant, il se pencha vers le baron, et tout bas, d'une voix brève :

— C'est pour vous que je travaille, fit-il; rassemblez vos forces pour cette nuit.

Le regard brillant de Chanlouineau surprit M. d'Escorval, mais il attribua ses paroles au délire de la peur.

Ramené à sa chambre, il se jeta sur sa maigre couchette, et il eut cette vision terrible et sublime de la dernière heure qui est l'espérance ou le désespoir de qui va mourir...

Il savait quelles lois terribles régissent les tribunaux d'exception... Le lendemain, dans quelques heures, au point du jour, peut-être, on viendrait, on le tirerait de sa prison, on le conduirait devant un peloton de soldats, un officier lèverait son épée... et tout serait fini, il tomberait sous les balles...

Alors, que deviendraient sa femme et son fils?...

Ah! son cœur se brisait en songeant à ces êtres chers et adorés!... Il était seul, il pleura...

Mais, soudain, il se dressa, épouvanté de son attendrissement... Si son âme allait s'amollir à ces désolantes pensées!... s'il allait être trahi par son énergie!... Manquerait-il de courage, tout à coup?... Le verrait-on donc, lui, pâlir et défaillir devant le peloton d'exécution?...

Il voulut secouer cette torpeur douloureuse qui l'envahissait, et il se mit à marcher dans sa prison, s'efforçant d'occuper son esprit aux choses extérieures...

La chambre qu'on lui avait donnée était très vaste, carrelée et extrêmement haute d'étage. Jadis elle communiquait avec la pièce voisine, mais la porte de communication avait été murée depuis longtemps, même le ciment qui reliait entre elles les pierres larges et peu épaisses était tombé, et il en résultait des jours par où on pouvait, avec un peu d'application, voir d'une pièce dans l'autre.

Machinalement, M. d'Escorval colla son œil à un de ces interstices... Peut-être avait-il pour voisin quelque condamné?... Il ne vit personne. Il appela, tout bas d'abord, puis plus haut... aucune voix ne répondit à la sienne.

— Si j'abattais cette mince cloison?... pensa-t-il.

Il tressaillit, puis haussa les épaules. Et après?... Cette cloison renversée, il se trouverait dans une chambre pareille à la sienne, ouvrant comme la sienne sur un corridor plein de factionnaires dont il entendait le pas monotone.

Cependant, c'était une pensée d'évasion qui lui était venue. Quelle folie!... Il devait bien savoir que toutes les précautions étaient prises.

Oui, il le savait, et pourtant il ne put s'empêcher d'aller examiner la fenêtre... Deux rangs de barre de fer la défendaient. Elles étaient scellés de telle sorte qu'il était impossible d'avancer la tête et de se rendre compte de la hauteur à laquelle il se trouvait du sol.

Cette hauteur devait être considérable, à en juger par l'étendue de la vue.

Le soleil se couchait, et dans les brumes violettes du lointain le baron découvrait une ligne onduleuse de collines dont le point culminant ne pouvait être que la lande de la Rèche... Les grandes masses sombres qu'il apercevait sur la droite étaient probablement les hautes futaies de Sairmouse... Enfin, sur la gauche, dans le pli de coteau, il devinait la vallée de l'Oisselle et Escorval.

Son âme s'envolait vers cette retraite riante, où il avait été si heureux, où il avait été aimé, où il espérait mourir de la mort calme et sereine du juste...

Et au souvenir des félicités passées, en songeant aux rêves évanouis, ses yeux encore une fois s'emplissaient de larmes...

Mais il les sécha vite, ces larmes, on ouvrait la porte de sa prison.

Deux soldats parurent.

L'un d'eux avait à la main un flambeau allumé, l'autre tenait un de ces longs paniers à compartiments qui servent à porter le repas des officiers de garde.

Ces hommes étaient visiblement très émus, et cependant, obéissant à un sentiment de délicatesse instinctive, ils affectaient une sorte de gaieté.

—C'est votre dîner, monsieur, que nous vous apportons, dit l'un d'eux, il doit être très bon, car il vient de la cuisine du commandant de la citadelle.

M. d'Escorval sourit tristement... Certaines attentions des geôliers ont une signification sinistre.

Cependant, lorsqu'il s'assit devant la petite table qu'on venait de lui préparer, il se trouva qu'il avait réellement faim.

Il mangea de bon appétit, et causa presque gaiement avec les soldats.

— Il faut toujours espérer, monsieur, lui disait ces braves garçons... Qui sait !... On en a vu revenir de plus loin.

Ayant fini, le baron demanda qu'on lui laissât la lumière et qu'on lui apportât du papier, de l'encre et des plumes... Il fut fait selon ses désirs.

Il se trouvait seul de nouveau, mais la conversation des soldats lui avait été utile... La défaillance de son esprit était passée, le sang-froid lui était revenu, il pouvait réfléchir.

Alors il s'étonna d'être sans nouvelles de Mme d'Escorval et de Maurice.

Leur aurait-on donc refusé l'accès de sa prison ?... Non, il ne pouvait le croire. Il ne pouvait imaginer qu'il existât des hommes assez cruels pour empêcher un malheureux de presser contre son cœur, dans une suprême étreinte, avant de mourir, sa femme et son fils...

C'était donc que ni la baronne ni Maurice n'avaient essayé d'arriver jusqu'à lui. Comment cela se faisait-il ?... Certainement, il était survenu quelque chose !... Quoi ?

Son imagination lui représentait les pires malheurs... Il voyait sa femme agonisante, morte peut-être... Il voyait Maurice fou de douleur à genoux devant le lit de sa mère...

Mais ils pouvaient encore venir... Il consulta sa montre, elle marquait sept heures...

Mais il attendit vainement... Les tambours battirent la retraite, puis une demi-heure plus tard l'appel du soir... Rien... personne !...

— Ah !... mourir ainsi, pensait cet homme si malheureux, c'est mourir deux fois !...

Il se disposait pourtant à écrire, quand des pas retentirent dans le corridor, nombreux, bruyants... Des éperons sonnaient sur les dalles, on entendait le bruit sec du fusil des factionnaires présentant les armes...

Tout palpitant, le baron se dressa en disant :

— C'est eux !...

Il se trompait, les pas s'éloignèrent...

— Une ronde !... murmura-t-il.

Mais, au même moment, deux objets lancés par le judas de la porte roulèrent au milieu de la chambre...

M. d'Escorval se précipita...

On venait de lui jeter deux limes.

Son premier sentiment fut tout de défiance. Il savait qu'il est des geôliers qui mettent leur amour-propre à déshonorer leurs prisonniers avant de les livrer à l'exécuteur !...

Qui lui assurait qu'on n'espérait pas l'embarquer dans quelque aventure au bout de laquelle ne serait pas le salut, mais où il laisserait, sinon l'honneur, au moins la renommée de l'honneur?

Était-elle amie ou ennemie, la main qui lui faisait parvenir ces instruments de délivrance et de liberté?

Les paroles de Chanlouineau et les regards dont elles étaient accompagnées se représentaient bien à sa mémoire, mais il n'en était que plus perplexe.

Il restait donc debout, le front plissé par l'effort de sa pensée, tournant et retournant ces limes fines et bien trempées, lorsqu'il aperçut à terre, plié menu, un papier qu'il n'avait pas remarqué tout d'abord.

Il le ramassa vivement, le déplia et lut :

« Vos amis veillent... Tout est prêt pour votre évasion... Hâtez-vous de scier
« les barreaux de votre fenêtre... Maurice et sa mère vous embrassent... Espoir,
« courage ! »

Au-dessous de ces quelques lignes, pas de signature, un M.

Mais le baron n'avait pas besoin de cette initiale pour être rassuré. Il avait reconnu l'écriture de l'abbé Midon.

— Ah ! celui-là est un véritable ami, murmura-t-il.

Puis, le souvenir des déchirements de son âme lui revenant :

— Voilà donc, pensa-t-il, pourquoi ni ma femme ni mon fils ne venaient veiller ma dernière veille !... Et je doutais de leur énergie, et je me plaignais de leur abandon !...

Une joie immense le pénétrait, il porta à ses lèvres cette lettre qui lui annonçait la vie, la liberté, et résolument il se dit :

— A l'œuvre !... à l'œuvre !...

Il avait choisi la plus fine des deux limes et il allait attaquer les énormes barreaux quand il lui sembla qu'on ouvrait la porte de la chambre voisine.

On l'ouvrait, positivement... On la referma, mais non à la clef... Puis on marcha avec une certaine précaution. Qu'est-ce que cela voulait dire? Était-ce quelque nouvel accusé qu'on emprisonnait, ou mettait-on là un espion?

Prêtant l'oreille, le baron entendait un bruit absolument inconnu et dont il lui était absolument impossible d'expliquer la cause.

Inquiet, il s'avança à pas muets jusqu'à l'ancienne porte de communication, s'agenouilla et appliqua son œil à l'un des interstices de la légère maçonnerie...

Ce qu'il vit, dans l'autre chambre, faillit lui arracher un cri de stupeur.

Dans un des angles, un homme était debout, éclairé par une grosse lanterne d'écurie placé à ses pieds.

Il tournait sur lui-même, très vite, et par ce mouvement dévidait une longue corde roulée autour de son corps comme du fil sur une bobine...

M. d'Escorval se tâtait, pour s'assurer qu'il était bien éveillé, qu'il n'était pas le jouet d'un de ces rêves décevants, si cruels au réveil, qui bercent les prisonniers de promesses de liberté.

Évidemment cette corde lui était destinée. C'était elle qu'il attacherait à un des tronçons de ses barreaux brisés...

Mais comment cet homme se trouvait-il là, seul ?...

De quelle autorité jouissait-il donc dans la citadelle qu'il avait pu, en dépit de la consigne des sentinelles et des rondes, s'introduire dans cette pièce ?... Il n'était pas soldat, ou du moins il ne portait pas l'uniforme...

Malheureusement, la fente de la cloison était disposée de telle façon que le rayon visuel n'arrivait pas à hauteur d'homme, et quelques efforts que fit le baron il lui était impossible d'apercevoir le visage de cet ami — il le jugeait tel — dont la bravoure touchait à la folie.

Cet homme, cependant, continuait son mouvement giratoire, et la corde, sur le carreau, près de lui, s'amoncelait en cercle... Il prenait, pour ne la point emmêler, les plus grandes précautions.

Incapable de résister à la curiosité qui le poignait, M. d'Escorval était sur le point de frapper à la cloison pour interroger, quand la porte de la chambre où était celui qu'il appelait déjà son sauveur, s'ouvrit avec fracas...

Un homme y pénétra, dont la figure était également hors du champ de l'œil, et qui s'écria avec l'accent de la stupeur :

— Malheureux !... que faites-vous ?...

Le baron, foudroyé, faillit tomber en arrière, à la renverse.

— Tout est découvert !... pensait-il.

Point. Celui que M. d'Escorval nommait déjà son ami n'interrompit seulement pas son opération de dévidage, et c'est de la voix la plus tranquille qu'il répondit :

— Comme vous le voyez, je me débarrasse de tout ce chanvre, qui me gênait extraordinairement. Il y en a bien soixante livres, n'est-ce pas ?... Et quel volume ! Je tremblais qu'on ne le devinât sous mon manteau.

— Et pourquoi ces cordes ?... interrogea le survenant.

— Je vais les faire passer à M. le baron d'Escorval, à qui j'ai déjà jeté une lime. Il faut qu'il s'évade cette nuit...

Si invraisemblable était cette scène, que le baron n'en voulait pas croire ses oreilles.

— Il est clair que tout en me croyant fort éveillé, je rêve, se disait-il.

Cependant, le nouveau venu avait à demi étouffé un terrible juron, et d'un ton presque menaçant, il poursuivait :

— C'est ce qu'il faudra voir !... Si vous devenez fou, j'ai toute ma raison, Dieu merci !... Je ne permettrai pas...

— Pardon !... interrompit froidement l'homme à la corde, vous permettrez... Ceci est le résultat de votre... crédulité. C'est quand Chanlouineau vous demandait à recevoir la visite de Marie-Anne qu'il fallait dire : « Je ne permets pas ! » Savez-vous ce qu'il voulait, ce garçon? Simplement remettre à Mlle Lacheneur une lettre de moi, si compromettante que, si jamais elle arrivait entre les mains de tel personnage que je sais, mon père et moi n'aurions plus qu'à retourner à Londres. Alors, adieu les projets d'union entre nos deux familles!...

Le dernier venu eut un gros soupir accompagné d'une exclamation chagrine, mais déjà l'autre poursuivait :

— Vous-même, marquis, seriez sans doute compromis... N'avez-vous pas été quelque peu chambellan de Bonaparte, du vivant de votre seconde ou de votre troisième femme? Ah ! marquis, comment un homme de votre expérience, pénétrant et subtil, a-t-il pu se laisser prendre aux simagrées d'un grossier paysan!...

Maintenant, M. d'Escorval comprenait...

Il ne dormait pas; c'était le marquis de Courtomieu et Martial de Sairmeuse qui causaient de l'autre côté du mur...

Même, ce pauvre M. de Courtomieu avait été si prestement et si habilement écrasé par Martial, qu'il ne discutait plus.

— Et cette terrible lettre?... soupira-t-il.

— Marie-Anne l'a remise à l'abbé Midon, qui est venu me trouver en disant : « Ou le duc s'évadera, ou cette lettre sera portée à M. le duc de Richelieu. » J'ai opté pour l'évasion. L'abbé s'est procuré tout ce qui était nécessaire; il m'a donné rendez-vous dans un endroit écarté, sur le rempart; il m'a entortillé toute cette corde autour du corps, et me voici...

— Ainsi, vous pensez que si le baron s'échappe on vous rendra la lettre?...

— Parbleu !...

— Pauvre jeune homme!... détrompez-vous. Le baron sauvé, on vous demandera la vie d'un autre condamné avec les mêmes menaces...

— Point !

— Vous verrez !

— Je ne verrai rien, par une raison fort simple, c'est que j'ai cette lettre dans ma poche... L'abbé Midon me l'a restituée en échange de ma parole d'honneur...

Le cri de M. de Courtomieu prouva qu'il tenait le curé de Sairmeuse pour un peu plus simple qu'il ne convient.

— Quoi!... fit-il, vous tenez la preuve et... Mais c'est de la démence! Brûlez à la flamme de cette lanterne ce papier maudit, laissez le baron où il est et allez dormir un bon somme.

Le silence de Martial trahit une sorte de stupeur.

— Feriez-vous donc cela, vous, monsieur le marquis? demanda-t-il.

— Certes !... et sans hésiter...

— Eh bien ! je ne vous en fais pas mon compliment.

L'impertinence était si forte, que M. de Courtomieu eut comme une velléité de colère et presque l'envie de se fâcher.

Mais ce n'était pas un homme de premier mouvement, cet ancien chambellan de l'empereur, devenu grand prévôt de la Restauration.

Il réfléchit... Devait-il, pour un mot piquant, se brouiller avec Martial, avec ce prétendant inespéré qu'avait agréé sa fille... Une rupture... plus de gendre ! Le ciel lui en enverrait-il un autre ? Et quelle ne serait pas la fureur de Mlle Blanche !

Il avala donc l'amère pilule, et c'est avec l'accent d'une indulgence toute paternelle qu'il dit :

— Vous êtes jeune, mon cher Martial...

Toujours agenouillé contre la porte murée, retenant son haleine, l'œil et l'oreille au guet, toutes les forces de son esprit tendues jusqu'à la souffrance, le baron d'Escorval respira...

— Vous n'avez que vingt ans, mon cher Martial, poursuivait M. de Courtomieu d'un ton paterne, vous avez l'ardente générosité de votre âge... Achevez donc votre entreprise, je n'y mettrai aucun obstacle ; seulement, songez que tout peut être découvert, et alors...

— Rassurez-vous, monsieur, interrompit le jeune homme, toutes mes mesures sont bien prises... Avez-vous rencontré un soldat le long des corridors ? Non. C'est que mon père, sur ma prière, a réuni tous les hommes de garde, même les factionnaires, sous prétexte de prescrire des précautions exceptionnelles... Il leur parle en ce moment. Voilà comment j'ai pu monter ici sans être aperçu... Nul ne me verra quand je sortirai... Qui donc, après l'évasion, oserait me soupçonner ?...

— Si le baron s'évade, la justice se demandera qui l'a aidé...

Martial riait.

— Si la justice cherche, répondit-il, elle trouvera un coupable de ma façon... Allez, j'ai tout prévu... Je n'avais qu'une personne à craindre : vous. Un homme sûr, d'après le sieur Midon, ancien curé de Sairmeuse, et le sieur Escorval fils, vous a prié de ma part de me rejoindre ici, vous êtes venu, vous avez vu, vous me promettez de rester neutre... je suis tranquille. Le baron sera en Piémont, respirant l'air à pleins poumons, quand le soleil se lèvera.

Il avait fini d'arranger les cordes, il prit la lanterne et continua d'un ton léger :

— Mais sortons... mon père ne peut éternellement haranguer les soldats.

— Cependant, insista M. de Courtomieu, vous ne m'avez pas dit...

— Je vous dirai tout, mais ailleurs... venez, venez...

Ils sortirent ; la serrure et les verrous grincèrent, et alors le baron se redressa.

Martial chancela comme pour mourir et ne dit qu'un mot : Infamie.

Toutes sortes d'idées contradictoires, de suppositions bizarres, de doutes et de conjectures se pressaient dans son esprit.

Que contenait donc cette lettre ?... Comment Chanlouineau ne s'en était-il pas servi pour son propre salut ?... Qui jamais eût cru Martial si fidèle à une parole arrachée par des menaces ?... Il s'inquiétait surtout de la façon dont lui parviendraient les cordes.

Mais c'était le moment d'agir, non de réfléchir... Les barreaux étaient énormes et il y en avait deux rangées...

M. d'Escorval se mit à la besogne.

Il avait jugé sa tâche difficile !... Elle l'était mille fois plus qu'il ne l'avait soupçonné, il le reconnut tout d'abord.

C'était la première fois qu'il se servait d'une lime, et il ne savait comment la manœuvrer. Elle mordait, il est vrai, elle entamait le fer, mais avec une lenteur désespérante, et bien plus en surface qu'en profondeur.

Et ce n'était pas tout... Quelques précautions que prît le baron, chaque coup de lime rendait un son aigre, strident, qui glaçait son sang dans ses veines... Si on allait entendre ce bruit !... Il lui paraissait impossible qu'on ne l'entendît pas, tant il lui semblait formidable.

Il distinguait bien, par moments, le pas des factionnaires qui avaient repris leur poste dans le corridor...

Si faible, après vingt minutes, était le résultat, que le baron se sentit envahi par un affreux découragement.

Aurait-il seulement scié le premier rang de barreaux que paraîtrait le jour ? De toute évidence, non. Dès lors, à quoi bon s'épuiser à un travail inutile... Pourquoi ternir la dignité de sa mort par le ridicule d'une évasion manquée ?...

Il hésitait, quand des pas nombreux s'arrêtèrent devant sa prison. Il courut s'asseoir devant sa table.

La porte s'ouvrit et un soldat entra, auquel un officier resté sur le seuil dit :

— Vous savez la consigne, caporal... Défense de fermer l'œil... Si le prisonnier a besoin de quelque chose, appelez...

Le cœur de M. d'Escorval battait à rompre sa poitrine... Qui arrivait là ?...

Les conseils de M. de Courtomieu l'avaient-ils donc emporté ?... Martial, au contraire, lui envoyait un aide !...

— Il s'agit de ne pas moisir ici ! prononça le caporal, dès que la porte fut refermée.

M. d'Escorval bondit sur sa chaise. Cet homme, c'était un ami, c'était un secours, c'était la vie !...

— Je suis Bavois, poursuivit-il, caporal des grenadiers... On m'a dit comme cela : « Il y a un ami de « l'autre » qui est dans une fichue situation ; veux-tu lui donner un coup de main ?... » J'ai répondu : « Présent ! » et me voilà !...

Celui-là, à coup sûr, était un brave ; le baron lui serra la main, et d'une voix émue :

— Merci, lui dit-il, merci à vous qui sans me connaître vous exposez, pour me sauver, au plus terrible danger...

Bavois haussa dédaigneusement les épaules.

— Positivement, fit-il, ma vieille peau ne vaut pas en ce moment plus cher que la vôtre... Si nous ne réussissons pas, on nous lavera la tête avec le même plomb... Mais nous réussirons... Là-dessus, assez causé !...

Ayant dit, il tira de dessous sa longue capote une forte pince de fer et un litre d'eau-de-vie qu'il déposa sur le lit.

Il prit ensuite la bougie, et à cinq ou six reprises il la fit passer rapidement devant la fenêtre.

— Que faites-vous?... demanda le baron surpris.

— Je préviens vos amis que tout va bien. Ils sont là-bas à nous attendre, et, tenez, voici qu'ils répondent.

Le baron regarda, et en effet par trois fois il vit briller une petite flamme très-vive, comme celle que produit une pincée de poudre.

— Maintenant, reprit le caporal, nous sommes des bons !... Reste à savoir où en sont les barreaux...

— Je n'ai guère avancé la besogne, murmura M. d'Escorval...

Le caporal s'approcha.

— Vous pouvez même dire que vous ne l'avez pas avancée du tout, fit-il; mais rassurez-vous... j'ai été armurier, et je sais manier une lime...

Le baron eût souhaité quelques éclaircissements; un laconique : « Silence dans le rang ! » fut tout ce qu'il obtint de son compagnon.

Expansif en face d'une bouteille, l'honnête Bavois devenait dans les grandes occasions « fort ménager de sa salive » — c'était son expression.

S'il se taisait, c'est qu'il étudiait la situation, le fort et le faible de l'entreprise en homme qui sait que tout dépend de son sang-froid.

— Il s'agit de n'être ni vu ni entendu des camarades, grommela-t-il en tourmentant sa moustache grise.

C'était plus aisé à concevoir qu'à réaliser.

Et cependant, après un moment de réflexion, il ajouta :

— Cela se peut.

C'est qu'il avait plus d'un expédient dans son sac, le caporal.

Ayant retiré le bouchon du litre d'eau-de-vie qu'il avait apporté, il le fixa à l'extrémité d'une des limes et il enveloppa ensuite d'un linge mouillé le manche de l'outil.

— C'est ce qu'on appelle mettre une sourdine à son instrument !... fit-il.

Déjà il avait reconnu les barreaux; il se mit à les attaquer énergiquement

Alors, on put reconnaître qu'il n'avait exagéré ni son savoir-faire ni l'efficacité de ses précautions pour assourdir l'opération.

Le fer, sous sa main habile et prompte, s'émiettait et s'entaillait à miracle, et la limaille pleuvait sur l'appui de la fenêtre.

Et nul bruit, aucun de ces aigres grincements qui avait tant épouvanté le baron. A peine eût-on dit le frottement de deux morceaux de bois dur l'un contre l'autre.

N'ayant rien à redouter des plus habiles oreilles, Bavois avait songé à se mettre à l'abri des regards...

La porte de la chambre était percée d'un guichet et à tout moment quelque factionnaire pouvait y mettre l'œil.

Intercepter ce judas en accrochant au-dessus un vêtement eût éveillé des soupçons... Le caporal avait trouvé mieux.

Déplaçant la petite table de la prison, il y avait posé la lumière de telle sorte que la fenêtre restait totalement dans l'ombre.

De plus, il avait commandé au baron de s'asseoir, et lui remettant un journal, il lui avait dit :

— Lisez, monsieur, à haute voix, sans interruption, lisez jusqu'à ce que vous me voyez cesser ma besogne...

Comme cela, on pouvait défier les factionnaires du corridor... Ils n'avaient qu'à venir !... Quelques-uns vinrent, qui ensuite dirent à leurs camarades :

— Nous avons vu le condamné à mort... Il est très pâle et ses yeux brillent terriblement... Il lit tout haut pour se distraire... Le caporal Bavois est accoudé à la fenêtre, il ne doit pas s'amuser...

La voix du baron avait encore cet avantage de masquer un grincement suspect, s'il y en eût eu un...

Et pendant que travaillait Bavois, M. d'Escorval lisait, lisait...

Déjà il avait lu entièrement le journal et il venait de le recommencer, quand le vieux soldat, quittant la fenêtre, lui fit signe de se reposer.

— La moitié de la besogne est faite !... prononça-t-il tout bas. Les barres de la première rangée sont coupées...

— Ah !... comment reconnaîtrai-je tant de dévouement !... murmura le baron.

— Là-dessus, motus !... interrompit Bavois d'un ton fâché. Quand j'aurai filé avec vous, je serai condamné à mort et je ne saurai où aller, car le régiment, voyez-vous, c'est tout ce que j'ai de famille... Eh bien !... vous me donnerez chez vous place au feu et à la chandelle, et je serai très content !...

Il dit, avala une large lampée d'eau-de-vie, et se remit à l'œuvre avec une ardeur nouvelle...

Déjà le caporal avait fortement entamé un des barreaux de la seconde rangée quand il fut interrompu par M. d'Escorval, qui, sans discontinuer sa lecture à haute voix, s'était approché de lui et le tirait par un pan de sa longue capote.

Vivement il se retourna.

— Qu'y a-t-il ?...

— J'ai entendu un bruit singulier.

— Où ?

— Dans la pièce à côté, où sont les cordes

Le digne Bavois n'étouffa qu'à demi un terrible juron.

— Nom d'un tonnerre!... fit-il, voudrait-on nous tricher? Je joue ma peau, on m'a promis de jouer franc jeu !...

Il appuya son oreille contre une fente de la cloison, et longuement il écouta... Rien, pas un mouvement.

— C'est quelque rat que vous avez entendu, dit-il au baron. Reprenez le journal...

Et lui-même reprit la lime...

Ce fut d'ailleurs la seule alerte. Un peu avant quatre heures, tout était prêt pour l'évasion : les barreaux étaient sciés et les cordes apportées par un trou pratiqué à la cloison étaient roulées au bas de la fenêtre.

L'instant décisif venu, Bavois avait placé la couverture du lit devant le guichet de la porte et « encloué la serrure ».

— Maintenant, dit-il au baron, du même ton qu'il prenait pour réciter la théorie à ses recrues, à l'ordre, monsieur, et attention au commandement.

Et aussitôt, avec une parfaite liberté d'esprit, en décomposant bien, comme il le disait, les temps et les mouvements, il expliqua comment l'évasion présentait deux opérations distinctes, consistant à gagner d'abord l'étroit entablement situé au bas de la tour Plate, pour descendre de là jusqu'au pied du rocher à pic.

L'abbé Midon, qui avait fort bien prévu cette circonstance, avait remis à Martial deux cordes, dont l'une, celle qui devait servir pour le rocher, était bien plus longue que l'autre.

— Je vous attacherai donc sous les bras, monsieur, poursuivit Bavois, avec la plus courte des cordes, et je vous descendrai jusqu'à l'entablement... Quand vous y serez, je vous ferai passer la grosse corde et la pince. Et ne lâchez rien !... Si nous nous trouvions démunis sur ce bout de rocher, il faudrait nous rendre ou nous précipiter... Je ne serai pas long à aller vous rejoindre... Êtes-vous prêt ?

M. d'Escorval leva les bras, la corde fut attachée et il se laissa glisser entre les barreaux...

D'où il était, la hauteur paraissait immense. . . . .
. . . .

En bas, dans les terrains vagues qui entourent la citadelle, huit personnes qui avaient recueilli le signal de Bavois attendaient, silencieuses, émues, toutes palpitantes...

C'était Mme d'Escorval et Maurice, Marie-Anne, l'abbé Midon et quatre officiers à demi-solde...

La nuit, bien que sans lune, était fort claire, et d'où ils étaient ils pouvaient voir quelque chose...

Donc, lorsque quatre heures sonnèrent, ils aperçurent fort bien une forme noire qui glissait lentement le long de la tour Plato... C'était le baron. Peu après, une autre forme suivit très rapidement : c'était Bavois...

La moitié du périlleux trajet était accomplie...

D'en bas, on voyait confusément deux ombres se mouvoir sur l'étroite plate-forme... Le caporal et le baron réunissaient leurs forces pour ficher solidement la pince dans une fente du rocher...

Mais au bout d'un moment, une des ombres émergea du saillant, et tout doucement, le long du rocher, glissa...

Ce ne pouvait être que M. d'Escorval... Transportée de bonheur, sa femme s'avançait les bras ouverts pour le recevoir...

Malheureuse!... Un cri effroyable déchira la nuit...

M. d'Escorval tombait d'une hauteur de cinquante pieds... il était précipité... il s'écrasait au bas de la citadelle... La corde s'était rompue...

S'était-elle naturellement rompue?...

Maurice, qui en avait examiné le bout, s'écriait avec d'horribles imprécations de vengeance et de haine qu'ils étaient trahis, qu'on s'était arrangé pour ne leur livrer qu'un cadavre... que la corde, enfin, avait été coupée.

XXXI

Chupin avait perdu le sommeil, presque le boire, depuis ce matin funeste où il avait vu flamboyer, sur les murs de Montaignac, l'arrêté de M. le duc de Sairmeuse promettant à qui livrerait Lacheneur, mort ou vif, une gratification de 20,000 francs.

L'odieuse provocation s'adressait à de telles âmes.

— Vingt mille francs, répétait-il d'un air sombre, vingt sacs de cent pistoles chaque, pleins à crever de pièces de cent sous, où je puiserais à même comme un richard!... Ah! je découvrirai Lacheneur, fût-il à cent pieds sous terre, je le dénoncerai et je toucherai la récompense!...

L'infamie du crime, le nom de traître et d'infâme qui lui reviendrait, la honte et la réprobation qui en résulteraient pour lui et les siens ne l'arrêtèrent pas un instant.

Il ne voyait, il ne pouvait voir qu'une seule chose... la prime, le prix du sang..

Le malheur est qu'il n'avait, pour guider ses recherches, aucun indice, même vague.

Tout ce qu'on savait à Montaignac, c'était que le cheval de M. Lacheneur avait été tué à la Croix-d'Arcy; on l'avait reconnu en travers de la route.

Mais on ignorait si M. Lacheneur avait été blessé ou s'il s'était tiré sain et sauf de la mêlée. Avait-il gagné la frontière ?... Était-il allé demander un asile à quelque fermier de ses amis ?...

Donc Chupin se « mangeait le sang, » selon son expression, quand le jour même du jugement, sur les deux heures et demie, comme il sortait de la citadelle après sa déposition, étant entré dans un cabaret, son attention fut éveillée par le nom de Lacheneur prononcé à demi-voix près de lui.

Deux paysans vidaient une bouteille, et l'un d'eux, d'un certain âge, racontait qu'il avait fait le voyage de Montaignac pour donner à Mlle Lacheneur des nouvelles de son père.

Il disait comment son gendre avait rencontré le chef du soulèvement dans les montagnes qui séparent l'arrondissement de Montaignac de la Savoie. Il précisait l'endroit de la rencontre, c'était dans les environs de Saint-Pavin-des-Grottes, un petit hameau de quelques feux.

Certes, ce brave homme ne croyait pas commettre une dangereuse indiscrétion. A son avis, sans doute, Lacheneur, si près de la frontière, pouvait être considéré comme hors de tout danger.

En quoi il se trompait.

Du côté de la Savoie, la frontière était entourée d'un cordon de carabiniers royaux, — gendarmes du Piémont, — qui, ayant reçu des ordres, fermaient aux conjurés tous les défilés praticables.

Franchir la frontière présentait donc les plus grandes difficultés, et encore, de l'autre côté, on pouvait être recherché, arrêté et emprisonné, en attendant les brèves formalités de l'extradition.

Avec cette promptitude de coup d'œil trop souvent départie à des scélérats Chupin jugea ses avantages et comprit tout le parti qu'il pouvait tirer du renseignement.

Mais il n'y avait pas une seconde à perdre.

Il jeta une pièce blanche dans le tablier de la cabaretière, et sans attendre sa monnaie il courut jusqu'à la citadelle, entra au poste et demanda au sergent une plume et du papier...

Le vieux maraudeur, d'ordinaire, écrivait péniblement ; ce jour-là, il ne lui fallut qu'un tour de main pour tracer ces quelques lignes :

« *Je connais la retraite de Lacheneur, et prie Monseigneur d'ordonner que quelques soldats à cheval m'accompagnent pour le saisir.*

« Chupin. »

Ce billet fut remis à un homme de garde avec prière de le porter au duc de Sairmeuse, qui présidait la commission militaire.

Cinq minutes après, le soldat reparut, rapportant le billet...

En marge, le duc de Sairmeuse avait écrit de mettre à la disposition de Chupin un sous-officier et huit hommes, choisis parmi les chasseurs de Montaignac dont on était sûr, et qu'on ne soupçonnait pas, comme tout le reste de la garnison, d'avoir fait des vœux pour le succès du soulèvement...

Le vieux maraudeur avait demandé un cheval de troupe, on lui en accorda un... Il l'enfourcha d'une jambe nerveuse et, prenant la tête du petit peloton, il partit au galop, en cavalier qui sait avoir sa fortune sous les fers de sa bête...

De ce billet venait l'air triomphant du duc de Sairmeuse, quand il entra brusquement dans le salon où Marie-Anne et Martial négociaient déjà l'évasion du baron d'Escorval.

C'est parce qu'il avait pris à la lettre les promesses, en vérité fort hasardées, de son espion, qu'il s'était écrié dès la porte :

— Par ma foi !... il faut convenir que ce Chupin est un limier incomparable !... Grâce à lui...

Alors, il avait aperçu Mlle Lacheneur et s'était arrêté court...

Ni Martial ni Marie-Anne, malheureusement, n'étaient dans une situation d'esprit à remarquer la phrase et l'interruption.

Questionné, M. le duc de Sairmeuse eût peut-être laissé échapper la vérité, et très probablement M. Lacheneur eût été sauvé.

Mais il est de ces malheureux qui semblent poursuivis par une destinée fatale qu'ils ne sauraient fuir...

Renversé sous son cheval, après une mêlée furieuse, M. Lacheneur avait perdu connaissance...

Lorsqu'il revint à lui, ranimé par la fraîcheur de l'aube, le carrefour était désert et silencieux. Non loin de lui, il aperçut deux cadavres qu'on n'était pas encore venu relever.

Ce fut un moment affreux, et du plus profond de son âme il maudit la mort qui avait trahi ses suprêmes désirs.

S'il eût eu une arme sous la main, sans nul doute il eût mis fin, par le suicide, aux plus cruelles tortures morales qu'il soit donné à un homme d'endurer... mais il était désarmé.

Force lui était donc d'accepter le châtiment de la vie qui lui était laissée...

Peut-être, aussi, la voix de l'honneur lui cria-t-elle que se soustraire par la mort à la responsabilité de ses actes est une insigne lâcheté... Si irréparable que paraisse le mal qu'on a fait, il y a toujours à réparer.

Enfin, ne se devait-il pas à sa fille, si misérablement sacrifiée ?... Avant tout, il

— Comment ! vous, monsieur le curé, s'écria-t-il tout joyeux.

devait se retirer de dessous le cadavre de son cheval, et, sans aide, ce n'était pas chose facile; outre que son pied était resté engagé dans l'étrier, tous ses membres étaient à ce point engourdis qu'à grand'peine il parvenait à se mouvoir.

Il se dégagea cependant, et, s'étant dressé, il s'examina et se palpa...

Lui qui eût dû être tué dix fois, il n'avait d'autre blessure qu'un coup de baïonnette à la jambe, une longue éraflure qui, partant du cou-de-pied, remontait jusqu'au genou.

Telle qu'elle était, cette blessure le faisait beaucoup souffrir, et il se baissait pour la bander avec son mouchoir, lorsqu'il entendit sur la route un bruit de pas...

Il n'y avait pas à hésiter; il se jeta dans les bois qui sont sur la gauche de la Croix-d'Arcy...

C'étaient des soldats qui regagnaient Montaignac, après avoir poursuivi le gros des conjurés pendant plus de trois lieues, la baïonnette dans les reins.

Ils pouvaient être deux cents, et ramenaient des prisonniers, une vingtaine de pauvres paysans, attachés deux à deux par les poignets, avec des lanières de cuir coupées aux fournimens.

Blotti derrière un gros chêne, à moins de quinze pas de la route, Lacheneur reconnut, aux premières clartés du jour, quelques-uns de ces prisonniers...

Comment ne fut-il pas découvert lui-même?... Ce fut une grande chance.

Il échappa à ce danger, mais il comprit combien il lui serait difficile de gagner la frontière, sans tomber au milieu d'un de ces détachements qui sillonnaient le pays, observant les routes, battant les bois, fouillant les fermes et les villages.

Cependant, il ne désespéra point.

Deux lieues à peine le séparaient des montagnes, et il croyait fermement qu'il serait à l'abri de toutes les poursuites aussitôt qu'il aurait atteint les premières gorges.

Il se mit donc courageusement en route...

Hélas! il avait compté sans les fatigues exorbitantes des jours précédents qui maintenant l'écrasaient, sans sa blessure dont il ne pouvait arrêter le sang...

Il avait arraché un échalas à une vigne, et, s'en servant en guise de béquille, il se traînait plutôt qu'il ne marchait, restant sous bois tant qu'il pouvait, et rampant le long des haies et au fond des fossés quand il avait à traverser un espace découvert.

A tant de souffrances physiques, aux plus cruelles angoisses morales, un supplice venait se joindre, plus douloureux de moment en moment : la faim.

Il y avait trente heures qu'il n'avait rien pris, et il se sentait défaillir de besoin.

Bientôt, la torture devint si intolérable, qu'il se sentit prêt à tout braver pour y mettre un terme.

A une portée de fusil, il apercevait les toits d'un petit hameau; il résolut de s'y rendre, projetant de pénétrer dans la première maison par le jardin...

Il approchait, il arrivait à un petit mur de clôture en pierres sèches, quand il entendit un roulement de tambour.

Instinctivement il s'aplatit derrière le petit mur.

Mais ce n'était qu'un de ces « bans » comme en battent les crieurs de village pour amasser le monde.

Aussitôt après une voix s'éleva, claire et perçante, qui arrivait très distincte à M. Lacheneur.

« C'est pour vous faire assavoir que les autorités de Montaignac promettent de donner une récompense de vingt mille livres — vous m'entendez bien, vous autres, je dis deux mille pistoles ! — à qui livrera le nommé Lacheneur, mort ou vif. Vous comprenez, n'est-ce pas ?... Il serait mort que la gratification serait la même : vingt mille francs !... On payera comptant... en or... »

D'un bond, Lacheneur s'était dressé, fou d'épouvante et d'horreur...

Lui qui s'était cru à bout d'énergie, il trouva des forces surnaturelles pour courir, pour fuir...

Sa tête était mise à prix... Cette horrible pensée le transportait de cette frénésie qui, à la fin, rend si redoutables les bêtes traquées.

De tous les villages, autour de lui, il lui semblait entendre monter les roulements de tambour et la voix du crieur publiant l'infâme récompense.

Où aller, maintenant qu'il était comme un vivant appât offert à la trahison et à la cupidité ?... A quelle créature se confier ?... A quel toit demander un abri ?

Et mort, il vaudrait encore une fortune.

Quand il serait tombé d'inanition et d'épuisement sous quelque buisson, quand il y serait crevé comme un chien après la lente agonie de la faim, son corps vaudrait toujours vingt mille francs.

Et celui qui trouverait son cadavre se garderait bien de lui donner la sépulture.

Il le chargerait sur une charrette et le porterait à Montaignac.

Il irait droit aux autorités et dirait :

« Voici le corps de Lacheneur... comptez l'argent de la prime !... »

Combien de temps et par quels chemins marcha ce malheureux, lui-même n'a pu le dire.

Mais sur les deux heures, comme il traversait les hautes futaies de Charves, ayant aperçu deux hommes qui s'étaient levés à son approche et qui fuyaient, il les appela d'une voix terrible :

— Eh ! vous autres !... Voulez-vous mille pistoles chacun ?... Je suis Lacheneur.

Ils revinrent sur leurs pas en le reconnaissant, et lui-même reconnut deux des conjurés, des métayers dont les familles étaient aisées et qu'il avait eu de la peine à enrôler.

Ces hommes avaient un demi-pain dans un bissac et une gourde pleine d'eau-de-vie.

— Prenez... dirent-ils au pauvre affamé.

Ils s'étaient assis près de lui, sur l'herbe, et pendant qu'il mangeait, ils lui disaient leurs infortunes. Ils avaient été signalés, on les recherchait, leur maison était pleine de soldats. Mais ils espéraient gagner les États sardes, grâce à un guide qui les attendait à un endroit convenu...

Lacheneur leur tendit la main.

— Je suis donc sauvé, dit-il. Faible et blessé comme je le suis, je périssais si je restais seul...

Mais les deux métayers ne prirent pas la main qui leur était tendue.

— Nous devrions vous abandonner, dit le plus jeune d'un air sombre, car c'est vous qui nous perdez, qui nous ruinez... Vous nous avez trompés, monsieur Lacheneur !...

Il n'osa pas protester, tant le juste sentiment de ses fautes l'écrasait

— Bast !... qu'il vienne tout de même, fit l'autre paysan, avec un regard étrange.

Ils partirent, et le soir même, après neuf heures de marche, dont cinq de nuit, à travers les montagnes, ils franchirent la frontière...

Mais cette longue route ne s'était pas faite sans d'amers reproches, sans les plus cruelles récriminations.

Pressé de questions par ses compagnons, l'esprit affaissé comme le corps, Lacheneur avait fini par reconnaître l'inanité des promesses dont il enflammait ses complices. Il reconnut qu'il avait dit que Marie-Louise, le roi de Rome et tous les maréchaux de l'Empire devaient se trouver à Montaignac, et c'était là un monstrueux mensonge. Il confessa qu'il avait donné le signal du soulèvement sans chance de succès, sans moyens d'action, en s'en remettant presque au hasard. Enfin, il avoua qu'il n'y avait de réel que sa haine, la haine implacable qu'il avait vouée aux Sairmeuse...

Dix fois pendant ces terribles aveux, les paysans qui soutenaient la marche de Lacheneur avaient été sur le point de le pousser dans un des précipices qu'ils côtoyaient.

— Ainsi, pensaient-ils, frémissant de rage, c'est pour ses haines à lui qu'il a fait battre et massacrer le monde, qu'il nous ruine et qu'il nous perd... On verra !

Les fugitifs arrivaient à la première maison qu'ils eussent vue sur le territoire sarde.

C'était une auberge isolée, bâtie à une lieue en avant du petit bourg de Saint-Jean-de-Coche, et tenue par un nommé Balstain.

Ils frappèrent, sans s'inquiéter de l'heure — il était plus de minuit. On leur ouvrit et ils demandèrent qu'on leur préparât à souper.

Mais Lacheneur, épuisé par la perte de son sang, brisé par l'effort d'une marche si pénible, déclara qu'il ne souperait pas.

Il se jeta sur un grabat, dans la seconde pièce de l'auberge, et s'endormit...

C'était, depuis qu'ils avaient rencontré Lacheneur, la première fois que les deux métayers se trouvaient seuls et pouvaient échanger leurs impressions.

La même idée leur était venue.

Ils avaient pensé qu'en livrant Lacheneur ils obtiendraient leur grâce.

Certes, ils n'eussent, pour rien au monde, consenti à accepter un sou de l'argent promis au traître ; mais échanger leur liberté et leur vie contre la vie et la iberté de Lacheneur ne leur semblait pas une trahison...

— D'ailleurs, il nous a trompés, se disaient-ils.

Ils décidèrent donc que dès qu'ils auraient soupé ils iraient à Saint-Jean-de-Coche prévenir les gendarmes piémontais.

Mais ils devaient être devancés.

Ils avaient parlé assez haut, et un homme les avait entendus, qui avait appris dans la journée quelle prime splendide était promise à la délation.

Cet homme était l'aubergiste Balstain.

En apprenant le nom de l'hôte qui dormait sans défiance sous son toit, le vertige de l'or le saisit. Il ne dit qu'un mot à sa femme et s'échappa par une fenêtre pour courir aux gendarmes.

Depuis une demi-heure il était parti, quand les métayers sortirent.

Pour monter leur courage jusqu'à l'abominable action qu'ils allaient commettre les malheureux avaient beaucoup bu en soupant.

Ils fermèrent si violemment la porte, que Lacheneur, réveillé par la secousse, se leva.

La femme de l'aubergiste était seule dans la première pièce.

— Où sont mes amis !... demanda-t-il vivement, où est votre mari ?...

Troublée, émue, cette femme essaya de balbutier quelques excuses... N'en trouvant pas, elle se laissa tomber à genoux, en criant :

— Sauvez-vous, monsieur, sauvez-vous... Vous êtes trahi !...

Brusquement, Lacheneur se rejeta en arrière, cherchant de l'œil une arme pour se défendre, une issue pour fuir.

Il avait pu se croire abandonné ; mais trahi... non, jamais.

— Qui donc m'a vendu ?... fit-il d'une voix étranglée.

— Vos amis, ces deux hommes qui soupaient là, à cette table

— Impossible, madame, impossible !...

C'est qu'il était à mille lieues de soupçonner les calculs et les espérances des deux métayers, et il ne voulait pas, il ne pouvait pas les croire capables de le livrer ignoblement pour de l'argent.

— Cependant, poursuivit la femme de l'aubergiste, toujours à genoux, ils viennent de partir pour Saint-Jean-de-Coche où ils vont vous dénoncer... Je les ai entendus dire comme cela que votre vie rachèterait la leur... Ils vont pour sûr ramener les gendarmes!... Pourquoi faut-il que j'aie encore cette honte d'avouer que mon mari, lui aussi, est allé vous vendre?...

Lacheneur comprenait maintenant... Et ce suprême malheur, après tant de misères, brisa les derniers ressorts de son énergie.

De grosses larmes jaillirent de ses yeux, et il s'affaissa sur une chaise en murmurant.

— Qu'ils viennent donc, je les attends... Non, je ne bougerai pas d'ici!... C'est trop disputer une misérable existence.

Mais la femme du traître s'était relevée, et elle s'attachait obstinément aux vêtements du malheureux; elle le secouait; elle le tirait, elle l'eût porté si elle en eût eu la force.

— Vous ne resterez pas, disait-elle avec une véhémence extraordinaire... Partez, sauvez-vous!... Je ne veux pas que vous soyez pris ici, cela nous porterait malheur!

Ébranlé par ces adjurations violentes, l'instinct de la conversation reprenant le dessus, Lacheneur se leva et s'avança jusque sur le seuil de l'auberge.

La nuit était noire, et un brouillard glacé épaississait encore les ténèbres.

— Voyez, madame! fit doucement le pauvre fugitif. Comment me guider à travers ce pays de montagnes que je ne connais pas, où il n'y a point de route, où les sentiers sont à peine frayés?

D'un geste rapide, la femme de Balstain poussa Lacheneur dehors, et, le tournant comme un aveugle qu'on remet en son chemin:

— Marchez droit devant vous, dit-elle, toujours contre le vent... Dieu vous protège.... Adieu!

Il se retourna pour demander quelques explications encore, mais la femme était rentrée dans l'auberge et avait refermé la porte.

Il s'éloigna donc, soutenu par l'excitation d'une fièvre terrible, et durant de longues heures il marcha... Il n'avait pas tardé à perdre la direction, et il errait au hasard, à travers les montagnes de la frontière, transi de froid, buttant à chaque pas contre des roches, tombant parfois et se relevant meurtri...

Comment il ne roula pas au fond de quelque précipice, c'est ce qu'il est difficile d'expliquer.

Ce qui est sûr, c'est qu'il s'égara complètement, et le soleil était déjà bien haut sur l'horizon, quand enfin il aperçut au milieu de ces mornes solitudes un être humain à qui demander où il se trouvait.

C'était un petit berger qui s'en allait, chassant quatre chèvres, et qui, effrayé de l'aspect de cet étranger qui lui apparaissait, refusa d'abord d'approcher.

Une pièce de monnaie l'attira pourtant.

— Vous êtes, monsieur, dit-il en mauvais patois, tout au sommet de la chaîne, et juste sur la ligne de la frontière... Ici est la France, là c'est la Savoie.

— Et quel est le village le plus proche?...

— Du côté de la Savoie, Saint-Jean-de-Coche; du côté de la France, Saint-Pavin...

Ainsi, après tant de prodigieux efforts, Lacheneur ne s'était pas éloigné d'une lieue de l'auberge de Balstain...

Consterné par cette découverte, il demeura un moment indécis, délibérant...

A quoi bon?... Les infortunés voués à la mort choisissent-ils?... Toutes les routes ne les mènent-elles pas fatalement à l'abîme où ils doivent rouler?...

Il se souvint des carabiniers royaux dont l'avait menacé la femme de l'aubergiste et lentement, avec des difficultés inouïes, il descendit les pentes raides qui le ramenaient en France.

Il venait de rentrer sur le territoire de Saint-Pavin, quand, devant une cabane isolée, il aperçut une jeune femme, fraîche et jolie, qui filait assise au soleil.

Péniblement, il se traîna jusqu'à elle, et d'une voix expirante il lui demanda l'hospitalité.

A la vue de ce malheureux hâve et pâle, aux vêtements souillés de boue et de sang, la jolie paysanne s'était levée, plus surprise évidemment qu'effrayée.

Elle l'examinait et elle reconnaissait que son âge, sa taille et ses traits se rapportaient à un signalement publié au tambour et répandu à profusion sur toute la frontière...

— Vous êtes, dit-elle, celui qui a conspiré, qu'on cherche partout et dont on promet deux mille pistoles!...

Lacheneur tressaillit.

— Eh bien! oui, répondit-il après un moment de silence, je suis Lacheneur... Livrez-moi si vous voulez... mais, par pitié, donnez-moi un morceau de pain et laissez-moi prendre un peu de repos...

A ce mot : Livrez-moi, la jolie jeune femme avait eu un geste d'horreur et de dégoût.

— Nous, vous vendre, monsieur, dit-elle... Ah! vous ne connaissez pas les Antoine!... Entrez chez nous, monsieur, et jetez-vous sur notre lit, pendant que je préparerai des œufs au lard... Quand mon mari sera rentré, nous aviserons...

La journée était bien avancée, quand parut le maître de la maison, un robuste montagnard à l'œil ouvert et franc...

En apercevant cet étranger, assis devant son âtre, il pâlit affreusement.

— Malheureuse!... dit-il à sa femme, tu ne sais donc pas que l'homme chez qui celui-ci sera trouvé sera fusillé et que sa maison sera rasée!...

Lacheneur se leva frissonnant.

Il ne savait pas cela, lui ! Il connaissait le chiffre de la prime promise à l'infamie, il ignorait de quelles terribles peines on menaçait les gens d'honneur.

— Je me retire, monsieur, prononça-t-il.

Mais le paysan, laissant retomber sa large main sur l'épaule de son hôte, le força à se rasseoir.

— Ce n'est point pour vous chasser que j'ai parlé, monsieur, fit-il. Vous êtes chez moi, vous y resterez jusqu'à ce que je trouve un moyen de pourvoir à votre sûreté.

La jolie paysanne sauta au cou de son mari, et avec l'accent de la passion la plus vive :

— Ah ! tu es un brave homme, Antoine ! s'écria-t-elle.

Il sourit, embrassa tendrement sa femme, puis, lui montrant la porte restée ouverte :

— Veille, dit-il.

M. Lacheneur put croire que la destinée enfin se lassait.

— Je dois vous avouer, monsieur, reprit l'honnête montagnard, que vous sauver ne sera pas facile... Les promesses d'argent ont mis en mouvement tous les mauvais gueux du pays... On vous sait aux environs... Un gredin d'aubergiste a passé la frontière tout exprès pour vous dénoncer aux gendarmes français...

— Balstain.

— Oui, Balstain, et il vous cherche... Ce n'est pas tout. Comme je traversais Saint-Pavin, remontant ici, j'ai vu arriver huit soldats à cheval, guidés par un paysan à cheval comme eux... Ils ont déclaré qu'ils vous savaient caché dans le village et ils se sont mis à visiter toutes les maisons...

Ces soldats n'étaient autres que les chasseurs de Montaignac confiés à Chupin par le duc de Sairmeuse.

Et, en effet, ils faisaient bien ce que disait Antoine.

Cette besogne n'était, certes, pas de leur goût, mais ils étaient surveillés de près par le sous-officier qui les commandait.

Ce sous-officier n'était pas un méchant homme, mais il avait été, le long de la route, endoctriné par Chupin, lequel avait poussé l'impudence jusqu'à lui promettre l'épaulette, au nom de M. de Sairmeuse, si les investigations étaient couronnées de succès.

Antoine, cependant, exposait à M. Lacheneur ses espérances et ses craintes.

— Épuisé comme vous l'êtes, lui disait-il, vous ne serez pas en état d'entreprendre une longue marche... Je connais, par bonheur, une retraite sûre, à deux portées de fusil dans la montagne... Je vous y conduirai, de nuit, avec des provisions pour une semaine...

Un cri étouffé de sa femme l'interrompit.

Il s'en vint un matin monté sur un petit bidet.

Il se retourna, et l'aperçut toute défaillante, appuyée au montant de la porte, plus blanche que ses coiffes, le bras raidi vers le sentier qui de Saint-Pavin conduisait à la cabane.

Elle disait :

— Les soldats !... ils viennent !

Plus prompts que la pensée, Lacheneur et l'honnête montagnard se précipitèrent vers la porte, allongeant la tête pour voir sans se montrer.

La jeune femme n'avait dit que trop vrai.

Les chasseurs de Montaignac gravissaient le sentier lentement, embarrassés qu'ils étaient par leurs lourdes bottes éperonnées, mais obstinément.

En avant marchait Chupin, qui de l'exemple, de la voix et du geste les animait.

Une parole imprudente de ce petit berger qu'il avait questionné venait, il n'y avait pas vingt minutes, de décider du sort de M. Lacheneur.

Revenu à Saint-Pavin et apprenant que les soldats cherchaient le chef des conjurés, cet enfant avait dit au hasard :

— Je l'ai rencontré, moi, sur « les hauts », il m'a demandé son chemin, et je l'ai vu descendre par le sentier qui passe devant la cabane des Antoine.

Et, à l'appui de son dire, il montrait fièrement la pièce blanche que « le monsieur » lui avait donnée.

— Du coup, s'était écrié Chupin transporté, nous tenons notre homme! En route, camarades!...

Et maintenant, le petit détachement n'était pas à plus de deux cents pas de la maison où le proscrit avait trouvé asile...

Antoine et sa femme se regardaient, et une angoisse pareille se lisait dans leurs yeux.

Ils voyaient leur hôte irrémissiblement perdu.

— Cependant, il faut le sauver, dit la jolie jeune femme, il le faut...

— Oui, il le faut!... répéta le mari d'un air sombre. On me tuera avant de porter la main sur mon hôte, dans ma maison!...

— S'il se cachait dans le grenier, derrière les bottes de paille...

— On le trouverait... Ces soldats sont pires que des tigres, et le vil gredin qui les mène doit avoir le flair d'un chien de chasse.

Il s'interrompit, pour prendre un parti, et vivement :

— Venez, monsieur!... dit-il, sautons par la fenêtre de derrière et gagnons la montagne... On nous verra... qu'importe!... Ces cavaliers à pied ne doivent pas être lestes... Si vous ne pouvez pas courir, je vous porterai... On nous tirera sans doute des coups de fusil, mais on nous manquera.

— Et votre femme?... fit Lacheneur.

L'honnête montagnard frissonna, mais il dit :

— Elle nous rejoindra.

Lacheneur lui prit la main qu'il serra avec un attendrissement dont il ne cherchait ni à se cacher ni à se défendre.

— Ah!... vous êtes de braves gens!... dit-il, et Dieu vous récompensera de votre pitié pour le pauvre proscrit... Mais vous avez trop fait déjà... Je serais le plus lâche des hommes si je vous exposais inutilement... Je ne puis plus, je ne veux plus être sauvé.

Il attira à lui la jeune femme, qui sanglotait, et, l'embrassant sur le front :

— J'ai une fille, murmura-t-il, belle comme vous, mon enfant, comme vous, généreuse et fière... Pauvre Marie-Anne!... Qu'est-elle devenue, elle que j'ai impitoyablement sacrifiée à mes rancunes?... Allez! il ne faut pas me plaindre, quoi qu'il m'arrive... je l'ai mérité.

Le bruit des bottes sur le sentier devenait de plus en plus distinct. Lacheneur se redressa, rassemblant pour l'heure décisive toute l'énergie dont son âme altière était capable...

— Restez!... commanda-t-il à Antoine et à sa femme. Moi, je sors, je ne veux pas qu'on m'arrête chez vous.

Il sortit, en disant cela, d'un pas ferme, le front haut, le regard calme et assuré.

Les soldats arrivaient.

— Holà!... leur cria-t-il d'une voix forte, c'est Lacheneur que vous cherchez, n'est-ce pas?... Me voici!... Je me rends.

Pas une acclamation ne répondit.

La mort qui planait au-dessus de sa tête imprimait à sa personne une si imposante majesté, que les soldats s'arrêtèrent frappés de respect.

Mais il y eut un homme que cette voix retentissante terrifia : Chupin.

Le remords, plus douloureux que le fer rouge, venait de traverser le cœur du misérable, et blême, tremblant, éperdu, il essayait de se dissimuler derrière les soldats.

Lacheneur marcha droit à lui.

— C'est donc toi qui me vends, Chupin, prononça-t-il. Tu n'as pas oublié, je le vois bien, que souvent, l'hiver, Marie-Anne a rempli ta huche vide... et tu te venges!...

Le vieux maraudeur était écrasé ; on eût dit qu'il allait tomber à genoux.

Maintenant qu'il avait trahi, il comprenait ce qu'est la trahison...

— Va!... dit encore M. Lacheneur, tu toucheras le prix de mon sang, mais il ne te portera pas bonheur!... traître!...

Mais déjà Chupin, s'indignant de sa faiblesse, relevait la tête, s'efforçant de secouer la frayeur qui l'envahissait.

— Vous avez conspiré contre le roi, dit-il, je n'ai fait que mon devoir en vous dénonçant.

Et se retournant vers les soldats :

— Quant à vous, camarades, soyez sûrs que M^{er} le duc de Sairmeuse vous témoignera sa satisfaction...

On avait lié les poignets de Lacheneur, et la petite troupe s'apprêtait à redescendre le sentier, quand un homme parut, ruisselant de sueur, hors d'haleine, la tête nue.

Il faisait presque nuit déjà, cependant M. Lacheneur reconnut Balstain. Dès qu'il fut à portée de la voix :

— Ah! vous le tenez !... s'écria-t-il en montrant le prisonnier... C'est à moi que revient la prime... C'est moi qui l'ai dénoncé le premier, de l'autre côté de la frontière; les carabiniers de Saint-Jean-de-Coche en témoigneront... Il devait être pris cette nuit, chez moi, mais il a profité de mon absence, le gueux, le scélérat !... pour séduire ma femme et s'évader... Quand je suis revenu avec les carabiniers, il était parti... Ma femme est au lit, de la correction que je lui ai administrée... Et moi, depuis seize heures, je suis les traces de ce bandit !...

Il s'exprimait avec une violence et une volubilité extraordinaires; la cupidité déçue le jetait hors de soi; il était comme fou, en songeant que de sa délation il ne recueillait que l'infamie.

— Si vous avez des droits, lui dit le sous-officier, vous les ferez valoir près des autorités...

— Comment ! si j'ai des droits, interrompit Balstain. Qui donc me les conteste ?

Il promenait autour de lui des regards menaçants; il reconnut Chupin.

— Serait-ce toi ? demanda-t-il. Ose donc soutenir que c'est toi qui as découvert le brigand ?...

— Oui ! c'est moi qui ai deviné sa retraite.

— Tu mens, imposteur !... vociférait l'aubergiste, tu mens !...

Les soldats ne bougeaient pas; cette scène les vengeait des dégoûts de l'après-midi.

— Du reste, poursuivait Balstain, avec l'emphase des hommes de son pays, que peut-on attendre d'un vil coquin tel que Chupin !... Chacun ne sait-il pas que dix fois au moins il a été obligé de quitter la France pour ses crimes ?... Où te réfugiais-tu quand tu passais la frontière, Chupin ?... Dans ma maison, dans l'auberge de l'honnête Balstain... On t'y cachait et on t'y nourrissait. Combien de fois t'ai-je sauvé de la potence et des galères ?... Je n'ai pas compté. Et pour me récompenser, tu me voles mon bien, tu t'empares de cet homme qui était à moi !..

— Il est fou !... répétait le vieux maraudeur ahuri, il est fou !...

Alors l'aubergiste changea de tactique.

— Si du moins tu étais raisonnable, reprit-il... Voyons, Chupin, un bon mouvement pour un vieil ami... Part à deux, hein ! veux-tu ?... Non... tu me réponds non... Que veux-tu me donner, compère ?... Le tiers ?... c'est trop !... Le quart, alors ?...

Chupin ne sentait que trop que tous les hommes du détachement étaient ravis de son horrible humiliation, ils riaient et l'instant d'avant il les avait vus éviter son contact avec une visible horreur.

Transporté de colère, il poussa violemment Balstain en criant aux soldats :

— Ah çà !... allons-nous coucher ici !...

Un éclair d'implacable haine flamboya dans l'œil du Piémontais.

Il tira très ostensiblement son couteau de sa poche, et, faisant avec le signe de la croix :

— Saint Jean de Coche, prononça-t-il d'une voix éclatante, et vous, bonne sainte Vierge, recevez mon serment... Que je sois damné si jamais je me sers d'un couteau à mes repas avant d'avoir enfoncé celui que je tiens dans le ventre du scélérat qui me vole !

Ayant dit, il disparut, et le détachement se mit en marche.

Mais le vieux maraudeur n'était plus le même. Rien ne lui restait de son impudence accoutumée. Il marchait la tête basse, remué par toutes sortes de pensées comme jamais il n'en avait eu, assailli par les plus sinistres pressentiments.

Un serment comme celui de Balstain, et de la part d'un tel homme, c'était, il ne pouvait se le dissimuler, sinon un arrêt de mort, du moins la certitude d'une tentative prochaine d'assassinat...

Cela le tourmentait tellement que jamais il ne voulut laisser le détachement coucher à Saint-Pavin, comme c'était convenu. Il lui tardait de s'éloigner.

Quand les soldats eurent soupé, et longuement, Chupin envoya chercher une charrette, où le prisonnier fut garrotté, et on partit.

Deux heures après minuit venaient de sonner quand Lacheneur fut écroué à la citadelle de Montaignac.

Nul ne semblait s'y douter qu'en ce moment même, M. d'Escorval et le caporal Bavois travaillaient à leur évasion.

XXXII

Seul dans son cachot, après le départ de Marie-Anne, Chanlouineau s'abandonnait au plus affreux désespoir.

Il venait de donner plus que sa vie à cette femme tant aimée.

N'avait-il pas risqué son honneur en simulant, pour obtenir une entrevue, les plus ignobles défaillances de la peur ?

Tant qu'il l'avait attendue, tant qu'elle avait été là, il ne songeait qu'au succès de sa ruse... Mais maintenant il ne prévoyait que trop ce que diraient les gardiens.

— Ce Chanlouineau, raconteraient-ils sans doute, n'était après tout qu'un misérable fanfaron... Nous l'avons entendu implorer sa grâce à genoux, promettant de livrer et de faire prendre ses complices.

La pensée que sa mémoire pouvait être flétrie de ces imputations de lâcheté et de trahison le rendait fou de douleur.

Il souhaitait la mort, qui allait, pensait-il, lui offrir un moyen de réhabilitation.

— On verra bien, disait-il avec rage, on verra bien demain, en face du peloton d'exécution, si je pâlis et si je tremble.

Il était dans ces dispositions, quand sa porte s'ouvrit livrant passage au marquis de Courtomieu, qui, après avoir vu lui échapper Mlle Lacheneur, venait s'informer des résultats de la visite...

— Eh bien! mon brave garçon, commença-t-il de son ton doucereux.

— Sortez! cria Chanlouineau exaspéré, sortez, sinon...

Sans attendre la fin de la phrase, le marquis s'esquiva prestement, effrayé et surtout fort surpris du changement.

— Quel redoutable et féroce scélérat! dit-il au gardien. Il serait peut-être prudent de lui mettre la camisole de force...

Ah!... il n'en était pas besoin. L'héroïque paysan venait de se laisser tomber sur la paille de son cachot brisé par cette horrible fièvre de l'angoisse qui vieillit un homme en une nuit.

Marie-Anne saurait-elle du moins tirer parti de l'arme qu'il venait de mettre entre ses mains?...

S'il l'espérait, c'est qu'il songeait qu'elle aurait pour conseil et pour guide un homme dont l'expérience lui inspirait une confiance absolue : l'abbé Midon.

— Martial aura peur de la lettre, se répétait-il, certainement il aura peur...

En cela, Chanlouineau se trompait absolument. Son intelligence était certes au-dessus de sa condition, mais elle n'était pas assez raffinée pour pénétrer un caractère tel que celui du jeune marquis de Sairmeuse.

Ce brouillon, écrit par lui en un moment d'aveuglement, fut presque sans influence sur les déterminations de Martial.

Il parut s'en effrayer prodigieusement pour en épouvanter son père, mais au fond il considérait la menace comme puérile.

Marie-Anne, sans la lettre, eût obtenu de lui la même assistance.

D'autres causes eussent décidé Martial ; la difficulté et le danger de l'entreprise, les risques à courir, les préjugés à braver.

Déjà, à cette époque, il n'y avait que l'impossible capable de tenter cet esprit aventureux et blasé, et cependant avide d'émotions.

Sauver la vie du baron d'Escorval, un ennemi, presque sur les marches de l'échafaud, lui sembla beau... Assurer en le sauvant le bonheur d'une femme qu'il adorait et qui lui préférait un autre homme lui parut digne de lui...

Quelle occasion, d'ailleurs, pour l'exercice des facultés de sang-froid, de diplomatie et de finesse qu'il s'accordait !...

Il fallait jouer son père, c'était aisé : il le joua.

Il fallait jouer le marquis de Courtomieu, c'était difficile : il crut l'avoir joué.

Mais le malheureux Chanlouineau ne pouvait concevoir de telles contradictions; il se consumait d'anxiété.

C'est avec joie qu'il eût consenti à subir la torture avant de recevoir le coup de la mort, pour pouvoir suivre toutes les démarches de Marie-Anne.

Que faisait-elle ?... Comment savoir ?...

Dix fois, pendant la soirée, sous toutes sortes de prétextes, il appela ses gardiens et s'efforça de les faire causer. Sa raison lui disait bien que ces gens n'étaient pas plus instruits que lui-même, qu'on ne les mettrait pas dans la confidence quoi qu'on résolût... n'importe !...

La retraite battit... puis l'appel du soir... puis l'extinction des feux...

Après, rien, le silence...

L'oreille au guichet de sa prison, concentrant toute son âme en un effort surhumain d'attention, Chanlouineau écoutait.

Il lui semblait que si de façon ou d'autre le baron d'Escorval recouvrait sa liberté, il en serait averti par quelque signe... Ceux qu'il sauvait lui devaient bien, pensait-il, cette marque de reconnaissance...

Un peu après deux heures, il tressaillit... Il se faisait un grand mouvement dans les corridors, on courait, on s'appelait, on agitait les trousseaux de clefs, des portes s'ouvraient et se refermaient...

Le corridor s'éclairant, il regarda, et à la lueur douteuse des lanternes, il crut voir passer, comme une ombre pâle, Lacheneur, entraîné par des soldats.

Lacheneur !... Était-ce possible !... Il voulut douter de ses sens, il se disait que ce ne pouvait être là qu'une vision de la fièvre qui brûlait son cerveau.

Un peu plus tard il entendit un cri déchirant... Mais qu'avait de surprenant un cri dans une prison où vingt et un condamnés à mort suaient l'agonie de cette effroyable nuit qui précède l'exécution...

Enfin le jour glissa livide et morne le long de la hotte de la fenêtre. Chanlouineau désespéra.

— C'est fini, murmura-t-il, la lettre a été inutile !...

Pauvre généreux garçon... Son cœur eût bondi de joie s'il eût pu jeter un coup d'œil dans la cour de la citadelle...

Il y avait plus d'une heure qu'on avait sonné le réveil, les cavaliers achevaient le pansage du matin, quand deux femmes de la campagne, de celles qui apportent au marché leur beurre et leurs œufs, se présentèrent au poste.

Elles racontaient que, passant le long des rochers à pic de la tour Plate, elles venaient d'apercevoir une longue corde qui pendait.

Une corde !... Un des condamnés s'était donc évadé !...

On courut à la chambre du baron d'Escorval... elle était vide.

Le baron s'était enfui, entraînant l'homme qu'on lui avait donné pour gardien, le caporal Bavois, des grenadiers.

La stupeur fut grande et aussi l'indignation... mais la frayeur fut plus grande encore...

Il n'était pas un des officiers de service qui ne frémît en songeant à sa responsabilité, qui ne vît presque sa carrière brisée.

Qu'allaient dire le terrible duc de Sairmeuse, et le marquis de Courtomieu, bien autrement redouté avec ses façons froides et polies ? Il fallait les avertir cependant. Un sergent leur fut dépêché.

Bientôt ils parurent, accompagnés de Martial, enflammés, en apparence, d'une effroyable colère, tout à fait propre, en vérité, à écarter tout soupçon de connivence de leur part.

M. de Sairmeuse, surtout, semblait hors de soi.

Il jurait, injuriait, accusait, menaçait, et s'en prenait à tout le monde.

Il avait commencé par faire mettre en prison tous les factionnaires, jusqu'à plus ample informé, et il parlait de demander la destitution en masse de tous les officiers et de tous les sous-officiers.

— Quant à ce misérable Bavois, criait-il aux soldats, quant à ce lâche déserteur, il sera fusillé dès qu'on l'aura repris... et on le reprendra, comptez-y !...

On avait espéré calmer un peu M. de Sairmeuse en lui apprenant l'arrestation de Lacheneur, mais il la connaissait. Chupin avait osé l'éveiller au milieu de la nuit pour lui apprendre la grande nouvelle.

Ce lui fut seulement une occasion d'exalter les mérites du traître.

— Celui qui a découvert Lacheneur, dit-il, saura bien rattraper le sieur Escorval. Qu'on aille me chercher Chupin !...

Plus calme, M. de Courtomieu prenait ses mesures, afin de remettre, disait-il, le « grand coupable » sous la main de la justice.

Il expédiait des courriers dans toutes les directions, et faisait porter avis de l'événement dans les localités voisines.

Ses commandements étaient précis et brefs : surveiller la frontière, soumettre les voyageurs à un examen sévère, pratiquer de nombreuses visites domiciliaires, répandre à profusion le signalement du sieur Escorval.

Avant tout, il avait donné l'ordre de rechercher et d'arrêter le sieur Midon, ancien curé de Sairmeuse, et le sieur Escorval fils.

Mais parmi tous les officiers présents, il y en avait un, c'était un vieux lieu-

— Vous l'... rez voulu, dit-il d'une voix stridente.

tenant décoré, que le ton du duc de Sairmeuse avait profondément blessé.

Il s'avança d'un air sombre, en disant que tout cela sans doute était bel et bien, mais que le plus pressé était de procéder à une enquête qui, en faisant connaître les moyens d'évasion, révélerait peut-être les complices.

A ce simple mot : enquête, ni le duc de Sairmeuse ni le marquis de Courtomieu n'avaient été maîtres d'un imperceptible tressaillement.

Pouvaient-ils ignorer à combien peu tient le secret des trames les mieux ourdies !

Que fallait-il, ici, pour dégager la vérité des apparences mensongères ? Une précaution négligée, un puéril détail, un mot, un geste, un rien...

Ils tremblèrent que cet officier ne fût un homme d'une perspicacité supérieure, qui avait vu clair dans leur jeu, ou qui, tout au moins, avait des présomptions qu'il était impatient de vérifier.

Non, le vieux lieutenant n'avait aucun soupçon, il avait parlé ainsi au hasard, uniquement pour exhaler son mécontentement. Même son intelligence était si peu subtile qu'il ne remarqua pas le rapide coup d'œil qu'échangèrent le marquis et le duc.

Martial, lui, le surprit, ce regard, et tout aussitôt :

— Je suis de l'avis du lieutenant, prononça-t-il avec une politesse trop étudiée pour n'être pas une raillerie. Oui, il faut ouvrir une enquête... cela est aussi ingénieusement pensé que bien dit.

Le vieil officier décoré tourna le dos en mâchonnant un juron.

— Ce joli coco se fiche de moi, pensait-il, et lui et son père et cet autre pékin mériteraient... Mais il faut vivre !...

A s'avancer comme il venait de le faire, Martial sentait fort bien qu'il ne courait pas le moindre risque.

A qui revenait le soin des investigations ?... Au duc et au marquis. Ils étaient donc, en vérité, un peu naïfs de s'inquiéter. Ne resteraient-ils pas seuls juges de ce qu'il serait opportun de taire ou de révéler, et complètement maîtres de cacher ce qui serait de nature à trahir leur connivence ?...

Ils se mirent donc à l'œuvre immédiatement, avec un empressement qui eût fait évanouir les doutes, s'il y en eût eu parmi les assistants.

Mais qui donc se fût avisé de concevoir des doutes !...

Le succès de la comédie était d'autant plus certain que la fuite du baron d'Escorval paraissait menacer sérieusement les intérêts de ceux qui l'avaient favorisée.

Les détails de l'évasion, Martial pensait les connaître aussi exactement que les évadés eux-mêmes... Il était l'auteur, s'ils avaient été les acteurs du drame de la nuit.

Il s'abusait ; il ne tarda pas à se l'avouer.

L'enquête, dès les premiers pas, révéla des circonstances qui lui parurent inexplicables.

Il était clair, et la disposition des lieux le démontrait, que pour recouvrer leur liberté le baron d'Escorval et le caporal Bavois avaient eu à accomplir deux descentes successives.

Ils avaient dû, d'abord, descendre de la fenêtre de la prison jusque sur la saillie qui se trouvait au pied de la tour Plate. Il leur avait ensuite fallu se laisser glisser de cette saillie jusqu'au bas des rochers à pic.

Pour réaliser cette double opération, et les prisonniers l'avaient réalisée, puisqu'ils s'étaient échappés, deux cordes leur étaient indispensables. Martial les avait apportées, on eût dû les retrouver.

Eh bien! on n'en retrouvait qu'une, celle que les paysannes avaient aperçue pendant de la saillie, où elle était accrochée à une pince de fer.

De la fenêtre à la saillie, point de corde...

Ce fait sauta aux yeux de tout le monde.

— Voilà qui est extraordinaire! murmura Martial, devenu pensif.

— Tout à fait bizarre!... approuva M. de Courtomieu.

— Comment diable s'y sont-ils pris pour arriver de la fenêtre du cachot à cette étroite corniche?...

— C'est ce qui ne se comprend pas...

Martial allait trouver une bien autre occasion de s'étonner.

Ayant examiné la corde restant, celle qui avait servi pour la seconde descente, il reconnut qu'elle n'était pas d'un seul morceau. On avait noué bout à bout les deux cordes qu'il avait apportées... La plus grosse évidemment ne s'était pas trouvée assez longue.

Comment cela se faisait-il?... Le duc avait-il donc mal évalué la hauteur du rocher?... L'abbé Midon avait-il mal pris ses mesures?...

Il aurait cette grosse corde de l'œil, et positivement il lui semblait qu'elle avait été raccourcie... Elle lui avait paru avoir un bon tiers en plus, pendant qu'on la lui roulait autour du corps pour l'entrer dans la citadelle.

— Il sera survenu quelque accident imprévu, disait-il à son père et au marquis de Courtomieu; mais lequel?...

— Eh!... que nous importe? répondait le marquis; vous avez la lettre compromettante, n'est-ce pas?...

Mais Martial était de ces esprits qui ne sauraient rester en repos tant qu'ils sont en face d'un problème à résoudre.

Il voulut, quoi que pût lui dire M. de Courtomieu, aller inspecter le bas des rochers.

Juste sous la corde, se voyaient de larges taches de sang.

— Un des prisonniers est tombé, fit Martial vivement, et s'est dangereusement blessé!

— Par ma foi!... s'écria le duc de Sairmeuse, le sieur Escorval se serait brisé les os que j'en serais ravi.

Martial rougit, et regardant fixement son père :

— Je suppose, monsieur, prononça-t-il froidement, que vous ne pensez pas un mot de ce que vous dites... Nous nous sommes engagés sur l'honneur de notre nom à sauver M. le baron d'Escorval; s'il s'était tué ce serait un malheur pour nous, monsieur, un très grand malheur !...

Quand son fils prenait ce ton hautain et glacé, le duc ne trouvait rien à répondre; il s'en indignait, mais c'était plus fort que lui.

— Bast !... fit M. de Courtomieu, si ce coquin-là s'était seulement blessé, nous le saurions...

Ce fut l'opinion de Chupin, qui, mandé par le duc, venait d'arriver.

Mais le vieux maraudeur, si loquace d'ordinaire et si empressé, répondit brièvement, et, chose étrange, n'offrit point ses services.

De son imperturbable assurance, de son impudence familière, de son sourire obséquieux et bas, rien ne restait.

Son œil trouble, la contraction de ses traits, son air sombre, le tressaillement qui par intervalles le secouait, tout trahissait la détresse de son âme...

Si visible était le changement, que M. de Sairmeuse le remarqua.

— Quelle mésaventure t'est arrivée, maître Chupin ? demanda-t-il.

— Il est arrivé, répondit d'une voix rauque l'ancien braconnier, que, pendant que je me rendais ici, les enfants de la ville m'ont jeté de la boue et des pierres... Je courais ; ils me poursuivaient en criant : Traître !... Infâme !...

Ses poings se crispaient dans le vide, comme s'il eût médité quelque vengeance, et il ajouta :

— Ils sont contents, les gens de Montaignac, ils savent l'évasion du baron et ils se réjouissent.

Hélas !... cette joie des habitants de Montaignac devait être de courte durée.

Ce jour était désigné pour l'exécution des condamnés à mort.

Jugés par un conseil de guerre, ils devaient être passés par les armes.

C'était un vendredi.

A midi, les portes furent fermées et les troupes prirent les armes.

L'impression fut profonde, terrible, quand les funèbres roulements des tambours annoncèrent les préparatifs de l'épouvantable holocauste.

La consternation et une sorte d'épouvante se répandirent dans la ville; un silence de mort se fit, qui de proche en proche gagna tous les quartiers; les rues devinrent désertes, et bientôt on put voir chaque habitant fermer ses fenêtres et ses portes...

Enfin, comme trois heures sonnaient, les portes de la citadelle s'ouvrirent et donnèrent passage à quatorze condamnés, qui s'avancèrent lentement, accompagnés chacun d'un prêtre...

Quatorze !... Pris de remords et d'effroi au dernier moment, M. de Courtomieu et le duc de Sairmeuse avaient suspendu l'exécution de six condamnés, et en ce moment même, un courrier emportait vers Paris six demandes de grâce, signées par le commissaire militaire.

Chanlouineau n'était pas au nombre de ceux pour qui on sollicitait la clémence royale...

Tiré de son cachot sans avoir appris si oui ou non sa lettre avait été inutile, il comptait avec une poignante anxiété les condamnés...

Il y eut un moment où ses regards eurent une telle expression d'angoisse, que le prêtre qui l'accompagnait se pencha vers lui en murmurant :

— Qui cherchez-vous des yeux, mon fils ?..
— Le baron d'Escorval.
— Il s'est évadé cette nuit.
— Ah !... je mourrai donc content !... s'écria l'héroïque paysan.

Il mourut sans pâlir, comme il se l'était promis, calme et fier, le nom de Marie-Anne sur les lèvres...

XXXIII

Eh bien !... il y eut une femme, une jeune fille, que n'émurent ni ne touchèrent les lamentables scènes dont Montaignac était le théâtre.

Mlle Blanche de Courtomieu demeura souriante comme de coutume, au milieu d'une population en deuil ; ses yeux si beaux restèrent secs pendant que coulaient tant de pleurs.

Fille d'un homme qui, durant une semaine, exerça une véritable dictature, elle n'essaya pas d'arracher au bourreau un seul des malheureux qui furent jetés à la commission militaire.

On avait arrêté sa voiture sur le grand chemin !... Voilà le crime que Mlle de Courtomieu ne pouvait oublier...

Elle n'avait dû qu'à l'intercession de Marie-Anne de n'être pas retenue prisonnière. Voilà ce qu'il était au-dessus de ses forces de pardonner.

Aussi, est-ce avec l'exagération du ressentiment que le lendemain, en arrivant à Montaignac, elle avait raconté à son père ce qu'elle appelait « ses humiliations », l'incroyable arrogance de la fille de Lacheneur et l'épouvantable brutalité des paysans.

Et quand le marquis de Courtomieu lui demanda si elle consentirait à déposer contre le baron d'Escorval, elle répondit froidement :

— Je crois que c'est mon devoir, et je le remplirai, quoiqu'il soit pénible.

Elle ne pouvait ignorer, on ne lui laissa pas ignorer que sa déposition serait un arrêt de mort, elle persista, parant sa haine et son insensibilité des noms de vertu et de sacrifice à la bonne cause.

Au moins faut-il lui rendre cette justice que son témoignage fut sincère.

Elle croyait réellement, en son âme et conscience, que c'était le baron d'Escorval qui se trouvait parmi les conjurés.

Cette erreur de Mlle Blanche, qui fut celle de beaucoup de gens, venait de l'habitude où on était dans le pays de ne jamais désigner Maurice que par son prénom.

En parlant de lui on disait : M. Maurice. Quand on disait M. d'Escorval, c'est qu'il s'agissait du baron.

Du reste, une fois cette accablante déposition écrite et signée de sa jolie et petite écriture aristocratique, bien fine et bien sèche, Mlle de Courtomieu affecta pour les événements la plus profonde indifférence.

Elle voulait qu'il fût bien dit que rien de ce qui touchait des gens de rien, comme ces pauvres paysans, n'était capable de troubler la sérénité de son orgueil.

On ne l'entendit pas adresser une seule question.

Mais cette superbe indifférence était jouée. En réalité, au fond de son âme, Mlle de Courtomieu bénissait cette conspiration avortée qui faisait verser tant de larmes et tant de sang.

Marie-Anne n'était-elle pas, la pauvre jeune fille, emportée par le tourbillon des événements !...

— Maintenant, pensait-elle, le marquis me reviendra, et je lui aurai vite fait oublier cette effrontée qui l'avait ensorcelé.

Chimères !... Le charme s'était évanoui qui avait fait flotter indécise la passion de Martial entre Mlle de Courtomieu et la fille de Lacheneur.

Surpris d'abord par les grâces pénétrantes de Mlle Blanche, il avait fini par distinguer l'expérience cruelle et la profondeur de calcul dissimulées sous les apparences d'une adorable candeur.

Mis en garde, il découvrit la froide ambitieuse sous la pensionnaire naïve ; il comprit la sécheresse de son âme, ses vanités féroces, son égoïsme, et la comparant à la noble et généreuse Marie-Anne, il ne ressentit pour elle qu'éloignement.

Il lui revint cependant, ou du moins il parut lui revenir, mais uniquement par suite de cette légèreté qui était le fond de son caractère, poussé par cet inexplicable sentiment qui parfois nous détermine aux actions qui nous sont le plus désagréables, et aussi par désœuvrement, par découragement, par désespoir, parce qu'il sentait bien que Marie-Anne était perdue pour lui.

Enfin, il se disait qu'il y avait eu parole échangée entre le duc de Sairmeuse et le marquis de Courtomieu, que lui-même avait promis, que Mlle Blanche était sa fiancée...

Était-ce la peine de rompre ces engagements publics?... Ne faudrait-il pas finir par se marier un jour?... Pourquoi ne se pas marier ainsi qu'il était convenu ! Autant épouser Mlle de Courtomieu que toute autre, puisqu'il était sûr que la seule femme qu'il eût aimée, la seule qu'il pût aimer, ne serait jamais la sienne.

Froid et maître de lui près d'elle, et certain qu'il resterait de même, il lui fut aisé de jouer la comédie merveilleuse de l'amour, avec cette perfection et ce charme que n'atteint jamais, cela est triste à dire, un sentiment vrai...

Son amour-propre, bien qu'il ne fût point fat, y trouvait son compte, et aussi cet instinct de duplicité qui, perpétuellement, mettait en contradiction ses actes et ses pensées.

Mais pendant qu'il paraissait ne s'occuper que de son mariage, tandis qu'il berçait Mlle Blanche, enivrée, de rêves décevants et des plus doux projets d'avenir, il ne s'inquiétait que du baron d'Escorval.

Qu'étaient devenus, après leur évasion, le baron et le caporal Bavois?... Qu'étaient devenus tous ceux qui étaient allés les attendre — Martial le savait — au bas du rocher, Mme d'Escorval et Marie-Anne, l'abbé Midon et Maurice, et aussi quatre officiers à la demi-solde?...

C'étaient donc dix personnes en tout qui s'étaient enfuies.

Et il en était à se demander comment tant de gens avaient pu disparaître comme cela, tout à coup, sans laisser de traces, sans seulement avoir été aperçues...

— Ah! il n'y a pas à dire, pensait Martial, cela dénote une habileté supérieure... je reconnais la main du prêtre...

L'habileté en effet était grande, car les recherches ordonnées par M. de Courtomieu et par M. de Sairmeuse se poursuivaient avec une fiévreuse activité.

Cette activité même désolait le duc et le marquis, mais qu'y pouvaient-ils?...

Il leur arrivait ce qui, le plus souvent, advient aux chefs qui se passionnent tout d'abord. Ils avaient imprudemment excité le zèle de leurs subalternes, et maintenant que ce zèle allait à l'encontre de leurs intérêts et de leurs désirs, ils ne pouvaient ni le modérer, ni même se dispenser de le louer.

Ils ne songeaient cependant pas sans terreur à ce qui se passerait si le baron d'Escorval et Bavois étaient repris.

Tairaient-ils la connivence qui leur avait valu la liberté? Évidemment, non. Ils n'étaient certains que de la complicité de Martial, puisque Martial seul avait parlé au vieux caporal, mais c'était assez pour tout perdre.

Heureusement, les perquisitions les plus minutieuses restaient vaines.

Un seul témoin déclarait que, le matin de l'évasion, au petit jour, il avait rencontre, non loin de la citadelle, un groupe d'une dizaine de personnes, hommes et femmes, qui lui avaient paru porter un cadavre.

Rapproché des circonstances des cordes et du sang, ce témoignage faisait frémir Martial.

Il avait noté un autre indice encore, révélé par la suite de l'enquête.

Tous les soldats de service la nuit de l'évasion ayant été interrogés, voici ce que l'un d'eux avait déclaré :

— J'étais de faction dans le corridor de la tour Plate, quand, vers deux heures et demie, après qu'on eut écroué Lacheneur, je vis venir à moi un officier. Il me donna le mot d'ordre; naturellement je le laissai passer. Il a traversé le corridor, est entré dans la chambre voisine de celle où était enfermé M. d'Escorval et en est ressorti au bout de cinq minutes...

— Reconnaîtriez-vous cet officier? avait-on demandé à ce factionnaire.

Et il avait répondu :

— Non, parce qu'il avait un manteau dont le collet était relevé jusqu'à ses yeux.

Quel pouvait être ce mystérieux officier? Qu'était-il allé faire dans la chambre où les cordes avaient été déposées?...

Martial se mettait l'esprit à la torture sans trouver une réponse à ces deux questions.

Le marquis de Courtomieu, lui, semblait moins inquiet.

— Ignorez-vous donc, disait-il, que le complot avait dans la garnison des adhérents assez nombreux? Tenez pour certain que ce visiteur qui se cachait si exactement était un complice qui, prévenu par Bavois, venait savoir si on avait besoin d'un coup de main.

C'était une explication et plausible même ; cependant elle ne pouvait satisfaire Martial. Il entrevoyait, il pressentait au fond de cette affaire un secret qui irritait sa curiosité.

— Il est inconcevable, pensait-il avec dépit, que M. d'Escorval n'ait pas daigné me faire savoir qu'il est en sûreté!... Le service que je lui ai rendu valait bien cette attention.

Si obsédante devint son inquiétude, qu'il résolut de recourir à l'adresse de Chupin, encore que ce traître lui inspirât une répugnance extrême.

Mais n'obtenait plus qui voulait les offices du vieux maraudeur.

Ayant touché le prix du sang de Lacheneur, ces vingt mille francs qui l'avaient fasciné, Chupin avait déserté la maison de Sairmeuse.

Retiré dans une auberge des faubourgs, il passait ses journées tout seul, dans une grande chambre du premier étage.

Lui non plus, il ne s'était pas couché.

La nuit, il se barricadait et buvait... Et jusqu'au jour, le plus souvent, on l'entendait crier et chanter ou lutter contre des ennemis imaginaires.

Cependant il n'osa pas résister à l'ordre, que lui porta un soldat de planton, d'avoir à se rendre sur-le-champ à l'hôtel de Sairmeuse.

— Je veux savoir ce qu'est devenu le baron d'Escorval, lui demanda Martial à brûle-pourpoint.

Le vieux maraudeur tressaillit, lui qui était de bronze autrefois, et une fugitive rougeur courut sous le hâle de ses joues.

— La police de Montaignac est là, répondit-il d'un ton bourru, pour contenter la curiosité de monsieur le marquis... Moi je ne suis pas de la police...

Était-ce sérieux?... N'attendait-il pas plutôt qu'on eût intéressé sa cupidité? Martial le pensa.

— Tu n'auras pas à te plaindre de ma générosité, lui dit-il, je te payerai bien..

Mais voilà qu'à ce mot payer, qui huit jours plus tôt eût allumé dans son œil l'éclair de la convoitise, Chupin parut transporté de fureur.

— Si c'est pour me tenter encore que vous m'avez fait venir, s'écria-t-il, mieux valait me laisser tranquille à mon auberge.

— Qu'est-ce à dire, drôle !...

Cette interruption, le vieux maraudeur ne l'entendit même pas; il poursuivait avec une violence croissante :

— On m'avait dit que livrer Lacheneur ce serait servir le roi et la bonne cause... Je l'ai livré, et on me traite comme si j'avais commis le plus grand des crimes... Autrefois, quand je vivais de braconnage et de maraude, on me méprisait peut-être, mais on ne me fuyait pas... On m'appelait coquin, pillard, vieux filou et le reste, mais on trinquait tout de même avec moi !... Aujourd'hui que j'ai deux mille pistoles, on se sauve de moi comme d'une bête venimeuse. Si j'approche, on recule; quand j'entre quelque part, on sort...

Le souvenir des injures qu'il avait subies lui était si cruel qu'il paraissait véritablement hors de soi.

— Est-ce donc, poursuivit-il, une action infâme que j'ai commise, ignoble et abominable?... Alors pourquoi M. le duc me l'a-t-il proposée?... Toute la honte doit en retomber sur lui. On ne tente pas, comme cela, le pauvre monde avec de l'argent. Ai-je bien agi, au contraire?... Alors qu'on fasse des lois pour me protéger...

C'était un esprit troublé qu'il fallait rassurer. Martial le comprit.

— Chupin, mon garçon, dit-il, je ne te demande pas de chercher M. d'Escorval pour le dénoncer, loin de là... Je désire seulement que tu te mettes en campagne pour découvrir si on a eu connaissance de son passage à Saint-Pavin ou à Saint-Jean-de-Coche.

A ce dernier nom le vieux maraudeur devint blême.

— Vous voulez donc me faire assassiner? s'écria-t-il en pensant à Balstain; je tiens à ma peau, moi, maintenant que je suis riche !...

Et, pris d'une sorte de panique, il s'enfuit. Martial resta stupéfait.

— On dirait, pensait-il, que le misérable se repent de ce qu'il a fait.

Il n'eût pas été le seul, en tout cas.

Déjà M. de Courtomieu et le duc de Sairmeuse étaient à se reprocher mutuellement les exagérations de leurs premiers rapports et les proportions mensongères données au soulèvement.

L'ivresse d'ambition qui les avait saisis au premier moment s'étant dissipée, ils mesuraient avec effroi les conséquences de leurs odieux calculs.

Ils s'accusaient réciproquement de la précipitation fatale des juges, de l'oubli de toute procédure, de l'injustice de l'arrêt rendu.

Chacun prétendait rejeter sur l'autre et le sang versé et l'exécration publique.

Du moins espéraient-ils obtenir la grâce des six condamnés dont ils avaient suspendu l'exécution.

Ils ne l'obtinrent pas.

Une nuit, un courrier arriva à Montaignac, qui apportait de Paris cette laconique dépêche :

« Les vingt et un condamnés doivent être exécutés. »

Quoi qu'eût pu dire le duc de Richelieu, le conseil des ministres entraîné par M. Decazes, ministre de la police, avait décidé que les grâces devaient être rejetées...

Cette dépêche devait atterrer le duc de Sairmeuse et M. de Courtomieu. Ils savaient mieux que personne combien peu méritaient la mort ces pauvres gens dont ils avaient voulu, trop tard, sauver la vie. Ils savaient, cela était prouvé et public, que de ces six condamnés deux n'avaient pris aucune part au complot.

Que faire !

Martial voulait que son père résignât son autorité ; le duc n'eut pas ce courage.

M. de Courtomieu l'emporta. Il disait que tout cela était bien fâcheux, mais que le vin étant tiré il fallait le boire, qu'on ne pouvait se déjuger sans s'attirer une disgrâce éclatante.

C'est pourquoi, le lendemain, les funèbres roulements du tambour se firent entendre, et les six condamnés — dont deux reconnus innocents — furent conduits sous les murs de la citadelle et fusillés à la place même où, sept jours auparavant, étaient tombés les quatorze malheureux qui les avaient précédés dans la mort....

Et cependant l'organisateur du complot n'était pas jugé encore.

Renfermé dans un cachot voisin de celui de Chanlouineau, Lacheneur était tombé dans un morne engourdissement qui dura autant que sa détention. Ame et corps, il était brisé.

Une seule fois, on vit remonter un peu de sang à son visage pâli, le matin où le duc de Sairmeuse entra dans sa prison pour l'interroger.

— C'est vous qui m'avez amené là où je suis, dit-il ; Dieu nous voit et nous juge !..

Malheureux homme!... Ses fautes avaient été grandes! Son châtiment fut terrible.

Il avait sacrifié ses enfants aux rancunes de son orgueil blessé; il n'eut pas cette consolation suprême de les serrer contre son cœur et d'obtenir leur pardon avant de mourir...

Seul en son cachot, il ne pouvait distraire sa pensée de son fils et de sa fille, et telle était l'horreur de la situation qu'il leur avait faite, qu'il n'osait demander ce qu'ils étaient devenus.

A la seule pitié d'un geôlier il dut d'apprendre qu'on était sans nouvelles aucune de Jean et qu'on croyait Marie-Anne passée à l'étranger avec la famille d'Escorval.

Renvoyé devant la cour prévôtale, Lacheneur fut calme et digne pendant les débats. Loin de marchander sa vie, il n'accusa que lui et ne nomma pas un seul de ses complices.

Condamné à avoir la tête tranchée, il fut conduit à la mort le lendemain, qui était le jour du marché de Montaignac.

Malgré la pluie, il voulut faire le trajet à pied. Arrivé à l'échafaud, il gravit les degrés d'un pas ferme, et de lui-même s'étendit sur la planche fatale...

Quelques secondes après, le soulèvement du 4 mars comptait sa vingt et unième victime.

. . . .

Et le soir même des officiers à la demi-solde s'en allaient racontant partout que des récompenses magnifiques venaient d'être accordées au marquis de Courtomieu et au duc de Sairmeuse, et qu'ils allaient marier leurs enfants à la fin de la semaine.

XXXIV

Que Martial de Sairmeuse épousât Mlle Blanche de Courtomieu, il n'y avait rien là qui dût surprendre les habitants de Montaignac.

Mais en répandant, comme toute fraîche, cette vieille nouvelle, le soir même de l'exécution de Lacheneur, les officiers à la demi-solde savaient bien tout ce qu'il en rejaillirait d'odieux sur deux hommes qui étaient devenus le point de mire de leur haine.

Ils prévoyaient l'irritant rapprochement qui de lui-même naîtrait dans les cervelles les plus bornées.

Dieu sait pourtant que M. de Courtomieu et le duc de Sairmeuse s'efforçaient alors d'atténuer, autant qu'il était en eux, l'horreur de leur conduite.

Des cent et quelques révoltés détenus à la citadelle, dix-huit ou vingt au plus furent mis en jugement et frappés de peines légères. Les autres furent relâchés.

Le major Barini lui-même, le chef des conjurés de la ville, qui avait fait le sacrifice de sa vie, s'entendit avec surprise condamner à deux ans de prison.

Mais il est de ces crimes que rien n'efface ni n'atténue. L'opinion attribua à la peur la soudaine indulgence du duc et du marquis...

On les exécrait pour leurs cruautés ; on les méprisa pour ce qu'on appelait leur lâcheté.

Eux ne savaient rien de tout cela, et ils pressaient le mariage de leurs enfants, sans se douter qu'on le considérait comme un odieux défi.

La cérémonie avait été fixée au 17 avril, et il avait été décidé que la noce aurait lieu au château de Sairmeuse, transformé à grands frais en un palais féerique.

C'est dans l'église du petit village de Sairmeuse, par la plus belle journée du monde, que ce mariage fut béni par le curé qui avait remplacé le pauvre abbé Midon.

A la fin de l'allocution emphatique qu'il adressa aux « jeunes époux », il prononça ces paroles qu'il croyait prophétiques :

— Vous serez, vous devez être heureux !...

Qui n'eût cru comme lui ? Ne réunissaient-ils pas, ces beaux jeunes gens, si nobles et si riches, toutes les conditions qui semblent devoir faire le bonheur ?...

Et cependant, si une joie mal dissimulée éclatait dans les yeux de la nouvelle marquise de Sairmeuse, les observateurs remarquèrent la préoccupation du mari. On eût dit qu'il faisait effort pour écarter des pensées sinistres.

C'est qu'en ce moment, où sa jeune femme se suspendait radieuse et fière à son bras, le souvenir de Marie-Anne lui revenait, plus palpitant que jamais.

Qu'était-elle devenue, qu'on ne l'avait pas vue lors de l'exécution de Lacheneur ? Courageuse comme il la savait, il se disait que, si elle n'avait pas paru, c'est qu'elle n'avait rien su...

Ah !... s'il eût été aimé d'elle, oui, véritablement il se fût cru heureux... Tandis que maintenant, il était lié pour la vie à une femme qu'il n'aimait point...

Au dîner, cependant, il réussit à secouer la tristesse qui l'avait envahi, et quand les convives se levèrent de table pour se répandre dans les salons, il avait presque oublié ses noirs pressentiments.

Il se levait, à son tour, quand un domestique mystérieusement s'approcha de lui.

— On demande M. le marquis en bas, dit ce valet à voix basse.

— Qui ?...

— Un jeune paysan qui n'a pas voulu se nommer.

— Un jour de mariage, il faut donner audience à tout le monde, fit Martial. Et souriant et gai, il descendit.

Dans le vestibule, encombré de plantes rares et d'arbustes, un jeune homme était debout, fort pâle, dont les yeux avaient l'éclat de la fièvre.

En le reconnaissant, Martial ne put retenir une exclamation de stupeur.

— Jean Lacheneur!... fit-il... imprudent!...

Le jeune homme s'avança.

— Vous vous étiez cru délivré de moi, prononça-t-il d'un ton amer. Dans le fait, je suis revenu de loin... mais vous pouvez encore me faire prendre par vos gens...

La figure de Martial s'empourpra sous l'insulte, mais il resta calme

— Que me voulez-vous? demanda-t-il froidement.

Jean tira de sa veste un pli cacheté.

— Vous remettre ceci, répondit-il, de la part de Maurice d'Escorval.

D'une main fiévreuse, Martial rompit le cachet. Il lut la lettre d'un coup d'œil, pâlit comme pour mourir, chancela et ne dit qu'un mot :

— Infamie!...

— Que dois-je dire à Maurice? insista Jean. Que comptez-vous faire?

Grâce à un prodige d'énergie, Martial avait dompté sa défaillance. Il parut réfléchir dix secondes, puis tout à coup, saisissant le bras de Jean, il l'entraîna vers l'escalier en disant :

— Venez... je le veux... vous allez voir...

En trois minutes d'absence, les traits de Martial s'étaient à ce point décomposés qu'il n'y eut qu'un cri, quand il reparut au salon, une lettre ouverte d'une main, traînant de l'autre un jeune paysan que personne ne reconnaissait.

— Où est mon père?... demanda-t-il d'une voix affreusement altérée. Où est le marquis de Courtomieu?...

Le duc et le marquis étaient près de Mme Blanche, dans un petit salon, au bout de la grande galerie.

Martial y courut, suivi par un tourbillon d'invités qui, pressentant quelque scène très grave, tenaient à n'en pas perdre une syllabe.

Il alla droit à M. de Courtomieu, debout près de la cheminée, et lui tendant la lettre de Maurice :

— Lisez!... dit-il d'un ton terrible.

M. de Courtomieu obéit, et aussitôt il devint livide, le papier trembla dans sa main, ses yeux se voilèrent, et il fut obligé de s'appuyer au marbre pour ne pas tomber.

— Je ne comprends pas, bégayait-il, non, je ne vois pas...

Le duc de Sairmeuse et Mme Blanche s'avancèrent vivement.

— Qu'est-ce ?... demandèrent-ils ensemble. Qu'arrive-t-il ?

D'un geste rapide, Martial arracha la lettre des mains du marquis de Courtomieu, et s'adressant à son père :

— Écoutez ce qu'on m'écrit, fit-il.

Il y avait là trois cents personnes, et cependant le silence s'établit, si profond et si solennel, que la voix du jeune marquis de Sairmeuse s'entendit jusqu'à extrémité de la galerie pendant qu'il lisait :

« Monsieur le marquis,

« En échange de dix lignes qui pouvaient vous perdre, vous nous aviez promis, sur l'honneur de votre nom, la vie du baron d'Escorval.

« Vous lui avez, en effet, porté des cordes pour qu'il puisse s'évader, mais d'avance, sans qu'il y parût rien, elles avaient été coupées, et mon père a été précipité du haut des roches de la citadelle.

« Vous avez forfait à l'honneur, monsieur, et souillé votre nom d'un opprobre ineffaçable... Tant qu'une goutte de sang me restera dans les veines, par tous moyens, je poursuivrai la vengeance de votre lâche et vile trahison.

« En me tuant, vous échapperiez il est vrai à la flétrissure que je vous réserve... Consentez à vous battre avec moi... Dois-je vous attendre demain sur les landes de la Rèche ?... A quelle heure ? Avec quelles armes ?...

« Si vous êtes le dernier des hommes, vous pouvez me donner rendez-vous et envoyer des gendarmes qui m'arrêteront. C'est un moyen.

« Maurice d'Escorval. »

Le duc de Sairmeuse était désespéré. Il voyait le secret de l'évasion du baron livré... c'était sa fortune politique renversée.

— Malheureux, disait-il à son fils, malheureux !... tu nous perds !...

Martial n'avait pas seulement paru l'entendre. Quand il eut terminé :

— Eh bien ?... demanda-t-il au marquis de Courtomieu.

— Je continue à ne pas comprendre... dit froidement le vieux gentilhomme, qui avait eu le temps de se remettre.

Martial eut un si terrible mouvement, que tout le monde crut qu'il allait frapper cet homme qui était son beau-père depuis quelques heures.

— Eh bien !... moi, je comprends !... s'écria-t-il. Je sais maintenant qui était cet officier qui s'est introduit dans la chambre où j'avais déposé les cordes... et je sais ce qu'il y allait faire !

Il avait froissé la lettre de Maurice entre ses mains, il la lança au visage de M. de Courtomieu, en disant :

— Voilà votre salaire... lâche !

Ainsi atteint, le baron s'affaissa sur un fauteuil, et déjà Martial sortait entraînant Jean Lacheneur, quand sa jeune femme éperdue lui barra le passage.

— Vous ne sortirez pas, s'écria-t-elle exaspérée, je ne le veux pas!... Où allez-vous?... Rejoindre la sœur de ce jeune homme, que je reconnais maintenant!... Vous courez retrouver votre maîtresse...

Hors de soi, Martial repoussa sa femme...

— Malheureuse, fit-il, vous osez insulter la plus noble et la plus pure des femmes... Eh bien!... oui, je vais retrouver Marie-Anne... Adieu!..

Et il passa...

XXXV

Étroite était la saillie de rocher où avaient dû prendre pied, en fuyant, le baron d'Escorval et le caporal Bavois.

A son point le plus large, elle ne mesurait pas plus d'un mètre et demi.

Elle était extrêmement inégale, en outre glissante, toute rugueuse, et coupée de fissures et de crevasses.

S'y tenir debout, en plein jour, avec le mur de la tour Plate derrière soi, et devant un précipice, eût été considéré comme une grave imprudence.

A plus forte raison était-il périlleux de laisser glisser de là, en pleine nuit, un homme attaché à l'extrémité d'une longue corde.

Aussi, avant de hasarder la descente du baron, l'honnête Bavois avait-il pris toutes les précautions possibles pour n'être pas entraîné par le poids qu'il aurait à soutenir.

Sa pince de fer, logée solidement dans une fente, servit à son pied de point d'appui, il s'assit solidement sur ses jarrets, le buste bien en arrière, et c'est seulement quand il fut bien sûr de sa position qu'il dit au baron :

— J'y suis, et ferme... Laissez-vous couler, bourgeois!...

La corde rompant tout à coup, le baron tombant, l'effort devenant inutile, le brave caporal fut lancé violemment contre le mur de la tour, et rejeté en avant par le contrecoup.

Sans son inaltérable sang-froid, c'en était fait de lui...

Pendant plus d'une minute, tout le haut de son corps fut suspendu au-dessus de l'abîme où venait de rouler M. d'Escorval, et ses bras se crispèrent dans le vide.

Un mouvement brusque, et il était précipité.

Mais il eut cette puissance de volonté merveilleuse de ne tenter aucun effort violent. Prudemment, mais avec une énergie obstinée, il s'accrocha des genoux

C'était un homme considérable, ce notaire... par sa corpulence et sa fortune.

et du bout des pieds aux aspérités du roc, ses mains cherchèrent un point d'appui, il obliqua doucement, et enfin reprit plante...

Il était temps, car une crampe lui vint, si violente qu'il fut contraint de s'asseoir.

Que le baron se fût tué sur le coup, c'est ce dont il ne doutait pas... Mais cette catastrophe ne pouvait troubler l'intelligence de ce vieux soldat, qui, aux jours de bataille, avait eu tant de camarades emportés à ses côtés par le brutal.

Ce qui le confondait, c'était que la corde se fût rompue au raz de sa main... une corde si grosse qu'on eût jugée, à la voir, solide assez pour supporter dix fois le poids du corps du baron.

Comme il ne pouvait, à cause de l'obscurité, voir le point de rupture, Bavois promena son doigt dessus, et à son inexprimable étonnement, il le trouva lisse...

Point de filaments, point de brins de chanvre, comme après un arrachement... la section était nette.

Le caporal comprit, comme Maurice avait compris en bas, et il lâcha son plus effroyable juron.

— Cent millions de tonnerres !... Les canailles ont coupé la corde !...

Et un souvenir qui ne remontait pas à quatre heures lui revenant :

— Voilà donc, pensa-t-il, la cause du bruit qu'avait entendu ce brave baron dans la chambre à côté !... Et moi qui lui disais : « Bast ! c'est les rats. »

Cependant il songea qu'il avait un moyen bien simple de vérifier l'exactitude de ses conjectures. Il passa la corde sur la pince et tira dessus de toutes ses forces et par saccades... Elle se rompit en trois endroits.

Cette découverte consterna le vieux soldat.

— Vous voici dans de beaux draps, caporal, grommela-t-il.

Une partie de la corde était tombée avec le malheureux baron, et il était clair que tous les morceaux réunis ne suffiraient pas pour atteindre le bas du rocher.

De cette saillie isolée, il était impossible de gagner le terre-plein de la citadelle.

Avec ce rapide coup d'œil des gens d'exécution, l'honnête Bavois envisagea la situation sous toutes ses faces, et il la vit désespérée.

— Allons, murmura-t-il, vous êtes f...lambé, caporal, il n'y a pas à dire : mon bel ami ! Au jour, on arrive et on trouve vide la prison du baron... On met le nez à la fenêtre, et on vous aperçoit ici, comme un saint de pierre sur son piédestal.. Naturellement, on vous repêche, on vous juge, on vous condamne, et on vous mène faire un tour dans les fossés de la citadelle... Portez armes !... Apprêtez armes !... Joue !... Feu !... Et voilà l'histoire.

Il s'arrêta court... Une idée lui venait, vague encore, indécise, qu'il sentait devoir être une idée de salut.

Elle lui venait en regardant et en touchant la corde qui lui avait servi à descendre de la prison sur la saillie, et qui, solidement attachée aux barreaux pendait le long du mur.

— Si vous aviez cette corde, qui pend là inutile, caporal, reprit-il, vous l'ajouteriez aux morceaux de celle-ci, et vous vous laisseriez glisser jusqu'au bas du rocher... Monter la chercher est possible... mais comment redescendre sans qu'elle soit accrochée solidement là-haut ?...

Il chercha et trouva, et il poursuivit, se parlant à soi-même, comme s'il y eût eu deux Bavois en un seul ; l'un prompt à la conception, l'autre un peu borné, à qui il était indispensable de tout expliquer par le menu.

— Attention au commandement, caporal, disait-il... Vous allez me rabouter les cinq morceaux de la corde coupée que voici, vous les attachez à votre ceinture et vous remontez à la prison à la force du poignet... Hein ! que dites-vous ?... Que l'ascension est raide et qu'un escalier avec tapis vaudrait mieux que cette ficelle qui pend ! Vous n'êtes pas dégoûté, caporal !... Donc, vous grimpez, et vous voici dans la chambre. Qu'y faites-vous ? Presque rien. Vous détachez la corde fixée à la fenêtre, vous la nouez à celle-ci, et le tout vous donne quatre-vingts bons pieds de chanvre tordu... Alors, au lieu d'assujettir cette longue corde à demeure, vous la passez à cheval autour d'un barreau intact, elle se trouve ainsi doublée, et une fois de retour ici, vous n'avez qu'à tirer un des bouts pour la dépasser là-haut... Est-ce compris ?

C'était si bien compris que, vingt minutes plus tard, le caporal était revenu sur l'étroite corniche, ayant accompli la difficile et audacieuse opération qu'il avait imaginée...

Non sans efforts inouïs, par exemple, non sans s'être mis les mains et les genoux en sang.

Mais il avait réussi à dépasser la corde, mais il était certain maintenant de s'échapper.

Il riait, oui, il riait de bon cœur, de ce rire muet qui lui était habituel.

L'anxiété, puis la joie lui avaient fait oublier M. d'Escorval ; le souvenir qui lui en revint lui fut douloureux comme un remords.

— Pauvre homme ! murmura-t-il... Je sauverai ma vieille peau qui n'intéresse personne, je n'ai pas pu sauver sa vie... Sans doute, à cette heure, ses amis l'on emporté...

Il s'était penché au-dessus de l'abîme, en disant ces mots... Il se demanda s'il n'était pas pris d'un éblouissement.

Tout au fond, il lui semblait distinguer une petite lumière qui allait et venait.

Qu'était-il donc arrivé ?

Bien évidemment il avait fallu quelque raison d'une gravité extraordinaire, impossible à concevoir, pour décider les amis du baron d'Escorval, des hommes intelligents, à allumer une lumière qui, vue des fenêtres de la citadelle, trahissait leur présence et les perdait.

Mais les minutes étaient trop précieuses pour que le caporal Bavois les gaspillât en stériles conjectures.

— Mieux vaut descendre en deux temps, prononça-t-il à haute voix, comme pour fouetter son courage... Allons, caporal, mon ami, crachez dans vos mains, et en avant... en route !...

Tout en parlant ainsi, le vieux soldat s'était couché à plat ventre sur l'étroite corniche, et il reculait lentement vers l'abîme, assurant de toutes ses forces, après la corde, ses mains et ses genoux.

L'âme était forte, mais la chair frissonnait... Marcher sur une batterie avait toujours paru une plaisanterie au digne caporal, mais affronter un péril inconnu, mais suspendre sa vie à une corde... diable !...

Quelques gouttes de sueur perlèrent à la racine de ses cheveux, quand il sentit que la moitié de son corps avait dépassé le bord du rocher, qu'il se trouvait absolument en équilibre et que le plus faible mouvement le lançait dans l'espace...

Ce mouvement il le fit, en murmurant :

— S'il y a un Dieu pour les honnêtes gens, qu'il ouvre l'œil, c'est l'instant !...

Le Dieu des honnêtes gens veillait...

Bavois arriva en bas trop vite, les mains et les genoux affreusement déchirés, mais sain et sauf.

Il tomba comme une masse, et le choc, lorsqu'il toucha terre, fut si rude qu'il lui arracha une plainte rauque, comme un mugissement de bête assommée.

Durant plus d'une minute, il demeura à terre, ahuri, étourdi.

Quand il se releva, deux hommes qu'il reconnut pour des officiers à demi-solde le saisirent par les poignets, les serrant à les briser...

— Eh !... doucement, fit-il, pas de bêtises, c'est moi, Bavois !...

Ceux qui le tenaient ne le lâchèrent pas.

— Comment se fait-il, demanda l'un d'eux d'un ton de menace, que le baron d'Escorval ait été précipité et que vous ayez réussi à descendre ensuite ?...

Le vieux soldat avait trop d'expérience pour ne pas comprendre toute la portée de cette humiliante question.

La douleur et l'indignation qu'il en ressentit lui donnèrent la force de se dégager.

— Mille tonnerres !... s'écria-t-il, je passerais pour un traître, moi !... Non, ce n'est pas possible... écoutez-moi.

Et aussitôt, rapidement et avec une surprenante précision, il raconta tous les détails de l'évasion, sa douleur, ses angoisses, et quels obstacles en apparence insurmontables il avait su vaincre.

Il n'avait pas besoin de tant se débattre. L'entendre c'était le croire...

Les officiers lui tendirent la main, sincèrement affligés d'avoir froissé un tel homme, si digne d'estime et si dévoué.

— Vous nous excuserez, caporal, dirent-ils tristement, le malheur rend défiant et injuste, et nous sommes malheureux...

— Il n'y a pas d'offense, mes officiers, grogna-t-il... Si je m'étais défié, moi, le pauvre M. d'Escorval... un ami de « l'autre, » mille tonnerres !... serait encore de ce monde !

— Le baron respire encore, caporal, dit un des officiers.

Cela tenait si bien du prodige, que Bavois parut un moment confondu.

— Ah !... s'il ne fallait que donner un de mes bras pour le sauver !... s'écria-t-il enfin.

— S'il peut être sauvé, il le sera, mon ami... Ce brave prêtre que vous voyez là, est, paraît-il, un fameux médecin... Il examine, en ce moment, les blessures affreuses de M. d'Escorval. C'est sur son ordre que nous nous sommes procuré et que nous avons allumé cette bougie qui, d'un instant à l'autre, peut nous mettre tous nos ennemis sur les bras... mais il n'y avait pas à balancer...

Bavois regardait de tous ses yeux, mais vainement. De sa place, il ne distinguait qu'un groupe confus, à quelques pas.

— Je voudrais bien voir le pauvre homme... demanda-t-il tristement.

— Approchez, mon brave, ne craignez rien, avancez !...

Il s'avança et, à la lueur tremblante d'une bougie que tenait Marie-Anne, il vit un spectacle qui le remua, lui qui pourtant, plus d'une fois, avait fait la « corvée du champ de bataille. »

Le baron était étendu à terre, tout de son long, sur le dos, la tête appuyée sur les genoux de Mme d'Escorval...

Il n'était pas défiguré ; la tête n'avait point porté dans la chute, mais il était pâle comme la mort même, et ses yeux étaient fermés...

Par intervalles, une convulsion le secouait, il râlait, et alors une gorgée de sang sortait de sa bouche, glissait le long de ses lèvres et coulait jusque sur sa poitrine...

Ses vêtements avaient été hachés, littéralement, et on voyait que tout son corps n'était pour ainsi dire qu'une effroyable plaie.

Agenouillé près du blessé, l'abbé Midon, avec une dextérité admirable, étanchait le sang et fixait des bandes qui provenaient du linge de toutes les personnes présentes.

Maurice et un officier à la demi-solde l'aidaient.

— Ah ! si je tenais le gredin qui a coupé la corde, murmurait le caporal violemment ému ; mais patience, je le retrouverai...

— Vous le connaissez ?...

— Que trop !

Il se tut ; l'abbé Midon venait de terminer tout ce qu'il était possible de faire là, et il haussait un peu le blessé sur les genoux de Mme d'Escorval.

Ce mouvement arracha au malheureux un gémissement qui trahissait des souffrances atroces. Il ouvrit les yeux et balbutia quelques paroles... c'étaient les premières :

— Firmin !... murmura-t-il, Firmin !...

C'était le nom d'un secrétaire qu'avait eu le baron autrefois, qui lui avait été absolument dévoué, mais qui était mort depuis plusieurs années.

Le baron n'avait donc pas sa raison, qu'il appelait ce mort !...

Il avait du moins un sentiment vague de son horrible situation, car il ajouta d'une voix étouffée, à peine distincte :

— Ah !... que je souffre !... Firmin, je ne veux pas tomber vivant entre les mains du marquis de Courtomieu... Tu m'achèveras plutôt... tu entends, je te l'ordonne...

Et ce fut tout : ses yeux se refermèrent, et sa tête qu'il avait soulevée retomba inerte. On put croire qu'il venait de rendre le dernier soupir.

Les officiers le crurent, et c'est avec une poignante anxiété qu'ils entraînèrent l'abbé Midon à quelques pas de Mme d'Escorval.

— Est-ce fini, monsieur le curé ? demandèrent-ils ; espérez-vous encore ?...

Le prêtre hocha tristement la tête, et du doigt montrant le ciel :

— J'espère en Dieu... prononça-t-il.

L'heure, le lieu, l'émotion de l'horrible catastrophe, le danger présent, les menaces de l'avenir, tout se réunissait pour donner aux paroles du prêtre une saisissante solennité.

Si vive fut l'impression, que pendant plus d'une minute les officiers à demi-solde demeurèrent silencieux, remués profondément, eux, de vieux soldats, dont tant de scènes sanglantes avaient dû émousser la sensibilité.

Maurice qui s'approcha, suivi du caporal Bavois, les rendit au sentiment de l'implacable réalité.

— Ne devons-nous pas nous hâter d'emporter mon père, monsieur l'abbé ? demanda-t-il. Ne faut-il pas qu'avant ce soir nous soyons en Piémont ?...

— Oui !... s'écrièrent les officiers, partons !

Mais le prêtre ne bougea pas, et d'une voix triste :

— Essayer de transporter M. d'Escorval de l'autre côté de la frontière serait le tuer, prononça-t-il.

Cela semblait si bien un arrêt de mort que tous frémirent.

— Que faire, mon Dieu ?... balbutia Maurice ? Quel parti prendre !

Pas une voix ne s'éleva. Il était clair que du prêtre seul on attendait une idée de salut.

Lui réfléchissait, et ce n'est qu'au bout d'un moment qu'il reprit :

— A une heure et demie d'ici, au delà de la Croix d'Arcy, habite un paysan dont je puis répondre, un nommé Poignot, qui a été autrefois le métayer de

M. Lacheneur. Il exploite maintenant, avec l'aide de ses trois fils, une ferme assez vaste. Nous allons nous procurer un brancard et porter M. d'Escorval chez cet honnête homme.

— Quoi!... monsieur le curé, interrompit un des officiers, vous voulez que nous cherchions un brancard à cette heure aux environs!

— Il le faut

— Mais cela ne va pas manquer d'éveiller des soupçons.

— Assurément.

— La police de Montaignac nous suivra à la piste.

— J'y compte bien.

— Le baron sera repris...

— Non.

L'abbé s'exprimait de ce ton bref et impérieux de l'homme qui, assumant toute la responsabilité d'une situation, veut être obéi sans discussion.

— Une fois le baron déposé chez Poignot, reprit-il, l'un de vous, messieurs, prendra sur le brancard la place du blessé, les autres le porteront, et tous ensemble vous tâcherez de gagner le territoire piémontais. Seulement, entendons-nous bien. Arrivés à la frontière, mettez toute votre adresse à être maladroits, cachez-vous, mais de telle façon qu'on vous voie partout...

Tout le monde, maintenant, comprenait le plan si simple du prêtre.

De quoi s'agissait-il?... Simplement de créer une fausse piste destinée à égarer les agents que lanceraient M. de Courtomieu et le duc de Sairmeuse.

Du moment où il paraîtrait bien prouvé que le baron avait été aperçu dans les montagnes, il serait en sûreté chez Poignot...

— Encore un mot, messieurs, ajouta l'abbé. Il importe de donner au cortège du faux blessé toutes les apparences de la suite qui eût accompagné M. d'Escorval... Mlle Lacheneur vous suivra donc, et aussi Maurice. On sait que je ne quitterais pas le baron, qui est mon ami, et ma robe me désigne à l'attention ; l'un de vous revêtira ma robe.... Dieu nous pardonnera ce travestissement en faveur du motif...

Il ne s'agissait plus que de se procurer le brancard, et les officiers délibéraient pour décider à quelle porte prochaine ils iraient frapper, quand le caporal Bavois les interrompit.

— Pardon, excuse, fit-il, ne vous dérangez pas ; je connais, à dix enjambées d'ici, un coquin d'aubergiste qui aura mon affaire...

Il dit, partit en courant et, moins de cinq minutes plus tard, reparut, portant une manière de civière, un mince matelas et une couverture. Il avait pensé à tout...

Mais il s'agissait de soulever le blessé et de le placer sur le matelas.

Ce fut une difficile opération, fort longue, et qui, en dépit de précautions extrêmes, arracha au baron deux ou trois cris déchirants.

Enfin tout fut prêt, les officiers prirent chacun un bras de la civière et on se mit en route.

Le jour se levait... Le brouillard qui se balançait au-dessus des collines lointaines se teintait de lueurs pourpres et violettes ; les objets, insensiblement, émergeaient des ténèbres...

Le triste cortège, guidé par l'abbé Midon, avait pris à travers champs et à chaque instant quelque obstacle se présentait, haie ou fossé qu'il fallait franchir.

Que d'attentions alors pour éviter au brancard des oscillations dont la moindre devait causer au blessé des tortures inouïes... Que de soins !... mais aussi que de temps perdu !

Appuyée au bras de Marie-Anne, la baronne d'Escorval marchait près de la civière, et aux passages difficiles elle pressait la main de son mari... Le sentait-il ?... Rien en lui ne trahissait la vie qu'un râle sourd par intervalles, et quelquefois un de ces vomissements de sang qui épouvantaient si fort l'abbé Midon.

On avançait cependant, et la campagne s'éveillait et s'animait.

C'était tantôt quelque paysanne revenant de l'herbe qu'on rencontrait, tantôt quelque gars, l'aiguillon sur l'épaule, qui conduisait ses bœufs au labour.

Hommes et femmes s'arrêtaient et, bien après qu'on les avait dépassés, on les apercevait encore, plantés à la même place, suivant d'un œil étonné ces gens qui leur semblaient porter un mort...

Le prêtre paraissait se soucier peu de ces rencontres, il ne faisait rien pour les éviter.

Mais il s'inquiéta visiblement et devint circonspect quand, après trois heures de marche, on aperçut la ferme de Poignot.

Heureusement, il y avait à une portée de fusil de la maison un petit bois. L'abbé Midon y fit entrer tout son monde, recommandant la plus stricte prudence, pendant qu'il allait, lui, courir en avant s'entendre avec l'homme sur qui reposaient toutes ses espérances.

Comme il arrivait dans la cour de la ferme un petit homme, à cheveux gris, très maigre, au teint basané, sortait de l'écurie.

C'était le père Poignot.

— Comment ! vous, monsieur le curé, s'écria-t-il tout joyeux... Dieu ! ma femme va-t-elle être contente !... Nous avons un fier service à vous demander.

Et aussitôt, sans laisser à l'abbé Midon le temps d'ouvrir la bouche, il se mit à raconter son embarras... La nuit du soulèvement, il avait ramassé un malheureux qui avait reçu un coup de sabre ; ni sa femme, ni lui, ne savaient comment panser cette blessure, et il n'osait quérir un médecin.

Quand il partit un matin, il emportait sous son grand manteau un enfant.

— Et ce blessé, ajouta-t-il, c'est Jean Lacheneur, le fils de mon ancien maître.

Une affreuse anxiété serrait le cœur du prêtre.

Ce fermier, qui avait déjà donné asile à un blessé, consentirait-il à en recevoir un autre?

La voix de l'abbé Midon tremblait en présentant sa requête...

Dès les premiers mots, le fermier devint fort pâle et, tant que parla le prêtre, il hocha gravement la tête. Quand ce fut fini :

— Savez-vous, monsieur le curé, dit-il froidement, que je risque gros à faire de ma maison un hôpital pour les révoltés ?

L'abbé Midon n'osa pas répondre...

— On m'a dit comme ça, poursuivit le père Poignot, que j'étais un lâche, parce que je ne voulais pas me mêler du complot... ça n'était pas mon idée, j'ai laissé dire. Maintenant il me convient de ramasser les éclopés... je les ramasse. M'est avis que c'est aussi courageux que d'aller tirer des coups de fusil...

— Ah !... vous êtes un brave homme !... s'écria l'abbé.

— Pardienne ! je le sais bien. Allez chercher M. d'Escorval... Il n'y a ici que ma femme et mes trois garçons, personne ne le trahira !...

. . . .

Une demi-heure après, le baron était couché dans un petit grenier où déjà on avait installé Jean Lacheneur.

De la fenêtre, l'abbé Midon et Mme d'Escorval purent voir s'éloigner rapidement le cortège destiné à donner le change aux espions.

Le caporal Bavois, la tête entortillée de linges ensanglantés, avait remplacé le baron sur le brancard.

C'est aux époques troublées de l'histoire qu'il faut chercher l'homme. Alors l'hypocrisie fait trêve, et il apparaît tel qu'il est, avec ses bassesses et ses grandeurs.

Certes, de grandes lâchetés furent commises aux premiers jours de la seconde Restauration, mais aussi que de dévouements sublimes !

Ces officiers à demi-solde, qui entourèrent Mme d'Escorval et Maurice, qui prêtèrent ensuite leur concours à l'abbé Midon, ne connaissaient le baron que de nom et de réputation.

Il leur suffit de savoir qu'il avait été ami de « l'autre », de celui qui avait été leur idole, pour se donner entièrement, sans hésitation comme sans forfanterie.

Ils triomphèrent, quand ils virent M. d'Escorval couché dans le grenier du père Poignot, en sûreté relativement.

Après cela, le reste de leur tâche, qui consistait à créer une fausse piste jusqu'à la frontière, leur paraissait un véritable jeu d'enfants.

Ils ne songeaient en vérité qu'au bon tour qu'ils jouaient au duc de Sairmeuse et au marquis de Courtomieu.

Et ils riaient à l'idée de la besogne et de la déception qu'ils préparaient à la police de Montaignac.

Mais toutes ces précautions étaient bien inutiles. En cette occasion éclatèrent les sentiments véritables de la contrée, et on put voir que les espérances de Lacheneur n'étaient pas sans quelque fondement.

La police ne découvrit rien; elle ne connut pas un détail de l'évasion; elle n'apprit pas une circonstance de ce voyage de plus de trois lieues, en plein jour, de six personnes portant un blessé sur un brancard.

Parmi les deux mille paysans qui crurent bien que c'était le baron d'Escorval qu'on portait ainsi, il ne se trouva pas un délateur, il ne se rencontra pas même un indiscret.

Cependant, en approchant de la frontière qu'ils savaient strictement surveillée, les fugitifs devinrent circonspects.

Ils attendirent que la nuit fût venue, avant de se présenter à une auberge isolée qu'ils avaient aperçue, et où ils espéraient trouver un guide pour franchir les défilés des montagnes.

Une affreuse nouvelle les y avait devancés.

L'aubergiste qui leur ouvrit leur apprit les sanglantes représailles de Montaignac.

De grosses larmes coulaient de ses yeux, pendant qu'il racontait les détails de l'exécution, qu'il tenait d'un paysan qui y avait assisté.

Heureusement, ou malheureusement, cet aubergiste ignorait l'évasion de M. d'Escorval et l'arrestation de M. Lacheneur...

Mais il avait connu particulièrement Chanlouineau, et il était consterné de la mort de ce « beau gars, le plus solide du pays ».

Les officiers, qui avaient laissé le brancard dehors, jugèrent alors que cet homme était bien celui qu'ils souhaitaient, et qu'ils pouvaient lui confier une partie de leur secret.

— Nous portons, lui dirent-ils, un de nos amis blessé... Pouvez-vous nous faire franchir la frontière cette nuit même?

L'aubergiste répondit qu'il le ferait volontiers, qu'il se chargerait même d'éviter tous les postes; mais qu'il ne fallait pas songer à s'engager dans la montagne avant le lever de la lune.

A minuit les fugitifs se mirent en route : au jour ils foulaient le territoire du Piémont.

Depuis assez longtemps déjà ils avaient congédié leur guide. Ils brisèrent le brancard; poignée par poignée ils jetèrent au vent la laine du matelas.

— Notre tâche est remplie, monsieur, dirent alors les officiers à Maurice... Nous allons rentrer en France... Dieu vous protège!... Adieu!...

C'est les yeux pleins de larmes que Maurice regarda s'éloigner ces braves gens qui, sans doute, venaient de sauver la vie à son père. Maintenant il était le seul protecteur de Marie-Anne, qui, pâle, anéantie, brisée de fatigue et d'émotion, tremblait à son bras...

Non, cependant... Près de lui se tenait encore le caporal Bavois...

— Et vous, mon ami, lui demanda-t-il d'un ton triste, qu'allez-vous faire ?...

— Vous suivre, donc !... répondit le vieux soldat. J'ai droit au feu et à la chandelle chez vous, c'est convenu avec votre père !... Ainsi, pas accéléré ; la jeune demoiselle n'a pas l'air bien du tout, et je vois là-bas le clocher de l'étape.

XXXVI

Femme par la grâce et par la beauté, femme par le dévouement et la tendresse, Marie-Anne savait trouver en elle-même une vaillance virile. Son énergie et son sang-froid, en ces jours désolés, furent l'admiration et l'étonnement de tous ceux qui l'approchèrent.

Mais les forces humaines sont bornées... Toujours, après des efforts exorbitants, un moment arrive où la chair défaillante trahit la plus ferme volonté.

Quand Marie-Anne voulut se remettre en route, elle sentit qu'elle était à bout : ses pieds gonflés ne la soutenaient plus, ses jambes se dérobaient sous elle, la tête lui tournait, des nausées soulevaient son estomac, et un froid glacial, intense lui montait jusqu'au cœur.

Maurice et le vieux soldat durent la soutenir, la porter presque.

Heureusement il n'était pas fort éloigné, ce village dont les fugitifs apercevaient le clocher à travers la brume matinale.

Déjà ces infortunés distinguaient les premières maisons quand le caporal s'arrêta brusquement en jurant.

— Milliard de tonnerres !... s'écria-t-il, et mon uniforme !... Entrer avec ce fourniment dans ce méchant village, ce serait se jeter dans la gueule du loup !... Le temps de nous asseoir et nous serions ramassés par les gendarmes piémontais... Faut attendre !...

Il réfléchit, tortillant furieusement sa moustache, puis d'un ton qui eût fait frémir et fuir un passant :

— A la guerre comme à la guerre !... fit-il. Faut acheter un équipement à « la foire d'empoigne ! » Le premier pékin qui passe...

— Mais j'ai de l'argent, interrompit Maurice en débouclant une ceinture pleine d'or qu'il avait placée sous ses habits le soir du soulèvement.

— Eh!... que ne le disiez-vous!... Nous sommes des bons, cela étant... Donnez, j'aurais vite trouvé quelque bicoque aux environs...

Il s'éloigna, et ne tarda pas à reparaître affublé d'un costume de paysan qu'on eût dit fait pour lui. Sa figure maigre disparaissait sous un immense chapeau...

— Maintenant, pas accéléré, en avant marche! dit-il à Maurice et à Marie-Anne, qui le reconnaissaient à peine.

Le village où ils arrivaient, le premier après la frontière, s'appelait Saliente. Ils lurent ce nom sur un poteau.

La quatrième maison était une hôtellerie, au *Repos des voyageurs*. Ils y entrèrent, et d'un ton bref commandèrent à la maîtresse de conduire la jeune dame à une chambre et de l'aider à se coucher.

On obéit, et Maurice et le vieux soldat, passant dans la salle commune, demandèrent quelque chose à manger.

On les servit; mais les regards qu'on arrêtait sur eux n'étaient rien moins que bienveillants. Évidemment, on les tenait pour très suspects.

Un gros homme, qui semblait le patron de l'hôtellerie, rôda autour d'eux un bon moment, les examinant du coin de l'œil, et, finalement, il leur demanda leurs noms.

— Je me nomme Dubois, répondit Maurice sans hésiter, je voyage pour mon commerce, avec ma femme, qui est là-haut et mon fermier, que voici...

Cette vivacité heureuse dérida un peu l'hôtelier, et, atteignant un petit registre crasseux il se mit à y consigner les réponses.

— Et quel commerce faites-vous? interrogea-t-il encore.

— Je viens dans votre sacré pays de curieux pour acheter des mulets, répondit Maurice en frappant sur sa ceinture.

Au son de l'or, le gros homme souleva son bonnet de laine. L'élevage des mulets était la richesse de la contrée; le bourgeois était bien jeune, mais il avait le gousset garni : cela ne suffisait-il pas?

— Vous m'excuserez, reprit l'hôte d'un tout autre ton; c'est que, voyez-vous, nous sommes très surveillés; il y a du tapage, à ce qu'il paraît, vers Montaignac...

L'imminence du péril et le sentiment de la responsabilité donnaient à Maurice un aplomb qu'il ne se connaissait pas. C'est de l'air le plus dégagé qu'il débita une histoire passablement plausible, pour expliquer son arrivée matinale, à pied, avec une jeune femme malade.

Il s'applaudissait de son adresse; mais le vieux caporal était moins satisfait

— Nous sommes trop près de la frontière pour bivouaquer ici, grogna-t-il. Dès que la jeune dame sera sur pied, faudra graisser nos escarpins.

Il croyait que Maurice espérait comme lui que vingt-quatre heures de repos absolu rétabliraient Marie-Anne.

Ils se trompaient, car elle avait été atteinte aux sources mêmes de la vie.

A vrai dire, elle ne semblait pas souffrir, mais elle demeurait immobile et comme engourdie dans une torpeur glacée, dont rien n'était capable de la tirer. On lui parlait, elle ne répondait pas. Entendait-elle? comprenait-elle? C'était au moins douteux.

Par un rare bonheur, la mère de l'hôtelier se trouvait être une vieille brave femme qui ne quittait pas le chevet de Marie-Anne... de Mme Dubois, comme on disait à l'hôtellerie du *Repos des voyageurs*.

— Rassurez-vous, disait-elle à Maurice, qu'elle voyait dévoré d'inquiétude, je connais des herbes, cueillies dans la montagne, au clair de lune... vous verrez...

Connaissait-elle des herbes, en effet? La nature violentée reprit-elle seule son équilibre? Toujours est-il que, dans la soirée du troisième jour, on entendit Marie-Anne murmurer quelques paroles.

— Pauvre jeune fille!... disait-elle, pauvre malheureuse!...

C'était d'elle-même qu'elle parlait.

Par un phénomène fréquent après les crises où a sombré l'intelligence, elle doutait de soi ou, pour mieux dire, elle se percevait double.

Il lui semblait que c'était une autre qui avait été victime de tous les malheurs dont le souvenir, peu à peu, lui revenait, trouble et confus comme les réminiscences d'un rêve pénible, au matin...

Toutes les scènes douloureuses et sanglantes qui avaient empli les derniers mois de sa vie se déroulaient devant elle, comme les actes divers d'un drame sur un théâtre.

Que d'événements, depuis ce dimanche d'août, où, sortant de l'église avec son père, elle avait appris l'arrivée du duc de Sairmeuse!

Et tout cela avait tenu dans huit mois!...

Quelle différence entre ce temps où elle vivait heureuse, honorée et enviée, dans ce beau château de Sairmeuse dont elle se croyait la maîtresse, et l'heure présente, où elle gisait fugitive et abandonnée, dans une misérable chambre d'auberge, soignée par une vieille femme qu'elle ne connaissait pas, sans autre protection que celle d'un vieux soldat qui avait déserté, et celle de son amant proscrit... Car elle avait un amant!...

De ce grand naufrage de ses chères ambitions et de toutes ses espérances, de sa fortune, de son bonheur et de son avenir, elle n'avait pas même sauvé son honneur de jeune fille!...

Mais était-elle responsable toute seule?

Qui donc lui avait imposé le rôle odieux qu'elle avait joué entre Maurice, Martial et Chanlouineau?

A ce dernier nom traversant sa pensée, toute la scène du cachot, soudainement, lui apparut comme aux lueurs d'un éclair.

Chanlouineau, condamné à mort, lui avait remis une lettre en lui disant :

— Vous la lirez quand je ne serai plus.

Elle pouvait la lire, maintenant qu'il était tombé sous les balles !... Mais qu'était-elle devenue ?... Depuis le moment où elle l'avait reçue elle n'y avait pas pensé...

Elle se souleva, et, d'une voix brève :

— Ma robe !... demanda-t-elle à la vieille, assise près du lit, donnez-moi ma robe !...

La vieille obéit, et, d'une main fiévreuse, Marie-Anne palpa la poche.

Elle eut une exclamation de joie, elle sentait un froissement sous l'étoffe, elle tenait la lettre.

Elle l'ouvrit, la lut lentement à deux reprises et, se laissant retomber sur son oreiller, fondit en larmes...

Inquiet, Maurice s'approcha.

— Qu'avez-vous, mon Dieu !... demanda-t-il d'une voix émue.

Elle lui tendit la lettre en disant :

— Lisez.

Chanlouineau n'était qu'un pauvre paysan.

Toute son instruction lui venait d'un vieil instituteur de campagne, dont il avait fréquenté l'école pendant trois hivers, et qui s'inquiétait infiniment moins de l'application de ses élèves que de la grosseur de la bûche qu'ils apportaient chaque matin.

Sa lettre, écrite sur le papier le plus commun, avait été fermée avec un de ces maîtres pains à cacheter, larges et épais comme une pièce de deux sous, que l'épicier de Sairmeuse débitait au quarteron.

Pénible était l'écriture. Lourde et toute tremblée, elle trahissait la main raide de l'homme qui a manié la bêche plus que la plume.

Les lignes s'en allaient en zigzag, vers le haut ou vers le bas de la page, et les fautes d'orthographe s'y enlaçaient...

Mais, si l'écriture était d'un paysan vulgaire, la pensée était digne des plus nobles et des plus fiers, des plus hauts selon le monde.

Voici ce qu'avait écrit Chanlouineau, la veille, très probablement, du soulèvement :

« Marie-Anne,

« Le complot va donc éclater. Qu'il réussisse ou qu'il échoue, j'y serai tué... Cela a été décidé par moi et arrêté le jour où j'ai su que vous ne pouviez plus ne pas épouser Maurice d'Escorval.

« Mais le complot ne réussira pas, et je connais assez votre père pour savoir qu'il ne voudra pas survivre à sa défaite.

« Si Maurice et votre frère Jean venaient à être frappés mortellement, que deviendriez-vous, ô mon Dieu?... En seriez-vous donc réduite à tendre la main aux portes?...

« Je ne fais que penser à cela en dedans de moi, continuellement. J'ai bien réfléchi, et voici ma dernière volonté :

« Je vous donne et lègue en toute propriété tout ce que je possède :

« Ma maison de la Borderie, avec le jardin et les vignes qui en dépendent, les taillis et les pâtures de Bérarde et cinq pièces de terre au Valrollier.

« Vous trouverez le détail de cela et de diverses choses encore dans mon testament en votre faveur, déposé chez le notaire de Sairmeuse...

« Vous pouvez accepter sans crainte, car, n'ayant point de parent, je suis maître de mon bien.

« Si vous ne voulez pas rester dans le pays, le notaire vous trouvera aisément du tout une quarantaine de mille francs..

« Mais vous ferez bien, surtout en cas de malheur, de rester dans notre contrée. La maison de la Borderie est commode à habiter, depuis que j'ai fait diviser le bas en trois pièces, et que j'ai fait réparer le fourneau de la cuisine.

« Au premier est une chambre qui a été arrangée par le plus fameux tapissier de Montaignac... Qu'elle devienne la vôtre.

« J'avais voulu qu'on y mît tout ce qu'on connaît de plus beau, dans un temps où j'étais fou et où je me disais que peut-être cette chambre serait la nôtre. Les droits de « main-morte » seront chers, mais j'ai un peu de comptant. En soulevant la pierre du foyer de la belle chambre, vous trouverez dans une cachette trois cent vingt-sept louis d'or et cent quarante écus de six livres...

« Si vous refusiez cette donation, c'est que vous voudriez me désespérer jusque dans la terre... Acceptez, sinon pour vous, du moins pour... je n'ose pas écrire cela, mais vous ne me comprenez que trop.

« Si Maurice n'est pas tué, et je tâcherai d'être toujours entre les balles et lui, il vous épousera... Alors, il vous faudra peut-être son consentement pour accepter ma donation. J'espère qu'il ne le refusera pas. On n'est pas jaloux de ceux qui sont morts!

« Il sait bien, d'ailleurs, que jamais vous n'avez eu un regard pour le pauvre paysan qui vous a tant aimée...

« Ne vous offensez pas de tout ce que je vous marque; je suis comme si j'étais à l'agonie, n'est-ce pas? et je n'en réchapperai pas, bien sûr...

« Allons... adieu, Marie-Anne.

« CHANLOUINEAU. »

Cet aveu cloua sur place le vieux braconnier.

Maurice, lui aussi, relut à deux reprises, avant de la rendre, cette lettre où palpitait à chaque mot une passion sublime!

Il se recueillit un moment, et, d'une voix étouffée:

— Vous ne pouvez refuser, prononça-t-il; ce serait mal!

Son émotion était telle que, se sentant impuissant à la dissimuler, il sortit.

Il était comme foudroyé par la grandeur d'âme de ce paysan qui, après lui avoir sauvé la vie à la Croix-d'Arcy, avait arraché le baron d'Escorval aux exécuteurs, qui mourait pour n'avoir pu être aimé, qui jamais n'avait laissé échapper une plainte ni un reproche, et dont la protection s'étendait par delà le tombeau sur la femme qu'il avait adorée.

Se comparant à ce héros obscur, Maurice se trouvait petit, médiocre, indigne...

Qu'adviendrait-il, grand Dieu! si cette comparaison se présentait jamais à l'esprit de Marie-Anne!... Comment lutter, comment écarter ce souvenir écrasant? On ne se mesure pas avec une ombre...

Chanlouineau s'était trompé : on peut être jaloux des morts!...

Mais cette poignante jalousie, ces pensées douloureuses, Maurice sut les ensevelir au plus profond de son âme, et les jours qui suivirent, il se montra avec un visage calme dans la chambre de Marie-Anne.

Car elle ne se rétablissait toujours pas, l'infortunée...

Elle avait repris la pleine possession de son intelligence ; mais les forces ne lui revenaient pas. Il lui était impossible de se lever, et Maurice ne pouvait songer à quitter Saliente, encore qu'il sentît que le terrain y brûlait sous les pieds.

Même, cette faiblesse persistante commençait à étonner la vieille garde-malade. Sa foi en ses herbes cueillies au clair de la lune en était presque ébranlée.

L'honnête caporal Bavois parla le premier de consulter « un major », s'il s'en trouvait un, toutefois, ajoutait-il « dans ce pays de sauvages ».

Oui, il se trouvait un médecin aux environs, et même un homme d'une expérience supérieure. Attaché autrefois à la cour si brillante du prince Eugène, il avait tout à coup quitté Milan et était venu cacher, en cette contrée perdue, un désespoir d'amour, prétendaient les uns, les déceptions de son ambition, assuraient les autres.

C'est à ce médecin que Maurice eut recours, non sans de longues indécisions, après une conférence avec Anne-Marie.

Il vint un matin, monté sur un petit bidet, et, avant de se faire conduire à la chambre de la malade, il s'entretint assez longtemps avec Maurice, dans la cour de l'hôtellerie, tout en marchant.

C'était un de ces hommes auxquels on ne saurait assigner d'âge, qui semblent vieillis plutôt que vieux.

Il était grand, maigre et un peu voûté. Son passé, quel qu'il fût, avait creusé sur son front des rides profondes, et ses regards, quand il fixait son interlocuteur, étaient plus aigus et plus tranchants que des bistouris.

Il resta près d'un quart d'heure enfermé avec Marie-Anne, et, quand il sortit, il attira Maurice à part.

— Cette jeune dame est enceinte, prononça-t-il.

Là était le secret des hésitations de Maurice. Il ne répondit pas, et alors le médecin ajouta :

— Cette jeune femme est-elle véritablement votre femme, monsieur... Dubois?

Il insistait d'une façon si étrange sur ce nom : Dubois; ses yeux avaient un éclat si insoutenable, que Maurice se sentit rougir jusqu'au blanc des yeux.

— Je ne m'explique pas votre question, monsieur!... dit-il avec un accent irrité.

Le médecin haussa légèrement les épaules.

— Je vous ferai des excuses, si vous le voulez, reprit-il... Seulement, je vous ferai remarquer que vous êtes bien jeune pour un mari; que vous avez les mains bien douces pour un maquignon en tournée!... Quand on parle à la jeune dame de son mari, elle devient cramoisie!... L'homme qui vous accompagne a de terribles moustaches pour un fermier!... Après cela, vous me direz qu'il y a eu des troubles, de l'autre côté de la frontière, à Montaignac.

De pourpre qu'il était, Maurice était devenu blême.

Il se sentait à découvert; il se voyait aux mains de ce médecin.

Que faire?... Nier! A quoi bon!

Il songea que s'abandonner est parfois la suprême prudence, que l'extrême confiance force souvent la discrétion... et, d'une voix émue :

— Vous ne vous êtes pas trompé, monsieur, dit-il... L'homme qui m'accompagne et moi, sommes des refugiés, sans doute condamnés à mort en France à cette heure.

Et, sans laisser au docteur le temps de répondre, il lui dit quels terribles événements l'avaient amené à Saliente, et l'histoire navrante de ses amours. Il n'omit rien. Il ne cacha ni son nom ni celui de Anne-Marie.

Le médecin, quand il eut terminé, lui serra la main...

— C'est bien quelque chose comme cela que je devinais, dit-il. Croyez-moi, monsieur... Dubois, ne vous attardez pas ici. Ce que j'ai vu, d'autres peuvent e voir. Et surtout ne prévenez pas votre hôtelier de votre départ. Il n'a pas été dupe de vos explications. L'intérêt seul lui a fermé la bouche. Il vous a vu de l'or; tant que vous en dépenserez chez lui, il se taira... S'il vous savait à la veille de lui échapper, il parlerait peut-être...

— Eh!... monsieur, comment partir?...

— Dans deux jours la jeune dame sera sur pied, interrompit le docteur.

Il parut se recueillir, ses yeux se voilèrent comme si la situation de Maurice lui eût rappelé de cruels souvenirs, et, d'une voix profonde, il ajouta :

— Et, croyez-moi... au prochain village arrêtez-vous et donnez votre nom à Mlle Lacheneur.

Une telle surprise se peignit sur les traits de Maurice, que le médecin dut supposer qu'il s'expliquait mal.

— Je veux dire, insista-t-il, avec une certaine amertume, qu'un honnête homme ne peut hésiter à épouser au plus tôt cette malheureuse jeune fille.

Le conseil avait paru presque ridicule à Maurice; la leçon l'irrita.

— Eh bien! monsieur, s'écria-t-il, avez-vous réfléchi à ce que vous me conseillez! Comment voulez-vous que moi, proscrit, condamné à mort peut-être, je me procure les pièces qu'on exige pour un mariage?...

Le médecin hocha la tête.

— Permettez!... Vous n'êtes plus en France, monsieur d'Escorval, vous êtes en Piémont...

— Raison de plus...

— Non, parce qu'en ce pays on se marie encore, on peut se marier du moins, sans toutes les formalités qui vous préoccupent.

Maurice était devenu attentif.

— Est-ce posssible!... exclama-t-il.

— Oui!... qu'un prêtre se trouve, qui consente à votre union, qui consente à vous inscrire sur le registre de sa paroisse et à vous donner un certificat, et vous serez unis si indissolublement, Mlle Lacheneur et vous, que jamais la cour de Rome ne vous accorderait le divorce...

Suspecter la vérité de ces affirmations était difficile, et cependant Maurice doutait encore.

— Ainsi, monsieur, fit-il, tout hésitant, je trouverais un prêtre qui consentirait...

Le médecin se taisait; on eût dit qu'il se reprochait de s'être tant avancé, et de s'occuper ainsi d'une affaire qui n'était pas sienne.

Puis, tout à coup, d'un ton brusque, il reprit :

— Écoutez-moi bien, monsieur d'Escorval. Je vais me retirer; mais avant j'aurai soin de recommander à la malade beaucoup d'exercice... Je le lui ordonnerai devant vos hôtes. En conséquence, après-demain, mercredi, vous louerez des mules et vous partirez, Mlle Lacheneur, le vieux sold... vous, comme pour vous promener... Vous pousserez jusqu'à Vigano, à trois ... ici, c'est là que je demeure... Je vous conduirai à un prêtre qui est mon ami, et qui, sur ma recommandation, fera ce que vous lui demanderez... Réfléchissez. Dois-je vous attendre mercredi?...

— Oh! oui, monsieur, oui!... Et comment vous remercier?...

— En ne me remerciant pas!... Allons, voici l'hôtelier, redevenez M. Dubois.

Maurice était ivre de joie. Il comprenait fort bien toute l'irrégularité d'un tel mariage, mais il était persuadé qu'il rassurerait la conscience troublée de Marie-Anne. Pauvre fille!... Le sentiment de sa faute la tuait.

Il ne lui parla de rien cependant, redoutant un événement imprévu qui peut-être anéantirait ses projets.

— La bercer d'espérances qui ne se réaliseraient pas, ce serait cruel, pensait-il.

Mais le vieux médecin ne s'était pas avancé à la légère, et tout devait se passer comme il l'avait promis.

Un prêtre de Vigano bénit le mariage de Maurice d'Escorval et de Marie-Anne Lacheneur, et, après les avoir inscrits sur le registre de son église, leur délivra un certificat que signèrent comme témoins le médecin et le caporal Bavois...

Le soir même, les mules étaient renvoyées à Saliente, et les fugitifs, qui avaient à redouter les bavardages de l'hôtelier, se remettaient en route.

L'abbé Midon, au moment de quitter Maurice, lui avait expressément recommandé de gagner Turin le plus tôt possible.

— C'est une grande ville, lui avait-il dit, vous y serez perdu comme dans la foule. J'y ai de plus un ami, dont voici le nom et l'adresse; vous irez le voir, et j'espère, par lui, vous faire passer des nouvelles de votre père.

C'est donc vers Turin que Maurice, Marie-Anne et le caporal Bavois se dirigeaient.

Mais ils n'avançaient que lentement, obligés qu'ils étaient d'éviter les routes fréquentées et de renoncer aux moyens ordinaires de transport.

Selon le hasard des localités, ils louaient une mauvaise charrette, des chevaux le plus souvent, et du lever du soleil à la nuit, ils marchaient.

Ces fatigues qui, en apparence, eussent dû achever Marie-Anne, la remirent... Après cinq ou six jours les forces lui revenaient et le sang remontait à ses joues pâlies.

— Le sort se lasserait-il donc? lui disait Maurice. Qui sait quelles récompenses nous garde l'avenir!...

Non, le sort ne se lassait pas; ce n'était qu'un répit de la destinée...

Par une belle matinée d'avril, les proscrits s'étaient arrêtés, pour déjeuner, dans une auberge à l'entrée d'un gros bourg...

Maurice, le repas fini, venait de quitter la table pour payer l'hôtesse, quand un cri déchirant le ramena...

Marie-Anne, pâle et les yeux égarés, agitait un journal, et d'une voix rauque disait:

— Là!... Maurice... Regarde!

C'était un journal français, vieux de quinze jours, oublié sans doute par quelque voyageur, et qui depuis traînait sur les tables...

Maurice le prit et lut:

« Hier a été exécuté Lacheneur, le chef des révoltés de Montaignac. Ce misérable perturbateur a conservé jusque sur l'échafaud l'audace coupable dont il avait donné tant de preuves... »

Tout le reste de l'article, écrit sous l'empire des idées de M. de Sairmeuse et du marquis du Courtomieu, était sur ce ton.

— Mon père a été exécuté! reprit Marie-Anne d'un air sombre, et je n'étais pas là, moi, sa fille, pour recueillir sa volonté suprême et son dernier regard...

Elle se leva, et d'un ton bref et impérieux :

— Je n'irai pas plus loin, déclara-t-elle ; il faut revenir sur nos pas, à l'instant, sans perdre une minute ! je veux rentrer en France...

Rentrer en France... s'exposer à des périls mortels !... A quoi bon !... Le malheur affreux n'était-il pas irréparable?...

C'est ce que fit remarquer le caporal Bavois ; bien timidement, par exemple !... Il tremblait, ce vieux soldat, qu'on ne le soupçonnât d'avoir peur.

Mais Maurice ne l'écouta pas.

Il frissonnait!... Il lui semblait que le baron d'Escorval avait dû être atteint et frappé en même temps que M. Lacheneur.

— Oui, partons, s'écria-t-il, rentrons !...

Et comme il ne devait plus être question de prudence, jusqu'au moment où ils fouleraient le sol français, ils se procurèrent une voiture pour les conduire, par la grande route, jusqu'au point le plus rapproché de la frontière.

Mais une grave question, terrible, contenant tout leur avenir, préoccupait Maurice et Marie-Anne pendant que les chevaux les emportaient.

Marie-Anne avouerait-elle sa grossesse ?

Elle le voulait, disant que qui a commis la faute doit se résigner au châtiment et à l'humiliation...

Maurice frémissait à l'idée seule des mépris qui attendent une pauvre jeune fille séduite, la suppliait, la conjurait, les larmes aux yeux, de dissimuler, de se cacher...

— Notre certificat de mariage, disait-il, n'imposerait pas silence aux méchants... Que de misères alors !... Il faut cacher ce qui est, il le faut !... Nous ne rentrons en France que pour quelques jours, sans doute.

Malheureusement, Marie-Anne céda.

— Vous le voulez, dit-elle, j'obéirai, personne ne saura rien.

Le lendemain, qui était le 17 avril, à la tombée de la nuit, les fugitifs arrivaient à la ferme du père Poignot.

Maurice et le caporal Bavois étaient déguisés en paysans...

Le vieux soldat avait fait à la sûreté commune un sacrifice qui lui avait tiré une larme :

Il avait coupé sa moustache.

XXXVII

C'est entre l'abbé Midon et Martial de Sairmeuse, le soir, sur la place d'Armes de Montaignac, qu'avaient été discutées et arrêtées les conditions de l'évasion du baron d'Escorval.

Une difficulté tout d'abord s'était présentée qui avait failli rompre la négociation :

— Rendez-moi ma lettre, disait Martial, et je sauve le baron.

— Sauvez le baron, répondait l'abbé, et votre lettre vous sera rendue.

Mais Martial était de ces natures que l'ombre seule de la contrainte exaspère.

L'idée qu'il paraîtrait se rendre à des menaces, quand en réalité il ne se rendait qu'aux larmes de Marie-Anne, lui fit horreur.

— Voici mon dernier mot, monsieur le curé, prononça-t-il. Remettez-moi à l'instant ce brouillon, que m'a arraché une ruse de Chanlouineau, et je vous jure sur l'honneur de mon nom que tout ce qu'il est humainement possible de faire pour sauver le baron, je le ferai... Sinon, si vous vous défiez de ma parole, bonsoir.

La situation était désespérée, le danger pressant, le temps mesuré... Le ton de Martial annonçait une résolution inébranlable.

L'abbé pouvait-il hésiter?

Il tira la lettre de sa poche, et, la tendant à Martial :

— Voici, monsieur! prononça-t-il d'une voix solennelle ; souvenez-vous que vous venez d'engager l'honneur de votre nom.

— Je me souviendrai, monsieur le curé... Allez chercher les cordes.

C'est ainsi que les choses s'étaient passées.

C'est dire la douleur de l'abbé Midon quand eut lieu l'épouvantable chute du baron, et sa stupeur quand Maurice s'écria que la corde avait été coupée.

— C'est ma confiance qui tue le baron !... dit-il.

Et cependant il ne pouvait se résoudre à charger Martial de cette exécrable action. Elle trahissait une profondeur de scélératesse et d'hypocrisie qu'on ne rencontre guère chez les hommes de moins de vingt-cinq ans.

Mais il avait sur ses émotions la puissance du prêtre. Nul ne put soupçonner le secret de ses pensées. Il resta maître de soi, et c'est avec les apparences du plus inaltérable sang-froid qu'il donna sur place les premiers soins au baron et qu'il régla les détails de la fuite.

Quand il vit M. d'Escorval installé chez Poignot, quand il eut vu s'éloigner le cortège destiné à donner le change, il respira.

Ce seul fait que le baron avait pu supporter le transport trahissait dans ce pauvre corps brisé une intensité de vie qu'on n'y eût pas soupçonnée.

L'important, à cette heure, était de se procurer les instruments de chirurgie et les médicaments qu'exigeait l'état du blessé.

Mais où, mais comment se les procurer ?

La police du marquis de Courtomieu épiait les médecins et les pharmaciens de Montaignac, espérant arriver par eux, et à leur insu, jusqu'aux blessés du soulèvement.

Le passé de l'abbé Midon sauva le présent.

Lui qui s'était fait la providence des malheureux de sa paroisse, lui qui, pendant dix ans, avait été le médecin et le chirurgien des pauvres, il avait à sa cure une trousse presque complète, et cette grande boîte de médicaments qu'il portait sur le dos dans ses tournées.

— Ce soir, dit-il à Mme d'Escorval, j'irai chercher tout cela.

L'obscurité venue, en effet, il passa une longue blouse bleue, rabattit sur son visage un large chapeau de feutre, et se dirigea vers le village de Sairmeuse.

Pas une lumière ne brillait aux fenêtres du presbytère. Bibiane, la vieille gouvernante, devait être à bavarder chez les voisins.

L'abbé pénétra dans cette maison, qui avait été la sienne, en forçant la porte du petit jardin; il trouva à tâtons ce qu'il voulait, et se retira sans avoir été aperçu...

Et cette nuit-là même, si quelque espion eût rôdé autour de la ferme du père Poignot, il eût entendu deux ou trois cris effrayants, sinistres comme ceux de la bête qu'on égorge.

L'abbé hasardait une cruelle, mais indispensable opération.

Son cœur tremblait, mais non la main qui tenait le bistouri, quoique jamais il n'eût rien tenté de si difficile.

— Ce n'est point sur ma faible science que je compte, avait-il dit; j'ai mis mon espoir plus haut.

Cet espoir ne fut pas déçu, car à trois jours de là le blessé, après une nuit relativement paisible, parut reprendre connaissance.

Son premier regard fut pour sa vaillante femme, assise à son chevet; sa première parole fut pour son fils.

— Maurice ?... demanda-t-il.

— En sûreté !... répondit l'abbé Midon. Il doit être sur la route de Turin.

Les lèvres de M. d'Escorval s'agitèrent comme s'il eût murmuré une prière, et, d'une voix faible :

Levé de grand matin, il errait corps et âme.

— Nous vous devrons tous la vie, curé, dit-il, car je crois bien que je m'en tirerai.

Tout faisait supposer qu'il s'en tirerait, en effet, non sans souffrances atroces, cependant, non sans des complications qui parfois faisaient trembler ceux qui l'entouraient.

Plus heureux, Jean Lacheneur fut sur pied à la fin de la semaine.

En ces circonstances périlleuses, le père Poignot et ses fils, ces braves gens dont on avait mis le courage en doute, furent héroïques. Pour que personne ne soupçonnât la présence de leurs hôtes, ils surent déployer cette finesse de paysan près de laquelle la rouerie des plus subtils diplomates n'est que simplicité.

Ainsi s'étaient écoulés quarante jours, quand un soir, c'était le 17 avril, pendant que l'abbé Midon lisait un journal au baron d'Escorval, la porte du grenier s'entrebâilla doucement, et un des fils Poignot se montra et disparut aussitôt...

Sans affectation, le prêtre acheva sa phrase, posa son journal et sortit.

— Qu'est-ce? demanda-t-il au jeune gars.

— Eh! monsieur le curé. M. Maurice, Mlle Lacheneur et le vieux caporal viennent d'arriver; ils voudraient monter.

En trois bonds, l'abbé Midon descendit le raide escalier.

— Malheureux!... s'écria-t-il en marchant sur les trois imprudents, que voulez-vous ?...

Et, s'adressant à Maurice :

— C'est par vous et pour vous que votre père a failli mourir !... Craignez-vous donc qu'il en réchappe, que vous revenez, au risque de montrer aux délateurs le chemin de sa retraite!... Partez.

Le pauvre garçon, atterré, balbutiait des excuses inintelligibles. L'incertitude lui avait paru pire que la mort ; il avait appris le supplice de M. Lacheneur ; il n'avait pas réfléchi ; il allait s'éloigner ; il ne demandait qu'à voir son père ; il voulait seulement embrasser sa mère...

Le prêtre fut inflexible.

— Une émotion peut tuer votre père, déclara-t-il; apprendre à votre mère votre retour et à quels dangers vous vous êtes follement exposé serait lui enlever toute sécurité... Retirez-vous... Repassez la frontière cette nuit même.

Jean Lacheneur, témoin de cette scène, s'approcha.

— Je m'éloignerai aussi, monsieur le curé, dit-il, et je vous prierai de garder ma sœur... La place de Marie-Anne est ici et non sur les grands chemins...

L'abbé Midon se tut, évaluant les chances bonnes ou mauvaises, puis, brusquement :

— Soit, dit-il, partez; je n'ai vu votre nom sur aucune liste ; on ne vous poursuit pas...

Ainsi séparé tout à coup de celle qui était sa femme, après tout, Maurice eût voulu se concerter avec elle, lui adresser ses dernières recommandations ; l'abbé ne le permit pas.

— Fuyez !... dit-il encore en entraînant Marie-Anne... Adieu!

Le prêtre s'était trop hâté.

Lorsque Maurice avait tant besoin des conseils de sa sagesse, il le livrait aux inspirations de la haine furieuse de Jean Lacheneur.

Dès qu'ils furent dehors :

— Voilà donc, s'écria Jean, l'œuvre des Sairmeuse et du marquis de Courtomieu!... Je ne sais, moi, où ils ont jeté le corps de mon père exécuté ; vous ne pouvez, vous, embrasser votre père, lâchement, traîtreusement assassiné par eux !...

Il eut un éclat de rire nerveux, strident, terrible, et, d'une voix rauque, poursuivit :

— Et cependant, si nous gravissions cette éminence, nous apercevrions, dans le lointain, le château de Sairmeuse illuminé... Ce soir, on fête le mariage de Martial et de Mlle Blanche... Nous errons à l'aventure, nous, sans amis, sans asile ; là-bas, ils tiennent table, ils rient, les verres se choquent.

Il n'en fallait pas tant pour rallumer toutes les colères de Maurice. Tout son sang afflua à son cerveau. Il oublia tout pour se dire que troubler cette fête de sa présence serait une vengeance digne de lui.

— Je vais aller provoquer Martial, s'écria-t-il, à l'instant, chez lui...

Mais Jean l'interrompit.

— Non, dit-il, pas cela ; ils sont lâches, ils vous feraient arrêter. Il faut écrire : je porterai la lettre.

Le caporal Bavois les entendait; il eût pu s'opposer à leur folie...

Mais non... il trouvait toute naturelle et on ne peut plus logique leur fureur de vengeance, et jugeant qu'ils « n'avaient pas froid aux yeux », il les estimait davantage...

A tous risques, ils entrèrent donc dans le premier bouchon qu'ils rencontrèrent sur leur route, et la provocation fut écrite et confiée à Jean Lacheneur...

XXXVIII

Troubler la fête du château de Sairmeuse, changer en tristesse la joie d'un premier jour de mariage, épouvanter de sinistres présages l'union de Martial et de Mlle Blanche de Courtomieu... voilà, en vérité, tout ce qu'espérait Jean Lacheneur.

Quant à croire que Martial, triomphant et heureux, accepterait le cartel de Maurice, misérable et proscrit... il ne le croyait pas.

Même, tout en attendant Martial dans le vestibule du château, il s'armait contre les mépris et les railleries dont ne manquerait pas de l'accabler tout d'abord, présumait-il, ce froid et hautain gentilhomme qu'il venait défier.

L'accueil évidemment bienveillant de Martial le déconcerta un peu...

Il se remit, en voyant le prodigieux effet que produisait la provocation mortellement offensante de Maurice.

— Nous avons frappé juste!... pensait-il.

Martial lui ayant pris la main pour l'entraîner, il ne résista pas...

Et pendant qu'il traversait les salons ruisselants de lumière, tout en fendant les groupes d'invités surpris, Jean ne songeait ni à ses gros souliers ferrés ni à ses habits de paysan.

Tout palpitant d'anxiété, il se demandait :

— Que va-t-il se passer?...

Il le sut bientôt.

Appuyé au chambranle doré de la porte de la galerie, il assista à la terrible scène du petit salon.

Il vit Martial de Sairmeuse, ivre de colère, jeter à la face du marquis de Courtomieu la lettre de Maurice d'Escorval.

On eût cru que rien de tout cela ne le touchait, tant il restait froid et immobile, pâle, les lèvres pincées, les yeux baissés... Mais ces apparences mentaient. Son cœur se dilatait en une espèce de jouissance, et s'il baissait les yeux, c'est qu'il ne voulait pas qu'on pût voir quelle joie immense y éclatait.

Jamais il n'eût osé souhaiter une vengeance si prompte ni surtout si terrible.

Et cependant ce n'était rien encore...

Après avoir écarté brutalement Blanche, sa jeune femme, qui s'opposait à sa sortie, qui s'accrochait désespérément à ses vêtements, Martial reprit le bras de Jean Lacheneur.

— Arrivez!... lui dit-il d'une voix frémissante. Suivez-moi!...

Jean le suivit.

Ils traversèrent de nouveau la grande galerie, au milieu des invités pétrifiés ; mais, au lieu de gagner le vestibule, Martial s'empara d'un candélabre allumé sur une console et ouvrit une petite porte qui donnait sur un escalier de service.

— Où me conduisez-vous? Demanda Jean Lacheneur.

Martial, qui avait déjà gravi deux ou trois marches, se retourna.

— Avez-vous donc peur? fit-il.

L'autre haussa les épaules, et, froidement :

— Si vous le prenez ainsi, prononça-t-il, montons.

Ils montèrent au second étage du château et arrivèrent à un appartement à demi démeublé où tout était en désordre.

C'était l'appartement de garçon de Martial. La veille au soir, il avait bien cru qu'il y couchait pour la dernière fois.

Cet appartement, autrefois, était celui de Jean Lacheneur lorsqu'il venait passer les vacances près de son père, et rien n'y avait été changé. Il reconnaissait les rideaux à ramages, les grandes rosaces du tapis et jusqu'au vieux fauteuil où il avait lu tant de romans en cachette.

Dès qu'ils furent entrés, Martial courut à un petit secrétaire resté dans un angle, le brisa plutôt qu'il ne l'ouvrit et prit dans un tiroir un papier plié fort menu qu'il glissa dans sa poche.

Bien qu'il parût agir dans la plénitude de sa volonté, un observateur eût été effrayé de ses mouvements saccadés, de sa pâleur et de l'éclat de ses yeux. Les fous, quand ils paraissent se conduire le plus raisonnablement, se trahissent par un extérieur pareil.

— Maintenant, dit-il, partons... Il faut éviter une scène; mon père et... ma femme me cherchent sans doute... Nous nous expliquerons dehors.

Ils descendirent en toute hâte, sortirent par les jardins et eurent bientôt atteint la longue avenue de Sairmeuse.

Alors Jean Lacheneur s'arrêta court.

— Venir si loin pour un oui ou un non était, je crois, inutile, dit-il. Enfin, vous l'avez voulu. Que dois-je répondre à Maurice d'Escorval?

— Rien! Vous allez me conduire près de lui.

— Vous?...

— Oui, moi!... Il faut que je le voie, que je lui parle, que je me justifie... Marchons!

Mais Jean Lacheneur ne bougea pas.

— Ce que vous me demandez est impossible, prononça-t-il.

— Pourquoi?

— Parce que Maurice est poursuivi. S'il était pris, il serait traduit devant la cour prévôtale et sans doute condamné à mort. Il se cache, il a trouvé une retraite sûre; je n'ai pas le droit de la faire connaître.

En fait de retraite sûre, Maurice n'avait alors que le bois voisin, où, en compagnie du caporal Bavois, il attendait le retour de Jean.

Mais Jean n'avait pu résister à la tentation de prononcer cette réponse, plus insultante que s'il eût dit simplement:

— Nous craignons les délateurs!...

La preuve que Martial n'était pas soi, c'est que lui, si fier, si violent, il ne releva pas l'outrage.

— Vous vous défiez de moi!... fit-il tristement.

Jean Lacheneur se tut; nouvelle offense.

— Cependant, insista Martial, après ce que vous venez de voir et d'entendre, vous ne pouvez plus me soupçonner d'avoir coupé les cordes que j'ai portées au baron d'Escorval.

— Non... Je suis persuadé que vous êtes innocent de cette atroce lâcheté.

— Vous avez vu comment j'ai puni celui qui a osé compromettre l'honneur du nom de Sairmeuse... Et celui-là, cependant, est le père de la jeune fille que j'ai épousée aujourd'hui même...

— J'ai vu !... ; mais je vous répondrai quand même : Impossible !

Véritablement, Jean était stupéfait de la patience, — il faut dire plus, — de l'humble résignation de Martial.

Au lieu de se révolter, Martial tira de sa poche le papier qu'il était allé prendre à son appartement, et, le tendant à Jean :

— Ceux qui m'infligent cette honte, qu'on doute de ma parole, seront châtiés, dit-il d'une voix sourde... Vous ne croyez pas à ma sincérité, Jean ; en voici une preuve que je comptais remettre à Maurice et qui vous rassurera...

— Qu'est-ce que cette preuve ?...

— Le brouillon écrit de ma main, en échange duquel mon père a favorisé l'évasion du baron d'Escorval... Un inexplicable pressentiment m'a empêché de brûler cette pièce compromettante... je m'en réjouis aujourd'hui. Reprenez cette lettre ; elle me remet à votre discrétion.

Tout autre que Jean Lacheneur eût été touché de cette grandeur d'âme, que d'aucuns eussent taxée d'héroïque niaiserie.

Jean demeura implacable. Il avait au cœur une de ces haines que rien ne désarme, qui circulent dans les veines comme le sang, que nulles satisfaction n'assouvissent, qui loin de s'affaiblir avec les années grandissent et deviennent plus terribles.

Il eût tout sacrifié, il sacrifia tout en ce moment, le malheureux ! à l'ineffable jouissance de voir à ses pieds ce fier marquis qu'il exécrait.

— Bien, dit-il, je remettrai cela à Maurice.

— C'est un gage d'alliance, ce me semble ?

Jean Lacheneur eut un geste terrible d'ironie et de menace.

— Un gage d'alliance ! s'écria-t-il, comme vous y allez, monsieur le marquis !... Avez-vous donc oublié tout le sang qui a coulé entre nous ? Vous n'avez pas coupé les cordes, soit !... Mais qui donc a condamné à mort le baron d'Escorval innocent ? N'est-ce pas le duc de Sairmeuse ? Une alliance !... Vous oubliez donc que vous et les vôtres vous avez conduit mon père à l'échafaud !... Comment avez-vous remercié cet homme dont l'héroïque probité vous a rendu une fortune !... Vous avez essayé de séduire sa fille, ma pauvre Marie-Anne... Vous ne l'avez pas séduite, mais vous l'avez bien perdue de réputation.

— J'ai offert mon nom et ma fortune à votre sœur.

— Je l'eusse tuée de ma main si elle eût accepté!... C'est que je n'oublie pas, moi, et je vous le prouverai... Si jamais quelque grand malheur atteint la noble famille de Sairmeuse, pensez à Jean Lacheneur... Sa main y sera pour quelque chose...

Il s'emportait, il s'oubliait ; une violente secousse de sa volonté lui rendit sa froideur, et, d'un ton posé, il ajouta :

— Et si vous tenez tant à voir Maurice, soyez demain à la lande de la Rèche, à midi ; il y sera. Au revoir!...

Ayant dit, il se jeta brusquement de côté, franchit d'un bond le talus de l'avenue et disparut dans les ténèbres...

— Jean!... cria Martial d'une voix presque suppliante, Jean, revenez ; écoutez-moi!

Pas de réponse...

Et bientôt le bruit des souliers ferrés du frère de Marie-Anne s'éteignit sur la terre labourée...

Une sorte d'étourdissement, comme après une chute, s'était emparé du jeune marquis de Sairmeuse, et il restait debout à la même place au milieu de l'avenue, immobile, sans projets et sans pensées...

Un cheval qui passait à fond de train, lancé du côté de Montaignac, et qui en passant faillit l'écraser, le tira de cet anéantissement.

Il tressaillit comme un homme éveillé en sursaut, et la conscience de ses actes, qu'il avait perdue en lisant la provocation de Maurice, lui revint.

Maintenant, il pouvait juger sa conduite, comme l'ivrogne qui, l'ivresse dissipée, constate avec épouvante ses extravagances.

Était-ce vraiment lui, Martial, le flegmatique railleur, l'homme qui vantait son sang-froid et son insensibilité parfaite, qui s'était laissé emporter ainsi!

Hélas! oui. Et quand Blanche de Courtomieu, désormais la marquise de Sairmeuse, accusait Marie-Anne, la clairvoyance de sa jalousie ne la trompait pas absolument...

Martial, qui eût dédaigné l'opinion du monde entier, fut comme frappé de vertige à l'idée que Marie-Anne le méprisait sans doute, et qu'elle le tenait pour un traître et pour un lâche...

C'est pour elle que, dans un accès de rage, il avait voulu une éclatante justification.

S'il suppliait Jean de le conduire près de Maurice d'Escorval, c'est que près de Maurice il espérait trouver Marie-Anne pour lui dire :

— Les apparences étaient contre moi ; mais je suis innocent, et je l'ai prouvé en démasquant le coupable.

C'est à Marie-Anne qu'il eût voulu remettre le brouillon qu'il avait conservé, se disant qu'à tout le moins il l'étonnerait à force de générosité...

Son attente avait été trompée; et il n'apercevait plus de réel qu'un scandale inouï.

— Ce sera le diable à arranger, cet esclandre... se dit-il; mais bast!... personne n'y pensera plus dans un mois. Le plus court est d'aller au-devant des commentaires... Rentrons!...

Il disait cela : « Rentrons », du ton le plus délibéré. Le fait est qu'à mesure qu'il approchait du château, sa résolution chancelait.

La fête de ses noces, qui devait être si magnifique, était déjà terminée; les invités ne se retiraient pas, ils s'enfuyaient...

Martial réfléchissait qu'il allait se trouver seul entre sa jeune femme, son père et le marquis de Courtomieu. Que de reproches alors, de cris, de larmes, de colères et de menaces!... Et il affronterait tout cela...

— Ma foi! non!... prononça-t-il à demi-voix, pas si bête... Laissons-leur la nuit pour se calmer, je reparaîtrai demain...

Mais où passer la nuit?... Il était en costume de cérémonie, nu-tête, et il commençait à avoir froid... La maison occupée par le duc à Montaignac était une ressource.

— J'y trouverai un lit, songea-t-il, des domestiques, d'autres habits, du feu, et demain un cheval pour revenir.

C'était une longue traite à faire à pied; mais dans sa disposition d'esprit cela ne lui déplut pas.

Le domestique qui vint lui ouvrir, quand il frappa, faillit tomber de son haut en le reconnaissant...

— Vous, monsieur le marquis!...

— Oui, moi!... Allume-moi un grand feu dans le salon et apporte-moi des vêtements pour me changer...

Le valet obéit, et bientôt Martial se trouva seul, étendu sur un canapé, devant la cheminée.

— Il serait beau de dormir, se disait-il. Car le railleur reprenait le dessus.

Il essaya; mais il n'était pas de cette force.

Sa pensée lui échappait pour s'envoler à Sairmeuse, dans cette chambre nuptiale où il avait prodigué les plus exquises recherches du luxe.

Il eut dû y être à cette heure, près de Blanche, cette jeune femme si jolie qui était la sienne, qu'il n'aimait pas, mais dont il était passionnément aimé...

Pourquoi l'avoir abandonnée?... Était-elle donc responsable de l'infamie du marquis de Courtomieu?

— Pauvre fille!... pensait-il. Quelle nuit de noces!...

Elle laissa tomber dans la tasse tout ce que contenait le flacon.

Au jour, cependant, il s'endormit d'un sommeil fiévreux, et il était plus de neuf heures quand il s'éveilla.

Il se fit servir à déjeuner, décidé à rentrer à Sairmeuse, et il mangeait de bon appétit, quand tout à coup :

— Qu'on me selle un cheval, s'écria-t-il. Vite !... très vite !...

Il venait de se rappeler le rendez-vous de Maurice... Pourquoi ne pas s'y rendre !...

Il s'y rendit, et, grâce à la rapidité de son cheval, il mettait pied à terre à la Rèche comme sonnait la demie de onze heures.

Les autres ne devant pas être arrivés encore, il attacha son cheval à un arbre du petit bois de sapins, et lentement il gagna le point culminant de la lande.

Là avait été autrefois la masure de Lacheneur... Il n'en restait que les quatre murs, noircis par l'incendie et à demi éboulés...

Depuis un moment, Martial contemplait ces ruines, non sans une violente émotion, quand il entendit un grand froissement dans les ajoncs.

Il se retourna : Maurice, Jean et le caporal Bavois arrivaient...

Le vieux soldat portait sous le bras un long et étroit paquet enveloppé de serge : c'était des épées que, pendant la nuit, Jean Lacheneur était allé chercher à Montaignac, chez un officier à demi-solde.

— Nous sommes fâchés, monsieur, commença Maurice, de vous avoir fait attendre. Remarquez toutefois qu'il n'est pas midi... Puis nous comptions peu sur vous...

— Je tenais trop à me... justifier, interrompit Martial, pour n'être pas exact.

Maurice haussa dédaigneusement les épaules.

— Il ne s'agit pas de se justifier, monsieur, dit-il d'un ton rude jusqu'à la grossièreté, mais de se battre.

Si insultants que fussent les gestes et le ton, Martial ne sourcilla pas.

— Ou le malheur vous rend injuste, dit-il doucement, ou M. Lacheneur ici présent ne vous a rien dit.

— Jean m'a tout raconté...

— Eh bien, alors ?...

Le sang-froid de Martial devait jeter Maurice hors de soi.

— Alors, répondit-il, avec une violence inouïe, ma haine est pareille, si mon mépris a diminué... Vous me devez une rencontre, monsieur, depuis le jour où nos regards se sont croisés sur la place de Sairmeuse, en présence de Mlle Lacheneur... Vous m'avez dit ce jour-là : « Nous nous retrouverons ! » Nous voici face à face... Quelle insulte vous faut-il pour vous décider à vous battre ?...

Un flot de sang empourpra le visage du marquis de Sairmeuse ; il saisit une des épées que lui présentait le caporal Bavois, et tombant en garde :

— Vous l'aurez voulu, dit-il d'une voix stridente... Le souvenir de Marie-Anne ne peut plus vous sauver...

Mais les fers étaient à peine croisés, qu'un cri de Jean et du caporal Bavois arrêta le combat.

— Les soldats !... crièrent-ils, fuyons !...

Une douzaine de soldats, en effet, approchaient, courant de toutes leurs forces.

— Ah ! je l'avais bien dit !... s'écria Maurice, le lâche est venu, mais il avait prévenu les gendarmes !...

Il bondit en arrière, et brisant son épée sur son genou, il en lança les tronçons à la face de Martial en disant :

— Voilà ton salaire, misérable !...

— Misérable !... répétèrent Jean et le caporal Bavois, traître !... infâme !...

Et ils s'enfuirent laissant Martial foudroyé...

Un prodigieux effort le remit. Les soldats arrivaient ; il courut au sous-officier qui les commandait, et d'une voix brève :

— Me reconnaissez-vous ?...

— Oui, répondit le sergent, vous êtes le fils du duc de Sairmeuse.

— Eh bien, je vous défends de poursuivre ces gens qui fuient !...

Le sergent hésita d'abord, puis d'un ton décidé :

— Je ne puis vous obéir, monsieur, j'ai ma consigne.

Et s'adressant à ses hommes :

— Allons, vous autres, haut le pied !

Il allait donner l'exemple, Martial le retint par le bras.

— Du moins, fit-il, vous ne refuserez pas de me dire qui vous envoie...

— Qui ?... le colonel, parbleu ! d'après les ordres que le grand prévôt, M. de Courtomieu, lui a envoyés hier soir par un homme à cheval... Nous sommes en embuscade en bas, dans le bois, depuis le point du jour... Mais lâchez-moi, sacré tonnerre !... vous allez me faire manquer mon expédition...

Il s'échappa, et Martial, plus trébuchant qu'un homme ivre, descendit la lande et alla reprendre son cheval.

Mais il ne rentra pas au château de Sairmeuse... Il revint à Montaignac, et passa le reste de l'après-midi enfermé dans sa chambre.

Et le soir même il expédiait à Sairmeuse deux lettres...

L'une à son père, l'autre à sa jeune femme.

XXXIX

Si abominable que Martial imaginât le scandale de ses emportements, l'idée qu'il s'en faisait restait encore au-dessous de la réalité.

La foudre tombant au milieu de la galerie n'eût pas impressionné les hôtes de Sairmeuse si terriblement que la lecture de la provocation de Maurice d'Escorval.

Un frisson courut par l'assemblée, quand Martial, effrayant de colère, lança la lettre froissée au visage de son beau-père, le marquis de Courtomieu.

Et quand le marquis s'affaissa sur un fauteuil, quelques jeunes femmes, plus sensibles que les autres, ne purent retenir un cri d'effroi...

Il y avait bien vingt secondes que Martial était sorti avec Lacheneur, et les invités restaient encore immobiles comme des statues, pâles, muets, stupéfaits et comme pétrifiés.

Ce fut Mme Blanche, la mariée, qui rompit le charme.

Pendant que le marquis de Courtomieu se pâmait sans que personne encore songeât à le secourir, pendant que le duc de Sairmeuse trépignait et se mordait les poings de colère, la jeune marquise essaya de sauver la situation...

Le poignet meurtri de l'étreinte brutale de Martial, le cœur tout gonflé de haine et de rage, plus blanche que son voile de mariée, elle eut la force de retenir ses larmes prêtes à jaillir, elle sut contraindre ses lèvres à sourire.

— C'est vraiment donner trop d'importance à un petit malentendu qui s'expliquera demain, dit-elle presque gaîment aux personnes les plus rapprochées d'elle.

Et aussitôt, s'avançant jusqu'au milieu de la galerie, elle fit signe à l'orchestre de commencer une contredanse.

Mais, aux premières mesures de l'orchestre éclatant soudainement, tous les invités, d'un mouvement unanime, se précipitèrent vers la porte.

On eût dit que le feu venait de prendre au château... On ne se retirait pas ; on fuyait...

Une heure plus tôt, le marquis de Courtomieu et le duc de Sairmeuse étaient excédés d'empressements serviles et de plates adulations...

En ce moment, ils n'eussent pas trouvé dans toute cette foule si noble un homme assez hardi pour leur tendre ouvertement la main.

C'est que l'instant d'avant on les croyait tout-puissants... Ils venaient, pensait-on, de rendre un grand service, en étouffant la conspiration... On les savait bien en cour et amis du roi... On leur supposait sur l'esprit des ministres une influence qui devait tourner au profit de leurs amis.

Tandis que maintenant, à la suite de la lettre si explicite de Maurice, après les aveux de Martial, on voyait le duc et le marquis précipités du faîte de leurs grandeurs, disgraciés, punis peut-être...

Or le grand art consiste à pressentir les disgrâces...

Héroïque jusqu'au bout, « la mariée » fit, pour arrêter cette déroute, d'incroyables efforts.

Debout près de la porte de la galerie, son plus attrayant sourire aux lèvres, Mme Blanche prodiguait les plus encourageantes et les plus flatteuses paroles, s'épuisant en arguments pour rassurer ces déserteurs.

Elle essayait de piquer les amours-propres. Elle faisait honte aux danseurs, elle s'adressait aux jeunes filles...

Efforts vains!... sacrifices inutiles!... Beaucoup de femmes, sans doute, ce soir-là, se donnèrent la délicate jouissance de faire payer à la jeune marquise de Sairmeuse les dédains et les épigrammes de Blanche de Courtomieu...

Enfin, le moment arriva où, de tous ces hôtes si empressés à accourir le matin, il ne resta plus qu'un vieux gentilhomme, lequel, prudemment, à cause de sa goutte, avait laissé s'écouler la foule.

Il s'inclina en passant devant la jeune marquise de Sairmeuse et, rougissant de cette insulte à une femme, il sortit comme les autres...

Mme Blanche était seule!... Elle n'avait plus besoin de se contraindre... Il n'y avait plus là de témoins pour épier ces horribles souffrances et en jouir...

D'un geste furieux, elle arracha son voile de mariée et sa couronne de fleurs d'oranger, et dans un transport de rage folle, elle les foula aux pieds...

Un valet de pied traversant la galerie, elle l'arrêta.

— Éteignez partout!... lui dit-elle comme si elle eût été chez son père, à Courtomieu et non pas à Sairmeuse.

On lui obéit, et alors, pâle et échevelée, les yeux hagards, elle courut au petit salon où avait eu lieu la scène.

Des domestiques s'empressaient autour du marquis de Courtomieu qui gisait sur une causeuse.

On avait, quand il s'était affaissé, prononcé le terrible mot d'apoplexie.

Mais le duc de Sairmeuse avait haussé les épaules.

— Tout le sang de ses veines afflueraient à son cerveau, qu'il ne lui donnerait pas seulement un étourdissement, dit-il.

C'est que M. de Sairmeuse était furieux contre son ancien ami.

Même, en y réfléchissant, il ne savait trop si c'était à Martial ou au marquis de Courtomieu qu'il devait en vouloir le plus...

Martial, par ses aveux publics, venait certainement de renverser l'échafaudage de sa fortune politique.

Mais, d'un autre côté, le marquis de Courtomieu n'était-il pas cause qu'on accusait un Sairmeuse d'une trahison dont l'idée seule soulevait le cœur de dégoût?

Enfoncé dans un fauteuil, les traits contractés par la colère, il suivait les mouvements des domestiques, quand Mme Blanche entra.

Elle se posa devant lui, croisant les bras, et d'une voix sourde :

— Qui donc vous retenait ici, monsieur le duc, prononça-t-elle, pendant que je restais seule, exposée aux dernières humiliations... Ah!... si j'étais un homme!... Tous vos hôtes se sont enfuis, monsieur, tous!...

Brusquement M. de Sairmeuse se dressa :

— Eh bien, s'écria-t-il, qu'ils aillent au diable!...

C'est que de tous ces hôtes qui venaient de quitter ses salons, rompant ainsi violemment avec lui, il n'en était pas un seul que le duc de Sairmeuse regrettât.

Il savait bien qu'il n'avait pas un ami, lui dont l'étonnant orgueil ne reconnaissait pas un égal.

Donnant une fête pour le mariage de son fils, il y avait convié tous les gentilshommes de la contrée. Ils étaient venus... bien! Ils s'enfuyaient... bon voyage!

Si le duc enrageait de cette désertion, c'est qu'elle lui présageait avec une terrible éloquence la disgrâce tant redoutée.

Cependant, il essaya de se mentir à lui-même.

— Ils reviendront, dit-il à Mme Blanche, nous les reverrons repentants et humbles! Fiez-vous à moi!... Mais où donc peut être Martial?

Les yeux de la jeune femme flamboyèrent, mais elle ne répondit pas.

— Serait-il sorti avec le fils de ce scélérat de Lacheneur? reprit le duc.

— Je le crois...

— Il ne saurait tarder à rentrer...

— Qui sait!...

M. de Sairmeuse donna sur la cheminée un coup de poing à briser le marbre.

— Jarnibieu! s'écria-t-il, ce serait combler la mesure...

La jeune mariée dut croire que le duc s'inquiétait et s'irritait pour elle... Mais elle se trompait. Il ne songeait qu'aux calculs de son ambition déçue.

Quoi qu'il en dît, il s'avouait, à part soi, la supériorité de son fils; il avait confiance en son génie d'intrigue, et avant de rien résoudre, il voulait le consulter.

— C'est lui qui a fait le mal, murmurait-il, c'est à lui de le réparer!... Et, jarnibieu! il en est bien capable, s'il le veut!...

Et tout haut il reprit :

— Il faut trouver Martial, il faut...

D'un geste terrible de douleur et de colère, Mme Blanche l'interrompit :

— Il faut chercher Marie-Anne, dit-elle, si vous voulez retrouver... mon mari.

Le duc avait eu une pensée pareille, il n'osa l'avouer.

— Le ressentiment vous égare, marquise, fit-il.

— Je sais ce que je sais!...

— Non!... et la preuve c'est que Martial va reparaître... S'il est sorti, il ne peut être loin... On va le chercher, je le chercherai moi-même...

Il s'éloigna en jurant entre ses dents, et alors seulement la jeune femme s'approcha de son père qui ne semblait point reprendre connaissance.

Elle lui secoua le bras, rudement, et de son accent le plus impérieux :

— Mon père!... appela-t-elle : mon père!

Cette voix, qui tant de fois l'avait fait trembler, agit sur M. de Courtomieu plus efficacement que l'eau de Cologne des domestiques. Il entr'ouvrit languissamment un œil, qu'il referma aussitôt, mais non si vite que sa fille ne s'en aperçût :

— J'ai à vous parler, insista-t-elle, relevez-vous!...

Il n'osa désobéir, et péniblement il se redressa sur la causeuse, la cravate dénouée, le visage marbré de grandes plaques rouges.

— Ah!... que je souffre!... geignait-il, que je souffre!

Sa fille l'écrasa d'un regard méprisant, et d'un ton d'ironie amère :

— Pensez-vous que je suis aux anges?... prononça-t-elle.

— Parle donc, soupira M. de Courtomieu, parle, puisque tu le veux...

Mais la jeune femme ne pouvait se livrer ainsi.

— Retirez-vous! dit-elle aux domestiques.

Ils se retirèrent, et après qu'elle eut poussé le verrou de la porte :

— Parlons de Martial... commença-t-elle.

A ce nom, M. de Courtomieu bondit et ses poings se crispèrent.

— Ah! le misérable!... s'écria-t-il.

— Martial est mon mari, mon père.

— Quoi!... après ce qu'il a fait, vous osez le défendre!...

— Je ne le défends pas, mais je ne veux pas qu'on me le tue.

Qui eût, en ce moment, annoncé la mort de Martial, n'eût pas désespéré M. de Courtomieu.

— Vous l'avez entendu, mon père, poursuivit Mme Blanche, on assigne pour demain, à midi, un rendez-vous à Martial, à la lande de la Rèche... Je le connais, il a été insulté, il s'y rendra... Y rencontrera-t-il un adversaire loyal?... Non. Il y trouvera des assassins... Vous pouvez l'empêcher d'être assassiné.

— Moi, mon Dieu!... et comment?

— En envoyant à la Rèche des soldats qui se cacheront dans le bois, et qui, le moment venu, arrêteront les scélérats qui en veulent aux jours de Martial...

Le marquis hocha gravement la tête :

— Si je faisais cela, dit-il, Martial est capable...

— De tout!... oui, je le sais. Mais que vous importe, si je prends tout sur moi?

— Il faut expédier des ordres à Montaignac, insista-t-elle...

Moins émue, elle eût vu l'ombre d'une pensée mauvaise voiler les yeux de son père. Il songeait que, faire ce que désirait sa fille, c'était se venger de Martial et de la façon la plus cruelle, et le déshonorer, lui qui se souciait si peu de l'honneur des autres.

— Soit!... fit-il. Tu l'exiges, je vais écrire...

Sa fille lui apporta vivement de l'encre et des plumes, et tant bien que mal, car ses mains tremblaient, il minuta des instructions pour le colonel de la légion de Montaignac.

Mme Blanche descendit elle-même cette lettre à un domestique, elle lui commanda de monter à cheval; et c'est seulement quand elle l'eut vu partir au galop qu'elle gagna les appartements qui avaient été préparés pour elle, ces appartements où Martial avait réuni les plus délicates merveilles du luxe, et que devait éclairer la plus radieuse des lunes de miel.

Mais là tout était fait pour raviver le désespoir de la pauvre abandonnée, pour attiser sa haine et exaspérer ses colères...

Ses femmes voulaient la déshabiller, elle les renvoya durement et courut s'enfermer avec la tante Médio dans la chambre nuptiale où l'époux seul manquait...

Affaissée sur un fauteuil, elle se rappelait avec une sorte de rage les flatteries excessives dont elle avait été l'objet quand elle était l'élève des Dames du Sacré-Cœur.

Alors, on s'étudiait à lui persuader qu'en raison de tous ses avantages de naissance, de fortune, d'esprit et de beauté, elle devait être plus heureuse que les autres...

Et c'était à elle que, par une étrange dérive de la destinée, ce malheur arrivait, incroyable, inouï, d'être abandonnée la première nuit de ses noces...

Car elle était abandonnée, elle n'en doutait pas... Elle était sûre que son mari ne rentrerait pas, elle ne l'attendait pas...

Le duc de Sairmeuse battait les environs avec quelques domestiques; mais elle savait bien que c'était peine perdue, qu'ils ne rencontreraient pas Martial...

Où pouvait-il être? Près de Marie-Anne, certainement... Mme Blanche ne pouvait l'imaginer ailleurs...

Et à cette pensée atroce, qui l'obsédait, elle sentait la folie envahir son cerveau; elle comprenait le crime; elle rêvait la vengeance qu'on demande au fer ou au poison...

Martial, à Montaignac, avait fini par s'endormir...

Mme Blanche, quand vint le jour, changea pour des vêtements noirs sa robe blanche de mariée et on la vit errer comme une ombre dans les jardins de Sairmeuse... Elle n'était plus, véritablement, que l'ombre d'elle-même; cette nuit d'indicibles tortures avait pesé sur sa tête plus que toutes les années qu'elle avait vécues...

Un homme bondit jusqu'à lui et par quatre fois le frappa d'un couteau.

Elle passa la journée enfermée dans son appartement, refusant d'ouvrir au duc de Sairmeuse et même à son père...

Dans la soirée seulement, vers les huit heures, on eut des nouvelles...

Un domestique apportait les lettres adressées par Martial à son père et à sa femme.

Pendant plus d'une minute, Mme Blanche hésita à ouvrir celle qui lui était destinée : son sort allait être fixé, elle avait peur...

Enfin elle rompit le cachet et lut :

« Madame la marquise.

« Entre vous et moi, tout est fini, et il n'est pas de rapprochement possible...

« De ce moment, reprenez votre liberté.. Je vous estime assez pour espérer que vous saurez respecter le nom de Sairmeuse que je ne puis vous enlever.

« Vous trouverez comme moi, je pense, une séparation amiable préférable au scandale d'un procès.

« Quand mes hommes d'affaires régleront vos intérêts, souvenez-vous que j'ai trois cent mille livres de rentes...

« MARTIAL DE SAIRMEUSE. »

Mme Blanche chancela sous ce coup terrible... C'en était fait, elle était abandonnée, et abandonnée, pensait-elle, pour une autre. Mais elle se raidit, et d'une voix stridente :

— Oh! cette Marie-Anne! s'écria-t-elle, cette créature! je la tuerai!...

XL

Les vingt-quatre mortelles heures passées par Mme Blanche à mesurer l'étendue de son horrible malheur, le duc de Sairmeuse les avait employées à tempêter et à jurer à faire crouler les plafonds.

Lui non plus, il ne s'était pas couché.

Après des recherches inutiles aux environs, il était revenu à la grande galerie du château, et il l'arpentait d'un pied furieux.

Il tombait de lassitude, après un accès de colère qui avait duré une nuit et un jour, quand on apporta la lettre de son fils...

Elle était brève...

Martial ne donnait à son père aucune explication; il ne mentionnait pas la rupture qu'il venait de signifier à sa femme.

« Je ne puis me rendre à Sairmeuse, monsieur le duc, écrivait-il, et cependant nous voir est de la dernière importance.

« Vous approuverez, je l'espère, mes déterminations, quand je vous aurai exposé les raisons qui les ont dictées.

« Venez donc à Montaignac; le plus tôt sera le mieux, je vous attends. »

S'il n'eût écouté que les suggestions de son impatience, le duc de Sairmeuse eût fait atteler à l'instant même, et se fût mis en route.

Mais pouvait-il, décemment, abandonner ainsi brusquement le marquis de Courtomieu, qui avait accepté son hospitalité, et Mme Blanche, la femme de son fils, en définitive ?

S'il eût pu les voir encore, leur parler, les prévenir !..

Il l'essaya en vain... Mme Blanche s'était enfermée et refusait d'ouvrir; le marquis s'était mis au lit, avait envoyé chercher un médecin qui l'avait saigné, et il se déclarait à la mort.

Le duc de Sairmeuse se résigna donc à une nuit encore d'incertitudes, vraiment intolérables, pour un caractère comme le sien.

— Attendons, se disait-il ; demain, à l'issue du déjeuner, je saurai bien trouver un prétexte pour m'esquiver quelques heures sans dire que je vais rejoindre Martial...

Il n'eut pas cette peine...

Le lendemain, sur les neuf heures du matin, comme il finissait de s'habiller, on vint lui annoncer que M. de Courtomieu et sa fille l'attendaient au salon.

Surpris, il se hâta de descendre.

Quand il entra, le marquis de Courtomieu, qui était assis dans un fauteuil, se dressa tout d'une pièce, s'appuyant sur l'épaule de tante Médie...

Et Mme Blanche s'avança d'un pas raide, pâle et défaite, autant que si on lui eût tiré des veines la dernière goutte de sang.

— Nous partons, monsieur le duc, dit-elle froidement, et nous venons vous faire nos adieux.

— Comment ! vous partez, vous ne voulez pas...

D'un geste doux la jeune femme l'interrompit, et tirant de son corsage la lettre de rupture, elle la tendit à M. de Sairmeuse en disant :

— Veuillez prendre connaissance de ceci, monsieur le duc.

D'un seul coup d'œil il lut, et son saisissement fut tel qu'il ne trouva même pas un juron.

— Incompréhensible !... balbutia-t-il ; inimaginable !...

— Inimaginable, en effet !... répéta la jeune femme d'un ton triste, mais sans amertume... Je suis mariée d'hier et me voici abandonnée... Il eût été généreux de réfléchir la veille et non le lendemain... Dites pourtant à Martial que je lui pardonne d'avoir brisé ma vie, d'avoir fait de moi la plus misérable des créatures... Je lui pardonne aussi cette insulte suprême de me parler de sa fortune... Je souhaite qu'il soit heureux. Allons... Adieu, monsieur le duc, nous ne nous reverrons plus... Adieu !...

Elle prit le bras de son père et ils allaient se retirer... M. de Sairmeuse, qui s'était un peu remis, n'eut que le temps de se jeter devant la porte.

— Vous ne partirez pas ainsi ! s'écria-t-il, je ne le souffrirai pas... Attendez au moins que j'aie vu Martial, il n'est peut-être pas coupable autant que vous le croyez...

— Oh ! assez ! interrompit le marquis, assez !...

Il dégagea de son bras le bras de sa fille, et d'une voix affaiblie :

— A quoi bon des explications !... poursuivit-il. Hélas ! il est de ces outrages qui ne se réparent pas... Puisse votre conscience vous pardonner comme je vous pardonne moi-même... Adieu !...

Cela fut dit si parfaitement, avec une intonation si juste et un tel accord de gestes, que M. de Sairmeuse en fut ébloui.

C'est d'un air absolument ahuri qu'il regarda s'éloigner le marquis et sa fille, et ils étaient déjà loin quand il s'écria :

— Cafard !... me croit-il sa dupe !...

Dupe !... M. de Sairmeuse l'était si peu que sa seconde pensée fut celle-ci :

— Où veut-il en venir, avec cette comédie ? Il dit qu'il nous pardonne... C'est donc qu'il nous réserve quelque coup de Jarnac !...

Cette conviction l'emplit d'inquiétude. En vérité il ne se sentait pas de force à lutter de perfidie contre le marquis de Courtomieu.

— Mais Martial lui damera le pion... s'écria-t-il... Oui, il faut voir Martial !...

Si grande était son anxiété et telle son impatience, que de sa main il aida à atteler la voiture qu'il avait commandée, et que, prenant le fouet, il voulut conduire lui-même.

Tout en poussant furieusement ses chevaux il s'efforçait de réfléchir, mais les idées les plus contradictoires tourbillonnaient dans sa tête, il n'y voyait plus clair, et la rapidité de la course fouettant son sang ravivait sa colère.

Il entra comme un tourbillon dans la chambre de Martial, à Montaignac.

— J'imagine que vous êtes devenu fou, marquis ! s'écria-t-il dès le seuil. C'est, jarnibieu ! la seule excuse valable que vous puissiez présenter...

Mais Martial, qui attendait la visite de son père, avait eu le temps de se préparer...

— Jamais, au contraire, je ne me suis senti si sain d'esprit, répondit-il... Daignez me permettre une question : Est-ce vous qui avez envoyé des soldats au rendez-vous que Maurice d'Escorval m'avait loyalement assigné ?...

— Marquis !...

— Bien !... c'est donc encore une infamie du marquis de Courtomieu ?

Le duc ne répondit pas. En dépit de ses travers, de ses défauts et de ses vices, cet homme orgueilleux avait conservé les qualités essentielles de la vieille noblesse française : la fidélité à la parole jurée et une admirable bravoure.

Il trouvait tout naturel que Martial se battît avec Maurice... Il jugeait ignoble ce fait d'envoyer des soldats saisir un ennemi loyal et confiant.

— C'est la seconde fois, poursuivit Martial, que ce misérable essaie de déshonorer le nom de Sairmeuse... Pour qu'on me croie, quand je l'affirmerai, il faut que je rompe avec sa fille... J'ai rompu. Je ne le regrette pas, puisque je ne l'avais vraiment épousée que par condescendance pour vous, par faiblesse, parce qu'il faut se marier et que toutes les femmes, hormis une seule que je ne puis avoir, ne me sont rien...

Mais cela ne rassurait pas le duc de Sairmeuse.

— C'est fort joli ce galimatias sentimental, dit-il ; vous n'en avez pas moins perdu la fortune politique de notre maison.

Un fin sourire glissa sur les lèvres de Martial :

— Je crois au contraire que je la sauve, dit-il. Ne nous abusons pas, toute cette affaire du soulèvement de Montaignac est abominable, et vous devez bénir l'occasion qui vous est offerte de dégager votre responsabilité. Avec un peu d'adresse, vous pouvez rejeter tout l'odieux des représailles sur le marquis de Courtomieu et ne garder pour vous que le prestige du service rendu...

Le duc se déridait, il entrevoyait le plan de son fils.

— Jarnibieu ! marquis, s'écria-t-il, savez-vous que c'est une idée cela !... Savez-vous que, dès maintenant, je crains infiniment moins le Courtomieu.

Martial était devenu pensif.

— Ce n'est pas lui que je crains, murmura-t-il, mais sa fille... ma femme.

XLI

Il faut avoir vécu au fond des campagnes pour savoir au juste avec quelle prestigieuse rapidité une nouvelle s'y propage et vole de bouche en bouche. Parfois, c'est à confondre l'esprit.

Ainsi, le soir même des scènes du château de Sairmeuse, la rumeur en arrivait aux infortunés cachés à la ferme du père Poignot.

Il n'y avait pas trois heures que Maurice, Jean Lacheneur et le caporal Bavois s'étaient éloignés en promettant de repasser la frontière cette nuit même.

Après mûres réflexions, l'abbé Midon avait décidé qu'on ne dirait rien à M. d'Escorval de la brusque apparition de son fils et qu'on lui dissimulerait même la présence de Marie-Anne.

Son état était si alarmant encore que la moindre émotion pouvait décider quelque complication mortelle.

Vers les dix heures, le baron s'étant assoupi, l'abbé Midon et Mme d'Escorval étaient descendus dans une salle basse de la ferme, pour causer librement avec Marie-Anne, quand l'aîné des fils Poignot parut la figure bouleversée.

Ce brave gars était sorti après souper avec plusieurs de ses camarades, pour aller admirer de loin les splendeurs des fêtes de Sairmeuse et il revenait en toute hâte apprendre aux hôtes de son père les étranges événements de la soirée.

— C'est inconcevable!... murmurait l'abbé Midon abasourdi.

Pas si inconcevable. Le prêtre l'eût bien compris, si l'idée lui fût venue d'observer Marie-Anne.

Elle était devenue plus rouge que le feu, elle baissait la tête, et autant que possible s'écartait du cercle de la lumière.

C'est qu'il ne lui était pas possible de méconnaître un trait de cette grande passion que le jeune marquis de Sairmeuse lui avait déclarée, le soir où il lui avait offert son nom en même temps qu'il lui avouait son aversion pour sa fiancée.

Ce qui s'était passé dans l'âme de Martial, il lui semblait qu'elle le devinait.

Mais l'abbé Midon était trop préoccupé pour rien voir. Son premier étonnement dissipé, il était devenu sombre, et le froncement de ses sourcils trahissait l'effort de sa pensée.

Il ne sentait que trop, et les autres comprenaient comme lui, que ces étranges événements rendaient leur situation plus périlleuse que jamais.

— Il est inouï, murmurait-il, que Maurice ait osé cette folie, après ce que je venais de lui dire; l'ennemi le plus cruel du baron d'Escorval n'agirait pas autrement que son fils... Enfin, attendons à demain avant de rien décider.

Le lendemain, on apprit la rencontre de la Rèche. Un paysan, qui avait assisté de loin aux préliminaires de ce duel qui ne devait pas finir, put donner les détails les plus circonstanciés.

Il avait vu les deux adversaires tomber en garde, puis les soldats accourir et se mettre à la poursuite de Maurice, de Jean et de Bavois.

Mais il était sûr aussi que les soldats en avaient été pour leurs peines. Il les avait rencontrés sur les cinq heures, harassés et furieux.

Le sous-officier disait que l'expédition avait manqué par la faute de Martial qui l'avait retenu une minute...

Ce même jour, le père Poignot vint conter à l'abbé Midon que le duc de Sairmeuse et le marquis de Courtomieu étaient brouillés... C'était le bruit du pays. Le marquis était rentré au château de Courtomieu avec sa fille, et le duc était parti pour Montaignac...

Cette dernière nouvelle devait rassurer l'abbé Midon, mais ses transes avaient été trop poignantes pour échapper au baron d'Escorval.

— Vous avez quelque chose, curé, lui dit-il.

— Rien, monsieur le baron, rien absolument.

— Aucun péril nouveau ne nous menace?

— Aucun, je vous jure.

L'assurance du prêtre et ses protestations ne semblèrent pas convaincre M. d'Escorval.

— Oh!... ne jurez pas, curé... Avant-hier soir, tenez, quand vous êtes remonté ici, à mon réveil, vous étiez plus pâle que la mort, et ma femme, certainement, venait de pleurer... pourquoi?...

D'ordinaire, quand l'abbé Midon ne voulait pas répondre à certaines questions de son malade, il lui imposait silence, en lui disant, ce qui était vrai d'ailleurs, que s'agiter et parler, c'était retarder sa guérison...

Habituellement, le baron obéissait, cette fois il résista.

— Il dépend de vous, curé, poursuivit-il, de me rendre ma tranquillité... Avouez-le, vous tremblez qu'on ne découvre ma retraite... Cette crainte me torture aussi... Eh bien!... jurez-moi que vous ne me laisserez pas reprendre vivant, et et vous me rendrez la paix...

— Je ne puis jurer cela! murmura l'abbé en pâlissant.

Le regard de M. d'Escorval se voila :

— Et pourquoi donc? insista-t-il... Si j'étais repris, qu'arriverait-il? On me soignerait, et dès que je pourrais me tenir debout, on me fusillerait... Serait-ce donc un crime que de m'épargner l'horreur du supplice... Voyons, curé, vous êtes mon meilleur ami, n'est-ce pas? jurez-moi de me rendre ce suprême service... Voulez-vous que je vous maudisse de m'avoir sauvé la vie?...

L'abbé ne répondit pas, mais son œil, volontairement ou non, s'arrêta avec une expression étrange sur la boîte de médicaments posée sur la table.

Voulait-il donc dire : — Je ne ferai rien ; mais là vous trouveriez du poison?...

M. d'Escorval le comprit ainsi, car c'est avec l'accent de la reconnaissance qu'il murmura :

— Merci !...

Persuadé que désormais il était le maître de sa vie, qu'il aurait du poison sous la main s'il était découvert, le baron respirait librement.

De ce moment, sa situation, si longtemps désespérée, s'améliora visiblement et d'une façon soutenue.

— Je me moque à cette heure de tous les Sairmeuse du monde, disait-il avec une gaîté qui certes n'était pas feinte, je puis attendre paisiblement mon rétablissement.

De son côté, l'abbé Midon reprenait confiance. Les jours s'écoulaient et ses sinistres appréhensions ne se réalisaient pas.

Loin de provoquer un redoublement de sévérités, l'imprudence affreuse de Maurice et de Jean Lacheneur avait été comme le point de départ d'une indulgence universelle.

On eût dit un parti pris des autorités de Montaignac d'oublier et de faire oublier, s'il était possible, la conspiration de Lacheneur et les abominables représailles dont elle avait été le prétexte.

Maintenant, toutes les nouvelles qui parvenaient à la ferme calmaient une inquiétude, ou étaient une garantie de sécurité.

On sut d'abord par un colporteur que Maurice et le brave caporal Bavois avaient réussi à gagner le Piémont.

De Jean Lacheneur, il n'en était pas question. On supposait qu'il n'avait pas quitté le pays, mais on n'avait aucune raison de craindre pour lui, puisqu'il n'était porté sur aucune des listes de poursuites...

Plus tard, on apprit que M. de Courtomieu venait de tomber malade, qu'il ne sortait plus de chez lui et que Mme Blanche ne quittait pas son chevet.

Une autre fois, le père Poignot raconta en revenant de Montaignac que le duc de Sairmeuse était allé passer huit jours à Paris, qu'il était de retour avec une décoration de plus, signe évident de faveur, et qu'il avait fait à tous les conjurés condamnés à la prison la remise de leur peine.

Douter n'était pas possible, car le journal de Montaignac mentionnait le surlendemain toutes ces circonstances.

L'abbé Midon n'en revenait pas.

— Voilà qui prouve bien l'inanité des prévisions humaines, disait-il à Mme d'Escorval. Ce qui devait nous perdre nous sauvera.

C'est que ce changement si heureux, ce brusque revirement, l'abbé Midon l'attribuait uniquement à la rupture du marquis de Courtomieu et du duc de Sairmeuse.

Si grande que fût sa perspicacité, il fut comme tout le monde dupe des apparences.

Il pensait ce qui se disait tout haut dans le pays, ce que les officiers à demi-solde de Montaignac eux-mêmes répétaient :

— Décidément, ce duc de Sairmeuse vaut mieux que sa réputation, et s'il s'est montré implacable c'est qu'il était conseillé par l'odieux marquis de Courtomieu.

Seule, Marie-Anne soupçonnait la vérité.

Il lui semblait qu'elle reconnaissait le génie de Martial, cet esprit souple, se plaisant aux coups de théâtre, toujours épris de l'impossible.

Un secret pressentiment lui disait que c'était lui qui, secouant son apathie

La pauvre Marie-Anne gisait à terre, étendue sur le dos

habituelle, dirigeait avec une habileté souveraine les événements et usait et abusait de son ascendant sur l'esprit du duc de Sairmeuse.

— Et c'est pour toi, Marie-Anne, lui disait une voix au-dedans d'elle-même, c'est pour toi que Martial agit ainsi!... Qu'importent à cet insoucieux égoïste tous ces conjurés obscurs qu'il ne connaît pas!... S'il les protège c'est pour avoir le droit de te protéger, toi et ceux que tu aimes!... S'il a fait remettre les prisonniers en liberté, n'est-ce pas qu'il se propose de faire réformer le jugement injuste qui a condamné à mort le baron d'Escorval innocent !...

Elle sentait diminuer son aversion pour Martial lorsqu'elle songeait à cela.

Et dans le fait, n'était-ce pas de l'héroïsme de la part d'un homme dont elle avait repoussé les offres éblouissantes !...

Pouvait-elle méconnaître tout ce qu'il y avait de réelle grandeur dans la façon dont Martial, plutôt que d'être soupçonné d'une lâcheté, avait révélé un secret qui pouvait renverser la fortune politique du duc de Sairmeuse?

Et cependant jamais l'idée de cette grande passion d'un homme vraiment supérieur ne fit battre son cœur plus vite. Jamais elle n'en éprouva un mouvement d'orgueil...

Hélas!... rien n'était plus capable de la toucher ; rien ne pouvait plus la distraire de la noire tristesse qui l'envahissait.

Deux mois après son arrivée à la ferme du père Poignot, elle n'était plus que l'ombre de cette belle et radieuse Marie-Anne, qui, jadis sur son passage, recueillait tant de murmures d'admiration.

Elle maigrissait et dépérissait à vue d'œil, pour ainsi dire ; ses joues se creusaient. Chaque matin elle se levait plus pâle que la veille, chaque jour élargissait le cercle bleuâtre qui cernait ses grands yeux noirs.

Vive et active autrefois, elle était devenue paresseuse et lente. Elle ne marchait plus, elle se traînait. Souvent elle restait des journées entières immobile sur une chaise, les lèvres contractées comme par un spasme, le regard perdu dans le vide. Parfois de grosses larmes roulaient silencieuses le long de ses joues.

Les gens de la ferme — et Dieu sait cependant si les campagnards sont durs ! — ne pouvaient se défendre d'émotion en la regardant, et ils la plaignaient.

— Pauvre fille ! répétaient-il entre eux, ce qu'elle mange ne lui profite guère !... Il est vrai qu'elle ne mange, autant dire, rien...

— Dame ! disait le père Poignot, faut être juste : elle n'a pas de chance... Elle a été élevé comme une reine, et maintenant la voilà à la charité... Son père a été guillotiné, elle ne sait ce qu'est devenu son frère... On se ferait du chagrin à moins.

A maintes reprises, l'abbé Midon, inquiet, l'avait questionnée.

— Vous souffrez, mon enfant, lui disait-il de sa bonne voix grave : qu'avez-vous?...

— Je ne souffre pas, monsieur le curé.

— Pourquoi ne pas vous confier à moi? Ne suis-je pas votre ami? Que craignez-vous?

Elle secouait tristement la tête et répondait :

— Je n'ai rien à confier !

Elle disait : rien. Et cependant elle se mourait de douleur et d'angoisses.

Fidèle à la promesse que lui avait arrachée Maurice, elle n'avait rien dit, ni de sa position, ni de ce mariage à la fois nul et indissoluble, contracté dans la petite église de Vigano.

Et elle voyait approcher avec une inexprimable terreur le moment où il lui serait impossible de dissimuler sa grossesse.

Déjà elle n'y parvenait qu'au prix de tortures de tous les instants, et qu'en risquant sa vie et celle de son enfant.

Et encore réussissait-elle véritablement?

Deux ou trois fois, l'abbé Midon avait arrêté sur elle un regard si perspicace qu'elle en avait perdu contenance. Était-il sûr qu'il ne se doutât de rien?

Les autres ne savaient rien, elle en était certaine. Toute autre qu'elle eût peut-être été soupçonnée, mais elle!... Sa réputation seule la mettait à l'abri de tout soupçon... Et, nature droite et loyale, elle se révoltait de ce continuel mensonge ; elle s'indignait de voler ainsi son renom de sagesse et de vertu.

— La honte, pensait-elle, n'en sera que plus grande quand tout se découvrira !...

Ses angoisses étaient affreuses. Que faire?... Avouer. Elle l'eût osé les premiers jours; maintenant, elle ne s'en sentait pas le courage.

Fuir ?... mais où aller?... Quel prétexte donner ensuite?... Ne perdrait-elle pas ainsi cet avenir avec Maurice dont l'espoir seul la soutenait !

Elle songeait à fuir, cependant, quand un événement lui vint en aide, qui lui sembla le salut.

L'argent manquait à la ferme... Les proscrits ne pouvaient rien tirer du dehors, sous peine de se livrer, et le père Poignot était à bout de ressources...

L'abbé Midon se demandait comment sortir d'embarras, quand Marie-Anne lui parla du testament de Chanlouineau en sa faveur, et de l'argent caché sous la pierre de la cheminée de la belle chambre.

— Je puis sortir de nuit, disait Marie-Anne, courir à la Borderie, m'y introduire, prendre de l'argent et l'apporter ici... Il est bien à moi, n'est-ce pas ?

Mais le prêtre, après un moment de réflexion, jugea cette démarche impossible.

— Vous seriez peut-être vue, dit-il, et qui sait?... arrêtée. On vous interrogerait... Quelles explications plausibles donner? Sans compter que les scellés doivent avoir été mis partout. Les briser, ce serait donner l'idée qu'un vol a été commis, c'est-à-dire éveiller l'attention.

— Que faire, alors ?

— Agir au grand jour. Vous n'êtes nullement compromise, vous ; reparaissez demain comme si vous veniez du Piémont, allez trouver le notaire de Sairmeuse ;

faites-vous mettre en possession de votre héritage, et installez-vous à la Borderie...

Marie-Anne frissonnait...

— Habiter la maison de Chanlouineau, bégaya-t-elle, moi... toute seule!...

Si le prêtre aperçut le trouble de la malheureuse, il n'en tint compte.

— Visiblement le ciel vous protège, ma chère enfant, reprit-il. Je ne vois que des avantages à votre installation à la Borderie, et pas un inconvénient. Nos communications seront faciles et, avec quelques précautions, sans danger. Nous choisirons avant votre départ un point de rendez-vous, et deux ou trois fois par semaine, vous vous y rencontrerez avec le père Poignot...

L'espérance brillait dans ses yeux, et, plus vite, il poursuivit :

— Et dans l'avenir, dans deux ou trois mois, vous nous serez plus utile encore... Dès qu'on sera accoutumé dans le pays à votre séjour à la Borderie, nous y transporterons le baron. Sa convalescence y sera bien plus rapide que dans le grenier étroit et bas où nous le cachons et où il souffre véritablement du manque d'air et d'espace...

Il parlait si vite que Marie-Anne n'avait pu seulement ouvrir la bouche. Comme il s'arrêtait, elle hasarda une objection :

— Que pensera-t-on de moi, balbutia-t-elle, en me voyant m'établir comme cela, tout à coup, dans les biens d'un homme qui n'est pas mon parent ?...

Le prêtre ne voulut pas comprendre l'appréhension de Marie-Anne.

— Que voulez-vous qu'on pense ? fit-il. Que vous importe l'opinion ?...

Et, après une pause :

— Pour vous-même, ma pauvre enfant, prononça-t-il, sortir d'ici où vous vivez enfermée, est indispensable... Ce vous sera un bienfait, de vous retrouver au grand air, libre, seule...

Le ton de l'abbé, l'expression de son visage, ses regards parurent si étranges à Marie-Anne, qu'elle devint plus blanche que la muraille contre laquelle elle s'appuya toute défaillante.

— Je ne m'étais pas trompée, se dit-elle, il sait !...

— D'ailleurs, insista l'abbé d'un ton péremptoire, il n'y a pas à hésiter.

La détermination prise, restait à en régler l'exécution avec assez d'habileté pour n'éveiller aucun soupçon, et ne laisser au hasard que le moins de prise possible.

Il fut convenu que, dans la nuit même, le père Poignot conduirait Marie-Anne jusqu'à la frontière, où elle prendrait la diligence qui fait le service entre le Piémont et Montaignac, et qui traverse le village de Sairmeuse.

C'est avec le plus grand soin que l'abbé Midon avait dicté à Marie-Anne la version qu'elle donnerait de son séjour à l'étranger.

Toutes les réponses aux questions qu'on ne manquerait pas de lui adresser devaient tendre à ce but de bien persuader à tout le monde que le baron d'Escorval était caché dans les environs de Turin.

Ce qui avait été convenu fut exécuté de point en point, et le lendemain, sur les huit heures, les habitants du village de Sairmeuse virent avec une stupeur profonde Marie-Anne descendre de la diligence, qui relayait.

— La fille de M. Lacheneur est ici !...

Ce mot, qui vola de maison en maison avec une foudroyante rapidité, mit tout le village aux portes et aux fenêtres.

On vit la pauvre fille payer le prix de sa place au conducteur, remonter la grande rue, suivie d'un garçon d'écurie qui portait une petite malle, et entrer à l'auberge du *Bœuf couronné*.

A la ville, l'indiscrétion a quelque pudeur; on se cache pour épier. A la campagne, la curiosité, effrontément naïve, se montre sans vergogne et obsède avec une inconsciente cruauté ceux qui en sont l'objet.

Quand Marie-Anne sortit de son auberge, elle trouva devant la porte un rassemblement qui l'attendait bouche béante, les yeux largement écarquillés.

Et plus de vingt personnes la suivirent avec toutes sortes de réflexions qui bourdonnaient à ses oreilles, jusqu'à la porte du notaire où elle alla frapper.

C'était un homme considérable, ce notaire, par sa corpulence, sa fortune et la quantité d'actes qu'il faisait. Il avait la face plate et rougeaude, une façon de s'exprimer mellifue, une barbe bien taillée et des prétentions au bel esprit. On le disait à la fois pieux et gaillard.

Il accueillit Marie-Anne avec la déférence due à une héritière qui va palper une succession liquide d'une cinquantaine de mille francs.

Mais, jaloux d'étaler sa perspicacité, il donna fort clairement à entendre que lui, homme d'expérience, il devinait que l'amour avait seul dicté le testament de Chanlouineau.

La résignation de Marie-Anne se révolta.

— Vous oubliez ce qui m'amène, monsieur, prononça-t-elle; vous ne me dites rien de ce que j'ai à faire.

Le notaire, interdit du ton, s'arrêta.

— Peste! pensa-t-il, elle est pressée de tâter les espèces, la commère !...

Et à haute voix :

— Tout sera vite terminé, dit-il ; justement le juge de paix n'a pas d'audience aujourd'hui, il sera à notre disposition pour la levée des scellés.

Pauvre Chanlouineau !... le génie des nobles passions l'avait inspiré quand il avait pris ses dispositions dernières...

Un avoué retors n'eût pas imaginé des précautions plus ingénieuses pour écarter toutes ces infinies et irritantes difficultés qui se dressent comme des buissons d'épines autour des successions.

Le soir même, les scellés étaient levés et Marie-Anne était mise en possession de la Borderie.

Elle était seule dans la maison de Chanlouineau, seule !... La nuit tombait ; un grand frisson la prit. Il lui semblait qu'une des portes allait s'ouvrir, que cet homme qui l'avait tant aimée allait paraître, et qu'elle entendait sa voix comme elle l'avait entendue pour la dernière fois, dans son cachot.

Elle se redressa, chassant ces folles terreurs, alluma une lumière, et, avec un indicible attendrissement, elle parcourut cette maison, la sienne désormais, et où palpitait encore, pour ainsi dire, celui qui l'avait habitée.

Lentement, elle traversa toutes les pièces du rez-de-chaussée, elle reconnut le fourneau récemment réparé, et elle monta dans cette chambre du premier étage dont Chanlouineau avait fait comme le tabernacle de sa passion.

Là, tout était magnifique, encore plus qu'il ne l'avait dit.

L'âpre paysan qui déjeunait d'une croûte frottée d'oignon avait dépensé une douzaine de mille francs pour parer ce sanctuaire destiné à son idole.

« — Comme il m'aimait ! murmurait Marie-Anne, émue de cette émotion dont l'idée seule avait enflammé la jalousie de Maurice, comme il m'aimait !

Mais elle n'avait pas le droit de s'abandonner à ses sensations... Le père Poignot l'attendait sans doute au rendez-vous.

Elle souleva la pierre du foyer et trouva bien exactement la somme indiquée par Chanlouineau... les approches de la mort ne lui avaient pas fait oublier son compte...

Le lendemain, à son réveil, l'abbé Midon eut de l'argent...

Dès lors, Marie-Anne respira, et cet apaisement, après tant d'épreuves et de si cruelles agitations, lui paraissait presque le bonheur.

Fidèle aux recommandations de l'abbé, elle vivait seule, mais par ses fréquentes sorties, elle accoutumait à sa présence les gens des environs... Dans la journée, elle vaquait aux soins de son modeste ménage, et le soir, elle courait au rendez-vous où le père Poignot lui donnait des nouvelles du baron ou la chargeait, de la part de l'abbé, de quelque commission qu'il ne pouvait faire.

Oui, elle se fût trouvée presque heureuse, si elle eût pu avoir des nouvelles de Maurice... Qu'était-il devenu ?... Comment ne donnait-il pas signe de vie ?... Que n'eût-elle pas donné pour un conseil de lui ?...

C'est que le moment approchait où il allait lui falloir un confident, des secours, des soins... et elle ne savait à qui se confier.

En cette extrémité, et lorsque véritablement elle perdait la tête, elle se souvint de ce vieux médecin qui avait reconnu son état à Saliente, qui lui avait témoigné un si paternel intérêt, et qui avait été un des témoins de son mariage à Vigano.

— Celui-là me sauverait, s'écria-t-elle, s'il savait... s'il était prévenu!...

Elle n'avait ni à temporiser et à réfléchir; elle écrivit sur-le-champ au vieux médecin et chargea un jeune gars des environs de porter sa lettre à Vigano.

— Le monsieur a dit que vous pouviez compter sur lui, dit à son retour le jeune commissionnaire.

Ce soir-là, en effet, Marie-Anne entendit frapper à sa porte. C'était bien cet ami inconnu qui venait à son secours...

Cet honnête homme resta quinze jours caché à la Borderie...

Quand il partit un matin, avant le jour, il emportait sous son grand manteau un enfant — un garçon, — dont il avait juré, les larmes aux yeux, de prendre soin comme de son enfant à lui...

Marie-Anne avait repris son train de vie.

Personne, dans le pays, n'eut seulement un soupçon.

XLII

Pour quitter Sairmeuse sans violence, noblement et froidement, il avait fallu à Mme Blanche des efforts surhumains et toute l'énergie de sa volonté.

La plus épouvantable colère grondait en elle, pendant que, drapée de dignité mélancolique, elle murmurait des paroles de mansuétude et de pardon.

Ah! si elle n'eût écouté que les inspirations de ses ressentiments?...

Mais son indomptable vanité l'enflammait de l'héroïsme du gladiateur mourant dans l'arène, le sourire aux lèvres...

Tombant, elle prétendait tomber avec grâce.

— Nul ne me verra pleurer, personne ne m'entendra me plaindre, disait-elle à son père, plus abattu qu'elle; sachez m'imiter.

Et dans le fait, elle fut stoïque, à son retour au château de Courtomieu.

Son visage, pâli, resta de marbre sous les regards des domestiques ébahis, qui semblaient attendre l'explication de cette catastrophe inouïe.

— On m'appellera « mademoiselle » comme par le passé, dit-elle d'un ton impérieux. Quiconque oublierait cet ordre serait renvoyé.

Une femme de chambre l'oublia le soir même et prononça le mot défendu : « madame... » La pauvre fille fut chassée sur l'heure, sans miséricorde, malgré ses protestations et ses larmes.

Tous les gens du château étaient indignés.

— Espère-t-elle donc, disaient-ils, nous faire oublier qu'elle est mariée et que son mari l'a plantée là!...

Hélas! elle eût voulu l'oublier elle-même.

Elle eût voulu anéantir jusqu'au souvenir de cette fatale journée du 17 avril, qui l'avait vue jeune fille, épouse et veuve, entre le lever et le coucher du soleil.

Veuve!... ne l'était-elle pas, par le fait?...

Seulement ce n'était pas la mort qui lui avait ravi son mari, c'était, pensait-elle, une autre femme, une rivale, une infâme et perfide créature, une fille perdue d'honneur, Marie-Anne enfin.

Et elle, cependant, ignominieusement abandonnée, dédaignée, repoussée, elle ne s'appartenait plus.

Elle appartenait à l'homme dont elle portait le nom comme une livrée de servitude, qui ne voulait pas d'elle, qui la fuyait...

Elle n'avait pas vingt ans et c'en était fait de sa jeunesse, de sa vie, de ses espérances, de ses rêves même.

Le monde la condamnait sans appel ni recours à vivre seule, désolée... pendant que Martial, lui, libre de par les préjugés, étalerait au grand jour ses amours adultères.

Alors elle connut l'horreur de l'isolement. Pas une âme à qui se confier en sa détresse. Pas une voix attendrie pour la plaindre!...

Elle avait deux amies préférées, autrefois; elles étaient inséparables au Sacré-Cœur, mais sortie du couvent elle les avait éloignées par ses hauteurs, ne les trouvant ni assez nobles ni assez riches pour elle...

Elle en était réduite aux irritantes consolations de tante Médie, une brave et digne personne, certes, mais dont l'intelligence avait fléchi sous les mauvais traitements, et dont les larmes banales coulaient aussi abondantes pour la perte d'un chat que pour la mort d'un parent.

Vaillante, cependant, Mme Blanche se jura qu'elle renfermerait en son cœur le secret de ses désespoirs.

Elle se montra, comme au temps où elle était jeune fille; elle porta audacieusement les plus belles robes de sa corbeille; elle sut se contraindre à paraître gaie et insouciante.

Mais le dimanche suivant, ayant osé aller à la grand'messe au village de Sairmeuse, elle comprit l'inanité de ses efforts.

On ne la regardait pas d'un air surpris ni haineux, mais on tournait la tête sur son passage pour rire aux éclats. Elle put même entendre, sur son état de demoiselle-veuve, des quolibets qui lui entrèrent dans l'esprit comme des pointes de fer rouge.

On se moquait... Elle était ridicule!... Cela fut le comble.

Il cha... c'était du sang !

— Oh!... Il faudra qu'on me paye tout cela, répétait-elle.

Mais Mme Blanche n'avait pas attendu cette suprême injure pour songer à se venger, et elle avait trouvé son père prêt à la seconder.

Pour la première fois, le père et la fille avaient été d'accord.

— Le duc de Sairmeuse saura ce qu'il en coûte, disait M. de Courtomieu, de prêter les mains à l'évasion d'un condamné et insulter ensuite un homme comme moi!... Fortune politique, position, faveur, tout y passera!.. Je veux le voir ruiné, déconsidéré, à mes pieds!... Tu verras... tu verras!...

Malheureusement pour lui, le marquis de Courtomieu avait été malade trois jours, après les scènes de Sairmeuse, et il avait perdu trois jours à composer et à écrire un rapport qui devait écraser son ancien allié.

Ce retard devait le perdre, car il permit à Martial de prendre les devants, de bien mûrir son plan, et de faire partir pour Paris le duc de Sairmeuse, habilement endoctriné...

Que raconta le duc à Paris?... Que dit-il au roi qui daigna le recevoir?...

Il démentit sans doute ses premiers rapports, il réduisit le soulèvement de Montaignac à ses proportions réelles, il présenta Lacheneur comme un fou et les paysans qui l'avaient suivi comme des niais inoffensifs.

Peut-être donna-t-il à entendre que le marquis de Courtomieu pouvait fort bien avoir provoqué ce soulèvement de Montaignac... Il avait servi Bonaparte, il tenait à montrer son zèle; on savait des exemples...

Il déclara, quant à lui, qu'il avait été trompé par ce coupable ambitieux, rejeta sur le marquis tout le sang versé et se porta fort de faire oublier ces tristes représailles...

Il résulta de ce voyage que, le jour où le rapport du marquis arriva à Paris, on lui répondit en le destituant de ses fonctions de grand prévôt.

Ce coup imprévu devait atterrer M. de Courtomieu.

Lui, si perspicace et si fin, si souple et si adroit, qui avait sauvé les apparences de son honneur de tous les naufrages, qui avait traversé les époques les plus troublées comme une anguille ses bourbes natales, qui avait su établir sa colossale fortune sur trois mariages successifs, qui avait servi d'un même visage obséquieux tous les maîtres qui avaient voulu de ses services, lui, Courtomieu, être joué ainsi!...

Car il était joué, il n'en pouvait douter, il était sacrifié, perdu...

— Ce ne peut être ce vieil imbécile de duc de Sairmeuse qui a manœuvré si vivement et avec tant d'adresse, répétait-il... Quelqu'un l'a conseillé, mais qui? je ne vois personne...

Qui? Mme Blanche ne le devinait que trop.

De même que Marie-Anne, elle reconnaissait le génie de Martial.

— Ah!... je ne m'étais pas trompé, pensait-elle; celui-là est bien l'homme que je rêvais... A son âge, jouer mon père, ce politique de tant d'expérience et d'astuce!

Mais cette idée exaspérait sa douleur et attisait sa haine.

Devinant Martial, elle pénétrait ses projets.

Elle comprenait que, s'il était sorti de son insouciance hautaine et railleuse, ce n'était pas pour la mesquine satisfaction d'abattre le marquis de Courtomieu.

— C'est pour plaire à Marie-Anne, pensait-elle avec des convulsions de rage. C'est un premier pas vers la grâce des amis de cette créature... Ah ! elle peut tout sur son esprit, et tant qu'elle vivra, j'espérerais en vain... Mais patience...

Elle patientait en effet, sachant bien que qui veut se venger sûrement doit attendre, dissimuler, préparer l'occasion mais ne pas la violenter...

Comment elle se vengerait, elle l'ignorait, mais elle savait qu'elle se vengerait, et déjà elle avait jeté les yeux sur un homme qui serait, croyait-elle, l'instrument docile de ses desseins, et capable de tout pour de l'argent : Chupin.

Comment le traître qui avait livré Lacheneur pour vingt mille francs se trouva-t-il sur le chemin de Mme Blanche?

Ce fut le résultat d'une de ces simples combinaisons des événements que les imbéciles admirent sous le nom de hasard.

Bourrelé de remords, honni, conspué, maudit, pourchassé à coups de pierres quand il s'aventurait par les rues, suant de peur quand il songeait aux terribles menaces de Balstain, l'aubergiste piémontais, Chupin avait quitté Montaignac et était venu demander asile au château de Sairmeuse.

Il pensait, dans la naïveté de son ignominie, que le grand seigneur qui l'avait employé, qui l'avait convié au crime, qui avait profité de sa trahison, lui devait, outre la récompense promise, aide et protection.

Les domestiques le reçurent comme une bête galeuse dont on redoute la contagion. Il n'y eut plus de place pour lui aux tables des cuisines et les palefreniers refusaient de le laisser coucher dans les écuries. On lui jetait la pâtée comme à un chien et il dormait au hasard dans les greniers à foin.

Il supportait tout sans se plaindre, courbant le dos sous les injures, s'estimant encore heureux de pouvoir acheter à ce prix une certaine sécurité.

Mais le duc de Sairmeuse, revenant de Paris avec une politique d'oubli et de conciliation en poche, ne pouvait tolérer la présence d'un tel homme, si compromettant et chargé de l'exécration de tout le pays.

Il ordonna de congédier Chupin.

Le vieux braconnier résista, croyant deviner un complot de ses ennemis les domestiques.

Il déclara d'un ton farouche qu'il ne sortirait de Sairmeuse que de force ou sur un ordre formel, de la bouche même du duc.

Cette résistance obstinée, rapportée à M. de Sairmeuse, le fit presque hésiter.

Il tenait peu à se faire un implacable ennemi d'un homme qui passait pour le plus rancunier et le plus dangereux qu'il y eût à dix lieues à la ronde.

La nécessité du moment et les observations de Martial le décidèrent.

Ayant mandé son ancien espion, il lui déclara qu'il ne voulait plus, sous aucun prétexte, le revoir à Sairmeuse, adoucissant toutefois la brutalité de l'expulsion par l'offre d'une petite somme.

Mais Chupin, d'un air sombre, refusa l'argent. Il alla prendre ses quelques hardes et s'éloigna en montrant le poing au château, jurant que si jamais un Sairmeuse se trouvait au bout de son fusil, à la brune, il lui ferait passer le goût du pain.

Il est sûr qu'il tint ce propos, plusieurs domestiques l'entendirent.

Ainsi expulsé, le vieux braconnier se retira dans sa masure, où habitaient toujours sa femme et ses deux fils.

Il n'en sortait guère, et jamais que pour satisfaire son ancienne passion pour la chasse, qui survivait à tout.

Seulement, il ne perdait plus son temps à s'entourer de précautions comme autrefois, pour tirer un lièvre ou quelques perdreaux.

Sûr de l'impunité, il allait droit aux bois de Sairmeuse ou de Courtomieu, tuait un chevreuil, le chargeait sur ses épaules et rentrait chez lui en plein jour à la barbe des gardes intimidés.

Le reste du temps, il vivait plongé dans le somnambulisme d'une demi-ivresse. Car il buvait toujours et de plus en plus, encore que le vin, loin de lui procurer l'oubli qu'il cherchait, ne fît que donner une réalité plus terrifiante aux fantômes qui peuplaient son perpétuel cauchemar.

Parfois, à la tombée de la nuit, les paysans qui passaient près de la masure entendaient comme un trépignement de lutte, des voix rauques, des blasphèmes et des cris aigus de femme.

C'est que Chupin était plus ivre que de coutume, et que sa femme et ses deux fils le battaient pour lui arracher de l'argent.

Car il n'avait rien donné aux siens du prix de la trahison. Qu'avait-il fait des vingt mille francs qu'il avait reçus en bel or ? On ne savait. Ses fils supposaient bien qu'il les avaient enterrés quelque part ; mais ils avaient beau se relayer pour épier leur père, l'ivrogne, plus rusé qu'eux, savait garder le secret de sa cachette. A grand'peine, à force de coups, se décidait-il à lâcher quelques louis.

On savait ces détails dans le pays, et on voulait y reconnaître un juste châtiment du ciel.

— Le sang de Lacheneur étouffera Chupin et les siens, disaient les paysans.

Ce fut par un des jardiniers de Courtomieu que Mme Blanche connut d'abord toute cette histoire.

Ne se sachant pas écouté par la fille de l'homme qui avait suscité et payé la trahison, ce jardinier racontait librement ce qu'il savait à deux de ses aides, et, tout en parlant, il s'animait et rougissait d'indignation.

— Ah!... c'est une fière canaille que ce vieux, répétait-il, qui devrait être aux galères et non en liberté dans un pays de braves gens !

De ces imprécations, une bonne part retombait sur le marquis de Courtomieu, mais M°° Blanche ne le remarquait seulement pas.

Elle se recueillait, comprenant d'instinct une des lois immuables qui régissent les individus et que ne sauraient changer les plus habiles transactions sociales.

Le crime fatalement attire le mépris, qui provoque la révolte et un nouveau crime.

— Voilà bien l'homme qu'il te faudrait !... murmurait à l'oreille de M°° Blanche la voix de la haine...

Certes !... Mais comment arriver jusqu'à lui ? comment entrer en pourparlers ?

Aller chez Chupin, c'était s'exposer à être aperçue entrant dans sa maison ou en sortant. M°° Blanche était trop prudente pour avoir seulement l'idée de courir un tel risque.

Mais elle songea que du moment où le vieux braconnier chassait quelquefois dans les bois de Courtomieu, il ne devait pas être impossible de l'y rencontrer... par hasard.

— Ce sera, se dit-elle déjà toute décidée, l'affaire d'un peu de persévérance et de quelques promenades adroitement dirigées.

Ce fut l'affaire de deux grandes semaines et de tant de courses, que tante Médie, l'inévitable chaperon de la jeune femme, en était sur les dents.

— Encore une nouvelle lubie !... gémissait la parente pauvre, rendue de fatigue, ma pauvre nièce est décidément folle.

Pas si folle, car par une belle après-midi du mois de mai, dans les derniers jours, M°° Blanche aperçut enfin celui qu'elle cherchait.

C'était dans la partie réservée du bois de Courtomieu, tout près des étangs.

Chupin s'avançait au milieu d'une large allée de chasse, le doigt sur la détente de son fusil.

Il s'avançait à la manière des bêtes traquées, d'un pas muet et inquiet, tout ramassé sur lui-même comme pour prendre son élan, l'oreille au guet, le regard défiant... Ce n'est pas qu'il craignît les gardes, mon Dieu, ni un procès-verbal ; seulement dès qu'il sortait, il lui semblait voir Balstain marchant dans son ombre, son couteau ouvert à la main...

Reconnaissant M°° Blanche de loin, il voulut se jeter sous bois, mais elle le prévint, et enflant la voix à cause de la distance.

— Père Chupin !... cria-t-elle.

Le vieux maraudeur parut hésiter, mais il s'arrêta, laissant glisser jusqu'à terre la crosse de son fusil, et il attendit.

Tante Médie était devenue toute pâle de saisissement.

— Doux Jésus! murmura-t-elle en serrant le bras de sa nièce, pourquoi appeler ce vilain homme?...

— Je veux lui parler.

— Comment? toi, Blanche, tu oserais?..

— Il le faut.

— Non, je ne puis souffrir cela, je ne dois pas...

— Oh!... assez, interrompit la jeune femme, avec un de ces regards impérieux qui fondaient comme cire les volontés de la parente pauvre, assez, n'est-ce pas?...

Et plus doucement :

— J'ai besoin de causer avec lui, ajouta-t-elle. Toi, pendant ce temps, tante Médie, tu vas te tenir un peu à l'écart... Regarde bien de tous les côtés... Si tu apercevais quelqu'un, n'importe qui, tu m'appellerais... Allons, va, tante, fais cela pour moi.

La parente pauvre, comme toujours, se résigna et obéit, et Mme Blanche s'avança vers le vieux braconnier qui était resté en place, aussi immobile que les troncs d'arbres qui l'entouraient...

— Eh bien!... mon brave père Chupin, commença-t-elle dès qu'elle fut à quatre pas de lui, vous voici donc en chasse...

— Qu'est-ce que vous me voulez! interrompit-il brusquement, car vous me voulez quelque chose, n'est-ce pas? vous avez besoin de moi?...

Il fallut à Mme Blanche un effort pour dominer un mouvement d'effroi et de dégoût ; ce qui n'empêche que c'est du ton le plus résolu qu'elle dit :

— Eh bien! oui, j'ai un service à vous demander...

— Ah! ah!...

— Un très léger service, du reste, qui vous coûtera peu de peine et qui vous sera bien payé.

Elle disait cela d'un petit air détaché, comme si véritablement il ne se fût agi que de la moindre des choses. Mais si bien que fût jouée son insouciance le vieux maraudeur n'en parut pas dupe.

— On ne demande pas des services si légers que cela à un homme comme moi, fit-il brutalement. Depuis que j'ai servi la bonne cause d'après mes moyens, selon qu'on le demandait sur les affiches, et au péril de ma vie, tout un chacun se croit le droit de venir, argent en main, me marchander des infamies... C'est vrai que les autres m'ont payé ; mais tout l'or qu'ils m'ont donné, je voudrais pouvoir le faire fondre et le leur couler brûlant dans le ventre!... Allez!... je sais ce qu'il en coûte aux petits d'écouter les paroles des gros! Passez votre chemin, et si vous avez des abominations en tête, faites-les vous-même!

Il remit son fusil sur l'épaule, et il allait s'éloigner, quand une inspiration soudaine, véritable éclair de la haine, illumina l'esprit de Mme Blanche:

— C'est parce que je sais votre histoire, prononça-t-elle froidement, que je vous ai arrêté. J'imaginais que vous me serviriez volontiers, moi qui hais les Sairmeuse.

Cet aveu cloua sur place le vieux braconnier.

— Je crois bien, en effet, que vous haïssez les Sairmeuse en ce moment... Ils vous ont plantée là, sans gêne, tout comme moi ; seulement...

— Eh bien ?

— Avant un mois, vous serez réconciliés... Et qui payera les frais de la guerre et de la paix ? Toujours Chupin, le vieil imbécile.

— Jamais.

Le traître cherchait des objections, mais il était ébranlé.

— Hum !... grommela-t-il, jamais il ne faut dire : « Fontaine, je ne boirai pas de ton eau. » Enfin, si je vous aidais, que m'en reviendrait-il ?

— Je vous donnerai ce que vous me demanderez, de l'argent, de la terre, une maison...

— Grand merci !... Je veux autre chose.

— Quoi ? Faites vos conditions.

Chupin se recueillit un moment, puis d'un air grave :

— Voici la chose, répondit-il. J'ai des ennemis, un surtout... Bref, je ne me sens pas en sûreté dans ma masure ; mes fils me cognent quand j'ai bu, pour me voler ; ma femme est bien capable d'empoisonner mon vin ; je tremble pour ma peau et pour mon argent... Cette existence ne peut durer. Promettez-moi un asile au château de Courtomieu après l'affaire, et je suis à vous... Chez vous, je serai gardé, et j'oserai boire à ma soif et dormir autrement que d'un œil. Mais, entendons-nous, je ne veux pas être maltraité par les domestiques comme à Sairmeuse...

— Il sera fait ainsi que vous le désirez.

— Jurez-moi cela sur votre part du paradis.

— Je le jure !

Tel était l'accent de sincérité de la jeune femme, que Chupin en fut rassuré. Il se pencha vers elle, et d'une voix sourde :

— Maintenant, fit-il, contez-moi votre affaire.

Ses petits yeux étincelaient d'une infernale audace, ses lèvres minces se serraient sur ses dents aiguës, il s'attendait à quelque proposition de meurtre, et il était prêt.

Cela ressortait si clairement de son attitude, que Mme Blanche en frissonna.

— Véritablement, reprit-elle, ce que j'attends de vous n'est rien. Il ne s'agit que d'épier, de surveiller adroitement le marquis de Sairmeuse, Martial...

— Votre mari ?

— Oui... mon mari. Je veux savoir ce qu'il devient, ce qu'il fait, où il va, quelles personnes il voit. Il me faut l'emploi de son temps, de tout son temps, minute par minute.

On eût dit, à voir la figure étonnée de Chupin, qu'il tombait des nues.

— Quoi!... bégaya-t-il, sérieusement, franchement, c'est tout ce que vous demandez?

— Pour l'instant, oui, mon plan n'est pas fait. Plus tard, selon ce que vous me rapporterez, j'agirai...

La jeune femme ne mentait qu'à demi.

Entre tous les projets de vengeance qui s'étaient présentés à son esprit, elle hésitait encore.

Ce qu'elle taisait, c'est qu'elle ne faisait épier Martial que pour arriver à Marie-Anne. Elle n'avait pas osé prononcer devant le traître le nom de la fille de Lacheneur. Ayant livré le père au bourreau, n'hésiterait-il pas à s'attaquer à la fille? Mme Blanche le craignait.

— Une fois qu'il sera engagé, pensait-elle, ce sera tout différent.

Cependant le vieux maraudeur était remis de sa surprise.

— Vous pouvez compter sur moi, dit-il, mais il me faut un peu de temps.

— Je le comprends... Nous sommes aujourd'hui samedi, jeudi saurez-vous quelque chose?

— Dans cinq jours?... Oui, probablement.

— En ce cas, soyez ici jeudi; à cette heure-ci, vous m'y trouverez...

Un cri de tante Médie l'interrompit.

— Quelqu'un!... dit-elle à Chupin. Il ne faut pas qu'on nous voie ensemble; vite, sauvez-vous.

D'un bond, l'ancien braconnier franchit l'allée et disparut dans un taillis.

Il était temps, un domestique de Courtomieu venait d'arriver près de tante Médie, et Mme Blanche le voyait, de loin, parler avec une grande animation.

Rapidement elle s'avança.

— Ah! mada... c'est-à-dire mademoiselle, s'écria le domestique, voici plus de trois heures qu'on vous cherche partout... Votre père, monsieur le marquis, mon Dieu! quel malheur!... On est allé quérir le médecin.

— Mon père est mort!...

— Non, mademoiselle, non, seulement... comment vous dire cela?... Quand monsieur le marquis est parti, ce matin, pour surveiller les façons de ses vignes, il était tout chose, n'est-ce pas? tout drôle... Eh bien!... quand il est revenu...

Du bout de l'index, tout en parlant, le domestique se touchait le front.

— Vous m'entendez bien, n'est-ce pas? quand il est rentré, la raison n'y était plus... partie... envolée!...

— Courons!... interrompit Mme Blanche.

Mais il recula en jetant un cri terrible.

Et, sans attendre tante Médie, terrifiée, elle s'élança dans la direction du château.

— Monsieur le marquis? demanda-t-elle au premier valet qu'elle aperçut sous le vestibule.

— Il est dans sa chambre, mademoiselle; on l'a couché; il est un peu plus tranquille, maintenant.

Déjà la jeune femme arrivait à la chambre du marquis.

Il était assis sur son lit, les manches de sa chemise arrachées, et deux domestiques guettaient ses mouvements.

Sa face était livide, avec de larges marbrures bleuâtres aux joues... Ses yeux roulaient égarés sous leurs paupières bouffies, et une écume blanchâtre frangeait ses lèvres. Des mèches de cheveux rares collées sur son front ajoutaient encore à l'effrayante expression de sa physionomie.

La sueur, à grosses gouttes, coulait de son visage, et cependant il grelottait. Par moments, un spasme le tordait et le secouait plus rudement que le vent de décembre ne tord et ne secoue les branches mortes.

Il gesticulait furieusement, en criant des paroles incohérentes, d'une voix tour à tour sourde ou éclatante.

Cependant, il reconnut sa fille.

— Te voilà, fit-il, je t'attendais.

Elle restait sur le seuil, toute saisie, quoiqu'elle ne fût, certes, ni tendre ni impressionnable.

— Mon père !... balbutiait-elle, mon Dieu ! que vous est-il arrivé ?

Le marquis riait d'un rire strident :

— Ah ! ah !... répondit-il, je l'ai rencontré, voilà !... Il fallait bien que cela finît ainsi !... Hein ! tu doutes ! Puisque je te dis que je l'ai vu, le misérable !... Je le connais bien, peut-être, moi qui depuis un mois ai continuellement devant les yeux sa figure maudite... car elle ne me quitte pas, elle ne me quitte jamais. Je l'ai vu... C'était en forêt, près des roches de Sanguille, tu sais, là où il fait toujours sombre, à cause des grands arbres... Je revenais, lentement, pensant à lui, quand tout à coup, brusquement, il s'est dressé devant moi, étendant les bras, pour me barrer le passage :

« — Allons !... m'a-t-il crié, il faut venir me rejoindre ! » Il était armé d'un fusil ; il m'a couché en joue et il a fait feu...

Le marquis s'interrompant, M{ᵐᵉ} Blanche réussit enfin à prendre sur soi de s'approcher de lui.

Durant plus d'une minute, elle attacha sur lui ce regard froid et persistant qui, dit-on, dompte les fous ; puis, lui secouant violemment le bras :

— Revenez à vous, mon père !... dit-elle d'une voix rude ; comprenez que vous êtes le jouet d'une hallucination !... Il est impossible que vous ayez vu... l'homme que vous dites.

Quel homme croyait avoir aperçu M. de Courtomieu, la jeune femme ne le devinait que trop, mais elle n'osait, elle ne pouvait prononcer son nom.

Le marquis, cependant, continuait, en phrases haletantes :

— Ai-je donc rêvé !... Non, c'est bien Lacheneur qui m'est apparu. J'en suis sûr, et la preuve, c'est qu'il m'a rappelé une circonstance de notre jeunesse, connue seulement de lui et de moi... C'était pendant la Terreur, en 93; il était tout-puissant à Montaignac; moi, j'étais poursuivi pour avoir correspondu avec les émigrés. Mes biens allaient être confisqués, je croyais déjà sentir la main du bourreau sur mon épaule, quand Lacheneur, le brigand, me recueillit chez lui. Il me cacha, le misérable, il me fournit un passeport, il sauva ma fortune et il sauva ma tête... Moi, je lui ai fait couper le cou. Voilà pourquoi je l'ai revu. Je dois le rejoindre, il me l'a dit, je suis un homme mort!...

Il se laissa retomber sur ses oreillers, releva le drap par-dessus sa tête, et demeura tellement immobile et raide, que véritablement on eût pu croire que c'était un cadavre, dont la toile dessinait vaguement les contours.

Muets d'horreur, les domestiques échangeaient des regards effarés.

Tant d'infamie devait les confondre, incapables qu'ils étaient de soupçonner quels calculs atroces peut faire éclore l'ambition dans une âme de boue.

Pouvaient-ils se douter que jamais M. de Courtomieu n'avait pardonné à Lacheneur de l'avoir sauvé? Cela était cependant!...

Seule, Mme Blanche conservait sa présence d'esprit au milieu de tous ces gens éperdus.

Elle fit signe au valet de chambre de M. de Courtomieu de s'avancer, et à voix basse :

— Il est impossible qu'on ait tiré sur mon père, dit-elle.

— Je vous demande pardon, mademoiselle, et même peu s'en est fallu qu'on ne l'ait tué.

— Comment le savez-vous?

— En déshabillant monsieur le marquis, j'ai remarqué qu'il avait à la tête une éraflure qui saignait... J'ai aussitôt examiné sa casquette, et j'y ai constaté deux trous qui ne peuvent avoir été faits que par des chevrotines.

Le digne valet de chambre était, certes, bien plus ému que la jeune femme.

— On aurait donc tenté d'assassiner mon père? murmura-t-elle, et la frayeur expliquerait cet accès de délire... Comment savoir qui a osé ce crime?

Le domestique hocha la tête.

— Je soupçonne, dit-il, ce vieux maraudeur qui vient tuer nos chevreuils en plein jour jusque sous nos fenêtres ; mademoiselle le connaît... Chupin...

— Non, ce ne peut être lui.

— Ah! j'en mettrais pourtant la main au feu!... Il n'y a que lui dans la commune capable de ce mauvais coup.

Mme Blanche ne pouvait dire quelles raisons lui affirmaient l'innocence du vieux maraudeur. Pour rien au monde elle n'eût avoué qu'elle l'avait rencontré à plus d'une lieue du théâtre du crime, qu'elle l'avait arrêté, qu'elle avait causé avec lui plus d'une demi-heure, enfin qu'elle le quittait à l'instant...

Elle se tut. Aussi bien le médecin arrivait.

Il découvrit — il dut presque employer la force — le visage de M. de Courtomieu, l'examina longtemps, les sourcils froncés; puis brusquement, coup sur coup, ordonna des sinapismes, des applications de glace sur le crâne, des sangsues, une potion qu'il fallait vite et vite courir chercher à Montaignac. Tout le monde perdait la tête.

Quand le médecin se retira, Mme Blanche le suivit sur l'escalier.

— Eh bien, docteur ? interrogea-t-elle.

Il eut un geste équivoque, et, d'une voix hésitante :

— On se remet de cela, répondit-il.

Mais qu'importait à cette jeune femme que son père se rétablit ou mourût! Elle devait suivre d'un œil sec toutes les phases de cette maladie, la plus affreuse qui puisse terrasser un homme.

Ce qui n'empêche que sa conduite fut citée.

Elle avait senti que, si elle voulait mettre Martial dans son tort, elle devait ramener l'opinion et s'improviser une réputation toute différente de l'ancienne. Se faire un piédestal où elle poserait en victime résignée lui souriait. L'occasion était admirable ; elle la saisit.

Jamais fille dévouée ne prodigua à un père plus de soins touchants, plus de délicates attentions. Impossible de la décider à s'éloigner une minute du chevet du malade. C'est à peine si la nuit elle consentait à dormir une couple d'heures, sur un fauteuil, dans la chambre même.

Mais pendant qu'elle restait là, jouant ce rôle de sœur de charité qu'elle s'était imposé, sa pensée suivait Chupin. Que faisait-il à Montaignac? Épiait-il Martial, ainsi qu'il l'avait promis ?... Comme le jour qu'elle lui avait fixé était lent à venir !...

Il vint enfin, ce jeudi tant attendu, et sur les deux heures, après avoir bien recommandé son père à tante Médie, Mme Blanche s'échappa et, d'un pied fiévreux, courut au rendez-vous.

Le vieux maraudeur l'attendait, assis sur un arbre renversé. Il avait presque sa physionomie d'autrefois. Depuis cinq jours qu'il avait une préoccupation, il avait presque cessé de boire, et son intelligence se dégageait des brouillards de l'ivresse.

— Parlez !... lui dit Mme Blanche.

— Volontiers ! Seulement, je n'ai rien à vous conter.

— Ah !... vous n'avez pas surveillé le marquis de Sairmeuse.

— Votre mari ?... faites excuse, je l'ai suivi comme son ombre. Mais que vou_ lez-vous que je vous en dise? Depuis le voyage du duc de Sairmeuse à Paris, c'est M. Martial qui commande. Ah! vous ne le reconnaîtriez plus. Toujours en affaires, maintenant. Dès le patron minet il est debout, et il se couche comme les poules. Toute la matinée, il écrit des lettres. Dans l'après-midi, il reçoit tous ceux qui se présentent. Lui, qui était haut comme le temps, autrefois, il ne fait pas le fier, le bon enfant, le câlin, il donne des poignées de main au premier venu. Les officiers en demi-solde sont à pot et à feu avec lui; il en a déjà replacé cinq ou six; il a fait rendre la pension à deux autres; jamais il ne sort, jamais il ne va en soirée...

Il s'arrêta, et, pendant un bon moment, la jeune femme garda le silence, émue et confuse de la question qui lui montait aux lèvres. Quelle humiliation!... Mais elle surmonta sa honte, et, plus rouge que le feu, détournant un peu la tête :

— Il est impossible qu'il n'ait pas une maîtresse!... dit-elle.

Chupin éclata de rire.

— Nous y voici donc !... fit-il avec une si outrageante familiarité que la jeune femme en fut révoltée, vous voulez parler de la fille de ce scélérat de Lacheneur, n'est-ce pas? de cette coquine effrontée de Marie-Anne?

A l'accent haineux de Chupin, Mme Blanche comprit l'inutilité de ses ménagements.

Elle ignorait encore que l'assassin exècre sa victime, uniquement parce qu'il l'a tuée.

— Oui, répondit-elle, c'est bien de Marie-Anne que j'entendais parler.

— Eh bien !... ni vu ni connu; il faut qu'elle ait filé, la gueuse, avec un autre de ses amants, Maurice d'Escorval.

— Vous vous trompez...

— Oh!... pas du tout!... De tous ces Lacheneur, il n'est resté ici que le fils Jean, qui vit comme un vagabond qu'il est, de pillage et de vol... Nuit et jour, il erre dans les bois, le fusil sur l'épaule. Il est effrayant à voir, maigre autant qu'un squelette, avec des yeux qui brillent comme des charbons... S'il me rencontrait jamais, celui-là, mon compte serait vite réglé...

Mme Blanche avait pâli... C'était Jean Lacheneur qui avait tiré sur le marquis de Courtomieu... elle n'en doutait pas...

— Eh bien ! moi, dit-elle, je suis sûre que Marie-Anne est dans le pays, à Montaignac probablement... Il me la faut, je la veux ! Tâchez d'avoir découvert sa retraite lundi; nous nous retrouverons ici.

— Je chercherai, repondit Chupin.

Il chercha en effet et avec ardeur, déployant toute son adresse : en vain.

D'abord toutes ses démarches étaient paralysées par les précautions qu'il prenait contre Balstain et contre Jean Lacheneur. D'un autre côté, personne dans le pays n'eût consenti à lui donner le moindre renseignement.

— Toujours rien! disait-il à Mme Blanche à chaque entrevue.

Mais elle ne se rendait pas... La jalousie ne se rend jamais, même à l'évidence.

Mme Blanche s'était dit que Marie-Anne lui avait enlevé son mari, que Martial et elle s'aimaient, qu'ils cachaient leur bonheur aux environs, qu'ils la raillaient et la bravaient... Donc cela devait être, encore que tout lui démontrât le contraire...

Un matin, cependant, elle trouva son espion.

— Bonne nouvelle!... lui cria-t-il dès qu'il l'aperçut, nous tenons enfin la coquine!

XLIII

C'était le surlendemain du jour où, sur l'ordre formel de l'abbé Midon, Marie-Anne était allée s'établir à la Borderie.

On ne s'entretenait que de cette prise de possession dans le pays, et le testament de Chanlouineau était le texte de commentaires infinis.

— Voilà la fille de M. Lacheneur avec plus de deux cents pistoles de rentes, faisaient les vieux d'un air grave, sans compter encore la maison...

— Une honnête fille n'aurait pas tant de chance que ça! murmuraient quelques filles laides qui ne trouvaient pas de mari.

Jusqu'alors on n'était pas parfaitement sûr que Marie-Anne eût été la « bonne amie » de Chanlouineau. Même après la chute de M. Lacheneur on apercevait entre eux une distance difficile à franchir. La donation leva tous les doutes. Comment expliquer autrement cette magnificence posthume ?

Voilà cependant quelles grandes nouvelles Chupin apportait à Mme Blanche et pourquoi lui, toujours sombre, il paraissait si joyeux.

Elle l'écoutait, frémissante de colère, les poings si convulsivement serrées que les ongles lui entraient dans les chairs.

— Quelle audace!... répétait-elle d'une voix étranglée, quelle impudence!...

Le vieux maraudeur semblait de cet avis.

— Le fait est, grommela-t-il d'un air de dégoût, qu'elle eût pu attendre que le lit de Chanlouineau fût refroidi, avant de s'en emparer.

Il branla la tête, et comme en aparté :

— Que chacun de ses amants lui en donne autant, et elle sera plus riche qu'une reine, elle aura de quoi acheter Sairmeuso et Courtomieu.

Si Chupin avait eu l'intention de tisonner la rage de Mme Blanche, il dut être satisfait.

— Et c'est une telle femme qui m'a enlevé le cœur de Martial!... s'écria-t-elle. C'est pour cette misérable qu'il m'abandonne!... Quels philtres ces créatures font-elles donc boire à leurs dupes!...

L'indignité prétendue de cette infortunée, en qui sa jalousie lui montrait une rivale, transportait Mme Blanche à ce point qu'elle oubliait la présence de Chupin; elle cessait de se contraindre, elle livrait sans restriction le secret de ses souffrances.

— Au moins, reprit-elle, êtes-vous bien sûr de ce que vous me dites, père Chupin?

— Comme je suis sûre que vous êtes là?

— Qui vous a dit tout cela?

— Personne... on a des yeux. J'ai poussé hier jusqu'à la Borderie, et j'ai vu tous les volets ouverts. Marie-Anne se carrait à une fenêtre. Elle n'est seulement pas en deuil, la gueuse!...

C'est qu'en effet, jusqu'à ce jour, la pauvre Marie-Anne en avait été réduite à la robe que Mme d'Escorval lui avait prêtée le soir du soulèvement, pour qu'elle pût quitter ses habits d'homme.

Le vieux maraudeur voulait continuer à scarifier Mme Blanche de ses observations méchantes; elle l'interrompit d'un geste.

— Ainsi, demanda-t-elle, vous connaissez la Borderie?

— Pardienne!

— Où est-ce?

— Juste en face des moulins de l'Oiselle, de ce côté de la rivière, à une lieue et demie d'ici, à peu près...

— C'est juste. Je me rappelle maintenant. Y êtes-vous entré quelquefois?...

— Plus de cent fois, du vivant de Chanlouineau.

— Alors il faut me donner la topographie de l'habitation.

Les yeux de Chupin s'écarquillèrent prodigieusement.

— Vous dites?... interrogea-t-il, ne comprenant pas.

— Je veux dire : expliquez-moi comment la maison est bâtie.

— Ah!.. comme cela, j'entends... Pour lors, elle est construite en plein champ, à une demi-portée de fusil de la grande route. Devant, il y a une manière de jardin, et derrière un grand verger qui n'est pas clos de murs, mais seulement entouré d'une petite haie vive. Tout autour sont des vignes, excepté à gauche, où se trouve un bocage qui ombrage un cours d'eau.

Il s'arrêta tout à coup, et clignant de l'œil :

— Mais à quoi peuvent vous servir tous ces renseignements? demanda-t-il.

— Que vous importe!... Comment est l'intérieur?

— Comme partout : trois grandes chambres carrelées qui se commandent, une cuisine, une autre petite pièce noire...

— Voilà pour le rez-de-chaussée, passons à l'étage supérieur.

— C'est que... dame!... je n'y suis jamais monté.

— Tant pis. Comment sont meublées les pièces que vous avez visitées?...

— Comme celles de tous les paysans d'ici.

Personne, assurément, ne soupçonnait l'existence de cette chambre magnifique du premier étage, que Chanlouineau, dans sa folie, destinait à Marie-Anne. Jamais il n'en avait parlé; même il avait pris les plus grandes précautions pour qu'on ne vit pas apporter les meubles.

— Combien de portes à la maison? poursuivit Mme Blanche.

— Trois : une sur le jardin, une sur le verger; la troisième communique avec l'écurie. L'escalier qui mène au premier étage se trouve dans la pièce du milieu.

— Et Marie-Anne est seule à la Borderie?...

— Toute seule pour le moment. Mais je suppose que son brigand de frère ne tardera pas à aller demeurer avec elle...

Au lieu de répondre, Mme Blanche s'absorba dans une sorte de rêverie si profonde et si prolongée, que le vieux maraudeur, à la fin, s'en impatienta.

Il osa lui toucher le bras, et de cette voix étouffée de complices méditant un mauvais coup :

— Eh bien! fit-il, que décidons-nous?...

La jeune femme tressaillit et frissonna, comme le malade qui tout à coup, dans l'engourdissement de la douleur, entend le cliquetis des terribles instruments du chirurgien.

— Mon parti n'est pas encore pris, répondit-il, je réfléchirai, je verrai...

Et remarquant la mine décontenancée du vieux maraudeur :

— Je ne veux pas m'aventurer à la légère, ajouta-t-elle vivement. Ne perdez plus Martial de vue... S'il va à la Borderie, et il ira, j'en dois être informée... S'il écrit, et il écrira, tâchez de vous procurer une de ses lettres... Désormais je veux vous voir tous les deux jours... Ne vous endormez pas!... Songez à gagner la bonne place que je vous réserve à Courtomieu. Allez!...

Il s'éloigna, sans souffler mot, mais aussi sans prendre la peine de dissimuler son désappointement et son mécontentement.

— Fiez-vous donc à toutes ces mijaurées! grommela-t-il. Celle-là jetait les hauts cris, elle voulait tout tuer, tout brûler, tout détruire, elle ne demandait qu'une occasion... L'occasion se présente, le cœur lui manque, elle recule... elle a peur!...

Le vieux maraudeur jugeait mal Mme Blanche.

Mme Blanche était assise sur son lit les cheveux dénoués.

Le mouvement d'horreur qu'elle venait de laisser voir était une instinctive révolte de la chair et non pas une défaillance de son inflexible volonté.

Ses réflexions n'étaient pas de nature à désarmer sa haine.

Quoi que lui eût dit Chupin, lequel, avec tout Sairmeuse, était persuadé que la fille de Lacheneur revenait du Piémont, Mme Blanche s'entêtait à considérer ce voyage comme une fable ridicule.

Dans son opinion, Marie-Anne sortait tout simplement de la retraite où Martial avait jugé prudent de la cacher jusqu'à ce jour.

Or, pourquoi cette brusque apparition ?

La vindicative jeune femme était prête à jurer que c'était une insulte et une bravade à son adresse.

— Et je me résignerais ! s'écria-t-elle. Ah ! j'arracherais mon cœur s'il était capable d'une si indigne lâcheté.

La voix de sa conscience ne domina jamais le tumulte de sa passion. Ses souffrances lui semblaient tout autoriser, et l'attentat de Jean Lacheneur lui paraissait justifier d'avance les pires représailles.

Elle ne reculait donc pas, mais une difficulté imprévue l'arrêtait.

Elle avait rêvé une de ces vengeances raffinées, telles qu'on en cite dans les histoires, elle voulait une de ces revanches éclatantes et soudaines, comme il s'en rencontre dans les romans, et elle ne trouvait au service de ses rancunes qu'un crime vulgaire, absolument indigne d'elle.

— Mieux vaux patienter encore, se disait-elle.

Et sa haine, alors, s'égarant en conceptions insensées, elle imaginait des combinaisons impossibles, ou rêvait des revirements inouïs...

Au surplus, elle était libre désormais de s'abandonner sans contrainte ni contrôle à toutes ses inspirations.

Il n'y avait plus de soins à donner au marquis de Courtomieu.

Aux crises violentes de la démence, aux frénésies de son premier délire, l'anéantissement avait succédé, puis peu à peu était venue la morne stupeur de l'idiotisme.

Puis, un matin, le médecin avait déclaré son malade guéri.

Guéri !... Le corps était sauf, en effet, mais la raison avait succombé.

Toute trace d'intelligence avait disparu de cette physionomie si mobile autrefois et qui se prêtait si bien à toutes les transformations de l'hypocrisie la plus consommée.

Plus une étincelle dans l'œil, où jadis pétillaient l'esprit et la ruse. Les lèvres, naguère si fines, pendaient avec une désolante expression d'hébétement.

Et nul espoir de guérison.

Une seule et unique passion : la table, remplaçait toutes les passions qui avaient agité la vie de ce froid ambitieux.

Sobre autrefois, le marquis de Courtomieu mangeait maintenant avec la plus dégoûtante voracité. Chaque fois c'était une lutte où il fallait employer la force pour lui arracher les plats.

Il est vrai qu'il engraissait. Maigre au point d'être diaphane, disaient jadis ses amis, il prenait du ventre et ses joues se bouffissaient de mauvaise graisse.

Levé de grand matin, il errait, corps sans âme, dans le château ou aux environs, sans intentions, sans projet, sans but.

Conscience de soi, idée de dignité, notion du bien et du mal, pensée, mémoire, il avait tout perdu. L'instinct de la conservation même, le dernier qui meure en nous, l'abandonnait; il fallait le surveiller comme un enfant.

Souvent, lorsque le marquis vaguait dans les jardins immenses du château, Mme Blanche, accoudée à sa fenêtre, le suivait des yeux, le cœur serré par un mystérieux effroi.

Mais cet avertissement de la Providence, loin de la faire rentrer en elle-même exaltait encore ses désirs et ses espérances de représailles.

— Qui ne préférerait la mort à cet épouvantable malheur!… murmurait-elle, Ah! Jean Lacheneur est plus cruellement vengé que si sa balle eût porté. C'est une vengeance comme celle-là que je veux, il me la faut, elle m'est due, je l'aurai!…

Ses indécisions ne l'empêchaient pas de voir Chupin tous les deux ou trois jours comme elle se l'était promis, tantôt seule, le plus souvent accompagnée de tante Médie qui faisait le guet.

Le vieux maraudeur venait exactement, encore qu'il commençât à avoir plein le dos de ce métier d'espion.

— C'est que je risque gros, moi, à ce jeu-là, grognait-il. J'espérais que Jean Lacheneur irait habiter la Borderie avec sa sœur; il y serait très bien… Pas du tout! Le brigand continue à vagabonder, son fusil sous le bras, et à coucher à la belle étoile dans les bois. Quel gibier chasse-t-il? Le père Chupin naturellement. D'un autre côté, je sais que mon scélérat d'aubergiste de là-bas a abandonné son auberge et qu'il a disparu. Où est-il? Peut-être derrière un de ces arbres, en train de choisir l'endroit de ma peau où il va planter son couteau… On ne vit pas tranquille avec deux gredins comme ceux-là après ses chausses, et les promenades surtout ne valent rien…

Ce qui irritait particulièrement le vieux maraudeur, c'est qu'après deux mois de la surveillance la plus attentive, il était arrivé à cette conviction que si Martial et Marie-Anne avaient eu des relations autrefois, tout était fini entre eux.

C'était ce dont Mme Blanche ne voulait pas convenir.

— Dites qu'ils sont plus fins que vous, père Chupin! répondait-elle.

— Fins!… et comment? Depuis que j'épie M. Martial, il n'a pas dépassé une seule fois les fortifications de Montaignac. D'un autre côté, le facteur de Sairmeuse, adroitement interrogé par ma femme, a déclaré qu'il n'avait pas porté une seule lettre à la Borderie…

Il est sûr que, sans l'espoir d'une douce et sûre retraite à Courtomieu, Chupin eût brusquement abandonné la partie…

Et même, en dépit de cette perspective, et malgré des promesses sans cesse renouvelées, dès le milieu du mois d'août, il avait presque entièrement cessé toute surveillance.

S'il venait encore aux rendez-vous, c'est qu'il avait pris la douce habitude de réclamer à chaque fois quelque argent pour ses frais.

Et quand Mme Blanche lui demandait, comme toujours, l'emploi du temps de Martial, il racontait effrontément tout ce qui lui passait par la tête.

Mme Blanche s'en aperçut. C'était au commencement de septembre. Un jour, elle l'interrompit dès les premiers mots, et le regardant fixement :

— Ou vous me trahissez, dit-elle, ou vous n'êtes qu'un imbécile... choisissez. Hier, Martial et Marie-Anne se sont promenés ensemble un quart d'heure au carrefour de la Croix-d'Arcy.

XLIV

C'était un honnête homme, ce vieux médecin de Vigano, qui avait tout quitté pour voler au secours de Marie-Anne. Son intelligence était supérieure comme son cœur, il connaissait la vie pour avoir aimé et souffert, et il devait à l'expérience deux vertus sublimes : l'indulgence et la charité.

A un tel homme, une soirée de causerie suffisait pour pénétrer Marie-Anne. Aussi pendant les quinze jours qu'il resta à la Borderie, mit-il tout en œuvre pour rassurer cette infortunée qui se confiait à lui, pour la rassurer, pour la réhabiliter en quelque sorte à ses propres yeux.

Réussit-il? Assurément, il l'espéra.

Mais dès qu'il se fut éloigné, Marie-Anne, livrée aux inspirations de la solitude, ne sut plus réagir contre la tristesse qui de plus en plus l'envahissait.

Beaucoup, cependant à sa place, eussent repris leur sérénité et même se fussent réjouies.

N'avait-elle pas réussi à dissimuler une de ces fautes qui, d'ordinaire, à la campagne surtout, ne se cèlent jamais?

Qui donc la soupçonnait, excepté peut-être l'abbé Midon? Personne, elle en était convaincue, et c'était vrai.

Chupin lui-même, son ennemi, ne se doutait de rien. Préoccupé de surveiller les démarches de Martial à Montaignac, il n'était pas venu une seule fois rôder autour de la Borderie pendant le séjour du docteur.

Donc Marie-Anne n'avait plus rien à craindre et elle avait tout à espérer.

Mais cette conviction même ne pouvait lui rendre le calme.

C'est qu'elle était de ces âmes hautes et fières, plus sensibles au murmure de la conscience qu'aux clameurs de l'opinion.

Dans le public, on lui attribuait trois amants : Chanlouineau, Martial et Maurice; on les lui avait jetés au visage, mais cette calomnie ne l'avait pas émue. Ce qui la torturait, c'était qu'on ne savait pas la vérité.

Cette amère pensée : J'ai failli, ne la quittait pas, et pareille à un ver logé au cœur d'un bon fruit, la minait sourdement et la tuait.

Et ce n'était pas tout.

L'instinct sublime de la maternité s'était éveillé en elle le soir du départ du médecin. Quand elle l'entendit s'éloigner, emportant son enfant, elle sentit au-dedans d'elle-même comme un horrible déchirement. Ne le reverrait-elle donc plus ce petit être qui lui était deux fois cher par la douleur et par les angoisses ? Les larmes jaillirent de ses yeux, à cette idée que son premier sourire ne serait pas pour elle.

Ah !... sans le souvenir de Maurice, comme elle eût fièrement bravé l'opinion et gardé son enfant !...

Sa nature sincère et vaillante eût moins souffert des humiliations que de cet abandon si douloureux et du continuel mensonge de sa vie.

Mais elle avait promis : Maurice était son mari, en définitive, le maître, et la raison lui disait qu'elle devait conserver pour lui, non son honneur, hélas !... mais les apparences de l'honneur...

Enfin, et pour comble, son sang se figeait dans ses veines quand elle pensait à son frère.

Ayant appris que Jean rôdait dans le pays, elle avait envoyé à sa recherche, et après bien des tergiversations, un soir il se décida à paraître à la Borderie.

Rien qu'à le voir, son fusil double à l'épaule, maintenu par la bretelle, on s'expliquait les terreurs de Chupin.

Ce malheureux, dont la physionomie cauteleuse écartait les amis au temps de sa prospérité, avait en sa misère l'expression farouche du désespoir prêt à tout. Sa maigreur, son teint hâlé et tanné par les intempéries, faisaient paraître plus profonds et plus noirs ses yeux où la haine flambait, furibonde, ardente, permanente...

Littéralement ses habits s'en allaient en lambeaux.

Quand il entra, Marie-Anne recula épouvantée ; elle ne le reconnaissait pas ; elle ne le remit qu'à la voix quand il dit :

— C'est moi, ma sœur!...

— Toi !... balbutia-t-elle, mon pauvre Jean !... toi !

Il s'examina de la tête aux pieds, et d'un air d'atroce raillerie :

— Le fait est, prononça-t-il, que je ne voudrais pas me rencontrer à la brune au coin d'un bois...

Marie-Anne frissonna. Il lui semblait sous cette phrase ironique, à travers cette moquerie de soi, deviner une menace.

— Mais aussi, mon pauvre frère, reprit-elle très vite, quelle vie est la tienne !... Pourquoi n'es-tu pas venu plus tôt?... Heureusement te voici !... Nous ne nous quitterons plus, n'est-ce pas? Tu ne m'abandonneras pas? J'ai tant besoin d'affection et de protection !... Tu vas demeurer avec moi?...

— C'est impossible, Marie-Anne.

— Et pourquoi, mon Dieu ?

Une fugitive rougeur empourpra les pommettes saillantes de Jean Lacheneur. Il parut indécis, puis prenant son parti :

— Parce que, répondit-il, j'ai le droit de disposer de ma vie, mais non de la tienne... Nous ne devons plus nous connaître. Je te renie aujourd'hui pour que tu puisses me renier un jour. Oui, je te renie, toi qui es ma seule, mon unique affection... Tes plus cruels ennemis ne t'ont jamais calomniée autant que moi...

Il s'arrêta, hésita une seconde et ajouta :

— J'ai été jusqu'à dire tout haut, dans un cabaret où il y avait bien quinze personnes, que jamais je ne mettrais les pieds dans une maison qui t'avait été donnée par Chanlouineau, parce que...

— Jean !... malheureux ! tu as dit cela, toi, mon frère !...

— Je l'ai dit. Il faut qu'on nous sache mortellement brouillés, pour que jamais, quoi que je fasse, on ne vous accuse de complicité, toi ou Maurice d'Escorval.

Marie-Anne était comme pétrifiée.

— Il est fou !... murmura-t-elle.

— En ai-je véritablement l'air?...

Elle secoua la stupeur qui la paralysait, et saisissant les poignets de son frère qu'elle serrait à les briser :

— Que veux-tu faire?... répéta-t-elle. Que veux-tu donc faire?...

— Rien !... laisse-moi, tu me fais mal.

— Jean !...

— Ah ! laisse-moi ! fit-il en se dégageant.

Un pressentiment horrible, douloureux comme une blessure, traversa l'esprit de Marie-Anne...

Elle recula, et avec un accent prophétique :

— Prends garde, prononça-t-elle, prends bien garde, mon frère !... C'est attirer le malheur sur soi que d'empiéter sur la justice de Dieu !

Mais rien, désormais, ne pouvait émouvoir ou seulement toucher Jean Lacheneur. Il eut un éclat de rire strident, et faisant sonner de la paume de la main la batterie de son fusil :

— Voici ma justice, à moi ! s'écria-t-il.

Accablée de douleur, Marie-Anne s'affaissa sur une chaise.

Elle reconnaissait en son frère cette idée fixe, fatale, qui un jour s'était emparée du cerveau de leur père, à laquelle il avait tout sacrifié, famille, amis, fortune, le présent et l'avenir, l'honneur même de sa fille, qui avait fait verser des flots de sang, qui avait coûté la vie à des innocents, et qui enfin l'avait conduit lui-même à l'échafaud.

— Jean, murmura-t-elle, souviens-toi de notre père.

Le fils de Lacheneur devint livide, ses poings se crispèrent, mais il eut la force de refouler sa colère près d'éclater.

Il s'avança vers sa sœur, et froidement, d'un ton posé, qui ajoutait à l'effroyable violence de ses menaces :

— C'est parce que je me souviens du père, dit-il, que justice sera faite. Ah ! les coquins n'auraient pas tant d'audace, si tous les fils avaient ma résolution. Un scélérat hésiterait à s'attaquer à un homme de bien, s'il avait à se dire : « Je puis frapper cet honnête homme, mais j'aurai ensuite à compter avec ses enfants. Ils s'acharneront après moi et après les miens, et ils nous poursuivront sans paix ni trêve, sans cesse, partout, impitoyablement. Leur haine, toujours armée et éveillée, nous escortera, nous entourera ; ce sera une guerre de sauvages, implacable, sans merci. Je ne sortirai plus sans craindre un coup de fusil, je ne porterai plus une bouchée de pain à ma bouche sans redouter le poison... Et jusqu'à ce que nous ayons succombé tous, moi et les miens, nous aurons, rôdant autour de notre maison, guettant pour s'y glisser une porte entrebâillée, la mort, le déshonneur, la ruine, l'infamie, la misère !... »

Il s'interrompit, riant d'un rire nerveux, et plus lentement encore :

— Voilà, poursuivit-il, ce que les Sairmeuse et les Courtomieu ont à attendre de moi.

Il n'y avait pas à se méprendre sur la portée des menaces de Jean Lacheneur.

Ce n'étaient pas là les vaines imprécations de la colère. Son air grave, son ton posé, son geste automatique, trahissaient une de ces rages froides qui durent la vie d'un homme.

Lui-même prit soin de le faire bien entendre, car il ajouta entre ses dents :

— Sans doute, les Sairmeuse et les Courtomieu sont bien haut et moi je suis bien bas ; mais quand le ver blanc, qui est gros comme mon pouce, se met aux racines d'un chêne l'arbre immense meurt...

Marie-Anne ne comprenait que trop l'inanité de ses larmes et de ses prières...

Et cependant elle ne pouvait pas, elle ne devait pas laisser son frère s'éloigner ainsi.

Elle se laissa glisser à genoux, et les mains jointes, d'une voix suppliante :

— Jean, dit-elle, je t'en conjure, renonce à tes projets impies... Au nom de notre mère, reviens à toi : ce sont des crimes que tu médites !

Il l'écrasa d'un regard plein de mépris pour ce qu'il jugeait une faiblesse indigne; mais presque aussitôt, haussant les épaules :

— Laissons cela, fit-il, j'ai eu tort de te confier mes espérances... Ne me fais pas regretter d'être venu !...

Alors Marie-Anne essaya autre chose; elle se redressa, contraignant ses lèvres à sourire, et, comme si rien ne se fût passé, elle pria Jean de lui donner au moins la soirée et de partager son modeste souper.

— Reste, lui disait-elle, qu'est-ce que cela peut te faire ?... rien, n'est-ce pas? Tu me rendras si heureuse ! Puisque c'est la dernière fois que nous nous voyons d'ici des années, accorde-moi quelques heures, tu seras libre après. Il y a si longtemps que nous ne nous sommes vus, j'ai tant souffert, j'ai tant de choses à te dire ! Jean, mon frère aîné, ne m'aimes-tu donc plus !

Il eût fallu être de bronze pour rester insensible à de telles prières ; le cœur de Jean Lacheneur se gonflait d'attendrissement ; ses traits contractés se détendaient, une larme tremblait entre ses cils...

Cette larme, Marie-Anne la vit ; elle crut qu'elle l'emportait, et battant des mains :

— Ah !... tu restes, s'écria-t-elle, tu restes, c'est dit !...

Non. Jean se raidit, en un effort suprême, contre l'émotion qui le pénétrait, et d'une voix rauque :

— Impossible, répéta-t-il, impossible.

Puis, comme sa sœur s'attachait à lui, comme elle le retenait par ses vêtements, il l'attira entre ses bras et la serrant contre sa poitrine :

— Pauvre sœur, prononça-t-il, pauvre Marie-Anne, tu ne sauras jamais tout ce qu'il m'en coûte de te refuser, de me séparer de toi... Mais il le faut. Déjà, en venant ici, j'ai commis une imprudence. C'est que tu ne peux savoir à quels périls tu serais exposée si on soupçonnait une entente entre nous. Je veux le calme et le bonheur, pour Maurice et pour toi ; vous mêler à mes luttes enragées serait un crime. Quand vous serez mariés, pensez à moi quelquefois, mais ne cherchez pas à me revoir, ni même à savoir ce que je deviens. Un homme comme moi rompt avec la famille, il combat, triomphe ou périt seul.

Il embrassait Marie-Anne avec une sorte d'égarement, et comme elle se débat-

Il attendait le résultat de sa démarche sous le porche.

tait, comme elle ne le lâchait toujours pas, il la souleva, la porta jusqu'à une chaise et brusquement s'arracha à ses étreintes.

— Adieu !... cria-t-il. Quand tu me reverras, le père sera vengé.

Elle se dressa pour se jeter sur lui, pour le retenir encore. Trop tard.

Il avait ouvert la porte et s'était enfui.

— C'est fini, murmura l'infortunée, mon frère est perdu. Rien ne l'arrêtera plus maintenant.

Une crainte vague et cependant terrifiante, inexplicable et qui avait l'horreur de la réalité, étreignait son cœur jusqu'au spasme.

Elle se sentait comme entraînée dans un tourbillon de passions, de haines, de vengeances et de crimes, et une voix lui disait qu'elle y serait misérablement brisée.

Le cercle fatal du malheur qui l'entourait allait se rétrécissant autour d'elle de jour en jour...

Mais d'autres soucis devaient la distraire de ces pressentiments funèbres.

Un soir, pendant qu'elle dressait sa petite table dans la première pièce de la Borderie, elle entendit à la porte, qui était fermée au verrou, comme le bruissement d'une feuille de papier qu'on froisse.

Elle regarda. On venait de glisser une lettre sous la porte.

Bravement, sans hésiter, elle courut ouvrir... Personne !

Il faisait nuit, elle ne distingua rien dans les ténèbres ; elle prêta l'oreille, pas un bruit ne troubla le silence.

Tout agitée d'un tremblement nerveux, elle ramassa la lettre, s'approcha de la lumière et regarda la signature.

— Le marquis de Sairmeuse ! balbutia-t-elle, stupéfiée.

Elle venait de reconnaître l'écriture de Martial.

Ainsi il lui écrivait, il osait lui écrire !...

Le premier mouvement de Marie-Anne fut de brûler cette lettre, et déjà elle l'approchait de la flamme, quand le souvenir de ses amis cachés à la ferme du père Poignot l'arrêta.

— Pour eux, pensa-t-elle, il faut que je la lise...

Elle brisa le cachet aux armes de Sairmeuse et lut :

« Ma chère Marie-Anne.

« Peut-être avez-vous deviné l'homme qui a su imprimer aux événements une direction toute nouvelle et certainement surprenante.

« Peut-être avez-vous compris les inspirations qui le guident.

« S'il en est ainsi je suis récompensé de mes efforts, car vous ne pouvez plus me refuser votre amitié et votre estime...

« Cependant, mon œuvre de réparation n'est pas achevée. J'ai tout préparé pour la revision du jugement qui a condamné à mort le baron d'Escorval, ou pour son recours en grâce.

« Vous devez savoir où se cache M. d'Escorval, faites-lui connaître mes desseins, sachez de lui ce qu'il préfère ou de la revision ou de sa grâce pure et simple.

« S'il se décide pour un nouveau jugement, j'aurai pour lui un sauf-conduit de Sa Majesté.

« J'attends une réponse pour agir.

« MARTIAL DE SAIRMEUSE. »

Marie-Anne eut comme un éblouissement.

C'était la seconde fois que Martial l'étonnait par la grandeur de sa passion.

Voilà donc de quoi étaient capables deux hommes qui l'avaient aimée et qu'elle avait repoussés !

L'un, Chanlouineau, après être mort pour elle, la protégeait encore...

L'autre, le marquis de Sairmeuse, lui sacrifiait les convictions de sa vie et les préjugés de sa race, et jouait, pour elle, avec une magnifique imprudence, la fortune politique de sa maison...

Et cependant, celui qu'elle avait choisi, l'élu de son âme, le père de son enfant, Maurice d'Escorval, depuis cinq mois qu'il l'avait quittée, n'avait pas donné signe de vie.

Mais toutes ces pensées confuses s'effacèrent devant un doute terrible qui lui vint :

— Si la lettre de Martial cachait un piège !

Le soupçon ne se discute ni ne s'explique : il est ou il n'est pas.

Tout à coup, brusquement, sans raison, Marie-Anne passa de la plus vive admiration à la plus extrême défiance.

— Eh ! s'écria-t-elle, le marquis de Sairmeuse serait un héros, s'il était sincère !...

Or elle ne voulait pas qu'il fût un héros.

Déjà elle en était à s'en vouloir comme d'une vilaine action d'avoir pu, d'avoir osé comparer Maurice d'Escorval et le marquis de Sairmeuse.

Le résultat de ses soupçons fut qu'elle hésita cinq jours à se rendre à l'endroit où d'ordinaire l'attendait le père Poignot.

Elle n'y trouva pas l'honnête fermier, mais l'abbé Midon, fort inquiet de son absence.

C'était la nuit, mais Marie-Anne, heureusement, savait la lettre de Martial par cœur.

L'abbé la lui fit réciter à deux reprises, très lentement la seconde fois, et, quand elle eut terminé :

— Ce jeune homme, dit le prêtre, a les vices et les préjugés de sa naissance et de son éducation, mais son cœur est noble et généreux.

Et comme Marie-Anne exposait ses soupçons :

— Vous vous trompez, mon enfant, interrompit-il, le marquis est certainement sincère. Ne pas profiter de sa générosité serait une faute... à mon avis, du moins. Confiez-moi cette lettre, nous nous consulterons, le baron et moi, et demain je vous dirai notre décision...

Marie-Anne s'éloigna, tout agitée, et s'indignant de son agitation.

L'abbé, cet homme de tant d'expérience et si froid, avait été ému des procédés de Martial et les avait admirés. Il l'avait loué avec une sorte d'enthousiasme, et il était allé jusqu'à dire que ce jeune marquis de Sairmeuse, comblé déjà de tous les avantages de la naissance et de la fortune, cachait peut-être, sous son insouciance affectée, un génie supérieur.

Elle s'arrêtait complaisamment à ces éloges de l'abbé, puis, tout à coup, s'en irritant :

— Eh ! que m'importe !... répétait-elle, que m'importe !...

L'abbé Midon l'attendait avec une impatience fébrile, quand elle le rejoignit vingt-quatre heures plus tard.

— M. d'Escorval est entièrement de mon avis, lui dit-il ; nous devons nous abandonner au marquis de Sairmeuse. Seulement, le baron, qui est innocent, ne peut pas, ne veut pas accepter de grâce. Il demande la revision de l'inique jugement qui l'a condamné.

Encore qu'elle dût pressentir cette détermination, Marie-Anne parut stupéfiée.

— Quoi !... dit-elle. M. d'Escorval se livrera à ses ennemis, il se constituera prisonnier !...

— Le marquis de Sairmeuse ne promet-il pas un sauf conduit du roi ?

— Oui.

— Eh bien !...

Elle ne trouva pas d'objection, et, d'un ton soumis :

— Puisqu'il en est ainsi, monsieur le curé, dit-elle, je vous demanderai le brouillon de la lettre que je dois écrire à M. Martial.

Le prêtre fut un moment sans répondre. Il était évident qu'il reculait devant ce qu'il avait à dire. Enfin, se décidant :

— Il ne faut pas écrire, fit-il.

— Cependant...

— Ce n'est pas que je me défie, je le répète ; mais une lettre est indiscrète, elle n'arrive pas toujours à son adresse, elle s'égare... Il faut que vous voyiez M. de Sairmeuse...

Marie-Anne recula, plus épouvantée que si un spectre eût jailli de terre sous ses pieds.

— Jamais ! monsieur le curé, s'écria-t-elle, jamais !...

L'abbé Midon ne parut pas s'étonner.

— Je comprends votre résistance, mon enfant, prononça-t-il doucement ; votre réputation n'a que trop souffert des assiduités du marquis de Sairmeuse...

— Oh! monsieur, je vous en prie...

— Il n'y a pas à hésiter, mon enfant, le devoir parle... Vous devez ce sacrifice au salut d'un innocent perdu par votre père...

Et aussitôt, sûr de l'empire de ce grand mot : devoir, sur cette infortunée, il lui expliqua tout ce qu'elle aurait à dire, et il ne la quitta qu'après qu'elle lui eut promis d'obéir...

Elle avait promis, l'idée ne lui vint pas de manquer à sa promesse, et elle fit prier Martial de se trouver au carrefour de la Croix-d'Arcy... Mais jamais sacrifice ne lui avait été si douloureux.

Cependant, la cause de sa répugnance n'était pas celle que croyait l'abbé Midon. Sa réputation !... hélas! elle la savait à jamais perdue. Non, ce n'était pas cela !...

Quinze jours plus tôt, elle ne se fût pas seulement inquiétée de cette entrevue. Alors elle ne haïssait plus Martial, il est vrai, mais il lui était absolument indifférent, tandis que maintenant...

Peut-être, en choisissant pour le rencontrer le carrefour de la Croix-d'Arcy, peut-être espérait-elle que cet endroit, qui lui rappelait tant de cruels souvenirs, lui rendrait quelque chose de ses sentiments d'autrefois...

Tout en suivant le chemin qui conduisait au rendez-vous, elle se disait que sans doute Martial la blesserait par ce ton de galanterie légère qui lui était habituel, et elle s'en réjouissait...

En cela elle se trompait.

Martial était extrêmement ému, elle le remarqua, si troublée qu'elle fût elle-même, mais il ne lui adressa pas une parole qui n'eût trait à l'affaire du baron.

Seulement, quand elle eut terminé, lorsqu'il eut souscrit à toutes les conditions:

— Nous sommes amis, n'est-ce pas? demanda-t-il tristement.

D'une voix expirante elle répondit :

— Oui.

Et ce fut tout. Il remonta sur son cheval, que tenait un domestique, et reprit à fond de train la route de Montaignac.

Clouée sur place, haletante, la joue en feu, remuée jusqu'au plus profond d'elle-même, Marie-Anne le suivit un moment des yeux, et alors une clarté fulgurante se fit dans son âme.

— Mon Dieu! s'écria-t-elle, quelle indigne créature suis-je donc !... Est-ce que je n'aime pas, est-ce que je n'aurais jamais aimé Maurice, mon mari, le père de mon enfant?

Sa voix tremblait encore d'une affreuse émotion quand elle raconta à l'abbé Midon les détails de l'entrevue. Mais il ne s'en aperçut pas. Il ne songeait qu'au salut de M. d'Escorval.

— Je savais bien, prononça-t-il, que Martial dirait *Amen* à tout. Je le savais si bien que toutes les mesures sont prises pour que le baron quitte la ferme... Il attendra, caché chez vous, le sauf-conduit de Sa Majesté...

Et comme Marie-Anne s'étonnait de la rapidité de cette décision :

— L'étroitesse du grenier et la chaleur compromettent la convalescence du baron, poursuivit l'abbé. Ainsi, apprêtez tout chez vous pour demain soir... La nuit venue, un des fils Poignot vous portera, en deux voyages, tout ce que nous avons ici. Vers onze heures, nous installerons M. d'Escorval sur une charrette, et, la moi!... nous souperons tous à la Borderie...

Tout en regagnant son logis :

— Le ciel vient à notre secours, pensait Marie-Anne.

Elle songeait qu'elle ne serait plus seule, qu'elle aurait près d'elle Mme d'Escorval, qui lui parlerait de Maurice, et que tous ces amis qui l'entoureraient l'aideraient à chasser cette pensée de Martial qui l'obsédait.

Aussi, le lendemain, était-elle plus gaie qu'elle ne l'avait été depuis bien des mois, tout en arrangeant son petit ménage, elle se surprit à chanter.

Huit heures sonnaient, quand elle entendit un coup de sifflet...

C'était le signal du fils Poignot, qui apportait un fauteuil de malade, qu'on avait eu bien de la peine à se procurer, la trousse et la boîte de médicaments de l'abbé Midon, et un sac plein de livres...

Tous ces objets, Marie-Anne les disposa dans cette chambre du premier étage, que Chanlouineau avait voulu si magnifique pour elle, et qu'elle destinait au baron...

Elle sortit ensuite pour aller au-devant du fils Poignot, qui avait annoncé qu'il allait revenir...

La nuit était noire, Marie-Anne se hâtait... Elle n'aperçut pas dans son petit jardin, près d'un massif de lilas, deux ombres immobiles...

XLV

Pris par Mme Blanche en flagrant délit de mensonge ou tout au moins de négligence, Chupin demeura un moment interloqué.

Il voyait s'évanouir cette perspective tant caressée d'une retraite à Courtomieu ; il voyait se tarir brusquement une source de faciles bénéfices qui lui permettaient d'épargner son trésor et même de le grossir.

Néanmoins il reprit son assurance, et d'un beau ton de franchise :

— Il se peut bien que je ne sois qu'une bête, dit-il à la jeune femme, mais je ne tromperais pas un enfant. On vous aura fait un faux rapport.

Mᵐᵉ Blanche haussa les épaules.

— Je tiens, dit-elle, mes renseignements de deux personnes qui, certes, ignoraient l'intérêt qu'ils avaient pour moi, et qui n'ont pu s'entendre...

— Aussi vrai que le soleil nous éclaire, je vous jure...

— Ne jurez pas... Avouez tout simplement avoir manqué de zèle.

L'accent de la jeune femme trahissait une certitude si forte, que Chupin cessa de nier et changea de tactique.

Se grimant d'humilité, il confessa que la veille, en effet, il s'était relâché de sa surveillance ; il avait eu des affaires ; un de ses gars, le cadet, s'était foulé le pied, puis il avait rencontré des amis, on l'avait entraîné au cabaret, on l'avait régalé, il avait bu plus que de coutume, de sorte que...

Il parlait de ce ton pleurnicheur et patelin qui est la ressource suprême de tout paysan serré de près, et à chaque moment il s'interrompait pour affirmer sur sa grande foi son repentir, ou pour se bourrer de coups de poing en s'adressant des injures.

— Vieil ivrogne ! disait-il, cela t'apprendra... Maudite boisson !...

Mais ce luxe de protestations, loin de rassurer Mᵐᵉ Blanche, ne faisait que fortifier le soupçon qui lui était venu.

— Tout cela est bel et bien, père Chupin, interrompit-elle d'un ton fort sec, qu'allez-vous faire maintenant pour réparer votre maladresse ?...

Une fois encore la physionomie du vieux maraudeur changea, et, feignant la plus violente colère :

— Ce que je compte faire !... s'écria-t-il. Oh ! on le verra bien. Je prouverai qu'on ne se moque pas de moi impunément. D'abord, je plante là le marquis de Sairmeuse pour ne m'occuper que de cette gueuse de Marie-Anne. Tout près de la Borderie, il y a un petit bocage ; dès ce soir je m'y installe, et je veux que le diable me brûle s'il entre un chat dans la maison sans que je le voie.

— Peut-être votre idée est-elle bonne.

— Oh ! j'en réponds.

Mᵐᵉ Blanche n'insista pas, mais sortant sa bourse de sa poche elle en tira trois louis qu'elle tendit à Chupin, en lui disant :

— Prenez, et surtout ne vous enivrez plus. Encore une faute comme celle-ci, et je me verrais forcée de m'adresser à un autre.

Le vieux maraudeur s'en alla sifflotant et tout tranquillisé.

On l'employait encore, donc il pouvait toujours compter sur ses invalides...

Il avait tort de se rassurer ainsi. La générosité de Mme Blanche n'était qu'une ruse destinée à masquer ses défiances.

— Je ne dois rien en laisser paraître, pensait-elle, tant que je n'aurai pas une preuve.

Et dans le fait, pourquoi ne l'eût-il pas trahi, ce misérable, dont le métier était de trahir?... Quelle raison avait-elle d'ajouter foi à ses rapports? Elle le payait!... La belle affaire! D'autres, en le payant mieux, devaient certainement avoir la préférence!

Qui assurait Mme Blanche que, tandis qu'elle pensait faire surveiller, elle n'était pas surveillée elle-même?... Elle eût reconnu à ce trait la duplicité du marquis de Sairmeuse, de son mari.

Mais comment savoir et savoir vite surtout? Ah! elle n'apercevait qu'un moyen, désagréable sans doute, mais sûr : épier elle-même son espion.

Cette idée l'obséda si bien que, le dîner terminé, et comme la nuit tombait, elle appela tante Médie.

— Prends ta mante, bien vite, tante, commanda-t-elle, j'ai une course à faire et tu m'accompagnes.

La parente pauvre étendit la main vers un cordon de sonnette, sa nièce l'arrêta.

— Tu te passeras de femme de chambre, lui dit-elle, je ne veux pas qu'on sache au château que nous sortons.

— Nous irons donc seules?
— Seules.
— Comme cela, à pied, la nuit...
— Je suis pressée, tante, interrompit durement Mme Blanche, et je t'attends.

En un clin d'œil la parente pauvre fut prête.

On venait de coucher le marquis de Courtomieu, les domestiques dînaient. Mme Blanche et tante Médie purent gagner, sans être vues, une petite porte du jardin qui donnait sur la campagne.

— Où allons-nous, mon Dieu!... gémissait tante Médie.
— Que t'importe!... viens...

Mme Blanche allait à la Borderie.

Elle eût pu prendre la route qui borde l'Oiselle, mais elle préféra couper à travers champs, jugeant que de cette façon elle était sûre de ne rencontrer personne.

La nuit était magnifique mais très obscure, et à chaque instant les deux femmes étaient arrêtées par quelque obstacle, haie vive ou fossé. Deux fois Mme Blanche perdit sa direction. La pauvre tante Médie se heurtait à toutes les mottes de terre, trébuchait à tous les sillons, elle geignait, elle pleurait presque, mais sa terrible nièce était impitoyable.

C'était un petit homme qui affectait une continuelle bonne humeur.

— Marche, lui disait-elle, ou je te laisse, tu retrouveras ton chemin comme tu pourras.

Et la parente pauvre marchait.

Enfin, après une course de plus d'une heure, Mme Blanche respira. Elle reconnaissait la maison de Chalouineau. Elle s'arrêta dans le petit bois que Chupin appelait « le bocage. »

— Sommes-nous donc arrivées? demanda tante Médio.

— Oui, mais tais-toi, reste là, je veux voir quelque chose.

— Quoi! tu me laisses seule?... Blanche, je t'en prie, que veux-tu faire?... Mon Dieu, tu m'épouvantes... j'ai peur, Blanche!...

Déjà la jeune femme s'était éloignée. Elle parcourait en tous sens le petit bois, cherchant Chupin. Elle ne le trouva pas.

— J'avais deviné, pensait-elle les dents serrées par la colère, le misérable me jouait. Qui sait si Martial et Marie-Anne ne sont pas là, dans cette maison, se moquant de moi, riant de ma crédulité!...

Elle rejoignit tante Médie à demi morte de frayeur, et toutes deux s'avancèrent jusqu'à la lisière du « bocage », à un endroit d'où l'on découvrait la façade de la Borderie.

Deux fenêtres au premier étage étaient éclairées de lueurs rouges et mobiles... Évidemment il y avait du feu dans la pièce.

— C'est juste, murmura Mme Blanche, Martial est si frileux.

Elle songeait à s'avancer encore, quand un coup de sifflet la cloua sur place.

Elle regarda de tous côtés et, malgré l'obscurité, elle aperçut, au milieu du sentier qui allait de la Borderie à la grande route, un homme chargé d'objets qu'elle ne distinguait pas...

Presque aussitôt, une femme, Marie-Anne certainement, sortit de la maison et marcha à la rencontre de l'homme.

Ils ne se dirent que deux mots, et rentrèrent ensemble à la Borderie. Puis, l'homme ressortit, sans son fardeau, et s'éloigna.

— Qu'est-ce que cela signifie!... murmurait Mme Blanche.

Patiemment, pendant plus d'une demi-heure, elle attendit, et comme rien ne bougeait :

— Approchons, dit-elle à tante Médie, je veux regarder par les fenêtres.

Elles approchèrent, en effet, mais au moment où elles arrivaient dans le petit jardin, la porte de la maison s'ouvrit si brusquement qu'elles n'eurent que le temps de se blottir contre un massif de lilas...

Marie-Anne sortait sans fermer sa porte à clef, l'imprudente. Elle descendit le petit sentier, gagna la route et disparut...

Mme Blanche, alors, saisit le bras de tante Médie, et le serrant à la faire crier :

— Attends-moi ici, lui dit-elle, d'une voix rauque et brève, et quoi qu'il arrive, quoi que tu entendes, si tu veux finir tes jours à Courtomieu, pas un mot. Ne bouge pas, je reviens...

Et elle entra dans la Borderie...

Marie-Anne, en s'éloignant, avait déposé un flambeau sur la table de la première pièce, Mme Blanche s'en empara, et hardiment elle se mit à parcourir tout le rez-de-chaussée.

Elle s'était fait tant de fois expliquer la distribution de la Borderie, que les êtres lui étaient familiers; elle se reconnaissait pour ainsi dire.

Et elle allait, poussée par une volonté plus forte que sa raison, tranquillement, comme si elle eût fait la chose du monde la plus naturelle, examinant chaque chose...

Malgré les descriptions de Chupin, la pauvreté de ce logis de paysan l'étonnait. Pas d'autre plancher que le sol raboteux, les murs étaient à peine passés à la chaux et, aux solives, toutes sortes de graines et de paquets d'herbes pendaient; de lourdes tables à peine équarries, quelques chaises grossières, des escabeaux et des bancs de bois constituaient le mobilier.

Marie-Anne, évidemment, habitait la pièce du fond. C'était la seule où il y eût un lit, un de ces immenses lits de campagne, larges et hauts, à baldaquin avec des colonnes torses drapés de rideaux de serge verte glissant sur des tringles de fer.

A la tête du lit, accroché au mur, pendait un bénitier dont la croix retenait un rameau de buis desséché. Mme Blanche trempa son doigt dans le bénitier : il était plein d'eau bénite.

Devant la fenêtre, une tablette de bois blanc, retenue par un crochet mobile, supportait un pot à eau et une cuvette de la faïence la plus commune.

— Il faut avouer, se dit Mme Blanche, que mon mari loge mal ses amours !...

Réellement, elle en était presque à se demander si la jalousie ne l'avait pas égarée.

Elle se rappelait les habitudes délicates de Martial, les recherches de son existence fastueuse, et elle ne savait pas comment les concilier avec ce dénûment.

Puis il y avait cette eau bénite !...

Les doutes lui revinrent dans la cuisine.

Il y avait sur le fourneau un pot-au-feu qui « embeaumait, » et sur des cendres chaudes plusieurs casseroles où mijotaient des ragoûts.

— Tout cela ne peut être pour elle, murmura Mme Blanche.

Et le souvenir lui revenant de ces deux fenêtres du premier étage qu'elle avait vues illuminées par les clartés tremblantes de la flamme :

— C'est là-haut qu'il faut voir, pensa-t-elle.

L'escalier était dans la pièce du milieu, elle le savait; elle monta vivement, poussa une porte et ne put retenir un cri de surprise et de rage.

Elle se trouvait dans cette chambre dont Chanlouineau avait fait le sanctuaire de son grand amour, qu'il avait ornée avec le fanatisme de la passion, où il avait accumulé tout ce qu'on lui avait dit être le luxe des plus grands et des plus riches.

— Voilà donc la vérité !... se disait Mme Blanche, anéantie de stupeur, et moi qui tout à l'heure, en bas, doutais encore, qui me disais que c'était trop pauvre et trop froid pour l'adultère. Misérable dupe que je suis! En bas, ils ont tout disposé pour le monde, pour les allants et venants, pour les imbéciles... Ici, tout est arrangé pour eux. Le rez-de-chaussée, c'est l'apparence de l'austère sagesse; le premier étage, c'est la réalité de la débauche. Maintenant, je reconnais bien l'étonnante dissimulation de Martial. Il l'aime tant, cette vile créature qui est sa maîtresse, qu'il s'inquiète même de sa réputation... il se cache pour venir la voir, et voici le paradis mystérieux de leurs amours. C'est ici qu'ils se rient de moi, pauvre délaissée dont le mariage n'a pas même eu de première nuit...

Elle avait souhaité la certitude; elle l'avait, croyait-elle, et foudroyante.

Eh bien! elle préférait encore cette horrible blessure de la vérité aux incessants coups d'épingle du soupçon.

Et comme si elle eût goûté une âpre jouissance à se prouver l'amour de Martial pour une rivale exécrée, elle inventoriait, en quelque sorte, les magnificences de la chambre, maniant la lourde étoffe de soie brochée des rideaux, sondant du bout du pied l'épaisseur des tapis.

Tout d'ailleurs attestait que Marie-Anne attendait quelqu'un : le feu clair, le grand fauteuil roulé près de l'âtre, les pantoufles brodées placées devant le fauteuil.

Et qui pouvait-elle attendre, sinon Martial? Sans doute, cet individu qui avait sifflé venait lui annoncer l'arrivée de son amant, et elle était sortie pour courir au-devant de lui.

Même, une circonstance futile prouvait que ce messager n'était pas attendu.

Sur la cheminée se trouvait un bol plein de bouillon encore fumant.

Il était clair que Marie-Anne s'apprêtait à le boire, quand elle avait été surprise par le signal...

Mais qu'importait ce détail à Mme Blanche!...

Elle se demandait quel profit tirer pour sa vengeance de sa découverte, lorsque ses yeux s'arrêtèrent sur une grande boîte de chêne, ouverte sur une table, près de la porte vitrée du cabinet de toilette, et toute remplie de fioles et de petits pots.

Machinalement, elle s'approcha, et parmi les flacons elle en distingua deux, de verre bleu, bouchés à l'émeri, sur lesquels le mot : poison, était écrit au-dessus de caractères indéchiffrables.

Poison!... Mme Blanche fut plus d'une minute sans pouvoir détourner les yeux de ce mot qui la fascinait.

Une diabolique inspiration associait dans son esprit le contenu de ces flacons et le bol resté sur la cheminée.

— Et pourquoi pas!... murmura-t-elle, je m'esquiverais après.

Une réflexion terrible l'arrêta.

Martial allait rentrer avec Marie-Anne. Qui pouvait dire que ce ne serait pas lui qui boirait le contenu du bol !

— Dieu décidera !... murmura la jeune femme. Mieux vaut d'ailleurs savoir son mari mort qu'appartenant à une autre femme !...

Et, d'une main ferme, elle prit au hasard un des flacons...

Depuis son entrée à la Borderie, M⁻ᵉ Blanche n'avait pas, on peut le dire, conscience de ses actes. La haine a des égarements qui troublent le cerveau comme les vapeurs de l'alcool.

Mais l'impression terrible qu'elle ressentit au contact du verre dissipa son ivresse ; elle rentra en pleine possession de soi, la faculté de délibérer lui revint...

Et la preuve, c'est que sa première pensée fut celle-ci :

— J'ignore jusqu'au nom de ce poison que je tiens... Quelle dose en dois-je mettre ? En faut-il beaucoup ou très peu ?...

Elle déboucha le flacon non sans peine, et versa quelque peu de son contenu dans le creux de sa main.

C'était une poudre blanche très fine, scintillante comme s'il s'y fût trouvé de la poussière de verre, et ressemblant beaucoup à du sucre pilé.

— Serait-ce vraiment du sucre ? pensa M⁻ᵉ Blanche.

Résolue à s'en assurer, elle mouilla légèrement le bout de son doigt et prit quelques atomes de cette poudre blanche, qu'elle posa sur sa langue et qu'elle cracha aussitôt.

Sa sensation fut celle que lui eût donné un morceau de pomme très sure.

— L'étiquette ne ment sans doute pas, murmura-t-elle, avec un terrible sourire.

Et, sans hésiter, sans pâlir, sans remords, elle laissa tomber dans la tasse tout ce que contenait le flacon...

Elle avait si bien tout son sang-froid qu'elle songea que cette poudre serait peut-être lente à se dissoudre, et qu'elle eut la sinistre prévoyance de l'agiter avec une cuiller pendant plus d'une minute.

Cela fait, — elle pensait à tout, — elle goûta le bouillon. Il avait une saveur légèrement âpre, mais trop peu sensible pour éveiller des défiances...

Alors, M⁻ᵉ Blanche respira. Qu'elle réussît à s'esquiver maintenant, et elle était vengée, et elle était assurée de l'impunité...

Déjà elle se dirigeait vers la porte, quand un bruit de pas dans l'escalier la terrifia.

Deux personnes montaient... — Où fuir ? où se cacher ?...

Elle se sentait si bien prise et perdue, qu'elle eut l'idée de jeter le bol au feu, d'attendre et de payer d'audace...

Mais non !... une ressource restait... le cabinet de toilette... Elle s'y précipita.

Elle avait si bien attendu à la dernière seconde, qu'elle n'osa pas refermer la porte : le seul claquement du pène dans sa gâche l'eût trahie.

Elle devait s'en applaudir, l'entrebâillement lui permettant de mieux voir et de tout entendre.

Marie-Anne rentrait, suivie d'un jeune paysan qui portait un gros paquet.

— Ah! voici ma lumière, s'écria-t-elle dès le seuil, le contentement me fait perdre l'esprit; j'aurais juré que je l'avais descendue et posée sur la table, en bas.

Mme Blanche frémit. Elle n'avait pas songé à cette circonstance !

— Où faut-il mettre ces hardes ? demanda le jeune gars.

— Ici, répondit Marie-Anne, je les rangerai dans le placard.

Le brave paysan déposa son paquet et respira bruyamment.

— Voilà donc le déménagement fini, s'écria-t-il. Ç'a été fait lestement, j'espère, et personne ne nous a vus. Maintenant, notre monsieur peut venir...

— A quelle heure se mettra-t-il en route?

— On attellera à onze heures, comme c'était convenu... Ah! il lui tarde joliment d'être ici; il y sera vers minuit...

Marie-Anne consulta de l'œil la magnifique pendule de la cheminée.

— J'ai donc encore trois heures devant moi, dit-elle... C'est plus qu'il ne faut. Le souper est prêt, je vais dresser la table, là, devant le feu... Dites-lui qu'il m'apporte un bon appétit.

— On lui dira... Et vous savez, mademoiselle, bien des remercîments d'être venue à ma rencontre et de m'avoir aidé au second voyage. Ce que j'apportais n'était pas lourd, mais c'était si embarrassant !...

— Peut-être accepteriez-vous un verre de vin ?...

— Non, merci, sans compliment, il faut que je rentre... Au revoir, mademoiselle Lacheneur.

— Au revoir, Poignot.

Ce nom de Poignot n'apprenait rien à Mme Blanche...

Ah! si elle eût entendu prononcer le nom de M. d'Escorval, de la baronne ou de l'abbé Midon, ses certitudes eussent été troublées, sa résolution eût chancelé, et qui sait alors !

Mais non, rien !... Le fils Poignot, pour désigner le baron, avait dit: « Le monsieur. » Marie-Anne disait : « Il... »

« Il... » n'est-ce pas toujours celui qui emplit et obsède notre pensée, ami ou ennemi, le mari qu'on hait ou l'amant qu'on adore.

« Le monsieur!... Il!... » Mme Blanche traduisait : « Martial. »

Oui, pour elle c'était le marquis de Sairmeuse qui devait arriver à minuit, elle l'eût juré, elle en était sûre.

C'était lui qui s'était fait précéder de ce commissionnaire chargé de paquets.

Que faisait-il apporter ainsi ? Des objets sans doute qu'il avait l'habitude de trouver sous la main et qui lui manquaient. Il envoyait des hardes... M⁽ᵐᵉ⁾ Blanche l'avait bien entendu : des hardes !...

C'est-à-dire qu'il se trouvait si bien à la Borderie, qu'il y complétait son installation. Il s'y établissait, il voulait être chez lui. Peut-être était-il las du mystère, et se proposait-il d'y vivre ouvertement, au mépris de son rang, de sa dignité, de ses devoirs, sans souci des préjugés et des idées reçues...

Voilà quelles conjectures, pareilles à de l'huile sur un brasier, enflammaient la haine de M⁽ᵐᵉ⁾ Blanche.

Comment, après cela, eût-elle hésité ou tremblé ?...

Elle ne tremblait, en vérité, que d'être découverte dans sa cachette...

Tante Médie était, il est vrai, dans le jardin, mais après la menace qui lui avait été faite, la parente pauvre était femme à rester la nuit entière, immobile comme une pierre, derrière le massif de lilas.

Donc, rien à craindre, et M⁽ᵐᵉ⁾ Blanche se voyait deux heures et demie à rester seule avec Marie-Anne à la Borderie.

N'était-ce pas plus de temps qu'il ne fallait pour assurer le crime, sa vengeance et l'impunité ?

Quand on découvrirait l'empoisonnement, elle serait bien loin, ses mesures étaient prises pour qu'on ne sût pas qu'elle était sortie de Courtomieu, nul ne l'avait aperçue, la tante Médie serait muette.

Et, d'ailleurs, qui oserait seulement songer à elle, marquise de Sairmeuse, née Blanche de Courtomieu !

— Mais cette créature ne boit pas, pensait-elle.

Marie-Anne, en effet, avait oublié le bouillon, de même que l'instant d'avant elle ne s'était plus souvenue de l'endroit où elle avait déposé son flambeau.

Elle avait dénoué le paquet, et montée sur une chaise, elle arrangeait les hardes dans un grand placard, près du lit...

Qu'on parle donc encore de pressentiments !... Elle avait presque sa gaieté et sa vivacité des jours heureux, et tout en allant et venant par la chambre, elle fredonnait une vieille romance que Maurice chantait autrefois.

Elle oubliait, elle entrevoyait le terme de ses misères, ses amis allaient l'entourer.

Cependant le paquet était rangé, le placard refermé, elle se préoccupa de souper et roula devant la cheminée une petite table.

C'est alors qu'elle aperçut le bol sur la tablette.

— Étourdie ! fit-elle tout haut en riant.

Et prenant la tasse, elle la porta à ses lèvres.

De sa cachette, M⁽ᵐᵉ⁾ Blanche avait entendu l'exclamation de Marie-Anne, elle vit le mouvement, et cependant pas un remords ne tressaillit au fond de son âme.

Mais Marie-Anne ne but qu'une gorgée, et avec un visible dégoût elle éloigna le bol de ses lèvres.

Une épouvantable angoisse serra le cœur de Mme Blanche.

— La coquine, pensa-t-elle, trouverait-elle donc au bouillon une saveur suspecte?...

Nullement, mais il s'était refroidi et il s'était formé à la surface une gelée qui répugnait à Marie-Anne.

Elle prit donc la cuillère, écréma le bouillon et ensuite l'agita assez longtemps pour bien diviser les parties grasses.

Cela fait, elle but, reposa la tasse sur la cheminée et reprit sa besogne.

C'était fini!... Le dénoûment, désormais, ne dépendait plus de la volonté de Mme Blanche ; quoi qu'il advînt, elle était une empoisonneuse.

Mais, si elle avait la conscience très nette de son crime, l'excès de sa haine l'empêchait encore d'en comprendre l'horreur et la lâcheté.

Elle se répétait même que c'était un acte de justice qu'elle accomplissait, qu'elle ne faisait que se défendre, que la vengeance était encore bien au-dessous de l'outrage, et que rien n'était capable de payer les tortures qu'elle avait endurées...

Au bout d'un moment, pourtant, une appréhension sinistre l'agita.

Ses notions sur les effets des poisons étaient des plus incertaines. Elle s'était imaginée que Marie-Anne tomberait comme foudroyée, et qu'elle serait libre de s'enfuir après lui avoir toutefois jeté son nom pour ajouter aux angoisses de son agonie.

Et pas du tout. Le temps passait et Marie-Anne continuait à s'occuper des apprêts du souper comme si de rien n'était.

Elle avait étendu une nappe bien blanche sur la table, elle la lissait avec ses mains, elle disposait dessus un couvert...

— Comme c'est long! pensait Mme Blanche. Si on allait venir !

Elle se sentait pâlir à l'idée d'être surprise. C'était miracle qu'elle ne l'eût pas été déjà, c'était un hasard prodigieux que Marie-Anne n'eût eu besoin de rien dans le cabinet de toilette...

Tout à l'heure, peu lui eût importé en somme. En renversant la tasse elle eût anéanti les preuves du crime, tandis que maintenant !...

L'effroi du châtiment, qui précède le remords, faisait battre son cœur avec une telle violence, qu'elle ne comprenait pas qu'on n'en entendît pas les battements de l'autre côté, dans la chambre.

Son épouvante redoubla quand elle vit Marie-Anne prendre la lumière, se diriger vers la porte et descendre.

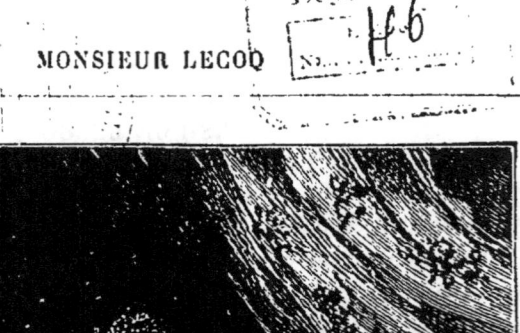

Elle accourut avec sa magnifique toilette, blême de rage.

Mme Blanche était seule. La pensée d'essayer de s'échapper lui vint... mais par où? mais comment, sans être vue?

— Il faut, disait-elle avec rage, que l'étiquette ait menti!...

Hélas! non. Elle en fut bien sûre lorsque reparut Marie-Anne.

En moins de cinq minutes qu'elle était restée au rez-de-chaussée, un changement s'était opéré en elle, comme après une maladie de six mois.

Son visage affreusement décomposé était livide et tout marbré de taches violacées, ses yeux comme agrandis brillaient d'un éclat étrange, ses dents claquaient...

Elle laissa tomber plutôt qu'elle ne posa sur la table les assiettes qu'elle montait...

— Le poison !... pensa Mme Blanche, cela commence...

Marie-Anne restait debout devant la cheminée, promenant autour d'elle un regard éperdu, comme si elle eût cherché une cause visible à d'incompréhensibles douleurs. Machinalement, elle passait et repassait la main sur son front qui se couvrait d'une sueur froide et visqueuse ; elle remuait ses mâchoires dans le vide et faisait claquer sa langue comme si la salive lui eût manqué ; sa respiration haletait...

Puis, tout à coup, une nausée lui vint, elle chancela, porta violemment les mains à sa poitrine et s'affaissa sur un fauteuil en s'écriant :

— Oh ! mon Dieu ! comme je souffre !...

XLVI

Agenouillée à l'entrebâillement de la porte, le cou tendu, toute vibrante d'anxiété, Mme Blanche épiait les effets du poison qu'elle avait versé.

Elle était si près de sa victime, qu'elle distinguait jusqu'au battement de ses tempes et que par instants il lui semblait sentir son haleine brûlante comme la flamme...

A la crise qui avait brisé Marie-Anne, une invincible prostration succédait. On l'eût crue morte, à la voir dans son fauteuil, sans le râle profond et sourd qui déchirait sa gorge.

Mais bientôt un soubresaut la redressa toute frémissante, ses nerfs se crispèrent et on entendit ses dents grincer... De nouveau les nausées revinrent, puis elle fut prise de vomissements.

Et à chaque effort qu'elle faisait pour vomir, tout son corps était ébranlé et secoué des talons à la nuque, sa poitrine se soulevait à éclater, et de brusques secousses disloquaient ses épaules. Peu à peu une teinte terreuse, de même qu'une couche de bistre, s'étendait sur son visage ; les marbrures de ses joues devenaient plus foncées, les yeux s'injectaient, et la sueur à grosses gouttes coulait de son front.

Ses douleurs devaient être intolérables... Elle gémissait faiblement, par moments, et d'autres fois elle poussait de véritables hurlements.

Puis, elle balbutiait des lambeaux de phrases : elle demandait à boire ou suppliait Dieu d'abréger ses tortures.

— Ah !... c'est atroce !... Je souffre trop ! La mort, mon Dieu ! la mort !...

Tous les gens qu'elle avait connus, elle les invoquait, criant à l'aide, d'une voix déchirante.

Elle appelait Mme d'Escorval, l'abbé Midon, Maurice, son frère, Chanlouineau, Martial !...

Martial ! ce nom seul, ainsi prononcé, eût suffi pour éteindre toute pitié dans le cœur de Mme Blanche.

— Va !... pensait-elle, appelle ton amant, appelle !... il arrivera trop tard.

Et Marie-Anne répétant encore ce nom :

— Souffre !... poursuivit Mme Blanche, toi qui as inspiré à Martial l'odieux courage de m'abandonner, moi, sa femme, moi la marquise de Sairmeuse, comme un laquais ivre n'oserait pas abandonner la dernière des créatures perdues... Meurs, et mon mari me reviendra repentant.

Non, elle n'avait pas pitié. Si elle était oppressée à ne pouvoir respirer, cela venait simplement de l'instinctive horreur qu'inspire la souffrance d'autrui, impression toute physique, qu'on décore du beau nom de sensibilité, et qui n'est qu'une manifestation du plus grossier égoïsme.

Et cependant Marie-Anne allait s'affaiblissant à vue d'œil.

Les spasmes devenaient moins fréquents, les périodes de rémission de plus en plus longues ; les nausées faisaient encore haleter ses flancs, mais elle ne vomissait plus, et après chaque crise l'anéantissement augmentait, pareil à une syncope.

Bientôt elle n'eut même plus la force de se plaindre, ses yeux s'éteignirent, et après un grand effort qui amena à ses lèvres une bave sanglante, sa tête se renversa en arrière et elle ne bougea plus.

— Serait-ce fini ? murmura Mme Blanche.

Elle se releva, mais ses jambes tremblaient et la soutenaient à peine ; elle fut obligée de s'accoter contre la cloison.

Le cœur était resté ferme, implacable ; la chair défaillait.

C'est que jamais son imagination n'avait pu concevoir un spectacle tel que celui qu'elle venait de voir.

Elle savait que le poison donne la mort ; elle ne soupçonnait pas ce qu'est l'agonie du poison.

Maintenant elle ne songeait plus à augmenter les angoisses de Marie-Anne, en lui jetant son nom comme une suprême vengeance... Elle ne songeait qu'à se retirer sans être aperçue de sa victime.

Fuir, s'éloigner bien vite, quitter cette maison, dont les planchers lui brûlaient les pieds, elle ne voulait que cela.

Toutes ses idées vacillaient, une sensation étrange, mystérieuse, inexplicable l'envahissait; ce n'était pas encore l'effroi, — c'était la stupeur qui suit le crime, l'hébétement du meurtre...

Cependant elle se contraignit à attendre quelques minutes, et enfin, voyant que Marie-Anne demeurait toujours immobile, les paupières closes, elle se hasarda à ouvrir doucement la porte du cabinet et elle s'avança dans la chambre

Elle n'y avait pas fait trois pas que Marie-Anne tout à coup, brusquement, comme si elle eût été galvanisée par une commotion électrique, se dressa tout d'une pièce, les bras en croix, pour barrer le passage.

Le mouvement fut si terrible, que Mme Blanche recula jusqu'à une des fenêtres.

— La marquise de Sairmeuse !... balbutia Marie-Anne, Blanche... ici !

Et s'expliquant ses souffrances par la présence de cette jeune femme qui avait été son amie, elle s'écria :

— Empoisonneuse !...

Mais Mme Blanche avait un de ces caractères de fer que les événements brisent et ne font pas ployer.

Pour rien au monde, puisqu'elle était découverte, elle n'eût consenti à nier.

Elle s'avança résolument, et d'une voix ferme :

— Eh bien, oui !... dit-elle; c'est moi qui prends ma revanche.

Et tutoyant, comme autrefois, son ancienne amie :

— Penses-tu donc que je n'aie pas souffert le soir où tu as envoyé ton frère m'arracher mon mari, que je n'ai plus revu !...

— Votre mari !... moi... Je ne vous comprends pas.

— Oserais-tu donc soutenir que tu n'es pas la maîtresse de Martial ?...

— Le marquis de Sairmeuse !... je l'ai revu hier pour la première fois, depuis l'évasion du baron d'Escorval...

L'effort qu'elle avait fait pour se dresser, pour se tenir debout, pour parler, l'avait épuisée; elle retomba sur le fauteuil.

Mais Mme Blanche devait être impitoyable.

— Vraiment !... fit-elle, tu n'as pas revu Martial ?... Dis-moi donc alors : qui t'a donné ces beaux meubles, ces tentures de soie, ces tapis, tout ce luxe qui t'entoure ?...

— Chanlouineau.

Mme Blanche haussa les épaules.

— Soit, fit-elle avec un sourire ironique; mais est-ce aussi Chanlouineau que tu attends ce soir ?... Est-ce pour Chanlouineau que tu as mis chauffer ces pantoufles brodées et que tu dressais la table ?... Est-ce Chanlouineau qui t'a envoyé des vêtements par un paysan nommé Poignot?... Tu vois bien que je sais tout...

Et comme sa victime se taisait :

— Qui donc attends-tu? insista-t-elle; voyons, réponds!...

— Je ne puis...

— Tu vois donc bien, malheureuse, que c'est ton amant, mon mari, Martial!...

Marie-Anne réfléchissait autant que le lui permettaient ses souffrances intolérables et le trouble de son intelligence.

Pouvait-elle dire quels hôtes elle attendait?...

Nommer le baron d'Escorval à M⁰ᵉ Blanche, n'était-ce pas le perdre, le livrer!... On espérait sa grâce, un sauf-conduit, la revision de son jugement; il n'en était pas moins sous le coup d'une condamnation à mort, exécutoire dans les vingt-quatre heures...

— Ainsi, c'est bien décidé, insista M⁰ᵉ Blanche, tu refuses de me dire qui doit venir ici, dans une heure, à minuit!...

— Je refuse.

Mais une idée était venue à Marie-Anne.

Bien que le moindre mouvement lui causât une douleur aiguë, elle eut assez d'énergie pour dégrafer sa robe et, déchirant son corset, elle en retira un papier plié menu.

— Je ne suis pas la maîtresse du marquis de Sairmeuse, prononça-t-elle d'une voix défaillante, je suis la femme de Maurice d'Escorval; en voici la preuve, lisez...

M⁰ᵉ Blanche n'eut pas plus tôt lu que ses traits subitement se décomposèrent; elle devint pâle autant que sa victime, sa vue se troublait, les oreilles lui tintaient, elle se sentait trempée d'une sueur froide.

Ce papier, c'était le certificat du mariage religieux de Maurice et de Marie-Anne, signé par le curé de Vigano, par le vieux médecin et par le caporal Bavois, daté et scellé du sceau de la paroisse...

La preuve était indiscutable.

Une lueur foudroyante se fit dans l'esprit de M⁰ᵉ Blanche.

Elle avait commis un crime inutile, elle venait d'assassiner une innocente...

Le premier bon mouvement de sa vie fit battre son cœur plus vite, elle ne calcula rien, elle oublia à quels périls elle s'exposait, et d'une voix vibrante :

— A moi!... s'écria-t-elle, à l'aide!... au secours!...

Onze heures sonnaient, tout dormait; la ferme la plus voisine de la Borderie en était distante d'un quart de lieue.

La voix de M⁰ᵉ Blanche devait se perdre dans l'immense solitude de la nuit.

En bas, dans le jardin, tante Médio entendait sans doute, mais elle se fût laissée hacher en morceaux plutôt que d'entrer.

Et cependant, il se trouva quelqu'un pour recueillir ces cris de détresse.

Moins éperdues de douleur et d'épouvante, les deux jeunes femmes eussent remarqué le bruit de l'escalier, craquant sous le poids d'un homme qui montait à pas muets...

Ce n'était pas un sauveur, car il ne se montra pas.

Mais fût-on venu aux appels désespérés de Mme Blanche, il était trop tard.

Marie-Anne comprenait bien qu'il n'était plus d'espoir pour elle, et que c'était le froid de la mort qui peu à peu gagnait son cœur. Elle sentait que la vie lui échappait.

Aussi, quand Blanche parut prête à s'élancer dehors pour courir chercher des secours, elle la retint d'un geste doux, et d'une voix éteinte :

— Blanche !... murmura-t-elle.

L'empoisonneuse s'arrêta.

— N'appelle plus, poursuivit Marie-Anne, reprenant, elle aussi, le tutoiement d'autrefois, à quoi bon ! Reste, tiens-toi tranquille, que du moins je puisse finir en paix... va, ce ne sera pas long !...

— Tais-toi ! ne parle pas ainsi ! Il ne faut pas, je ne veux pas que tu meures !... Si tu mourais, grand Dieu !... quelle serait ma vie, après !

Marie-Anne ne répondit pas... Le poison poursuivait son œuvre de dissolution. Sa respiration sifflait dans sa gorge enflammée ; sa langue, lorsqu'elle la remuait, lui causait dans la bouche l'affreuse sensation d'un fer rouge ; ses lèvres se tuméfiaient, et ses mains paralysées, inertes, n'obéissaient plus à sa volonté.

Mais l'horreur même de la situation rendit à Mme Blanche une lueur de raison.

— Rien n'est perdu, s'écria-t-elle. C'est dans cette grande boîte-là, sur la table, que j'ai trouvé, que j'ai pris, — elle n'osa pas prononcer le mot : poison, — la poudre que j'ai versée dans la tasse. Tu sais quelle est cette poudre, tu dois connaître le remède...

Marie-Anne secoua tristement la tête.

— Rien ne peut plus me sauver, murmura-t-elle d'une voix à peine distincte, et entrecoupée de hoquets sinistres ; mais je ne me plains pas. Qui sait de quelles chutes la mort me préserve peut-être ! Je ne regrette pas la vie. J'ai tant souffert depuis un an, j'ai subi tant d'humiliations, j'ai tant pleuré !... La fatalité était sur moi !...

Elle eut, en ce moment, cet éclair de seconde vue qui illumine les agonisants. Le sens des événements éclata. Elle comprit qu'elle-même avait fait sa destinée, et qu'en acceptant le rôle de perfidie et de mensonge composé par son père, elle avait rendu possibles et comme préparé les mensonges, les perfidies, les crimes, les erreurs et les trompeuses apparences dont enfin elle était victime.

Sa parole allait s'éteignant comme celle d'une personne qui s'assoupit, ses atroces douleurs faisaient trêve, tout s'apaisait en elle après tant d'agitations; elle s'endormait, pour ainsi dire, dans les bras de la mort...

Elle s'abandonnait, quand une pensée jaillit de ses ténèbres, si terrible qu'elle lui arracha un cri :

— Mon enfant!...

Rassemblant en un effort surhumain tout ce que le poison lui laissait de volonté, d'énergie et de forces, elle s'était redressée sur son fauteuil, le visage contracté par une indicible angoisso...

— Blanche!... prononça-t-elle d'un accent bref dont on l'eût crue incapable, écoute-moi : c'est le secret de ma vie qu'il faut que je te dise... personne ne le soupçonne... J'ai un fils de Maurice... Hélas! voici des mois que Maurice a disparu... S'il était mort, que deviendrait notre fils!... Blanche, tu vas me jurer, toi qui me tues, que tu me remplaceras près de mon enfant...

Mme Blanche était comme frappée de vertige.

— Je jure!... dit-elle, je jure!...

— Eh bien! à ce prix, mais à ce prix seulement, je te pardonne! Mais prends garde! N'oublie pas que tu as juré!... Blanche, Dieu permet parfois que les morts se vengent!... Tu as juré, souviens-toi! Mon fantôme ne t'accordera le sommeil qu'après que tu auras tenu ton serment...

— Je me souviendrai, balbutia Mme Blanche, je me souviendrai. Mais... ton enfant...

— Ah!... j'ai eu peur... Lâche créature que je suis, j'ai reculé devant la honte... puis, Maurice commandait... Je me suis séparée de mon enfant... ta jalousie et ma mort sont le châtiment... Pauvre être... je l'ai livré à des étrangers... Malheureuse que je suis... malheureuse... Ah! c'est trop souffrir... Blanche, souviens-toi!...

Elle bégaya quelques mots encore, mais indistincts, incompréhensibles...

Mme Blanche, hors de soi, eut la force de lui prendre le bras et de le secouer...

— A qui as-tu confié ton enfant? répéta-t-elle. A qui? où?... Marie-Anne... un mot encore, un seul, un nom, Marie-Anne!

Les lèvres de l'infortunée s'agitèrent, mais sa gorge ne rendit qu'un râle sourd...

Elle s'était affaissée sur son fauteuil; une convulsion suprême la tordit comme un lien de fagot; elle glissa sur le tapis et tomba tout de son long, sur le dos...

Marie-Anne était morte... morte sans avoir pu prononcer le nom du vieux médecin de Vigano...

Elle était morte, et l'empoisonneuse terrifiée demeurait au milieu de la chambre, livide et plus raide qu'une statue, l'œil démesurément agrandi, le front moite d'une sueur glacée...

Toutes ses pensées tourbillonnaient comme des feuilles au souffle furieux de l'ouragan; il lui semblait que la folie — une folie comme celle de son père — envahissait son cerveau. Elle oubliait tout, elle s'oubliait elle-même, elle ne se rappelait plus qu'un hôte devait arriver à minuit, que l'heure volait, qu'elle allait être surprise si elle ne fuyait pas.

Mais l'homme qui était venu, quand elle avait crié au secours, veillait sur elle. Quand il vit que Marie-Anne avait rendu le dernier soupir, il fit un peu de bruit contre la porte et allongea sa figure grimaçante.

— Chupin!... balbutia Mme Blanche, rappelée au sentiment de la réalité.

— En personne naturelle, répondit le vieux maraudeur. C'est une fière chance que vous avez!... Eh! eh!... ça vous a trifouillé l'estomac, toute cette affaire... Baste! ça passera. Mais il s'agit de ne pas moisir ici, on peut venir... Allons, arrivez!...

Machinalement, l'empoisonneuse avança, mais le cadavre de Marie-Anne était en travers de la porte, barrant le passage; pour sortir, il fallait le franchir, elle n'eut pas ce courage et recula toute chancelante...

— Hein!... qu'est-ce? fit Chupin. Vous êtes incommodée?...

Et comme il n'avait pas ces scrupules, il enjamba le corps, enleva Mme Blanche comme un enfant et l'emporta...

Le vieux maraudeur était tout en joie. L'avenir ne l'inquiétait plus, maintenant que Mme Blanche était rivée à lui par cette chaîne plus solide que celle des forçats, la complicité d'un crime.

Il se sentait sur la planche, ainsi qu'il se le disait, une vie de seigneur, des années de bombances et de ribotes. Les remords de sa délation, si terribles au commencement, ne le troublaient plus guère. Il se voyait nourri, logé, renté, vêtu, bien gardé surtout par une armée de domestiques.

Cependant, Mme Blanche, qui s'était trouvée mal, fut ranimée par le grand air.

— Je veux marcher, dit-elle.

Chupin la déposa à terre, à vingt pas de la maison. Alors, elle se souvint.

— Et tante Médie!... s'écria-t-elle.

La parente pauvre était là; pareille à ces chiens que leurs maîtres laissent à la porte des maisons où ils entrent, elle avait vu sortir sa nièce, portée par le vieux maraudeur, et instinctivement elle avait suivi.

— Il ne s'agit pas de causer, dit Chupin aux deux femmes; rentrez, je vais vous conduire.

Et prenant le bras de Mme Blanche, il se dirigea du côté du « bocage ».

— Ah! Marie-Anne avait un enfant, disait-il tout en hâtant le pas; elle qui faisait tant sa sainte-n'y-touche. Mais où diable a-t-elle mis le petit en nourrice?...

— Je chercherai...

— Hum!... c'est facile à dire...

Le misérable l'avait assommé à coups de barre de fer.

Un rire strident, qui retentit dans l'obscurité, l'interrompit. Il lâcha le bras de Mme Blanche et tomba en garde...

Précaution vaine. Un homme caché derrière un tronc d'arbre bondit jusqu'à lui, et par quatre fois le frappa d'un couteau, en criant :

— Bonne sainte Vierge, voilà mon vœu rempli ! Je ne mangerai plus avec mes doigts.

— L'aubergiste!... murmura le traître en s'affaissant.

Pour une fois tante Médie eut de l'énergie.

— Viens! dit-elle, folle de peur, en entraînant sa nièce, viens, il est mort!

Pas tout à fait, car le traître eut la force de se traîner jusqu'à sa maison et d'y frapper.

Sa femme et son fils cadet dormaient. Son fils aîné qui rentrait du cabaret vint lui ouvrir.

Voyant son père à terre, ce garçon le crut ivre et voulut le relever; le vieux maraudeur le repoussa.

— Laisse-moi, dit-il, mon compte est réglé; écoute-moi plutôt... La fille à Lacheneur vient d'être empoisonnée par Mme Blanche... C'est pour t'apprendre ça que je suis venu crever ici... Ça vaut une fortune, mon gars... si tu n'es pas une bête...

Et il expira, sans avoir pu dire aux siens où il avait enfoui le prix du sang de Lacheneur.

XLVII

De tous les gens qui avaient été témoins de l'épouvantable chute du baron d'Escorval, l'abbé Midon avait été le seul à ne pas désespérer...

Il n'était pas médecin, de par le diplôme; mais il avait en sa vie, toute de dévouement, raccommodé tant de bras et « rebouté » tant de jambes, que les blessures, ainsi qu'il le disait, le connaissaient.

Ce que plus d'un savant docteur n'eût pas osé, il l'osa.

Il était prêtre, il avait foi, il se souvint de la réponse sublime de modestie d'Ambroise Paré : « Je le pansai, Dieu le guérit. »

Le baron devait être guéri.

Après six mois passés à la ferme du père Poignot, M. d'Escorval se levait et s'essayait à marcher en s'aidant de béquilles.

C'est alors, surtout, qu'il souffrit du défaut d'espace, dans le grenier où la prudence le confinait, et c'est avec un véritable transport de joie qu'il accueillit l'idée de se réfugier à la Borderie, près de Marie-Anne.

Le jour du départ fixé, c'est avec l'impatience d'un écolier attendant les vacances qu'il compta pour ainsi dire les minutes. Il y a toujours de l'enfant, chez le convalescent qui se reprend à aimer la vie.

— J'étouffe ici, répétait-il à sa femme, j'étouffe!... Comme le temps est long!... Quand donc arrivera le jour béni!...

riva. Dès le matin, tous les objets que les proscrits avaient réussi à se
r, pendant leur séjour à la ferme, furent réunis et empaquetés. Enfin, la
ue, le fils Poignot commença le déménagement.

out est à la Borderie, dit ce brave garçon, au retour de son dernier voyage,
cheneur ne demande à monsieur le baron qu'un bon appétit.

t j'en aurai, morbleu! répondit gaiement le baron. Nous en aurons tous!...

s la cour de la ferme, le père Poignot attelait lui-même son meilleur cheval
arrette qui devait transporter M. d'Escorval.

brave homme était tout triste du départ de ces hôtes pour lesquels il s'était
à de si grands périls. Il sentait qu'ils lui manqueraient, qu'il trouverait la
vide, qu'il regrettait peut-être jusqu'à ses soucis.

e voulut laisser à personne le soin de disposer bien commodément dans la
te un bon matelas.

Allons!... voilà qu'il est temps de partir! soupira-t-il quand il eut terminé.

lentement, il gravit l'étroit escalier du petit grenier.

d'Escorval n'avait pas prévu ce moment.

vue de l'honnête fermier qui s'avançait, rouge d'émotion, pour lui faire
eux, il oublia tout le bien-être qu'il se promettait à la Borderie, pour ne
enir que de la loyale et courageuse hospitalité de cette maison qu'il alla t
. Son cœur se serra, et une larme roula dans ses yeux.

Vous m'avez rendu un service dont on ne s'acquitte pas, père Poignot,
ça-t-il, avec une gravité solennelle, vous m'avez sauvé la vie...

Oh! ne parlons pas de ça, monsieur le baron. A ma place, vous eussiez fait
moi, n'est-ce pas ? ni plus ni moins...

Soit!... je ne vous dirai même pas merci. J'espère maintenant vivre assez
ous prouver que je ne suis pas un ingrat.

scalier était si raide et si étroit qu'on eut toutes les peines du monde à
dre le baron. On l'étendit sur le matelas et, en cas de fâcheuse rencontre,
dit sur lui quelques brassées de paille qui le cachaient entièrement...

Adieu donc!... dit le fermier, ou plutôt au revoir, monsieur le baron, madame
nne, et vous aussi, monsieur le curé...

s, quand la dernière poignée de main eut été échangée :

Y sommes-nous? demanda le fils Poignot.

Oui, répondit le baron.

Alors en route!... hue! le gris!...

charrette roula, conduite avec les plus extrêmes précautions par le jeune
, à qui son père avait bien recommandé d'éviter les cahots.

ne vingtaine de pas en arrière, marchait Mme d'Escorval donnant le bras à
Midon.

La nuit était noire, mais eût-il fait grand jour, l'ancien curé de Sairmeuse pouvait, sans courir le risque d'être reconnu, défier l'œil de tous ses paroissiens.

Il avait laissé croître ses cheveux et sa barbe, sa tonsure avait depuis longtemps disparu, et le manque d'exercice avait épaissi sa taille. Il était vêtu, comme tous les paysans aisés des environs, d'une veste et d'un pantalon de ratine, et il était coiffé d'un immense chapeau de feutre qui lui tombait jusque sur le nez.

Il y avait bien des mois qu'il ne s'était senti l'esprit si libre. Les obstacles qui lui avaient paru les plus insurmontables ne s'aplanissaient-ils pas comme d'eux-mêmes?

Il se représentait dans un avenir prochain le baron rétabli, déclaré innocent par des juges impartiaux, reprenant son ancienne existence à Escorval. Il se voyait lui-même comme autrefois, dans son presbytère de Sairmeuse...

Seul, le souvenir de Maurice troublait cette sécurité. Comment ne donnait-il pas signe de vie?...

— Mais s'il lui était arrivé malheur, nous le saurions, pensait le prêtre. Il a avec lui un brave homme, ce vieux soldat, qui braverait tout pour venir nous prévenir...

Ces pensées le préoccupaient tellement qu'il ne s'apercevait pas que Mme d'Escorval s'appuyait de plus en plus lourdement à son bras.

— J'ai honte de l'avouer, dit-elle enfin; mais je n'en puis plus, il y a si longtemps que je ne suis sortie, que j'ai comme désappris de marcher...

— Heureusement nous approchons, madame, répondit l'abbé.

Bientôt, en effet, le fils Poignot arrêta sa charrette sur la grande route, devant le petit sentier qui conduit à la Borderie.

— Voilà le voyage fini!... dit-il au baron.

Et aussitôt, il donna un coup de sifflet, comme il l'avait fait quelques heures plus tôt, pour avertir de son arrivée.

Personne ne paraissant, il siffla de nouveau, plus fort, puis de toutes ses forces... rien encore.

Mme d'Escorval et l'abbé Midon le rejoignaient à ce moment.

— C'est singulier, leur dit-il, que Marie-Anne ne m'entende pas... Nous ne pouvons descendre monsieur le baron sans l'avoir vue, et elle le sait bien... Si je courais l'avertir?

— Elle se sera endormie, répondit l'abbé. Veillez sur votre cheval, mon garçon; je vais aller la réveiller...

Il quitta le bras de Mme d'Escorval sur ces mots, et gagna le sentier.

Certes, il n'avait pas l'ombre d'une inquiétude. Tout était calme et silence autour de la Borderie; une lumière brillait aux fenêtres du premier étage.

Cependant, lorsqu'il vit la porte ouverte, un pressentiment vague tressaillit en lui.

— Qu'est-ce que cela veut dire ? pensa-t-il.

Au rez-de-chaussée il n'y avait pas de lumière, et l'abbé qui ne connaissait pas les êtres de la maison fut obligé de chercher l'escalier à tâtons.

Enfin, il le trouva et monta...

Mais sur le seuil de la chambre, il s'arrêta, pétrifié par l'horreur du spectacle qui s'offrit à lui...

La pauvre Marie-Anne gisait à terre, étendue sur le dos... Ses yeux, grands ouverts, étaient comme noyés dans un liquide blanchâtre; sa langue noire et tuméfiée sortait à demi de sa bouche.

— Morte !... balbutia le prêtre. Morte !...

Cependant, elle pouvait ne l'être pas... Il se raidit contre sa défaillance et, se penchant vers la malheureuse, il lui prit la main. Cette main était glacée et le bras avait la rigidité d'une barre de fer.

C'était plus d'indications qu'il n'en fallait pour éclairer l'expérience de l'abbé Midon.

— Empoisonnée !... murmura-t-il. Avec de l'arsenic !...

Il s'était relevé, perdu de stupeur, et son regard errait autour de la chambre, quand il aperçut son coffre de médicaments ouvert sur une table.

Vivement il s'avança, prit sans hésiter un flacon, le déboucha et le retourna dans le creux de sa main... il était vide.

— Je ne m'étais pas trompé ! fit-il.

Mais il n'avait pas de temps à perdre en conjectures.

L'important, avant tout, était de décider le baron à retourner à la ferme, sans pourtant lui apprendre un malheur qui l'eût fortement impressionné.

Imaginer un prétexte était assez facile.

Faisant sur soi-même un violent effort, le prêtre recouvra presque les apparences du sang-froid, et courant à la route, il expliqua au baron que le séjour de la Borderie était devenu impossible, qu'on avait vu rôder des hommes suspects, qu'on devait être plus prudent que jamais, maintenant qu'on connaissait les bonnes intentions de Martial de Sairmeuse...

Non sans résistance, le baron céda.

— Vous le voulez, curé, soupira-t-il, j'obéis... Allons, Poignot, mon garçon, ramène-moi chez ton père...

Mme d'Escorval était montée sur la charrette près de son mari, le prêtre les regarda s'éloigner, et lorsqu'il n'entendit plus le bruit des roues il regagna la Borderie...

Il atteignait le corridor, quand des gémissements qu'il entendit, et qui partaient de la chambre de la morte, firent affluer tout son sang à son cœur... Il avança rapidement.

Près du corps de Marie-Anne, un homme agenouillé pleurait.

C'était un tout jeune homme, vêtu de haillons, et l'expression de son visage, son attitude, ses sanglots, trahissaient un immense désespoir.

Même sa douleur profonde absorbait si complètement toutes les facultés de son âme, qu'il ne s'aperçut ni de l'arrivée ni de la présence de l'abbé Midon.

Qui était ce malheureux, qui avait osé s'introduire dans la maison ?

Après un premier moment de stupeur, l'abbé le devina plutôt qu'il ne le reconnut.

— Jean !... cria-t-il d'une voix forte et à deux reprises. Jean Lacheneur !...

D'un bond le jeune homme fut debout, pâle, menaçant ; la flamme de la colère séchait les larmes dans ses yeux.

— Qui êtes-vous ? demanda-t-il d'un ton terrible. Que faites-vous ici ?... Que me voulez-vous ?...

Sous ses habits de paysan, avec sa longue barbe, l'ancien curé de Sairmeuse était à ce point méconnaissable qu'il fut obligé de se nommer.

Mais, dès qu'il eut prononcé son nom, Jean eut un cri de joie.

— C'est le bon Dieu qui vous envoie, monsieur l'abbé, s'écria-t-il... Marie-Anne ne peut pas être morte !... Vous allez la sauver, vous qui en avez sauvé tant d'autres...

A un geste du prêtre qui lui montrait le ciel, il s'arrêta, devenant plus blême encore. Il comprenait qu'il n'était plus d'espérance.

— Allons !... reprit-il avec un accent d'affreux découragement, la destinée ne s'est pas lassée... Je veillais sur Marie-Anne, cependant, dans l'ombre, de loin... Et ce soir, je venais lui dire : « Défie-toi, sœur, prends garde !... »

— Quoi ! vous saviez...

— Je savais qu'elle était en grand danger, oui, monsieur l'abbé... Il y a de cela une heure, je soupais, dans un cabaret de Sairmeuse, quand le gars à Grollet est entré. « Te voilà, Jean ? me dit-il ; je viens de voir le père Chupin en embuscade près de la maison à la Marie-Anne ; quand il m'a aperçu, le vieux gueux, il a filé. » Aussitôt, j'ai ressenti comme un coup terrible. Je suis venu ici en courant de toutes mes forces... Mais quand la fatalité est sur un homme, vous savez ! Je suis arrivé trop tard.

L'abbé Midon réfléchissait.

— Ainsi, fit-il, vous supposez que c'est Chupin...

— Je ne suppose pas, monsieur le curé, j'affirme que c'est lui, le misérable traître, qui a commis cet abominable forfait.

— Encore faudrait-il qu'il y eût un intérêt quelconque...

Jean eut un de ces éclats de rire stridents qui sont peut-être l'expression la plus saisissante du désespoir.

— Soyez tranquille, monsieur le curé, interrompit-il; le sang de la fille sera payé et plus cher, sans doute, que le sang du père. Chupin a été le vil instrument du crime, mais ce n'est pas lui qui l'a conçu. C'est plus haut qu'il faut chercher le vrai coupable, bien plus haut, dans le plus beau château du pays, au milieu d'une armée de valets, à Sairmeuse enfin !...

— Malheureux ! que voulez-vous dire ?...

— Ce que je dis!

Et froidement il ajouta :

— L'assassin est Martial de Sairmeuse.

Le prêtre recula, véritablement effrayé des regards de ce malheureux jeune homme.

— Vous devenez fou!... dit-il sévèrement.

Mais Jean hocha gravement la tête.

— Si je vous parais tel, monsieur l'abbé, répondit-il, c'est que vous ignorez la passion furieuse de Martial pour Marie-Anne... Il en voulait faire sa maîtresse... Elle a eu l'audace de refuser cet honneur, c'est un crime qu'on châtie, cela... Le jour où il été prouvé à M. le marquis de Sairmeuse que jamais la fille de Lacheneur ne serait à lui, il l'a fait empoisonner pour qu'elle ne fût pas à un autre...

Tout ce qu'on eût dit à Jean en ce moment pour lui démontrer la folie de ses accusations eût été inutile; des preuves ne l'eussent pas convaincu; il eût fermé les yeux à l'évidence. Il voulait que cela fût ainsi, parce que sa haine s'en arrangeait...!

— Demain, pensait l'abbé, quand il sera plus calme, je le raisonnerai...

Et comme Jean se taisait :

— Nous ne pouvons, dit-il, laisser ainsi à terre le corps de cette infortunée; aidez-moi, nous allons le placer sur le lit.

Jean tressaillit de la tête aux pieds, et durant dix secondes hésita.

— Soit !... dit-il enfin...

Personne jamais n'avait couché dans ce lit que le pauvre Chanlouineau, au temps des illusions de son amour, avait destiné à Marie-Anne.

— Il sera pour elle, disait-il, ou il ne sera pour personne.

Et ce fut elle, en effet, qui y coucha la première, mais morte.

La douloureuse et pénible tâche remplie, Jean se laissa tomber dans le grand fauteuil où avait expiré Marie-Anne, et la tête entre les mains, les coudes aux genoux, il demeura silencieux, aussi immobile que ces statues de la douleur qu'on place sur les tombeaux.

L'abbé Midon, lui, s'était mis à genoux à la tête du lit, et il récitait les prières des morts, demandant à Dieu paix et miséricorde au ciel pour celle qui avait tant souffert sur la terre...

Mais il ne priait que des lèvres... Sa pensée, en dépit de sa volonté et de ses efforts d'attention, lui échappait.

Il se demandait comment était morte Marie-Anne...

Était-ce un crime?... Était-ce un suicide?

Car l'idée du suicide lui vint. Mais il ne pouvait l'admettre, lui qui jadis avait surpris le secret de la grossesse de cette infortunée et qui savait qu'elle était mère, bien qu'il ne sût pas ce qu'était devenu son enfant.

D'un autre côté, comment expliquer un crime?... :

Le prêtre avait scrupuleusement examiné la chambre, et il n'y avait rien découvert qui trahît la présence d'une personne étrangère.

Tout ce qu'il avait constaté, c'est que son flacon d'arsenic était vide, et que Marie-Anne avait été empoisonnée avec le bouillon dont il restait quelques gouttes dans la tasse, laissée sur la cheminée.

— Quand il fera jour, pensa l'abbé Midon, je verrai dehors...

Dès que le jour parut, en effet, il descendit dans le jardin et se mit à décrire autour de la maison des cercles de plus en plus étendus, à la façon des chiens qui quêtent.

Il n'aperçut rien, d'abord, qui pût le mettre sur la voie, ni traces de pas ni empreintes.

Il allait abandonner ces inutiles investigations quand, étant entré dans le petit bois, il aperçut de loin comme une grande tache noire sur l'herbe. Il s'approcha... c'était du sang.

Fortement impressionné, il courut appeler le frère de Marie-Anne pour lui montrer sa découverte.

— On a assassiné quelqu'un à cette place, prononça Jean, et cela cette nuit même, car le sang n'a pas eu le temps de sécher.

D'un coup d'œil l'abbé Midon avait exploré le terrain aux alentours.

— La victime perdait beaucoup de sang, dit-il, on arriverait peut-être à la connaître en suivant la trace.

— Je vais toujours essayer, répondit Jean. Remontez, monsieur le curé; je serai bientôt de retour.

Un enfant eût reconnu le chemin suivi par le blessé, tant les marques de son passage étaient claires et distinctes. Il s'était traîné presque à plat ventre : on le reconnaissait à l'herbe foulée et aux endroits où il y avait de la poussière, et en outre, de place en place, on retrouvait des taches de sang.

Cette piste si visible s'arrêtait à la maison de Chupin. La porte était fermée. Jean frappa sans hésiter.

Des balayeurs ramassèrent le cadavre de Chefteux.

L'aîné des fils du vieux maraudeur vint lui ouvrir, et il vit un spectacle étrange.

Le cadavre du traître avait été jeté à terre, dans un coin; le lit était bouleversé et brisé, toute la paille de la paillasse était éparpillée, et les fils et la femme du défunt, armés de pelles et de pioches, retournaient avec acharnement le sol battu de la masure. Ils cherchaient le trésor...

— Qu'est-ce que vous voulez?... demanda rudement la veuve.

— Le père Chupin...

— Tu vois bien qu'on l'a assassiné, répondit un des fils.

Et brandissant son pic à deux pouces de la tête de Jean :

— Et l'assassin est peut-être dans ta chemise, canaille!... ajouta-t-il. Mais c'est l'affaire de la justice... Allons, décampe, ou sinon!...

S'il n'eût écouté que les inspirations de sa colère, Jean Lacheneur eût certes essayé de faire repentir les Chupin de leurs provocations et de leurs menaces... Mais une rixe, en ce moment, était-elle admissible?

Il s'éloigna donc sans mot dire, et rapidement reprit la route de la Borderie.

Que Chupin eût été tué, cela renversait toutes ses idées et en même temps l'irritait.

— J'avais juré, murmurait-il, que le traître qui a vendu mon père ne périrait que de ma main, et voici que ma vengeance m'échappe, on me l'a volée!...

Puis, il se demandait quel pouvait bien être le meurtrier du vieux maraudeur.

— Serait-ce Martial, pensait-il, qui l'a assassiné après qu'il a eu empoisonné Marie-Anne?... Tuer un complice, c'est un moyen sûr de s'assurer de son silence!...

Il était arrivé à la Borderie, et déjà il prenait la rampe pour monter au premier étage, quand il crut entendre comme le murmure d'une conversation dans la pièce du fond.

— C'est étrange, se dit-il, qui donc serait là!...

Et poussé par un mouvement instinctif de curiosité, il alla frapper à la porte de communication...

A l'instant même, l'abbé Midon parut, et retira brusquement la porte à lui. Il était plus pâle que de coutume, et visiblement agité.

— Qu'y a-t-il, monsieur le curé? demanda Jean vivement.

— Il y a... il y a... Devinez qui est là, de l'autre côté...

— Eh! comment deviner?...

— Maurice d'Escorval avec le caporal Bavois.

Jean eut un geste de stupeur.

— Mon Dieu!... balbutia-t-il.

— Et c'est un miracle qu'il ne soit pas monté.

— Mais d'où vient-il? comment n'avait-il pas donné de ses nouvelles!...

— Je l'ignore... Il n'y a pas cinq minutes qu'il est là... Pauvre garçon!... Après que je lui ai eu dit que son père est sauvé, son premier mot a été : « Et Marie-Anne? » Il l'aime plus que jamais... il arrive le cœur tout rempli d'elle, confiant, radieux d'espoir, et moi je tremble, j'ai peur de lui annoncer la vérité...

— Oh! le malheureux! le malheureux!...

— Vous voici prévenu, soyez prudent... et maintenant, venez.

Ils entrèrent ensemble, et c'est avec toutes les effusions de l'amitié la plus vive, que Maurice et le vieux soldat serrèrent les mains de Jean Lacheneur.

Ils ne s'étaient pas vus depuis le duel dans les landes de la Rèche, interrompu par l'arrivée des soldats, et quand ils s'étaient séparés ce jour-là, ils ne savaient pas s'ils se reverraient jamais...

— Et cependant nous voici réunis, répétait Maurice, et nous n'avons plus rien à craindre.

Jamais cet infortuné n'avait été si gai, et c'est de l'air le plus enjoué qu'il se mit à expliquer les raisons de son long silence.

— Trois jours après avoir passé la frontière, racontait-il, le caporal Bavois et moi arrivions à Turin. Franchement il était temps, nous étions épuisés de fatigue. J'avais tenu à descendre dans une assez piteuse auberge, et on nous avait donné une chambre à deux lits...

« Je me rappelle que le soir, en nous couchant, le caporal me disait : « Je suis capable de dormir deux jours sans débrider. » Moi, je me promettais bien un somme de plus de douze heures... Nous comptions sans notre hôte, comme vous l'allez voir...

« Il faisait à peine jour, le lendemain, quand nous sommes éveillés par un grand tumulte... Une douzaine de messieurs de mauvaise mine envahissent notre chambre, et nous commandent brutalement, en italien, de nous habiller... Nous n'étions pas les plus forts, nous obéissons. Et une heure plus tard, nous étions bel et bien en prison, enfermés dans la même cellule. Nos idées, j'en conviens, n'étaient pas couleur de rose...

« Il me souvient parfaitement que le caporal ne cessait de me dire du plus beau sang-froid :

« — Pour obtenir notre extradition, il faut quatre jours, trois jours pour nous ramener à Montaignac, ça fait sept ; mettons qu'on me laissera là-bas vingt-quatre heures pour me reconnaître, c'est en tout huit jours que j'ai encore à vivre.

— C'est que, ma foi !... je le pensais, approuva le vieux soldat.

— Pendant plus de cinq mois, poursuivit Maurice, nous nous sommes dit, en guise de bonsoir : « C'est demain qu'on viendra nous chercher. » Et on ne venait pas.

« Nous étions, d'ailleurs, convenablement traités ; on m'avait laissé mon argent et on nous vendait volontiers certaines petites douceurs ; on nous accordait, chaque jour, deux heures de promenade dans une cour aussi large qu'un puits ; on nous prêtait même quelques livres...

« Bref, je ne me serais pas trouvé extraordinairement à plaindre, si j'avais pu recevoir des nouvelles de mon père et de Marie-Anne et leur donner des miennes... Mais nous étions au secret, sans communications avec les autres prisonniers...

« Enfin, à la longue, notre détention nous parut si étrange et nous devint si insupportable, que nous résolûmes, le caporal et moi, d'obtenir, quoi qu'il dût nous en coûter, des éclaircissements.

« Nous changeâmes de tactique. Nous nous étions jusqu'alors montrés résignés et soumis, nous devînmes tout à coup indisciplinés et furieux. Nous remplissions la prison de nos protestations et de nos cris; nous demandions sans cesse le directeur; nous réclamions l'intervention de l'ambassadeur français.

« Ah! le résultat ne se fit pas attendre.

« Par une belle après-dîner, le directeur nous mit poliment dehors, non sans nous avoir exprimé le regret qu'il éprouvait de se séparer de pensionnaires de notre importance, si aimables et si charmants.

« Notre premier soin, vous le comprenez, fut de courir à l'ambassade. Nous n'arrivâmes pas à l'ambassadeur, mais le premier secrétaire nous reçut. Il fronça le sourcil, dès que je lui eus exposé notre affaire, et sa mine devint excessivement grave.

« Je me rappelle mot pour mot sa réponse : — Monsieur, me dit-il, je puis vous affirmer que les poursuites dont vous avez été l'objet en France ne sont pour rien dans votre détention ici.

« Et comme je m'étonnais : — Tenez, ajouta-t-il, je vais vous exprimer franchement mon opinion. Un de vos ennemis, cherchez lequel, doit avoir à Turin des influences très puissantes... Vous le gêniez, sans doute ; il vous a fait enfermer administrativement par la police piémontaise...

D'un formidable coup de poing, Jean Lacheneur ébranla la table placée près de lui.

— Ah!... le secrétaire d'ambassade avait raison, s'écria-t-il... Maurice, c'est Martial de Sairmeuse qui t'a fait arrêter là-bas.

— Ou le marquis de Courtomieu, interrompit vivement l'abbé, en jetant à Jean un regard qui arrêta sa pensée sur ses lèvres.

La flamme de la colère avait brillé dans les yeux de Maurice, mais presque aussitôt il haussa les épaules.

— Baste!... prononça-t-il, je ne veux plus me souvenir du passé... Mon père est rétabli, voilà l'important. Nous trouverons bien, monsieur le curé aidant, quelque moyen de lui faire franchir la frontière sans danger... Entre Marie-Anne et moi, il oubliera que mes imprudences ont failli lui coûter la vie... Il est si bon, mon père! Nous nous établirons en Italie ou en Suisse. Vous nous accompagnerez, monsieur l'abbé, et toi aussi, Jean... Vous, caporal, c'est entendu, vous êtes de la maison...

Rien d'horrible comme de voir joyeux et plein de sécurité, tout rayonnant d'espoir, l'homme que l'on sait frappé d'une catastrophe qui doit briser sa vie...

Si désolante était l'impression de l'abbé Midon et de Jean, qu'il en parut sur leur visage quelque chose que Maurice remarqua.

— Qu'avez-vous? demanda-t-il tout surpris.

Les autres tressaillirent, baissèrent la tête et se turent.

Alors, l'étonnement de l'infortuné se changea en une vague et indicible épouvante.

D'un seul effort de réflexion, il s'énuméra tous les malheurs qui pouvaient l'atteindre.

— Qu'est-il donc arrivé? fit-il d'une voix étouffée; mon père est sauvé, n'est-ce pas?... Ma mère n'aurait rien à souhaiter, m'avez-vous dit, si j'étais près d'elle?... C'est donc Marie-Anne!...

Il hésitait.

— Du courage, Maurice, murmura l'abbé Midon, du courage!

Le malheureux chancela, plus blanc que le mur de plâtre contre lequel il s'appuya.

— Marie-Anne est morte! s'écria-t-il.

Jean Lacheneur et le prêtre gardèrent le silence.

— Morte! répéta-t-il, et pas une voix au-dedans de moi-même ne m'a prévenu... Morte!... quand?

— Cette nuit même, répondit Jean.

Maurice se redressa, tout frémissant d'un espoir suprême.

— Cette nuit même, fit-il... mais alors... elle est ici, encore! Où?... là-haut?...

Et, sans attendre une réponse, il s'élança vers l'escalier, si rapidement que ni Jean ni l'abbé Midon n'eurent le temps de le retenir.

En trois bonds il fut à la chambre, il marcha droit au lit et, d'une main ferme, il écarta le drap qui recouvrait le visage de la morte.

Mais il recula en jetant un cri terrible...

Était-ce là, vraiment, cette belle, cette radieuse Marie-Anne, qui l'avait aimé jusqu'à l'abandon de soi-même!... Il ne la reconnaissait pas.

Il ne pouvait reconnaître ces traits dévastés et crispés par l'agonie; ce visage gonflé et bleui par le poison; ces yeux, qui disparaissaient presque sous une bouffissure sanguinolente...

Quand Jean Lacheneur et le prêtre arrivèrent près de lui, ils le trouvèrent debout, le buste rejeté en arrière, la pupille dilatée par la terreur, la bouche entr'ouverte, les bras raidis dans la direction du cadavre.

— Maurice, fit doucement l'abbé, revenez à vous. Du courage...

Il se retourna, et avec une navrante expression d'hébétement :

— Oui, bégaya-t-il, c'est cela... du courage!...

Il s'affaissait, il fallut le soutenir jusqu'à un fauteuil.

— Soyez homme, poursuivait le prêtre ; où donc est votre énergie? Vivre, c'est souffrir...

Il écoutait, mais il ne semblait pas comprendre.

— Vivre !... balbutia-t-il, à quoi bon, puisqu'elle est morte !...

Ses yeux secs avaient l'éclat sinistre de la démence. L'abbé eut peur.

— S'il ne pleure pas, il est perdu ! pensa-t-il.

Et d'une voix impérieuse :

— Vous n'avez pas le droit de vous abandonner ainsi... prononça-t-il. Vous vous devez à votre enfant !...

L'inspiration du prêtre le servit bien.

Le souvenir qui avait donné à Marie-Anne la force de maîtriser un instant la mort arracha Maurice à sa dangereuse torpeur. Il tressaillit, comme s'il eût été touché par une étincelle électrique, et se dressant tout d'une pièce :

— C'est vrai, dit-il, je dois vivre. Notre enfant, c'est encore elle... Conduisez-moi près de lui...

— Pas en ce moment, Maurice, plus tard.

— Où est-il?... Dites-moi où il est...

— Je ne puis, je ne sais pas...

Une indicible angoisse se peignit sur la figure de Maurice, et d'une voix étranglée :

— Comment ! vous ne savez pas? fit-il. Elle ne s'était donc pas confiée à vous ?

— Non... J'avais surpris le secret de sa grossesse, et j'ai été, j'en suis sûr, le seul à le surprendre...

— Le seul !... mais alors notre enfant est mort, peut-être, et s'il vit qui me dira où il est?

— Nous trouverons, sans doute, quelque note qui nous mettra sur la voie...

Le malheureux pressait son front entre ses mains comme s'il eût espéré en faire jaillir une idée...

— Vous avez raison, balbutia-t-il. Marie-Anne, quand elle s'est vue en danger, ne peut avoir oublié son enfant... Ceux qui la soignaient à ses derniers moments ont dû recueillir les indications qui m'étaient destinées... Je veux interroger les gens qui l'ont veillée... Quels sont-ils?

Le prêtre détourna la tête.

— Je vous demande qui était près d'elle quand elle est morte, insista Maurice, avec une sorte d'égarement.

Et comme l'abbé se taisait encore, une épouvantable lueur se fit dans son esprit. Il s'expliqua le visage décomposé de Marie-Anne.

— Elle a péri victime d'un crime !... s'écria-t-il. Un monstre existait qui la haïssait à ce point de la tuer... La haïr, elle !

Il se recueillit un moment, et d'une voix déchirante :

— Mais si elle est morte ainsi, reprit-il, foudroyée, notre enfant est peut-être perdu à tout jamais! Et moi qui lui avais recommandé, ordonné les plus savantes précautions! Ah! c'est une malédiction!...

Il retomba sur le fauteuil, abîmé de douleur ; l'éclat de ses yeux pâlit et des larmes silencieuses roulèrent le long de ses joues.

— Il est sauvé!... pensa l'abbé Midon.

Et il restait là, tout ému de ce désespoir immense, insondable, quand il se sentit tirer par la manche...

Jean Lacheneur, dont les yeux flamboyaient, l'entraîna dans l'embrasure d'une croisée.

— Qu'est-ce que cet enfant? demanda-t-il d'un ton rauque.

Une fugitive rougeur empourpra les pommettes du prêtre.

— Vous avez entendu, répondit-il.

— J'ai compris que Marie-Anne était la maîtresse de Maurice, et qu'elle a eu un enfant de lui. C'est donc vrai?... Je ne voulais pas, je ne pouvais pas le croire!... Elle que je vénérais à l'égal d'une sainte!... Son front si pur et ses chastes regards mentaient. Et lui, Maurice, qui était mon ami, qui était comme le fils de notre maison!... Son amitié n'était qu'un masque qu'il prenait pour nous voler plus sûrement notre honneur!...

Il parlait, les dents serrées par la colère, si bas que Maurice ne pouvait l'entendre.

— Mais comment a-t-elle donc fait, poursuivit-il, pour cacher sa grossesse ?... Personne dans le pays ne l'a soupçonnée, personne absolument. Et après? qu'a-t-elle fait de l'enfant?... Aurait-elle été prise de l'effroi de la honte, de ce vertige qui pousse au crime les pauvres filles séduites et abandonnées?... Aurait-elle tué son enfant?...

Un sourire sinistre effleurait ses lèvres minces

— Si l'enfant vit, ajouta-t-il, comme en aparté, je saurai bien le découvrir où qu'il soit, et Maurice sera puni de son infamie...

Il s'interrompit ; le galop de deux chevaux, sur la grande route, attirait son attention et celle de l'abbé Midon.

Ils regardèrent à la fenêtre et virent un cavalier s'arrêter devant le petit sentier, descendre de cheval, jeter la bride à son domestique, à cheval comme lui, et s'avancer vers la Borderie...

A cette vue, Jean Lacheneur eut un véritable rugissement de bête fauve.

— Le marquis de Sairmeuse, hurla-t-il, ici !...

Il bondit jusqu'à Maurice, et le secouant avec une sorte de frénésie :

— Debout!... lui cria-t-il, voilà Martial, l'assassin de Marie-Anne! Debout! Il vient, il est à nous!...

Maurice se dressa, ivre de colère, mais l'abbé Midon leur barra le passage.

— Pas un mot, jeunes gens, prononça-t-il, pas une menace, je vous le défends... Respectez au moins cette pauvre morte qui est là!...

Son accent et ses regards avaient une autorité si irrésistible, que Jean et Maurice furent changés en statues.

Le prêtre n'eut que le temps de se retourner. Martial arrivait...

Il ne dépassa pas le cadre de la porte, son coup d'œil si pénétrant embrassa la scène, il pâlit extrêmement, mais il n'eut ni un geste, ni une exclamation...

Si grande cependant que fût son étonnante puissance sur soi, il ne put articuler une syllabe, et c'est du doigt qu'il interrogea, montrant Marie-Anne, dont il distinguait la figure convulsée dans l'ombre des rideaux.

— Elle a été lâchement empoisonnée hier soir, prononça l'abbé Midon.

Maurice, oubliant les ordres du prêtre, s'avança...

— Elle était seule, dit-il, et sans défense; je ne suis en liberté que depuis deux jours. Mais je sais le nom de celui qui m'a fait arrêter à Turin et jeter en prison, on me l'a dit!

Instinctivement Martial recula.

— C'est donc toi, misérable!... s'écria Maurice, tu avoues donc ton crime, infâme...

Une fois encore l'abbé intervint; il se jeta entre les deux ennemis, persuadé que Martial allait se précipiter sur Maurice.

Point. Le marquis de Sairmeuse avait repris cet air ironique et hautain qui lui était habituel. Il sortit de sa poche une volumineuse enveloppe et la lançant sur la table :

— Voici, dit-il froidement, ce que j'apportais à Mlle Lacheneur. C'est d'abord un sauf-conduit de Sa Majesté pour M. le baron d'Escorval. De ce moment, il peut quitter la ferme de Poignot et rentrer à Escorval, il est libre, il est sauvé; sa condamnation sera réformée. C'est ensuite un arrêt de non-lieu rendu en faveur de M. l'abbé Midon, et une décision de l'évêque qui le réinstalle à sa cure de Sairmeuse. C'est, enfin, un congé en bonne forme et un brevet de pension au nom du caporal Bavois.

Il s'arrêta et, comme la stupeur clouait tout le monde sur place, il s'approcha du lit de Marie-Anne.

Il étendit la main au-dessus de la morte, et d'une voix qui eût fait frémir la coupable jusqu'au plus profond de ses entrailles, si elle l'eût entendue :

— A vous, Marie-Anne, prononça-t-il, je jure que je vous vengerai!...

Il venait demander à la tombe de Marie-Anne un redoublement de haine.

Il demeura dix secondes immobile, perdu de douleur, puis tout à coup, vivement, il se pencha, mit un baiser au front de la morte, et sortit...

— Et cet homme serait coupable!... s'écria l'abbé Midon. Vous voyez bien, Jean, que vous êtes fou!...

Jean eut un geste terrible.

— C'est juste!... fit-il, et cette dernière insulte à ma sœur morte, c'est bien de l'honneur, n'est-ce pas?...

— Et le misérable me lie les mains, en sauvant mon père! s'écria Maurice.

Placé près de la fenêtre, l'abbé put voir Martial remonter à cheval...

Mais le marquis de Sairmeuse ne reprit pas la route de Montaignac, c'est vers le château de Courtomieu qu'il galopa...

XLVIII

La raison de Mme Blanche était déjà affreusement troublée quand Chupin l'emporta hors de la chambre de Marie-Anne.

Elle perdit toute conscience d'elle lorsqu'elle vit tomber le vieux maraudeur.

Mais il était dit que cette nuit-là tante Médio prendrait sa revanche de toutes ses défaillances passées.

A grand'peine tolérée jusqu'alors à Courtomieu — et à quel prix! — elle conquit le droit d'y vivre désormais respectée et même redoutée.

Elle qui s'évanouissait d'ordinaire si un chat du château s'écrasait la patte, elle ne jeta pas un cri.

L'extrême épouvante lui communiqua ce courage désespéré qui enflamme les poltrons poussés à bout. Sa nature moutonnière se révoltant, elle devint comme enragée.

Elle saisit le bras de sa nièce éperdue, et moitié de gré, moitié de force, la traînant, la poussant, la ramena au château de Courtomieu en moins de temps qu'il n'en avait fallu pour aller à la Borderie.

La demie d'une heure sonnait comme elles arrivaient à la petite porte du jardin par où elles étaient sorties...

Personne au château ne s'était aperçu de leur longue absence... personne absolument.

Cela tenait à diverses circonstances. Aux précautions prises par Mme Blanche, d'abord. Avant de sortir, elle avait défendu qu'on pénétrât chez elle, sous n'importe quel prétexte, tant qu'elle ne sonnerait pas.

En outre, c'était la fête du valet de chambre du marquis; les domestiques avaient chanté au dessert, et à la fin ils s'étaient mis à danser.

Ils dansaient encore à une heure et demie, toutes les portes étaient ouvertes, et ainsi les deux femmes purent se glisser, sans être vues, jusqu'à la chambre de Mme Blanche.

Alors, quand les portes de l'appartement furent bien fermées, lorsqu'il n'y eut plus d'indiscrets à craindre, tante Médie s'avança près de sa nièce.

— M'expliqueras-tu, interrogea-t-elle, ce qui s'est passé à la Borderie, ce que tu as fait ?...

Mme Blanche frissonna.

— Eh ! répondit-elle ; que t'importe !

— C'est que j'ai cruellement souffert, pendant plus de trois heures que je t'ai attendue. Qu'est-ce que ces cris déchirants que j'entendais ? Pourquoi appelais-tu au secours ?... Je distinguais comme un râle qui me faisait dresser les cheveux sur la tête... D'où vient que Chupin t'a emportée entre ses bras ?...

Tante Médie eût peut-être fait ses malles le soir même, et quitté Courtomieu, si elle eût vu de quels regards l'enveloppait sa nièce.

En ce moment, Mme Blanche souhaitait la puissance de Dieu pour foudroyer, pour anéantir cette parente pauvre, irrécusable témoin qui d'un mot pouvait la perdre, et qu'elle aurait toujours près d'elle, vivant reproche de son crime.

— Tu ne me réponds pas ?... insista la pauvre tante.

C'est que la jeune femme en était à se demander si elle devait dire la vérité, si horrible qu'elle fût, ou inventer quelque explication à peu près plausible.

Tout avouer ! C'était intolérable, c'était renoncer à soi, c'était se mettre corps et âme à l'absolue discrétion de tante Médie.

D'un autre côté, n'était-ce pas s'exposer à ce que tante Médie la trahît par quelque exclamation involontaire quand elle viendrait, ce qui ne pouvait manquer, à apprendre le crime de la Borderie.

— Car elle est stupide ! pensait Mme Blanche.

Le plus sage était encore, elle le comprit, d'être entièrement franche, de bien faire la leçon à la parente pauvre et de s'efforcer de lui communiquer quelque chose de sa fermeté.

Et cela résolu, la jeune femme dédaigna tous les ménagements...

— Eh bien !... répondit-elle, j'étais jalouse de Marie-Anne, je croyais qu'elle était la maîtresse de Martial, j'étais folle, je l'ai tuée !...

Elle s'attendait à des cris lamentables, à des évanouissements ; pas du tout. Si bornée que fût la tante Médie, elle avait à peu près deviné. Puis les ignominies qu'elle avait endurées depuis des années avaient éteint en elle tout sentiment généreux, tari les sources de la sensibilité, et détruit tout sens moral.

— Ah ! mon Dieu !... fit-elle d'un ton dolent, c'est terrible... Si on venait à savoir !...

Et elle se mit à pleurer, mais non beaucoup plus que tous les jours pour la moindre des choses.

Mme Blanche respira un peu plus librement. Certes, elle se croyait bien assurée du silence et de l'absolue soumission de la parente pauvre.

C'est pourquoi, tout aussitôt, elle se mit à raconter tous les détails de ce drame effroyable de la Borderie.

Sans doute, elle cédait à ce besoin d'épanchement plus fort que la volonté, qui délie la langue des pires scélérats et qui les force, qui les contraint de parler de leur crime, alors même qu'ils se défient de leur confident.

Mais quand l'empoisonneuse en vint aux preuves qui lui avaient été données que sa haine s'était égarée, elle s'arrêta brusquement.

Ce certificat de mariage, signé du curé de Vigano, qu'en avait-elle fait? qu'était-il devenu? Elle se rappelait bien qu'elle l'avait tenu entre les mains.

Elle se dressa tout d'une pièce, fouilla dans sa poche et poussa un cri de joie et de triomphe. Elle le tenait, ce certificat! Elle le jeta dans un tiroir qu'elle ferma à clef.

Il y avait longtemps que tante Médie demandait à gagner sa chambre, mais Mme Blanche la conjura de ne pas s'éloigner. Elle ne voulait pas rester seule, elle n'osait pas, elle avait peur...

Et comme si elle eût espéré étouffer les voix qui s'élevaient en elle et l'épouvantaient, elle parlait avec une extrême volubilité, ne cessant de répéter qu'elle était prête à tout pour expier, et qu'elle allait tenter l'impossible pour retrouver l'enfant de Marie-Anne...

Et certes, la tâche était difficile et périlleuse.

Faire chercher cet enfant ouvertement, n'était-ce pas s'avouer coupable?... Elle serait donc obligée d'agir secrètement, avec beaucoup de circonspection, et en s'entourant des plus minutieuses précautions.

— Mais je réussirai, disait-elle ; je prodiguerai l'argent...

Et, se rappelant son serment et les menaces de Marie-Anne mourante, elle ajoutait d'une voix étouffée :

— Il faut que je réussisse, d'ailleurs... le pardon est à ce prix... j'ai juré !...

L'étonnement suspendait presque les larmes faciles de tante Médie.

Que sa nièce, les mains chaudes encore du meurtre, pût se posséder ainsi, raisonner, délibérer, faire des projets, cela dépassait son entendement.

— Quel caractère de fer ! pensait-elle.

C'est que, dans son aveuglement imbécile, elle ne remarquait rien de ce qui eût éclairé le plus médiocre observateur.

Mme Blanche était assise sur son lit, les cheveux dénoués, les pommettes enflammées, l'œil brillant de l'éclat du délire, « tremblant la fièvre, » selon l'expression vulgaire.

Et sa parole saccadée, ses gestes désordonnés, décelaient, quoi qu'elle fit, l'égarement de sa pensée et le trouble affreux de son âme...

Et elle discourait, elle discourait, d'une voix tour à tour sourde et stridente, s'exclamant, interrogeant, forçant tante Médio à répondre, essayant enfin de s'étourdir et d'échapper en quelque sorte à elle-même !

Le jour était venu depuis longtemps, et le château s'emplissait du mouvement des domestiques, que la jeune femme, insensible aux circonstances extérieures, expliquait encore comment elle était sûre d'arriver, avant un an, à rendre à Maurice d'Escorval l'enfant de Marie-Anne...

Tout à coup, cependant, elle s'interrompit au milieu d'une phrase...

L'instinct l'avertissait du danger qu'elle courait à changer quelque chose à ses habitudes.

Elle renvoya donc tante Médio, en lui recommandant bien de défaire son lit, et comme tous les jours elle sonna...

Il était près de onze heures, et elle venait d'achever sa toilette, quand la cloche du château tinta, annonçant une visite.

Presque aussitôt, une femme de chambre parut, tout effarée.

— Qu'y a-t-il? demanda vivement Mme Blanche ; qui est là?

— Ah ! madame !.., c'est-à-dire, mademoiselle, si vous saviez...

— Parlerez-vous !...

— Eh bien ! M. le marquis de Sairmeuse est en bas, dans le petit salon bleu, et il prie mademoiselle de lui accorder quelques minutes...

La foudre tombant aux pieds de l'empoisonneuse l'eût moins terriblement impressionnée que ce nom qui éclatait là tout à coup.

Sa première pensée fut que tout était découvert... Cela seul pouvait amener Martial.

Elle avait presque envie de faire répondre qu'elle était absente, partie pour longtemps, ou dangereusement malade, mais une lueur de raison lui montra qu'elle s'alarmait peut-être à tort, que son mari finirait toujours par arriver jusqu'à elle, et que, d'ailleurs, tout était préférable à l'incertitude.

— Dites à monsieur le marquis que je suis à lui dans un instant, répondit-elle.

C'est qu'elle voulait rester seule un peu, pour se remettre, pour composer son visage, pour rentrer en possession d'elle-même, s'il était possible, pour laisser au tremblement nerveux qui la secouait comme la feuille le temps de se calmer.

Mais au moment où elle s'inquiétait le plus de l'état où elle était, une inspiration qu'elle jugea divine lui arracha un sourire méchant.

— Hé ! pensa-t-elle, mon trouble ne s'explique-t-il pas tout naturellement?... Il peut même me servir...

Et tout en descendant le grand escalier :

— N'importe !... se disait-elle, la présence de Martial est incompréhensible.

Bien extraordinaire, du moins ! Aussi, n'est-ce pas sans de longues hésitations qu'il s'était résigné à cette démarche pénible.

Mais c'était l'unique moyen de se procurer plusieurs pièces importantes, indispensables pour la revision du jugement de M. d'Escorval.

Ces pièces, après la condamnation du baron, étaient restées entre les mains du marquis de Courtomieu. On ne pouvait les lui redemander maintenant qu'il était frappé d'imbécillité. Force était de s'adresser à sa fille pour obtenir d'elle la permission de chercher parmi les papiers de son père.

C'est pourquoi, le matin, Martial s'était dit :

— Ma foi !... arrive qui plante, je vais porter à Marie-Anne le sauf-conduit du baron, je pousserai ensuite jusqu'à Courtomieu.

Il arrivait tout en joie à la Borderie, palpitant, le cœur gonflé d'espérances... Hélas ! Marie-Anne était morte.

Nul ne soupçonna l'effroyable coup qui atteignait Martial. Sa douleur devait être d'autant plus poignante que l'avant-veille, à la Croix-d'Arcy, il avait lu dans le cœur de la pauvre fille...

Ce fut donc bien son cœur, frémissant de rage, qui lui dicta son serment de vengeance. Sa conscience ne lui criait-elle pas qu'il était pour quelque chose dans ce crime, qu'il en avait à tout le moins facilité l'exécution.

C'est que c'était bien lui qui, abusant des grandes relations de sa famille, avait obtenu l'arrestation de Maurice à Turin.

Mais, s'il était capable des pires perfidies dès que sa passion était en jeu, il était incapable d'une basse rancune.

Marie-Anne morte, il dépendait uniquement de lui d'anéantir les grâces qu'il avait obtenues ; l'idée ne lui en vint même pas. Insulté, il mit une affectation dédaigneuse à écraser ceux qui l'insultaient par sa magnanimité.

Et lorsqu'il sortit de la Borderie, plus pâle qu'un spectre, les lèvres encore glacées du baiser donné à la morte, il se disait :

— Pour elle, j'irai à Courtomieu... En mémoire d'elle, le baron doit être sauvé.

A la seule physionomie des valets quand il descendit de cheval dans la cour du château et qu'il demanda Mme Blanche, le marquis de Sairmeuse fut averti de l'impression qu'il allait produire.

Mais que lui importait ! Il était dans une de ces crises de douleur où l'âme devient indifférente à tout, n'apercevant plus de malheur possible.

Il tressaillit pourtant, lorsqu'on l'introduisit dans un petit salon du rez-de-chaussée tendu de soie bleue.

Ce petit salon, il le reconnaissait. C'était là que d'ordinaire se tenait Mme Blanche, autrefois, dans les premiers temps qu'il la connaissait, lorsque son cœur hésitait encore entre Marie-Anne et elle, et qu'il lui faisait la cour.

Que d'heures heureuses ils y avaient passées ensemble! Il lui semblait la revoir, telle qu'elle était alors, radieuse de jeunesse, insoucieuse et rieuse... Sa naïveté était peut-être cherchée et voulue : en était-elle moins adorable ?

Cependant, Mme Blanche entrait...

Elle était si défaite et si changée, que c'était à ne la pas reconnaître; on eût dit qu'elle se mourait. Martial fut épouvanté.

— Vous avez donc bien souffert, Blanche? murmura-t-il sans trop savoir ce qu'il disait.

Elle eut besoin d'un effort pour garder le secret de sa joie. Elle comprenait qu'il ne savait rien. Elle voyait son émotion et tout le parti qu'elle en pouvait tirer.

— Je n'ai pas su me consoler de vous avoir déplu, répondit-elle d'une voix navrante de résignation, je ne m'en consolerai jamais.

Du premier coup, elle touchait la place vulnérable chez tous les hommes.

Car il n'est pas de sceptique, si fort, si froid ou si blasé qu'on le suppose, dont la vanité ne s'épanouisse délicieusement à l'idée qu'une femme meurt de son abandon.

Il n'en est pas qui ne soit touché de cette divine flatterie, et qui ne soit bien près de la payer au moins d'une tendre pitié.

— Me pardonneriez-vous donc? balbutia Martial ému.

L'admirable comédienne détourna la tête, comme pour empêcher de lire dans ses yeux l'aveu d'une faiblesse dont elle avait honte. C'était la plus éloquente des réponses.

Martial, cependant, n'insista pas. Il présenta sa requête qui lui fut accordée, et craignant peut-être de trop s'engager :

— Puisque vous le permettez, Blanche, dit-il, je reviendrai... demain... un autre jour.

Tout en courant sur la route de Montaignac, Martial réfléchissait.

— Elle m'aime vraiment, pensait-il; on ne feint ni cette pâleur, ni cet affaissement. Pauvre fille !... C'est ma femme, après tout. Les raisons qui ont déterminé notre rupture n'existent plus... On peut considérer le marquis de Courtomieu comme mort...

Tout le village de Sairmeuse était sur la place, quand Martial le traversa. On venait d'apprendre le crime de la Borderie, et l'abbé Midon était chez le juge de paix pour l'informer des circonstances de l'empoisonnement.

Une instruction fut ouverte, mais la mort du vieux maraudeur devait égarer la justice.

Après plus d'un mois d'efforts, l'enquête aboutit à cette conclusion : que

« le nommé Chupin, homme mal famé, étant entré chez Marie-Anne, avait profité de son absence momentanée pour mêler à ses aliments du poison qui s'était trouvé sous sa main ».

Le rapport ajoutait : que « Chupin avait été lui-même assassiné peu après son crime, par un certain Balstain demeuré introuvable... »

Mais, dans le pays, on s'occupait infiniment moins de cette affaire que des visites de Martial à Mme Blanche.

Bientôt il fut avéré que le marquis et la marquise de Sairmeuse étaient réconciliés, et peu après on apprit leur départ pour Paris...

C'est le surlendemain même de ce départ que l'aîné des Chupin annonça que, lui aussi, il voulait habiter la grande ville.

Et comme on lui disait qu'il y crèverait sans doute de misère :

— Baste ! répondit-il avec une assurance singulière, qui sait ?... J'ai idée, au contraire, que l'argent ne me manquera pas là-bas !...

XLIX

Ainsi, moins d'un an après ce terrible ouragan de passions qui avait bouleversé la paisible vallée de l'Oiselle, c'est à peine si on en retrouvait des vestiges qui allaient s'effaçant de jour en jour, sous les tombées de neige du temps.

Que restait-il pour attester la réalité de tous ces événements si récents et cependant déjà presque du domaine de la légende ?...

Des ruines noircies par l'incendie, sur les landes de la Rèche.

Une tombe, au cimetière, où on lisait :

Marie-Anne Lacheneur, morte à vingt ans.

Priez pour elle !...

Seuls, quelques vieux politiques de village, en dépit des soucis des récoltes et des semailles, se souvenaient...

Souvent, les longs soirs d'hiver, à Sairmeuse, quand ils se réunissaient au *Bœuf couronné* pour faire la partie, ils posaient leurs cartes grasses et gravement s'entretenaient des choses de l'an passé.

Pouvaient-ils ne pas remarquer que presque tous les acteurs de ce drame sanglant de Montaignac avaient eu « une mauvaise fin » ?

Vainqueurs et vaincus semblaient poursuivis par une même fatalité inexorable.

MONSIEUR LECOQ

— Voulez-vous garder mon cheval un instant? lui demanda Martial

Et que de noms déjà sur la liste funèbre!...
Lacheneur, mort sur l'échafaud.
Chanlouineau, fusillé.
Marie-Anne, empoisonnée.
Chupin, le traître, assassiné.
Le marquis de Courtomieu, lui, vivait, ou plutôt se survivait. Mais la mort

devait paraître un bienfait, comparée à cet anéantissement de toute intelligence. Il était tombé bien au-dessous de la brute, qui du moins a ses instincts. Depuis le départ de sa fille, il restait confié aux soins de deux valets qui, avec lui, en prenaient à leur aise. Ils l'enfermaient, quand ils avaient envie de sortir, non dans sa chambre, mais à la cave, pour qu'on n'entendît pas ses hurlements du dehors.

Un moment on crut que les Sairmeuse éviteraient la destinée commune; on se trompait. Ils ne devaient pas tarder à payer leur dette au malheur.

Par une belle matinée du mois de décembre, le duc de Sairmeuse partit, à cheval, pour courre un loup signalé aux environs.

A la nuit tombante, le cheval rentra seul, renâclant et soufflant, tremblant d'épouvante, les étriers battant ses flancs haletants et ruisselants de sueur...

Qu'était donc devenu le maître?

On se mit en quête aussitôt, et toute la nuit vingt domestiques armés de torches battirent les bois en appelant de toutes leurs forces.

Mais ce n'est qu'au bout de cinq jours, et quand on renonçait presque aux recherches, qu'un petit pâtre, tout pâle de saisissement, vint annoncer au château qu'il avait découvert, au fond d'un précipice, le cadavre fracassé et sanglant du duc de Sairmeuse.

Comment avait-il roulé là, lui, si excellent cavalier? Cet accident eût paru louche, sans l'explication que donnèrent les palefreniers.

— Monsieur le duc montait une bête très ombrageuse, dirent ces hommes; elle aura eu peur, elle aura fait un écart... il n'en faut pas davantage.

Ce n'est que la semaine suivante que Jean Lacheneur abandonna définitivement le pays.

La conduite de ce singulier garçon avait donné lieu à bien des conjectures.

Marie-Anne morte, il avait commencé par refuser son héritage.

— Je ne veux rien de ce qui lui vient de Chanlouineau, répétait-il partout, calomniant ainsi la mémoire de sa sœur comme il avait calomnié sa vie.

Puis, à quelques jours de là, après une courte absence, sans raison apparente, ses résolutions changèrent brusquement.

Non seulement il accepta la succession, mais il fit tout pour hâter les formalités.

On eût dit qu'il méditait quelque méchante action et qu'il s'efforçait d'écarter les soupçons, tant il mettait d'insistance à justifier sa conduite et à donner, à tout propos, les explications les plus embrouillées.

A l'entendre, il n'agissait pas pour lui, il ne faisait que se conformer aux volontés de Marie-Anne mourante; on verrait bien que pas un sou de cet héritage n'entrerait dans sa poche.

Ce qui est sûr, c'est que, dès qu'il fut envoyé en possession, il vendit tout, s'inquiétant peu du prix pourvu qu'on payât comptant.

Il ne s'était réservé que les meubles qui garnissaient la belle chambre de la Borderie, et il les brûla.

On connut cette particularité, et ce fut le comble.

— Ce pauvre garçon est fou! devint l'opinion généralement admise.

Et ceux qui doutaient n'eurent plus de doutes, quand on sut que Jean Lacheneur s'était engagé dans une troupe de comédiens de passage à Montaignac.

Les bons conseils, cependant, ne lui avaient pas manqué.

Pour déterminer ce malheureux jeune homme à retourner à Paris terminer ses études, M. d'Escorval et l'abbé Midon avaient mis en œuvre toute leur éloquence...

C'est que ni le prêtre, ni le baron n'avaient besoin de se cacher désormais. Grâce à Martial de Sairmeuse, ils vivaient au grand jour comme autrefois, l'un à son presbytère, l'autre à Escorval.

Acquitté par un nouveau tribunal, rentré en possession de ses biens, ne gardant de son effroyable chute qu'une légère claudication, le baron se fût estimé heureux, après tant d'épreuves imméritées, si son fils ne lui eût causé les plus poignantes inquiétudes.

Pauvre Maurice!... son cœur s'était brisé au bruit sourd des pelletées de terre tombant sur le cercueil de Marie-Anne; et sa vie, depuis lors, semblait ne tenir qu'à l'espérance qu'il gardait encore de retrouver son enfant.

Du moins avait-il des raisons sérieuses d'espérer.

Sûr déjà du puissant concours de l'abbé Midon, il avait tout avoué à son père, il s'était confié au caporal Bavois devenu le commensal d'Escorval, et ces amis si dévoués lui avaient promis de tenter l'impossible.

La tâche était difficile cependant, et les volontés de Maurice diminuaient encore les chances de succès.

Au contraire de Jean, il mettait son honneur à garder l'honneur de la morte et il avait exigé que le nom de Marie-Anne ne fût jamais prononcé.

— Nous réussirons quand même, disait l'abbé; avec du temps et de la patience, on vient à bout de tout...

Il avait divisé le pays en un certain nombre de zones, et chacun, chaque jour, en parcourait une, allant de porte en porte, interrogeant, questionnant, non sans précautions toutefois, de peur d'éveiller des défiances, car le paysan qui se défie devient intraitable.

Mais le temps passait, les recherches restaient vaines et le découragement s'emparait de Maurice.

— Mon enfant est mort en naissant... répétait-il.

Mais l'abbé le rassurait.

— Je suis moralement sûr du contraire, répondait-il. Je sais exactement, par une absence de Marie-Anne, à quelle époque est né son enfant. Je l'ai revue dès qu'elle a été relevée, elle était relativement gaie et souriante... tirez la conclusion.

— Et cependant il n'est bientôt plus, aux environs, un coin que nous n'ayons fouillé.

— Eh bien!... nous étendrons le cercle de nos investigations...

Le prêtre, en ce moment, cherchait surtout à gagner du temps, sachant bien que le temps est le guérisseur souverain de toutes les douleurs.

Sa confiance, très grande au commencement, avait été singulièrement altérée par la réponse d'une bonne femme qui passait pour une des meilleures langues de l'arrondissement.

Adroitement mise sur la sellette, cette vieille répondit qu'elle n'avait aucune connaissance d'un bâtard mis en nourrice dans les environs, mais qu'il fallait qu'il s'en trouvât quelqu'un, puisque c'était la troisième fois qu'on la questionnait à ce sujet...

Si grande que fût sa surprise, l'abbé sut la dissimuler.

Il fit encore causer la bonne femme, et d'une conversation de deux heures résulta pour lui une conviction étrange.

Deux personnes, outre Maurice, cherchaient l'enfant de Marie-Anne.

Pourquoi, dans quel but, quelles étaient ces personnes? voilà ce que toute la pénétration de l'abbé ne pouvait lui apprendre.

— Ah!... les coquins sont parfois nécessaires, pensait-il, ah! si nous avions sous la main des gens tels que les Chupin autrefois?

Mais le vieux maraudeur était mort, et son fils aîné, celui qui savait le secret de Mme Blanche, était à Paris.

Il n'y avait plus à Sairmeuse que la veuve Chupin et son second fils.

Ils n'avaient pas su mettre la main sur les vingt mille francs de la trahison, et la fièvre de l'or les travaillant, ils s'obstinaient à chercher. Et, du matin au soir, on les voyait, la mère et le fils, la sueur au front, bêcher, piocher, creuser, retourner la terre jusqu'à six pieds de profondeur autour de leur masure.

Cependant il suffit d'un mot d'un paysan au cadet Chupin pour arrêter ces fouilles.

— Vrai, mon gars, lui dit-il, je ne te croyais pas si benêt que de t'obstiner à dénicher des oiseaux envolés depuis longtemps... Ton frère qui est à Paris te dirait sans doute où était le trésor.

Chupin cadet eut un rugissement de bête fauve...

— Saint bon Dieu!... s'écria-t-il, vous avez raison... Mais, laissez faire, je vais gagner de quoi faire le voyage, et on verra...

L

Plus encore que Mme Blanche, tante Médie avait été épouvantée de la visite si extraordinaire de Martial de Sairmeuse au château de Courtomieu.

En dix secondes, il lui passa par la cervelle plus d'idées qu'en dix ans.

Elle vit les gendarmes au château, sa nièce arrêtée, conduite à la prison de Montaignac et traduite en cour d'assises...

Il est vrai que si elle n'eût eu que cela à craindre !...

Mais elle-même, Médie, ne serait-elle pas compromise, soupçonnée de complicité, traînée devant les juges, et accusée, qui sait? d'être seule coupable !

Incapable de supporter une plus longue incertitude, elle s'échappa de sa chambre, et se glissant sur la pointe du pied dans le grand salon, elle alla coller son oreille à la porte du petit salon bleu, où elle entendait parler Blanche et Martial.

Dès les vingt premiers mots qu'elle recueillit, la parente pauvre reconnut l'inanité de ses terreurs.

Elle respira, comme si sa poitrine eût été soulagée d'un poids énorme, longuement et délicieusement. Mais une idée venait de germer dans sa cervelle, qui devait poindre, bientôt grandir, s'épanouir et porter des fruits.

Martial sorti, tante Médie ouvrit la porte de communication et entra dans le petit salon, avouant par ce seul fait qu'elle avait écouté...

Jamais, la veille seulement, elle n'eût osé une énormité pareille. Mais son audace, pour cette fois, fut absolument irréfléchie.

— Eh bien ! Blanche, dit-elle, nous en sommes quittes pour la peur.

La jeune femme ne répondit pas.

Encore sous le coup de sa terrible émotion, toute saisie des façons de Martial, elle réfléchissait, s'efforçant de déterminer les conséquences probables de tous ces événements qui se succédaient avec une foudroyante rapidité.

— Peut-être l'heure de ma revanche va-t-elle sonner, murmura Mme Blanche, comme se parlant à soi-même.

— Hein ! Tu dis? interrogea curieusement la parente pauvre.

— Je dis, tante, qu'avant un mois je serai marquise de Sairmeuse autrement que de nom. Mon mari me sera revenu, et alors... oh ! alors...

— Dieu t'entende ! fit hypocritement tante Médie.

Au fond elle croyait peu à la prédiction, et qu'elle se réalisât ou non, peu lui importait.

— Encore une preuve, reprit-elle tout bas de ce ton que prennent deux complices quand ils parlent de leur crime, encore une preuve que ta jalousie s'est trompée, là-bas, à la Borderie, et que... ce que tu as fait était inutile.

Tel avait été, tel n'était plus l'avis de Mme Blanche.

Elle hocha la tête, et de l'air le plus sombre :

— C'est, au contraire, ce qui s'est passé là-bas qui me ramène mon mari, répondit-elle. J'y vois clair, à cette heure... C'est vrai, Marie-Anne n'était pas la maîtresse de Martial, mais Martial l'aimait... Il l'aimait, et les résistances qu'il avait rencontrées avaient exalté sa passion jusqu'au délire. C'est bien pour cette créature qu'il m'avait abandonnée, et jamais, tant qu'elle eût vécu, il n'eût seulement pensé à moi... Son émotion en me voyant, c'était un reste de son émotion quand il a vu l'autre... Son attendrissement n'était qu'une expression de sa douleur... Quoi qu'il advienne, je n'aurai que les restes de cette créature, que ce qu'elle a dédaigné !...

Ses yeux flamboyaient, elle frappa du pied avec une indicible rage.

— Et je regretterais ce que j'ai fait, s'écria-t-elle... jamais !... non, jamais !

Ce jour-là, en ce moment, elle eût recommencé, elle eût tout bravé...

Mais des transes terribles l'assaillirent quand elle apprit que la justice venait de commencer une enquête.

Il était venu de Montaignac le procureur du roi et un juge qui interrogeaient quantité de témoins, et une douzaine d'hommes de la police se livraient aux plus minutieuses investigations. On parlait même de faire venir de Paris un de ces agents au flair subtil, rompus à déjouer toutes les ruses du crime.

Tante Médie en perdit la tête, et ses frayeurs à certains moments étaient si évidentes que Mme Blanche s'en inquiéta.

— Tu finiras par nous trahir, tante, lui dit-elle.

— Ah !... c'est plus fort que moi.

— Ne sors plus de ta chambre, en ce cas.

— Oui, ce serait plus prudent.

— Tu te diras un peu souffrante, on te servira chez toi.

Le visage de la parente pauvre s'épanouissait.

— C'est cela, approuvait-elle en battant des mains, c'est cela !

Véritablement, elle était ravie.

Être servie chez soi, dans sa chambre, dans son lit le matin, sur une petite table au coin du feu le soir, cela avait été longtemps le rêve et l'ambition de la parente pauvre. Mais le moyen !... Deux ou trois fois, étant un peu indisposée, elle avait osé demander qu'on lui montât ses repas, mais elle avait été vertement repoussée.

— Si tante Médie a faim, elle descendra se mettre à table avec nous, avait répondu Mme Blanche. Qu'est-ce que ces fantaisies !...

Positivement, c'est ainsi qu'on la traitait, dans ce château où il y avait toujours dix domestiques à bayer aux corneilles.

Tandis que maintenant...

Tous les matins, sur l'ordre formel de Mme Blanche, le cuisinier montait prendre les ordres de tante Médie, et il ne tenait qu'à elle de dicter le menu de la journée et de commander les plats qu'elle aimait.

Et la tante Médie trouvait cela excellent d'être ainsi soignée, choyée, mignotée et dorlotée. Elle se délectait dans ce bien-être comme un pauvre diable dans des draps bien blancs, après être resté des mois sans coucher dans un lit.

Et ces jouissances nouvelles faisaient naître en elle quantité de pensées étranges et lui enlevaient beaucoup des regrets qu'elle avait du crime de la Borderie...

L'enquête cependant était le sujet de toutes ses conversations avec sa nièce. Elles en avaient des nouvelles fort exactes par le sommelier de Courtomieu, grand amateur de choses judiciaires, qui avait trouvé, dans sa cave, le secret de se faufiler parmi les agents venus de Montaignac.

Par lui, elles surent que toutes les charges pesaient sur défunt Chupin. Ne l'avait-on pas aperçu, le soir du crime, rôdant autour de la Borderie? Le témoignage du jeune paysan qui avait prévenu Jean Lacheneur paraissait décisif.

Quant au mobile de Chupin, on le connaissait, pensait-on. Vingt personnes l'avaient entendu déclarer avec d'affreux jurons qu'il ne serait pas tranquille tant qu'il resterait un Lacheneur sur la terre.

Ainsi, tout ce qui eût dû perdre Mme Blanche la sauva, et la mort du vieux maraudeur lui parut véritablement providentielle.

Pouvait-elle soupçonner que Chupin avait eu le temps de révéler son secret avant de mourir?...

Le jour où le sommelier lui dit que juges et agents de police venaient de repartir pour Montaignac, elle eut grand'peine à dissimuler sa joie.

— Plus rien à craindre, répétait-elle à tante Médie, plus rien !...

Elle échappait en effet à la justice des hommes...

Restait la justice de Dieu.

Quelques semaines plus tôt, cette idée de « la justice de Dieu » eût peut-être amené un sourire sur les lèvres de Mme Blanche.

Femme positive s'il en fut, un peu esprit fort même, à ce qu'elle prétendait, elle eût traité cette incompréhensible justice de lieu commun de morale ou encore d'épouvantail ingénieux imaginé pour contenir dans les limites du devoir les consciences timorées...

Le lendemain de son crime, elle haussait presque les épaules en songeant aux menaces de Marie-Anne mourante...

Elle se souvenait de son serment, mais elle n'était plus disposée à le tenir.

Elle avait réfléchi, et elle avait vu à quels périls elle s'exposerait en faisant rechercher l'enfant de Marie-Anne.

— Le père saura bien le retrouver, songeait-elle.

Ce que valaient les menaces de sa victime, elle devait l'éprouver le soir même...

Brisée de fatigue, elle s'était retirée dans sa chambre de fort bonne heure, et, au lieu de lire, comme elle en avait l'habitude, elle éteignit sa bougie dès qu'elle fut couchée, en se disant :

— Il faut dormir.

Mais c'en était fait du repos de ses nuits...

Son crime se représentait à sa pensée, et elle en jugeait l'horreur et l'atrocité... Elle se percevait double, pour ainsi dire; elle se sentait dans son lit, à Courtomieu, et cependant il lui semblait être là-bas, dans la maison de Chanlouineau, versant le poison, puis épiant ses effets, cachée dans le cabinet de toilette...

Elle luttait, elle dépensait toute la puissance de sa volonté pour écarter ces souvenirs odieux, quand elle crut entendre grincer une clef dans sa serrure. Brusquement elle se dressa sur ses oreillers.

Alors, aux lueurs pâles de sa veilleuse, elle crut voir sa porte s'ouvrir lentement, sans bruit... Marie-Anne entrait... Elle s'avançait, elle glissait plutôt comme une ombre. Arrivée à un fauteuil, en face du lit, elle s'assit... De grosses larmes roulaient le long de ses joues, et elle regardait d'un air triste et menaçant à la fois...

L'empoisonneuse, sous ses couvertures, était baignée d'une sueur glacée...

Pour elle, ce n'était pas une apparition vaine... c'était une effroyable réalité.

Mais elle n'était pas d'une nature à subir sans résistance une telle impression. Elle secoua la stupeur qui l'envahissait et elle se mit à se raisonner, tout haut, comme si le son de sa voix eût dû la rassurer.

— Je rêve! disait-elle... Est-ce que les morts reviennent!... Suis-je enfant de me laisser émouvoir ainsi par les fantômes ridicules de mon imagination!...

Elle disait cela, mais le fantôme ne se dissipait pas.

Elle fermait les yeux, mais elle le voyait à travers ses paupières... à travers ses draps, qu'elle relevait sur sa tête, elle le voyait encore...

Au petit jour seulement, Mme Blanche reposa.

Et ce fut ainsi le lendemain, et le surlendemain encore, et toujours, et toujours, et l'épouvante de chaque nuit s'augmentait des terreurs des nuits précédentes.

Le jour, aux clartés du soleil, elle retrouvait sa bravoure et les forfanteries du scepticisme. Alors elle se raillait elle-même.

Il ne tarda pas à apercevoir une masse noire au milieu du brouillard.

— Avoir peur d'une chose qui n'existe pas, se disait-elle, est-ce stupide!... Ce soir je saurai bien triompher de mon absurde faiblesse...

Puis, le soir venu, toutes ces belles résolutions s'envolaient, la fièvre la reprenait, quand arrivaient les ténèbres avec leur cortège de spectres.

Il est vrai que, toutes les tortures de ses nuits, Mme Blanche les attribuait aux inquiétudes de la journée.

Les gens de justice étaient encore à Sairmeuse, et elle tremblait. Que fallait-il pour que de Chupin on remontât jusqu'à elle ? Un rien, une circonstance insignifiante. Qu'un paysan l'eût rencontrée avec Chupin, lors de leurs rendez-vous, et les soupçons étaient éveillés et le juge d'instruction arrivait à Courtomieu.

— L'enquête terminée, pensait-elle, j'oublierai.

L'enquête finit, elle n'oublia pas.

Darwin l'a dit : « C'est quand l'impunité leur est assurée que les grands coupables connaissent véritablement le remords. »

Mme Blanche devait justifier l'opinion du plus profond observateur du siècle.

Et cependant l'atroce supplice qu'elle endurait ne détournait pas sa volonté du but qu'elle s'était fixé le jour de la visite de Martial.

Elle joua pour lui une si merveilleuse comédie, que touché, presque repentant, il revint cinq ou six fois, et enfin un soir demanda à ne pas rentrer à Montaignac.

Mais ni la joie de ce triomphe, ni les premiers étonnements du mariage, n'avaient rendu la paix à Mme Blanche.

Entre ses lèvres et les lèvres de Martial, se dressait encore, implacable épouvantement, le visage convulsé de Marie-Anne.

Il est vrai de dire que ce retour de son mari lui apportait une cruelle déception. Elle reconnut que cet homme, dont le cœur avait été brisé, n'offrait aucune prise, et qu'elle n'aurait jamais sur lui la moindre influence.

Et pour comble, il avait ajouté à ses tortures déjà intolérables une angoisse plus poignante encore que toutes les autres.

Parlant un soir de la mort de Marie-Anne, il s'oublia et avoua hautement ses serments de vengeance. Il regrettait que Chupin fût mort, car il eût éprouvé, disait-il, une indicible jouissance à tenailler, à faire mourir lentement, au milieu d'affreuses souffrances, le misérable empoisonneur.

Il s'exprimait avec une violence inouïe, d'une voix où vibrait encore sa puissa 'e passion...

Et Mme Blanche se demandait quel serait son sort, si jamais son mari venait à découvrir qu'elle était coupable... et il pouvait le découvrir...

C'est vers cette époque qu'elle commença à regretter de n'avoir pas tenu le serment fait à sa victime, et qu'elle résolut de faire rechercher l'enfant de Marie-Anne.

Mais pour cela, il fallait à toute force qu'elle habitât une grande ville, Paris, par exemple, où, avec de l'argent, elle trouverait des agents habiles et discrets...

Il ne s'agissait que de décider Martial.

Le duc de Sairmeuse aidant, ce ne fut pas difficile, et, un matin, Mme Blanche rayonnante put dire à tante Médie :

— Tante, nous partons d'aujourd'hui en huit.

LI

Dévorée d'angoisses, obsédée de soucis poignants, Mme Blanche n'avait pas remarqué que tante Médie n'était plus la même.

Le changement, à vrai dire, était peu sensible, il ne frappait pas les domestiques, mais il n'en était pas moins positif et réel, et se trahissait par quantité de petites circonstances inaperçues.

Par exemple, si la parente pauvre gardait encore son air humblement résigné, elle perdait petit à petit ses mouvements craintifs de bête maltraitée; elle ne tressaillait plus quand on lui adressait la parole, et il y avait par instants des velléités d'indépendance dans son accent.

Depuis la fameuse semaine où on l'avait servie dans sa chambre, elle hasardait toutes sortes de démarches insolites.

S'il venait des visites, au lieu de se tenir modestement à l'écart, elle avançait sa chaise et même se mêlait à la conversation. A table, elle laissait paraître ses dégoûts ou ses préférences. A deux ou trois reprises elle eut une opinion qui n'était pas celle de sa nièce, et il lui arriva de discuter des ordres.

Une fois, Mme Blanche, qui sortait, l'ayant priée de l'accompagner, elle se déclara enrhumée et resta au château.

Et le dimanche suivant, Mme Blanche ne voulant pas aller aux vêpres, tante Médie déclara qu'elle irait, et comme il pleuvait, elle demanda qu'on lui attelât une voiture, ce qui fut fait.

Tout cela n'était rien en apparence; en réalité, c'était monstrueux, inimaginable.

Il était clair que la parente pauvre s'exerçait timidement à l'audace...

Jamais devant elle il n'avait été question de ce départ que sa nièce lui annonçait si gaiement; elle en parut toute saisie...

— Ah!... vous partez, répétait-elle, vous quittez Courtomieu...

— Et sans regrets...

— Pour où aller, mon Dieu!...

— A Paris... Nous nous y fixons, c'est décidé. Là est la place de mon mari. Son nom, sa fortune, son intelligence, la faveur du roi lui assurent une grande situation. Il va racheter l'hôtel de Sairmeuse et le meubler magnifiquement. Nous aurons un train princier...

Tous les tourments de l'envie se lisaient sur le visage de la parente pauvre.

— Et moi?... interrogea-t-elle d'un ton plaintif.

— Toi, tante, tu resteras ici; tu y seras dame et maîtresse. Ne faut-il pas une personne de confiance qui veille sur mon pauvre père !... Hein ! te voilà heureuse et contente, j'espère.

Mais non; tante Médie ne paraissait point satisfaite.

— Jamais, pleurnicha-t-elle, jamais je n'aurai le courage de rester seule dans ce grand château.

— Eh ! sotte, tu auras près de toi des domestiques, le concierge, les jardiniers...

— N'importe ?... j'ai peur des fous... Quand le marquis se met à hurler, le soir, il me semble que je deviens folle moi-même.

Mme Blanche haussait les épaules.

— Qu'espérais-tu donc ? interrogea-t-elle, de l'air le plus ironique.

— Je pensais... je me disais... que tu m'emmènerais avec vous...

— A Paris ! tu perds la tête, je crois. Qu'y ferais-tu, bon Dieu ?

— Blanche, je t'en conjure, je t'en supplie.

— Impossible, tante, impossible !

Tante Médie semblait désespérée :

— Et si je te disais, insista-t-elle, que je ne puis rester ici, que je n'ose, que c'est plus fort que moi, que j'y mourrai ?...

Le rouge de l'impatience commençait à empourprer le front de Mme Blanche.

— Ah ! tu m'ennuies, à la fin, dit-elle rudement.

Et avec un geste qui ajoutait à la cruauté de sa phrase :

— Si Courtomieu te déplaît tant que cela, rien ne t'empêche de chercher un séjour plus à ton gré; tu es libre et majeure...

La parente pauvre était devenue excessivement pâle, et elle serrait à les faire saigner ses lèvres minces sur ses dents jaunies.

— C'est-à-dire, fit-elle, que tu me laisses le choix entre mourir de frayeur à Courtomieu, ou mourir de misère à l'hôpital. Merci, ma nièce, merci; je reconnais ton cœur, je n'attendais pas moins de toi, merci !

Elle relevait la tête et une méchanceté diabolique étincelait dans ses yeux.

Et c'est d'une voix qui avait quelque chose du sifflement de la vipère se redressant pour mordre, qu'elle poursuivit :

— Eh bien ! cela me décide. Je suppliais, tu m'as brutalement repoussée, maintenant je commande et je dis : je veux ! Oui, j'entends et je prétends aller avec vous à Paris... et j'irai. Ah ! ah !... cela te surprend d'entendre parler ainsi cette pauvre bonne bête de tante Médie. C'est comme cela. Il y a si longtemps que je souffre, que je me révolte à la fin. Car j'ai souffert la Passion chez vous. C'est vrai, vous m'avez recueillie, vous m'avez nourrie et logée, mais vous m'avez pris en échange ma vie entière, heure par heure. Quelle servante jamais endurerait tout ce que j'ai supporté ?... As-tu jamais, Blanche, traité une de tes femmes comme tu me traitais, moi qui porte votre nom ! Et je n'avais pas de gages, moi ; bien au contraire je vous devais de la reconnaissance, puisque je vivais à vos crochets. Ah ! le crime d'être pauvre, vous me l'avez fait payer cher. M'avez-vous assez ravalée, assez abaissée, assez foulée aux pieds !... A une livre de pain par humiliation, vous êtes en reste avec moi !...

Elle s'arrêta.

Tout le fiel qui depuis des années, goutte à goutte, s'amassait en elle, lui remontait à la gorge et l'étouffait.

Mais ce fut l'affaire d'une seconde, et d'un ton d'amère ironie :

— Tu me demandes ce que je ferai à Paris, continua-t-elle. J'y prendrai du bon temps, donc ! Qu'y feras-tu toi-même ? Tu iras à la cour, n'est-ce pas ? au bal ? au spectacle ? Eh bien ! je t'y suivrai. Je serai de toutes tes fêtes. J'aurai enfin de belles toilettes, moi qui depuis que je me connais ne me suis jamais vue que de tristes robes de laine noire. Avez-vous jamais songé à me donner la joie d'une toilette ? Oui, deux fois par an on m'achetait une robe de soie noire, en me recommandant de bien la ménager... Mais ce n'était pas pour moi que vous vous décidiez à cette dépense, c'était pour vous, et pour que la pauvresse fît honneur à votre générosité. Vous me mettiez ça sur le dos, comme vous cousiez du galon d'or aux habits de vos laquais, par vanité. Et moi, je me soumettais à tout, je me faisais petite, humble, tremblante ; souffletée sur une joue, je tendais l'autre... il faut manger. Et toi, Blanche, combien de fois, pour m'inspirer ta volonté, ne m'as-tu pas dit : « Tu feras ceci ou cela, si tu tiens à rester à Courtomieu ? » Et j'obéissais, force m'était bien d'obéir, puisque je ne savais où aller... Ah ! vous avez abusé de toutes les façons ; mais mon tour est venu, et j'abuse...

Mme Blanche était à ce point stupéfiée qu'il lui eût été impossible d'articuler seulement une syllabe pour interrompre tante Médie.

A la fin, cependant, d'une voix à peine intelligible, elle balbutia :

— Je ne te comprends pas, tante, je ne te comprends pas.

Comme sa nièce, l'instant d'avant, la parente pauvre haussa les épaules.

— En ce cas, prononça-t-elle lentement, je te dirai que du moment que tu as fait de moi, bien malgré moi, ta complice, tout entre nous doit être commun. Je suis de moitié pour le danger, je veux être de moitié pour le plaisir. Si tout se découvrait !... Penses-tu à cela quelquefois ? Oui, n'est-ce pas ? et tu cherches à t'étourdir. Eh bien ! je veux m'étourdir aussi... J'irai à Paris avec vous...

Faisant appel à toute son énergie, Mme Blanche avait un peu repris possession de soi.

— Et si je répondais non ?... fit-elle froidement.

— Tu ne répondras pas non.

— Et pourquoi, s'il te plaît ?

— Parce que... parce que...

— Iras-tu donc me dénoncer à la justice ?

Tante Médio hocha négativement la tête.

— Pas si bête, répondit-elle, ce serait me livrer moi-même... Non, je ne ferais pas cela, seulement je raconterais à ton mari l'histoire de la Borderie.

La jeune femme frissonna. Nulle menace n'était capable de l'épouvanter autant que celle-là.

— Tu viendras avec nous, tante, lui dit-elle, je te le promets.

Et plus doucement :

— Mais il était inutile de me menacer. Tu as été cruelle, tante, et injuste en même temps. Il se peut que tu aies été fort malheureuse dans notre maison; c'est à toi seule que tu dois t'en prendre. Pourquoi ne nous rien dire ?... J'attribuais toutes tes complaisances à ton amitié pour moi...

Elle eut un sourire contraint et ajouta encore :

— Quant à deviner que toi, une femme si simple et si modeste, tu souhaitais des toilettes tapageuses... avoue que c'était impossible. Mais tranquillise-toi, je réparerai ma sottise...

Et comme la parente pauvre, ayant obtenu ce qu'elle voulait, balbutiait quelques excuses :

— Baste ! s'écria Mme Blanche, oublions cette vilaine querelle... Tu me pardonnes, n'est-ce pas ?... Allons, viens, embrasse-moi comme autrefois.

La tante et la nièce s'embrassèrent en effet, avec de grandes effusions de tendresse, comme deux amies qu'un malentendu a failli séparer.

Mais les patelinages de cette réconciliation forcée ne trompaient pas plus l'inepte tante Médio que la perspicace Mme Blanche.

— Ah! je ferai sagement de rester sur le qui-vive, pensait la parente pauvre. Dieu sait avec quel bonheur ma chère nièce m'enverrait rejoindre Marie-Anne.

Peut-être, en effet, quelque pensée pareille traversa-t-elle l'esprit de Mme Blanche.

Sa sensation était celle du forçat qui verrait river à sa chaîne d'ignominie son ennemi le plus exécré, son dénonciateur, par exemple, ou l'agent de police qui l'a arrêté.

— Ainsi, pensait-elle, me voici maintenant et pour toujours liée à cette dangereuse et perfide créature. Je ne m'appartiens plus, je suis à elle. Quoi qu'elle exige, je devrai obéir. Il me faudra adorer ses caprices... et elle a quarante ans d'humiliation et de servitude à venger.

Les perspectives de cette existence commune la faisaient frémir, et elle se torturait à chercher par quels moyens elle parviendrait à se débarrasser de cette complice.

Elle n'en apercevait aucun pour le présent, mais il lui semblait en entrevoir vaguement plusieurs dans l'avenir...

Serait-il donc impossible, avec beaucoup d'adresse, d'inspirer à tante Médie l'ambition de vivre indépendante dans une maison à soi, servie par des gens à soi !...

Était-il prouvé qu'on ne réussirait pas à pousser au mariage cette vieille folle, qui paraissait avoir encore des velléités de coquetterie et la passion de la toilette... L'appât d'une bonne dot attirerait toujours un mari.

Mais, dans un cas comme dans l'autre, il fallait à Mme Blanche de l'argent, beaucoup d'argent, dont elle pût disposer sans avoir à en rendre compte à personne.

Cette conviction la décida à détourner de la fortune de son père une somme de deux cent cinquante mille francs environ, en billets et en or...

Cette somme représentait les économies du marquis de Courtomieu depuis trois ans : personne ne la lui connaissait, et maintenant qu'il était devenu imbécile, sa fille, qui connaissait la cachette, pouvait sans danger s'emparer du trésor.

— Avec cela, se disait la jeune femme, je puis, à un moment donné, enrichir tante Médie, sans avoir recours à Martial.

La tante et la nièce semblaient d'ailleurs, depuis la scène décisive, vivre mieux qu'en bonne intelligence. C'était entre elles un perpétuel échange d'attentions délicates et de soins touchants.

Et, du matin au soir, ce n'était que des « petite tante chérie », ou des « chère nièce aimée, » à n'en plus finir.

Même, il était temps que le départ arrivât. Plusieurs femmes de hobereaux du voisinage, accoutumées aux façons d'autrefois, au ton impérieux de l'une et à l'humilité de l'autre, commençaient à trouver cela drôle.

Ces dames eussent eu un bien autre texte de conjectures, si on leur eût appris que Mme Blanche avait fait venir, pour que tante Médie n'eût pas froid en route, un manteau de précieuses fourrures, exactement pareil au sien.

Elles eussent été confondues, si on leur eût dit que tante Médie voyageait, non dans la grande berline des gens de service, mais dans la propre chaise de poste des maîtres, entre le marquis et la marquise de Sairmeuse.

C'était trop fort pour que Martial ne le remarquât pas, et à un moment où il se trouvait seul avec sa femme :

— Oh ! chère marquise, dit-il d'un ton de bienveillante ironie, que de petits soins ! Nous finirons par la mettre dans du coton, cette chère tante.

Mme Blanche tressaillit imperceptiblement et rougit un peu.

— Je l'aime tant, cette bonne Médie ! fit-elle. Jamais je ne reconnaîtrai assez les témoignages d'affection et de dévouement qu'elle m'a donnés quand j'étais malheureuse.

C'était une explication si plausible et si naturelle, que Martial ne s'était plus inquiété d'une circonstance toute futile en apparence.

Il avait, d'ailleurs, à se préoccuper de bien d'autres choses.

L'homme d'affaires qu'il avait envoyé à Paris pour racheter, si faire se pouvait, l'hôtel de Sairmeuse, lui avait écrit d'accourir, se trouvant, marquait-il, en présence d'une de ces difficultés qu'un mandataire ne saurait résoudre. Il ne s'expliquait pas davantage.

— La peste étouffe le maladroit ! répétait Martial. Il est capable de manquer une occasion que mon père attendait depuis dix ans. Je ne saurais me plaire à Paris si je n'habite l'hôtel de ma famille.

Sa hâte d'arriver était si grande, que le second jour du voyage, le soir, il déclara que s'il eût été seul il eût couru la poste toute la nuit.

— Qu'à cela ne tienne, dit gracieusement Mme Blanche, je ne me sens aucunement fatiguée, et une nuit en voiture est loin de me faire peur...

Ils marchèrent en conséquence toute la nuit, et le lendemain, qui était un samedi, sur les neuf heures du matin, ils descendaient à l'hôtel Meurice.

C'est à peine si Martial prit le temps de déjeuner.

— Il faut que je voie où nous en sommes, fit-il en se dépêchant de sortir ; je serai bientôt de retour.

Il reparut, en effet, moins de deux heures après, tout joyeux, cette fois.

— Mon homme d'affaires, dit-il, n'est qu'un nigaud. Il n'osait pas m'écrire qu'un coquin, de qui dépend la conclusion de la vente, exige un pot-de-vin de cinquante mille francs ; il les aura, pardieu !

Et d'un ton de galanterie affectée qu'il prenait toujours en s'adressant à sa femme :

— Je n'ai plus qu'à signer, ma chère amie, ajouta-t-il ; mais je ne le ferai que si l'hôtel vous convient. Je vous demanderai, si vous n'êtes pas trop lasse, de venir le visiter. Le temps presse, nous avons des concurrents...

Cette visite, assurément, était de pure forme. Mais, Mme Blanche eût été bien difficile si elle n'eût pas été satisfaite de cet hôtel de Sairmeuse, qui est un des plus magnifiques de Paris, dont l'entrée est rue de Grenelle et dont les jardins ombragés d'arbres séculaires s'étendent jusqu'à la rue de Varennes.

Cette belle demeure, malheureusement, avait été négligée depuis plusieurs années.

— Il faudra six mois pour tout restaurer, disait Martial d'un ton chagrin, un an peut-être... Il est vrai qu'on peut, avant trois mois, avoir ici un appartement provisoire très habitable.

Il avait à la main son revolver; il fit feu deux fois.

— On y serait chez soi, du moins, approuva Mme Blanche, devinant le désir de son mari...

— Ah!... c'est aussi votre avis!... En ce cas, comptez sur moi pour presser les ouvriers.

En dépit, ou plutôt en raison de son immense fortune, le marquis de Sairmeuse savait qu'on n'est guère bien servi, vite et selon ses désirs, que par soi-même. Pressé, il résolut de s'occuper de tout. Il s'entendait avec les architectes, il voyait les entrepreneurs, il courait les fabricants.

Sitôt levé, il décampait, déjeunait dehors ; le plus souvent il ne rentrait que pour dîner.

Réduite par le mauvais temps à passer toutes ses journées dans son appartement de l'hôtel Meurice, Mme Blanche ne se trouvait pourtant pas à plaindre.

Le voyage, le mouvement, la vue d'objets inaccoutumés, le bruit de Paris sous ses fenêtres, un entourage étranger, toutes sortes de préoccupations enfin, l'arrachaient pour ainsi dire à soi-même. Les épouvantements de ses nuits faisaient trève, une sorte de brume enveloppait l'horrible scène de la Borderie, les clameurs de sa conscience devenaient murmure...

Même, elle en arrivait à haïr moins tante Médie, qui, à la condition près de faire deux toilettes par jour, reprenait ses vieilles habitudes de servilité et lui tenait compagnie.

Le passé s'effaçait, croyait-elle, et elle s'abandonnait aux espérances d'une vie toute nouvelle et meilleure, quand un jour un des domestiques de l'hôtel parut et dit :

— Il y a en bas un homme qui demande à parler à madame la marquise.

LII

A demi couchée sur un canapé, le coude sur les coussins, le front dans la main, Mme Blanche écoutait la lecture d'un livre nouveau que lui faisait tante Médie.

L'entrée du domestique ne lui fit pas seulement lever la tête.

— Un homme, interrogea-t-elle, quel homme ?

Elle n'attendait personne. Dans sa pensée, celui qui venait ainsi ne pouvait être qu'un des ouvriers employés par Martial.

— Je ne puis renseigner madame la marquise, répondit le domestique. Cet individu est tout jeune, il est vêtu comme les paysans, je supposais qu'il cherchait une place...

— C'est sans doute monsieur le marquis qu'il veut voir ?

— Madame m'excusera, c'est bien à madame qu'il veut parler, il me l'a dit.

— Alors, sachez comme il s'appelle et ce qu'il désire.

Et se retournant vers la parente pauvre :

— Continue, tante, dit Mme Blanche, on nous a interrompues au passage le plus intéressant.

Mais tante Médie n'avait pas eu le temps de finir la page, que déjà le domestique était de retour.

— L'homme, dit-il, prétend que madame la marquise comprendra ce dont il s'agit dès qu'elle saura son nom.

— Et ce nom ?

— Chupin.

Ce fut comme un obus éclatant tout à coup dans le salon de l'hôtel Meurice.

Tante Médie eut un gémissement étouffé ; elle laissa son livre et s'affaissa sur sa chaise, tout inerte, les bras pendants.

Mme Blanche, elle, se dressa tout d'une pièce, plus pâle que son peignoir de cachemire blanc, l'œil trouble, les lèvres tremblantes.

— Chupin ! répétait-elle, comme si elle eût espéré qu'on allait lui dire qu'elle avait mal entendu, Chupin !...

Puis, avec une certaine violence :

— Répondez à cet homme que je ne veux ni le voir ni l'entendre. Il est inutile qu'il se représente. Jamais je ne le recevrai !

Mais, dans le temps que mit le domestique à s'incliner respectueusement et à gagner la porte à reculons, la jeune femme se ravisa.

— Au fait non, prononça-t-elle, j'ai réfléchi, faites monter cet homme.

— Oui, approuva tante Médie d'une voix défaillante, qu'il vienne, cela vaut mieux.

Le domestique sortit, et les deux femmes restèrent en face l'une de l'autre, immobiles, consternées, le cœur serré par les plus effroyables appréhensions, la gorge serrée au point de ne pouvoir qu'à grand'peine articuler quelques paroles.

— C'est un des fils de ce vieux scélérat de Chupin, dit enfin Mme Blanche.

— En effet, je le crois, mais que veut-il ?

— Quelque secours, probablement.

La parente pauvre leva les bras au ciel.

— Fasse Dieu qu'il ignore tes rendez-vous avec son père, Blanche, prononça-t-elle. Doux Jésus !... pourvu qu'il ne sache rien !

— Eh ! que veux-tu qu'il sache. Ne vas-tu pas te désespérer à l'avance ! Dans dix minutes, nous serons fixées. D'ici là, tante, du calme. Et même, crois-moi, tourne-nous le dos, regarde dans la rue pour qu'on ne voie pas ta figure... Mais pourquoi ce coquin tarde-t-il à paraître ?...

Mme Blanche ne se trompait pas.

C'était bien l'aîné des Chupin qui était là, celui à qui le vieux maraudeur mourant avait confié son secret.

Depuis son arrivée à Paris, il battait le pavé du matin au soir, demandant partout et à tous l'adresse du marquis de Sairmeuse. On venait de lui indiquer l'hôtel Meurice, et il accourait.

Ce n'est toutefois qu'après s'être bien assuré de l'absence de Martial qu'il avait demandé madame la marquise.

Il attendait le résultat de sa démarche sous le porche, debout, les mains dans les poches de sa veste, sifflotant, lorsque le domestique revint en lui disant:

— On consent à vous recevoir, suivez-moi.

Chupin suivit; mais le domestique, extraordinairement intrigué et tout brûlant de curiosité, ne se hâtait pas, espérant tirer quelque éclaircissement de ce campagnard.

— Ce n'est pas pour vous flatter, mon garçon, dit-il, mais votre nom a produit un fier effet sur madame la marquise !

Le prudent paysan dissimula sous un sourire niais la joie dont l'inonda cette nouvelle.

— Comme ça, poursuivit le domestique, elle vous connaît ?

— Un petit peu.

— Vous êtes pays?

— Je suis son frère de lait.

Le domestique n'en crut pas un mot; il soupçonnait bien autre chose, vraiment! Cependant, comme il était arrivé à la porte de l'appartement du marquis de Sairmeuse, il ouvrit et poussa Chupin dans le salon.

Le mauvais gars avait d'avance préparé une petite histoire, mais il fut si bien ébloui de la magnificence du salon, qu'il resta court et béant. Ce qui l'interloquait surtout, c'était une grande glace, en face de la porte, où il se voyait en pied, et les belles fleurs du tapis qu'il craignait d'écraser sous ses gros souliers.

Après un moment, voyant qu'il demeurait stupide, un sourire idiot sur les lèvres, tortillant son chapeau de feutre, Mme Blanche se décida à rompre le silence.

— Vous désirez?... demanda-t-elle.

Le gars Chupin était intimidé, mais il n'avait point peur : ce n'est pas du tout la même chose. Il garda son masque de gaucherie, mais recouvrant son aplomb, il se mit à débiter avec un accent traînard toutes les formules de respect qu'il savait.

— Au fait, insista la jeune femme impatientée.

Amener au fait un paysan n'est pas facile, et ce n'est qu'après beaucoup de vaines paroles encore, que Chupin expliqua longuement qu'il avait été obligé de quitter le pays à cause des ennemis qu'il y avait, qu'on n'avait pas retrouvé le trésor de son père, qu'il était, en conséquence, sans ressources...

— Oh! assez! interrompit Mme Blanche.

Puis, d'un ton qui n'était rien moins que bienveillant :

— Je ne vois pas, continua-t-elle, à quel titre vous vous adressez à moi. Vous aviez, comme toute votre famille, une réputation détestable à Sairmeuse. Enfin, n'importe, vous êtes de mon pays, je consens à vous accorder un secours, à la condition que vous n'y reviendrez pas.

C'est d'un air moitié humble et moitié goguenard que Chupin écouta cette semonce. A la fin, il releva la tête :

— Je ne demande pas l'aumône, articula-t-il fièrement.

— Que demandez-vous donc ?

— Mon dû.

Mme Blanche reçut un coup dans le cœur, et cependant, elle eut le courage de toiser Chupin d'un air dédaigneux, en disant :

— Ah ! je vous dois quelque chose !...

— Pas à moi personnellement, madame la marquise, mais à mon défunt père. Au service de qui donc a-t-il péri ? Pauvre vieux ! Il vous aimait bien, allez... tout comme moi, du reste. Sa dernière parole, avant de mourir, a été pour vous. « Vois-tu, gars, qu'il me dit, il vient de se passer des choses terribles à la Borderie. La jeune dame de monsieur le marquis en voulait à Marie-Anne, et elle lui a fait passer le goût du pain. Sans moi, elle était perdue. Quand je serai crevé, laisse-moi tout mettre sur le dos, la terre ne sera pas plus froide et ça innocentera la jeune dame... Et après, elle te récompensera bien, et tant que tu te tairas tu ne manqueras de rien. »

Si grande que fût son impudence, il s'arrêta, stupéfait de la physionomie de Mme Blanche.

En présence de cette dissimulation supérieure, il douta presque du récit de son père.

C'est que, véritablement, la jeune femme fut héroïque en ce moment. Elle avait compris que céder une fois c'était se mettre à la discrétion de ce misérable, comme elle était déjà à la merci de tante Médie. Et, avec une merveilleuse énergie, elle payait d'audace.

— En d'autres termes, fit-elle, vous m'accusez du meurtre de Mlle Lacheneur, et vous me menacez de me dénoncer si je ne vous accorde pas ce que vous allez exiger ?

Le gars Chupin inclina affirmativement la tête.

— Eh bien !... reprit Mme Blanche, puisqu'il en est ainsi, sortez !...

Il est sûr qu'elle allait, à force d'audace, gagner cette partie périlleuse, dont le repos de sa vie était l'enjeu ; Chupin était absolument déconcerté, lorsque tante Médie qui écoutait, debout devant la fenêtre, se retourna, tout effarée, en criant :

— Blanche !... ton mari... Martial !... Il entre... il monte.

La partie fut perdue... La jeune femme vit son mari arrivant, trouvant Chupin, le faisant parler, découvrant tout.

Sa tête s'égara, elle s'abandonna, elle se livra.

Brusquement elle mit sa bourse dans la main du misérable et l'entraîna, par une porte intérieure, jusqu'à l'escalier de service.

— Prenez toujours cela, disait-elle d'une voix sourde, ce n'est qu'un acompte... Nous nous reverrons. Et pas un mot ! Pas un mot à mon mari, surtout !...

Elle avait été bien inspirée de ne pas perdre une minute : lorsqu'elle rentra, elle trouva Martial dans le salon.

Il était assis, la tête inclinée sur la poitrine, et tenait à la main une lettre déployée.

Au bruit que fit sa femme, il se dressa, et elle put voir rouler dans ses yeux une larme furtive.

— Quel malheur nous frappe encore ?... balbutia-t-elle d'une voix que l'excès de son émotion de tout à l'heure rendait à peine intelligible.

Martial ne remarqua pas ce mot « encore », qui l'eût au moins étonné.

— Mon père est mort, Blanche, prononça-t-il.

— Le duc de Sairmeuse !... Mon Dieu !... Comment cela ?...

— D'une chute de cheval, dans les bois de Courtomieu, près des roches de Sanguille...

— Ah !... c'est là que mon pauvre père a failli être assassiné.

— Oui... c'est au même endroit, en effet.

Un moment de silence suivit.

Martial n'aimait que très médiocrement son père, et il n'en était pas aimé, il le savait ; et il s'étonnait de l'amère tristesse qui l'envahissait en songeant qu'il n'était plus.

Puis, il y avait autre chose encore.

— D'après cette lettre, que m'apporte un exprès, poursuivit-il, tout le monde, à Sairmeuse, croit à un accident. Mais moi !... moi !...

— Eh bien ?...

— Moi, je crois à un crime.

Une exclamation d'effroi échappa à tante Médie, et Mme Blanche pâlit.

— A un crime !... murmura-t-elle.

— Oui, Blanche, et je pourrais nommer le coupable. Oh ! mes pressentiments ne me trompent pas. Le meurtrier de mon père est celui qui a tenté d'assassiner le marquis de Courtomieu...

— Jean Lacheneur !...

Martial baissa tristement la tête. C'était répondre.

— Et vous ne la dénoncez pas ! s'écria la jeune femme ; et vous ne courez pas demander vengeance à la justice ?...

La physionomie de Martial devenait de plus en plus sombre.

— A quoi bon ? répondit-il. Je n'ai à donner que des preuves morales, et c'est des preuves matérielles qu'il faut à la justice.

Il eut un geste d'affreux découragement, et, d'une voix sourde, répondant à ses pensées plutôt que s'adressant à sa femme, il poursuivit :

— Le duc de Sairmeuse et le marquis de Courtomieu ont récolté ce qu'ils avaient semé. La terre ne boit jamais le sang répandu, et tôt ou tard le crime s'expie.

Mme Blanche frémissait. Chacune des paroles de son mari trouvait un écho en elle. Il eût parlé pour elle qu'il ne se fût pas exprimé autrement.

— Martial ! fit-elle, essayant de le détourner de ses funèbres préoccupations ; Martial !

Il ne parut pas l'entendre, et du même ton il continua :

— Ces Lacheneur vivaient heureux et honorés avant notre arrivée à Sairmeuse. Leur conduite a été au-dessus de tout éloge, ils ont poussé la probité jusqu'à l'héroïsme. D'un mot, nous pouvions nous les attacher et en faire nos amis les plus sûrs et les plus dévoués... C'était notre devoir avant notre intérêt. Nous ne l'avons pas compris. Nous les avons humiliés, ruinés, exaspérés, poussés à bout... De telles fautes se payent. Il est de ces gens qu'on doit respecter, si on n'est pas sûr de les anéantir d'un coup, eux et les leurs... Qui me dit qu'à la place de Jean Lacheneur, je n'agirais pas comme lui ?

Il se tut un moment, puis, éclairé par un de ces rapides et éblouissants éclairs qui, parfois, déchirent les ténèbres de l'avenir :

— Seul, je connais bien Jean Lacheneur, reprit-il ; seul, j'ai pu mesurer sa haine, et je sais qu'il ne vit plus que par l'espoir de se venger de nous... Certes, nous sommes bien haut et il est bien bas ; n'importe ! Nous avons tout à craindre. Nos millions sont comme un rempart autour de nous, c'est vrai ; mais il saura s'ouvrir une brèche. Et les plus minutieuses précautions ne nous sauveront pas : un moment viendra quand même où nos défiances s'assoupiront, tandis que sa haine veillera toujours. Qu'entreprendra-t-il ? je n'en sais rien, mais ce sera terrible. Souvenez-vous de mes paroles, Blanche ; si le malheur entre dans notre maison, c'est que Jean Lacheneur lui aura ouvert la porte...

Tante Médie et sa nièce étaient trop bouleversées pour articuler seulement une parole, et pendant cinq minutes on n'entendit que le pas de Martial qui arpentait le salon.

Enfin, il s'arrêta devant sa femme.

— Je viens d'envoyer chercher des chevaux de poste, dit-il... Vous m'excuserez de vous laisser seule ici… Il faut que je me rende à Sairmeuse… Je ne serai pas absent plus d'une semaine.

Il partit, en effet, quelques heures plus tard, et Mme Blanche se trouva abandonnée à elle-même et maîtresse d'elle pour plusieurs jours.

Ses angoisses étaient plus intolérables encore qu'au lendemain du crime. Ce n'était plus contre des fantômes qu'elle avait à se défendre maintenant; Chupin existait, et sa voix, si elle n'était pas plus terrible que celle de la conscience, pouvait être entendue.

Si Mme Blanche eût su où le prendre, le misérable, elle eût traité avec lui. Elle eût obtenu, pensait-elle, moyennant une grosse somme, qu'il quittât Paris, la France, qu'il s'en allât si loin qu'on n'entendît plus jamais parler de lui…

Naturellement, Chupin était sorti de l'hôtel sans rien dire…

Les sinistres pressentiments exprimés par Martial ajoutaient encore à l'épouvante de la jeune femme. Elle aussi, rien qu'au nom de Lacheneur, se sentait remuée jusqu'au plus profond de ses entrailles. Elle ne pouvait s'ôter l'idée qu'il soupçonnait quelque chose, et que, des bas-fonds de la société où le retenait sa misère, il la guettait…

C'est alors que, plus vivement que jamais, elle désira retrouver l'enfant de Marie-Anne.

Outre qu'elle se débarrasserait ainsi des obsessions de son serment violé, il lui semblait que cet enfant la protégerait peut-être un jour et qu'il serait entre ses mains comme un otage.

Mais où rencontrer un homme à qui se confier?…

Se mettant l'esprit à la torture, elle se souvint d'avoir entendu autrefois son père parler d'un espion du nom de Chefteux, garçon prodigieusement adroit, disait-il, et capable de tout, même d'honnêteté, quand on y mettait le prix.

C'était un de ces misérables comme il en grouille dans les bourbiers de la politique, aux époques troublées, un jeune mouchard dressé par Fouché, qui avait toute honte bue, qui avait servi et trahi tour à tour tous les partis, qui avait trafiqué de tout, et qui, en dernier lieu, avait été condamné pour faux et s'était évadé du bagne.

En 1815, Chefteux avait quitté ostensiblement la police pour fonder un « bureau de renseignements privés ».

Après quelques informations, Mme Blanche apprit que cet homme demeurait place Dauphine, et elle résolut de profiter de l'absence de son mari pour s'adresser à lui.

Un matin donc, elle s'habilla le plus simplement possible et, suivie de tante Médi... ...e alla frapper à la porte de l'élève de Fouché.

Chefteux avait alors trente-quatre ans. C'était un petit homme de taille

La porte du violon s'ouvrit, et les sergents de ville y poussèrent un homme.

moyenne, de mine inoffensive, et qui affectait une continuelle bonne humeur.
 Il fit entrer ses deux clientes dans un petit salon fort proprement meublé, et tout aussitôt Mme Blanche se mit à lui raconter qu'elle était mariée et établie rue Saint-Denis, et qu'une de ses sœurs, qui venait de mourir, avait fait une faute, et qu'elle était prête aux plus grands sacrifices pour retrouver l'enfant de cette

sœur, etc., etc.; enfin, tout une histoire qu'elle avait préparée, et qui était assez vraisemblable.

L'espion n'en crut pourtant pas un mot; car, dès qu'elle eut achevé, il lui frappa familièrement sur l'épaule, en disant :

— Bref, la petite mère, nous avons fait nos farces avant le mariage...

Elle se rejeta en arrière, comme au contact d'un reptile, écrasant du regard l'homme des renseignements.

Être traitée ainsi, elle, une Courtomieu, duchesse de Sairmeuse !

— Je crois que vous vous méprenez! fit-elle d'un accent où vibrait tout l'orgueil de sa race.

Il se le tint pour dit et se confondit en excuses.

Mais, tout en écoutant et en notant les indispensables détails que lui donnait la jeune femme, il pensait :

— Quel œil! quel ton!... De la part d'une bourgeoise du quartier Saint-Denis, c'est louche..

Ses soupçons furent confirmés par la somme de vingt mille francs que lui promit imprudemment Mme Blanche en cas de succès et par la consignation de cinq cents francs d'arrhes.

— Et où aurai-je l'honneur de vous adresser mes communications, madame?... demanda-t-il.

— Nulle part... répondit la jeune femme, je passerai ici de temps à autre...

Lorsqu'il reconduisit ses clientes, l'espion ne doutait plus...

Dès qu'il les jugea au bas de l'escalier, il s'élança dehors en se disant :

— Pour le coup, je crois que la chance me sourit.

Suivre ces deux clientes que lui envoyait sa bonne étoile, s'informer, découvrir leur nom et leur qualité n'était qu'un jeu pour l'ancien agent de Fouché.

Il avait la partie d'autant plus belle, qu'elles étaient à mille lieues de soupçonner ses desseins.

La bassesse du personnage et sa générosité, à elle, rassuraient absolument Mme Blanche. Il lui avait d'ailleurs si fort vanté ses prodigieux moyens d'investigation qu'elle se tenait pour certaine du succès.

Tout en regagnant l'hôtel Meurice, elle s'applaudissait de sa démarche.

— Avant un mois, disait-elle à tante Médie, nous aurons cet enfant; je le ferai élever secrètement et il sera notre sauvegarde...

La semaine suivante, seulement, elle reconnut l'énormité de son imprudence.

Étant retournée chez Chefteux, il l'accueillit avec de telles marques de respect, qu'elle vit bien qu'elle était connue...

Consternée, elle essaya de donner le change, mais l'espion l'interrompit :

— Avant tout, fit-il avec un bon sourire, je constate l'identité des personnes qui m'honorent de leur confiance. C'est comme un échantillon de mon savoir-faire que je donne... gratis. Mais que madame la duchesse soit sans crainte ; je suis discret par caractère et par profession. Nous avons d'ailleurs quantité de dames de la plus haute volée dans la position de madame la duchesse. Un petit accident avant le mariage est si vite arrivé !...

Ainsi Chefteux était persuadé que c'était son enfant, à elle, que la jeune duchesse de Sairmeuse faisait rechercher.

Elle n'essaya pas de le dissuader. Mieux valait qu'il crût cela que s'il eût soupçonné la vérité.

Mme Blanche rentra dans un état à faire pitié.

Elle se sentait comme prise sous un inextricable filet et, à chaque mouvement, loin de se dégager, elle resserrait les mailles.

Le secret de sa vie et de son honneur, trois personnes le possédaient. Comment dans de telles conditions espérer garder un secret, cette chose subtile qui, le temps seulement de passer de la bouche à une oreille amie, s'évapore et se répand !

Elle se voyait trois maîtres qui d'un geste, d'un mot, d'un regard, pouvaient plier sa volonté comme une baguette de saule.

Elle n'était plus libre comme autrefois.

Martial était revenu. Le temps avait marché. La somptueuse installation de l'hôtel de Sairmeuse était terminée...

Désormais, la jeune duchesse était condamnée à vivre sous les yeux de cinquante domestiques, de quarante ennemis au moins, par conséquent intéressés à la surveiller, à épier ses démarches, à deviner jusqu'à ses plus intimes pensées.

Il est vrai que tante Médie lui était plus utile que nuisible. Elle lui achetait une robe toutes les fois qu'elle s'en achetait une, elle la traînait partout à sa suite, et la parente pauvre se déclarait ravie et prête à tout.

Chefteux n'inquiétait pas non plus beaucoup Mme Blanche.

Tous les trois mois, il présentait un mémoire de « frais d'investigations » s'élevant à dix mille francs environ, et il était clair que tant qu'on le payerait il se tairait.

L'ancien espion n'avait d'ailleurs pas fait mystère de l'espoir qu'il avait d'une rente viagère de vingt-quatre mille francs.

Mme Blanche lui ayant dit, après deux années, qu'il devait renoncer à ses explorations puisqu'il n'aboutissait à rien.

— Jamais, répondit-il. Je chercherai tant que je vivrai... à tout prix.

Restait Chupin malheureusement.

Pour commencer, il avait fallu lui compter vingt mille francs, d'un seul coup...

Son frère cadet venait de le rejoindre, l'accusant d'avoir volé le magot paternel, et réclamant sa part un couteau à la main.

Il y avait eu bataille, et c'est la tête tout enveloppée de linges ensanglantés que Chupin s'était présenté à Mme Blanche.

— Donnez-moi, lui avait-il dit, la somme que le vieux avait enterrée, et je laisserai croire à mon frère que je l'avais prise... C'est bien désagréable de passer pour un voleur, quand on est honnête, mais je supporterai cela pour vous... Si vous refusez, par exemple, il faudra bien que je lui avoue d'où je tire mon argent, et comment...

S'il avait toutes les corruptions, les vices et la froide perversité du vieux maraudeur, ce misérable n'en avait ni l'intelligence ni la finesse.

Loin de s'entourer de précautions, comme le lui commandait son intérêt, il semblait prendre, à compromettre la duchesse, un plaisir de brute.

Il assiégeait l'hôtel de Sairmeuse. On ne voyait que lui pendu à la cloche. Et il venait à toute heure, le matin, l'après-midi, le soir, sans s'inquiéter de Martial.

Et les domestiques étaient stupéfaits de voir que leur maîtresse, si hautaine, quittait tout, sans hésiter, pour cet homme de mauvaise mine, qui empestait le tabac et l'eau-de-vie.

Une nuit qu'il y avait une grande fête à l'hôtel de Sairmeuse, il se présenta ivre, et impérieusement exigea qu'on allât prévenir Mme Blanche qu'il était là et qu'il attendait.

Elle accourut avec sa magnifique toilette décolletée, blême de rage et de honte sous son diadème de diamants...

Et comme, dans son exaspération, elle refusait au misérable ce qu'il demandait :

— C'est-à-dire que je crèverais de faim pendant que vous faites la noce !... s'écria-t-il. Pas si bête ! De la monnaie, et vite, ou je crie tout ce que je sais !

Que faire ? Céder. La duchesse s'exécuta comme toujours.

Et cependant, il devenait de jour en jour plus insatiable.

L'argent ne tenait pas plus dans ses poches que l'eau dans un crible.

Qu'en faisait-il ?... Sans doute, il l'éparpillait sans en comprendre la valeur, il le gaspillait insoucieusement et stupidement, comme le voleur qui a fait un beau coup, que l'or grise, et qui d'ailleurs se croit riche de tout ce qu'il y a à voler au monde.

Lui faisait un beau coup tous les jours...

N'importe ! c'était à n'y rien comprendre, car il n'avait même pas eu l'idée de hausser ses vices aux proportions de la fortune qu'il prodiguait. Il ne songeait même pas à se vêtir proprement, il semblait à la mendicité.

Il restait fidèle à la boue et à la plus basse crapule. Peut-être ne se soûlait-il à l'aise que dans un bouge ignoble. Il lui fallait pour compagnons les plus dégoûtants gredins, les plus abjects et les plus vils.

C'est à ce point qu'une nuit il fut arrêté dans un endroit immonde. La police, émue de voir tant d'or entre les mains d'un tel misérable, crut à un crime. Il nomma la duchesse de Sairmeuse.

Martial était à Vienne à ce moment, par bonheur; car le lendemain un inspecteur de la Préfecture se présenta à l'hôtel...

Et Mme Blanche subit cette atroce humiliation de confesser que c'était elle, en effet, qui avait remis une grosse somme à cet homme, dont elle avait connu la famille, ajoutait-elle, et qui lui avait rendu des services autrefois..

Souvent le misérable avait des lubies.

Il déclarait, par exemple, que se présenter sans cesse à l'hôtel de Sairmeuse lui répugnait, que les domestiques le traitaient comme un mendiant et que cela l'humiliait; bref, qu'il écrirait désormais...

Et le lendemain, en effet, il écrivait à Mme Blanche :

« Apportez-moi telle somme, à telle heure, à tel endroit. »

Et elle, la fière duchesse de Sairmeuse, elle était toujours exacte au rendez-vous.

Puis, c'était sans cesse quelque invention nouvelle, comme s'il eût trouvé une jouissance extraordinaire à constater continuellement son pouvoir et à en abuser. C'était à le croire, tant il y déployait de science, de méchanceté et de raffinements cruels.

Il avait rencontré, Dieu sait où! une certaine Aspasie Clapard, il s'en était épris, et bien qu'elle fût plus vieille que lui, il avait voulu l'épouser. Mme Blanche avait payé la noce...

Une autre fois, il voulut s'établir, résolu, disait-il, à vivre de son travail. Il acheta un fonds de marchand de vin que la duchesse paya et qui fut bu en un rien de temps.

Il eut un enfant, et Mme de Sairmeuse dut payer le baptême comme elle avait payé la noce, trop heureuse que Chupin n'exigeât pas qu'elle fût marraine du petit Polyte. Il avait eu un moment cette idée...

A deux reprises, Mme Blanche fut obligée d'accompagner à Vienne et à Londres son mari, chargé d'importantes missions diplomatiques. Elle resta près de trois ans à l'étranger...

Eh bien ! pendant tout ce temps, elle reçut chaque semaine une lettre, au moins, de Chupin...

Ah! que de fois elle envia le sort de sa victime! Qu'était, comparée à sa vie, la mort de Marie-Anne !...

Elle souffrait depuis autant d'années bientôt que Marie-Anne avait souffert de minutes, et elle se disait que les tortures du poison ne devaient pas être bien plus intolérables que ses angoisses...

LIII

Comment Martial ne s'aperçut-il, ne se douta-t-il même jamais de rien?

La réflexion explique ce fait, extraordinaire en apparence, naturel en réalité.

Le chef d'une famille, qu'il habite une mansarde ou un palais, est toujours le dernier à apprendre ce qui se passe chez lui. Ce que tout le monde sait, il l'ignore. Souvent le feu est à la maison, que le maître dort en sécurité. Il faut, pour l'éveiller, l'explosion, l'écroulement, la catastrophe.

L'existence adoptée par Martial était d'ailleurs bien faite pour empêcher la vérité d'arriver jusqu'à lui.

La première année de son mariage n'était pas révolue, que déjà il avait comme rompu avec sa femme.

Il restait parfait pour elle, plein de déférences et d'attentions, mais ils n'avaient plus rien de commun que le nom et certains intérêts.

Ils vivaient chacun de son côté, ne se retrouvant qu'au dîner, ou lors des fêtes qu'ils donnaient et qui étaient des plus brillantes de Paris.

La duchesse avait ses appartements à elle, ses gens, ses voitures, ses chevaux, son service à elle.

A vingt-cinq ans, Martial, le dernier descendant de cette grande maison de Sairmeuse, que la destinée avait accablé de ses faveurs, qui avait pour lui la jeunesse et la richesse, un des huit ou dix beaux noms de France et une intelligence supérieure, Martial succombait sous le poids d'un incurable ennui.

La mort de Marie-Anne avait tari en lui toutes les sources de la sensibilité. Et voyant sa vie vide de bonheur, il essayait de l'emplir de bruit et d'agitations. Lui, le sceptique par excellence, il recherchait les émotions du pouvoir. Il s'était jeté dans la politique comme un vieux lord blasé se met au jeu.

C'est juste de dire aussi que Mme Blanche sut rester supérieure aux événements et jouer avec une héroïque constance la comédie du bonheur.

Les plus atroces souffrances n'effacèrent jamais de sa physionomie cette hauteur sereine, qui annonce le contentement de soi et le dédain d'autrui, et qui est la plus saisissante expression de l'orgueil.

Devenue en peu de temps une de ces reines que Paris adopte, c'est avec une sorte de frénésie qu'elle se ruait au plaisir. Cherchait-elle à s'étourdir? Espérait-elle que l'excès de la fatigue anéantirait la pensée?

A tante Médie seule, et encore à de rares intervalles, Mme Blanche laissa voir le fond de son âme.

— Je suis, répétait-elle, comme un condamné qu'on aurait lié sur l'échafaud, et qu'on aurait abandonné en lui disant: Vis jusqu'à ce que le couperet tombe de lui-même.

Et, en effet, que fallait-il pour que le couperet tombât, c'est-à-dire pour que Martial découvrît tout ? Une circonstance fortuite, un mot, un rien, un caprice du hasard... elle n'osait dire un arrêt de la Providence

C'était bien là, en effet, dans toute son horreur, la situation de cette belle et noble duchesse de Sairmeuse, tant enviée et tant adulée. « Elle a tous les bonheurs, » disait-on. Et elle, cependant, se sentait glisser peu à peu tout au fond d'abîmes indéfinissables.

Pareille au matelot désespérément accroché à une épave, elle interrogeait l'horizon d'un œil éperdu, et elle n'apercevait que tempêtes et désastres.

Les années, pourtant, devaient lui amener quelques allégements.

Il arriva une fois que Chupin resta six semaines sans donner de ses nouvelles.

Un mois et demi !... Qu'était-il devenu? Ce silence semblait à Mme Blanche menaçant comme le calme qui précède l'orage.

Un journal lui donna le mot de l'énigme.

Chupin était en prison.

Le misérable, un soir qu'il avait bu plus que de coutume, s'était pris de querelle avec son frère, et l'avait assommé à coups de barre de fer.

Le sang de Lacheneur vendu par le vieux braconnier retombait sur la tête de ses enfants.

Traduit en cour d'as   hupin fut condamné à vingt ans de travaux forcés et envoyé à Brest.

Cette condamnation   evait pas rendre la paix à Mme Blanche. Le meurtrier lui avait écrit de sa prison de Paris, dès qu'il n'avait plus été au secret; il lui écrivait du bagne.

Mais il n'envoyait pas ses lettres par la poste. Il les confiait à des camarades qui avaient fait leur temps, qui se présentaient à l'hôtel de Sairmeuse et qui demandaient à parler à Mme la duchesse.

Et elle les recevait. Ils lui racontaient toutes les misères qu'on endure là-bas « au pré, » et leur commission faite, ils finissaient toujours par réclamer quelque petit secours...

Enfin, un matin, un homme dont les regards lui firent peur lui apporta ce laconique billet :

« Je m'ennuie à crever ici ; quitte à risquer ma peau, je veux m'évader. Venez à Brest ; vous visiterez le bagne, je vous verrai et nous nous entendrons. Et que ça ne traîne pas, sinon je m'adresse au duc, qui m'obtiendra ma grâce en échange de ce que je lui apprendrai. »

Mme Blanche demeura un moment anéantie... Il était impossible, croyait-elle, de rouler plus bas.

— Eh bien ! demanda l'homme, d'une voix affreusement enrouée, quelle réponse faut-il faire au camarade ?

— J'irai, dites-lui que j'irai !...

Elle fit le voyage, en effet, elle visita le bagne, mais elle n'aperçut pas Chupin.

La semaine précédente, il y avait eu au bagne une sorte de révolte, la troupe avait fait feu et Chupin avait été tué aide.

Cependant, la duchesse, de retour à Paris, n'osait pas trop se réjouir.

Elle supposait que le misérable devait avoir livré à la créature qu'il avait épousée le secret de sa puissance.

— Je ne tarderai pas à la voir, pensait-elle.

La veuve Chupin se présenta en effet, peu après, mais humblement et en suppliante.

Elle avait souvent ouï dire, prétendait-elle, à son pauvre défunt que Mme la duchesse était sa protectrice, et se trouvant sans ressources aucunes, elle venait solliciter un petit secours qui lui permît de lever un débit de boissons.

Justement son fils, Polyte, ah ! un bien bon sujet ! qui avait alors dix-huit ans, venait de découvrir, du côté de Montrouge, une petite maison bien commode et pas trop chère, et sûrement, avec trois ou quatre cents francs...

Mme Blanche remit 500 francs à l'affreuse mégère.

— Son humilité n'est-elle qu'un masque, pensait-elle, ou son mari ne lui a-t-il rien dit ?

Cinq jours plus tard, ce fut Polyte Chupin qui arriva.

Il manquait, déclara-t-il, trois cents francs pour l'installation, et il venait de la part de sa mère supplier la bonne dame de les avancer...

Résolue à savoir au juste à quoi s'en tenir, la duchesse refusa net, et l'affreux garnement se retira sans souffler mot.

Évidemment, ni la veuve ni son fils ne savaient... Chupin était mort avec son

— Pauvre malheureuse !... murmura-t-il, puisse Dieu te pardonner comme je te pardonne.

en sortant d'un bal travesti où elle s'était obstinée à aller, malgré sa nièce, avec un costume ridicule.

Sa passion pour la toilette la tuait.

La maladie ne dura que trois jours, mais l'agonie fut effroyable.

elle était coupable autant que si elle l'eût aidée à le commettre. Elle avait été très pieuse, autrefois ; la foi lui revint avec son cortège de terreurs.

— Je suis damnée!... criait-elle ; je suis damnée !...

Elle se débattait sur son lit, elle se tordait comme si elle eût vu l'enfer s'entr'ouvrir pour l'engloutir. Elle hurlait comme si elle eût senti les morsures des flammes.

Puis elle appelait la sainte Vierge et tous les saints à son secours. Elle priait Dieu de la laisser vivre encore un peu pour se repentir, pour expier... Elle demandait un prêtre, jurant qu'elle ferait une confession publique.

Plus pâle que la mourante, mais implacable, Mme Blanche veillait, aidée par celle de ses femmes en qui elle avait le plus confiance.

— Si cela dure, pensait-elle, je suis perdue... Je serai forcée d'appeler quelqu'un, et cette malheureuse dira tout.

Cela ne dura pas.

Le délire ne tarda pas à s'emparer de tante Médie, puis un anéantissement survint, si profond, qu'on pouvait croire à toute minute qu'elle allait passer.

Cependant, vers le milieu de la nuit, elle parut se ranimer et reprendre connaissance.

Elle se tourna péniblement vers sa nièce, et d'une voix où vibraient ses dernières forces :

— Tu n'as pas eu pitié de moi, Blanche, dit-elle, tu veux me perdre dans l'autre vie comme dans celle-ci...Dieu te punira. Tu mourras désespérée, toi aussi, seule, comme un chien... Sois maudite!

Et elle expira. Deux heures sonnaient.

Il était loin, le temps où Mme Blanche eût donné quelque chose de sa vie pour sentir tante Médie à six pieds sous terre.

En ce moment, la mort de cette pauvre vieille l'affectait profondément.

Elle perdait une complice qui parfois l'avait consolée, et elle ne gagnait rien en liberté, puisqu'une femme de chambre se trouvait initiée au secret du crime de la Borderie.

Toutes les personnes de l'intimité de la duchesse de Sairmeuse remarquèrent, à cette époque, son abattement et s'en étonnèrent.

— N'est-il pas singulier, disait-on, que la duchesse, une femme supérieure, regrette si fort cette antique caricature!

C'est que Mme Blanche avait été extraordinairement impressionnée par les sinistres prophéties de cette parente pauvre, devenue à la longue son âme damnée, et à qui elle avait refusé les consolations suprêmes de la religion.

Contrainte à un retour vers le passé, elle s'épouvantait, comme jadis les paysans de Sairmeuse, de l'acharnement de la fatalité à poursuivre, jusque dans leurs enfants, ceux qui avaient versé le sang.

Quelle fin ils avaient eue, tous, depuis les fils de Chupin, le traître, jusqu'à son père, le marquis de Courtomieu, le grand prévôt, qui, avant de mourir, avait traîné dix ans sous les huées un corps dont la pensée s'était envolée !

— Mon tour viendra ! pensait-elle.

L'année précédente, s'étaient éteints, à un mois d'intervalle, pleurés de tous, le baron et la baronne d'Escorval, et aussi le caporal Bavois.

De telle sorte que, de tant de gens de conditions diverses, mêlés aux troubles de Montaignac, Mme Blanche n'en apercevait plus que quatre :

Maurice d'Escorval, entré dans la magistrature, et qui était juge près le tribunal de la Seine, l'abbé Midon qui était venu vivre à Paris avec Maurice, enfin Martial et elle-même.

Il en était un autre, cependant, dont le souvenir faisait frissonner la duchesse, et dont elle osait à peine articuler le nom :

Jean Lacheneur, le frère de Marie-Anne.

Une voix intérieure, plus puissante que tous les raisonnements, lui criait que cet implacable ennemi vivait encore, qu'il se souvenait toujours, qu'il était tout près d'elle, protégé par son obscurité, épiant l'heure de la vengeance...

Plus obsédée par ses pressentiments que par Chupin autrefois, Mme Blanche résolut de s'adresser à Chefteux, afin de savoir au moins à quoi s'en tenir.

L'ancien agent de Fouché était resté à sa dévotion. Toujours, tous les mois il présentait un « compte de frais » qui lui était payé sans discussion, et même, pour l'acquit de sa conscience, il envoyait, tous les ans, un de ses hommes rôder dans les environs de Sairmeuse.

Émoustillé par l'espoir d'une magnifique récompense, l'espion promit à sa cliente et se promit à lui-même de découvrir cet ennemi.

Il se mit en quête, et il était déjà parvenu à se procurer des preuves de l'existence de Jean quand ses investigations furent brusquement arrêtées...

Un matin, au petit jour, de balayeurs ramassèrent dans un ruisseau un cadavre littéralement haché de coups de couteau. C'était le cadavre de Chefteux.

« Digne fin d'un tel misérable, » disait le *Journal des Débats*, en enregistrant l'événement.

Lorsqu'elle lut cette nouvelle, Mme Blanche eut la terrifiante sensation du coupable lisant son arrêt.

— Ceci est la fin de tout, murmura-t-elle, Lacheneur est proche !...

La duchesse ne se trompait pas.

Jean ne mentait pas quand il affirmait qu'il ne vendait pas pour son compte les biens de sa sœur.

L'héritage de Marie-Anne avait, dans sa pensée, une destination sacrée. Il l'y employa tout entier sans en détourner rien pour ses besoins personnels.

Il n'avait plus un sou en poche, quand le directeur d'une troupe ambulante l'engagea à raison de 45 francs par mois.

De ce jour, il vécut comme vivent les pauvres comédiens nomades : à l'aventure, mal payé, toujours pris entre un manque d'engagement et la faillite d'un directeur.

Sa haine était toujours aussi violente; seulement, pour se venger comme il l'entendait, il avait besoin de temps, c'est-à-dire d'argent devant soi.

Or, comment économiser, lorsqu'il n'avait pas toujours de quoi manger à sa faim !

Il était loin, cependant, de renoncer à ses espérances. Ses rancunes étaient de celles que le temps aigrit et exaspère, au lieu de les adoucir et de les calmer. Il attendait une occasion, avec une rageuse patience, suivant de l'œil, des profondeurs de sa misère, la brillante fortune des Sairmeuse.

Il attendait depuis seize ans, quand un de ses amis lui procura un engagement en Russie.

L'engagement n'était rien ; mais le pauvre comédien eut l'habileté de s'associer à une entreprise théâtrale et, en moins de six ans, il avait réalisé un bénéfice de cent mille francs.

— Maintenant, se dit-il, je puis partir ; je suis assez riche pour commencer la guerre.

Et, en effet, six semaines plus tard, il arrivait à Sairmeuse.

Au moment de mettre à exécution quelqu'un de ces atroces projets qu'il avait conçus, il venait demander à la tombe de Marie-Anne un redoublement de haine et l'impitoyable sang-froid des justiciers.

Il ne venait que pour cela, en vérité, quand le soir même de son arrivée les caquets d'une paysanne lui apprirent que, depuis son départ, c'est-à-dire depuis plus de vingt ans, deux personnes s'obstinaient à faire chercher un enfant dans le pays.

Quel était cet enfant? Jean le savait, c'était celui de Marie-Anne. Pourquoi ne le retrouvait-on pas ? Il le savait également...

Mais pourquoi deux personnes ?... L'une était Maurice d'Escorval, mais l'autre ?...

Au lieu de rester une semaine à Sairmeuse, Jean Lachenour y passa un mois, mais au bout de ce mois il tenait la piste d'un agent de Chefteux, et par cet agent il arrivait jusqu'à l'ancien espion de Fouché, puis jusqu'à la duchesse de Sairmeuse elle-même.

Cette découverte le stupéfia.

Comment Mme Blanche savait-elle que Marie-Anne avait eu un enfant, et le sachant quel intérêt avait-elle à le retrouver?

Voilà les deux questions qui tout d'abord se présentèrent à l'esprit de Jean. Mais il eut beau se torturer l'esprit, il n'y trouva pas de réponse satisfaisante.

— Les fils de Chupin me renseigneront, se dit-il, je me réconcilierai s'il le faut, en apparence, avec les fils du misérable qui a livré mon père...

Oui, mais les fils du vieux maraudeur étaient morts depuis plusieurs années et, après des démarches sans nombre, Jean ne rencontra que la veuve Chupin et son fils Polyte.

Ils tenaient un cabaret bâti au milieu des terrains vagues, non loin de la rue du Château-des-Rentiers, bouge mal famé, appelé la *Poivrière*

Ni la veuve, ni Polyte ne savaient rien. Vainement Lacheneur les interrogea, son nom même qu'il leur dit n'éveilla en eux aucun souvenir.

Jean allait se retirer, quand la Chupin, qui sans doute espérait tirer de lui quelques sous, se mit à déplorer sa misère présente, laquelle était d'autant plus affreuse qu'elle avait « eu de quoi, » affirmait-elle, autrefois, du vivant de son pauvre défunt, lequel avait de l'argent tant qu'elle en voulait jusqu'à plus soif, d'une dame de haut parage, la duchesse de Sairmeuse.

Lacheneur eut un mouvement si terrible, que la vieille et son fils reculèrent.

Il voyait l'étroite relation entre les recherches de Mme Blanche et ses générosités. La vérité éclairait le passé de ses fulgurantes lueurs...

— C'est elle, se dit-il, l'infâme, qui a empoisonné Marie-Anne.... C'est par ma sœur qu'elle a connu l'existence de l'enfant... Elle a comblé Chupin parce qu'il connaissait le crime dont son père a été le complice...

Il se souvenait du serment de Martial, et son cœur était inondé d'une épouvantable joie. Il voyait ses deux ennemis, le dernier des Sairmeuse et la dernière des Courtomieu, punis l'un par l'autre et faisant de leurs mains sa besogne de vengeur...

Ce n'était là cependant qu'une présomption, et il voulait une certitude.

Il sortit de sa poche une poignée d'or, et l'étalant sur la table du cabaret :

— Je suis très riche, dit-il à la veuve et à Polyte... Voulez-vous m'obéir et vous taire? Votre fortune est faite.

Le cri rauque arraché par la convoitise à la mère et au fils valait toutes les protestations d'obéissance.

La veuve Chupin savait écrire. Lacheneur lui dicta ce terrible billet :

« Madame la duchesse,

« Je vous attends demain à mon établissement, entre midi et quatre heures.

C'est pour l'affaire de la Borderie. Si, à cinq heures, je ne vous ai pas vue, je porterai à la poste une lettre pour monsieur le duc... »

— Et si elle vient, répétait la veuve stupéfiée, que lui dire ?...
— Rien ; vous lui demanderez de l'argent.
Et, en lui-même, il se disait :
— Si elle vient, c'est que j'ai deviné...
Elle vint.
Caché à l'étage supérieur de la *Poivrière*, Jean la vit, par une fente du plancher, remettre un billet de banque à la Chupin.
— Maintenant, pensait-il, je la tiens !... Dans quels bourbiers dois-je la traîner, avant de la livrer à la vengeance de son mari !...

LIV

Dix lignes de l'article consacré à Martial de Sairmeuse, par la *Biographie générale des hommes du siècle*, expliquent son existence après son mariage.

« Martial de Sairmeuse, y est-il dit, dépensa au service de son parti la plus haute intelligence et d'admirables facultés... Mis en avant au moment où les passions politiques étaient le plus violentes, il eut le courage d'assumer seul la responsabilité des plus terribles mesures...

« Obligé de se retirer devant l'animadversion générale, il laissa derrière lui des haines qui ne s'éteignirent qu'avec la vie. »

Mais ce que l'article ne dit pas, c'est que, si Martial fut coupable — et cela dépend du point de vue, — il le fut doublement, car il n'avait pas l'excuse de ces convictions exaltées jusqu'au fanatisme qui font les fous, les héros et les martyrs.

Et il n'était pas même ambitieux.

Tous ceux qui l'approchaient, lorsqu'il était aux affaires, témoins de ses luttes passionnées et de sa dévorante activité, le croyaient ivre du pouvoir...

Il s'en souciait aussi peu que possible. Il jugeait les charges lourdes et les compensations médiocres. Son orgueil était trop haut pour être touché des satisfactions qui délectent les vaniteux, et la flatterie l'écœurait.

Souvent dans ses salons, au milieu d'une fête, ses familiers, voyant sa physionomie s'assombrir, s'écartaient respectueusement.

— Le voilà, pensaient-ils, préoccupé des plus graves intérêts... Qui sait quelles importantes décisions sortiront de cette rêverie

Ils se trompaient.

En ce moment, où sa fortune à son apogée faisait pâlir l'envie, alors qu'il paraissait n'avoir rien à souhaiter en ce monde, Martial se disait :

— Quelle existence creuse !... Quel ennui ! Vivre pour les autres... quelle duperie !

Il considérait alors la duchesse, sa femme, rayonnante de beauté, plus entourée qu'une reine, et il soupirait.

Il songeait à l'autre, la morte, Marie-Anne, la seule femme qui l'eût remué, dont un regard faisait monter à son cerveau tout le sang de son cœur...

Car jamais elle n'était sortie de sa pensée. Après tant d'années, il la voyait encore, immobile, raide, morte, dans la grande chambre de la Borderie... Il frissonnait parfois, croyant sentir sous ses lèvres sa chair glacée.

Et le temps, loin d'effacer cette image qui avait empli sa jeunesse, la faisait plus radieuse et la parait de qualités presque surhumaines.

Si la destinée l'eût voulu, pourtant, Marie-Anne eût été sa femme. Il s'était répété cela mille fois, et il cherchait à se représenter sa vie avec elle.

Ils seraient restés à Sairmeuse... Ils auraient de beaux enfants jouant autour d'eux ! Il ne serait pas condamné à cette représentation continuelle, si bruyante et si creuse...

Les heureux ne sont pas ceux qui, sur des tréteaux en vue, jouent pour la foule la parade du bonheur... Les véritables heureux se cachent, et ils ont raison ; le bonheur, c'est presque un crime.

Ainsi pensait Martial, et lui, le grave homme d'État, il se disait avec rage :

— Aimer et être aimé !... tout est là ! Le reste... niaiserie.

Positivement il avait essayé de se donner de l'amour pour Mme Blanche. Il avait cherché à retrouver près d'elle les chaudes sensations qu'il avait éprouvées en la voyant à Courtomieu. Il n'avait pas réussi. On a beau tisonner des cendres froides, on n'en fait point jaillir d'étincelles. Entre elle et lui se dressait un mur de glace que rien ne pouvait fondre, et qui allait gagnant toujours en hauteur et en épaisseur.

— C'est incompréhensible, se disait-il : pourquoi ?... Il y a des jours où je jurerais qu'elle m'aime... Son caractère, si irritable autrefois, est entièrement changé, elle est devenue la douceur même... Quand j'ai pour elle une attention, ses yeux brillent de plaisir...

Mais c'était plus fort que lui...

Ses regrets stériles, les douleurs qui le rongeaient, contribuèrent sans doute à l'âpreté de la politique de Martial.

Il sut du moins tomber noblement.

Il passa, sans changer de visage, de la toute-puissance à une situation si compromise qu'il put croire un instant sa vie en danger.

Au fond, que lui importait!

Voyant vides ses antichambres encombrées jadis de solliciteurs et d'adulateurs, il se mit à rire et son rire était franc.

— Le vaisseau coule, dit-il, les rats sont partis.

On ne le vit point pâlir quand la meute vint hurler sous ses fenêtres et briser ses vitres. Et comme Otto, son fidèle valet de chambre, le conjurait de revêtir un déguisement et de s'enfuir par la porte du jardin:

— Ah! parbleu, non! répondit-il. Je ne suis qu'odieux, je ne veux pas devenir ridicule!...

Même on ne put jamais l'empêcher de s'approcher d'une fenêtre et de regarder dans la rue.

Une singulière idée lui était venue.

— Si Jean Lacheneur est encore de ce monde, s'était-il dit, quelle ne doit pas être sa joie!... Et s'il vit, à coup sûr il est là, au premier rang, animant la foule.

Et il avait voulu voir.

Mais Jean Lacheneur était encore en Russie, à cette époque. L'émotion populaire se calma, l'hôtel de Sairmeuse ne fut même pas sérieusement menacé.

Cependant, Martial avait compris qu'il devait disparaître pour un temps, se faire oublier, voyager...

Il ne proposa pas à la duchesse de le suivre.

— C'est moi qui ai fait les fautes, ma chère amie, lui dit-il; vous les faire payer en vous condamnant à l'exil serait injuste. Restez... je vois un avantage à ce que vous restiez.

Elle ne lui offrit pas de partager sa mauvaise fortune. C'eût été un bonheur, pour elle, mais était-ce possible! Ne fallait-il pas qu'elle demeurât pour tenir tête aux misérables qui la harcelaient. Déjà, quand par deux fois elle avait été obligée de s'éloigner, tout avait failli se découvrir, et cependant elle avait tante Médie, alors, qui la remplaçait...

Martial partit donc, accompagné du seul Otto, un de ces serviteurs dévoués comme les bons maîtres en rencontrent encore. Par son intelligence, Otto était supérieur à sa position; il possédait une fortune indépendante, il avait cent raisons, dont une bien jolie, pour tenir au séjour de Paris, mais son maître était malheureux, il n'hésita pas...

Et, pendant quatre ans, le duc de Sairmeuse promena à travers l'Europe son ennui et son désœuvrement, écrasé sous l'accablement d'une vie que nul intérêt n'animait plus, que ne soutenait aucune espérance.

Les deux policiers étaient entrés chez le marchand de vin.

Il habita Londres d'abord, Vienne et Venise ensuite. Puis, un beau jour, un invincible désir de revoir Paris le prit et il revint.

Ce n'était pas très prudent, peut-être. Ses ennemis les plus acharnés, des ennemis personnels, mortellement blessés par lui autrefois, offensés et persécutés, étaient au pouvoir. Il ne calcula rien. Et d'ailleurs, que pouvait-on contre lui, lui qui ne voulait plus rien être!... Quelle prise offrait-il à des représailles?...

L'exil qui avait lourdement pesé sur lui, le chagrin, les déceptions, l'isolement où il s'était tenu, avaient disposé son âme à la tendresse, et il revenait avec l'intention formellement arrêtée de surmonter ses anciennes répugnances et de se rapprocher franchement de la duchesse.

— La vieillesse arrive, pensait-il. Si je n'ai pas une femme aimée à mon foyer, j'y veux du moins une amie...

Et dans le fait, ses façons, à son retour, étonnèrent Mme Blanche. Elle crut presque retrouver le Martial du petit salon bleu de Courtomieu. Mais elle ne s'appartenait plus, et ce qui eût dû être pour elle le rêve réalisé ne fut qu'une souffrance ajoutée à toutes les autres.

Cependant, Martial poursuivait l'exécution du plan qu'il avait conçu, quand un jour la poste lui apporta un laconique billet :

« Moi, monsieur le duc, à votre place, je surveillerais ma femme. »

Ce n'était qu'une lettre anonyme, cependant Martial sentit le rouge de la colère lui monter au cœur.

— Aurait-elle un amant? se dit-il.

Puis réfléchissant à sa conduite, à lui, depuis son mariage :

— Et quand cela serait, ajouta-t-il, qu'aurais-je à dire?... Ne lui ai-je pas tacitement rendu sa liberté!...

Il était extraordinairement troublé, et cependant jamais il ne fût descendu au vil métier d'espion, sans une de ces futiles circonstances qui décident de la destinée d'un homme.

Il rentrait d'une promenade à cheval, un matin, sur les onze heures, et il n'était pas à trente pas de son hôtel, quand il en vit sortir rapidement une femme, plus que simplement vêtue, tout en noir, qui avait exactement la tournure de la duchesse.

— C'est bien elle, se dit-il, avec ce costume subalterne... Pourquoi?...

S'il eût été à pied, il fût rentré, certainement. Il était à cheval, il poussa la bête sur les traces de Mme Blanche, qui remontait la rue de Grenelle.

Elle marchait très vite, sans tourner la tête, tout occupée à maintenir sur son visage une voilette très épaisse.

Arrivée à la rue Taranne, elle se jeta plutôt qu'elle ne monta dans un des fiacres de la station.

Le cocher vint lui parler par la portière, puis remontant lestement sur son siège il enveloppa ses maigres rosses d'un de ces maîtres coups de fouet qui trahissent un pourboire princier.

Le fiacre avait déjà tourné la rue du Dragon, que Martial, honteux et irrésolu, retenait son cheval à l'endroit où il l'avait arrêté, à l'angle de la rue des Saints-Pères, devant le bureau de tabac.

N'osant prendre un parti, il essaya de se mentir à lui-même.

— Bast! pensa-t-il en rendant la main à son cheval, qu'est-ce que je risque à avancer?... Le fiacre est sans doute bien loin et je ne le rejoindrai pas.

Il le rejoignit cependant, au carrefour de la Croix-Rouge, où il y avait comme toujours un encombrement...

C'était bien le même, Martial le reconnaissait à sa caisse verte et à ses roues blanches.

L'encombrement cessant, le fiacre repartit.

Debout sur son siège, le cocher rouait ses chevaux de coups, et c'est au galop qu'il longea l'étroite rue du Vieux-Colombier, qu'il côtoya la place Saint-Sulpice et qu'il gagna les boulevards extérieurs, par la rue Bonaparte et la rue de l'Ouest.

Toujours trottant, à cent pas en arrière, Martial réfléchissait.

— Comme elle est pressée! pensait-il. Ce n'est cependant guère le quartier des rendez-vous.

Le fiacre venait de dépasser la place d'Italie. Il enfila la rue du Château-des-Rentiers, et bientôt s'arrêta devant un espace libre...

La portière s'ouvrit aussitôt, la duchesse de Sairmeuse sauta lestement à terre, et sans regarder de droite ni de gauche, elle s'engagea dans les terrains vagues...

Non loin de là, sur un bloc de pierre, était assis un homme de mauvaise mine, à longue barbe, en blouse, la casquette sur l'oreille, la pipe aux dents.

— Voulez-vous garder mon cheval un instant? lui demanda Martial.

— Tout de même! fit l'homme.

Martial lui jeta la bride et s'élança sur les pas de sa femme.

Moins préoccupé, il eût été mis en défiance par le sourire méchant qui plissa les lèvres de l'homme, et, examinant bien ses traits, il l'eût peut-être reconnu.

C'était Jean Lacheneur.

Depuis qu'il avait adressé au duc de Sairmeuse une dénonciation anonyme, il faisait multiplier à la duchesse ses visites à la veuve Chupin et, à chaque fois, il guettait son arrivée.

— Comme cela, pensait-il, dès que son mari se décidera à la suivre, je le saurai...

C'est que, pour le succès de ses projets, il était indispensable que Mme Blanche fût épiée par son mari.

Car Jean Lacheneur était décidé désormais. Entre mille vengeances, il en avait choisi une effroyable, active et ignoble, qu'un cerveau malade et enfiévré par la haine pouvait seul concevoir.

Il voulait voir l'altière duchesse de Sairmeuse livrée aux plus dégoûtants outrages, Martial aux prises avec les plus vils scélérats, une mêlée sanglante et immonde dans un bouge... Il se délectait à l'idée de la police, prévenue par lui, arrivant et ramassant indistinctement tout le monde. Il rêvait un procès hideux où reparaîtrait le crime de la Borderie, des condamnations infamantes, le bagne pour Martial, la maison centrale pour la duchesse, et il voyait ces grands noms de Sairmeuse et de Courtomieu flétris d'une éternelle ignominie.

Dans cette conception du délire se retrouvait la férocité de l'assassin du vieux duc de Sairmeuse, mêlée de monstrueux raffinements empruntés par le cabotin nomade aux mélodrames où il jouait les rôles de traître.

Et il pensait bien n'avoir rien oublié. Il avait sous la main deux abjects scélérats, capables de toutes les violences, et un triste garçon du nom de Gustave, que la misère et la lâcheté mettaient à sa discrétion, et à qui il comptait faire jouer le rôle du fils de Marie-Anne.

Certes ces trois complices ne soupçonnaient rien de sa pensée. Quant à la veuve Chupin et à son fils, s'ils flairaient quelque infamie énorme, ils ne savaient de la vérité que le nom de la duchesse.

Jean tenait d'ailleurs Polyte et sa mère par l'appât du gain et la promesse d'une fortune s'ils servaient docilement ses desseins.

Enfin, pour le premier jour où Martial suivrait sa femme, Jean avait prévu le cas où il entrerait derrière elle à la *Poivrière*, et tout avait été disposé pour qu'il crût qu'elle y était amenée par la charité.

— Mais il n'entrera pas, pensait Lacheneur, dont le cœur était inondé d'une joie sinistre, pendant qu'il tenait le cheval. Monsieur le duc est trop fin pour cela.

Et, dans le fait, Martial n'entra pas. Si les bras lui tombèrent quand il vit sa femme entrer comme chez elle dans ce cabaret infâme, il se dit qu'en l'y suivant il n'apprendrait rien.

Il se contenta donc de faire le tour de la maison et, remontant à cheval, il partit au grand galop. Ses soupçons étaient absolument déroutés, il ne savait que penser, qu'imaginer, que croire...

Mais il était bien résolu à pénétrer ce mystère, et dès en rentrant à l'hôtel, il envoya Otto aux informations. Il pouvait tout confier à ce serviteur si dévoué, il n'avait pas de secrets pour lui.

Sur les quatre heures, le fidèle valet de chambre reparut, la figure bouleversée.

— Quoi?... fit Martial, devinant un malheur.

— Ah! monseigneur, la maîtresse de ce bouge est la veuve d'un fils de ce misérable Chupin...

Martial était devenu plus blanc que sa chemise...

Il connaissait trop la vie pour ne pas comprendre que la duchesse en était réduite à subir la volonté de scélérats maîtres de ses secrets. Mais quels secrets? Ils ne peuvent être que terribles.

Les années, qui avaient argenté de fils blancs la chevelure de Martial, n'avaient pas éteint les ardeurs de son sang. Il était toujours l'homme du premier mouvement.

Enfin, d'un bond il fut à l'appartement de sa femme.

— Madame la duchesse vient de descendre, lui dit la femme de chambre, pour recevoir Mme la comtesse de Mussidan et Mme la marquise d'Arlange.

— C'est bien : je l'attendrai ici !... sortez !

Et Martial entra dans la chambre de Mme Blanche.

Tout y était en désordre, car la duchesse, de retour de la *Poivrière*, achevait de s'habiller, quand on lui avait annoncé une visite.

Les armoires étaient ouvertes, toutes les chaises encombrées ; les mille objets dont Mme Blanche se servait journellement, sa montre, sa bourse, des trousseaux de petites clefs, des bijoux, traînaient sur les commodes et sur la cheminée.

Martial ne s'assit pas, le sang-froid lui revenait.

— Pas de folie, pensait-il ; si j'interroge, je suis joué !... Il faut se taire et surveiller.

Il allait se retirer quand, parcourant la chambre de l'œil, il aperçut, dans l'armoire à glace, un grand coffret à incrustations d'argent, que sa femme possédait déjà étant jeune fille, et qui l'avait toujours suivie partout.

— Là, se dit-il, est sans doute le mot de l'énigme.

Martial était à un de ces moments où l'homme obéit sans réflexions aux inspirations de la passion. Il voyait sur la cheminée un trousseau de clefs, il sauta dessus et se mit à essayer les clefs au coffret... La quatrième ouvrit. Il était plein de papiers...

Avec une rapidité fiévreuse, Martial avait déjà parcouru trente lettres insignifiantes, quand il tomba sur une facture ainsi conçue :

« Recherches pour l'enfant de Mme de S... Frais du 3e trimestre de l'an 18... »

Martial eut comme un éblouissement.

Un enfant ?... Sa femme avait un enfant !

Il poursuivit néanmoins et il lut : « Entretien de deux agents à Sairmeuse... Voyage pour moi... Gratifications à divers..., etc., etc. » Le total s'élevait à 6,000 francs ; le tout était signé : Chefteux.

Alors, avec une sorte de rage froide, Martial se mit à bouleverser le coffret, et successivement il trouva : un billet d'une écriture ignoble, où il était dit : « Deux mille francs ce soir, sinon j'apprends au duc l'histoire de la Borderie » ; puis trois autres factures de Chefteux ; puis une lettre de tante Médie, où elle parlait de prison et de remords. Enfin, tout au fond, était le certificat de mariage de Marie-

Anne Lacheneur et de Maurice d'Escorval, délivré par le curé de Vigano, signé par le vieux médecin et par le caporal Bavois.

La vérité éclatait plus claire que le jour.

Plus assommé que s'il eût reçu un coup de barre de fer sur la tête, éperdu, glacé d'horreur, Martial eut cependant assez d'énergie pour ranger tant bien que mal les lettres, et remettre le coffret en place.

Puis il regagna son appartement en chancelant, se tenant aux murs.

— C'est elle, murmura-t-il, qui a empoisonné Marie-Anne !

Il était confondu, abasourdi, de la profondeur de la scélératesse de cette femme qui était la sienne, de sa criminelle audace, de son sang-froid, des perfections inouïes de sa dissimulation.

Cependant, si Martial discernait bien les choses en gros, beaucoup de détails échappaient à sa pénétration.

Il se jura que, soit par la duchesse, en usant d'adresse, soit par la Chupin, il saurait tout par le menu.

Il ordonna donc à Otto de lui procurer un costume tel qu'en portaient les habitants de la *Poivrière*, non de fantaisie, mais réel, ayant servi. On ne savait pas ce qui pouvait arriver.

De ce moment, — c'était dans les premiers jours de février, — Mme Blanche ne sortit plus sans être épiée. Plus une lettre ne lui parvint qui n'eût été lue auparavant par son mari...

Et certes, elle était à mille lieues de soupçonner cet incessant espionnage.

Martial gardait la chambre ; il s'était dit malade. Se trouver en face de sa femme et se taire eût été au-dessus de ses forces. Il se souvenait trop du serment juré sur le cadavre de Marie-Anne...

Cependant, ni Otto, ni son maître, ne surprenaient rien...

C'est qu'il n'y avait rien. Polyte Chupin venait d'être arrêté sous l'inculpation de vol et cet accident retardait les projets de Lacheneur.

Enfin, il jugea que tout serait prêt le 20 février, un dimanche, le dimanche gras.

La veille, la veuve Chupin fut habilement endoctrinée, et écrivit à la duchesse d'avoir à se trouver à la *Poivrière*, le dimanche soir, à onze heures.

Ce même soir, Jean devait rencontrer ses complices dans un bal mal famé de la banlieue, le bal de l'*Arc-en-Ciel*, leur distribuer leurs rôles, et leur donner leurs dernières instructions.

Ces complices devaient ouvrir la scène ; lui n'apparaîtrait que pour le dénoûment.

— Tout est bien combiné, pensait-il, « la mécanique marchera. »

« La mécanique, » ainsi qu'il le disait, faillit cependant ne pas marcher.

Mme Blanche, en recevant l'assignation de la Chupin, eut une velléité de révolte. L'heure insolite, l'endroit désigné l'épouvantaient...

Elle se résigna cependant et, le soir venu, elle s'échappait furtivement de l'hôtel, emmenant Camille, cette femme de chambre qui avait assisté à l'agonie de tante Médie.

La duchesse et sa camériste s'étaient vêtues comme les malheureuses de la plus abjecte condition, et, certes, elles se croyaient bien sûres de n'être ni épiées, ni reconnues, ni vues...

Et cependant un homme les guettait, qui s'élança sur leurs traces : Martial...

Informé, avant sa femme, de ce rendez-vous, il avait lui aussi endossé un déguisement, ce costume d'ouvrier des ports, que lui avait procuré Otto. Et comme il était dans son caractère de pousser jusqu'à la dernière perfection tout ce qu'il entreprenait, il avait véritablement réussi à se rendre méconnaissable. Il avait sali et emmêlé ses cheveux et sa barbe, et souillé ses mains de terre. Il était, enfin, l'homme des haillons qu'il portait.

Otto l'avait conjuré de lui permettre de le suivre ; il avait refusé, disant que le revolver qu'il emportait suffisait à sa sûreté. Mais il connaissait assez Otto pour savoir qu'il désobéirait...

Dix heures sonnaient quand Mme Blanche et Camille se mirent en route, et il ne leur fallut pas cinq minutes pour gagner la rue Taranne.

Il y avait un fiacre à la station, un seul.

Elles y montèrent et il partit.

Cette circonstance arracha à Martial un juron digne de son costume. Puis il songea que, sachant où se rendait sa femme, il trouverait toujours, pour la rejoindre, une autre voiture.

Il en trouva une, en effet, dont le cocher, grâce à dix francs de pourboire exigés d'avance, le mena grand train jusqu'à la rue du Château-des-Rentiers.

Il venait de mettre pied à terre, quand il entendit le roulement sourd d'une autre voiture, qui brusquement s'arrêta à quelque distance.

— Décidément, se dit-il, Otto me suit.

Et il s'engagea dans les terrains vagues.

Tout était ténèbres et silence, et le brouillard puant qui annonçait le dégel s'épaississait. Martial trébuchait et glissait à chaque pas, sur le sol inégal et couvert de neige.

Il ne tarda pas, cependant, à apercevoir une masse noire au milieu du brouillard. C'était la *Poivrière*. La lumière de l'intérieur filtrait par les ouvertures en forme de cœur des volets, et de loin on eût dit de gros yeux rouges, dans la nuit.

Était-il vraiment possible que la duchesse de Sairmeuse fût là !...

Doucement, Martial s'approcha des volets, et, s'accrochant aux gonds et à une des ouvertures, il s'enleva à la force des poignets et regarda.

Oui, sa femme était bien dans le bouge infâme.

Elle était assise à une table, ainsi que Camille, devant un saladier de vin, en compagnie de deux hideux gredins et d'un tout jeune soldat.

Au milieu de la pièce, une vieille femme, la Chupin, un petit verre à la main, pérorait et ponctuait ses phrases de gorgées d'eau-de-vie.

L'impression de Martial fut telle qu'il se laissa retomber à terre.

Un rayon de pitié pénétra en son âme, car il eut comme une vague notion de l'effroyable supplice qui avait été le châtiment de l'empoisonneuse.

Mais il voulait voir encore, il se haussa de nouveau.

La vieille avait disparu. Le militaire s'était levé, il parlait en gesticulant, et Mme Blanche et Camille l'écoutaient attentivement.

Les deux gredins, face à face, les coudes sur la table, se regardaient, et Martial crut remarquer qu'ils échangeaient des signes d'intelligence.

Il avait bien vu. Les scélérats étaient en train de comploter un « bon coup ».

Mme Blanche, qui avait tenu à l'exactitude du travestissement, jusqu'à chausser de gros souliers plats qui la meurtrissaient, Mme Blanche avait oublié de retirer ses riches boucles d'oreilles.

Elles les avait oubliées... mais les complices de Lacheneur les avaient bien aperçues, et ils les regardaient avec des yeux qui brillaient plus que les diamants.

En attendant que Lacheneur parût, comme il était convenu, ces misérables jouaient le rôle qui leur avait été imposé. Pour cela, et pour leur concours ensuite, une certaine somme leur avait été promise...

Or, ils songeaient que cette somme ne s'élèverait peut-être pas au quart de la valeur de ces belles pierres, et de l'œil, ils se disaient :

— Si nous les décrochions, hein !... et si nous filions sans attendre l'autre !...

Bientôt ce fut entendu.

L'un d'eux se dressa brusquement, et, saisissant la duchesse par la nuque, il la renversa sur la table.

Les boucles d'oreilles étaient arrachées du coup sans Camille, qui se jeta bravement entre sa maîtresse et le malfaiteur.

Martial n'en put voir davantage.

Il bondit jusqu'à la porte du cabaret, l'ouvrit et entra, repoussant les verroux sur lui.

— Martial !...

— Monsieur le duc !...

Ces deux cris, échappés en même temps à Mme Blanche et à Camille, changè-

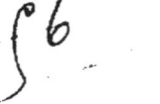

Un gros homme, rouge de visage, se présenta, tendant timidement une lettre.

rent en une rage furieuse la stupeur des deux bandits, et ils se précipitèrent sur Martial, résolus à le tuer...

D'un bond de côté, Martial les évita. Il avait à la main son revolver, il fit feu deux fois, les deux misérables tombèrent.

Il n'était pas sauvé pour cela; car le jeune soldat se jeta sur lui, s'efforçant de le désarmer.

Tout en se débattant furieusement, Martial ne cessait de crier d'une voix haletante :

— Fuyez!... Blanche, fuyez!... Otto n'est pas loin!... Le nom... Sauvez l'honneur du nom!...

Les deux femmes s'enfuirent par une seconde issue, donnant sur un jardinet, et presque aussitôt des coups violents ébranlèrent la porte.

On venait!... Cela doubla l'énergie de Martial et, dans un suprême effort, il repoussa si violemment son adversaire que, la tête du malheureux portant sur l'angle d'une table, il resta comme mort sur le coup.

Mais la veuve Chupin, descendue au bruit, hurlait. A la porte on criait :

— Ouvrez, au nom de la loi !...

Martial pouvait fuir. Mais fuir, c'était peut-être livrer la duchesse, car on le poursuivrait certainement. Il vit le péril d'un coup d'œil, et son parti fut pris.

Il secoua vivement la Chupin, et d'une voix brève :

— Cent mille francs pour toi, dit-il, si tu sais te taire.

Puis, attirant une table à lui, il s'en fit comme un rempart.

La porte volait en éclats... Une ronde de police, commandée par l'inspecteur Gévrol, se rua dans le bouge.

— Rends-toi ! cria l'inspecteur à Martial.

Il ne bougea pas, il dirigeait vers les agents les canons de son revolver.

— Si je puis les tenir en respect et parler seulement deux minutes, pensait-il, tout peut encore être sauvé...

Il les gagna, ces deux minutes... Aussitôt il jeta son arme à terre, et il prenait son élan quand un agent qui avait tourné la maison le saisit à bras-le-corps et le renversa...

De ce côté, il n'attendait que des secours. Aussi s'écria-t-il :

— Perdu ! C'est les Prussiens qui arrivent !

En un clin d'œil il fut garrotté, et deux heures plus tard on l'enfermait dans le violon du poste de la place d'Italie.

Sa situation se résumait ainsi :

Il avait joué le personnage de son costume de façon à tromper Gévrol lui-même. Les scélérats de la *Poivrière* étaient morts et il pouvait compter sur la Chupin.

Mais il savait que le piège avait été tendu par Jean Lacheneur.

Mais il avait lu un volume de soupçons dans les yeux du jeune policier qui l'avait arrêté, et que les autres appelaient Lecoq.

LV

Le duc de Sairmeuse était de ces hommes qui restent supérieurs à toutes les fortunes, bonnes ou mauvaises. Son expérience était grande, son coup d'œil sûr, son intelligence prompte et féconde en ressources. Il avait, en sa vie, traversé des hasards étranges, et toujours son sang-froid avait dominé les événements.

Mais, en ce moment, dans ce cabanon humide et infect, après les scènes sanglantes du cabaret de la Chupin, il se trouvait sans idées et sans espérances...

C'est que la Justice, il le savait, ne se paye d'apparences et, quand elle se trouve en face d'un mystère, elle n'a ni repos ni trêve qu'elle ne l'ait éclairci.

Martial ne le comprenait que trop : une fois son identité constatée, on chercherait les raisons de sa présence à la *Poivrière*, on ne tarderait pas à les découvrir, on arriverait jusqu'à la duchesse, et alors le crime de la Borderie émergerait des ténèbres du passé.

C'était la cour d'assises, la maison centrale, un scandale effroyable, le déshonneur, une honte éternelle...

Et sa puissance d'autrefois, loin de le protéger, l'écrasait. Qui donc l'avait remplacé aux affaires? Ses adversaires politiques, et parmi eux deux ennemis personnels à qui il avait infligé de ces atroces blessures d'amour-propre qui jamais ne se cicatrisent. Quelle occasion de vengeance pour eux!...

A cette idée d'une flétrissure ineffaçable, imprimée à ce grand nom de Sairmeuse, qui avait été sa force et sa gloire, sa tête s'égarait.

— Mon Dieu!... murmurait-il, inspirez-moi.... Comment sauver l'honneur du nom!

Il ne vit qu'une chance de salut : mourir, se suicider dans ce cabanon. On le prenait encore pour un de ces gredins qui hantent les banlieues; mort, on ne s'inquiéterait que médiocrement de son identité.

— Allons!... il le faut! se dit-il.

Déjà il cherchait comment accomplir son dessein, quand il entendit un grand mouvement, à côté, dans le poste, des trépignements et des éclats de rire.

La porte du violon s'ouvrit, et les sergents de ville y poussèrent un homme qui fit deux ou trois pas, chancela, tomba lourdement à terre, et presque aussitôt se mit à ronfler. Ce n'était qu'un ivrogne...

Cependant un rayon d'espoir illuminait le cœur de Martial. En cet ivrogne, il avait reconnu Otto, déguisé, presque méconnaissable.

La ruse était hardie, il fallait se hâter d'en profiter et se défier de la surveillance. Martial s'étendit sur le banc, comme pour dormir, de telle façon que sa tête n'était pas à un mètre de celle d'Otto.

— La duchesse est hors de danger... murmura le fidèle domestique.

— Aujourd'hui, peut-être. Mais demain, par moi, on arrivera jusqu'à elle.

— Monseigneur s'est donc nommé ?

— Non... tous les agents, excepté un, me prennent pour un rôdeur de barrières.

— Eh bien !... il faut continuer à jouer ce personnage.

— A quoi bon !... Lacheneur ira me dénoncer...

Martial, pour le moment au moins, était délivré de Jean. Quelques heures plus tôt, en se rendant de l'*Arc-en-ciel* à la *Poivrière*, Jean avait roulé au fond d'une carrière abandonnée et s'y était fracassé le crâne. Des carriers qui allaient à leur travail l'avaient aperçu et relevé et, à cette même heure, ils le portaient à l'hôpital.

Bien que ne pouvant prévoir cela, Otto ne parut pas ébranlé.

— On se débarrassera de Lacheneur, dit-il; que monsieur le duc soutienne seulement son rôle... Une évasion n'est qu'une plaisanterie quand on a des millions...

— On me demandera qui je suis, d'où je viens, comment j'ai vécu...

— Monseigneur parle l'allemand et l'anglais, il peut dire qu'il arrive de l'étranger, qu'il est un enfant trouvé, qu'il a exercé une profession nomade, celle de saltimbanque, par exemple.

— En effet, comme cela...

Otto fit un mouvement pour se rapprocher encore de son maître, et d'une voix brève :

— Alors, convenons bien de nos faits, car d'une parfaite entente dépend le succès. J'ai à Paris une amie — et personne ne sait nos relations — qui est fine comme l'ambre. Elle se nomme Milner et tient l'hôtel de Marienbourg, rue de Saint-Quentin. Monseigneur dira qu'il est arrivé hier, dimanche, de Leipzig, qu'il est descendu à cet hôtel, qu'il y a laissé sa malle, qu'il y est inscrit sous le nom de Mai, artiste forain, sans prénoms...

— C'est cela, approuvait Martial...

Et ainsi, avec une promptitude et une précision extraordinaires, ils convinrent point pour point de toutes les fictions qui devaient dérouter l'instruction.

Tout étant bien réglé, Otto sembla s'éveiller du sommeil profond de l'ivresse; il appela, on lui ouvrit et on le rendit à la liberté.

Seulement, avant de quitter le poste, il avait réussi à lancer un billet à la veuve Chupin enfermée dans le violon des femmes.

Lors donc que Lecoq, tout haletant d'espérance et d'ambition, arriva au poste de l'avenue d'Italie, après son enquête si habile à la *Poivrière*, il était battu d'avance par des hommes qui lui étaient inférieurs comme pénétration, mais dont la finesse égalait la sienne.

Le plan de Martial était arrêté, et il devait le poursuivre avec une incroyable perfection de détails.

Mis au secret au dépôt, le duc de Sairmeuse se préparait à la visite du juge d'instruction, quand entra Maurice d'Escorval... Ils se reconnurent.

Ils étaient aussi émus l'un que l'autre, et il n'y eut point d'interrogatoire, pour ainsi dire. Cependant, aussitôt après le départ de Maurice, Martial essaya de se donner la mort. Il ne croyait pas à la générosité de son ancien ennemi...

Mais le lendemain, quand au lieu de Maurice il trouva M. Segmuller, Martial crut entendre une voix qui lui criait : « Tu seras sauvé. »

Alors commença entre le juge et Lecoq d'un côté, et le prévenu de l'autre, cette lutte où il n'y eut point de vainqueur.

Martial sentait bien que de Lecoq seul venait le péril, et cependant il ne pouvait prendre sur soi de lui en vouloir. Fidèle à son caractère, qui le portait à rendre quand même justice à ses ennemis, il ne pouvait s'empêcher d'admirer l'étonnante pénétration et la ténacité de ce jeune policier qui luttait seul contre tous pour la vérité.

Il est vrai de dire, que si l'attitude de Martial fut merveilleuse, on le servit au dehors avec une admirable précision.

Toujours Lecoq fut devancé par Otto, ce mystérieux complice qu'il devinait et ne pouvait saisir. A la Morgue comme à l'hôtel de Marienbourg, près de Toinon-la-Vertu, la femme de Polyte Chupin, aussi bien que près de Polyte lui-même, partout Lecoq arriva deux heures trop tard.

Lecoq surprit la correspondance de son énigmatique prévenu ; il en devina la clef si ingénieuse, mais cela ne lui servit de rien. Un homme qui avait deviné en lui un rival ou plutôt un maître futur le trahit.

Si les démarches du jeune policier près du bijoutier et de la marquise d'Arlange n'eurent pas le résultat qu'il espérait, c'est que Mme Blanche n'avait pas acheté les boucles d'oreilles qu'elle portait à la *Poivrière;* elle les avait échangées avec une de ses amies, la baronne de Watchau.

Enfin, si personne à Paris ne s'aperçut de la disparition de Martial, c'est que, grâce à l'entente de la duchesse, d'Otto et de Camille, personne, à l'hôtel de Sairmeuse, ne soupçonna son absence. Pour tous les domestiques, le maître était dans son appartement, souffrant; on lui faisait faire des tisanes, on montait son déjeuner et son dîner chaque jour.

Le temps passait cependant, et Martial s'attendait bien à être renvoyé devant la cour d'assises et condamné sous le nom de May, lorsque l'occasion lui fut bénévolement offerte de s'évader.

Trop fin pour ne pas éventer le piège, il eut dans la voiture cellulaire quelques minutes d'horrible indécision...

Il se hasarda, cependant, s'en remettant à sa bonne étoile...

Et bien il fit, puisque, dans la nuit même, il franchissait le mur du jardin de son hôtel, laissant en bas, comme otage aux mains de Lecoq, un misérable qu'il avait ramassé dans un bouge, Joseph Couturier...

Prévenu par Mme Milner, grâce à la fausse manœuvre de Lecoq, Otto attendait son maître.

En un clin d'œil la barbe de Martial tomba sous le rasoir, il se plongea dans un bain qu'on tenait tout près, et ses haillons furent brûlés... Et c'est lui qui, lors des perquisitions, quelques instants après, osa crier :

— Laissez, Otto, laissez messieurs les agents faire leur métier.

Mais ce n'est qu'après le départ de ces agents qu'il respira.

— Enfin !... s'écria-t-il, l'honneur est sauf ! Nous avons joué Lecoq...

Il venait de sortir du bain et avait passé une robe de chambre, quand on lui apporta une lettre de la duchesse.

Brusquement il rompit le cachet.

« Vous êtes sauvé, vous savez tout, je meurs. Adieu, je vous aimais... »

En deux bonds, il fut à l'appartement de sa femme. La porte de la chambre était fermée, il l'enfonça ; trop tard !...

Mme Blanche était morte, comme Marie-Anne, empoisonnée... Mais elle avait su se procurer un poison foudroyant, et étendue tout habillée sur son lit, les mains jointes sur la poitrine, elle semblait dormir...

Une larme brilla dans les yeux de Martial.

— Pauvre malheureuse !... murmura-t-il, puisse Dieu te pardonner comme je te pardonne, toi dont le crime a été si effroyablement expié ici-bas !

FIN DE LA DEUXIÈME PARTIE

ÉPILOGUE

LE PREMIER SUCCÈS

Libre, dans son hôtel, au milieu de ses gens, rentré en possession de sa personnalité, le duc de Sairmeuse s'était écrié avec l'accent du triomphe :

— Nous avons joué Lecoq!

En cela il avait raison.

Mais il se croyait à tout jamais hors des atteintes de ce limier au flair subtil, et en cela, il avait tort.

Le jeune policier n'était pas d'un tempérament à digérer, les bras croisés l'humiliation d'une défaite.

Déjà, lorsqu'il était entré chez le père Tabaret, il commençait à revenir du premier saisissement. Quand il quitta cet investigateur de tant d'expérience, il avait tout son courage, le plein exercice de ses facultés, et il se sentait une énergie à soulever le monde.

— Eh bien!.,. bonhomme, disait-il au père Absinthe, qui trottinait à ses côtés, vous avez entendu M. Tabaret, notre maître à tous? J'étais dans le vrai.

Mais le vieux policier n'avait point d'enthousiasme.

— Oui, vous aviez raison! répondit-il d'un ton piteux.

— Qu'est-ce qui nous a perdus? Trois fausses manœuvres. Eh bien! je saurai changer en victoire notre échec d'aujourd'hui.

— Ah!... vous en êtes bien capable... si on ne nous met pas à pied.

Cette réflexion chagrine rappela brusquement Lecoq au juste sentiment de la situation présente.

Elle n'était pas brillante, mais elle n'était pas non plus si compromise que le disait le père Absinthe.

Qu'était-il arrivé, en résumé?

Ils avaient laissé un prévenu leur glisser entre les doigts... c'était fâcheux; mais ils avaient empoigné et ils ramenaient un malfaiteur des plus dangereux, Joseph Couturier... Il y avait compensation.

Cependant si Lecoq ne voyait pas de mise à pied à craindre, il tremblait qu'on ne lui refusât les moyens de suivre cette affaire de la *Poivrière*.

Que lui répondrait-on, quand il affirmerait que May et le duc de Sairmeuse ne faisaient qu'un?

On hausserait les épaules, sans doute, et on lui rirait au nez.

— Cependant, pensait-il, M. Segmuller, le juge d'instruction, me comprendra, lui. Mais osera-t-il, sur de simples présomptions, aller de l'avant?

C'était bien peu probable, et Lecoq ne le comprenait que trop.

— On pourrait, continuait-il, imaginer un prétexte pour une descente de justice à l'hôtel de Sairmeuse, on demanderait le duc, il serait obligé de se montrer, et en lui on reconnaîtrait Maï.

Il resta un moment sur cette idée, puis tout à coup :

— Mauvais moyen ! reprit-il, maladroit, pitoyable !... Ce n'est pas deux lapins comme le duc et son complice qu'on prend sans vert. Il est impossible qu'ils n'aient pas prévu une visite domiciliaire et préparé une comédie de leur façon. Nous en serions pour nos frais.

Il avait fini par parler à demi-voix, et la curiosité ardait le père Absinthe.

— Pardon, fit-il, je ne comprends pas bien...

— Inutile, papa !... Donc, il est clair qu'il nous faudrait un commencement de preuve matérielle... Oh !... peu de chose : la preuve, seulement, d'une démarche faite par quelqu'un de l'hôtel de Sairmeuse près d'un de nos témoins.

Il s'arrêta, les sourcils froncés, la pupille dilatée, immobile, en arrêt...

Il découvrait, parmi toutes les circonstances de son enquête, une circonstance qui s'ajustait à ses desseins.

Il revoyait par la pensée Mme Milner, la propriétaire de l'hôtel de Marienbourg, dans l'attitude qu'elle avait la première fois qu'il l'avait aperçue.

Oui, il la revoyait, hissée sur une chaise, le visage à hauteur d'une cage couverte d'un grand morceau de lustrine noire, répétant avec acharnement trois ou quatre mots d'allemand à un sansonnet, qui s'obstinait à crier : « Camille !... où est Camille ? »

— Évidemment, reprit tout haut Lecoq, si Mme Milner, qui est Allemande et qui a un accent allemand des plus prononcés, eût élevé cet oiseau, il eût parlé l'allemand ou il eût eu tout au moins l'accent de sa maîtresse... Donc, il lui avait été donné depuis peu de temps... par qui?

Le père Absinthe commençait à s'impatienter.

— Sérieusement, fit-il, que dites-vous?

— Je dis que si quelqu'un, homme ou femme, à l'hôtel de Sairmeuse, porte le nom de Camille, je tiens ma preuve matérielle... Allons, papa, en route...

Et, sans un mot d'explication, il entraîna son compagnon au pas de course.

Arrivé rue de Grenelle-Saint-Germain, Lecoq s'arrêta court devant un commissionnaire adossé à la boutique d'un marchand de vins.

— Mon ami, lui dit-il, vous allez vous rendre à l'hôtel de Sairmeuse, vous demanderez Camille, et vous lui direz que son oncle l'attend ici...

— Mais, monsieur...

— Comment! vous n'êtes pas encore parti?

Le commissionnaire s'éloigna. Lecoq avait arrangé sa phrase de telle sorte qu'elle s'appliquait indifféremment à un homme ou à une femme.

Les deux policiers étaient entrés chez le marchand de vins, et le père Absinthe avait eu bien juste le temps d'avaler un petit verre, quand le commissionnaire reparut.

— Monsieur, dit-il, je n'ai pas pu parler à Mlle Camille...

— Bon!... pensa Lecoq, c'est une femme de chambre.

— L'hôtel est sens dessus dessous, vu que madame la duchesse est décédée de mort subite ce matin.

— Ah!... le gredin!... s'écria le jeune policier.

Et, se maîtrisant, il ajouta mentalement :

— Il aura assassiné sa femme en rentrant... mais il est pincé. Maintenant j'obtiendrai l'autorisation de continuer mes recherches.

Moins de vingt minutes après, il arrivait au Palais de Justice.

Faut-il le dire? M. Segmuller ne parut pas démesurément surpris de la surprenante révélation de Lecoq. Cependant il écoutait avec une visible hésitation l'ingénieuse déduction du jeune policier; ce fut la circonstance du sansonnet qui le décida.

— Peut-être avez-vous deviné juste, mon cher Lecoq, dit-il, et même là, franchement, votre opinion est la mienne... Mais la justice, en une circonstance si délicate, ne peut marcher qu'à coup sûr... C'est à la police, c'est à vous de rechercher, de réunir des preuves tellement accablantes que le duc de Sairmeuse ne puisse avoir seulement l'idée de nier...

— Eh! monsieur, mes chefs ne me permettront pas...

— Ils vous donneront toutes les permissions possibles, mon ami, quand je leur aurai parlé.

Il y avait quelque courage de la part de M. Segmuller à agir ainsi. On avait tant ri, au Palais, on s'était tellement égayé de cette histoire de soi-disant grand seigneur déguisé en pitre, que beaucoup eussent sacrifié leur conviction à la peur du ridicule.

— Et quand parlerez-vous, monsieur? demanda timidement Lecoq.

— A l'instant même.

Le juge ouvrait déjà la porte de son cabinet, le jeune policier l'arrêta.

— J'aurais encore, monsieur, supplia-t-il, une grâce à vous demander... vous êtes si bon, vous êtes le premier qui ayez foi en moi.

— Parlez, mon brave garçon.

— Eh bien! monsieur, je vous demanderais un mot pour M. d'Escorval...

Oh! un mot insignifiant, lui annonçant par exemple l'évasion du prévenu... je porterais ce mot, et alors... Oh! ne craignez rien, monsieur, je serai prudent.

— Soit!... fit le juge, allons, venez!...

Quand il sortit du bureau de son chef, Lecoq avait toutes les autorisations imaginables, et de plus il avait en poche un billet de M. Segmuller à M. d'Escorval. Sa joie était si grande, qu'il ne daigna pas remarquer les lazzis qu'il recueillit le long des couloirs de la préfecture. Mais, sur le seuil, son ennemi Gévrol, dit le Général, le guettait...

— Eh! eh!... fit-il, quand passa Lecoq, il y a comme cela des malins qui partent pour la pêche à la baleine, et qui ne rapportent même pas un goujon.

Du coup, Lecoq fut piqué. Il se retourna brusquement, se planta en face du Général et le regardant bien dans le blanc des yeux :

— Cela vaut mieux encore, prononça-t-il d'un ton d'un homme sûr de son affaire, cela vaut infiniment mieux que de faciliter au dehors les intelligences des prisonniers.

Surpris, Gévrol perdit presque contenance et sa rougeur seule fut un aveu.

Mais Lecoq n'abusa pas. Que lui importait que le Général, ivre de jalousie, l'eût trahi! Ne tenait-il pas une éclatante revanche!

Il n'avait pas trop d'ailleurs du reste de sa journée pour méditer son plan de bataille et songer à ce qu'il dirait en portant le billet de M. Segmuller.

Son thème était bien prêt, quand le lendemain, sur les onze heures, il se présenta chez M. d'Escorval.

— Monsieur est dans son cabinet avec un jeune homme, lui répondit le domestique, mais, comme il ne m'a rien dit, vous pouvez entrer...

Lecoq entra, le cabinet était vide.

Mais dans la pièce voisine, dont on n'était séparé que par une portière de velours, on entendait des exclamations étouffées et des sanglots entremêlés de baisers...

Assez embarrassé de son personnage, le jeune policier ne savait s'il devait rester ou se retirer, quand il aperçut sur le tapis une lettre ouverte...

Évidemment, cette lettre, toute froissée, contenait l'explication de la scène d'à-côté. Mû par un sentiment instinctif plus fort que sa volonté, Lecoq la ramassa. Il y était écrit :

« Celui qui te remettra cette lettre est le fils de Marie-Anne, Maurice, ton fils... J'ai réuni et je lui ai donné toutes les pièces qui justifient sa naissance...

« C'est à son éducation que j'ai consacré l'héritage de ma pauvre Marie-Anne. Ceux à qui je l'avais confié ont su en faire un homme.

« Si je te le rends, c'est que je crains pour lui les souillures de ma vie. Hier s'est empoisonnée la misérable qui avait empoisonné ma sœur... Pauvre Marie-Anne!... Elle eût été plus terriblement vengée si un accident qui m'est arrivé n'eût sauvé le duc et la duchesse de Sairmeuse du piège où je les avais attirés...

« JEAN LACHENEUR. »

Lecoq eut comme un éblouissement.

Maintenant, il entrevoyait le drame terrible qui s'était dénoué dans le cabaret de la Chupin...

— Il n'y a pas à hésiter, il faut partir pour Sairmeuse, se dit-il ; là je saurai tout !...

Et il se retira sans avoir parlé à M. d'Escorval. Il avait résisté à la tentation de s'emparer de la lettre.

———

C'était un mois, jour par jour, après la mort de Mme Blanche.

Étendu sur un divan, dans sa bibliothèque, le duc de Sairmeuse lisait, quand son valet de chambre Otto vint lui annoncer un commissionnaire chargé de lui remettre en mains propres une lettre de M. Maurice d'Escorval.

D'un bond, Martial fut debout.

— Est-ce possible ! s'écria-t-il.

Et vivement :

— Qu'il entre, ce commissionnaire.

Un gros homme, rouge de visage, de cheveux et de barbe, tout habillé de velours bleu blanchi par l'usage, se présenta, tendant timidement une lettre.

Martial brisa le cachet et lut :

« Je vous ai sauvé, monsieur le duc, en ne reconnaissant pas le prévenu. Mais, à votre tour, aidez-moi !... Il me faut pour après-demain, avant midi, 260,000 francs.

« J'ai assez confiance en votre honneur pour vous écrire ceci, moi !...

« MAURICE D'ESCORVAL. »

Pendant plus d'une minute, Martial resta confondu... puis, tout à coup, se précipitant à une table, il se mit à écrire, sans s'apercevoir que le commissionnaire lisait par-dessus son épaule...

« Monsieur,

« Non pas après-demain, mais ce soir. Ma fortune et ma vie sont à vous. Je vous dois cela pour la générosité que vous avez eue de vous retirer quand, sous les haillons de Maï, vous avez reconnu votre ancien ennemi, maintenant votre dévoué

« MARTIAL DE SAIRMEUSE. »

Il plia cette lettre d'une main fiévreuse, et la remettant au commissionnaire avec un louis :

— Voici la réponse, dit-il, hâtez-vous...

Mais le commissionnaire ne bougea pas...

Il glissa la lettre dans sa poche; puis, d'un geste violent, fit tomber sa barbe et ses cheveux rouges.

— Lecoq!... s'écria Martial, devenu plus pâle que la mort.

— Lecoq, en effet, monseigneur, répondit le jeune policier. Il me fallait une revanche, mon avenir en dépendait... J'ai osé imiter, oh! bien mal, l'écriture de M. d'Escorval...

Et comme Martial se taisait :

— Je dois d'ailleurs dire à monsieur le duc, poursuivit-il, qu'en remettant à la justice l'aveu, écrit de sa main, de sa présence à la *Poivrière*, je donnerai des preuves de sa complète innocence.

Et pour montrer qu'il n'ignorait rien, il ajouta :

— Madame la duchesse étant morte, il ne saurait être question de ce qui a pu se passer à la Borderie.

. . . .

Huit jours après, en effet, une ordonnance de non-lieu était rendue par M. Segmuller en faveur du duc de Sairmeuse.

Nommé au poste qu'il ambitionnait, Lecoq eut le bon goût, ce dut être un calcul, de grimer de modestie son triomphe...

Mais, le jour même, il avait couru au passage des Panoramas, commander à Sterne un cachet portant ses armes parlantes, et la devise à laquelle il est resté fidèle : *Semper vigilans*.

FIN

Sceaux. — Imp. Charaire et fils.

www.ingramcontent.com/pod-product-compliance
Lightning Source LLC
Chambersburg PA
CBHW061949300426
44117CB00010B/1268